德国史

国别史系列

THE HISTORY OF GERMANY

郑寅达 著

人民出版社

早期日耳曼人使用的首饰

公元四世纪出现在科隆地区的工艺品

日耳曼英雄阿尔米纽斯

利姆斯墙

神圣罗马帝国的皇冠，自奥托一世起使用，现保存在维也纳

神圣罗马帝国皇帝的权力象征物：皇冠、十字架、金球（亦称金苹果）、权杖和宝剑，现保存在维也纳

宣扬上帝为皇帝加冕的图片，图中皇帝为亨利二世

金玺诏书

古滕贝格使用活字印刷术印制的《圣经》

中世纪的大学课堂

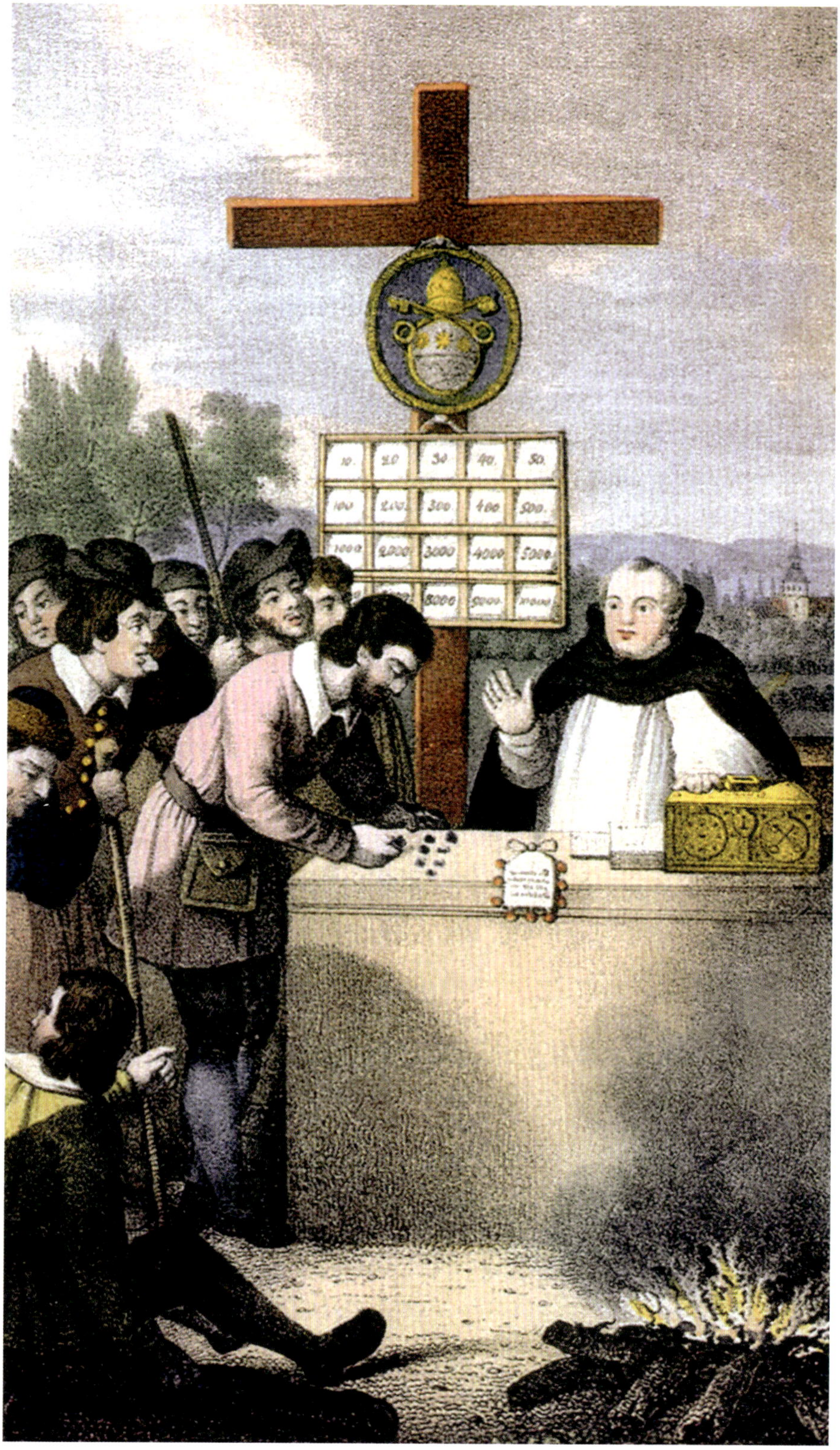

罗马教廷在德意志兰出售赎罪券

德意志土地上的三十年战争（1618—1648）

1649年举行于纽伦堡的“和平宴会”，庆祝三十年战争结束

17 世纪使用的德意志王国地图

中世纪德意志城市的日常生活

中世纪晚期的市场

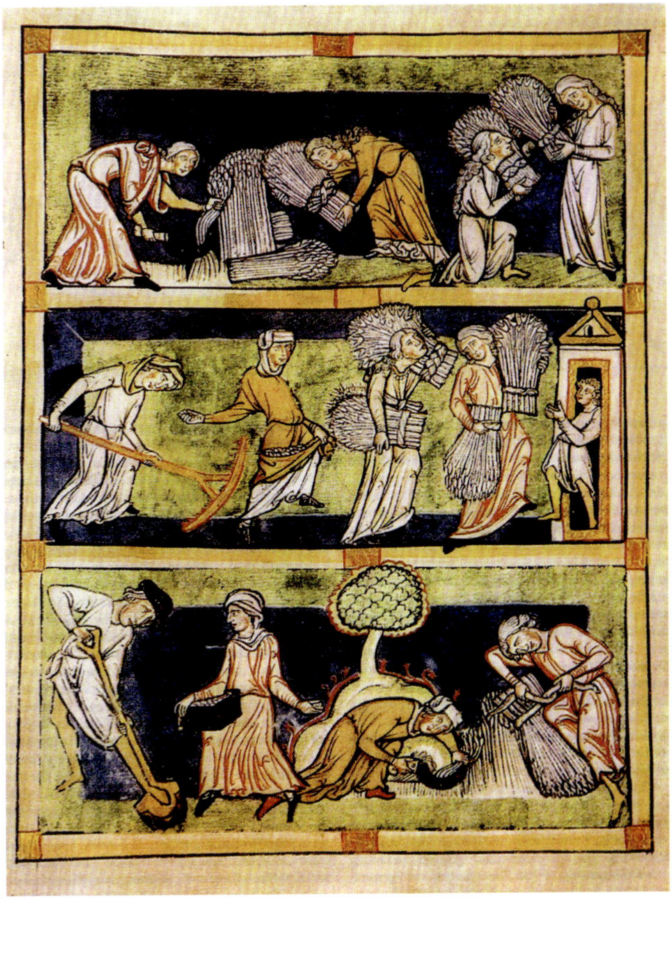

中世纪农民辛苦劳作

弗里德里希大王在波茨坦无忧宫的“一桌人”，其中有伏尔泰和柏林科学研究院的学者

奥地利君主玛丽娅·特蕾西亚一家

反映 18 世纪德国社会生活的工艺品

德国第一条铁路通车

1848 年国民议会在法兰克福圣保罗教堂举行

德意志帝国皇帝威廉一世登基大典，
中间着白衣者为俾斯麦

代表德意志精神的日耳曼尼亚
女神（1914 年出品）

魏玛共和国时期的
多元文化

1989 年反映民众要求统一的
标语牌：“我们属于一个民族”

目 录

前　言

德国是一个充满神秘感的国家，对一个初次关注其历史发展的读者来说尤其如此。

它的国名就容易带来误解。联邦德国的英文名称是 Federal Republic of Germany，由 Germany 引出了“日耳曼”的概念，以至于不少人认为德国人就是日耳曼人。由于英文中没有“德意志”这一词汇，German 兼有“日耳曼”和“德意志”两种含义，中译者稍不留神，就会按其发音，全部译成“日耳曼”，对中文读者形成误导。然而，德国的早期居民又不能称作德意志人，他们只是日耳曼人，德意志人还没有从中分化出来。这“日耳曼”和“德意志”的区别，就形成了第一个谜团。如果追溯到中世纪，国名问题同样复杂。它既是“德意志王国”，又是“神圣罗马帝国”（以后改称“德意志民族的神圣罗马帝国”），其最高统治者既是国王，又是皇帝，先戴王冠，再戴皇冠。为什么一个国家同时具有两个名称？“德意志王国”和“神圣罗马帝国”在版图上和地位上完全重合吗？这些又构成了另一个谜团。

德国的疆域是多变的。在坐落于柏林菩提树下大街的德国历史博物馆（Das Deutsche Historische Museum）大厅里，放置着一个外表很不起眼的欧洲地形图大沙盘，当你站在这个沙盘的正面时，来自大厅顶部的奇妙灯光就会在沙盘上清晰地展示出德国疆域的变化过程。这时，观众一方面会惊叹布展者构思的巧妙，同时也往往会感叹德国疆域的多变。查理帝国曾经雄踞欧洲大陆，其影响甚至南延至意大利半岛的南端。而且，按照当时的说法，查理一世凭着头上的“神圣罗马皇帝”桂冠，有权统治全世界的人，因而其统治权是没有疆界限制的，他是全世界的皇帝。如果说该帝国是德、法、意三国的前身，不是德国的“专利”，那么神圣罗马帝国就不存在专利之争。在它的早期阶段，不仅包括捷克王国，还囊括了意大利中北部，包括伦巴第和教皇国，以后连勃艮第王国及科西嘉岛、撒丁岛也归属其下。进入17世纪后，地中海沿岸的不少国家脱离神圣罗马帝国，帝国的南部疆界由此北移到瑞士以北，但随着奥地利和普鲁士的崛起，帝国疆界又出现了各种奇特的现象。

奥地利作为哈布斯堡王朝的重要据点，不仅统治着帝国范围内的捷克王国，还统治着帝国范围外的匈牙利。对哈布斯堡王朝来说，它在帝国外的统治区大于帝国内的统治区。普鲁士原来远离神圣罗马帝国，但随着它归属于霍亨索伦家族统治，不久就反客为主，取代勃兰登堡获得邦国的“命名权”，但它也有相当多的土地在帝国之外。神圣罗马帝国解体后，德国疆域的变动非但没有终结，反而更加频繁而激烈了。“大德意志”和“小德意志”方案之争，本身就决定着德国疆域的大小。《凡尔赛和约》中的割地赔款，进一步缩小了德国的疆域。然而，在纳粹政权大肆扩张的进程中，“大德意志国”复活了，如果加上民政长官管辖区、附属区、占领区和作战区，其疆域面积达到了新的广度。然而，多行不义必自毙，大战结束后，中欧领土调整和两德分立，使德国再次遭到重创。直至20世纪90年代初，随着德国再次统一，其疆域才最终稳定下来。

谁是德意志人的代表抑或“形象代言人”？由于神圣罗马帝国解体后，普鲁士以更强劲的态势崛起，并以现实主义的态度，用“小德意志”方案统一了德国。1871年的德意志帝国是普鲁士的扩大，因而人们自然会以普鲁士的形象去想象德意志人。然而，民族心理和民族形象的形成是一个长期的积淀过程，具有一千多年发展历史的德意志人（如加上日耳曼人阶段，则时间更长），不可能在一百多年内被普鲁士人全部同化。在近代后期，普鲁士统一了德国，但它不可能代表德意志的全部，尤其在文化方面，就如秦始皇统一了中国，但中华文化并不由秦国来代表一样。那么，谁曾经代表过德意志呢？如果说起家于法兰克尼亚的卡罗林王朝由于属于法、德、意三国的共同先驱，因而存在争议的话，那么，以奥托大帝为代表的萨克森王朝，以及11—12世纪称帝的法兰克—撒利安王朝，则实实在在曾经代表过德意志人。1452年以后，直至1806年神圣罗马帝国解体，在这354年中，除了为时三年的短暂中断，都是以奥地利为基地的哈布斯堡王朝在代表着德意志人。即使在神圣罗马帝国解体后，奥地利在德意志诸邦中仍然处于领先地位，如果它愿意放弃匈牙利和有争议的捷克，在“大德意志国”中依然可以稳坐霸主宝座。中国读者对哈布斯堡王朝不会全然不知，电影《茜茜公主》三部曲所反映的背景，就是哈布斯堡王朝的统治。莫扎特、贝多芬等音乐巨匠的活动舞台，也是哈布斯堡王朝占主导地位的德意志国家。

德意志民族的特性是什么，它是如何形成的？不少人认为，德意志民族在善和恶两方面都爱走极端。从一个侧面看，他们思想深刻，崇尚理性，守纪律，讲秩序，做事认真，有为天下人勇挑重担的世界情怀；但从另一个侧面看，他们崇尚权威和武力，经常会在世界上成为“问题民族”，一有机会就会发动对外战争，给周边国家乃至世界带来灾难。对这一现象，一种解释是强调该民族在历史发展中继承了两种遗产。一种是军国主义和集权主义的，主要表现就是普鲁士精神，以后被俾斯麦、威廉二世、希特勒所继承和张扬；另一种是以歌德、席勒为代表的人文主义精神，追求民主、自由和人道。有学者甚至再向前一步，认为这两种遗产分别由两种人承载着，“这个国家的历史就像一辆双层公共汽车，文化生活和政治生活有着各自的发展道路，上面一层乘客极目远眺，饱览旖旎风光，但不能影响汽车的方向，因为坐在下层的掌握方向盘的司机根本无暇顾及他们。”[①]这一比喻是生动而形象的，但经不起深究：某个德国人作为个体，要么坐在上层，要么坐在下层，不可能两层都坐，也没有中间层，这样是否会不知不觉地陷入非好人即坏人的绝对化思维？更可能的是，与世界上其他人群一样，德意志民族的各个成员也都具有两重性，“一半是天使一半是魔鬼”，不过不同个体两者所占的比重有所不同而已。

进入20世纪后，德国向世人表现出另一种神秘性，即像一只不死的火凤凰，两次遭到严惩，但两次涅槃，两次崛起，展示出顽强的生命力。在欧洲联合的大框架下，德国似乎找到了发展的正道，在经济社会发展中完成统一，在统一中进一步发展，在联合起来的欧洲联盟中与其他大国一起充当着领头羊。

欲进一步理解德国和德意志民族，破解各种谜团，方法之一就是了解它们的发展历史。笔者有幸承担本书的写作工作，对德国历史展开较为全面的梳理、思辨和叙述。自知才疏学浅，自签约那天起就战战兢兢，尽量减少其他活动，对学术会议也“挑挑拣拣”，不敢有丝毫懈怠，力争在约期内向读者奉献出较为满意的成果。唯一的例外，是花费一定的时间到德国作了一次实地考察。感谢德国不伦瑞克科技大学历史系 Gerhard Schildt 教授，他们夫妇俩不仅向我提供了不少文字和图片资料，为我设计在德国的考察路线以提高工作效率，还亲自驾车带我到柏林、波茨坦、戈尔斯拉等地，考察了不少有历史意义的场所。

囿于国内高校学科分割的特点，一个人要将德国史“一通到底”自有其难度。笔者斗胆作一尝试，舛误疏漏在所难免，恳请专家、同人和广大读者批评指正。

① 艾米尔·路德维希：《德国人：一个民族的双重历史》，东方出版社2006年版，第2页。

第一章

德意志国家的出现

（远古至936年）

德国历史从何时写起？这个问题看似简单，其实不然。我国学者一般认为，德意志历史起自公元920年，那年，东法兰克王国改称为“德意志王国”，开始了相关日耳曼人的德意志化融合过程。然而国外学者却有不同的看法，先后提出了843年说、887年说、911年说、935年说和962年说。对此，每个人都可以根据自己的分析判断，选择某一个年代作为德意志历史的开端。然而，在这一时日之前，难道这片土地上从来没有人生活吗？那么，到底是什么人曾经居住在那里？另外，作为德意志人祖先的日耳曼人，他们从何而来？为何而来？如何前来？作为一本较为完整的德国历史书籍，应该对这些问题作出必要的回答。

一、德国境内的早期居民

在人类进化的过程中，先后经历过早期猿人（能人）、晚期猿人（直立人）、早期智人（尼人或古人）、晚期智人（新人）四个阶段，其中前三个阶段属于原始人阶段，大致生活在旧石器时代，第四阶段属于现代人阶段，已经进入中石器时代。在整个欧洲，人类出现得比较晚，基本上未发现过早期猿人的任何踪迹，因此可以推测他们没有在这里生活过。只是从晚期猿人开始,才留下了各种痕迹。所幸的是,欧洲最早的人类化石是在德国境内发现的,中欧地区是欧洲最早人类的聚集地,从晚期猿人开始,各个阶段的人类都在这里留下了一定的痕迹。

海德堡人是德国境内最早的原始人,生活在大约70万年前。1907年,人们在海德堡东南的砂土层中发现了一块下颌骨,经测定,它是晚期猿人骨骼的一部分,这种晚期猿人根据其发掘地,被命名为海德堡人。海德堡人面部突出,前额低平,咀嚼肌的附着面特别大,具有明显的原始特征,但其牙齿已经较为平整,齿间没有很大的缝隙,脑容量达到900毫升,明显比早期猿人进步。从由颌骨复原的头像看,他们与北京周口店人十分相像,说明两者基本上处于同一时期。根据相关材料判断,海德堡人以狩猎为生,使用的工具大多由碎石、滚石和骨头制作而成,常用的狩猎武器是木制的长矛。由于狩猎的工具和技能都比较原始,主要依靠投掷长矛,而不是布网、设绳套或下渔笼等较为复杂的手段,所以他们的猎取物主要是大型哺乳动物,包括古象、双角犀牛和驼鹿等。同大型哺乳动物搏斗是件辛苦而又危险的事情,因此海德堡人对已经倒毙的动物更感兴趣,往往在其他野兽占有它以前,抢先割取其可食用部分并搬运到自己的住所。

与海德堡人同属晚期猿人的考古发掘还有两处。1933年,在斯图加特北面的斯坦海姆发现了一块人的头盖骨,被命名为斯坦海姆人。这种人生活在大约25万年前,面部较直,穹顶较高,脑容量达到1 150毫升,显示出进化的特征。1972年起,在图林根北部的皮尔辛格斯勒本发掘出人的头盖骨、后脑骨和前脑骨的碎片,被命名为皮尔辛格斯勒本人,生活在大约35万年前。

早期智人阶段的遗骨也在德国境内发现。杜塞尔多夫城东有个尼安德特峡谷,1856年,采石工人在峡谷南侧的一个洞穴里发现一具人类遗骸,经测定,这种人生活在大约10万年以前,被命名为尼安德特人。该骨骸为男性,身高约156厘米,身材矮壮,骨骼粗大,脑容量达到1 230毫升,进化程度明显高于晚期猿人。以后,类似的人类化石先后在比利时、法国、捷克斯洛伐克、意大利境内发现,这些人种都被称作尼安德特人,成为广义尼安德特人的组成部分。他们的足迹可能远及西亚、地中海沿岸和北非。从人类进化的角度看,以后发现的尼安德特人比最早发现的那具遗骸进化程度要高一些,男性脑容量平均达到1 525—1 640毫升。尼安德特人居住在洞穴、岩棚或空地上,工具已经达到在木棍上装配打制石器的水平。他们的社会结构已趋复杂,几十个原始群在一起生活。在他们居住的遗址上,发现堆积很厚的火灰层,表明当时已经经常使用火。除了少量植物种籽和花粉外,主要是动物骸骨，既有森林象、森林犀、野牛、野马、红鹿等大动物，也有鱼和鸟等小动物。个别地方，发现了用猛力砍开的人头盖骨和其他骨头，但目前难以判断是由于食物不足而导致的食人之风，还是因宗教原因以人充作祭品，因为尼安德特人有宗教感情，也能有意识地埋葬死者，个别地方还放置石制工具和肉食作为陪葬品，但是目前尚无法推知他们的信仰和礼仪。

需要指出的是，海德堡人和尼安德特人都不是今天德国人的祖先，这些人在大约数万年前神秘地消失了。他们的确切去向，至今是个谜，还有待于人们继续发掘和研究。

大约四万年前，德国境内出现了晚期智人。他们额头隆起，头颅圆大，脑的结构比较复杂，完全能够直立行走，手也能较为灵活地运动。这时，他们已经走完了原始人的最后一站，进入了现代人阶段。同时，原来以血缘家族为基础的前氏族社会也过渡到以氏族为基础的氏族社会。

此后，这些人继续发展，经过三万多年的演进，于公元前五千纪上半期从狩猎和采集经济转变为农耕和畜牧经济。在富饶的黄土地带，人们种植小麦、大麦和豆类，而在易北河—萨勒河地区和北部、西南部地区，人们饲养牛、猪和羊。到了公元前二千纪上半期，他们又进入了青铜器时代，使用铜和青铜铸造武器、生产工具和装饰品。在公元前八世纪末七世纪初，他们开始制造铁器，逐渐进入了铁器时代。需要一提的是，所有这些具有标志意义的变化，其推动力主要来自外部，来自东方。农耕和畜牧先在近东、小亚细亚山地南部边缘地带和地中海东部相邻地区出现，后经过东南欧传布到中欧；制造铜器和青铜器的方法也是从小亚细亚和东南欧传到中欧；铁器的冶炼技术又是从近东，经过古代的奴隶制国家传到中欧的。

在日耳曼人到来之前，中欧地区还被其他人占据过。最初是希腊人和拉丁人，不久他们就继续南进，进入希腊半岛和意大利半岛。其后是斯基台人，这些人现在已经绝迹。再后是凯尔特人，他们创造了著名的“拉坦文化”(La Tène culture)，能制作精美的铁制武器和青铜与金制装饰品。但是在日耳曼人的威逼下，一部分凯尔特人被日耳曼人消灭或者与后者相融合，丧失了自己的身份认证，一部分向各处迁徙，挤入高卢、西班牙、不列颠和意大利北部，不同程度地接受罗马文化，与当地罗马人融合，成为永久居民。尽管凯尔特人在德国已经丧失了自己的身份认证，但今天德国的许多地方仍保留着凯尔特语的名称，如美因、多瑙、莱茵、鲁尔等。

二、日耳曼人

不少读者会把“日耳曼”和“德意志”相混淆，认为近现代德国的居民是“日耳曼民族”或“日耳曼人”，而不是“德意志民族”或“德意志人”。造成这一现象的原因是多方面的，其中很重要的一个是，早期我国关于德国历史的信息来源大多出自英文资料，而在英文中，“日耳曼”和“德意志”使用同一个词，即 German，一般译者都会根据其发音，译成“日耳曼”，很少去考究其实际含义，从中区分出“德意志”。而在德语中，“日耳曼人”用 Germane 表示，“德意志人”用 Deutsche 表示，一般不会混淆。

在公元前数世纪内挤占凯尔特人地盘的，是日耳曼人，而不是德意志人，严格说来，当时德意志人还没有产生。日耳曼人是德意志人的祖先，但又不仅仅是德意志人的祖先，他们还是英吉利、荷兰、卢森堡、瑞典、丹麦、挪威人的祖先。日耳曼人属于印欧语系的日耳曼语族，他们最初来自哪里，至今还没有确切的答案，据说来自中亚到印度北部一带和波罗的海西部及西南部。在有据可查的时段内，他们生活在欧洲中北部地区，即波罗的海和北海的南岸、斯堪的纳维亚半岛南部和日德兰半岛地区，形成三大部落，即生活在斯堪的纳维亚的北日耳曼部落，生活在易北河以东的东日耳曼部落，包括哥特人、汪达尔人、勃艮第人等，生活在易北河以西的西日耳曼人，包括条顿人、法兰克人等。以后，日耳曼人逐渐向南部和西部推进，占据了东起维斯杜拉河，西迄莱茵河，南达多瑙河、北至波罗的海的广大区域。

实际上，日耳曼人自己并没有统一的称呼，各日耳曼部落都有自己的名称，如伦巴德、斯维比、佛里森、卡藤等。“日耳曼人”是凯尔特人和罗马人对他们的称呼。这一名称的含义是什么？对此有多种答案。一种看法认为，其意思是令人生畏的好战者。古罗马史学家塔西佗作为当时的直接观察者，在其著名的《日耳曼尼亚志》一书中写道：“真正最先越过莱茵河而侵犯高卢人的那一支人，虽然现在被称为佟古累人（Tungri），在当时却被称为日耳曼人。最初仅由于这一族战胜了的人用这个名称来恫吓高卢人，后来，原是一支人的名称便逐渐流行起来，以至把

‘日耳曼人’这个名称加在全部落的身上了。”[1]另一种说法是，“日耳曼”在拉丁语中是 germanus，在英语中是 german，均有“拥有同一祖先”、“关系密切”、“从同一根系发散开来”的含义，证明古代日耳曼人把种族的纯正性奉为圭臬。[2] 第三种说法着重从词源上分析，认为“日耳曼人”在凯尔特人的语言中是“邻居”的意思（Germani），在罗马人眼中是“喊叫的人”（Germani），觉得他们在作战的时候特别能咋呼。又有史家考证说，“日耳曼人”的意思是“山地人”，因为其词根是 gara 或 gari（山）。[3] 还有人认为，“日耳曼人”可解释为用投枪（Gera）的人（mann），但这种说法被一些德国史学家斥为天方夜谭。

与此相关的，是“雅利安人”（Aryans）这一概念。纳粹运动泛滥时，希特勒曾经大肆鼓吹雅利安人的所谓优秀性，并在此旗号下对别国民众犯下滔天罪行。其实，这一概念是颇有争议的。如果以人的生理特点为人种划分标准，人类大致可以分为：欧洲与西亚的高加索人种；爪哇、婆罗洲和澳大利亚的澳洲人种；东亚和北美的蒙古人种；印度次大陆人种；非洲的尼格罗人种，内中又包括北非与撒哈拉的开普人种，以及南非的刚果人种；西半球与殖民地人种。纳粹德国的居民，同纳粹分子所蔑视的斯拉夫人，甚至犹太人，都是属于同一人种，即高加索人种。“雅利安”一词来源于“雅利阿”（Ārya），后者是远古时期居住在今伊朗和印度北部的一个部落集团的自称。18 世纪时，欧洲语言学界发现梵语同希腊语、拉丁语、凯尔特语、斯拉夫语等具有共同点，于是根据“雅利阿”这个名词造出“雅利安语”一词，用以概括这些相互间有关联的语言。曾一度，“雅利安语”成为“印欧语系”的代名词。但是，随着研究的深入，人们把“印欧语系”一词用于更大的范围，“雅利安语”遂成为其中的一个组成部分，即印度—雅利安诸语言。然而，就在语言学界研究“雅利安语”的归属与分类的过程中，有人就此错误地假定，一切使用这些语言的古代或近代民族，必然渊源于同一祖先，这些人就构成同一人种，即“雅利安人种”。19 世纪中后期，法国贵族戈平瑙伯爵及其门徒、英国学者豪·斯·张伯伦，先后大肆鼓吹“雅利安人种”的神话，认为凡是讲印欧诸语言者，凡是被认为对人类进步有关的人，以及凡是在道德上高于犹太人、黄种人、黑种人者，都是“雅利安人种”，其中北欧或日耳曼诸民族是最纯粹的雅利安人。由于这种说法漏洞百出，到 20 世纪 30 年代，已经被人类学家所抛弃。然而纳粹分子却传承这一说法，并大肆张扬，宣

---

① 塔西佗著：《阿古利可拉传／日耳曼尼亚志》，商务印书馆 1977 年版，第 56 页。
② 马丁·基钦著：《剑桥插图德国史》，世界知识出版社 2005 年版，第 8 页。
③ 参见刘新利著：《基督教与德意志民族》，商务印书馆 2000 年版，第 2 页。

称雅利安人是高贵人种，尤其是具有金发、碧眼、白肤等体质特征的北欧—日耳曼人，是未受其他血统“污染”的“纯种雅利安人”的嫡系，有权统治“非雅利安人”。

关于日耳曼人的生活方式，我们有幸能读到当时的记载。罗马统帅恺撒所写的《高卢战记》、罗马博物学家普林尼所写的《自然史》、罗马贵族历史学家塔西佗所写的《日耳曼尼亚志》，都或多或少地记录了他们的所见所闻。

根据他们的记载，日耳曼人有着大致相同的体格：凶暴的蓝眼睛，金黄色的头发，高大的身躯。他们难以忍受燥渴和炎热，但是对于寒冷和饥饿却能安之若素。饮食以乳、酪和肉类为主，不大吃粮食。穿着非常简单，一般仅披上一件外衣而已。外衣的用料为亚麻布或兽皮，前者主要为女性使用，布料四周常缀以紫色的边，兽革以鹿皮为主，常常同花斑皮镶拼使用。衣服用钩子紧束着，要是没有钩子，则用荆棘代替。最阔气的人才能另穿一件内衣，这种内衣非常紧身，使肢体的每一部分都能凸显出来。令罗马人惊奇的是，日耳曼女性的胳臂、肩膀和胸部附近都裸露在外面。

日耳曼人的婚姻制度非常严格，令罗马人赞叹不已。他们崇尚晚婚，“保持童身最久的人，在亲友中能得到极大的赞扬，有人认为这样可以使人体格魁梧，又有人认为这样可以增强体力和筋骨。一个人 20 岁以前就懂得关于女性的知识，被认为是极可耻的事情之一。”①尽管在恺撒看来，这一类事情在他们中间，本来没有什么秘密可言，因为男男女女同样在河中洗澡，身上遮盖的同样只是一片兽革或鹿皮，身体的大部分都裸露在外面。日耳曼人实行一夫一妻制，男子以拥有一个妻子为满足，女子则一生中只能出嫁一次。“有些部落的风俗尤其可嘉，在那儿只有处女可以结婚；当一个女人做了新娘以后，她便不得再有任何其他妄想了。她们只能有一个丈夫，犹如只有一个身体、只有一次生命一样，因此她们不会三心二意。”日耳曼人既不受声色的诱惑，也不受饮宴的引诱，无论男女，都不懂得幽期密约。与此相对应，他们对于奸淫的处罚则毫不留情。如果妻子与他人通奸，丈夫就将她的头发剃光，剥去衣服，当着她亲戚的面将她赶出家门，穿行全村将她笞打一遍。女人不守贞节被认为是不可饶恕的罪行，这种女性，纵使年轻、貌美或富有资财，也很难找到丈夫。在日耳曼人中，没有人将勾引旁人堕落或受人勾引而致堕落的行为视为时髦。同时，日耳曼人从不轻视妇女，反而同她们商量事务，尊重她们的意见，因为他们认为，妇女身上有一种神秘的和能够预知未来的力量。相传在公元 70 年

① 恺撒著：《高卢战记》，商务印书馆 1982 年版，第 142—143 页。

时，日耳曼人不满罗马人的统治，女祭司魏勒妲经过预测断言，如果日耳曼人发动起义，必定取得胜利。首领戚维利斯率领部属揭竿而起，果然取得大胜。起义者缴获了罗马人的旗舰，然后郑重其事地把这个巨大的战利品作为礼物献给女祭司。日耳曼人的这一观念，日后影响了不少欧洲国家，男子在家庭中的统治权受到削弱，而妇女的地位则比希腊和罗马时代略有提高。

当时日耳曼人还处于氏族公社阶段，主要以游牧为生，因而多以畜群的数量多相夸耀。大部分部落不使用钱币，保持着以物易物的淳朴古风，普遍对金银等贵金属不感兴趣。从方便实用的角度考虑，他们并不把银瓶看得比陶器更为珍贵。只有在邻近罗马帝国的部落里，由于受到罗马人的影响，人们才使用金银货币，部落首领们也愿意接受包括钱币在内的各种馈赠品。由于日耳曼人的生产力水平低下，没有什么剩余产品可供交换，因而他们同商贩打交道，主要是把战争中掳掠来的东西卖给人家，或交换些实用的物品。具体来说，这类交易主要是日耳曼人用战利品交换盐、布匹等生活用品。然而，日耳曼人对待客人却非常慷慨。他们认为冷落或伤害宾客是伤天害理的事情，不论来人是显贵还是流亡者，每个日耳曼人都会倾其全力以上宾之席招待客人，如果他实在没有经济能力，就会把客人领到另一户人家，新主人也决不会以此为怪，一定会殷勤地招待他们。而且，当客人离开的时候，可以随意向主人索要自己中意的礼物，同时，主人也会毫不犹疑地向客人索取礼物。日耳曼人非常喜欢礼物，但他们既没有施恩图报之心，也没有受施必报之念。

日耳曼人信奉原始宗教，在他们的想象中，常常有一位神祇伴随着自己，因而，诸如死刑、囚禁、鞭笞等惩罚事务，只能由祭司主持，以执行神祇的意愿。同时，他们反对建造神庙，认为把神祇围在墙垣之中或把诸神塑造成人的形象，都是亵渎神明的行为，他们认为，神祇只有在虔心敬奉之中才能感悟到其存在。日耳曼人重视卜筮，如果所问的是公事，就由祭司主持，私事则由一家之父主持。筮的方法很简单：先折下一条核桃树枝，再将它折成许多签，上面标以不同的符号，然后随意散放在一块白布上。主持者先向诸神祈祷，然后两眼朝天，将签抽出，这样连抽三次，再按照签上预先标好的符号求得占解：如果所得的象为“不从”，则当日不得再就此事往下追卜；如所得的象为“从”，则还需要进一步问卜。此外，日耳曼人还有其他占卜的方法，如根据鸟的鸣声和飞翔情况，以及从专门为此饲养的白马身上寻找征兆，倾听其嘶鸣和鼻息之声。在打仗之前，他们往往采用另外一种预卜胜负的方法，即设法从敌族中捉拿一个俘虏，让他同本族中挑选出来的一名勇士搏斗，各人使用本族的武器，从这二人的胜负中辨别战争的预兆。

古老的“日耳曼民主”在日后德意志历史发展进程中留下了深深的印痕。希特勒在口授《我的奋斗》一书时，为了否定当时魏玛共和国实施的代议制，为法西斯独裁制度开道，也大肆吹捧“日耳曼民主”。那么，日耳曼人的社会结构和政治体制究竟如何呢？当时日耳曼人大约分成二十多个部落，每个部落又包含很多个氏族，氏族是血缘关系的结合，每个氏族大约包含一百户家庭，所以又叫“百户氏族”。同一氏族的人一般住在同一个村庄里，占地一至数平方英里，周边的土地归整个氏族所有。一般来说，村庄总是同水源、草地和树林联系在一起的。由于当时农耕技术比较落后，当土地耕作多年趋于贫瘠后，日耳曼人常常更换住处，因而住房比较简陋。房子往往用粗糙的原木盖成，不另加工，更没有雕梁画栋之举，个别讲究点的房屋，也仅是涂上一层亮油油的黏土而已，不过在当时的罗马人看来，“倒有点像壁画似的”。屋下挖有地窖，窖底覆上一层干牛粪，做藏物之用，既可抵御冬日的严寒，也能在万一遭受敌人攻入时幸存一些物品。日耳曼人的住宅之间不容许互相毗连，每座房屋的四周都留有一片空地。这样，在居住区里，牛群、羊群、马群、矮树丛、房屋、肥地上的庄稼、休耕地上的杂草，交错相映，充满着田园风格。政治体制上实行军事民主制。在和平时期，部落首领由民众大会选举产生，通常选自较为显赫的家族，而且往往具有连续性，这样就形成了事实上的世袭制，该家族也就成了望族。然而，部落首领在部落内并无特权。日常小事，一般由首领和各家族族长商议解决，遇到大事，则必须通过部落大会议决。大会召开的时间，一般是固定的，类似于“例会制”，常常安排在新月初上或月盈时，因为他们相信这个时候处理事务最为吉利。如遇到紧急事务，则可以临时召集。当时一个部落大约拥有六千到一万名男子，由于居住比较分散，大多数人需要行走一天才能赶到设在中心地点的集会场所，住得最远的甚至需要行走二至三天。当多数人到达会场后，会议旋即开始，大家都带着武器就座。会议由祭司主持，首领在会上发表见解，但无权发号施令，强迫其他成员服从。会议议程也包括对成员提出控诉和施行刑罚。如果成员同意首领的意见，就挥舞短矛，或敲响武器；如果表示反对，则大声喧哗、吹口哨、跺脚，或发出啧啧的叹息声。对成员的处罚一般取决于罪行的轻重。叛逆犯和逃亡者大多吊死在树上，悬尸示众，怯敌者、厌战者和犯极其丑恶的秽行者，则被塞进囚笼投入泥沼中闷死，让可耻的丑行从此成为秘密。对于较轻的罪行，一般判决犯者交出若干马或牛作为罚金，罚金的一半交给受害者或其亲属作为赔偿，另一半则归部落或首领所有。部落大会还会推举一些仲裁者和陪审者，到各个村庄去处理诉讼事件，每一名仲裁者配备 100 名陪审者作为顾问。与和平时期的运行模式相配套的，是战争时期的运行模式，那时，各部落或部落联盟就会产生军事首领，担负率领成员外出作战的重任。这位军事首领的管辖范围比部落首领更广，掌握的权力也更大，恺撒曾经用“握有生杀大权”的词句来形容。军事首领的产生不是根据家族出身，而是完全依靠他自己的“以身作则……他们借作战的勇敢和身先士卒的精神来博取战士们的拥戴”。在相关的公众会议上，如果一个孔武有力、有声望的人站起来，宣布自己愿意勇挑重担，担任军事首领，所有钦佩他或赞成这一壮举的人都会站起来，表示愿意效力，这些人就组成“扈从队”。如果更多的与会者做出赞扬的表示，军事首领就产生了。在这些起立者中间，如果日后有人临阵逃脱，就会被其他人指谪为逃避和出卖，一辈子遭人唾弃。在以后日耳曼人社会结构的转变中，演变成诸侯、国王乃至皇帝的，就是那些军事首领。

日耳曼人的尚武精神引人注目，他们的观念是：“可以用流血的方式获得的东西，如果以流汗的方式得之，未免太文弱无能了”。从孩童时代起，他们就习于勤劳和艰苦，尽管赤裸着在泥地上玩耍，身上肮脏不堪，但大人们却关注他们是否拥有一副壮健的身躯。少年的成丁礼，是当众接受兵器，往往在部落大会上，由领袖或父亲、亲属授予一面盾和一支矛，从此由家庭一员变为部落成员。沙滕(Chatten)部落的青年尤以健壮骠悍著称，他们常常蓄须明志，直到亲手杀死了一个敌人，显示出自己的勇敢无畏之后，才站在敌人血淋淋的尸体上把脸剃光。各个部落的青年都乐于充当族长的扈从，还常常为了争当第一扈从的角色而竞争不已。在战场上，如果首领的勇敢不如他人，是首领的耻辱，而扈从的勇敢不如首领，则是侍从的耻辱。假使自己的首领战死，而扈从却从战场上生还，这将成为他毕生的耻辱。保卫首领，甚至将自己的军功献归首领的名下，这才是精忠的表现。首领们为胜利而战，而扈从们则为首领而战。大家族的青年为了获得担任军事首领的机会，往往热衷于作战，如果本地长年平静无事，他们就会外出，找寻正在打仗的部落。实在找不到机会，他们就会无所事事，整天吃喝睡觉，把一切生计家务都扔给家中的妇女和老弱掌管。连日耳曼人的舞蹈，也充满着尚武精神：赤裸的青年在枪丛剑棘中狂舞。这种娱乐活动尽管非常危险，但总能引来观者的喝彩。

日耳曼人一般使用名为“夫拉矛”(framea)的短矛，这种武器带有一个狭而尖的铁头，很轻便，既能用于一般格杀，更适用于短兵相接。骑兵的装备是一支夫拉矛和一面盾牌，步兵的革囊中装备一束用于投掷的标枪。由于兵士的服装简单，既没有护胸甲，也很少戴头盔，因而能够把标枪投得很远。相比之下，步兵的战斗力更强些，因而作战时往往排在骑兵的前面。作战前，已经列好楔形阵式的日耳曼人先要齐唱赞歌，希望神仙再次降临，保佑自己。随后发出一种呼啸的声音，以提高士气。据说，他们能够根据呼啸的实情来预测战事的胜负。如果呼啸声齐协，就表示士气激昂，足以慑敌；如果呼啸声杂乱，就表示士气不振、惊慌失措。他们常常将盾牌举至唇边，利用空气共振原理加大音量。正式交锋时，战士们先向后退，然后以猛烈的冲劲向前搏杀。如果有自己人战死，即使战斗正酣，他们也要将尸体运回。丢掉盾牌更是一个奇耻大辱，他将不被允许参加宗教仪式，也不能出席成员大会。许多在战争中苟全性命的人，都以绞首来结束其不名誉的生命。不过这种事情很少发生，因为日耳曼人的军阵是按照家庭和血缘关系编制的，作战时，站在自己身旁的就是家人。他们可以听到妇孺的悲号声，也能够得到自己很注重的赞誉。他们把自己的创伤呈现在母亲和妻子面前，而她们也毫不畏惧地要求看一看和数一数那些伤口。这些勇敢的女性管理着战士的饮食，适时地给他们以鼓励。在日耳曼人的传说中，有好几次已经溃败或将要溃败的战事都被妇女们挽救过来。这些妇女袒露着胸脯，不停地祈祷着，这样便使男子们俨然感到她们将要被敌人奴役，于是使出了最后的力量，扭转了战局。

当时，罗马人整体上把日耳曼人居住的地方看做是一片荒蛮之地，认为在茂密的森林里遍布着独角兽和其他神秘的生灵，不值得前往殖民，但是罗马商人在利益的驱使下，却走遍了这一地区。他们从北海和波罗的海沿岸地区收购当地盛产的琥珀，沿着始于汉堡或但泽的“琥珀路”，蜿蜒走向罗马，将数以吨计的原料卖给罗马匠人制作成一件件精致的物件。随着时间的推移，日耳曼人在同罗马人的交往中，生活习性也逐渐发生了变化。恺撒的《高卢战记》成书于公元前58年至前52年，塔西佗的《日耳曼尼亚志》成书于公元98年，两本书所记载的内容相距约150年。这两本书对日耳曼人的记载，除了两人考察的对象可能有差别外，可以从中看出日耳曼人本身的变化。在恺撒的记载中，日耳曼人非常封闭，“连输入的牲口都不用”，宁愿把他们本地出生的瘦小而又丑陋的牲口加以训练后，承担最艰苦的劳动。尤其对酒类采取断然排斥的态度，“无论如何绝对不让酒类输入，相信人们会因它变得不耐劳苦，萎靡不振”。而到了塔西佗的时代，尽管日耳曼人的马匹仍然保留自己的特点，额部狭小，“既不美丽，又不善于奔驰”，然而他们对待酒类的态度，却发生了根本性的变化。这时，纵饮狂欢是经常发生的事，“任何人日日夜夜地酗酒都不会受到斥责”，醉汉们常常彼此打得头破血流。然而，酒也成了社交活动的润滑剂，“冤仇的和解、婚姻的缔结、酋帅的推举、甚至和战的决策也都在这种饮宴中进行磋商，因为他们认为只有在这个时候心地才最坦白、最纯正和最能激起高贵的观念了”。他们往往在无拘无束的饮宴中吐露各自的想法，到第二天再正式作出决定，以达到“在无力掩饰自己的时候进行磋商，而在头脑清醒的时候才作出决定”的理想效果。酒类的来源主要是自己用大麦和其他谷物酿造，偶尔也向外人购买。不仅是酗酒，日耳曼人还学会了赌博，朴实的性格一旦同这种活动相结合，往往表现为豪赌。“他们对输赢冒险极了，甚至当赌本输光了的时候，把自己的身体自由拿来作孤注之一掷。输家情愿去做奴隶，即使他比对方年轻力壮一些，也甘心被缚着去拍卖。”

三、迁徙与冲突

当日耳曼人登上欧洲舞台的时候，罗马早已成了一个地跨欧、亚、非三大洲的环地中海大帝国，统治势力西抵不列颠，东达西亚的幼发拉底河，北越多瑙河，南至北非。罗马的元素不仅给以后包括德国在内的欧洲国家的发展进程留下深深的印痕，而且在当时就成为日耳曼人谋求生存和发展的强大对手。

从公元前六世纪开始，日耳曼部落开始南迁，逼迫凯尔特人向南德和中德退却。一部分日耳曼人沿着易北河南下，到达波希米亚北部地区，又沿着萨勒河进入图林根地区。

公元前二世纪末，日耳曼人与罗马共和国发生第一次大冲突。由于至今还难以确定的原因（可能由于日德兰半岛发生海啸，洪水泛滥），半岛上的吉姆伯伦人和条顿人突然离开家园，向南迁徙，两年后进入今奥地利地区，数年里同罗马军队展开了三场较大规模的战斗，战胜了一批批罗马军队。罗马人惊慌失措，纷传“野蛮人要进攻首都了”。但是，吉姆伯伦人和条顿人这时并没有向意大利挺进，而是渡过莱茵河，企图到高卢①和西班牙定居，但遭到当地人的顽强堵截，这时，他们再次打算分数路进军意大利。罗马人利用这段时间，精心作好反击的准备。当日耳曼人再次南下时，罗马军队在马略的统率下巧妙应战，在高卢南部歼灭了条顿人，在今意

① 古代高卢以阿尔卑斯山为界，分为山南和山北高卢，山南高卢位于波河流域，属今意大利北部，山北高卢为今法国、比利时及荷兰南部一带。当时吉姆伯伦人和条顿人进入的是山北高卢。

大利北部歼灭了吉姆伯伦人。战斗末期，一部分被包围的日耳曼人，其中包括妇女，为了不当奴隶，慨然自杀，给罗马人留下深刻印象。残存的人则逐渐被罗马人同化。

公元前 58 年前后，日耳曼人同罗马人又发生较大的冲突。日耳曼人中的苏维汇人部落联盟，控制了莱茵河上游地区，首领阿里奥维斯特（Ariovist）利用凯尔特人内部爆发冲突之机，以“支援”为名率领 1.5 万名战士越过莱茵河，并在战事结束后留驻西岸，向求援方索取 1/3 的耕地及贡品。开始时，罗马国家容忍了这些做法，并授予阿里奥维斯特以“国王”和“友人”的称号。不久，恺撒征服了整个高卢，而阿里奥维斯特的贪欲进一步上升，再次向求援方索取另外 1/3 的耕地。恺撒在接到凯尔特人求援后趁机征战日耳曼人。在阿尔萨斯地区，3 万—4 万名罗马人同 2.5 万名日耳曼人对阵。日耳曼人虽然作战勇猛，但在兵坚器锐、训练有素的罗马军队进攻下，还是一再失败。日耳曼人在高卢惨遭屠杀，除一部分被凯尔特人同化外，大部分被迫撤回莱茵河东岸。另一些日耳曼人在苏维汇人排挤下，被迫离开美因河北岸的住处，越过莱茵河，到西岸寻找地盘。恺撒使用背信弃义的手法，借口举行谈判，扣留了谈判代表，同时袭击日耳曼人的军营。西迁的日耳曼人遭到毁灭性打击，幸存者逃回莱茵河东岸。20 年后，罗马人又在莱茵河下游地区平息了同日耳曼人的冲突。

这时，罗马国家内部发生了重大的变化。在一系列因素推动下，共和体制衰亡，屋大维获得“奥古斯都”的称号和国家的最高权力，帝制逐渐形成。在奥古斯都时代，罗马军队的北上取代了日耳曼人的南迁。罗马皇帝连续动兵，进一步保障对高卢的控制，在莱茵河以西地区实施全面的“罗马化”，并完成了对全部多瑙河流域的征服。对莱茵河以东地区，则接二连三地用兵，意在建立一个以易北河为界的罗马帝国控制下的“日耳曼尼亚省”。到公元六年，罗马帝国的目标初步达到，是年，双方签订和约，几乎所有莱茵河以东直到威悉河、部分直到易北河的日耳曼部落都从属于罗马帝国，尽管这种从属关系是非常松弛的。罗马帝国对日耳曼部落的盘剥非常严苛，日耳曼人不仅需要缴纳税款，还要承担罗马军团的供应。尤其是瓦鲁斯担任罗马帝国驻日耳曼尼亚军队总司令时，剥削达到了顶点。瓦鲁斯十分贪婪，“他管理过的叙利亚就是证明：他来到这个国家时是个穷光蛋，国家是富裕的，他离开这个国家时是个有钱人，国家贫穷了”。[1] 他在日耳曼尼亚期间，把它

---

① 凯尤斯·韦莱·帕特库耳：《罗马史》2 卷本，第 2 卷第 117 页。转引自《马克思恩格斯全集》第 19 卷，人民出版社 1985 年版，第 499 页。

当作总督收入的源泉，像对待奴隶一样对日耳曼人发号施令，向他们索取金钱。罗马人还在其控制范围内，对日耳曼部落实施“罗马化”，把自己通行的制度强加给尚处于氏族社会的日耳曼人。如果这一进程继续发展下去，莱茵河东岸的日耳曼人就会像西岸的日耳曼人一样完成“罗马化”，莱茵河两岸的差异会更小一些。

阻止这一进程的，是公元九年日耳曼英雄阿尔米纽斯（Arminius，公元前 17 年—公元 21 年，又名赫尔曼）领导的反抗斗争。阿尔米纽斯是易北河西岸凯鲁斯克部落的首领，他精力充沛，才智过人。奥古斯都为了继续征服日耳曼人，扩大其帝国版图，在北方日耳曼部落中吸收过一批首领子弟为罗马人办事，阿尔米纽斯就是其中之一。多年来他作为日耳曼辅军头目在罗马军队中服役，多次参加莱茵军团的出征，在其中学习罗马人的语言、风俗习惯、军事制度和兵法战术，深得罗马统帅瓦鲁斯的赏识和信任，不仅获得了罗马公民资格和罗马姓氏，还晋升到罗马骑士等级。然而在其内心深处，依然是一个追求独立与自由的日耳曼人。面临罗马人的盘剥和同化威胁，阿尔米纽斯毅然担起了领导日耳曼人反抗异族统治、争取解放的斗争。他通过密谋的方式，联络到大部分日耳曼部落，但他深知日耳曼人在装备和战术上都不如罗马人，因而使用了一系列策略手段以求必胜。他建议所有参加反抗的部落假意遵从《罗马法》，自己则经常到瓦鲁斯处做客，与瓦鲁斯同桌吃饭，成为罗马大本营里受欢迎的客人，以此使罗马人失去警惕。起义爆发前，日耳曼人又设法分散瓦鲁斯的军队，他们时而请求派兵防守据点，时而请求派兵清剿，时而请求派兵护送粮食，使罗马兵散布各处。

起义爆发时，阿尔米纽斯又安排了一个诱敌行动。首先举起义旗的，是较为偏远的日耳曼部落，他们同罗马主力部队之间，隔着难以穿行的托伊托堡森林（Teutoburger Wald，旧译“条顿堡森林”，在今德国西北部奥斯纳布吕克附近）。瓦鲁斯不知是计，立即率领两万人马，带着辎重和眷属，浩浩荡荡前去平叛。阿尔米纽斯和其他密谋者虚与委蛇，跟随瓦鲁斯行进，不久，即借口要召集盟军以支援罗马人，离开了瓦鲁斯的队伍。其实，他们是留下来召集起义部落的。

罗马军队进入托伊托堡森林地带后，行进艰难。前锋部队突然遭到日耳曼人阻击，大部队只能盘旋着绕道行进。士兵们艰难地在森林中砍树开路，摸索着前进，辎重和眷属的拖累，使他们行动缓慢。此时，天气骤变，暴风雨来临，风大雨急，道路泥泞不堪，一时间队伍秩序大乱，车辆人马混杂在一起，难以举步。正在这时，阿尔米纽斯率领大批起义部队追踪而至，向罗马人发起猛攻。经过三天的激战，日耳曼起义者全歼了罗马三个军团，消灭至少 1.5 万名战士。瓦鲁斯自杀，军官们被用来祭神。噩耗传到罗马城，朝野上下无不震惊，奥古斯都又气又急，一连几个月不修须发，常常一边用头撞击门柱，一边悲呼：“瓦鲁斯，还我军团，还我军团！”接着，日耳曼人又夺取了设在他们土地上的罗马据点，把驻屯军赶回莱茵河西岸，推翻了罗马帝国在莱茵河东岸的统治。①

日耳曼人的胜利，决定了后来的德意志地区没有像高卢那样被罗马帝国吞并和罗马化，决定了罗马帝国势力范围的边界仍然在莱茵河，而不是易北河。在这场起义中，阿尔米纽斯功不可没，塔西佗尽管是罗马人，也对此作了公正的评价，认为阿尔米纽斯“毫无疑问是日耳曼的解放者，他同他先前的那些首领和国王不同，他不是对童年时期的罗马，而是对一个权力正如日中天的罗马作战，他对罗马进行的战斗有胜有负，但整个战争没有失败过。……直到今天他本族的歌谣还在传颂他的事迹”。②

利姆斯墙的走向及局部细节

罗马人力图洗雪耻辱，在公元 14 年至 16 年，三年内连续发动三次针对日耳曼人的战役，希望凭借强大的军队和锐利的武器，征服力薄的日耳曼人。后者尽管在

① Peter Moraw, *Neue Deutsche Geschichte*, Band 1, *Grundlagen und Anfänge Deutschlands bis* 1056, Verlag C.H. Beck, München, 1985, S.103.

② 塔西佗：《编年史》商务印书馆 1981 年版，上册，第 133 页。

正规的战役中抵挡不住罗马人，但充分发挥自己所长，利用崎岖无路的荒野地形消耗敌人，最后迫使对手放弃进攻。罗马人只得把重心转向巩固对莱茵河地区的统治，于公元90年在莱茵河流域和多瑙河流域设置四个行省，从北到南分别为下日耳曼省、比利时省、上日耳曼省和勒戚亚省，占据了今荷兰、比利时、德国的莱茵兰—普法尔茨州、巴登—符腾堡州和巴伐利亚州的一部分。对于莱茵河以东独立日耳曼人活动的区域，则称为“大日耳曼尼亚”，“日耳曼”这个名称后来就专指“大日耳曼尼亚”。这也是“日耳曼”容易混淆于“德意志”的原因之一。与此同时，罗马政权历经二百多年的施工，在上述行省的东南部和北部修筑了连绵达约500公里的工事，形成著名的帝国界墙“利姆斯墙”（Limes）。界墙北起北海，南至莱茵河上游，利用莱茵河和多瑙河作为天然屏障，陆续修建而成。界墙的构件，包括土墙、石墙、壕沟、栅栏、瞭望塔和要塞，呈长条形状。在界墙上，每400米设置一个瞭望塔，共有约900座。初期建造的瞭望塔仅用木头搭建而成，后期建造的部分瞭望塔，主体部分用石砖砌成，顶部仍使用木质结构，显得更为坚固。瞭望塔之间的距离控制在目力所及的范围内，便于使用烽火讯号和其他方式进行联络，构成防守链。更引人瞩目的，是每15公里处建造的防御要塞，整条界墙设有120多个要塞，各要塞依据自己的规模大小，设置军营、堡垒和居民点等设施。要塞的构造，类似中国古代的“四方城”，外面围以城墙，城门分正门、边门和中门，上面设置瞭望塔。军营内有指挥所、士兵宿舍等。由于古罗马人喜爱洗澡，故军营处一般都设有澡堂，也向平民开放。全部界墙可分为四段：第一段为“下日耳曼段”，从莱茵河口到诺依维的北部；第二段为“上日耳曼段”，从莱茵布洛尔向东、从阿伦斯堡向南，到洛赫；第三段为“莱提什段”，从洛赫向东北、从贡岑豪森向东南，到累根斯堡的西部；第四段为“多瑙河段”，沿多瑙河通向匈牙利。整个界墙以科隆为中心，以美因兹为大本营。这道界墙的作用是双重的，在日耳曼人强大时，它用于守护罗马人，而当罗马人强大时，它又便于集聚军队，成为进攻日耳曼人的前哨据点。它的副作用是，不自觉地界定了罗马帝国与未被征服的日耳曼人之间的分界线，为界墙以外日耳曼人的独立发展提供了较好的条件。

经过长时间的迁移和融合，到纪元前后，日耳曼人最终定居在东起维斯杜拉河，西迄莱茵河，南达多瑙河，北至波罗的海的广大区域内。根据历史记载和其他文化遗存，可以辨别出该区域的日耳曼人大致分为四支，分别生活在奥得河畔、易北河畔、莱茵河—威悉河之间和北海海岸附近。从公元二世纪下半叶起，日耳曼部落对罗马帝国的入侵增多了，为了适应战争的需要，先前那种松弛的、带有临时性质的军事联合，被相对固定的同盟所取代，在经济发展和贸易交换关系的推动下，部落融合的进程加快了，日耳曼人中出现了巨大的部落联盟，其中比较著名的有以下三个。

阿勒曼尼人部落联盟，由莱茵河上游地区的日耳曼支派联合而成。“阿勒曼尼”（Alemanne）的字面解释是“聚合”、“联合”、“融合”，意为“全体人”。以后，阿勒曼尼部落联盟中逐渐形成阿尔萨斯人和施瓦本人，部分进入巴伐利亚人的行列，构成后来的南德居民。

法兰克人部落联盟，由莱茵河中下游地区的日耳曼支派联合而成，其中包括莱茵—威悉日耳曼部落、北海日耳曼部落和黑森地区日耳曼部落。“法兰克”（Franke）的词义是“自由”和“勇敢”，意为“自由人”或“勇敢者”。公元三世纪，法兰克人分为两个集团，一个是滨海法兰克人，滨北海而居，根据他们原先的部落，称为撒利安（Salier）法兰克人，另一个是滨河法兰克人，滨莱茵河中游而居，根据他们原先的部落，称为里普阿尔（Ripuarier）法兰克人。法兰克人在即将来到的中西欧发展进程中将唱主角。

萨克森人部落联盟，由易北河下游地区的日耳曼支派联合而成。“萨克森”（Sachsen）一词来自“双刃短剑”（Sachs），此乃他们所佩带的武器。该部落联盟的部分成员于五世纪进入不列颠，得英文名称 Saxon，一般译成“撒克逊”。

此外，对以后的历史进程具有一定影响的日耳曼支派还有：盎格鲁人（Angeln），在北海沿岸活动；哥特人（Goten），西支在威悉河一带活动，东支则在黑海北及西北部第聂伯河流域一带活动；勃艮第人（Burgunder），在奥得河与威悉河之间的地域活动；汪达尔人（Vandalen），在西里西亚一带活动；伦巴德人（Langobarden），在今匈牙利一带活动；沙滕人后来演变成黑森人（Hessen）；赫姆杜伦人（Hermunduren）后来演变成图林根人（Thüringer）；马科曼尼人（Markomannen）与周边人重新分化组合，成为巴伐利亚人（Bayern）。

不久，以欧洲大陆为主要舞台，连带亚洲甚至非洲，发生了一场史书上称为“民族大迁徙”的人类大规模移徙和转战的历史过程。欧洲大陆的原有秩序仿佛经历了一次大洗牌，在这一历经数百年的洗牌过程中，罗马帝国衰弱了（西罗马帝国甚至灭亡了），日耳曼国家兴起了，历史翻开了新的一页。严格说来，“民族大迁徙”这一提法并不确切，按照目前对“民族”这一概念的一般看法，当时参加迁徙的人群，大多还未达到形成“民族”的水平。如参与大迁徙的主力——日耳曼人，当时尚处于从部落联盟向部族演进的阶段，离“民族”还有相当的距离。这场运动还有一个不为人们熟知的名称——蛮族大迁徙，这一名称除了具有“罗马中心论”的色彩外，就参与迁徙的主体人群的发展水平来看，反而比“民族大迁徙”显得更为贴切。德国的史书把这场运动称作 Völkerwanderung，站在他们的角度来看，以译成“部落民大迁徙”或“部族民大迁徙”为好，或者干脆意译成“日耳曼人大迁徙”。

蛮族大迁徙的源头，是在遥远的东亚，尤其令人感到惊奇的，是同我国汉王朝成功反击匈奴有关。匈奴是中国北方蒙古草原上古老的游牧部落，属突厥族，黄种人。秦汉之际，匈奴实现统一，势力强盛，统治了大漠南北广大地区，并不断南下攻扰。东汉时期，他们又分裂为南北两部，南匈奴南下归附汉王朝，逐渐与汉族融合，北匈奴则继续与汉朝对抗，但在汉和帝时受到多方势力的打击，被迫离开蒙古高原，向西迁移，由此触动了蛮族大迁徙这副多米诺骨牌的第一张牌。

北匈奴二十余万人经过长途跋涉，在中亚的阿姆河流域（今乌兹别克斯坦和土库曼斯坦一带）定居下来，在那里生聚繁衍，并同当地居民混杂，逐渐形成匈奴大同盟。四世纪中叶，匈奴人开始向西进攻，先打败属于伊朗语系的阿兰人，然后渡过顿河，又征服了东哥特人。匈奴击败阿兰人和东哥特人后，把他们中的大部分收罗到自己的麾下，这一做法构成了匈奴西侵的特点：匈奴在征战过程中大量吸纳日耳曼等欧洲人，“匈奴流”的人员构成发生变化，具有越来越浓的欧洲色彩。匈奴打败东哥特人后，即把矛头指向西哥特人，后者向罗马帝国求援，经过谈判，罗马人准许他们以同盟者的身份南渡多瑙河，进入帝国境内，居留在今保加利亚一带。在帝国界墙的其他地方也是如此，随着一部分法兰克人和阿勒曼尼人穿越界墙进入莱茵河西岸，罗马国家逐渐同意他们作为同盟者移居帝国内部，同时承担保护帝国边界的义务。从四世纪末叶起，保护帝国边界的任务几乎完全交给了“野蛮人”军团。这反映出罗马帝国在中西欧的统治已经极其虚弱，日耳曼人的势力已经崛起。果然，西哥特人进入帝国境内不久，就感到无法忍受帝国政权的剥削和压迫。罗马官吏侵吞供应给他们的粮食，然后又趁他们饥寒交迫之际，以高价出售粮食或腐败的食品。西哥特人为了吃到一块面包，需要付出一个奴隶的代价，常常不得不为此出卖自己的子女。他们忍无可忍，起而反抗，从帝国的“同盟者”变为帝国的敌人。378 年，他们在移民和奴隶的支持下，在亚得里亚堡（今土耳其境内）打败罗马军队，向意大利推进，在攻占并破坏了罗马城后，迂回北上，打败汪达尔人和苏维汇人，419 年在南高卢和北西班牙建立第一个“蛮族”国家——西哥特王国。

汪达尔人和苏维汇人是此前趁着罗马帝国遭到东、西哥特人威胁时，为躲避匈奴的侵扰，越过莱茵河进入高卢和西班牙的，受到西哥特人挤压后，开始再次迁移。

苏维汇人进一步向伊比利亚半岛西北部推进，在那里建立了苏维汇王国。汪达尔人起先打算停留在半岛南部，由于处境并不理想，故在西班牙南部渡过地中海，进入罗马帝国在北非的行省，再一路向东，寻找理想的落脚之处。439 年，汪达尔人攻克迦太基城，以此城为首都，建立了汪达尔王国。十余年后，汪达尔人以强大舰队再次北上攻打意大利半岛，于 455 年攻克罗马城，大肆洗劫和破坏。由此，“汪达尔主义”成为疯狂破坏行为的代名词。

法兰克人也在行动，他们利用局势的变动积极扩展自己的地盘。从三世纪起，法兰克人就经常侵入高卢，到四世纪末，其中的滨海法兰克人作为罗马帝国的同盟者居住在埃斯考河和马斯河下游一带，滨河法兰克人则定居在莱茵河和马斯河之间。此后，法兰克人利用各种机会，先侵占了高卢南部地区，以后又东侵罗马帝国的领地，把自己的势力范围推进到索姆河流域。此时，勃艮第人也越过莱茵河向西推进，以里昂为首都建立了勃艮第王国，横插在罗马政权和法兰克人之间。至此，罗马帝国同北高卢之间的联系被切断，西罗马帝国①的疆域仅局限于意大利一地。

作为大迁徙源头的匈奴继续行进，逐渐征服斯拉夫人和日耳曼人的许多部落，控制了整个多瑙河流域。尤其是五世纪 30 年代阿提拉成为匈奴首领后，其扩张的势头更为凶猛。“阿提拉”其实是哥特人的名字，因其掌权期间给予没落的罗马帝国以沉重打击，被后人称为“上帝的鞭子”。40 年代后期，阿提拉兴兵进攻罗马，迫使罗马政权向他缴纳大笔岁贡。50 年代初又转向西方，直逼高卢地区的战略要地奥尔良城。罗马政权联合西哥特人、勃艮第人、法兰克人等日耳曼人，在著名的沙隆之战中打败匈奴，迫使阿提拉退回匈牙利。第二年，阿提拉再次进攻罗马，但这时帝国政权已经失去了日耳曼人同盟者，只得向匈奴求和，拱手交出丰厚的贡品。正在这时，匈奴军队遭到疾病的侵袭，被迫退出意大利，返回东欧。453 年，阿提拉娶一日耳曼美女为妻，后突发心脏病暴卒军中。其数量众多的儿子为争夺统治权相互仇杀，导致匈奴人群龙无首，最后在匈牙利地区被当地人同化。476 年，遭到严重削弱的西罗马帝国灭亡，其剩余权力归入东罗马帝国。日耳曼人成了这场历史躁动的最后赢家。

日耳曼人自身在大迁徙过程中也发生了变化。从原居住区的居民构成来说，易北河以东的日耳曼部落西迁以后，斯拉夫人立即跟进，并力图在该地区扎下根。

① 395 年，罗马皇帝狄奥多西去世，内外交困的罗马帝国正式分裂成东、西两部分，狄奥多西的长子阿尔卡狄任东罗马（也称拜占庭）帝国的皇帝，以君士坦丁堡为都城，次子霍诺里任西罗马帝国的皇帝，仍以罗马为都城。

从社会结构来说，部落联盟融合成部族（Völkerschaft），它与剩余的凯尔特—罗马居民和跟进的斯拉夫人一起，构成后来德意志民族的种族基础。

在日耳曼人同罗马人交往和冲撞的过程中，双方的交融也在进一步发展。由于罗马的经济社会发展水平高于日耳曼人，故而这种交流更多地表现为前者的生产和生活方式向后者渗透。在毗邻莱茵河和多瑙河的日耳曼人居住区，城市中开始出现较为繁华的市场，人们逐渐使用自来水管，从山间溪流引来洁净的山泉水，不仅用于饮用，也开始使用淋浴设施。相应地，城里开始开挖排污水渠，建造有供暖设施的住房。妇女学会了缝制衣服，包括衬衣、裤子、短上衣、披肩和绑腿。当时罗马国家的许多日用品，在大日耳曼尼亚几乎都能找到，包括铜碗、尺子、杯匙、剪刀、手镯、头饰、灯、梳子等等。日耳曼人为了达到贸易平衡，向罗马边境部队输出牲口以供军队食用，同时将战俘甚至通过海盗活动抢来的人卖给罗马人充作奴隶。接壤地区的不少日耳曼人到罗马手工艺作坊"打工"，学到了制陶、制玻璃、冶金等较高级的工艺，又把它们传到大日耳曼尼亚的内地。在一些农民村社中，有些自由农在从事农业的同时，兼营织造、木工（制造桌子和车辆）和冶炼。考古学家在内地发现了不少日耳曼人自己制造的陶器、玻璃器皿、玻璃珠、刀剑等物品，部分物品的工艺技术已相当高超。造船技术也有很大发展，三世纪初建造的柞木船长约21米，完全适用于航海。

四、墨洛温王朝

在日耳曼诸多部落中，首先脱颖而出建立统一国家的，是滨海法兰克人克洛维一世（Chlodowech I，466—511），他建立了法兰克王国的墨洛温王朝。克洛维起初只是滨海法兰克诸部落中一个小邦的首领，他除了具有较强的个人能力外，还拥有令人羡慕的祖先。其祖父名叫墨洛维（墨洛温王朝即以此命名）①，也是部落的首领，在蛮族大迁徙中曾率部协助罗马政权，在沙隆战役中大败阿提拉。由于战功卓绝，逐渐被人神化，相传系水妖之子。克洛维的父亲奇尔德里克（Childerich）继任

① 墨洛维的原文为Merowech，墨洛温家族的原文为Merowinger，国内也有书籍把两者都译成"墨洛温"。

部落首领，任内大力拓展疆土，死后安葬于一座豪华的坟墓中。一千多年后，人们在墓中发现一枚金质印章戒指，上面刻有主人的头像，四周缀有“奇尔德里克国王”的字样。418 年，克洛维接任其父的职位，继续扩张势力。经过几十年的努力，他战胜了其他法兰克部落，统一莱茵河下游和高卢北部，被下属“抛掷到武士们的盾牌之上”，从而成为法兰克人的唯一君主。486 年，他击溃了西罗马帝国在高卢的残余势力，建立了法兰克王国，开始了墨洛温王朝在法兰克王国的统治。

读者也许会产生疑问：为什么在有关法国历史的书籍中，也叙述到法兰克王国？法兰克王国到底是德国历史的组成部分，还是法国历史的组成部分？其实，由于中世纪初期欧洲历史发展的特点，法兰克王国对法国历史和德国历史来说，都是一道不该绕过去的“坎”。法兰克王国既是法国历史的有机组成部分，也是德国历史的有机组成部分。具体来说，第一，法兰克王国的最初首都尽管设在巴黎，但是建立这一王朝的法兰克人，却长期生活在莱茵河下游地区，以后才逐渐向西和西南方向推进；第二，法兰克王国以后一分为三，法国、德国和意大利都是它的部分继承者；第三，法兰克王国在一定程度上继承了西罗马帝国的遗产，而这一遗产，以后直接传给了德国历史不可分割的“神圣罗马帝国”。

法兰克王国的控制范围包括整个高卢，以及莱茵河以东的广大日耳曼人居住区，其中包括阿勒曼尼人、萨克森人和巴伐利亚人居住区。墨洛温王朝为了有效地控制这些地区，根据当地的不同情况，在那里设置了公爵（最初为战时率领军队出征的人）、伯爵（最初为地方行政长官）和国王使节。然而，这些地区作为原先拥有独立地位的日耳曼部落联盟或部族居住区，尽管已经处于法兰克国家的宗主权之下，但是同墨洛温王朝的关系还是比较松散的。巴伐利亚由于设置了公爵作为统治者，在法兰克王国中成了公国，然而两者的关系很松散，除了七世纪中叶由于受到斯拉夫人萨莫公国的威胁时，公爵主动靠向王国政权外，其他大部分时间都倾向于推行独立的政策。公爵自己任命伯爵，自己掌握军队的领导权和司法权。曾一度，巴伐利亚公爵加里巴尔德一世把女儿嫁给伦巴德国王，并在法兰克人与伦巴德人爆发战争时采取亲伦巴德的态度，但很快被法兰克国王免职，另外任命塔西洛一世取而代之，然而在伦巴德人的传说中，仍然把加里巴尔德一世称作“国王”。阿勒曼尼公爵很早就表现出追求独立的要求，在七世纪时曾经有几十年的时间屈从于王权，其他大部分时间都在实施“自我统治”。图林根人在六世纪时只是松弛地依附于法兰克人国家，从七世纪起，法兰克人为了防御斯拉夫人的入侵，在图林根设置了公爵，七世纪 30 年代，拉杜尔夫公爵通过战胜斯拉夫人巩固了自己的地位，然而紧接着就打败了法兰克国王派去的干涉军。此后，拉杜尔夫公爵以图林根国王自居，名义上承认法兰克王朝的宗主权，实际上已成为图林根的独立君主。萨克森人只有一小部分在墨洛温王朝的统治之下，即使这部分人，其独立倾向也比其他人更加明显，他们曾经向国王提议，自愿承担保卫边界防备斯拉夫人的义务，但是要求免除向王室缴纳的岁贡。与萨克森人相邻的弗里斯人，在六世纪中后期曾经被置于法兰克人的统治之下，但到了七世纪，他们就争得了相对独立的地位，建立了自己的君主政体，一度还使法兰克人感到自己处于受逼迫的防守地位。这些情况充分说明，墨洛温王朝对王国领地的控制是有限度的，充分体现出从原先的部落联盟或部族向封建王国过渡的艰难之处。同时，莱茵河流域和莱茵河以东广大地区保持自己相对独立的地位，没有被以巴黎为首都的王国政权充分同化，也为日后德意志国家的形成提供了条件。

墨洛温王朝的三个特点，对以后的德意志历史产生了较大的影响。

第一，墨洛温王朝对罗马帝国的崇敬与迷恋，对“神圣罗马帝国”的产生有着直接的影响。罗马帝国在当时乃至以后欧洲人心目中的地位，大部分中国读者可能还缺乏认识。罗马帝国作为希腊文明的继承和发扬者，作为一个地跨三大洲的环地中海大帝国，不仅是欧洲历史的良好开端，而且由于当时欧洲人对世界的了解有限，还被看作是世界霸主。不少欧洲统治者，出于各种实际的利益考虑，或许会对罗马帝国采取不同的对策，但是在内心深处，都希望承继它的衣钵和荣耀。476年，西罗马政权被推翻，然而，罗马帝国作为整体来说并没有灭亡，因为“东罗马帝国”仍然存在，而且由于西罗马政权的灭亡，反而获得了无可争议的“单一”和“正统”的地位。这里，有必要展示一下当时的某些历史细节。476年，罗马勋贵奥雷斯特斯将西罗马皇帝尤利乌斯·奈波斯驱逐到达尔马提亚，另立其子罗慕洛为帝，从而进一步削弱了本来已经暮景渐现的西罗马皇室。同年，由于西罗马国库无力向日耳曼雇佣军支付军饷，直接引起军队哗变，他们推翻了罗慕洛，拥戴自己的统帅奥多亚克执掌国政。但是，奥多亚克并没有在罗马建立起纯粹日耳曼人的政权，而是继续留用罗马元老院，并派使团前往君士坦丁堡，将西罗马皇帝的权力象征物——帝国徽章送交东罗马皇帝，并强迫罗马元老院向东罗马皇帝宣布：西部不再需要自己的皇帝，奥多亚克就是受皇帝委托的政府领导人。他的目标很明确，就是以东罗马皇帝代理人的身份，依靠特命全权在欧洲西部执掌实权。克洛维建立法兰克王国后，也以承认东罗马皇帝、继承西罗马帝国的事业为荣。据史书记载，他“接到［东罗马帝国］阿纳斯塔西乌斯皇帝的敕书，受任执政官的职务。在圣马丁教堂里，他身上穿起紫色袍服，披上披肩，头上戴起王冠，然后跨上坐骑，从圣马丁教堂的前庭入口直到城里的教堂，一路上慷慨大方地把金银钱币亲手赠送给沿途的人。从那天起，人们向他欢呼时称他为执政官和奥古斯都。他离开都尔，来到巴黎，把他的政府设在那里……”[①]到卡罗林王朝的查理大帝执政时，法兰克王国对罗马帝国的尊崇，又上了一个台阶。

第二，克洛维作为法兰克国王皈依了基督教，推动基督教在中西欧进一步传播。日耳曼人原先信奉原始宗教，不少部落崇拜名叫“沃丹”（Wodan）的原始部落神，指望自己日后成为英雄，进入沃瓦尔哈拉殿堂，得到圣洁女武神的接待。在罗马文化的影响下，他们的部落性宗教信仰解体了，其中很多人接受了新柏拉图主义无神论，部分人皈依了基督教或犹太教。但是，早期的日耳曼基督徒，接受的大多是阿里乌派教义，该派反对“三位一体”的说法，强调上帝（圣父）和耶稣（圣子）在本体和本性上是不同的，虽然圣子是圣父首先造出，圣子所奉行的一切都体现了圣父的道，圣子享有圣父的荣耀，甚至可以被尊奉为神，但是圣子本身并不是神。阿里乌派基督徒不仅反对“三位一体”学说，还残酷迫害信奉该学说的信徒。然而，325年召开的基督教尼西亚大公会议，判定阿里乌派为“异端”，并解除了阿里乌的教职，将其流放。一时间，日耳曼人同基督教会的关系变得微妙起来。克洛维原先并不信奉上帝，但自从娶了遭遇不幸的勃艮第公主克洛蒂尔德为妻后，耳边多了歌颂上帝大能大德的绵绵细语。作为一位能干的世俗君主，他原先对妻子的开导无动于衷，反而用批判的眼光看待妻子提出的“见证”。例如，他的长子在襁褓中接受洗礼时夭折，他感到痛苦万分，而王后却感谢万能的上帝，因为她由此看到上帝“并没有认为我是毫不足取的，蒙他垂恩，把我这个亲生的孩子带到天国去了。”她还表示，“对于这种事情，我的心灵丝毫不感到哀痛，因为我知道，穿着领洗的白色衣服从这个世界被召唤去的人，是会在上帝的眼前被抚养长大的。”然而，其次子接受洗礼时，病痛并没有危及生命，王后还是感谢上帝的恩德，因为“上帝注定要叫这个孩子痊愈”。对这种生也有道、死也有道的说法，克洛维只能耸肩摇头，不以为然。[②] 然而事情很快发生转机。496年，克洛维率军与阿勒曼尼人作战，这是一场涉及究竟由法兰克人还是阿勒曼尼人充当日耳曼人之王的战斗，因而异常激烈。法兰克人一度濒临绝境，王之将死，在绝望之际，克洛蒂尔德王后的劝导成了

① 都尔教会主教格雷戈里：《法兰克人史》，商务印书馆1983年版，第97—98页。
② 参见刘新利著：《基督教与德意志民族》，商务印书馆2000年版，第47页。

最后一根救命稻草，于是克洛维举目向天，高声喊道："耶稣基督！……我以一颗赤诚的心向你祈求，请你荣施援救。如果你赐准我战胜这些敌人，使我以亲身的体验证实那些献身于你的人所宣称业已证明的那种力量，那么我一定也信奉你，并且以你的名义去领洗。"或许出于巧合，或许是心理暗示在起作用，神话般的奇迹出现了，阿勒曼尼人溃败逃亡，法兰克人得胜班师。克洛维遵守诺言，在498年圣诞节那天接受入教洗礼。据记载，那天街道上挂满了色彩缤纷的帐幕，蔽日遮天，所有的教堂里都装饰着白色的帷帘，浸礼堂布置得整整齐齐，香烟氤氲，香烛生辉。克洛维请求主教给他施洗，他移步前行走向圣水，去用这种清新的流水湔洗从早年带来的污迹。[①] 511年，克洛维下令召开奥尔良宗教会议，规定任何人不得进入教堂追捕人犯，居民必须参加教堂礼拜，并不得在仪式结束前擅自离开。549年，奥尔良宗教会议进一步提高教会在世俗生活中的地位，规定：主教有权修改法官的判决，有权处分渎职的法官；神职人员免除徭役负担；不得干预或侵占教徒临终前捐献给教会的产业；教产受国家保护，并免缴税赋。

上述故事是生动而精彩的，但是难以反映相关历史的全貌。其实，推动克洛维皈依基督教的动因是复杂的。他要承继西罗马帝国的事业，称霸中西欧，需要借助各种辅助手段。罗马帝国的余晖，通过两样东西得到保留，一是其法律，以后被日耳曼王朝大量沿用，二是作为统一的象征和民众的精神家园的基督教会。在西罗马帝国崩溃、中西欧趋向"散架"的时候，基督教会仍坚持自己信仰和戒律的统一，作为所有基督徒的共同约束。世俗统治者如果同基督教会结成联盟，无疑给自己的事业增添了另一只翅膀。另外，法兰克王国已经越过莱茵河进入了西欧，而高卢地区和西班牙拥有大量的基督徒，墨洛温王朝皈依基督教，有助于稳定在西欧的统治。果然，皈依后的法兰克人，事业一路顺利，不仅高卢和西班牙地区"万民热切盼望，无不期待着早日接受法兰克人的统治"，[②]其他日耳曼地区也先后归顺墨洛温王朝，使法兰克王国很快将日耳曼西部和南部的所有部落都囊括在内，国界从比斯开湾扩展到莱茵河和埃姆斯河，成为日耳曼人所建立的最辽阔的国家。基督教在这一进程中的作用，一是表现在阿里乌派信徒在迷茫之中欢迎正统教派的统治，二是基督教会教士们的通力合作，他们既帮助法兰克人打败勃艮第人和西哥特人，又利用自己在民众中的影响，说服各地民众拥护墨洛温王朝。

---

① 参见刘新利著：《基督教与德意志民族》，商务印书馆2000年版，第48页。

② 马丁·基欣著：《剑桥插图德国史》，世界知识出版社2005年版，第12页。

在法兰克王国接受和传播基督教的过程中,200 多年后的圣·卜尼法斯(Saint Bonifatius,约 675—754)起了很大的作用。他在王国政府的全力支持下,一方面在全国各地大肆兴建教堂、礼拜堂和修道院,把基督教的影响之根扎向日耳曼社会的深处,另一方面积极寻求罗马主教的支持,把法兰克王国的教会事务同罗马主教更紧密地联系起来。卜尼法斯原名温弗里德,生于英格兰的韦塞克斯。早年曾在本笃会①隐修院学习,30 岁左右受神职。718 年,他奉罗马主教格列高利二世之命,去莱茵河以东地区传教。其第一个工作站,是黑森地区的盖斯玛城,他在那里建立本笃会隐修院,并多处建造教堂和礼拜堂。以后又到巴伐利亚传教,先后在日耳曼中南部设立四个主教区,自己担任了美因兹大主教。期间,他曾三次前往罗马寻求主教的支持,都如愿以偿。第一次在 719 年,他向主教要求得到"传教使徒"的名分,后获得一份"向全部日耳曼人传教"的委任书,成为"全体德意志人的使徒";第二次在 722 年,要求握有组织教会的权力,给德意志的信徒建设属灵的家园,后罗马主教授予他"德意志主教"的职衔,并给当地的世俗贵族写了举荐信;第三次在 737 年,要求成为所有在德意志传教的教士们的首领,后被任命为德意志总主教,即罗马教会在德意志地区的直接代理人。卜尼法斯依靠这些支持,在法兰克王国东部地区辛勤工作,整顿法兰克神职人员和爱尔兰传教士,建造教堂,设立主教区和隐修院。到八世纪中叶,由这些不列颠传教士新建和改建的主教区和修道院达 21 处,其中 17 处是由卜尼法斯亲自主持实施的,包括新建主教管区 4 处,改建主教管区 5 处,新建修道院 5 个。一时间,基督教传教工作在法兰克王国东部已成燎原之势。754 年,已近耄耋之年的卜尼法斯冒险前往弗里斯兰,要亲自在这块被异教徒控制的土地上主持建造基督教堂,但是迎接他的却是仇视的矛枪,卜尼法斯手举镀金的《圣经》,成为悲壮的殉道者。然而,他在法兰克王国东部地区推广基督教工作的辉煌成就,却是难以逆转的。

克洛维皈依基督教,对德国乃至中西欧其他国家的影响是巨大的。从显性的表象来看,罗马帝国接受基督教,开了在中西欧推广基督教的先河,但随着西罗马帝国的灭亡,这一进程面临着中断的危险,克洛维的皈依,起到了兴亡继绝的关键性作用,使欧洲各国至今仍处于基督教的强力影响之下。当然,与此同时也带来了各种争端,包括基督教内部不同派别之间的争斗、基督徒与异教徒之间的争斗以及

① 天主教一批修会的联合组织,它们遵循圣本笃所制定的规章,继承隐修传统,将祈祷、体力劳动、学习等活动合理地安排在作息时间内。本笃会隐修院曾经是欧洲主要的经籍研究与学术中心,其中最著名的是本书第二章中将要述及的克吕尼隐修院。

长期影响欧洲局势的皇权与教权之间的争斗。从隐性的内核来说，此举使法兰克人与高卢罗马人之间的关系发生根本性的变化，从敌手变成盟友，法兰克人从单纯的日耳曼人脱胎成欧洲人。此外，法兰克王国和神圣罗马帝国的政治结构都失之于宽，由于种种条件的制约，王国和帝国政府都无力对德意志社会进行整合，将自己的意志贯彻到每一个穷乡僻壤，而罗马教会的特点是等级分明，内聚力强，强调统一和一元，这两条系统共同存在于德意志社会，此弱彼强，此起彼伏，互相制衡，互为补充，形成了一种微妙的平衡。

第三，法兰克王国奉行兄弟之间平分家产的原则，既导致日后德意志国家从法兰克王国中脱颖而出，又在一定程度上保持了德意志国家的松散状态。日耳曼人中，只有汪达尔人实行“长子继承权”，包括法兰克人在内的其他各部族，都实行一种起源于氏族制度的亲属所有制原则。人们普遍认为，包括国王在内的首领们具有某种神性和魔力，这种神性和魔力会均等地遗传给他的每一个儿子，他们只要在田间行走一趟，谷物就会丰产，他们能够听懂鸟语和兽言，他们在战场上是不可战胜的，前提仅仅是他们不要剪断自己的头发。因此，为了国家的繁荣与发展，王族应该兴旺发达，同时，具有神性和魔力的人应该全部参与统治。如果其中的一个或几个儿子被他的兄弟杀死，那只能证明他们的魔力还有所欠缺。需要指出的是，法兰克人均分王国的原则，是暂时的分治，而不是永久的分家。如果是后者的话，几代人下来，王国就会分裂成几十个小国。法兰克王国的实际运作方法是：国王死后，王国领地平均地分给几个儿子治理；其中某个儿子死后，他所分治的区域再分给活着的兄弟，这样可以保证王国在最后一个儿子独自统治时重新恢复完整；最后一个儿子死后，已经恢复完整的王国再在他的儿子中间平均分配。如果仅仅站在王族的角度来看待这种继承制度，也许有其合理之处，它诉诸于国王的每一个儿子，动用全家的力量来维护王族的利益。然而这种运作方式却不利于王族周围的利益集团，一旦自己的主子先于其他兄弟死去，这些利益集团就会成为丧家之犬。实际上，墨洛温王朝统治时期，正是这些利益集团成了王国内部纷争的主要动力，最后，也是其中的一个利益集团篡夺了墨洛温家族的统治权。

511年，正值盛年的克洛维去世，王国的统治权在其四个儿子中分配。长子特德里克一世的分治区以梅斯为首府，成为“梅斯王”；克洛多默的分治区以奥尔良为首府，成为“奥尔良王”；希尔德伯特一世的分治区以巴黎为首府，成为“巴黎王”；克洛泰尔一世的分治区以苏瓦松为首府，成为“苏瓦松王”。在这四位继承者中，希尔德伯特一世占据着领导地位，但是，最后一个死去的却是克洛泰尔一世。

561年,已经获得整个王国的克洛泰尔一世去世,遗产又在四个儿子中间均分,夏里伯特一世、贡特克拉姆、西吉伯特一世和希尔佩里克一世分别获得一个分治区,也以巴黎、奥尔良、梅斯和苏瓦松为首府。然而六年后,夏里伯特一世过早去世,他的分治区被三个弟兄瓜分,这一状况造成两个结果。第一,以巴黎为首府的分治区被瓜分,巴黎曾一度失去中心地位;第二,法兰克王国内部形成了对未来有很大影响的"三分天下"格局,出现了纽斯特里西亚(Neustrien,意即"新西区")、奥斯特拉西亚(Austrasien,意即"东区")和勃艮第等地区概念。在这期间,三个分治区内的王族成员和贵族们都想实施区内继承,而王国的法定继承者力图挫败这种分权企图,因而造成王国内部纷争不已。613年,纽斯特里西亚统治者克洛泰尔二世在王族斗争中取胜,重新统一了法兰克王国,并在629年临死前将王国政权整个地传给长子达戈伯特一世(达戈伯特一世将首府迁回巴黎)。奥斯特拉西亚人不服,但由于达戈伯特一世的统治能力较强,反抗没有取得成果。然而639年达戈伯特一世去世后,奥斯特拉西亚就获得了独立地位,法兰克王国再次分裂。在长期的争斗中,墨洛温王族不得不对大贵族和教会势力让步,使他们不断获得土地和财产,赢得种种政治、经济和军事特权。王权逐渐衰弱,实际权力落到掌管宫廷事务和王室地产的宫相手中,国王成为无权的"懒王",最终被卡罗林王朝取代。

五、卡罗林王朝

卡罗林王朝的名称,来自于"查理",因为国王家族中有不少人叫这个名字,以后的"查理大帝",更是其中闻名于世的佼佼者。同一个名字,各种语言有不同的表达法,拉丁文为Carolus(卡罗路斯),法文和英文都是Charles(查理,现译"查尔斯"),德文为Karl(卡尔)。由于中文翻译上的问题,造成了人名与王朝名称不统一,如果起初就把"卡罗林王朝"译成"查理王朝",既容易理解,也便于记忆。

卡罗林家族发迹于奥斯特拉西亚,几代人都担任那里的宫相。宫相一职,起源于管理罗马元老院庞大地产的官员,在法兰克王国时代,成了王室家政的主要管理人。卡罗林家族不仅在这个职位上学会了管理,而且逐渐成为全王国贵族中势力最强的一支,几乎可以与王族匹敌。687年,查理的曾祖父中丕平(Pippin der Mittlere,640—714)[①]在罗马主教的支持下,在庇卡图战役中打败了纽斯特里西亚的军队,卡罗林家族的权势基本上为所有法兰克贵族所承认。查理的祖父叫查理·马特(Carles Martel,689—741),"马特"是其绰号,意为"铁锤",谓其果敢勇猛,也担任宫相。那时,阿拉伯人从北非渡过地中海入侵西班牙,意欲控制欧洲大陆,他们的军队一度推进到比利牛斯山现法国边境一带,形势非常危急。查理·马特率领法兰克军队出征,在普瓦捷一带大败阿拉伯人,一时名声大振,罗马教皇据此授予他"执政官"和"贵人"[②]的职位和称号。随后查理·马特继续率兵出征,重新征服阿勒曼尼人,巩固了法兰克人在图林根和黑森的统治,还继中丕平占领西弗里斯兰后征服了北弗里斯兰。719年,随着法兰克王国重新统一,查理·马特也从奥斯特拉西亚宫相上升到全国的宫相。查理的父亲叫小丕平(Pippin der Jüngere,714—768),外号"矮子",741年起担任了十年宫相。此时,篡位的条件逐渐成熟。为了顺利达到目的,小丕平再去争取罗马主教的支持,谦恭地询问"不拥有国王权势的法兰克国王"是否不可变更。主教此时已把卡罗林家族视作倚重力量,故回答说:"与不保持国王权势的人相比,还是拥有权势的人称王为好。"并明确要求将小丕平升为国王。[③] 于是,751年正式举行了王朝更替仪式,在举行于苏瓦松的法兰克贵族会议上,与会者通过敲击武器,一致赞同该动议。小丕平作为当选领袖,被擎于诸多盾牌之上。罗马教会紧密配合,宣布废黜懦弱的墨洛温"懒王"奇尔德里克三世,并为小丕平戴上王冠,涂上圣油。执政才八年的奇尔德里克三世被贬入修道院中,墨洛温王朝寿终正寝。

768年,小丕平去世。临终前,他仍然按照日耳曼人的习俗,将国土一分为二,交给两个儿子分别管理。但也许是担心习惯成自然,导致永久的分裂,小丕平改换方法,不按照传统的东、西划分法,改用南、北划分法,将纽斯特里西亚和奥斯特拉西亚都拦腰切断,长子卡洛曼领有南部地区,次子查理领有北部地区。如果这一格局得以长久延续,查理的作为就会受到很大限制,同时他与罗马教会的联系也会受到阻隔。所幸的是,卡洛曼继位三年即英年早逝,其领地全部划归查理,使后者有了广阔的表演舞台。

查理(Karl der Große,约742—814)对法兰克王国的统治长达47年,期间文治武功,十分出色。英雄人物总是惹人喜爱,不少欧洲国家都称之为"大帝",而且视

① 亦译"大丕平",位于老丕平和小丕平之间。

② 原文Patrician,原意"贵族",当时是仅次于"皇帝"和"执政官"的贵族称号。

③ 赫伯特·格隆德曼等著:《德意志史》,第一卷:古代和中世纪,商务印书馆1999年版,第208页。

查理大帝雕像

其为自己独占的民族英雄，这些国家除了德国外，还包括法国、意大利、荷兰、西班牙、英国和斯堪的纳维亚国家。如前所述，法兰克王国(包括卡罗林王朝)是德国历史不可分割的组成部分，舍此就不成为完整的德国史。此外，就查理大帝来说，本书要对他作一定的叙述，还有一些附加的理由。第一，卡罗林家族发迹于奥斯特拉西亚，即法兰克东王国，这一地区在地理上同以后的“德意志兰”有直接的延续关系；第二，卡罗林王朝的主要首都在亚琛，而不是巴黎；第三，查理执政期间，法兰克王国同罗马教廷的关系进一步升温，查理所得到的“上帝所祝圣的最和蔼的奥古斯都、罗马人民伟大而爱好和平的皇帝”称号，与后来的神圣罗马帝国有直接的继承关系。

查理的外表敦实健壮，有人说他像个典型的农民：高大的身材，壮实的肩膀，宽阔的胸脯，公牛似的脖子，举手投足之间显得强壮有力。走近看，发现他的大眼睛里充满着智慧，常常穿着一套老式的法兰克服饰，令人起敬。查理是个“马上皇帝”，诸事喜欢亲临现场，常常出其不意地出现在危险的地方，出现在行宫和各省，出现在帝国议会、宗教会议和民众大会上。他执政 47 年间，骑马的行程达九万公里，能绕地球两圈多。他一生南征北战，勇猛无比，据当时的人记载，查理在战场上的形象是“戴头盔，加护甲、铁护胸，两个宽肩上还有铁护甲；左手高擎铁矛，右手挥动胜利长剑，大腿以铁鳞片保护，盾牌皆钢铁制成”。[①] 47 年间征战达 50 多次，其中对萨克森人作战 18 次，对西班牙的阿拉伯人 7 次，对斯拉夫人 4 次，对丹麦人 3 次，对希腊人 2 次，据推算，在查理的战争中牺牲的人数达 100 万之多，颇让人产生“一将功成万骨枯”之感。788 年，他将巴伐利亚公爵废黜，有力地遏制了巴伐利

① 阿・米尔著:《德意志皇帝列传》，东方出版社 1995 年版，第 15 页。

亚人的独立倾向。对待敌人，查理是毫不留情的，尤其是对待不信基督教、坚持原始崇拜的萨克森人，他的手段近乎残忍，对萨克森的征战被指责为“所有战争中最可怕最费力的战争”，其残暴程度“只有经历过第二次世界大战的人才能想象出来”。据史书记载，782 年在萨克森人占据的费尔登市，查理的兵士攻克后，凡是不接受基督教洗礼、蔑视斋戒规定、拒绝基督教式安葬的人，都被处以死刑。一个本来就不大的市镇，一次就屠杀了 4 500 人。幸存的萨克森人不得不皈依基督教。查理还不放心，为了牢固地控制萨克森地区，他下令将 5 万多名萨克森人强行迁离家园，流放到法兰克地区，同时将大量的法兰克人迁往萨克森。频繁征战的结果，是法兰克王国的控制范围急剧扩大，势力一度达到顶峰。查理执政 26 年时，正逢他加冕前夕，法兰克王国的疆域扩大了一倍，消灭了阿瓦尔王国，吞并了伦巴德，囊括了多瑙河中游盆地。其领土西至埃布罗河、比利牛斯山和大西洋，东迄易北河，北至北海和波罗的海，南迄意大利，包括了现今的整个法国和欧洲中部国家。

查理的好学精神同样引人瞩目。人到中年，还孜孜不倦地学习希腊文和拉丁文，学习写作、文学、哲学和技术，平时常把小黑板放在枕头下面以便随时取用。为此他尊重知识尊重人才，同学者们交朋友。他曾对老师表示：“你把我引进了丰富的算术宝库中了。你用天文学的光辉照亮了我。现在请为我打开雄辩术和辩证法的大门……”①他常常把欧洲各地的知识精英请入王宫，举行学术聚会。上百人或一同畅游温泉池，或一同骑马出行，或共坐一桌，一起娱乐和讨论。他们无拘无束，非常自由和大胆地高谈阔论，既无官腔套话，也不装腔作势，对在场的君主毫无恭维之词。久而久之，国王的圆桌聚会发展成了旅行科学院。在此基础上，查理进一步开办宫廷学院，学生来自欧洲各地，包括法兰克人、伦巴德人、盎格鲁人、爱尔兰人、萨克森人、弗里斯兰人、巴伐利亚人、阿勒曼尼人和西哥特人。在师生共同聚会时，成员一般不报真实姓名，每人都从《圣经》或希腊史、罗马史、日耳曼史中找出一个假名字，用这样的方式来怀念伟人，同时也使成员各自忘掉自己的头衔和威严，平等地参与讨论。还建立了宫廷图书馆，收藏教会长老和古代作家的著作。他对地方教育也很重视，规定每个修道院和主教堂都要附设学校，告诫教师要因材施教，不论学生的父母是富人还是穷人。查理很爱惜人才，哪怕这位学者曾经反对过自己。据称，伦巴德历史学家保罗・瓦恩弗里德曾三次反对查理的生活方式，事情披露后，有关人士开会商议处置方式。有人高喊：“打断他的手！”查理回答说：“那

① 阿・米尔著：《德意志皇帝列传》，东方出版社 1995 年版，第 26 页。

我还能在哪里找到这样优秀的作家呢?”又有人提议:“挖掉他的眼睛!”查理仍然平静地回答:“谁能给我这样一位历史学家?谁能再给我这样一位诗人?”正是在查理执政时期,德意志语言(lingua theodisca)开始传播,王国政府敕令为此编纂一部语法书,并宣布该语言享有与希伯来语、拉丁语和希腊语同等的地位。

卡罗林王朝由原王朝的宫相建立,在当时人看来,缺乏王族的高贵血统,因而需要求助于教会的祝福,据此向世人显示自己的王位不是来自血缘继承关系,而是来自于上帝。在查理执政时期,法兰克王国同罗马教会之间的关系进一步升温。为了巩固后代的继承权,781 年查理亲自访问罗马,请主教为他的儿子丕平和路易分别加冕为伦巴德国王和阿基坦国王。政府的文书工作全部交给教士处理,并在其中选定一位担任“首相”(该职位在西方国家一直延续到现在)。不久,罗马教会自身进入了多事之秋。795 年,原主教阿德里安一世去世,新主教利奥三世接任。由于新主教出身平民家庭,根基不深,自身性格也比较软弱,因而地位很不稳固。他把宝押在查理身上,翌年即将罗马城市的旗帜送给查理,要求后者对罗马人作效忠宣誓。查理当即向教皇表明自己的立场,表示不仅要保卫教会,而且保证国内“承认天主教信仰”。然而利奥三世还是无力控制局面,799 年,反对派指控他犯了出卖圣职罪、淫乱罪和假誓罪,并安排武装人员袭击正在从拉特兰宫前往教堂的他。利奥三世受了伤,差点丧命,历尽艰险逃到法兰克王国,找到大本营,请求查理出兵援助。查理先派贴心大臣护送主教回到罗马,在翌年 11 月攻打萨克森人的战事告一段落后即亲自来到罗马,主持对利奥三世的最后裁决。在庄严的圣彼得大教堂,端坐在主席台中央的查理换下了往常穿着的法兰克服装,身着罗马红衣主教紫袍,脚登罗马靴,两边坐着萨尔茨堡和科隆的大主教、三位法兰克主教和三位法兰克显贵。听众席上坐着罗马的贵族和教会的显要人物。利奥三世有了查理做后盾,信心大增。他站在讲经坛上,手按《圣经》庄严地向上帝祈求,并发誓自己是无罪的,这就是著名的“无罪誓言”。在查理的主持下,法庭没有经过真正的审讯程序,即宣布主教无罪。反对派反而被判了死刑,只是由于刚刚摆脱了困境的教皇宣布赦免他们的死罪,他们才免于一死,被终生流放到法兰克王国。

800 年的圣诞节来临了,这一天,发生了颇具争议的查理加冕为帝事件。在罗马圣彼得大教堂的长方形大厅里,圣诞子夜弥撒正在进行,在安葬圣彼得遗体的祭坛旁,灯烛齐燃,查理第二次换上罗马红衣主教紫袍,双膝下跪,默默地做着祷告。罗马主教利奥三世从主教法座上立起身来,高声诵读福音书,完毕后走到查理身旁,将恺撒的金色冠冕戴在查理的头上,并为他涂抹圣油。随后,主教以规定的礼仪向查理朝拜。教堂内外，欢呼声云起："长寿与胜利属于尊敬的查理，属于上帝加冕的最虔诚的奥古斯都，属于伟大的罗马和平皇帝！""查理·奥古斯都，神所加冕的伟大而赐予和平的皇帝万岁！成功！""上帝为查理加冕，这位伟大又能带来和平的皇帝，万寿无疆，永远胜利！"至此，查理获得了人类历史上少有的荣耀。他的正式称号很长，具体措辞是："上帝所祝圣的最和蔼的奥古斯都，罗马人民伟大而爱好和平的皇帝，上帝恩赐并为之祝圣的法兰克和伦巴德国王。"这些称号同以后的"神圣罗马帝国"有直接的继承关系。查理的帝玺是铅制的，目前保存在巴黎，帝玺上刻有"罗马帝国的再生"题词。

教皇为查理加冕

有争议的问题是，查理事先是否知道罗马主教要给他加冕？查理及其陪臣们坚持自己事先并不知晓。按照这种观点来叙述事情的细节，往往强调事情的突然性，即在查理跪着默默祷告时，主教"突然站起来"，"迅速地"给查理戴上皇冠。仿佛这是一场善意的"突然袭击"。他们还以 13 年后的另一场加冕典礼作为旁证。813 年，71 岁的查理为儿子路德维希加冕时，一是把地点选在自己的首都亚琛，而不是罗马，二是方式为"自我加冕"，而不是由教皇来加冕，查理事先既不同教皇协商也不向他通报，而是自己身着全套皇袍，头戴皇冠，手持拐杖，坐在大理石宝座上，把皇冠戴在儿子的头上。另一些人则认为，加冕为罗马皇帝是一件非常重大的事情，查理事先不可能毫不知情。当时有位不列颠出生的基督教学者阿尔克温，参与起草了一份名为《卡罗林尼书》的呈文，递交给罗马主教、大主教和各国政府，恳请将法兰克国王晋升为皇帝。查理表面上对此毫无反应，但是在800年秋冬去罗马途中，到修道院拜访了阿尔克温，两人进行了密谈。阿尔克温为查理准备了一份厚礼，即一本贵重精美的手抄《圣经》，并在查理被戴上皇冠后成为第一批祝贺者，献上了礼品。按照这种观点来叙述历史，往往会强调从罗马主教离开法座到给查理加冕，是一个持续了一段时间的过程，主教曾高声诵读福音书，并以同主教身份相符合的步伐节奏走到查理身边，庄重地为他加冕，而不是像个街头草民般突然把一顶毡帽扣在别人头上。他们还认为，以后查理亲自为儿子加冕，是希望冲淡当年罗马主教加冕所带来的副作用，即王室似乎承认了教会权力高于世俗权力，教廷有权支配皇位。此外，由主教加冕还涉及到原罗马帝国的继承权，以及与之相关的基督教东、西教会的关系问题。如前所述，西罗马帝国灭亡后，整个罗马帝国的领导权名义上归拜占庭帝国独占，与此相对应，基督教的罗马教会也应该归拜占庭领导。罗马主教有无权力任命新的罗马皇帝并为之加冕？新的罗马皇帝是否会要求恢复到东、西罗马分治前的局面，从而威胁到拜占庭帝国的生存呢？这些问题都很敏感，也许会引起一场东西方的大冲突。查理既不想挑起、更不愿意卷入这种冲突，最好的办法就是充当"加冕事件"的被动接受者。实际上，罗马教会确实成为加冕事件的直接受益者，就在查理成为皇帝的那一天，罗马教会也摆脱了拜占庭的控制，成了教廷，罗马主教成了教皇，名正言顺地成为西方基督徒的首领。

事后，拜占庭帝国表示了自己的不满，称加冕事件是"一个野蛮人所骗取的涂圣油"，因而也是对拜占庭的挑衅。他们认为，要是罗马主教为自己选择一位新的庇护者，那就是要废黜位于拜占庭的罗马皇帝并取消其对教会的庇护权。然而，面对现状，他们也曾设计过取消罗马教会独立地位的方案。据拜占庭的历史资料记载，当时曾设想因势利导，尊推查理兼任拜占庭的皇帝，从而实现东西方的统一，恢复古代罗马的世界霸业。当时，查理的妻子已经去世，而拜占庭帝国的实权掌握在徐娘半老的女皇伊琳娜手中，三年前，她废黜了亲生儿子君士坦丁六世的帝位，并挖出了他的两只眼珠。如果这时查理能够迎娶伊琳娜为妻，罗马帝国的两部分遗产就能通过一种独特的方式完成统一，教皇也能降低到原先的地位。据拜占庭帝国的有关史料记载，801年，拜占庭政府派遣代表团同查理政府商谈，其中谈到了两位皇帝的婚事。但是这门婚事最后还是无果而终，802年，查理大帝派遣的代表团抵达拜占庭，准备进一步细谈，但一场政变推翻了伊琳娜的统治。812年，查理大帝和拜占庭皇帝彼此给予承认，拜占庭皇帝成为"罗马人的皇帝"，而查理仅仅是“皇帝”,不久,两大帝国分别称为“东帝国”(imperium orientale)和“西帝国”(imperium occidentale)。

814年,查理大帝去世,安葬在他驻跸时间较长的亚琛。亚琛大教堂是查理晚年下令建造的,基本参照耶路撒冷圣墓的形式,查理的坟墓就安置在教堂的中央圆顶下面。坟墓上刻有“伟大的正统皇帝”字样,旁边树着一块巨大的石碑,上书“查理大帝”几个大字。坟墓里,查理大帝的遗体安坐在大理石皇座上。德意志的后任国王对查理的坟墓怀有深深的敬意。“红胡子”(巴巴罗萨)弗里德里希向教堂赠送了一个巨大的枝形灯架,悬挂在坟墓上方的中央圆顶下。奥托三世为了从查理大帝那里获得力量和运气,甚至违反当时的习俗,秘密地打开墓门,进入坟墓,向查理的遗体下跪,并取走了颈脖上的十字架和其他遗物。

然而,查理大帝既是国王,又是皇帝,令继承问题变得棘手起来。作为日耳曼人的王国,需要平分给各个儿子实施分治,但是帝位却是不能分割的。这既是一对矛盾,也为王权的单线继承权打开了一个缺口。806年,查理把王国领土分给三个儿子,但要求他们共同承担对教会的保护责任。① 这样,其儿子查理、“虔诚者”路德维希一世和丕平各得一块领地。所幸的是,领地分治与帝位独享之间的矛盾在其儿子一代没有爆发,810年,当查理还健在时,其小儿子丕平夭折,翌年,大儿子查理也撒手人寰。从查理大帝老年失子、白发人送黑发人的角度看,这些事情是不幸的,然而从帝位继承的角度看,却是幸运的,自然界为查理大帝作了选择。813年,查理敕令在亚琛举行仪式,册封“虔诚者”路德维希一世为副皇。然而幸运之神并不会总是眷顾卡罗林王室,不久以后,麻烦便接踵而至。814年查理大帝去世,路德维希一世继位。他将王国预分成三份,分别挂在三个儿子的名下,他们是洛塔尔一世、丕平一世和“德意志人”路德维希二世。但是对于帝国的继承权,他于817年宣布,帝国与教会一样,不得分割,并册封长子洛塔尔一世为副皇。事情似乎圆满解决了,不料六年后又起风云。823年,新皇的第二个妻子尤迪特生下一个男孩,即以后的“秃头查理二世”。尤迪特劝说丈夫推翻了先前的分治方案,改把王国分成四部分,让婴儿也分享一份。大部分贵族和主教对这种做法深表不满,三个兄长由于自己的分治区“缩水”,更是怒火中烧,于是起兵反抗,导致了四年内战。

838年,二儿子丕平一世去世,分治区被瓜分。840年,皇帝路德维希一世自身

① Robert-Hermann Tenbrock, *Geschichte Deutschlands*, München, 1977, S.32.

在郁闷中去世,于是,暂时被掩盖起来的矛盾再度爆发。副皇洛塔尔一世按惯例转正,成为新皇,但由于此前他曾经公开反对过自己的父亲,两个弟弟拒绝服从他的统治。洛塔尔一世从意大利赶往亚琛,但在他到达以前,“德意志人”路德维希二世已经占有了东法兰克地区,“秃头”查理二世占有了西法兰克地区。洛塔尔一世向两个弟弟开战,但于841年战败。842年,路德维希二世和查理二世在斯特拉斯堡会晤后结成同盟,他们结盟的誓约称为《斯特拉斯堡誓约》,当时是用古法语和古高地德语两种语言高声宣读的,为的是让两支军队的士兵都能听懂。《斯特拉斯堡誓约》是现存最古老的德语文献,也是东、西法兰克国家语言分离的标志。

洛塔尔一世面临两个弟弟结成的斯特拉斯堡同盟,感到十分为难。帝国贵族也向他施加压力,要求他作出让步。无奈之下,他只得就范。各方经过多次谈判,终于在843年8月签订著名的《凡尔登条约》。该条约在中西欧历史发展进程中起着重要作用,与日后德国、法国、意大利等国家的形成有着较为密切的关联。按条约规定,帝国的领土一分为三:“德意志人”路德维希二世领有莱茵河以东的日耳曼尼亚地区,以及河西岸的美因兹、沃尔姆斯和施佩耶尔诸教区,称东法兰克王国,后来演变成德国;“秃头”查理二世领有帝国西部地区,称西法兰克王国,后来演变成法国;洛塔尔一世领有中间地区,即北起北海,南至意大利,西起索恩河和罗讷河,东到莱茵河的区域,称中法兰克王国,这块地方以后变化较大。帝位由洛塔尔一世承袭,但他实际上对两个弟弟的王国并无统辖权。《凡尔登条约》的独特之处在于,它规定三兄弟在各自的王国内,可以将有关的权益传给自己的儿子。

855年,洛塔尔一世去世。根据《凡尔登条约》的新规定和日耳曼人的旧传统,中法兰克王国分成三个分治区,由洛塔尔一世的三个儿子实施分治。长子路德维希二世承袭皇位,获得意大利分治区,查理领有普罗旺斯及勃艮第的一部分,剩余地区归洛塔尔二世,包括法兰克王国的首都亚琛在内,这片地方以后为纪念他而称为“洛林”。然而查理的寿命不长,领有分治区后八年,即863年,就英年早逝。他的分治区并没有划归自己的兄弟,而是被他的两个叔叔,即“德意志人”路德维希二世和“秃头”查理二世所瓜分。869年,洛塔尔二世也死去,翌年两位叔叔又签订《墨尔森条约》,瓜分了洛林地区,大致以默兹河和索恩河为界。这样就形成了后来德意志、法兰西和意大利三国的雏形。

不久,东法兰克王国也迎来了多事之秋。876年,路德维希二世去世,西法兰克的“秃头”查理二世企图夺取整个洛林地区,路德维希二世的儿子奋起反抗,不仅挡住了西法兰克人的进攻,还一度把洛林的西部也并入了东法兰克国家。之后,东法兰克王国也开始分家,查理曼、"年轻人"路德维希三世和"胖子"查理三世各分得一块分治区。数年后,查理曼和路德维希三世相继去世,三个分治区又合而为一。同时,由于西法兰克王国王室成员的谢世或无能,西法兰克王国的领地连同皇位也转入东法兰克王国,转入查理三世之手。一时间,法兰克王国再次实现了统一。

然而,卡罗林王朝似乎气数已尽,暂时的统一也无法使它中兴。"胖子"查理三世既无力抵御来自北欧诺曼人的凶猛入侵,又不能抑制国内大贵族的跋扈。887年,大贵族们爆发骚乱,逼迫查理三世逊位,拥戴查理曼的私生子阿努尔夫(即查理三世的侄子)担任国王(直至896年才加冕为帝)。同时,在内忧外患中,东法兰克王国内部形成了五个公国,即法兰克尼亚、萨克森、图林根、施瓦本和巴伐利亚,以更有效地平息内部的反抗斗争和反击外来的侵袭。① 这一局面,对以后德意志历史的发展有很大的影响。阿诺尔夫在加冕后三年去世,其子"孩童"路德维希四世即位。911年,路德维希四世去世,因其无嗣,卡罗林王族要推举"秃头"查理二世的重孙"天真汉"查理继位,但遭到莱茵河以东贵族们的强烈反对。最后几经周折,法兰克尼亚新贵族康拉丁家族的康拉德一世上台执政,东法兰克王国的卡罗林王朝中断,率先进入"后卡罗林王朝"时代。西法兰克王国的卡罗林王朝则继续维持,直到987年。

六、日耳曼尼亚封建化

生活在日耳曼尼亚的日耳曼人原处于原始公社阶段,在同罗马帝国冲撞和交融的过程中,尤其是在承袭西罗马帝国的"遗产"之后,其自身的社会形态发生了很大的变化,一步跨入了封建社会的行列。

起初日耳曼人以畜牧业为主,但随着生产水平的发展,定居生活日占上风,家畜虽然还是主要财产,但耕作也有了比较重要的意义。这时,土地占有形式成为关注的重点。与此同时,氏族社会开始瓦解,氏族的界限被打破,单一的血缘联系逐

① Joachim Herrman, *Deutsche Geschichte*, Band 1, Pahl-Rugenstein Verlag, Köln, 1989, S.398.

渐被地区联系所取代，日耳曼人的领地形成比较牢固的“区”（Gau）的联盟。在区域联系的架构下，农村公社成为生产方式的基础，当时，一个公社大约包含几个村庄。农地逐渐从公社公有制，转变成个人的私有财产，即可以自由转让和继承的自主地。氏族成员成为独立的小农，他们定期向公社缴纳一定的财产作为赋税，但是荒地、森林、草原和水域仍然保留作为公有财产。农村公社除了有责任维持自己的边界外，还负责筑路、保障度量衡制度等公共性工作。它调节农地的利用，指导播种和收获的时间，惩罚盗窃行为，监管磨坊、烤炉、酿酒所和其他类似设施的使用权。公社的管理机构和管理人由公社大会选举产生，公社大会同时也是公社的法庭。很显然，这一制度还保留着早期日耳曼人社会结构的痕迹。在农民同王权和贵族的斗争中，农村公社是他们的经济、政治和组织支柱。日耳曼尼亚地区的封建化进程比西法兰克王国地区缓慢，其重要原因就是公社成员能够在古老的部落制的基础上，通过公社保全自己的独立，迟滞私有财产制的蔓延。

封建主产生自多条途径。部分来自原来氏族的军事首领和贵族，他们一旦违背当初的承诺，在瓜分战利品时，利用职权获取更多的土地和劳动力，就逐渐转化成正在形成中的封建主，即国王和公侯，这种现象在法兰克部落比较明显。而在萨克森和弗里斯兰，由于战利品较少，阶级分化的进程较为缓慢，氏族贵族得到保存，并逐渐演化成封建贵族。但是在法兰克人势力所及的范围内，产生了大量的服役贵族，国王的扈从们由于为主子服役而致贵，这些扈从中也包括少量的氏族贵族残余。国王为了维持和控制自己的扈从，往往将尚未被人占有的大片土地分送给这些人，并授予他们其他经济政治特权，使他们走上致贵致富之路，进入封建主行列。另外还有一种土地贵族，他们直接从农村公社中产生，往往利用支配依附农的有利地位，大力开垦荒地，以增加地产并获得权势。

在封建主产生的过程中，封建依附农的数量也在增加。以往罗马行省中的隶农，和作为战俘的日耳曼非自由人，在法兰克王国扩张的过程中被“接收”，并随着王国的封建化而转化成封建依附农，这一过程是不难想象的。事实上，由于非自由人通过起义或逃亡获得自由人的地位，部分非自由人在为领主服役过程中上升为陪臣或受宠者，非自由人的数量有所减少。同时，即使是剩下的非自由人，由于原先的劳动租税被实物租税所取代，人身不自由现象普遍消失，他们的社会、经济和法律地位也有所改善。然而另一方面，不少原先的自由农民却日渐丧失经济和人身的自主性，被纳入领主土地所有制的范围，成为依附农。产生这一现象的原因有多种多样。有些是因为封建主贪得无厌，滥用手中的权力，通过欺骗、阴谋和暴力等手段，迫使自由农交出土地和茅舍，沦为依附农。这些农民要重新使用这些土地，就必须付出租税和劳役。有些小自由农遭到战争的摧残，他们成年累月地服军役，离乡背井，还要自费置办作战用具和三个月的生活资料，往往由此陷入困境而成为依附农。也有些自由农，为寻求安全，以图得到保护，自愿依附于有势力的领主。此外，教会封建主为了获取自由农的产业，也采取了各种手段。他们允诺给予施舍者以永恒的幸福，以地狱之苦威胁违抗者，并伪造文件，或以所谓的"圣物"欺骗农民，诱使他们沦为依附农。自由农转化成依附农的过程，在日耳曼尼亚地区晚于莱茵河以西地区，大约在 8—10 世纪才达到高潮。

依附农承担着沉重的徭役负担。徭役分狭义徭役和赋税两种。狭义徭役中最普遍的，是依附农必须在春天和秋天，为领主无偿耕作其自营地，如果两季中只耕作一季的，往往还要参与管理领主的葡萄园。农民在领主自营地里劳作，要自带农具、耕牛和犁，因此，农民服徭役的具体时间，是根据他所拥有的农具来决定的。在农忙季节，领主可以在一周内任意使用依附农三天的劳动力，如果遇到不良天气，农民只能耽误自己的农活，从而严重影响收成。此外，农民每年要参加值更 1—3 次，每次持续两周，保护领主的庄园和栅栏，值岗，为领主酿酒、做面包、放牧。除了上述定期徭役外，还有不定期徭役，诸如运输、伐木等等。赋税为缴纳实物，包括面粉、面包、葡萄、酒类、牲畜、木料等等，以后逐渐被货币取代。以格恩斯海姆的自由农庄为例，每户依附农每年要缴纳的赋税包括：1 头仔猪、1 只鸡、10 只蛋、1 车盖房子的木板、5 车木料、用于雇女工的 1 个先令、1 匹听候使唤的马。① 换一种算法，据史料记载，依附农在自己的收获物中，大约有 1/3 要作为赋税上交给领主，有些地方甚至达到 1/2。不过，领主经济也有正面作用。同小农经济相比，它可以更快地传播先进的生产方法，例如，由于土地面积较大，可以推广三圃制，同时实施专业种植和改良园艺，也有力量大规模地开垦荒地。

封建化在政治上的表现，是有了法兰克国王，以后又加冕为帝，国王宫廷成为国家的权力中心，宫廷官吏同时就是国家官吏，都由大、中领主充任。法兰克国王宫廷没有现代意义上的首都，宫廷设在"马背上"，国王及其随从一千余人，浩浩荡荡，在王国领域内从一处走向另一处。他们的驻地一般是称为"普法尔茨"的行宫，查理大帝执政时期经常使用的行宫在亚琛、迪特尔霍芬、英格尔海姆、尼姆维根，其继任者还喜欢驻扎在累根斯堡。行宫一般是一个建筑群，用于处理政务，举

---

① 汉斯—维尔纳·格茨著：《欧洲中世纪生活》，东方出版社 2002 年版，第 174 页。

行庆典，展开交际，还配备一个王家专用的小教堂。行宫周围，设置一个或多个提供给养的经济型庄园，在斯陶芬王朝时期，还同城堡连接在一起。在没有行宫的地方，流动宫廷也会租用当地富裕之家的现成房屋。当时之所以出现“旅行治国”的现象，是由各种原因造成的。从经济上看，流动宫廷可以在各处就地消耗本应送往王家仓库的食物，省却了大量的运输费用和劳力；政治因素更为重要，“旅行办公”使国王能真实地了解各地的实情，同时满足民众的心愿。当时，百姓认为兼任皇帝的国王是上帝膏立的，具有世代相传的神奇力量，如果有幸见到他，便可保障当地不会遭受恶劣天气、坏收成和瘟疫的侵袭。事实上，一旦国王兼皇帝建立起固定的宫殿，往往不要多长时间便会丧失对国家的控制。

部落时期的人民大会逐渐蜕变成陪臣大会，以后进一步演变成“高级宗教会议”，由主教和高级世俗贵族组成，在皇帝主持下议决国家大事。最后被定名为“帝国大会”(Reichstage)，由高级教会人士和世俗贵族组成，每次会期和规模由皇帝临时决定，一般一年聚会多次。

国王的统治基础，是各地的大小领主。他们一方面使用各种手段扩大自己的地产，增加附属于地产的依附者人数；另一方面又想方设法从国王处获取“特恩权”，借此获得自己领地上的行政权、司法权、财政权和军事权，俨然成了一个个土皇帝。名义上，这些领主要对依附者受到的伤害、发起的反抗负责，其实不少领主并不履行这一职责。史料曾记载：“几乎每天在圣彼得的团体中都会发生谋杀以及被野兽伤害的事件；常常是由于一些微不足道的小事，或者是喝醉了酒，或者是一个失去了理智的人被另一个人的傲慢所激怒。在一年中有 35 个圣彼得的奴仆无辜地被教会的奴仆所杀害，而凶手却在对此进行炫耀，自鸣得意，似乎并无悔意。”①法兰克王国的统治架构，是由采邑制度构筑起来的金字塔统治结构。顶端是国王，他为了各种原因，其中主要是为了加强对追随者的控制，以及对参加组建骑士军的上层人士的报酬等等，向陪臣大量赏赐封土，这种封土原来只限于受封者终身享用，不得自动传给后代，但后来就成了世袭领地。获得这种封土的陪臣，又从自己的封土中分出一部分，授予自己的封臣。由此形成采邑链，并最终构成采邑金字塔。配套的伯爵统治制度得到进一步强化。查理大帝为了保障新占领地区的安全，或作为未来征服战争的出发地，在边境地区设置边区伯爵领地(Markgrafschaft，又译马尔克伯爵领地、边境总督领地、藩侯领地)。边区伯爵拥有

① 汉斯—维尔纳·格茨著：《欧洲中世纪生活》，东方出版社 2002 年版，第 133 页。

比一般伯爵更为广泛的权限,他们为了防范敌人的入侵,有权独立征召军队。王室为了防止伯爵拥有过大的权力,造成尾大不掉之势,采取了一定的措施,如坚决制止各地伯爵将职位世袭给自己后代的做法,还派遣"王室特命全权大臣"监督伯爵的所作所为,这些代表有权在当地召集地区大会,有权接受控诉,并直接向国王汇报情况。为了防止伯爵收买他们,这些代表互相间实施定期换岗。然而,伯爵的权势还是越来越大,到10—11世纪,此官职已变成世袭,王室丧失了任命权。此时,国家已经由众多封建庄园构成,成了一定意义上的"封建庄园国家",中央政权的作用主要体现在保卫国土、抵御外敌方面。

七、德意志语族的形成

有关"民族"的定义,学界至今仍在讨论之中,但当下似乎已经可以看出,对各个不同的民族来说,其内部的主要联系纽结是各不相同的。在德意志民族的形成过程中,语言起了比较重要的作用。

当时法兰克王国周边地区使用着各种语言。多瑙河沿岸一般使用斯拉夫语和蒙古语,南方多用希腊语。在欧洲大陆的西端,比利牛斯山一带,普遍使用巴斯克语和阿拉伯语。法兰克王国作为日耳曼人国家,内部应该使用统一的日耳曼人语言。但是,由于王国东、西部分别走上了不同的文化融合道路,互相之间出现了较大的语言差异。西法兰克王国较快地同罗马化的高卢人融合,较多地继承了罗马的文化传统,包括宗教信仰、生活习俗、语言法规等,将拉丁语作为自己的母语,这样就进入了印欧语系罗曼语族的行列。而东法兰克王国却坚持使用祖传的日耳曼土语,并且将口语发展成书面文字,逐渐形成了德意志语言,进入印欧语系日耳曼语族的行列。使用德意志语言的人被称为"德意志人"。由于罗马人的政治、经济、文化水平高于日耳曼人,日耳曼人在继承罗马政治遗产的同时也在逐渐吸收其先进文化,因此也可以使用"梯次发展"的观点去解释这一进程:西法兰克人在同高卢人结合的同时,率先接受了罗马文明,而东法兰克王国是通过西法兰克人间接地接受罗马文明的,两者之间形成了将近一个多世纪的"时差"。上文中提到842年《斯特拉斯堡誓约》用古法语和古高地德语两种语言高声宣读,就反映了这一时差。然而，一旦这一链条中的某一环节出现变化，如后进者不想继续接受外来文化，而是希望保持并完善自己的传统，或者后进者面临共同的敌人，希望使用独特的语言来加固这一命运共同体，就会形成东法兰克王国“德意志化”的结果。当时，东王国面临着马札尔（匈牙利）人入侵的严重威胁，900年以后，马札尔人从共同抗击斯拉夫人的同盟者变成东王国的入侵者，他们像黑色的“魔鬼屠刀”，掠过易北河，刺向德意志的腹地。为了抗击马札尔人的入侵，易北河西岸的各大公国集合成一支强大的联军，服从萨克森公爵的统一领导，这样就从另一个角度推动了德意志国家的形成。另外，从文化发展的角度看，由于语言分界线和政治分界线的出现，东王国内形成了水平低于西王国、但具有自己特色的精神生活，如出现了用通俗语言进行宗教诗歌创作的繁荣时期，诗作者将古典形式和日耳曼传说材料相结合，创作了大型的瓦尔特哈里史诗。萨克森史诗《救世主》也在这时出现，该史诗采用首韵的形式。而另一部史诗《耶稣基督》则进一步转向尾韵的形式。① 文化生活的独立发展也许是结果而不是原因，但它无疑强化了以语言为标志的分界线。

“德意志”一词的来源是什么？在当时使用的古拉丁语、古日耳曼语、中古高地德语中，有各种词汇，指的都是同样或大致接近的内容，即东王国人使用的语言及使用这一语言的人。这些词汇有 theodisce（条意狄斯）、theodisca（条意迪斯卡）、theodiscu（条意迪斯库）、theutonici（条意托克）、diutisce（德意提克）、dudisch（德提克）等等。那么，这一由不同词汇表达的“德意志”是什么含义呢？对这个问题，中外史学界至今有不同的看法。一种观点认为，“德意志”一词首先来自德意志人的自我认知，该词的原初意义是“人民”（diut）和“老百姓”，它是莱茵河东部地区接受罗马文化相对不多的那些日耳曼人，面对优越感越来越盛的被罗马—高卢同化的那些日耳曼人的自称，或说是法兰克王国东部地区的人民在西部人面前的自称：“我们老百姓”。② 另一种观点则认为，“德意志”一词大概同“日耳曼”一词一样，都是外人给予的。③ “很难相信，以用自己的帝国取代罗马人的帝国而自豪的法兰克人把‘条意迪斯卡语’看作是与学者的语言相反、不受尊重的‘粗俗语言’。即使在社会历史上，这也不大可能。”所以他们认为，创造中古拉丁词汇“条意迪斯卡”的学者属于政治领导阶层或者与他们很接近的人士，因为组成德意志人的政治核心以及其他具有贵族身份的人使用的语言，也许会在部族的意义上称作“条意迪

① 赫伯特·格隆德曼等著：《德意志史》第一卷：古代和中世纪，商务印书馆1999年版，第251—253页。
② 参见刘新利著：《基督教与德意志民族》，商务印书馆2000年版，第8页。
③ 丁建弘著：《德国通史》，上海社会科学出版社2002年版，第23页。

斯卡语”,但不会称作“粗俗的”语言。[①] 另外一种现象也许可以“中和”上述这两种截然相反的观点,或者给我们提供一条新的考察思路。九世纪以后,欧洲出现了另一个词汇 Teutonicus(条顿尼科库),这是由“条顿人”(Teutone)一词派生出来的,并在很大程度上取代了 theodiscu 一词,这也许是由于东法兰克王国人中有不少是条顿人的后裔,或者因为东法兰克王国人仰慕条顿人的勇敢。在这里,有一个现象可以用来作为佐证,即保持日耳曼特色的德意志语同罗马化的西法兰克语之间的语言分界线,同奥斯特里亚与纽斯特里亚之间的政治分界线,两者是不相吻合的。

“德意志”一词最早在什么时候使用?在哪里使用?这两个问题或许能对辨析词义提供一些帮助。但是很遗憾,历史记载的不完整性和保存这些记载的不完整性,使得我们无法从中找到准确的答案。因为在当时的历史条件下,民间使用的语言不一定能记载在文本上。文本上的记载,据现有的研究成果来看,最早出现在基督教会内部。786 年,红衣主教格奥尔格写信给教皇,其中提到,在一次盎格鲁—萨克森的宗教会议上,“拉丁语和德意志语词明意达”。[②] 788 年,在法兰克王国的年鉴中,也提到在审判巴伐利亚公爵塔西洛三世时,使用了德意志语言。在 800 年左右,法兰克教会的文件中,又一次用拉丁语提到“德意志”一词。在 801 年的帝国文献中,则明确使用了具有情感色彩的表达法:“用我们的德意志语……”以后,“德意志”一词的使用频率越来越高,以致丧失了考察价值。

德意志语言自身也在发展。德语的前身是古日耳曼语,由于受日耳曼人发展水平的限制,直到公元三世纪末,古日耳曼语主要局限在口头交流方面,而且大多是方言土语,或是为生活和经济交往所用的口语及习惯语。大约在 350 年左右,西哥特王国一位名叫乌斐拉的主教着手把古抄本翻译成古日耳曼语。他以古希腊语为基础,采用了部分拉丁语字母,创造出哥特语字母与文字,形成了初期的古日耳曼语。但是,初创阶段古日耳曼语的书面语言比较幼稚粗糙,以至于四、五世纪蛮族大迁徙时期出现的日耳曼歌谣,还是用拉丁语写的。

德意志语(Deutsch)发展的第一阶段,在公元八世纪到 11 世纪,这是古代高地德语阶段。[③] 德国的地形是南高北低,所谓高地德语就是南德阿勒曼尼人说的古

---

① 赫伯特·格隆德曼等著:《德意志史》第一卷:古代和中世纪,商务印书馆 1999 年版,第 239 页。

② H.狄瓦德:《亨利一世,德意志帝国的建立》,古斯塔夫·吕伯出版社 1987 年版,第 149 页。转引自刘新利著:《基督教与德意志民族》,商务印书馆 2000 年版,第 11 页。

③ 参见杜美著:《德国文化史》,北京大学出版社 1990 年版,第 17 页。

语。大约在五、六世纪之交,高地德语由南向北扩展,一直延伸到亚琛—杜塞尔多夫—爱北斐特—马格德堡一线,与北部的低地德语同时存在。到八世纪末,古代高地德语成为书面语言,而低地德语仍然停留在口语的水平上。尽管低地德语以后给斯堪的纳维亚诸语言提供了很多借词,但随着汉萨同盟的解体,其影响急剧下降。而高地德语书面化以后,开始对拉丁语的独占地位构成威胁。上述格奥尔格红衣主教首次提到"德意志语",就是发生在这个时候。

从11世纪中叶起,德语发展进入第二阶段,称为"中古高地德语"阶段。在这一阶段里,德语本身还没有完成统一,但是要求以德语代替拉丁语的行动已经开始。在1235年弗里德里希二世时期,出现了第一个用德语写的皇帝文件。1314—1347年巴伐利亚国王路德维希四世统治时期,其首相府的文件也用德语书写。1346—1378年期间,查理四世明令公文必须使用德语。从此以后,各德意志邦国统治者在文件中使用德语的情况日益普遍。德语本身也有了很大的发展。由于当时正处于十字军远征时期,德国、法国和尼德兰骑士相互间有密切接触,语言相互影响。远征从欧洲冲向中东地中海地区,沿途接触到异族的语言文化,使高地德语增添了不少外来语。14—15世纪,城市经济有了长足发展,市民的社交生活也日渐频繁,在手工业、行会、商行、造船、矿山等企业中大量使用商业常用语,新的词汇进一步增加。与此同时,德语本身不统一的现象也日益突出。

从16世纪起,德语发展进入第三阶段,称为"近代德语"阶段。近代德语也可以称作新高地德语,或新标准德语。这一阶段的最大成果,是马丁·路德在推动宗教改革的同时,纯洁和统一了德语,为现代德语提供了良好的发展基础。

"德意志"起先只是语言的称谓,到九世纪中叶,逐渐应用于使用德意志语言的人,这些人构成德意志语族,统称为"德意志人"。以后,这一词汇的政治属性日益明显,920年,国王亨利一世将东法兰克王国改名为"德意志王国",狭义的德意志历史就此发端。

第二章

神圣罗马帝国

（936—1517 年）

对于神圣罗马帝国，读者们也许并不陌生。看到这个称谓，往往还会联想起法国启蒙思想家伏尔泰说过的名言：神圣罗马帝国既不神圣，也非罗马，更非帝国。其实，这个评价更适用于帝国后期。在神圣罗马帝国形成初期，它因为基督教和上帝而神圣，因为承袭古罗马的光辉而罗马，因为地位高于一般王国、具有国际性威权而成为帝国。

一、帝国开创者奥托大帝

911 年，康拉德一世（Konrad I，？—918）担任东法兰克王国国王，卡罗林王室退出东王国的舞台。然而康拉丁家族福祚有限，七年后，即 918 年年底，康拉德一世在讨伐巴伐利亚公爵阿努尔夫的战争中受伤去世，王国又一次陷入继承危机。康拉德临终前曾推荐萨克森公爵“捕鸟者”（der Vogler，因得知当选公爵时正在捕鸟而得名）亨利为继承人，该建议得到萨克森和一部分法兰克尼亚贵族的支持。康拉德同亨利之间毫无私交可言，相反，亨利曾经举兵反抗过康拉德一世，弄得康拉德“焦头烂额”。然而，康拉丁家族的势力实在有限，其统治权力至多只限于法兰克尼亚公国之内,对内无力控制萨克森、巴伐利亚和施瓦本等公国,对外无力抵御匈牙利人的进攻,而萨克森公国是当时东法兰克王国中最强大的公国,由其公爵担任国王,有利于建立强大的王权。然而,巴伐利亚和另一部分法兰克尼亚贵族却提出不同意见,他们要求让号称“巴伐利亚领袖”的阿努尔夫公爵为王,因为他在领导民众抗击匈牙利人的过程中显示了才能。双方僵持了五个月,最后前一股势力占了上风。919 年 5 月,法兰克尼亚和萨克森的贵族和民众代表在位于法兰克尼亚公国境内的弗里茨拉尔举行集会,一致推举亨利为新的国王。亨利成为王位继承危机中的胜利者,在与会者的掌声和欢呼声中担任国王,是为亨利一世(Heinrich I,约 876—936),由此开始了德意志历史上为时一百多年的萨克森王朝统治时期,王国的权力基础也从莱茵河中游地区转移到德意志的东北部。

亨利一世上台后做了两件大事。第一件事,将东法兰克王国改名为“德意志王国”,由此他在德国历史上占据了一定的地位。德意志王国由萨克森、法兰克尼亚、巴伐利亚、施瓦本、洛林五个公国组成,各公国拥有较大的自决权。第二件事,在一场大病期间,于 929 年举荐次子奥托(旧译“鄂图”)为唯一的王位继承人,此举废除了法兰克人由诸王子分享王位继承权的传统,建立了德意志王国的单一继承人制度,确立了“国家不可分割”的新原则。对奥托来说,他既获得了较大的权力来实现自己的抱负,同时在成为王位继承人的那一刻起就要应付仍然想分享统治权的兄弟们的挑战。

936 年,亨利一世的权威如日中天,正准备前往罗马接受帝冕,突然心脏病发作,不幸去世。奥托继位,是为奥托一世(Otto I,der Groβe,912—973)①。

奥托一世第一次向世人亮相是 936 年 8 月 7 日的王冠加冕典礼,这次加冕典礼是隆重而风光的,也给我们留下了必要的历史记载。通过这些记载,可以管窥早期德意志王国的国王产生程序和加冕细节。首先,预告奥托加冕典礼的公告就与众不同,7 月 1 日它被放置在亚琛大教堂查理大帝的大理石宝座上,预示着德意志王国将信奉卡罗林传统,奥托一世将以查理大帝为榜样。8 月 7 日那天,先在世俗的“卡罗林大会堂”举行“大选”。24 岁的奥托身材魁梧,性格好斗,面部表情丰富,长着浓密的头发和丰厚的胡子,男子气十足,每次在指天发誓前,总要习惯性地捋一捋胡子,那天穿着紧身的法兰克大氅,人们都说他拥有“雄狮猛力”。簇拥在大厅里的公爵和其他世俗权贵们抬起奥托,把他放在王位上,向他行礼,宣誓效忠。

① Rolf Hellberg, *Kleine Geschichte Deutschlands*, Türmer-Verlag, 1981, S.31.

奥托一世

世俗仪式结束后，紧接着进入亚琛大教堂举行宗教仪式。美因兹大主教希尔贝特引领奥托走向教堂中央，周围挤满了教会和世俗官员。奥托神情庄重，双目生辉，在众人面前举起右手。希尔贝特大主教抑扬顿挫地宣布："看哪，我把奥托王带来了。他是上帝挑选的、亨利先王指定的、现由全体诸侯一致推选为君主者！如果你们对这一选择感到满意，那么向天举起你们的右手！"刹那间，教堂内众人手举如林，很快又转为响亮热烈的欢呼声和鼓掌声，表达自己的臣服之意。随后奥托被领到圣坛前，上面放置着国王的象征物：王冠、节杖、权杖、宝剑、斗篷和手镯。希尔贝特捧起长剑，向国王致辞："恭请陛下接受这柄剑，用它来抵抗基督教的所有敌人，因为整个法兰克帝国的大权是上帝赐给陛下的，愿陛下在所有基督徒中促进和平……这节杖和权杖是陛下的象征，愿陛下慈父般地管教臣民；特别是要向上帝的仆人、寡妇和孤儿伸出您仁慈的手；愿圣上的雨露恩泽永不干涸！"三位大主教为奥托涂圣油，戴上金制的王冠。奥托第二次登上宝座，这次是端坐在大教堂回廊里查理大帝的大理石座位上，周围响起了称颂查理大帝的弥撒曲。最后，俗界众人来到亚琛皇帝行宫，举行大典的第三部分即加冕宴会。宴会的细节安排是令人寻味的。首先，它排斥了教会人士，表明德意志人在自己的圈子里庆贺国王登基，无须教皇参与，也无须罗马方面的首肯。其次，各个公国的首领在宴会上分工负责，以表明自己对新国王的认可和臣服：洛林公爵吉泽尔贝特尽地主之谊，主持整个庆宴，负责财政；法兰克尼亚公爵埃贝哈德负责礼宾，主管座次安排和上菜；施瓦本公爵赫尔曼·比隆担任掌酒官；巴伐利亚公爵阿努尔夫担任御马监，负责照料客人们的坐骑。宴会上美酒佳肴不计其数，奢华无比。奥托一世坐在唯一的大理石高餐桌旁，其他人则在低餐桌旁就座，其中有奥托的妻子、侯爵、骑士、民众代表等。饱餐一顿之后，客人们还得到了一份昂贵的礼物。奥托一世王冠加冕典礼的举行，表明建立在东法兰克王国基础上的德意志王国，在基督教势力的支持下，完全拥有了独立于西法兰克王国卡罗林王朝的权力，以后，残存的卡罗林王室不能借助于历史的惯性干预德意志王国的事务。

加冕典礼是风光的，然而保全王冠的工作并不轻松。冲突首先来自王族内部。奥托的兄长唐克马尔，拥有长子的身份却未能获得王位，自然心怀不满，连加冕典礼都懒得出席，翌年同法兰克尼亚的地方势力相勾结，公开谋反。奥托的同父异母弟弟亨利，更是成了内部动乱的中心人物。他自认为是“真龙天子”，一出世就是“生来为王”者，因为在他出生时，父亲亨利一世已经荣登王位，而奥托出世时，亨利只是萨克森公爵。按逻辑推理，奥托充其量只能继承公爵的位置。太后玛蒂尔德是亨利的生母，同奥托没有直接的血亲关系，自然站到了亨利一边。刚刚确立的单一继承人制度，尽管对以后的德意志历史发展具有积极的推动作用，但这时却面临着生死存亡的严峻考验。面对王室内部的力量对比，诸侯们的态度也变得暧昧起来。主持亚琛加冕盛宴事务的四大公爵中，只有施瓦本公爵赫尔曼·比隆坚定地站在奥托一边，其他三人则认为奥托一世不过是个没有任何从政经验的“绣花枕头”，很快会倒台退位。当奥托一世采取各种政治措施巩固王权时，他们都程度不同地起而反抗，如巴伐利亚新公爵埃贝哈德因奥托加强控制公国内的教会势力而于937年公开谋反，法兰克尼亚公爵埃贝哈德因处罚封臣遭到奥托一世批评而记恨在心，同时，他们都想利用机会扩大各自公国的特权。就连为奥托主持过宗教加冕典礼的美因兹大主教，其继任者弗里德里希也加入了反对者的行列。内乱引发外患，被亨利一世以九年停战条约束缚住的匈牙利人和斯拉夫人，也趁机在东面发动骚乱，要求摆脱强加的依附关系。公爵们为了公国的利益，或明或暗地同“外患”们联合。

年轻的奥托一世面临危局，毫不退缩。他雄才大略，巧妙应对，不仅逐渐摆脱了困境，还创下一份大业，成为名副其实的欧洲霸主。

他先把进攻矛头指向最为紧迫的巴伐利亚，不料首次征讨不利。兄长唐克马尔趁机联络法兰克尼亚公爵，于938年公开谋叛。然而令人难以理解的是，他首先进攻的对象不是奥托，而是小弟弟亨利，将其俘获后交给公爵看管。也许这是一着败棋，非但没有联合一切可以联合的力量，反而扩大了打击面，增添了敌手。随后唐克马尔率军占领迪默尔河畔的埃雷斯堡，准备以此为据点进攻奥托。奥托率大军迎战。当王军临近时，埃雷斯堡守城将士纷纷倒戈。唐克马尔无奈之下逃入彼得教堂，将自己的武器和私藏的金项链（国王的标志物之一）放在祭坛上，以表明自己已放弃对王位的要求。不料，一名战士坚持要为生死未卜的小亨利报仇，举起长矛向唐克马尔猛刺过去，后者立即命丧黄泉，倒在祭坛旁。叛乱队伍作鸟兽散，公爵释放了亨利，同奥托议和。奥托乘胜前进，一举解决巴伐利亚问题。他驱逐了反叛公爵，立亲王室的贝希托尔德为新公爵。

翌年，小亨利联合洛林公爵发动反叛，要求按照旧例分享王国的统治权。法兰克尼亚公爵与之遥相呼应，甚至觊觎洛林的西法兰克国王路易四世也公开表示支持。奥托一世率军进攻洛林，但遭遇优势兵力的阻击，法兰克尼亚公爵从南方发兵夹击，使奥托陷入困境。奥托临危不惧，一方面坚守阵地，祈求上帝的保佑，同时联络西法兰克王国内部的反叛力量于格公爵，以阻止路易四世出兵。正在危急之时，施瓦本公爵赫尔曼·比隆联合康拉丁家族的两名伯爵，率领自己的军队向叛军发起猛攻。叛军阵脚大乱，洛林公爵在逃亡中溺死于莱茵河，法兰克尼亚公爵在混乱中阵亡，小亨利被迫投降。奥托一世凭着坚韧不拔的精神，渡过了一生中最大的难关。

奥托一世力图使用亲属的关系网络来控制整个王国。小亨利投降后，奥托非但没有追究责任，反而让他补缺当了洛林公爵。法兰克尼亚公爵战死后，奥托趁机把该公国置于自己的直接控制之下，不另立首领。施瓦本和巴伐利亚两个公爵在动乱中经受了考验，得以保持原位，但奥托把姻亲关系伸向那里：938年，让弟弟亨利同巴伐利亚公爵的女儿尤迪特结婚；940年，让儿子柳多尔夫与施瓦本公爵的女儿伊达定亲，七年后两人成婚。由于施瓦本公爵没有儿子，因此949年公爵去世后，施瓦本公国就由柳多尔夫接掌。奥托原先还打算让自己寡居的大姐下嫁巴伐利亚公爵，但最后未能如愿。然而，奥托一世的亲属治国路线成败相间。弟弟亨利成为洛林公爵后，无心治国，反而继续反对奥托。在941年春天迎接复活节的日子里，以亨利为核心的反对派正在加紧策划刺杀奥托一世。但奥托及时得到了消息，他暗地里加强防卫，从贵族亲信中挑选最忠诚的随从日夜守护在身边，在公开场合却表现得若无其事,好像一心只在盘算如何庆祝复活节,“既没有失掉尊严,也没有放弃任何王权”。当时机成熟时,奥托突然动手,一举端掉了阴谋集团,主要成员被判处死刑,一般成员或被关押,或被流放,亨利逃往王国西部,但很快被缉拿归案。依惯例,王国应该组成贵族法庭对亨利实施审判,但奥托破例宽恕了亨利。在圣诞节那天,法兰克福行宫内,小亨利披着粗布忏悔服,匍伏在身穿朝服的奥托国王脚下求饶。奥托弯腰把他扶了起来,饶了他的性命。亨利从此停止了反对兄长的活动。奥托任命洛林的奥托伯爵担任公爵,但新公爵三年后即去世。奥托又任命“红头发”康拉德担任公爵,不久将自己的女儿柳特嘉德嫁给他。948 年,巴伐利亚公爵去世,奥托一世借口其儿子还未成年,将公爵职位授给了原为公爵女婿的小亨利。一时间,德意志王国的王族同所有部族公国结成了亲属关系,在以后的几百年间,这种结构被历代王朝所继承。

但是,令奥托一世没有想到的是,953 年,其女婿、洛林公爵“红头发”康拉德,同其儿子、施瓦本公爵柳多尔夫勾结,发动了“柳多尔夫叛乱”,叛乱的直接动因是柳多尔夫害怕奥托一世会把王位传给刚刚出生的小弟弟,他要求确认原定的继承权。这一叛乱得到很多贵族的支持,他们对奥托加强王权的举措心怀不满。所幸的是,匈牙利人很快插手其间,支持叛军,正是这种支持,使不少反感于匈牙利人掠夺活动的德意志叛军中途退出,加入了奥托一世迎战匈牙利人的队伍。奥托一世率领 13 万德意志人的队伍进击,在奥格斯堡近郊莱希河谷同 10 万匈牙利人对阵。各个德意志部族长期受困于匈牙利人的骚扰掠夺,这时都不分你我,不怕牺牲,共同行动,最后一举打败了强悍的匈牙利兵士。据此,有人把莱希河谷称作德意志帝国的诞生地,奥托一世也赢得了“祖国之父”的美名,不少人称颂他是“虔诚的奥托”、“坚强不屈的奥托”,个别人甚至称他为“奥托大帝”。莱希河谷一战,既使得匈牙利人从此放弃游牧性生活方式,开始了定居生活,从而使德意志人摆脱了匈牙利人的威胁,又使得“柳多尔夫叛乱”无果而终。

奥托一世以查理大帝为楷模,不仅加紧东扩,力图建立一个疆域更辽阔、实力更强大的德意志王国,还要以“罗马皇帝”的称号为载体,成为欧洲和世界的霸主。951 年,意大利地区发生动荡,伦巴德前任国王的遗孀、美丽能干的阿德尔海特遭到反对派的囚禁。阿德尔海特向奥托求助,教皇也发出了同样的邀请。奥托及时把握机遇,率领大军翻过阿尔卑斯山。反对派面临强悍的德意志雄师,望风而逃。奥托一世进入伦巴德王国首都帕维亚,被权贵们拥戴为“伦巴德国王”。不久,丧妻数年的奥托一世娶阿德尔海特为妻,为伦巴德王冠进一步增添了合法性,新妻则成为“副王”。至此，“罗马皇帝”的加冕事宜似乎可以提上议事日程了。然而在这件事情上，奥托一世没有查理大帝幸运，非但没有人“突然”把皇冠戴在他的头上，相反，当他向罗马派出使团，主动提出这一要求后，也由于罗马勋贵阿尔贝里克的反对而遭到教皇的拒绝。八年后，罗马的统治权发生变化，勋贵阿尔贝里克去世后，其子屋大维接任，不久又被推举为教皇约翰十二世。然而，面临反对派军队的进攻，他守将不住，只得向奥托一世求援，同时邀请奥托到罗马加冕称帝。

奥托一世终于等来了盼望已久的皇冠。但是他深深地知道，诱人的皇冠背后可能隐藏着致命的危险。临行前，他把六岁的儿子立为王储，是为日后的奥托二世。进了罗马城，他的行动更加谨慎，在加冕那天的早晨，还在向心腹表示：“如果今天我在圣彼得教堂祈祷，那就有一支剑悬在我头上。我很清楚，我的诸位先王都对罗马的忠诚表示怀疑。明智之举是，尽管敌意也许还在远处，但要考虑抢先行动，方能避免我们可能遭到的突然袭击。”[①]962 年 2 月 2 日圣烛节，是加冕的日子。当天，德意志军队控制了整个罗马城，加冕现场安排了精锐军团和禁卫军，兵士们个个高大强悍，神情威武，场外又安排了三层警戒。由于加冕事宜安排有序，没有出现戏剧性的场面，然而两个主角的形象对比却给世人留下深刻的印象。50 岁的奥托一世身材挺拔，威风凛凛，灰白的头发，红通通的脸，微红的胡子又密又长，一派领袖形象。相反，教皇约翰十二世年仅 24 岁，但生活放荡不羁，民众传说他甚至喝了“淫汤”，把拉特兰宫变成了妓院，常常强奸朝拜的女子，甚至与同胞姐妹乱伦。他既在马厩里做弥撒，也在那里授圣职，还把做礼拜用的罐子作为纪念品送给自己结交的廉价女人。长期的放荡生活严重损害了外在形象，虽身为教皇却毫无高贵与权势可言，加冕那天尽管身着宗教礼服，但仍然其貌不扬，面庞瘦削而苍白，表情变化无常，眼神惴惴不安，动作急促不定，与站在对面的奥托一世形成鲜明的对照。

神圣罗马帝国的皇冠是精美而贵重的，全部用纯金打造而成，正面装饰的十字架引人瞩目，冠身上刻着智慧的象征——所罗门王的形象。然而，捧起这个皇冠的教皇的双手却并不神圣。奥托完全知道这一点，但是为了自己的霸业，只得暂时忍受。不仅如此，他还要容忍约翰十二世用不洁净的手蘸上“圣油”，在自己高贵的额头上涂抹。

奥托一世从此成了皇帝，成了货真价实的“奥托大帝”，他的加冕被公认是神

---

① 阿·米尔著：《德意志皇帝列传》，东方出版社 1995 年版，第 46—47 页。

圣罗马帝国的开端。鉴于神圣罗马帝国在德国历史中的特殊地位,有必要对这一国名的沿革过程及其含义作必要的探讨。

奥托一世的正式称号很简单,只是“皇帝奥古斯都”,似乎没有查理大帝的称号响亮悦耳。但是,简单的称呼常常包含着深刻的含义。当时的“皇帝”称号,同中国秦朝开始使用的称号,以及18世纪以后欧洲等地使用的称号,含义是不同的。当时的皇帝并不一定同帝国的领土捆绑在一起,从理论上说,神圣罗马帝国的帝冕可以为一个在世界上没有一寸土地的骑士所获得。皇帝是“世界之主”,但是“就所有权而言,他就不是了。”①皇权没有固定的地域范围,其行使权力的对象不是万物,而是上帝所创造的人。普天之下只能有一个皇帝,他是上帝的代理人,又是全人类的代表。他既不是征服的产物,也不拥有世袭权力,就当时的表面含义来说,他是民意推举出来的,代表着纯粹的合法观念。在民众的心目中,皇帝的称号是通过某种神秘的方式献给基督徒的兄弟友谊与平等,献给和平与法律,献给扶弱抑强者的。从法理上讲,皇帝具有三大任务:他代表着宗教的统一;他是国际仲裁者和调停者,有责任和义务维持世界和平;他是法律和正义的象征。

以后,皇帝和帝国的名称逐渐发生变化。奥托二世的称号仍然是“皇帝奥古斯都”,然而在他执政期间逐渐推出了“帝国”的概念。奥托三世为了对抗拜占庭政权要求代表整个帝国的主张,使用了“罗马皇帝”的称号,并经常在正式文件中使用“罗马帝国”的名称,其帝玺上也刻有“复兴的罗马帝国”的铭文。巴巴罗萨执政时期,从1157年开始,使用了“神圣帝国”的名称,并同原有的名称一起,合成“神圣罗马帝国”。当时处于帝国极盛时期,其疆域包括近代的德意志、奥地利、意大利北部和中部、捷克斯洛伐克、法国东部、荷兰和瑞士。13世纪下半叶后,由于勃艮第和意大利脱离帝国,其领土主要限于德语地区,从1474年起,国名前增加了限定词,成了“德意志民族的神圣罗马帝国”。

奥托一世加冕称帝并逐渐形成神圣罗马帝国,对德意志历史发展的影响是深远的。尽管神圣帝冕可以追溯到查理大帝,然而查理大帝是整个法兰克王国的首领,而奥托一世的根基,深扎在德意志的土地上,是真正的德意志之王。德意志人通过教皇加冕,获得了普天之下最神圣的权力。按照当时的说法,耶稣基督曾经把权力授予彼得,而彼得又把权力传给其继承人教皇,教皇通过加冕把它授予了世界之主。由于加冕典礼在罗马举行,皇帝又能据此获得来自罗马的权力,这一权力直

---

① 詹姆斯·布赖斯:《神圣罗马帝国》,商务印书馆1998年版,第169页。

接来自上帝，因为上帝曾授权罗马人民统治世界，就像金玺诏书的印章所写的："罗马，世界的首脑，它统管全世界。"①然而，在这些辉煌的背后，还有着不少负面因素，它们给以后德国历史的发展带来了很多麻烦。其一，德意志人通过神圣罗马帝国，在发展初期就获得了"世界第一国"的地位，造就了根深蒂固的民族优越感，可谓"天下者，德意志人的天下"，缺乏危机感，易于沉湎于内部打斗，尤其容易为了争夺皇位而在德意志人内部纵横捭阖。在近代形成民族国家的浪潮中，原先偏安一隅的英国和法国占据领先地位，而德国反而落后，其根源与此有关。其二，巨大的荣耀往往伴随着巨大的义务，德意志国王兼领了神圣罗马皇帝，就不能仅仅专注于德意志的事务，必须经常奔波于罗马和其他各国之间，不时出兵平息意大利的动荡，甚至需要率领整个基督教世界实施"东征"，时间一长，疲于奔命，掏空了自己的基础，使德意志王国竟然一直未能实现真正的统一。其三，神圣的皇冠由教皇加冕，将基督教会的势力引进了德意志的政治生活，造成了绵延数百年的政教之争，严重损害了双方的威望。同时，由于皇冠必须由罗马教皇加冕，同德意志王国相关联的是整个基督教世界，因而它不可能像日后的英国和法国那样，把国内的教会势力置于王权之下，德意志国王必须永远同基督教势力平起平坐。其四，德意志国王为了有效地抗衡教皇，常常向国内的邦君实施让步，使诸侯势力逐渐坐大，甚至造成尾大不掉之势。

二、政教纷争

神圣罗马帝国形成之初，政权与教权之间孰高孰低的问题即已显现。奥托一世以其强有力的实力和个人魅力，掌握了对罗马教会的控制地位。他接受帝冕后十天，即签署了一份被称为"奥托公约"的特权文件。文件规定，皇帝宣誓保卫教皇，教皇宣誓保卫皇帝。教皇由主教和贵族自由选举产生，但是他必须保证忠于德意志国王。只有在国王使节在场的情况下，举行了对国王的效忠宣誓之后，教皇的

① 詹姆斯·布赖斯：《神圣罗马帝国》，商务印书馆1998年版，第215页。

受圣职礼才是有效的。皇帝可以推翻和撤换教皇，可以认命和授予圣职。[①] 教皇一旦被确认，就要为皇帝候选人加冕为帝。

教皇约翰十二世不愿接受这一现实，待奥托一世离开罗马后，即联合各种反对皇帝的力量，甚至不惜联络阿拉伯人、匈牙利人和希腊人，要求他们派兵增援罗马，并侵袭德意志王国。奥托通过自己的情报系统得悉了这些消息，心中大怒，然而却审慎地处理此事。他表面上装得若无其事，满不在乎地表示教皇"是一个容易受人诱惑的半大孩子，正派的榜样可以使他改正。"但突然间，他率领一支强大的军队回师罗马。教皇色厉内荏，利用罗马民众反对德意志人的情绪，身穿盔甲，手持剑和盾，站在台伯河畔，扬言要杀死九个月前刚刚由他加冕的皇帝，然而不久后，就带着同伴和教廷珍宝偷偷出逃。德意志兵士控制了罗马城，迫使罗马人发誓，承诺没有皇帝及其儿子的同意，永远不推举教皇。奥托皇帝以教会世俗领袖的身份在圣彼得教堂主持宗教会议，会上大肆讨伐约翰教皇的各种劣行，一致要求废黜这一"恶棍"，并推举当时仅担任基层秘书长之职的利奥成为新的教皇。利奥在一天之内接受了从教士、主教到教皇的所有圣职，史称利奥八世。

罗马人不忘昔日的荣耀，利用德意志人兵力分散之机揭竿而起，两次发动武装起义，封锁台伯河上的桥梁，展开街垒战，攻击利奥八世和德意志兵士。立志复仇的约翰十二世趁机回到罗马，重新当起了教皇。复辟后的教皇展开了疯狂的报复，追随过奥托一世的主教们不是被砍手就是被割鼻子。然而他自己却不改恶习，在一次通奸时被姘妇的丈夫捉住，当场受了剑伤，八天后丧命。但是罗马人还是不肯承认奥托一世为他们安排的利奥八世，另外推举了一名新教皇。奥托一世忍无可忍，在罗马人发动第三次起义后，实施了残酷镇压，13 名起义领袖被处以死刑，其中有 12 名是保民官。罗马执政官都被放逐，共和政体被中止，规定教皇作为皇帝的总督有权管理全城。利奥八世回城复辟，同意皇帝对教皇选举拥有否决权。经过血与火的较量，皇权暂时压服了教权。

奥托一世死后，先后由其子奥托二世和其孙奥托三世继任皇帝。奥托三世无嗣，驾崩后曾引起短期骚乱，后由来自同一家族的亨利二世继位。奥托三世是个弱势皇帝，本人又笃信基督教，因此在他执政期间，政教关系发生了有利于基督教会的倾斜，亨利二世在加冕典礼上就力图扭转这一局面。当教皇本尼迪克特八世为

① 留德普兰德（922—972 年，曾任奥托一世的下属）：《奥托传》，第 6 卷，转引自詹姆斯·布赖斯：《神圣罗马帝国》，商务印书馆 1998 年版，第 118 页。

亨利二世戴上皇冠后,按惯例向皇帝赠送礼品,那是一只镶有珍珠的皇权金球。亨利二世仔细看了礼品后,意味深长地说:“很有意义,噢,圣父,是你准备了这份厚礼,是你用这个球形来表示我的政权要按什么样的原则办事。但是只有那些远离尘世光辉、只愿追随基督十字架的人,才配占有这份礼品,除此之外别无他人。”他是想借此提醒教皇,教会首脑的作用不同于君主,教皇的作用与皇帝的作用是不同的。最后他没有留下这份礼品,把它转赠给了克吕尼修道院。

1024 年亨利二世去世,整个萨克森王朝男系绝嗣,经公爵们推举,萨克森王族女系后嗣、法兰克尼亚萨利安家族的康拉德二世担任国王,三年后加冕为帝。康拉德二世继承前任的做法,牢牢地控制着教会,使其为政权服务。其子亨利三世更为幸运,在位期间先后罢免了三位出自罗马贵族世家的教皇,任命班贝格主教为克莱门斯二世,以及自己的亲戚图尔主教为利奥九世。

教权的低落刺激基督教会内部出现克吕尼运动,其目的在于加强教皇的权力,创立教会对世俗权力的独立性。910 年,“虔诚者”威廉在今法国东部的克吕尼建立革新的本笃会隐修院,该隐修院严守独身制等苦修会规,禁止圣职买卖和教士娶妻,反对世俗政权任命神职人员,要求教会产业不受侵犯。到 11 世纪,克吕尼运动传布到西欧各地,在多次地方性的宗教会议上,都重申教士独身制和禁止神职买卖。利奥九世尽管是皇帝的亲戚,但还是每年在罗马举行宗教会议,把决议和教皇谕示带到各地,以提高罗马教会的威信。原先是协助祈祷的红衣主教,逐渐转变成由强大的教会封建主组成的教会参政会,日益左右罗马教会的政策,并在教皇选举中起越来越大的作用,相反,罗马贵族和德意志皇权的影响遭到排斥。1073 年,克吕尼派修士、意大利人希尔德布兰德趁德国边境不安之机,不经皇帝同意就登上了教皇宝座,称格列高利七世(Gregor VII,约 1020—1085)。这时,教权主义者已经声势浩大,他们积极宣扬教权至上的观点,声称:人间的一切权力均来自神意,教会作为圣灵的居所,是神意在人间的总代表;教皇的权柄来自神的直接安排,世俗王权必须听命于教皇。格列高利七世在 1075 年的罗马宗教会议上发布《教皇敕令》,公开宣称:教皇地位高于一切世俗君主,其行动不受世俗法庭的约束,唯有罗马教会有权任免主教,决定教区划分和设立新教区,有权罢免教会贵族和世俗贵族,甚至皇帝,如果他们的行动迫使他这样做的话;一切君王都必须向教皇行吻足礼,任何人不能审判教皇。同时,他还加强教会内部的制度建设,作出了一系列规定:教皇只能由枢机主教(俗称红衣主教)组成的教会会议(密室会议)推举产生;教会内部实行严格的中央集权制;教士禁止娶妻,必须以毕生精力为教会服务。最后一项规定还具有经济含义,由于教士们都不能娶妻,教会产业就不可能被教会领主的后代所侵吞或瓜分,教会能够长期保持牢固的经济基础。

克吕尼运动的举措很快导致了新一轮的政教冲突。皇帝亨利三世是个虔诚的基督徒,年轻时就参加了克吕尼运动,一生虔敬上帝。执政初期率兵打败匈牙利人后,一回到兵营就做出一个不寻常的举动。他为了向上帝谢恩,“光着脚,身上仅穿一件粗呢子服,跪在神圣的十字架前,所有民众和侯爵都效法他”,他们宣布宽恕“每一个反对过他们的人和欠他们债的人”。回到德意志兰以后,皇帝在雷根斯堡访问了所有的教堂,他“赤着脚,仅穿一件粗呢布外套,像一个教士一样走过大街,踏进每一所教堂,在每一个圣坛上放一块祈布。这是一种特殊的谢恩仪式,也是他的内心需要,他要以此来向全世界表明,国王并不是把成就和胜利当作自然而来的东西。他不愿用战争和仇恨来赞美上帝,而是要同时以祭祀与忏悔来谢恩。”①然而,亨利三世坚持认为自己是上帝在地球上的总督,有权管理一切事务,包括神职人员的授职事务,以及通过授职权得以实现的对教会的控制权。而克吕尼分子只希望皇帝做他们的同盟者,而不是控制教会的统治者,他们明确要求取消非圣职人员的授圣职权,即世俗的皇帝、国王和诸侯无权任命主教和修道院长。双方的冲突终于在1046年爆发。是年,圣贝尼涅修道院院长阿利纳尔被教区选为大主教,他按惯例向皇帝述职,同时请求免去向皇帝的效忠宣誓。他明确表示,按照克吕尼教派的规矩他不许宣誓,按基督福音书的信条不必宣誓。亨利三世为此大怒,激动地表示,若不宣誓就拒绝授予大主教职位。阿利纳尔毫不妥协,强硬地回答道:“那更好,若超越上帝的戒律,我从不保留世俗的教士职务。”面临诸位大主教的帮衬,皇帝被迫妥协,放弃了宣誓要求,改为只接受一般的忠诚表白。同样在那一年,帝国宗教会议裁定拉文纳大主教维杰没有履行好自己的职责,应该被解职,亨利三世征询其他主教的意见,结果大多数表示赞同,少数人保持沉默。当征询列日主教瓦佐的意见时,皇帝碰了一鼻子灰。瓦佐的答复是:“我们服从教皇,向教皇陛下效忠;在世俗事务上我们向您述职,在宗教事务上向教皇述职。”幸好当时罗马教廷处于动荡之中,三位权势人物分别自称教皇,在同一个罗马城里的圣彼得教堂、拉特兰宫和玛利亚·马吉雷教堂内称雄,希尔德布兰德还未登上前台,政教冲突才得以局限在一定的范围内。

到亨利三世之子亨利四世登基后,政教冲突达到白热化的程度,出现了欧洲历

---

① 阿·米尔著:《德意志皇帝列传》,东方出版社1995年版,第88页。

史上有名的"卡诺莎事件"。亨利四世的童年并不幸福,六岁那年,其父亲亨利三世即去世,以后在寡母阿妮丝的辅助下勉强维持王位。这一切,引起教俗权势集团的不满,他们要夺回对小国王的监护权,将"娘们儿"阿妮丝排除出政治生活。在亨利四世12岁那年,以科隆大主教安诺为首的势力劫持了他,并由安诺担任摄政,亲自调教他。安诺的严厉和经常把他视作"抵押品"的态度,使从小跟随母亲的亨利四世极其反感,而对神职人员近距离的观察,又使他对教界略感失望。1063年复活节,他亲眼看到高级教士在教堂里为争夺做弥撒的位置而争吵不休。在晨祷时,富尔达修道院长韦德拉德的武装人员冲向希尔德海姆主教赫齐罗的随从,双方在祈祷凳上厮打起来,祭坛前刀光剑影,喊叫声混成一片。希尔德海姆主教恼羞成怒,鼓动其随从破坏教堂内的圣物。亨利四世对安诺失望之余,同不来梅大主教阿达尔贝特的接触越来越多,逐渐建立起长久的友谊。阿达尔贝特经常与他促膝交谈,耐心地传授各种知识,并就内政、外交、军事、财政等各种问题建言献策。同时,阿达尔贝特也经常为他举办盛大的欢宴活动,使亨利四世能够同更多的女伴交往。后一个举动为反对派提供了口实,一些人传言小国王生活奢靡,放荡不羁。美因兹大主教西格弗里德联络安诺,再次发难,逼迫亨利四世罢免他的首席大臣阿达尔贝特,小国王再次成为孤家寡人。然而,逆境常常可以造就人才,随着年龄的增长,亨利四世变得越来越成熟,尤其擅长于妥协和利用对手们的矛盾。他19岁那年,萨克森人发动反叛,一时王国变得动荡起来。但亨利四世经过五年的征战,不仅平息了叛乱,而且在宫廷内部的纵横捭阖中摆脱了反对派,真正控制了王权。在控制教会势力方面,由于德意志主教们从自身利益出发,拒绝教皇干预德意志教会的内部事务,亨利四世同他们结成紧密的联盟,并依靠下级贵族骑士,取得了抗衡罗马教会的实力。

教皇格列高利七世以要求亨利四世释放萨克森教士为契机,把政教冲突正式推上了欧洲的政治舞台。1075年,他擅自召集宗教会议,其中只有三位德意志主教收到邀请函,必须在会上为自己买卖圣职的行为作辩护,德意志王国的三位重要大主教(美因兹、班贝格和奥格斯堡)都没有受到邀请,意味着他们已经被免职,同时遭到免职的还有亨利四世的五位顾问。教皇还明确向亨利四世提出要收回"主教叙任权"。"主教叙任权"又称"主教授职权",是向主教和修道院长授以封地和职权的权力,授职时常常授受权戒和权杖象征封地上的宗教权,授受权标象征世俗权。当时德意志兰有一半的土地和财富掌握在主教和修道院长手中,收回"主教叙任权"能大幅度提高教皇的实力。由于部分圣职的授予以接受者提供金钱资助为前提,所以禁止圣职买卖和取消王室的"主教叙任权",一方面会危及王室对国内教会组织的控制权,同时还会缩减财源。对此,亨利四世毫不退缩,他不顾罗马教会的所谓敕令,直接干预米兰教会的内部冲突,宣布放逐其中的教皇派成员,并擅自任命了米兰大主教。格列高利七世借新年问候之机写信警告他,要他立即忏悔和赎罪,并交出"翔实的书面报告",否则将受到逐出教会的惩罚。亨利四世的回应,是于1076年1月在沃尔姆斯主持高级宗教会议,史称"沃尔姆斯宗教会议",34名德意志主教中有26人参加了会议。会上愤怒控诉了格列高利七世的一系列罪行,宣布将他废黜。会议决议写道:"你呀,我们所有的主教以及我们大家都宣判你有罪,滚下来!离开你不配占有的使徒座位!应该让另外一个不用神圣教规的外衣掩盖暴行而以真正圣彼得的教谕教导人者来登圣彼得的宝座。朕亨利,上帝恩宠的国王,以及我们主教们全体对你说,滚下来,滚下来!"信中甚至还提到了教皇的私人污点:"你们干的令人极其愤怒的脏事玷污了整个教会,你秘密地和一个女人生活在一起……"①一时间,人们四处传播,说教会的每一个敕令都是娘们儿发出的,整个教会都是被这种娘们儿的元老院统治着。

格列高利七世也毫不妥协,接到来信后的第二天(1076年2月22日),即以祈祷的形式颁布破门律,宣布废黜德意志国王并将其革出教门。这是罗马教会第一次开除一个德意志国王的教籍。根据破门律的规定,如果被惩罚者不在一年之内获得教皇的宽恕,他的臣民就可以解除效忠誓言。老谋深算的教皇看到了亨利四世的致命弱点:他没有强大的军队,手下的诸侯们不少都心怀二意。果然,事情发生后,只有少数诸侯继续支持亨利,坚持认为把国王革出教门是不公正的,在法律上是无效的,不少诸侯开始支持教皇,劳腾巴赫主教甚至开始煽动民众,说可以把一个破坏自己法律的君主像对付不诚实的猪倌一样把他赶走。同年10月,各地诸侯擅自在特里布尔召开会议,会上南部诸侯和北部诸侯捐弃前嫌,同教皇使者一起,图谋推翻国王的统治。他们要求亨利四世必须在一年之内向教皇伏罪并取得教皇的赦罪令,否则就另选国王。会议的更多时间,是在商议继任国王的人选。亨利四世针锋相对,在奥彭海姆召开相应的会议,但出席的人数很少,六名德意志大主教中只来了两位。

无奈之下,亨利四世只得暂时妥协。这时,离开破门律期满已时日不多,1077年2月将在奥格斯堡召开"帝国会议"(由沃尔姆斯宗教会议演变而来),亨利四世

① 阿·米尔著:《德意志皇帝列传》,东方出版社1995年版,第116页。

必须在这两个时间到来之前获得教皇的宽恕。时间节点显得重要起来。那年冬天特别寒冷，阿尔卑斯地区风雪交加，亨利四世带着妻子、儿子和少量亲信，顶风冒雪秘密地向南行进。由于要避开可能被对方占领的路口，他们只能在无路的山上步行，雇用了意大利人当向导和挑夫，没法用马，只能用人拉雪橇。下山的路更危险，马被捆绑了腿，用绳索往下吊，王后、两岁的孩子和女佣被包在牛皮里，小心地往山下滚。男人们，包括国王在内，都得爬着走。支持国王的力量聚集在意大利北部，准备听从召唤讨伐教皇，但很快失望而回。教皇得知国王前来赎罪的消息后，也不敢太怠慢，公开宣布将北行进入德意志兰。但他生怕落入国王的圈套，遂且行且留，最后客居于卡诺莎（位于意大利北部）女伯爵（传说系格列高利七世的情妇）的宫殿中。

亨利四世的卡诺莎之行

当1077年1月25日亨利四世一行到达卡诺莎时，举世闻名的一幕开场了。国王一家脱掉御寒的皮帽和靴子，摘去一切能显示王家尊荣的标记，披上一条罪人忏悔时用的毡毯，在冰天雪地中赤脚站立，挨冷受冻等了三天。① 据记载，27岁的

① 时间是否为三天，学术界有不同看法，有人认为只有一天。参阅詹姆斯·布赖斯：《神圣罗马帝国》，商务印书馆1998年版，第139页注。

亨利四世个子高大，一派男子气概，尽管身处逆境，在寒风中胡子散乱，但绝不是魔鬼的形象。相反，他表情温顺，目光谦逊，表现出良好的修养。格列高利七世终于同意会见他。见面时，两人都哭了。亨利四世扑倒在教皇的脚下，恳求得到宽恕。教皇赦免了他的罪行。接着，在卡诺莎宫廷教堂里举行了大弥撒，教皇端来圣餐，向亨利表示，如果国王承认他是合法的教皇，承认自己被革出教门是公正的，那么这次接待就会给国王带来福音，否则他就是像叛徒犹大那样胆大包天。亨利四世当场写下了一份誓言，保证遵从教皇的意愿，改正错误，并保护格列高利七世的"生命和身体不受危害，国王及其下属不得逮捕教皇"。

对亨利四世的"卡诺莎之行"，后人有不同的看法。当俾斯麦在"文化斗争"中高呼"我们不去卡诺莎"时，显然把这一事件视作世俗政权对罗马教廷的屈辱性让步。但也有人认为，这件事既反映了亨利四世冷静、坚毅、忍耐的美德，又是很精明的一着棋。通过这一举动，他向全世界表明自己已经作了忏悔，从而又成了平等的一员，同时还为家族保住了王位。就在卡诺莎事件发生时，一部分德意志诸侯已经推举施瓦本公爵鲁道夫作为新的国王，但由于亨利四世得到了宽恕，在两王之争中处于优势地位，故很快在战场上杀死了后者。

但亨利四世在"主教叙任权"问题上还是毫不相让，坚持向教皇叫板。1080 年 3 月，格列高利七世在斋日宗教会议上第二次宣布把亨利四世革出教门。他声称："要让全世界看到，使徒彼得和保罗，还有他们的继任者教皇，就像他们在天上能够束缚和解脱一切，他们在地上也能对一个人按其功劳大小取消和授予他的皇位、侯国、公国、边区伯国、伯国和人间的一切财产。"亨利四世以牙还牙，在同年举行的美因兹宗教会议上，经过 19 位主教和大主教表决，第二次罢免了教皇，声称这是"砍掉毒蛇的头"。以后，德意志主教们又推举拉文纳大主教出任"对立教皇"。而格列高利七世也立即还手，鼓动德意志内部亲罗马的诸侯推举一个个的"对立国王"。于是，在德意志的土地上，出现了一个奇特的现象，按照《奥格斯堡年鉴》的说法，"这里的一切都是双重的，主教是双重的，国王是双重的，公爵是双重的。"其结果就是内乱不断，到处都发生反叛和平叛的战争。

1084 年，31 岁的亨利四世羽翼丰满，决心了结这场争端。他率领一支强大的军队越过阿尔卑斯山，直扑罗马。一路上，顺便获得了伦巴德王国的王冠，又把卡诺莎女伯爵的田庄彻底毁坏。在围攻罗马城的过程中，亨利四世由自己拥立的"对立教皇"克莱门斯三世加冕为帝。郊外找不到合适的教堂，就临时搭建了两个帐篷充数，一个供国王着装和加冕用，另一个供已经加冕的皇帝做弥撒用。战时的加冕典礼同样辉煌,仪式中规中矩,四周涌来的百姓人头攒动。被围的格列高利七世请来了救兵,但大兵入城后犹如敌兵,烧杀奸淫,无所不为,于是罗马人起而反抗,赶走了教皇。格列高利被迫流亡,但不忘召开宗教会议,第三次把亨利四世革出教门。不久,格列高利七世在流亡途中黯然病逝,去世前他宣布恢复所有人的教籍,但亨利四世和“对立教皇”除外。一时间,亨利四世似乎取得了最后的胜利。然而,罗马教廷加紧拉拢其儿子亨利五世,最后亨利五世在各种因素的推动下反对亲生父亲,直至把他软禁。1106年,亨利四世在困顿中去世。

但是,亨利五世很快又因为“主教叙任权”问题同罗马教廷闹翻,以致在加冕典礼上公开发生冲突,喊声和抗议声取代了祈祷声,教皇和16名红衣主教被当场逮捕。罗马教廷则以开除皇帝的教籍相抗衡。直至新教皇卡利克斯特二世上任后,才同亨利五世达成妥协,于1122年在沃尔姆斯城签订《沃尔姆斯宗教协定》。该协定规定:在德意志兰,主教和修道院长不再由皇帝任命,而由教士选举产生,但皇帝有权出席选举会议并加以干预;当选者先由皇帝授予象征世俗权力的权标,再由教皇授予象征宗教权力的指环和牧杖;在意大利和勃艮第,皇帝无权干预主教和修道院长的选举,由教皇对当选者授予宗教权力,六个月后方可由皇帝授予世俗权力。协定是双方妥协的产物,教皇削弱了皇权对教会的影响,但没有实现教权高于皇权的目的,皇帝享有对德意志教会的一定权力,但在意大利和勃艮第的世俗授职权纯属形式。至此,如火如荼的政教争斗暂时告一段落。

教权与皇权之间的激烈争斗严重消耗了德意志王国的国力,给各地诸侯提供了较大的发展空间,趁机把采邑变成世袭领地,地方诸侯的实力和独立性增强,皇权衰落。但是另一方面,这场争斗也使德意志人的爱国主义情感有所上升。

三、巴巴罗萨·弗里德里希

《沃尔姆斯宗教协定》签订后三年,亨利五世患癌症去世,死时无嗣,萨利安家族的统治遂告终结。施瓦本公爵、萨克森公爵和奥地利边疆伯爵三人争夺王位,一度出现两个国王并立的局面。最后,施瓦本公国胜出,康拉德三世建立了霍亨斯陶芬王朝。然而,新国王的运气不佳,率领十字军进行第二次东征,却失败而归,还没来得及加冕为帝，就命丧黄泉，成为德意志国王中第一个未能成为皇帝者。但是他在临终前作出了一个明智的决定，即不让自己六岁的儿子继位，而是选择了侄子弗里德里希（旧译“腓特烈”）当国王，是为弗里德里希一世（Friedrich I，约 1122—1190）。在不少德意志人看来，德国历史由此翻开了辉煌的一页。

弗里德里希中等身材，英俊潇洒，白脸红眉，目光锐利，金红色的卷发，红色的胡子，由此得到“红胡子”的外号。在他执政期间，曾五次远征意大利，持续近 30 年，意大利人说弗里德里希的红胡子是用他们的鲜血染成的，遂用“红胡子”的意大利语发音“巴巴罗萨”（Barbarossa）来称呼他，于是他的名字就成了巴巴罗萨·弗里德里希，或巴巴罗萨·弗里德里希一世。

巴巴罗萨·弗里德里希一世雕像

巴巴罗萨着手加强对国内诸侯的控制，力图强化前任国王们由于政教纷争而遭到削弱的王权。他曾在隆卡利亚的田野上召开帝国会议，把世俗和宗教诸侯、贵族、著名的专家等都召集过去，围坐在一起。他自己坐在一个高座上，以便使与会者都能看到他的形象，听到他的讲话。他提醒与会者牢记：德国的王室是每个人自由和权利的保护者，国王对各公国、边区和农村都拥有主权，这些权力本来就属于国王，后来逐渐落入了他人之手。他在这个会议上明确规定取消地方的自主权。部分诸侯提出自己的想法，这些想法由米兰大主教作了归纳，向国王明确提出：“得到好处的人也必须承担不利，这是理所当然的。你有权命令我们大家，那你的肩上也就承担了保护我们大家的义务。”[①]巴巴罗萨则要求下属们在开会期间象征性地为国王站岗，以强化他们效忠国王的意识。于是，在兵营中间国王的帐篷前，竖起一支带有皇帝徽章的长矛，上面挂着一

① 阿·米尔著：《德意志皇帝列传》，东方出版社 1995 年版，第 145 页。

个牌子，牌子上写着那些拥有封地、必须象征性地为国王站岗的诸侯与骑士的名字。每天在固定的时间，由传令官依据名单的次序，传叫相关人员出来站岗，每夜一位。如果某个下属未经主子批准就外出，传令官叫了两遍后就可以宣布剥夺他的领地。

巴巴罗萨把更多的精力放在意大利。这是因为，政教之争远未结束，国王既需要教皇为其加冕，又拒绝受其控制。此外，德意志兰以外的地区不服膺德意志人皇帝的现象也愈益明显。英国教会学者约翰曾提出质问：德意志人是一个野蛮而未开化的民族，他们凭什么有权统辖其他民族？意大利北部的一些城市是王室收入的重要来源，但是它们也有辉煌的过去，故而经常发动反对皇帝乃至教皇的叛乱。这样，皇帝、教廷和意大利人，三者之间经常爆发冲突，而且互相构成复杂的三角关系，纵横捭阖，敌我转换。

巴巴罗萨即位第二年，即1153年，就同教皇签订了《康斯坦茨协定》，承诺支持教皇抵御诺曼人（11世纪晚期占领了意大利南部），帮助教皇对付罗马人的叛乱，并防止拜占庭皇帝重新在意大利夺取桥头堡，教皇则答应尽快为其加冕，并承认帝国的权利。两年后，弗里德里希一世率领一支不到1 800人的小队伍，如约前往罗马，准备接受帝冕。当时，登位才一年的新教皇哈德里安四世正遭受众多意大利人的反对，遂亲自骑马出城。两人约定在苏特里见面，然后在国王保护下一起回宫举行加冕典礼，由此就引发出"苏特里事件"。按照一般规矩，候选皇帝与教皇骑马相见，国王应该为教皇牵马，并在他下马时为其扶脚蹬，这是欧洲一个古老的礼节，为他人牵马扶蹬以示敬重。在巴巴罗萨于苏特里等候期间，有人提醒他，教皇的拉特兰宫里有一幅表现萨利安王朝末代皇帝洛塔尔三世24年前为教皇牵马的油画，旁边还有一段附注："国王来到罗马城门并宣誓承认罗马的权利，他是罗马教皇的封臣，从教皇手里接受皇冠。"然而，当两人相见时，巴巴罗萨却不肯下马，他认为，他的楷模查理大帝和奥托一世都没有做过这一举动，而且此举会给未来的政教关系带来很大的负面作用。于是，现场出现了尴尬的局面，教皇据此明确拒绝给客人以和解之吻。一时间，两人之间的裂痕公开暴露在世人面前。事后，双方的礼宾人员进行艰苦的谈判，巴巴罗萨在下属的劝说下勉强同意。但是他明确声明，作出牵马扶蹬的象征性姿态，仅仅出于对圣徒彼得和保罗的敬重，与一个附庸向领主作政治服务毫无关系。同时，教皇承诺把拉特兰宫的油画毁掉。[①]

---

① 赫伯特·格隆德曼等著：《德意志史》第一卷：古代和中世纪，商务印书馆1999年版，上册，第505页。

国王与教皇好不容易达成妥协,两支队伍合并,共同向罗马进发,不久遇到了罗马元老院的一个使团。该使团通过一段隐晦曲折但又明白无误的致辞,要求国王和教皇发誓要"保持良好的惯例,保持由前任遗留下来的古老法律,不让野蛮人破坏它……"①矛头直指被普遍看作野蛮人的德意志人的首领。此外,罗马使团还以地主的身份,提出要巴巴罗萨为加冕支付 5 000 磅黄金。巴巴罗萨毫不退让,以居高临下的口气打断使者的话,反驳道:"你想知道吗?你的罗马昔日荣誉何在,元老院尊严何在,骑士的作战本领、勇敢和规矩何在?不屈不挠的战斗勇气何在?你看看我们的人民!在我们那里一切都保留完整,这一切都与帝国一起为我们所继承,因为我们所继承的帝国不是一无所有,而是具有力量和美丽的外观。你的行政长官在我们那里,你的元老院在我们那里,你的战友在我们一边……"随后他提醒使者毋忘查理大帝加冕之事:"是这样,我们追随你的荣誉而来,可是为什么发生这种事情?敌人逼你,你没有一次用自己的力量消灭枷锁……于是便把法兰克人的力量召来;简直是在祈求,哪里还有什么荣誉。"至于 5 000 磅黄金的"买路钱",他嗤之以鼻,断然拒绝:"简直是无理!罗马啊,你要从你的统治者那里要东西,像一个商人向小贩要东西……要求出身低微的人履行义务,还不如要高贵的人捐出应得的尊敬。"他还威胁说:"谁要是无端提出无理要求,那就要用以其人之道还治其人之身的办法来拒绝他。"②于是,本来的欢庆节日成了一场血斗,加冕典礼只好背着罗马人秘密举行。罗马人闻讯后再次起事,准备冲进圣彼得教堂找教皇算账,刚回到兵营的巴巴罗萨再次率兵冲进罗马城。在冲突中,有近千名罗马人被打死或掉进台伯河淹死,200 人被俘,无数人受伤或逃难。

然而,罗马人的反抗行为刚得到平息,教廷与皇家的矛盾立刻又尖锐起来。1157 年,帝国会议在贝桑松召开,教廷和教皇作为帝国皇冠的授予者,自然要在会议上表演一番。教皇亲自给皇帝和会议写了一封信,并派遣圣马可大主教和圣克雷蒙特大主教前往祝贺。然而两位代表的致辞却令人费解,他们当众表示:"向我们的圣父、教皇哈德里安致敬,向神圣罗马教会的红衣主教团致敬,教皇是父亲,红衣主教是兄弟……"听了这番致辞,帝国诸侯们开始产生不满情绪。随后,帝国首席大臣宣读教皇的圣函。信件是用拉丁文写作的,为了让所有的帝国诸侯都能听懂,赖纳尔德当场把它译成德文,于是加剧了与会者本来就存在的疑惑和不满。信

① 阿·米尔著:《德意志皇帝列传》,东方出版社 1995 年版,第 140 页。
② 同上书,第 140—141 页。

中谴责皇帝没有履行义务，责备皇帝没有使用法官，对犯罪分子缺少惩罚，并提醒皇帝，罗马教会“给了你怎样的尊严和荣誉”，“对于满足你的希望和要求，我们也不后悔……”这时，诸侯们的情绪越来越激愤。当赖纳尔德读到“教皇十分高兴，你这位陛下从我们手里接受了更大的 beneficium，这也成了事实”时，问题产生了。beneficium 这个拉丁词汇具有两重含义，其一是“利益”或“恩惠”，其二是“封地”。赖纳尔德当场将其译成“封地”，其他诸侯深信不疑，难道不是指封地吗？帝国是封地，是教皇的赠品，罗马的一些人不就是这么宣布的吗？联想到拉特兰宫中皇帝为教皇牵马扶蹬的画，这个意思就更明确了。这时，部分诸侯已经怒发冲冠。巴巴罗萨要求教廷从拉特兰宫中撤掉这幅画，红衣主教罗兰特的回言有些答非所问：“不是从教皇先生手中，那皇帝还能从谁的手中得到赠品呢？”这句话犹如斗牛场上的红布，会场顿时一片混乱。行宫伯爵奥托拔出寒光熠熠的长剑逼向红衣主教，剑锋直逼他的喉咙。巴巴罗萨赶忙出来劝架，并示意两位红衣主教赶快离开现场，在武装人员护卫下直返罗马。趁着会场混乱之际，皇家随从搜查了红衣主教的行李，发现了他们在帝国内视察教会的材料，这一行为明显违反了《沃尔姆斯宗教协定》。尽管事后教皇公开宣布，beneficium 一词只是表示“利益”或“恩惠”，但已经难以遏制巴巴罗萨和帝国诸侯们的愤怒。皇帝下令在“罗马帝国”的国名前加上“神圣”一词，表明帝国直接授自于上帝，同教皇无关，皇帝与教皇是门第相当的伙伴，世俗之剑和宗教之剑都是上帝之剑。他还公开声明，他的帝国是通过德意志诸侯的自由选举和上帝的授权而获得的，谁要是把他的皇冠视为教皇的授予，谁就是基督的敌人。同时，他封闭了阿尔卑斯山口，禁止德意志主教前往罗马。

这时，北意大利人反抗德意志人统治的斗争开始升温，米兰城成了这场斗争的领头羊。1159 年春，米兰民众发动起义，包围德意志统治机构，并威胁要行刺统治者。米兰城代表则傲慢而放肆地在巴巴罗萨面前声明：“我们虽然宣誓过，但是我们没有宣誓过要遵守誓言。”巴巴罗萨立即把打击矛头指向米兰城。首先着手损坏城市周围的一切可用之物，士兵们手拿斧子和锄头，大肆砍伐橄榄林、果园和葡萄园，毁坏粮田，宰杀家畜，封锁通道，40 天后，米兰城四周一片荒芜，对外联系彻底中断。同时，德军还包围了与米兰结盟的小城市克雷玛，七个月后，攻守双方都怒火相向。在克雷玛城前，帝国士兵奉命把俘虏吊在绞刑架上，有些还被残忍地分尸，身体钉在城墙边，头则被士兵当球踢。克雷玛守军也针锋相对地把俘获的帝国士兵绑在城墙的十字架上。帝国军队攻城了，士兵们残忍地把包括儿童在内的人质捆绑在攻城的战车上，试图以此阻止城内的抵抗行动。然而，克雷玛市民在惊讶之余，奋力把各种武器指向德军的战车，同时高声祝福自己的孩子，颂扬他们能够如此早年就为祖国而死。但是，尽管北意大利的民众英勇抗击帝国军队的进攻，还是难以摆脱大军压境的危局，最后，经过约两年的抵抗，克雷玛、洛迪、米兰三个城市先后投降。在米兰市民离开家园的时候，被迫赤着脚，手拿十字架，脖子上套着绳索，默默地从巴巴罗萨面前走过，分别前往四个村庄定居。他们的旗手负责把军徽放在皇帝面前，吻皇帝的脚。巴巴罗萨下令把米兰城的城门、城墙、护城河和塔楼全部拆除，把城内高大华丽的建筑物尽行摧毁，把坟墓铲平，以便于皇家的军队长驱直入。同时，他还下令把周围已经荒芜的土地重新犁开，撒上盐，力图将这个城市永远从地图上抹去。五年后，1167 年，巴巴罗萨又出兵罗马，镇压罗马人的反抗，赶走教皇亚历山大三世，新立教皇帕斯卡尔三世。只是由于意大利地区霍乱流行，士兵和居民大批死亡，连跟随巴巴罗萨出征的贵族们也难以幸免，德军才被迫撤退。

巴巴罗萨多次向意大利出兵，忽视了德意志王国的内部事务。趁着这一空隙，诸侯中出现了一个强大的对手，即他的表兄弟、巴伐利亚和萨克森公爵“狮子”亨利(Heinrich der Löwe，1129—1195)。后者在自己的不伦瑞克行宫的城堡广场建造狮子纪念碑，[①]以显示其强大和胜利，却不愿意及时向皇帝提供所分摊的兵员。相反，他还以已经提供的军事行动为资本，向皇帝索要城市和银矿。1175 年巴巴罗萨再次出征意大利，不料因兵力不足而受阻，而当时“狮子”亨利的势力日盛，却不愿出兵援助，于是出现了历史上颇有争议的皇帝向自己的封臣下跪的传说。据说在 1176 年 1 月底或 2 月初，巴巴罗萨在基亚文纳同诸侯们开会，他为了恳求亨利能真心与之合作，并出兵助一臂之力，竟然放弃常理，亲自向后者下跪。亨利的下属趁机扩大事态，在一旁用刺耳的声音高叫：“公爵，你看，皇冠就在你的脚下，很快就会在你的头上闪光。”但这时巴巴罗萨的权威尚存，贵族们对现场的局面感到震惊，但并不支持亨利。皇后走到丈夫身边，温情地说：“起来吧，亲爱的主人，上帝将帮助陛下，如果陛下将来回想起这一天和这种傲慢的话语。”亨利拒绝和解，骑上骏马扬长而去。巴巴罗萨在诸侯们的支持下，通过帝国会议剥夺了亨利的几乎所有封地。亨利只得流亡外国，最后投靠岳父英王。

晚年的巴巴罗萨雄风略失。1176 年，54 岁的他出征伦巴德，以 3 500 名骑兵和步兵对抗 15 000 名兵士，结果坐骑被对方的长矛刺中，自己身受重伤，倒在死尸

① 赫伯特·格隆德曼等著：《德意志史》第一卷：古代和中世纪，商务印书馆 1999 年版，上册，第 527 页。

和伤兵中。战场上到处响起“皇帝死了”的喊声，三天后皇后穿上了孝衣。第四天，死里逃生的巴巴罗萨重新出现，但从此看到了妥协的重要性。翌年夏天，他亲自前往威尼斯，向曾经被他废黜的亚历山大三世教皇寻求政教和解。在威尼斯，教皇身穿朝服，坐在圣马可教堂的宝座上，几位红衣主教奉陪左右。巴巴罗萨被人领着走过大街，前往教堂会见教皇。见面时，巴巴罗萨“显然不顾皇帝的尊严，扑倒在教皇紫袍前，跪在使徒继承人面前，吻他的脚。教皇含泪扶起18年来一直相互仇视的宿敌，给了他一个和平之吻并为他祝福。”①当他们在大弥撒之后离开教堂时，巴巴罗萨承接了以前一直拒绝的牵马扶蹬的服务，扶着马蹬牵着马在威尼斯民众中走过。

但是，对于征服异教徒和帝国以外的领土，巴巴罗萨还是当仁不让。1189年，他集结了一支庞大的军队，开始远征耶路撒冷。翌年6月，他死于土耳其境内的萨莱弗河中。据一般说法，死因是洗澡时心脏病发作，也有说溺水而亡，或过河时溺水的。

由于巴巴罗萨死于十字军东征的途中，他的形象逐渐被神化，另一些人则将其孙子弗里德里希二世的形象同巴巴罗萨联系起来。因此，尽管当代不少史学家对巴巴罗萨的内政外交持保留态度，但历史上仍有不少德意志人仰慕他。人们将他视作民族英雄和德意志性格的典型，通过各种艺术形式来颂扬他，绘画、雕塑、诗歌、传说，争相彰显他的功绩。有一首诗这样歌颂他：

弗里德里希的权势和光荣有多大，
众所周知，无待屡述；
削平叛逆，复仇雪耻；
我武虽扬，彰显查理。

人们传说他智勇双全，行动果断，疾恶如仇，平易近人，宽怀大度，雄才善辩。尤其是他率兵攻城时，往往身先士卒冲向城堡、要塞和城市。同时代的人赞扬他是“正义的维护者，法律的爱好者”。这样的人在死后也留有余威。在萨尔茨堡通向贝希特斯加登的路上，有一个人迹罕至的山谷。人们说在这个山谷中的一个黑洞里，红胡子的皇帝躺在武士中间迷睡着，等到渡鸦不再绕峰翱翔、山谷中梨花盛开的时候，便会带着十字军下山，给德意志带回和平、强大和统一的黄金时代。每当德意志处于困难的时候，人们便会想到这个山洞，并叹息着希望有这么一天，长睡

① 阿·米尔著：《德意志皇帝列传》，东方出版社1995年版，第158页。

的正义皇帝被惊醒,他的盾牌重新高高地悬挂起来,犹如昔日在军营中那样,成为民族的领路人。在图林根高峻的基夫豪瑟山的一个洞穴里,也有着同样的传说。

四、王国东扩

法兰克王国起源于莱茵河畔,东法兰克王国及德意志王国的重心也一直维持在莱茵河东岸一带,东部疆界大致维持在易北河—多瑙河一线。但德意志王国的历代国王都致力于拓展版图。由于西面是西法兰克王国,向南则涉及到同勃艮第和罗马的关系,因此"东进"成为王国扩大的主要途径。从亨利一世到奥托一世,再到后面的君王,都把拓展和保护东部边界看作自己的主要任务之一。初期的拓展,是要把边界从易北河推进到奥得河一线。居住在两条河流之间地区的居民中,斯拉夫人占了很大比重,"东进"加上"德意志化"的过程,就是把斯拉夫人纳入到德意志人的范畴内。奥托一世为了加快东进的步骤,把东部边区藩侯的职位授给了两个最重要的助手:易北河下游边区由赫尔曼·比隆(Hermann Billung)担任藩侯,一般称"比隆边区";易北河中游和萨勒河边区由格罗(Gero)担任藩侯,一般称"格罗边区"。在东进的过程中,边区不断地扩大。为了强化统治,正在扩大中的边区被分成许多"城堡卫戍区",以城堡卫戍区的扩大带动整个边区的扩大,以加快王国"东进"的速度。东进的过程充满着血腥味。德意志兵士对斯拉夫人实行无情的征讨、疯狂的掠夺,连俘虏也难保性命。一名斯拉夫侯爵投诚后被砍去头颅,其顾问被挖掉双眼、割下舌头,七百多名投降士兵也被砍掉头颅,所有被砍头颅都埋葬在一起,令见者毛骨悚然。在"格罗边区",30名斯拉夫人首领作为代表同格罗举行谈判,准备向德意志人投降。也许谈判者降意不诚,格罗公然违背"不斩来使"的惯例,自食其言,将谈判者残忍地杀死在谈判桌旁。然而也是这位格罗,对忠顺的投诚者却来者不拒,不管是强盗还是小偷,只要经过考验,杀敌勇敢,都能够成为其手下"强盗大军"的成员。965年,格罗藩侯去世,奥托一世难以找到这么强悍的后继者,遂将"格罗边区"分割,先一分为六,后又合六为三,形成老北边区、萨克森边区和迈森边区。奥托一世使用文武两手来扩大控制范围,在武力"东进"的同时,在边境地区大力推广基督教,通过"基督教化"来巩固占领区,并进一步向奥得河东岸渗透。他在易北河中游地区设置了勃兰登堡主教辖区、哈费尔贝格主教辖区和奥尔登堡主教辖区，都归属于美因兹大主教辖区，作为向东部边界内外传教的基地。这一步骤卓有成效，德意志人据此成功地控制住了邻近的西斯拉夫人。尽管在十世纪中叶前后，奥得河以东兴起了以米耶什科公爵为首的未来波兰政权的雏形，也开始向奥得河以西伸手，但是在德意志边区武装力量的还击下，在基督教的感召下，米耶什科公爵不仅承认了德意志国家的宗主权，而且还代表其统治区向王国纳贡。这时，东欧发生了一件险些影响俄罗斯发展进程的插曲。当奥托一世的传教计划顺利开展时，959年，基辅的俄罗斯女大公奥尔嘉请求奥托一世给她派一名主教和几名传教士。如果这一愿望实现，俄罗斯就有可能进入罗马天主教的文化圈。奥托一世当然懂得此举的意义，立即组建传教团出发。然而，奥尔嘉的儿子斯维亚托夫更喜爱拜占庭的东正教，当德意志传教团抵达基辅时，东正教传教士已经先期到达，俄罗斯最终进入了东正教文化圈。在德意志王国的北部边境地区，奥托一世在汉堡—不来梅大主教辖区内设置了石勒苏益格主教辖区、里彭主教辖区和阿尔胡斯主教辖区，有效地加强了对北方的基督教影响和德意志影响。

在巴巴罗萨执政之前，大约在12世纪初，德意志北部的诸侯们又掀起了“东进”的高潮。为了吸引民众积极参与，他们有意把还比较落后的东部地区说成是人间天堂，说那里的河中流淌着奶和蜜，处处都有肉、蜜、家禽和面粉。确实，在一段时间里，易北河以东农民的处境，比西德意志和南德意志农民要好得多，①这一现象似乎证实了诸侯们的说法。大批生活拮据的农民纷纷融入“东进”的行列，希望能够改善自己的命运。一时间，农民和市民、商人和矿工、骑士和僧侣都面向东方，移居、垦殖和做买卖。“东进”的目的地包括已经进入德意志王国控制范围的奥得河以西地区，以及奥得河以东的波兰和波罗的海东岸一带。此后，易北河畔的西斯拉夫人逐渐德意志化，到14—15世纪竟丧失了原来的语言而讲德语。然而，易北河以东农民的好景不长，到16世纪20年代德意志农民战争失败后，这里的农民也同德意志兰其他地方的农民一样沦为农奴。

1134年，“狮子”亨利侵占斯拉夫人名城吕贝克，作为进一步东侵的据点。13年后，他联合一批北德诸侯，在教皇的支持下，发动侵略奥博德利特人和卢迪茨人的十字军征战，但遭到顽强抵抗，屡次败北。1160年，亨利终于粉碎奥博德利特人

① Alfred Haverkamp, *Neue Deutsche Geschichte*, Band 2, *Aufbruch und Gestaltung Deutschlands 1056—1273*, Verlag C.H.Beck, München, 1985, S.131.

的抵抗，10 年后，他在该地建立梅克伦堡公国，将控制范围推进到奥得河畔。

同样在 1134 年，另一支力量，即萨克森安哈尔特地方的伯爵“大熊”阿尔布雷希特（Albrecht der Bär），获得皇帝（洛塔尔三世）所赐予的易北河西岸的部分北方边区土地为封地。阿尔布雷希特及时抓住机遇，利用卢迪茨人陷于内部矛盾之机向东扩张。到 12 世纪末，其子孙已经扩张到哈菲尔河流域和乌克尔边区，势力达到奥得河畔，并建立了勃兰登堡侯国。勃兰登堡（Brandenburg）取名于当地斯拉夫城市“勃兰尼堡”（Brannibor，意为“森林城堡”），该侯国的首府柏林，原先只是斯拉夫人的两个居民点，1307 年合并为一个城市，1486 年成为侯国首府。侯国继续向东扩展，到 13 世纪末势力达到今波兰西境的内子河和瓦塔河下游，14 世纪初甚至进到维斯瓦河口，在大批占领斯拉夫人土地的基础上，成为德意志王国东北部一个强大的邦国，以后又成为普鲁士王国的重要组成部分，在近代德国历史发展中起到独特的作用。不过，阿尔布雷希特家族的统治在持续了近二百年后，于 1319 年结束，一百年后该侯国又由霍亨索伦家族统治。在这一新兴邦国中，易北河西岸的发祥地被称为阿尔特马尔克（即老边区），易北河和奥得河之间地区称中马尔克，奥得河以东地区称新马尔克。

1180 年，丹麦人入侵波莫瑞，当地诸侯博吉斯拉夫向巴巴罗萨求援。翌年，巴巴罗萨册封他为波莫瑞（即波美拉尼亚，方位大致相当于 1919 年割出的“波兰走廊”地区）公爵，统治西波莫瑞，成为德意志王国的一名诸侯。

普鲁士人属于波罗的海族人，与立陶宛人有族亲和语言亲关系。在蛮族大迁徙时期，由于他们的日耳曼邻居大多匆匆西去，斯拉夫人突然出现在他们的南部和西部，因此他们停留在远离德意志王国的地方，即维斯瓦河与涅曼河之间的区域。这一位置，造成普鲁士人不断遭到邻居的侵扰，瑞典人、日耳曼人、俄罗斯人、波兰人、鞑靼人，都先后与他们发生冲突。但他们真正被纳入德意志王国的大家庭中，则与十字军东征有密切的关系。从 1096 年到 1291 年将近二百年的时间里，西欧的天主教会和世俗封建主，发动了八次十字军东征，连续入侵地中海东岸国家。在这一过程中，宗教骑士团起了重要的作用，其中由德意志人组成的骑士团，主要是“德意志骑士团”（Deutscher Orden，旧译“条顿骑士团”）。波兰封建主和波兰十字军首先对普鲁士人发起征讨，想使后者居住的地方成为受自己控制的波罗的海基督教国家，但遭到普鲁士人的顽强抵抗。无奈之下，他们只得向富于战斗力的德意志骑士团求援，教皇和德皇甚至提前授权骑士团统治普鲁士。从 1225 年到 1253 年，德意志骑士团与普鲁士人经过为时 28 年的征讨、反抗、再征讨的过程，前者终于征服了后者,建立起骑士团国家。征服之后便是大规模的迁移,大批德意志人有组织地来到普鲁士,建立起一千多个有交租义务的村庄,以及近百个城市,默麦尔、柯尼斯堡、里加、诺夫哥罗德等,就是其中比较著名的几个。骑士团国家在经济上是依靠农民的租税和城市的商品运输和交易来维持的。以后,随着德意志移民的不断到来,原先普鲁士人的多神教信仰和风俗习惯逐渐消失,基本上实现了"德意志化"。这一切,为以后普鲁士王国的兴起创造了条件。

德意志王国的东扩,明显扩大了王国的疆域,同时也造成王国内部政治重心的东移,以往起决定作用的西部和西南部地区,逐渐让位给东扩过程中壮大起来的边区公爵和伯爵。由于这些藩侯从接受任命时起就拥有较大的自主权,因而比较热衷于扩大邦国的权力。他们地位的增强,增加了强化王国中央政权的难度。

五、城市的兴起

神圣罗马帝国时期,德意志兰的城市获得了较快的发展。在古罗马时期,日耳曼尼亚地区还处于蛮荒阶段,城市在社会生活中的作用微乎其微。尤其是经过"蛮族大迁徙"的冲刷,城市的数量、规模和作用进一步下降,不少城市遭到破坏,只留下一些基址。然而到了14世纪,德意志兰的城市达到4 000座。当时,德意志王国疆域内的总人口约为1 200万,80%以上生活在乡村并从事农业生产,10%—15%生活在城市。[①] 不过,当时德意志兰的城市,规模都不大。若按居民人数来划分,城市可分为三类:2 000人以下为小城市;2 000人至10 000人为中等城市;10 000人以上为大城市。当时,德意志兰最多只有50座城市的人口超过5 000,大多只是2 000人左右的小城市,其中还有200人以下的"袖珍"城市。中世纪德国最大的城市是科隆,1000年时大约拥有10 000人口,到12世纪时上升到20 000,[②]鼎盛时达到35 000。若按面积计算,科隆城最大时为4平方公里,大多数小城市只有0.2平

① 赫伯特·格隆德曼等著:《德意志史》第一卷:古代和中世纪,商务印书馆1999年版,下册,第515页。
② 汉斯—维尔纳·格茨:《欧洲中世纪生活》,东方出版社2002年版,第262页。

方公里。当时德国城市的发展已经呈现出一个弱点,即大城市多在边境,没有一个城市成为全国的中心,这一局面是此前德国历史发展的产物,不利于以后走向政治经济的统一。

德意志城市之所以获得快速发展,是由多种原因造成的。其一,政治上的等级制和分封制,造就了大大小小的封建领主,他们会在自己的驻节地建造城堡,然后在城堡周围形成居民区,供领主家族成员和其他手工业者居住。城市名称的末尾为burg(堡)的,如汉堡、斯特拉斯堡,大多属于这种类型。有些城堡建在小山顶上,居民区则建在山脚下,就形成了一种独特的城市风格。其二,由于神圣罗马帝国同基督教有着不解之缘,教会在城市发展中起到重要作用。主教驻节地的主教教堂城堡,是宗教城市的主体部分,在它的周围,也会形成附属性的居住区域。科隆是一个很好的例子,它原先是一个拥有罗马法权的居民区,以后成为主教驻节地,在主教大教堂和城堡与莱茵河之间,兴起了一个手工业者和商人的居住区。以后,居民区里又出现其他教堂,这些教堂进一步吸引更多的居民。除主教城市外,修道院的教堂、慈善教堂、朝圣教堂等,都可以成为手工业者居民区的起点。反之,由于居民离不开教堂,有不少著名的教堂、修道院和慈善机构,有意识地建在居民区附近,后来就成了居民区的中心。由Sankt(圣)开头的城名,如圣·日耳曼、圣·阿尔班等,都属于这类城市。其三,在封建制度下,农村的生活比较艰苦,农民遭受着经济剥削和人身束缚等多重压榨,不少人采取逃往城市的方式来摆脱现状。而不少市民也来自农村,对他们有同病相怜之感,总是想方设法为他们安排栖身之处。这样形成了"滚雪球"效应,推动城市加速发展。其四,有些城市的形成,与其所处的地理位置有关。如因斯布鲁克、茨魏布吕肯,其词尾布鲁克、布吕肯都是Brücke(桥)的谐音,表示那里有跨越河流的大桥,位于水陆两路相交的地方,如果国家在那里设卡征税,就会形成居民点,进而发展成城市。以"维克"为词尾的城市(如石勒苏益格的旧译"石勒斯维克")则证明它原先是个用于远程贸易的交易场所。在这方面,德意志兰的地理位置占了有利条件。在新航路开辟以前,欧洲拥有地中海和波罗的海两大国际贸易区,德意志兰正好夹在两大贸易区的中间,是国际贸易的必经之地。其五,罗马帝国沿着"界墙"所建造的要塞和堡垒,如美因兹、波恩、奥格斯堡、雷根斯堡等,尽管当时还未形成现代意义上的城市,而且在帝国晚期由于各种原因,其中包括社会上层迁移到农村,使这些地方逐渐萎缩,甚至暂时丧失了原有的作用,但以后又逐渐得到恢复和发展,有些成了较大的城市。

除了上述各种因素之外,城市发展的根本原因,则是生产力水平的提高,导致商业和手工业快速发展,推动普通的居民点迅速发展成城市。商业在九至十世纪就有了长足发展,当时最重要的商品是盐、金属(银、铜、铅)、葡萄酒和布匹,在途经德意志兰的欧洲各地之间长途贩运,使得科隆、美因兹、沃尔姆斯、雷根斯堡、马格德堡等城市快速发展起来,也使一些适合于成为货物转运站和商人休息地的地方形成年市和周市。这些地方大多在阿尔卑斯山以北的商道交叉处和有利的河口,它们依靠设防的城堡、修道院或从前的罗马城市,以求得保护。由于这些集市能够上缴贡赋,故而得到王室的大力鼓励,早在卡罗林王朝时期,国王就下令每个城市每周都要开设一次大型的市场活动。而对众多的封建主而言,尽管城市发展从根本上来说损害了他们的利益,但从眼前利益来说,也给他们带来了便利,因为他们土地上所出产的多余农产品,需要向城市抛售以换取货币,他们为追求享受,不满足于本地粗拙的土产品,也需要通过城市市场购买其他地方的特产。在手工业发展方面,城市有其独特的优势。为了提高生产效率,满足城市的需求,手工业者创造出各种专业化的工具,如通过利用水力的水车和风箱,促进了冶炼业的发展,在纺织业中推广使用脚踏织机,手推车与起重机的发明推广便利了交通等。手工业产品也不断出现。齿轮钟被发明,起初以重力作动力,后来改为以弹簧推动。从阿拉伯世界传来的光学透镜,被制成眼镜。用曲颈瓶蒸馏出了酒精,被医师用来作为“医治百病之水”。中国制造火药的知识和造纸技术传入欧洲后,也在德国得到应用。第一批火枪大约在1320年前后被制造出来。1390年,纽伦堡商人乌尔曼·斯特罗迈开设了德国第一所造纸作坊,用亚麻残片制作的纸逐渐取代了昂贵的羊皮纸。手工业本身的分工进一步细化,在金属加工业中分化出制铁蹄、制钉、制刀剑、制锁、制铁丝、制甲胄、制壶、黄金加工等行业,还出现泥水业、制桌、盖屋顶、浇铸火炮和枪械、建造磨房、织造麻布与丝绸等新行业。如果一个城市能够同时获得市场权、关税权和铸币权,它的发展潜力就比较大,地位也比较高。

在德意志兰,城市和普通居民点的一个重要区别,是大多数城市筑有城墙。因此,在当时的装饰画里,城墙是作为城市的重要标志表达出来的。城墙有多种筑法。少数的重要城市整个用坚固的城墙围起来,但也有不少城市,只有城堡和部分区域围以城墙,居民区则紧挨在城墙的外面。还有不少城市,周围仅仅是壕沟和栅栏式的土墙,只有面临外敌入侵时才代之以石墙。

城市内部的格局同该城市兴起的原因和城市性质有关,一般都拥有行政和教

城堡居民的生活场景

会的"豁免权辖区"[①]、居民区、手工业区和市场。教堂的塔楼和市议会的塔楼是整个城市的制高点。当时城市里已经有了医院、客栈、浴室和妓院，犹太人在社会生活中受到排斥。如果从上空俯瞰，街道一般都是头尾相接，构成棋盘式的、或者正方形的网络状系统。街道本身都比较狭窄，曲曲弯弯，房屋毗连，上层楼房突入街心，致使街道光线晦暗。从考古挖掘的材料看，古罗马时期的道路大多用石块铺就，而神圣罗马帝国时代，大多用夯得很坚实的黏土或者碎石铺成，上面保留了足迹、车辙和马蹄印。在不少城市，经常是晴天尘土飞扬，雨天道路泥泞。查理四世的中书令曾经抱怨说，在纽伦堡，由于经常下雨，街道上满是泥泞，以至于骑马都有危险，或者是马陷到深深的泥潭里，把骑马的人摔在臭气熏天的街泥中，脏得像头猪，或者是别人的马溅你一身泥。生活用水来自井水或河水，但是既没有导水管，初期也没有下水道和垃圾处置机制，一切污水垃圾随地乱倾，造成街道肮脏，垃圾满地，空气污浊，时常发生瘟疫。直到13世纪以后，这些问题才引起注意，逐渐得到改善。

以政治隶属关系分类，德意志兰的城市可分为三种，都拥有一定程度的自治权。第一种是帝国直属城市，到15世纪末至少有50座。它们名义上属于帝国，可以使用帝国的鹰徽，可以派代表出席帝国会议，也需要向帝国提供一定的军队并缴纳帝国税，但实际上拥有广泛的权力，包括有权铸造货币、征收捐税、护送商旅，并享有最终审判权。这种城市大多是从王室领地发展起来的，如亚琛、法兰克福、纽伦堡、奥格斯堡、汉堡、吕贝克、不来梅等。第二种是邦国城市，从属于诸侯统治，如不伦瑞克、维也纳、罗斯托克、斯特拉尔松、弗赖堡等。它们需要向诸侯纳税，自身拥有的权力较小，只有初级审判权，有的则获得了自治的独立地位。第三种是自由

① 这种区域不受城市当局的管辖，名义上直接隶属于皇帝，实际上由世俗领主或主教直接通过代理人行使统治权。

城市,主要在莱茵地区,如美因兹、沃尔姆斯等。它们摆脱了主教的统治,又不需要向帝国纳税和提供军队,同时还拥有军队、征税权和最终审判权。城市运作经费,主要来自城市地产和各种税收,包括工商关税、财产税、收入税、货物过境税,以及发行货币和审理案件的收入。在城市开支中,军事费用占了较高比重。各种类型的城市,其自治权的来源不尽相同。有些城市得益于政教之间的主教叙任权之争,皇帝为了争取更多的拥护者,向那些反对主教领主的城市让出很多原先自己享有的权利,包括审判权和各种经济权,以至于当时流行这样一句话:"一年零一天内城市的空气使人自由",即一个人如果逃脱领主的控制,而这个领主在一年零一天里没有提出对这个人的要求,那么他就处在城市法权、法庭和城市领主的统治之下。有些城市则是因为城市领主自身为了推动城市的扩建,将一部分权利转让给市民,如免除对商人实施的上帝审判权和参与决斗权,或者把主教宗座的地区收益转让给市民。从城市领主那里获得权利的市民结成各种团体,如商人同业公会、①誓约社团等,与从皇帝那里获得权利的城市领主一起,共同管理着城市。城市自治权在法律地位上的外观标记就是城市徽章,德意志兰最早的城市徽章出现在科隆。早期的城市徽章还有神权和皇权的痕迹,到13世纪中叶,吕贝克城市徽章就仅反映市民内容了,即一艘商船,船上有征税人和船主,高高举起的右手表示他们属于誓约团体。实施自治权的载体,则是作为行政官的市长和塔楼高高耸起的市议会。市议会在城市范围内行使国家的职能,尤其在经济政策上,它调节市场,监督度量衡,注意商品的质量,管理对外贸易,确定最高价格等。在市议会中占优势地位的,一般是城市的上层人士,不少城市实际上出现了"家族统治",即市议会和管理机构掌握在富有的、有威信的和居住最久的家族手中。在当时德意志兰的城市中,社会上层一般是商人和封臣,前者由远程行商转变而来,组成商人同业公会维护自己的利益。在个别小城市,富有的手工业者也属于社会上层。社会中层则由手工业者和身兼生产者与商人职责的工商业者构成。在城市发展初期,手工业者的专业化程度还不高,如屠夫常常也连带出售动物的皮毛和皮革,他们的居室、作坊和店铺都在同一个屋檐下。但是,随着经济的发展,水平分工和垂直分工迅速展开,在食品生产者中分化出面包师、磨房工、屠夫、酿酒师,工匠中分化出玻璃、陶器、金属、皮革、羊毛加工匠,在羊毛加工业中,洗涤、拣选、梳理、捻线、织布、染色等工序也都由专门的作坊来完成。不同行业的手工业者组成各自的行会以保护自己的利

① 即Gilden,Gild或者英语的gulid,旧译"基尔特"。

益。社会下层包括学徒、部分帮工、没有受过教育的伙计、日工、家用雇工、奴仆、佣人，以及非婚生子女和刽子手、病畜屠夫、掘墓人等从事不体面行当的人。社会下层的人数约占市民总数的40%左右。此外，城市里还存在一些“边缘群体”，即没有任何职业的人，以及赤贫的乞丐。由于城市拥有一定的自治权，当时还出现这样一些人，他们住在农村，但被注册为市民，以便能享受城市的自由。

城市兴起后，有力地推动了德意志兰的发展，同时也在原先的“王权/皇权—教会—诸侯”的多元关系中增添了“城市”的因素。由于城市处于独立发展的状态，市民们丧失了参与全国政治生活的可能，而由于贵族们散居各地乡村，远离城市，又不能参与发展民族文化，这样，就影响到以后德意志的发展历程。同时，由于单个城市的力量有限，在各种因素的推动下，形成了城市同盟。在当时的欧洲，有三个城市同盟对德意志历史的发展起过较大的作用。

影响最大的是汉萨城市同盟。德语 Hanse 源自哥特语，原意为“军队”或“连队”，中世纪德语的意思为“商业公会”、“同盟”或“集团”。汉萨同盟的实际含义有一个转化过程，起先是指在外国活动的德意志商人结成的同盟，以后则是指这些商人的家乡城市顺势结成的城市同盟。当时，德意志商人在北欧各地的商业领域中占据着强大的优势，构成德意志人向外扩展浪潮中的重要组成部分。在他们的操控下，来自俄罗斯的皮货、蜡和蜂蜜，东欧的粮食和木材，佛兰德尔的布匹，英国的毛织品，斯堪的纳维亚的鱼，普鲁士的琥珀，莱茵河流域的葡萄酒，甚至经意大利转运的香料和丝绸，都在这里进行交易。德意志商人为了维护自己的利益，在许多城市组织了各式各样的同业公会，这些组织统称为“德意志汉萨”。如13世纪中叶，吕贝克商人和科隆商人在伦敦组建了“阿勒曼尼汉萨同盟”，而他们的商馆称为“德国人行会”，以后叫“模范商馆”。汉萨城市同盟的正式名称是“全德商人公会”，其前身是北德商人在海外建立的四大商站。13世纪晚期，以伦敦的“阿勒曼尼汉萨同盟”为基础，联合汉堡在伦敦的商站，以后又有六十多个城市加盟，形成北德商人在伦敦的“钢院商站”。商站建有高大的围墙和防卫设施，站内储备大量的武器，提防外人实施武装攻击。伦敦商站之下，还在英国15个城市设立分站。以后，北德商人又分别在北海地区的布鲁日、俄罗斯的诺夫哥罗德（商站名为“圣彼得商站”）、挪威的卑尔根建立了三个商站。1356年，汉萨城市同盟正式形成，四个海外商站相应地降格为同盟的下属机构。汉萨同盟是一个松散的联合体，成员数目一直得不到精确的统计，因为迄今为止没有发现完整的成员名单。一般认为正式成员可能是七十余个，因为当时罗斯人曾以“七十城”之名来称呼它。如果把加入后又退出的城市也计算在内，可能为九十余个，也有说一百六十余个。若按区域划分，加盟城市可以分为四个集团：以吕贝克为首的文德人城市集团，其中包括汉堡、维斯马、基尔、吕内堡和卡缅等城；以科隆为首的威斯特伐利亚城市集团，其中包括亚琛、多特蒙德、明斯特等城；以不伦瑞克为首的萨克森城市集团，其中包括不来梅、马格德堡、汉诺威、勃兰登堡、柏林和奥得河畔法兰克福等城；以但泽为首的普鲁士—立窝尼亚城市集团，其中包括柯尼斯堡、默麦尔、勒维尔等城。在这四个集团中，文德人城市集团居于支配地位，同盟没有统一的印章，一般将吕贝克的印章视为同盟的标记。同盟着力于保护与推动加盟城市之间的贸易关系，坚持排外主义的立场，坚决反对外来商人染指其商业特权，无情打击一切竞争者。同盟明令禁止成员与外来商人合作，如发现有成员为外商代运或代售商品，即实施严惩。同盟商人如与外国人通婚，立即丧失原先享有的一切特权。外国人在同盟城市经商，也遭到明文歧视，如不准在城内定居，不准在城区外从事商业活动，非经同盟商人的中介，外商之间不得互相交易等。与此同时，同盟对内坚持平均主义原则，着力于维护成员间的团结，用制度来限制成员间的恶性竞争，保证以同行协作来实现商业垄断。同盟尽管没有一套完整的管理机构和组织形式，但在实际运行中还是保证了一定的效率。其最高权力机关为“同盟代表会议”，按规定每三年召开一次，需要时可举行临时会议。实际上，在汉萨同盟全盛时期，同盟会议频频召开，成立初期的37年里举行了34次，到后期则越来越少。大部分会议都在吕贝克的黄金大厦举行，可见该城市的中心地位，间或也在科隆、汉堡和罗斯托克等地召开。同盟会议召开之日被称为“汉萨日”，一般安排在降灵节①那天。会议的议题比较广泛，从保护商路安全到度量衡制度，从维护国外商业特权到对外国宣战媾和，从开辟新航路到处置滞销商品等，都属于讨论的内容。此外，会议还受理盟员间的商业纠纷，联合起来维持各城市的内部秩序，如14世纪后期至15世纪初，科隆等城市连续爆发行会起义，反对贵族的统治，但同盟颁布法令，坚决镇压城市内部的反抗运动，致使大部分城市的行会起义都被镇压。同盟没有共同的金库，如遇打击海盗和战争的需要，或为了贷款给诸侯以换取商业特权，则向成员征收临时性的捐税。同盟本身不保留常备军，遇有战事，即由有关城市提供人员、装备和经费，一俟战争结束，军队复归各城市掌握。然而，同盟曾经数度集结起庞大的海军和陆军，甚至组织过空前规模的大舰队，创造了不少辉煌的战绩。同盟对成员的最高惩罚

① 在复活节后的第七个星期日。

是开除盟籍。盟内的决议经半数以上的代表通过后，即成为同盟立法，全体成员必须遵守，违者将被开除。这种处罚对城市和商人来说都是可怕的。它不仅意味着失去往日的特权，而且会失去与同盟成员进行贸易的权利。如 1470 年，同盟代表会议为了弥补清肃海盗的费用，决定将布鲁日商站的征税权扩大到尼德兰的港口，科隆表示反对，但遭到开除。直到五年后它表示愿意遵守同盟决议，才恢复盟籍。然而，汉萨同盟的兴盛时期仅持续了一百多年，从 15 世纪中叶起，即转盛而衰，失去了原先的势头。此后，出现了一系列不利于同盟发展的因素，如：英、法、瑞典、丹麦、俄国、甚至波兰逐渐形成民族国家和强大的王权，并且执行鼓励发展民族经济的政策；新航路的开辟导致商业中心移向大西洋沿岸，尼德兰和英国的城市迅速发展，经济实力急剧增强；在德意志内部，勃兰登堡和普鲁士的地位上升，削弱了汉萨同盟的力量。在各种因素的作用下，同盟终于走向衰败。1669 年，同盟在吕贝克举行最后一次会议，只有六个城市参加。此后，存在了三百多年的汉萨同盟彻底瓦解。

与汉萨同盟相比，莱茵城市同盟的影响要小得多。莱茵河是沟通地中海贸易区和北海贸易区的天然动脉，当时，莱茵河沿岸早已成为工商业发达的地区。1226 年，美因兹沃尔姆斯、施派耶尔、斯特拉斯堡、巴塞尔等莱茵城市，为保护共同商业利益而缔结同盟。当时，皇帝弗里德里希二世因害怕得罪大贵族，下令解散，但莱茵城市同盟拒绝服从，一直维持到 1236 年才被迫解散。但是 18 年后，1254 年，莱茵河流域诸城市又决定恢复莱茵同盟，它们相互宣誓互助合作，缔结为期 10 年的盟约。加盟城市最多时达 70 个，遍及莱茵河中游和摩泽尔河、美因河一带。同盟一年四季轮流在科隆、美因兹沃尔姆斯和斯特拉斯堡开会，每个加盟城市派四名代表与会，处理内外事务。同盟还决定，科布伦茨以南沿河城市提供 100 艘战船，以北诸城提供 500 艘战船，沿河巡逻，确保商路畅通，取缔非法税卡。莱茵同盟还曾经组织军队，对付敢于危害同盟利益的人。然而，恢复后的同盟存在时间也不长，三年后，即在选举国王的过程中分裂瓦解。

施瓦本城市同盟的成立时间略晚些，在 1376 年。早在 1285 年，弗赖堡曾经与斯特拉斯堡、巴塞尔缔结过城市同盟。以后，城市之间结盟之事也屡有发生，如 1331 年南德地区（包括瑞士）的 22 个城市结盟，两年后瓦解，18 年后恢复，两年后又瓦解。施瓦本同盟正式成立时，共有 14 个城市参加，最多时曾达到 84 个，领头城市为乌尔姆和康士坦茨。盟约规定：一旦某城受到威胁或攻击，加盟城市不但应当立即提供人力、粮食、装备和其他物资支援，而且有出兵支援的义务。五年后，施瓦本城市同盟与莱茵城市同盟结成联盟，盟约规定一旦有事，双方互相提供军事援助，直至派兵参战。然而三年后，情况发生变化，是年，纽伦堡加入施瓦本同盟，由于它同奥地利有密切的商业往来，因而支持奥地利公爵反对瑞士诸城的态度，要求将瑞士诸城开除出同盟。莱茵同盟站在纽伦堡一边，两个同盟的联合体陷于瘫痪。但五年后，施瓦本同盟自身也名存实亡。该同盟仅存在了20余年。

德意志城市同盟兴起一事值得关注。如前所述，城市的兴起，在神圣罗马帝国的政治结构中增添了新的因素，使本来就呈多元多变的结构更加复杂化。以后城市结成了同盟，尽管这些同盟没有在帝国的政治架构内提出明确的政治要求，然而客观上使城市因联合而强大，增加了自身的砝码。此外，神圣罗马帝国的重心一向在欧洲的中南部，远离海洋，在维护统治和扩展势力的过程中，主要依靠基督教和军事力量。然而，汉萨城市同盟的兴起改变了这一状况。在商人同盟阶段，德意志人以海洋为依托，在北欧地区的商品交易中大显身手，出现了"商贸兴国"的萌芽。在城市同盟阶段，各同盟组建军队，从事战争，清扫商卡，鼓励贸易，镇压内乱，维护秩序，在北部海岸演出了一部有声有色的大戏，使帝国出现了南北联动的局面，为德意志国家重心北移创造了条件。

六、大空位与邦国独立地位增强

中世纪后期，欧洲各国的发展历程进入了十字路口，当英法等国逐渐加强中央王权，为形成近代民族国家创造条件时，德国却出现了相反的走向，原先披着"欧洲之主"(皇权)外衣的较为强大的王权，在各种因素的作用下，日渐衰弱，而王国内各邦国的独立地位，却日渐增强。

巴巴罗萨曾着手加强王国的控制力，然而从其孙子弗里德里希二世(Friedrich II，1194—1250)开始，又被迫向诸侯让权，使巴巴罗萨取得的成果付之东流。巴巴罗萨的儿子亨利六世继承并张扬了父亲粗暴和残忍的特性，被时人描述成"像北风呼啸"，执政七年间几乎年年出征，似乎是要作为"地球的锤子打碎那些固执的人"。然而其时运不佳，31岁即死于痢疾的后遗症，这时其子弗里德里希二世只有三岁。小弗里德里希是一个在德意志历史上身带谜团、颇有争议的人物。其身世就是谜团之一。其母亲康斯坦丝是西西里王国的公主兼王位继承人，然而她嫁给亨利后九年没有生育，40 岁时突然生子。尽管身为皇后的康斯坦丝在阿普利亚的市场上生下儿子，但还是无法杜绝流言的产生，人们都说这个孩子其实不是皇后的儿子，而是从一个屠夫家抱来的。康斯坦丝并不愿意成为德意志人，她所关心的只是儿子能继承西西里王位。小王子跟着她长期在西西里生活，以至于意大利人自豪地称他为“阿普利亚的孩子”、“阿普利亚的男人”。这些因素都深深地影响了他的执政风格。他熟谙拉丁语、希腊语和阿拉伯语，却不大会说德语。他对欧洲文明和东方文明同样感兴趣，宽容地对待穆斯林等异教徒。其第四任妻子是耶路撒冷前国王的女儿，结婚后基本上以伊斯兰的方式生活，被周围人戏称为“埃米尔国王”或“穆罕默德的弟子”。当时，曾有不少基督徒担心他将改信伊斯兰教。他积极地资助艺术和科学的发展，亲自撰写了一本名为《用鹰隼打猎的艺术》的著作，该书在以后几个世纪里都是鸟类学方面的权威作品。他 18 岁那年继承了皇位，但一直把意大利视作故乡，在位 38 年里，在德意志兰仅住了 10 年。[①] 弗里德里希二世的政策是强硬的，尤其是在对抗教会方面。据教皇揭露，他曾经说过这样“大逆不道”的话：“历史上最大的三个骗子，一个是摩西，一个是耶稣基督，另一个是穆罕默德。”[②]然而，他为了使自己的儿子被推举为国王，居然向诸侯们作出了重大让步，这些让步措施在 1231 年和 1232 年的两道诏令得到重申。这些诏令规定：任何人不得建立有损诸侯利益的新城市；每个诸侯应享有特许权和司法权；诸侯、贵族和教会的土地采邑，凡被帝国城市没收的，均应归还，今后不许再犯；皇帝决不在诸侯辖区内铸造货币以危害诸侯的货币制度。这些规定不仅限制了城市的发展，同时赋予诸侯和教会种种特权，严重削弱了皇权，推动诸侯领地向公国的方向发展。

“大空位时期”[③]则给诸侯们提供了又一个发展地方势力的好机会。1250 年，弗里德里希二世去世，其子康拉德四世继位。然而 4 年后，1254 年，26 岁的康拉德四世也因患病而去世。其时，政教冲突正处于白热化状态，康拉德四世之子康拉丁（12 岁）在摄政的扶持下继续同教皇的盟友作战，很快战败，霍亨斯陶芬王朝彻底衰败。“大空位时期”从 1254 年持续到 1273 年，历时 19 年。期间没有一个执政者能真正起到国王和皇帝的作用，而名义上的国王却不止一个。起先，荷兰伯爵威廉

① Joachim Leuschner, *Germany in the late Middle Ages*, North-Holland Publishing Company, 1980, p.48.

② 马丁·基欣：《剑桥插图德国史》，世界知识出版社 2005 年版，第 56 页。

③ “大空位时期”又名“空位时期”，特指德意志历史中 1254—1273 年期间实际上的王位虚空时期。其实，德意志历史上王位虚空的情况还出现在 1198—1218 年和 1314—1330 年时期。

在部分诸侯的拥戴下成为国王,但仅仅一年多以后,即 1256 年 1 月,即在战场上被杀。一年后,由七名教俗诸侯组成帝国推举会议,但推举出了两名国王。此后,这七名诸侯在德意志政治生活中占据了特殊的地位,成为"选侯"(Kurfüst),①他们是:美因兹大主教,特里尔大主教,科隆大主教,波希米亚国王,莱茵边区伯爵(后改称"帕拉丁侯爵"),萨克森公爵,勃兰登堡边区伯爵。这七个人中,前三个是德意志兰最富有的大主教区的教首,后四个为世俗诸侯。据说,之所以由七个人组成选侯团,是有历史依据的,即古代选择罗马王的权利也是属于七个人。但这些人推举出来的国王,尽管同霍亨斯陶芬王族有一定的姻亲关系,然而都是"外国人"。在推举会议上,科隆大主教提出一个推举原则,即应该选择一个富裕足以配得上皇帝称号的人,而不要选择强大而使选侯们害怕的人。根据这一原则,他力推英王的弟弟、康沃尔伯爵理查。理查尽管只是偶尔到过德意志兰,但在重金贿赂下,获得了四张赞成票,其中包括美因兹大主教和莱茵边疆伯爵。另外三个选侯发现自己所接受的贿赂比其他人少些,于是忿忿地与理查决裂,并推举西班牙卡斯蒂利亚王国的国王阿方斯十世,而此人从未进入过德意志兰。② 阿方斯尽管获得了三张赞成票,但由于卡斯蒂利亚贵族的阻挠,无法离开自己的王国去接受德意志王位。而理查则没有这些障碍,遂顺利入驻亚琛为王。然而其执政基础太薄弱,仅仅局限在莱茵地区,根本不敢到各地去巡视。四年后,英王亨利三世遭遇国内男爵们的强力挑战,理查很快前往英国助其兄一臂之力,从此再也没有长期居留在德国,只是间歇性地视察过三次。此时,教皇发现德意志的无序状态损害了他的赋税收入,于是威胁说,如果选侯们再不选出一个皇帝的话,他将自行选择一个。1273 年,选侯们推举哈布斯堡伯爵、年龄已达 55 岁、但富有的鲁道夫为国王,是为鲁道夫一世。"大空位时期"终告结束。

各地诸侯利用"大空位时期"的大好时机,竭力为自己谋取权利。不仅帝国诸侯,就连伯爵和贵族、修道院长和主教,甚至骑士,都力图将自己的领地提升到邦国的地位,使自己成为邦国君主。他们趁机蚕食原先属于帝国的土地,并夺取许多伯爵辖地及其司法权。一些小的领主也给自己加上伯爵头衔。诸侯们利用王权衰弱的机会,在扩大的领地内攫取许多特权,并充分利用这些权力为自己牟利。铸币权、市场权、关税权、矿山权、犹太人保护权等,使他们得以获取货币收入,森林权带

① "选侯"只有资格选出德意志王国的国王,该国王经教皇加冕后才成为皇帝,因此以前译成"选帝侯"是不恰当的。

② 詹姆斯·布赖斯:《神圣罗马帝国》,商务印书馆 1998 年版,第 186 页。

来对大片森林的支配,设置堡垒权则加强了诸侯的军事力量。这些要素构成了诸侯的邦国统治权,以它们为基础,又形成了诸多的行政机构。邦君城堡所在城市成为邦国的中心。邦国划分成若干政区,承担行政管理的各级官吏,被邦君牢牢控制,随时可予撤换。邦内纷纷组成由贵族等级代表组成的邦国等级代表会议,以处理征税等邦国内部事务,这种机构成为邦议会的雏形。但邦君往往利用各种可能,限制等级代表的自主地位。城市在这一时期也趁机扩张自己的势力,提升自己的地位。这一做法起到双重作用,它既蚕食了皇家的权益,也侵犯着邦国的利益。诸侯们竭力压制城市的发展,要求它们在财政和经济上为自己效劳,为此不惜向城市发动进攻。15 世纪发生过多起进攻城市的破坏性战争。最早取得成功的是统治勃兰登堡边区的霍亨索伦家族,它征服了柏林—科尔恩双城并镇压了 1448 年柏林人的起义。1462 年,美因兹第一次丧失了帝国直属城市的资格。1458 年,巴伐利亚的维特尔斯巴赫家族占领了多瑙沃尔特并进逼累根斯堡。此外,韦丁家族连续征服邻近的奎德林堡、哈雷和哈尔伯斯塔特,并迫使埃尔富特接受它的保护性统治。

增强邦国独立地位的第三个事件,是 1356 年《金玺诏书》的颁布。然而,在"大空位时期"和颁布《金玺诏书》两个事件之间,欧洲发生了一件间接提升邦国地位的事件,即"黑死病"爆发。该病得名于患者皮肤上会出现许多黑斑,由于当时医学水平的限制,还难以确定究竟是什么病,据猜测可能是淋巴腺鼠疫和肺炎。这场瘟疫流行于 1347—1351 年间,从地中海各港口开始发现,逐渐向四周尤其是北部扩散,欧洲各地,包括意大利、西班牙、英格兰、法国、德意志兰,甚至斯堪的纳维亚和波罗的海国家,都未能幸免。在美因茨和科隆,每天都有近百人死去。整个欧洲,死人之多超过历史上任何流行病或战祸。但具体的数字和比例,则有不同的说法。最严重的估计,认为死者达 2 500 万,占当时欧洲全部人口的一半以上。另一种说法,则认为死者约占 1/3。① 城镇受害程度高于乡村,而在城镇内部,僧侣集团死亡最多,就连达官贵人也未能幸免。医生们除了乞灵于天文学和迷信外,别无他策,于是种种关于瘟疫来源的传说到处流传。教皇的私人医生认为,灾难是由几大行星交会的特殊现象造成的;有人则断定瘟疫是由犹太人四处漂泊传来的,甚至还有人说是犹太人在井里下毒所导致的;更多人把灾难看作来自上天的惩罚。无奈之下,不少人不顾教会的反对,加入到苦修者的行列。他们赤裸着上身,列队行经

① 《简明不列颠百科全书》,第 3 卷,中国大百科全书出版社 1985 年版,第 774 页。

城镇，一边接受鞭笞直至流血，一边和着祈祷和赞美诗，不时当众拜倒在地，忏悔自己的罪孽，祈求怜悯与宽恕。期间，游走四方的江湖术士趁机诈骗钱财，部分人则把矛头指向犹太人。他们使用最可怕、最不人道的方式，如铁烙、火烧等，杀害犹太人，不少债务人趁机消灭了他们的犹太债主。据估计，在这场灾难中，大约有十万名犹太人死于非命。当犹太人数量急剧减少后，人们又把矛头指向其他可攻击的对象。于是，与人私通的女人被活埋，叛国者被分尸，亵渎神灵者被割掉舌头，杀人犯则被活活地剥掉皮。1351 年，“黑死病”总算渐渐趋于平息，然而以后又复发过多次，时间分别为 1361—1363 年、1369—1371 年、1374—1375 年、1390 年和 1400 年。第一场“黑死病”灾难的结果之一，是人口急剧减少，导致农产品价格、租金和赋税都下降，减少了贵族和其他地主的收入。许多贵族为了缓解困境，转而效命于势力更加强大的领主和诸侯。从这一意义上，“黑死病”间接地提升了邦国君主的实力。

黑死病流行期间的苦行者行列

制定和颁布《金玺诏书》的，是来自卢森堡王朝的皇帝查理四世。自“大空位时期”以后，某一王朝持续执政的时代已告结束。在 1273 年以后，短短的几十年时间里，就有鲁道夫一世为代表的哈布斯堡王朝、拿骚伯爵阿道夫和亨利七世为代表的卢森堡王朝、路德维希四世为代表的维特尔斯巴赫王朝相继上台执政。查理四世是亨利七世的孙子，1348 年继路德维希四世后被推举为国王。他儒雅有为，用安抚手段平息了国内政局，大力建设统治中心布拉格，并于 1355 年加冕为帝。随后,他以要求自己的儿子继承皇位为条件,着手制定《金玺诏书》。为此,召开了两次帝国会议,第一次于1355年11月在纽伦堡举行,第二次于1356年11月在梅斯举行。《金玺诏书》被称为德国历史上第一部宪法,①其有效性一直维持到1806年神圣罗马帝国寿终正寝,个别法律专家甚至认为延续到1918年君主政体瓦解。在纽伦堡会议上,引起人们关注的是场面上的礼仪问题。这里,仍然出现了类似奥托大帝出场时的情景。当11月23日上午选侯们为查理四世接驾时,走在最前面的是特里尔大主教,随后是萨克森公爵,手里捧着帝国之剑,皇帝的右侧是手拿帝国金苹果的莱茵普法尔茨伯爵,左侧是手拿帝国权杖的勃兰登堡边区伯爵,美因兹大主教和科隆大主教贴身伴随着皇帝,皇后走在最后面,同皇帝保持着适当的距离。在会议尾声阶段的豪宴上,选侯们同样担当起象征性的职务。萨克森公爵任大司仪,负责用金桶盛装燕麦喂皇帝的骏马并把诸侯引到他们的座位上;莱茵普法尔茨伯爵任膳务总管,负责用金银器具端送美食;波希米亚国王任掌酒官,负责敬酒;勃兰登堡边区伯爵任宫中宝库大总管,负责用金盆送洗手水和擦手的毛巾。然而,在类似的场面之下,实际的政治格局已经发生很大的变化。一转入到具体条款的讨论,争论就激烈起来。关于皇帝的产生问题,实际上涉及到两方面的内容,第一是教皇的作用问题,第二是王国内部主要诸侯的地位问题。在第一个问题上,王国内部的意见比较统一。选侯们早已反感于教皇的干预,早在1338年召开于伦塞的德意志选侯会议上,就已通过决议,规定由选侯选出的德意志国王,无须取得教皇同意即可成为皇帝并执政。② 在这之后,帝国负责皇室事务与和约事务的官员、班贝格主教卢波尔德出版了《论国王与皇帝的权力》一书,对罗马教廷的权力提出疑义。此书引起教廷极大的反感,曾经传唤作者到罗马受审。但查理四世通过高级神职人员保护了他,并赐予他金币铸造权和其他特权以资奖励。在纽伦堡会议上,大家对该问题没有异议,一致认为:教皇既没有对帝国行使摄政的权力,也没有批准德意志国王选举结果的权力,选侯会议选出的就是国王和皇帝的最终人选。在《金玺诏书》的文本中,对这一问题处理得比较巧妙。文本没有提及教皇和罗马教廷,更没有涉及在罗马加冕的事宜,而是将选举产生的国王称为"未来的皇帝",同时,也只字未提"未来的皇帝"在德意志以外的帝国领域的统治权。这一结果的影响是多重的。它既维护了德意志人自己的权利,为1474年更名为"德意志民族的

① 阿·米尔著:《德意志皇帝列传》,东方出版社1995年版,第231页。

② 严格说来,此后的"选侯"可以称为"选帝侯"。

神圣罗马帝国”提供了前提，也排斥了外部势力的干扰，杜绝了重演“卡诺莎事件”的可能，但同时，“神圣罗马帝国”的“神圣”性和“罗马”性也都相应地急剧下降。在第二个问题上，纽伦堡会议把七个选侯提升到最高统治集团的地位，称他们是帝国的“柱石”和“七只烛台”，“七盏灯在照亮帝国之七重精神的统一中燃烧”，①“共同发出的光辉照耀这个神圣的帝国”。会议甚至认为，选侯的地位与皇帝相等，是皇帝“最亲密的朋友”，甚至是皇帝“身体的一部分”，策划谋杀选侯，不论已遂未遂，均应以叛国罪论处。在帝国会议上，选侯的座席用红布蒙面，其他诸侯的则用绿布蒙面，选侯们使用金质器具，其余人使用银质器具。会议议决的具体选举方法是：由美因兹大主教决定选举的时间，并由他负责派人把各选侯护送到法兰克福；由他主持选举进程，并投指导性的第一票；随后依次由特里尔大主教、科隆大主教、波希米亚国王、莱茵普法尔茨伯爵、萨克森公爵、勃兰登堡边区伯爵投票；如果投票结果出现两个候选人票数相等的局面，再由美因兹大主教投决定性的一票。② 与此同时，会议给予选侯们的特权，比弗里德里希二世的让步又大为增加，计有：他们在自己的领地内拥有无限的审判权，选侯的法庭是最高机构，选侯的臣民不得被传到异地法庭，也不得被传到帝国高等法庭，或去那里上诉；他们拥有开矿、铸币、食盐专卖、关税、地产买卖等最高权力，以及犹太人庇护权（据此可以收取犹太人的钱财）；世俗选侯实行长子继承制，其领地不可分割，其荣誉和权利永保完整；皇帝赐给城市或任何人的权利和特恩权，不得有损选侯的“自由、司法权、权利、荣誉和领土”，否则均属无效。《金玺诏书》的主要内容，在纽伦堡会议上基本上得到确定，因此，一年以后的梅斯会议，主要程序就是向世人颁布这一文件。梅斯会议豪华无比，出席者中有300名公爵、伯爵和男爵，3 000多名骑士，还有“多得数不清”的外国人。特里尔大主教为显示实力，带来了一百多匹骏马。《金玺诏书》用拉丁文写成，正面画有皇帝查理四世坐在御座上的像。其封缄方法与一般文件不同，串联羊皮纸文件的细绳用状如金币的黄金封缄，故得名“金玺”。

从表面上看，《金玺诏书》有某些值得肯定的地方。例如，它用法典的形式规定了德意志国王和皇帝的产生程序。尽管神圣罗马帝国在早期阶段就继承了古代日耳曼人的某些传统，君主的产生以家传继承为主，但需要得到诸侯们的认可，但诏书将这一过程制度化，在一定程度上能防止几代暴君连续执政。同时，文件还排

---

① 詹姆斯·布赖斯：《神圣罗马帝国》，商务印书馆1998年版，第101页。

② 参见赫伯特·格隆德曼等著：《德意志史》第一卷：古代和中世纪，商务印书馆1999年版，下册，第182页。

除了教皇对皇权的干预，肯定了德意志人的自主性，为日后德意志民族的自主发展创造了条件。然而，该文件的负面效应更致命，远远超出了上述表面上的成就。它加强了选侯的地方势力，使他们的领地变成了一个个独立王国，增加了德意志王国发展成一个统一的民族国家的难度。另外，它把推举国王和皇帝的权力交给选侯，在可能的情况下，选侯们有时为了维护自己的利益，会选举势力较小、无力危害自己权益的家族为王为帝。而这样的皇帝为了能与诸侯相抗衡，又总是把主要精力放在夺地、夺权等事情上，无力顾及整个德意志的大业。当时，欧洲各国正处于民族国家兴起的前夕，当英国和法国已经走上建立强大的中央集权制统一国家时，《金玺诏书》架构下的德意志王国，却走上了邦权上升、王(皇)权衰弱的相反道路，为近现代德国的悲剧埋下了祸根。

在《金玺诏书》的影响下，帝国议会的构成也进一步发生变化。帝国议会的前身是宫廷会议，它由德意志国王不定期地召开，采邑领受者作为成员参加，会址经常变换。以后，宫廷会议逐渐演变成帝国议会，各地教俗诸侯成为议会成员，会议可以由国王召集，也可以应诸侯的要求召开。从 1495 年起，帝国议会成员被分在三个议院中，即选侯会议、帝国诸侯会议和城市代表会议。他们先分头议事，然后举行全体会议共同作出决议。帝国议会的任务是商讨出征、帝国战争、帝国税收和帝国文书等事宜，决议经多数成员通过后，由皇帝批准，即成为帝国议会决议或帝国文书。① 皇帝马克西米利安一世(1493—1519 年在位)曾经尝试利用帝国议会来加强帝国的力量，但没有成功。他在 1495 年召开的沃尔姆斯帝国议会和 1500 年召开的奥格斯堡帝国议会上，一再提出要建立帝国常备军、组建帝国法院、征收普通税，但遭到诸侯们的普遍反对。

七、经济繁荣与文化发展

神圣罗马帝国建立之初，经济上出现后退现象，原因是日耳曼人刚刚脱胎于原

① Evamaria Engel und Bernhard Töpfer, *Deutsche Geschichte*, Band 2, Pahl-Rugenstein Verlag, Köln, 1989, S. 411.

始公社晚期，尤其在原先受罗马帝国影响较大的地区，经济倒退的现象更为明显。比利时历史学家在1939年出版的书中对当时的经济状况有过一个简洁的描述："如果我们考虑到在卡罗林王朝时代，铸金停止了，有偿贷款被禁止了，职业商人不再作为一个阶级而存在，东方商品（纸草、香料和丝绸）不再进口了，货币流通减少到最低程度，平民既不会读书也不会写字，不再有征税，城镇变成军事要塞，那么我们就可以毫不迟疑地说，我们的文明又退回到纯粹农耕时代，那里不再需要为维持社会存在所需的商业、信用和正常交换。"①然而，经过数百年的发展，德意志兰的经济状况明显好转，尤其在14—15世纪，经济长足发展，成为在地理大发现以前欧洲大陆中心地带经济较为繁荣的地区，与西欧诸国的水平不相上下，在采矿、冶金等部门甚至超过了当时西欧先进国家的水平。

经济活动的主要领域还是农业，当时农业人口占到总人口80%以上。生产的进步首先表现为耕地面积的扩大。16世纪初，人们在北海沿岸围海造田，开垦出数万公顷的土地。例如，在耶维尔兰、哈勒伯希特和利伯希特，约开垦出四万公顷土地；在石勒苏益格—荷尔斯坦因约开垦出8 000公顷土地；在易北河东岸的米特尔边区和乌克尔边区，耕地面积也每年有所增长。耕作方法也有改进，在不少地区，由于畜牧业发展的需要，开始实行粮食和牧草轮种制，以后进一步发展成多田轮作制。粮食产量显著增加，16世纪时，丰收年黑麦平均亩产达到50—85公斤，比以前大有提高。粮食能够满足需求后，经济作物的种植面积进一步扩大，同时，农业的专业化分工进一步明朗。在中、北部，如萨克森、图林根、威斯特伐利亚和北部沿海一带，农民们大量种植啤酒花，在不伦瑞克郊区，2/3以上的土地种植啤酒花，这为德国的啤酒生产提供了重要的基础条件。这些啤酒花除供本国使用外，还销往国外。易北河、威悉河和莱茵河沿岸是著名的葡萄产地，德国产的白葡萄酒，至今著称欧洲。图林根一带是大青（即菘蓝）的重要产地，埃尔富特城郊有一半人种此为生。大青茎叶颜色深青，可作染料，在靛蓝传入欧洲（16世纪70年代）以前，是主要的蓝色染料。当时大青被人们称作图林根的"珍宝和金羊毛"。奥格斯堡和科隆一带是著名的亚麻产区，亚麻是德国的传统作物，16世纪有个谚语说："全世界种的亚麻赶不上德国的多"。

在1000—1500年期间，尽管有"黑死病"的破坏，中、西部欧洲的人口增长速度还是比世界上其他地方要快得多，其中北部地区的人口增长率又高于地中海地区。

---

① 转引自安格斯·麦迪森著：《世界经济千年史》，北京大学出版社2003年版，第39页。

同时,欧洲人利用水力和风力的能力进一步提高。水力利用最早出现在六世纪的意大利,以后不断得到改进,风力利用则在十字军东征时由东方传入。这些因素推动纺织业在农作物增长的基础上快速发展起来,奥格斯堡和科隆一带成为著名的纺织业中心,生产各种丝绸、呢绒和亚麻织品。其中奥格斯堡以周边的亚麻种植区为基地,发展成为著名的亚麻布生产中心,在棉花传入后,织物很快升级成棉麻混纺的斜纹布,销往意大利、尼德兰、英国和西班牙,甚至经过西班牙远销美洲大陆。科隆所在的威斯特伐利亚,织呢业很发达,那里织机成行,月产呢绒几十万匹。而科隆本身既生产呢绒,又从邻近的亚琛、弗兰德尔、不拉奔和尼德兰北部进口呢绒,然后再北经吕贝克销往波罗的海沿岸,或者经过莱比锡和法兰克福销往瑞士和威尼斯。此外,尽管科隆不产蚕丝,但它依靠从威尼斯运来的原料,生产各种丝绸、头巾和编织物,成为全国最大的丝织生产中心,其中以金银丝为纬线、细丝为经线织成的"浮花锦",在当时尤显名贵。

矿山劳动场景

开矿和冶炼业的发展更为突出。神圣罗马帝国形成初期,受技术条件的限制,人们只能开采地层表面的矿石。由于贵金属矿藏一般深埋地下,因而自 1200 年到 1450 年前后,欧洲白银产量下降了。但是到了 15 世纪,欧洲在动力机械的发明改进上取得很大的进步,在进一步利用风力和水力的同时,开始大量使用马等畜力和滑轮组，形成“复合绞车”和“卷扬装置”。[①] 在南部的舍木尼茨矿，能够用90多匹马拉动水泵，分三层抽出井下的积水。由于使用了这一世界领先的装置，德国有能力开采深藏在数百米下的矿石。在这一基础上，德国的采矿业发生了革命性的变化，跃上了欧洲国家的前列。德国的银矿主要分布在南方的蒂罗尔和中部的哈尔茨山，以及现德捷边境的厄尔茨山。当时的矿井深达二三百米，在世界上处于领先地位，蒂罗尔最深的矿井甚至达到880米，保持世界最深纪录达二三百年。从深井中排出地下水和运出矿石，当时主要采用两种方法。一种是利用绞车直接吊出装有矿石或水的桶或皮囊，这种方法用于深度为70米左右的小井和浅井；另一种是在井下修巷道，分层外运，多用于200米以上的深井，有的矿井所修的巷道竟达13层之多。银矿的冶炼技术也有较大的改进。由于银多与铜、铅、水银等共生，提炼纯银较为困难。以前，人们用小锤敲去矿石中的杂质，洗去泥土，然后密闭加热，或者放在露天处任雨水冲刷，最后经粉碎过筛，制成矿粉，送去冶炼。以后尽管有了选矿机，同时实施洗矿和碎矿，但仍然靠燃烧木材冶炼，不仅消耗大量木材，而且冶炼温度低，产品质量不高。1451年，一位名叫芬肯的萨克森人发明用化学方法从银铜共生矿中炼银的新技术，大大提高了银和铜的产量。从此，新的冶金企业如雨后春笋般兴建起来。从1460年到1530年间，德国的白银年产量增加了五倍，最高年产量达300万盎司，是有名的白银生产大国，这个水平在19世纪中叶前一直没有再现过。16世纪时，德国的采矿业和冶炼业共拥有工人10万多名，有人甚至认为这一数字还估计得太保守，可能仅在矿山中工作的工人就达12万。即使前一个数字，在当时全国1 200万—1 500万人口中也占有不小的比重。

在采矿和冶炼业发展的基础上，德国出现了一些名闻欧洲的大商人和大公司，其中最著名的是奥格斯堡的富格尔家族和韦尔泽家族。富格尔（Fugger）的先人是织布匠，1367年从郊区迁往奥格斯堡。30年后，老富格尔变成了拥有41个织布作坊并兼营商业的富翁。以后，富格尔家族又兼放高利贷，甚至贷款给诸侯乃至皇帝。1488年，富格尔家族贷款15万佛罗林给哈布斯堡家族的西吉斯蒙，后者以低于市价25%—30%的价格将蒂罗尔矿井作抵押，于是，富格尔变成了兼营蒂罗尔铜、银矿的商人，以后甚至染指匈牙利的铜矿。韦尔泽家族从15世纪40年代开始经营蒂罗尔的矿业，1471年又去萨克森经营矿业。

---

① 詹姆斯·W.汤普逊著：《中世纪晚期欧洲经济社会史》，商务印书馆1996年版，第691页。

造船业以兴盛的水路运输为基础，也获得了长足发展。汉堡和吕贝克成为驰名欧洲的造船中心。早在14世纪初，那里就已经能够建造载重75吨的船，到1440年前后，能够建造载重150吨的大船，30年后，又能建造出300吨的船只。15世纪末，欧洲人已能造出可以远洋航行的大船，载重量达到400—600吨，格但斯克一家船厂甚至造出了载重2 250吨的巨型船只。与此同时，汉堡和吕贝克建造的浅水小船也很有名，这种船载重量不超过28吨，适宜于内河航行。

经济的繁荣，推动中上层人士的生活水平急剧上升。对当时的贵族和富裕平民来说，他们生活的主要内容就是"祝祷、海喝和大吃"。人们的酒量之大，饭量之巨，令人咋舌。在整个16世纪，汉堡市民每年人均喝啤酒达200加仑（1993年的数字是33加仑）。萨克森公爵曾这样描述酒食之徒：他们降临人间时是一个人，而离开人世时则变成了一头猪。马丁·路德也曾指出，每个地方都有自己的罪孽，而"我们德意志人的罪孽可以在葡萄酒囊①中找到，称作'豪饮'"。

这期间，德国还发生了一件对后人影响较大的事情，即古腾贝格（Johannes Gutenberg，约1400—1468）发明了金属字母活字印刷术。此前，西方的书籍几乎全部靠手工抄写，主要是由修道院的僧侣们承担。大约在13—14世纪，中国的雕版印刷术传到了欧洲，但是没有得到流行。1430年，一个名叫冯·哈尔兰姆的荷兰人用活字印刷了一本宗教手册，但很不清晰，没有得到大家的认可。古腾贝格本姓根斯弗莱希，系美因茨人，出身自由民家庭。原在美因茨当金匠，后因当地发生动乱，逃亡到斯特拉斯堡，在那里从事宝石切削和镜子加工工作，并致力于金属字母活字印刷的发明研究。1448年，他筹借到150个古尔登金币后，回到美因茨，继续从事印刷术研究。功夫不负苦心人，两年后，他研制出金属活字浇铸机，并用它浇铸出铅、锡、锑合金活字。众所周知，在此四百年前，中国的发明家毕昇就发明了活字印刷术，成为伟大的"四大发明"之一。但是，毕昇的研究成果是否传到了德国，或者说，古腾贝格是否借鉴了毕昇的发明，这一问题在中外学术界有不同的看法。即使答案是前者，古腾贝格的印刷术也还是有自己的特点。他发明了金属字母浇铸机，据此能浇铸出合金活字，比毕昇的胶泥活字②更为适用；他改进了原来欧洲普遍使用的雕版印刷机，利用旋转加压的原理提高印刷效率，不仅比毕昇的人力加压法快捷，也比原先的"活塞式"加压法先进；他改进了印刷油墨，减少其中亚麻油的比

---

① 以整张羊皮制成，用以灌装葡萄酒。

② 中国在元朝时出现了木活字和锡活字，但锡活字不易受墨，未能流行。

例，便于灯烟黑附在金属活字上，既能将文字印在纸上，也能印在金属上，另外还在油墨中加入清漆，以加快干燥速度。他的这些改进，使活字印刷术更为可行。古腾贝格在研制工作获得成功后，即着手将它投入生产。他在当地银行家约翰·富斯特那里筹集了1 600个古尔登金币，建造了一家活字版印刷工场。1452年，古腾贝格接受了印制《圣经》的订单，用自己发明和改进的机器印刷这部圣典。1455年，订单完成，共印制了180本，其中纸质本150本，羊皮纸本30本，被称为"古腾贝格《圣经》"。该《圣经》价格不菲，纸质本的售价相当于一个熟练工人四年的收入。它使用拉丁文，全书共1292页，分三卷装订，每页两栏，每栏42行，因此又被称为"四十二行《圣经》"，目前存世48部，大多被保存在各个博物馆和图书馆中。《圣经》刚印制完，富斯特即向他索讨借款，两人对簿公堂，结果古腾贝格败诉，原告拿走了大部分机器设备。以后，古腾贝格又开办了一家印刷工场，但规模比原先那家小得多。依靠这家工场，他先后印制过《圣经·诗篇》、《土耳其历书》和若干语法教科书。1462年，美因茨被拿骚选侯阿道夫二世攻占，自由民全被赶走，古腾贝格只能迁到莱茵河下游的埃特维尔再图发展，但因几经折腾，印刷厂越办越小，仅能以此维生而已。1465年，已经担任美因茨大主教的阿道夫二世给了他一定的荣誉，授予他"《圣经》第一印刷者"的称号，并为他提供了一笔数目不大的养老金。三年后，古腾贝格病逝于美因茨。然而，他所发明的印刷术，却很快在世界各地传播开来，并一直沿用到20世纪。具体来说，当古腾贝格去世时，德国的一些主要城市，如科隆、巴塞尔、纽伦堡、奥格斯堡、斯特拉斯堡，都有了活字印刷厂。到1500年，德国约有60个城市拥有印刷厂。不仅是德国，古腾贝格去世十年后，欧洲大部分国家都有了德国人开办的印刷厂，到1500年，欧洲已有上千家印刷厂，分布在约350个城市里。据说，中国的现代活字印刷术，其关键部分是铅活字（之前中国普遍采用木活字和铜活字）和蒸汽印刷机，也是从西方传

古腾贝格

古腾贝格开办的印刷厂

入的。

这期间，德国的大学也经历了从无到有、数量不断增加的过程。1348年，皇帝查理四世为了使波希米亚成为帝国的中心，建立了布拉格大学，这是德意志帝国境内的第一所大学。从此，德意志的学者便不需要远离家乡，前往法国或意大利求学了。继布拉格大学以后，德国又建立了一系列大学，按时间顺序，先后有维也纳大学（1365年）、海德堡大学（1386年）、科隆大学（1388年）、埃尔福特大学（1397年）、伍茨堡大学（1402年）、莱比锡大学（1409年）、弗赖堡大学（1457年）、美因茨大学（1477年）和杜宾根大学（1477年）。欧洲最早的大学是为传授宗教教义形成的，但其学习的内容，则并不局限于宗教教义。以后，又出现了很多作为私营学术教育机构的大学，它们得到皇帝、国王或教皇的保护，具有相当程度的自主权，实行学术自由，享有税收豁免权。如海德堡大学，是由普法尔茨选侯开办的；科隆大学，是由该城绅士和市民们建立的。大学里的学习内容，主要是文法、修辞、逻辑、算术、几何、天文、音乐等“七艺”。当时使用的教学方法比较古老，据杜宾根大学的校章规定，一般是：“教师首先应精确仔细地宣读课文，好让学生们订正和按段整理他们的教材。然后教师再分段落次序、上下衔接、概括内容，最后作总结讲述。在这样做时，除去做好课文的分段整理、联接和表述思想内容外，教师无须再做任何口授笔记。”①

1750年格廷根大学的图书馆

神圣罗马帝国的经济繁荣未能长期持续下去,1500年以后,正当西欧其他国家从封建制度向资本主义制度过渡,工场手工业开始大发展的时候,德国的经济却逐渐衰弱了。其原因,除了帝国内部政治割据局面日盛、封建农奴制得到恢复和加强、城镇行会制度束缚工业发展等内因外,地理大发现所引起的世界商路的改变,是很重要的外部原因。地理大发现后,西方世界的商路由地中海转向大西洋,荷兰和英国变成了新商路的中心,贸易中心也相应地由威尼斯、热那亚、德国南部诸城市及汉堡,移到荷兰的阿姆斯特丹和英国的伦敦,这样,造成汉萨同盟的衰弱和德国工商业的普遍衰退。三十年战争后,德国在波罗的海和北海的出海口又落到了瑞典和荷兰手中,成了四面被封闭的内陆国家,从参与乃至控制世界贸易的角度看,生存条件变得更为不利。

① G.考夫曼:《德国大学的历史》,斯图加特1896年版,第二卷第355页。转引自杜美著:《德国文化史》,北京大学出版社1990年版,第44页。

第三章

宗教改革

（1517—1750年）

神圣罗马帝国发展到15世纪后期，情况发生了较大的变化。帝国对意大利的控制力，早在弗里德里希二世去世后就已基本终结。建国于965年的波兰，以前曾经是德意志王国的属国，但在“大空位时期”趁机摆脱了束缚，成为独立的国家，以后甚至从德意志骑士团手中夺取了西普鲁士，并间接控制了东普鲁士。匈牙利也日渐强大，从哈布斯堡家族手中夺走了捷克和维也纳。这时，神圣罗马帝国控制的地区基本上局限于德语地区，因此自1474年起，帝国被称为“德意志民族的神圣罗马帝国”。帝国历史就此翻开新的一页，但那是衰退、分裂的一页。这时的帝国，确实可以看作“既不神圣、也非罗马，更非帝国”了。

新的国名固然包含有弱化罗马教廷对帝国干预的含义，然而皇帝和教皇之间的关系是难以割断的。如果教会内部发生分裂，首当其冲的也将是这个帝国。果然，各种因素引发的宗教改革，不仅同骑士起义和农民战争相互激荡，还使帝国陷入了破坏性极大的三十年战争。

一、马丁·路德与宗教改革

14—15世纪，罗马教廷的腐败现象日益加剧，教皇、主教和高级教士都力图利用职权扩大势力，增加收入，为达到这些目的，不惜使用各种手段。教廷在向各国诸侯征收赋税的同时，还巧立名目，以各种方式诈取民财，甚至还从兴办妓院中捞取收入。由于充当神职人员能够成为一条发财的途径，教会内卖官鬻职之风屡禁不止，结果神职人员的素质越来越差，腐化之风盛行，教会中丑闻不断。修道院曾一度给民众留下过较好的印象，它们曾经是农业耕作的样板、居民的导师、穷人的保护者、艺术与科学的保存者，然而现在却显得人浮于事、懒懒散散。德国由于顶着神圣罗马帝国的桂冠，内部又不统一，所以造成教廷的势力特别强大。教皇代表不到，帝国议会就不能召开。经济上，德国成了教皇的奶牛。教皇在德意志拥有的土地，占全德的1/3，每年从德意志搜刮的财富多达30万个古尔登金币。皇帝马克西米利安一世曾抱怨，教皇在德国的收入比皇帝多一百倍。

然而，从另一个角度看，思想文化与科学技术的进步相互激荡，也在反对神学束缚和封建压迫的过程中不断向前发展，发出自己的呼声。发端于意大利的文艺复兴运动，开创了思想解放运动的先声。14世纪下半叶，英国牛津大学神学教授威克里夫首先提出了改革教会的主张。他猛烈抨击教会的腐败，认为神职人员追名逐利是对基督律法的公然违背，教皇滥用职权是对基督精神的亵渎，要求简化宗教仪式，从神学角度提出社会财产公有的思想。15世纪初，威克里夫的思想传到欧洲大陆，首先在当时经济领先的捷克地区得到响应。布拉格大学校长胡斯（Joh Hus，1369—1415）也起来揭露天主教会的腐败，呼吁推动社会平等，遭到教廷迫害，被处以火刑。这些，都为马丁·路德（Martin Luther，1483—1546年）的思想转变提供了条件。

直接推动路德起来反对天主教会的，是“赎罪券”事件。教廷为了充实自己的财库，应付奢侈生活的巨大开支，在16世纪前后经常向教徒出售赎罪券。根据罗马教会的理论，假如一个人忏悔自己的罪孽，他就可以摆脱日后在地狱中无止境的折磨，但仍然要受到一定的惩罚。但如果他参加朝圣或向教会捐献，就能减轻惩罚，直至灵魂脱离炼狱升入天堂。而赎罪券推销者则声称，一个人只要花钱买了赎罪券,即使不真心忏悔,也可以免受惩罚,即赎罪券能够缩短购买者在涤罪所的时间,或死者遭受炼狱之火烧灼的时间。1500年、1501年、1504年和1509年,教廷曾四次大规模出售赎罪券。1513年,利奥十世新任教皇,他醉心于大规模重建罗马城,决定将1517年定为“大赦年”,掀起新的出售高潮。他派出数以百计的修士,像商人那样奔赴各地推销赎罪券。其中有一个名叫泰特泽尔的修士,巧舌如簧,经常在教堂门口吆喝:只要购买赎罪券的钱币敲响钱柜,人们立刻就可以赎免自己的罪过,并在死后不经炼狱直接升入天堂。民间有好事者,把他的话概括为“钱币在柜子里当啷响,灵魂就从涤罪所跳上天堂。”由于这句话既传神又上口,很快在各地竞相传说。教廷为了减少敛财过程中的障碍,还在德意志主教中寻找分销人。当时美因茨大主教阿尔布雷希特身兼数职,同时兼任勃兰登堡主教和马德格堡主教,还管辖着哈尔博施塔特,教规曾禁止一人兼多个要职,但教皇表示,只要阿尔布雷希特能缴纳24 000个金币,就能继续干下去。大主教拿不出这么多钱,于是设计了一个连环套:由富商富格尔垫付所需的金币,阿尔布雷希特负责为教皇在中部德意志兰出售赎罪券,收入的50%缴归教皇,50%作为偿还富格尔的债金。为了堵住皇帝的口,还支付了3 000个古尔登金币作为贿金。教廷的行径不仅引起英国、法国、西班牙等国的不满,更是招致德意志社会上下普遍的反对,萨克森选侯尤其反对把出售赎罪券的得款全数交给罗马教廷,他想用这笔钱扩建维腾堡大学。

马丁·路德

德意志宗教改革的先驱马丁·路德生于图林根萨克森地区的埃斯列本城,后在曼斯菲尔德度过童年,这两个地方都是萨克森的矿区。路德自称其父亲和祖父都是农民,其实他父亲汉斯·路德后来当了矿工,并因娶了富裕平民之女而改善了经济状况,得以在曼斯菲尔德开办一家黄铜冶炼厂。当马丁·路德8岁时,其父亲当上了所在地区的区长,八年后,已拥有八个矿井和三个熔炉,俨然成了富商。但这个家庭致富不久,生活仍然是俭朴的,家教严格,充满着宗教虔诚感。马丁·路德在青少年时曾经学过拉丁语,该语言是上层社会有教养者的交际工具,对他来说,却为日后阅读《圣经》打下了基础。他18岁时，根据父亲的意愿进入埃尔福特大学攻读法律，以此作为获得权力和财富的进身之阶。埃尔福特大学有一个人文主义小组，还不时有人前来宣传胡斯的主张。路德耳濡目染，成为一个唯名论者，并与人文主义小组来往密切，博览古代希腊罗马名家的作品。然而四年之后，他突然放弃法律学业，遁入神学殿堂。据说在1505年7月2日那天，他在离家前往大学的路上，在一个村庄附近险些遭到雷击，闪电直接打在他的身边。这时，他体验到死的威胁，惊恐之下，起誓要成为一名神甫，以求得上帝的恩典。于是，他不顾父亲的反对，加入了埃尔福特的奥古斯丁托钵修会。这是个苦行主义教团，一向以教规严苛闻名，路德进入隐修院后，自我加压，住在没有取暖设施的斗室之中，受冻挨饿，直至因营养缺乏而有气无力，同时频繁祈祷，长时间守夜，给自己定出更为严厉的规矩，行为举止明显优于其他修士，最长的一次忏悔达到六小时之久，连他的忏悔神父，也对他无休无止地一再讲述那些并不严重的罪过感到厌烦。他在隐修期间，苦心研习宗教经典和神学教义，旨在寻找“蒙神救拔而脱离罪”的道，结果发现教会传统教义要求于人的礼仪和神功等，都不能使人消除对罪和死的恐惧。于是，他转向从人文主义思想中寻找答案，并逐渐形成“因信称义”的神学观念。他认为，人之能够摆脱罪的束缚而在上帝面前成为义人，不在于人的善行功德如何，而在于上帝的恩典和人对上帝的笃诚信仰。这种观念与罗马教会宣扬的“因行称义”正好相反。后者把教会理解成神圣的实体，要求人们以服从教会为“得救”的前提，从而突出了教会的神圣至上。而“因信称义”则强调个人内心的信仰和上帝直接施予个人的恩典，教会反而是次要的。此外，他还专心学习希腊文和希伯来文，为日后成功翻译《圣经》奠定了语言基础。马丁·路德的潜心修行，使得自己在教会内逐渐担任要职。1512年，继获得神学博士学位后，同时担任了萨克森的维滕贝格大学教授和维滕贝格修道院副院长，三年后又升任副主教，主管图林根和迈森的11座修道院。

1511年底，路德到罗马旅行，亲眼目睹教廷的腐败，决心呼吁改革。他后来回忆这次罗马之行时说：“很难描述，而且不可能相信，那里的龌龊究竟达到了什么地步，如果有地狱的话，那么罗马便是地狱。罗马本是神圣的神，而现在已变成肮脏的城了。”①当1517年新一轮赎罪券出售高潮到来时，他再也坐不住了，于是便举起了反抗的旗帜。他写出《关于赎罪券效能的辩论》一文（一般称《九十五条论

① 《马丁·路德自传》节录，载耿淡如、黄瑞章译注：《世界中世纪史原始资料选辑》，天津人民出版社1959年版，第158页。

纲》),并于 1517 年 11 月交给美因茨大主教阿尔布雷希特,①结果犹如石沉大海,得不到任何答复。路德把论纲抄录了几份给部分同事,以试探他们的反应。不料,这些同事未经路德同意,便把论纲公布了出去。六个星期后,更有人把论纲从拉丁文译成德语,于是,两个星期内文件传遍德国,一个月内传遍基督教世界,帝国内外顿时激起了轩然大波。路德在论纲中提出,教皇出售赎罪券违背了基督教的原理,犯了错误,而基督徒只要忏悔,不买赎罪券也能得救。这一呼声的直接反应,便是赎罪券很快滞销,教廷和分销人的收入大减。原先故作镇静的阿尔布雷希特再也坐不住了,立即宣布路德犯下了叛教罪,将其革出教门。1518 年初,教皇也亲自下令成立法庭,要对此种异端邪说进行审判。

然而,路德不仅没有妥协,反而在与教廷代表的辩论过程中,态度越来越强硬,观点越来越鲜明。1520 年,他接连发表三份作品,回击教廷的攻击,宣传自己的主张,那就是题为《致德意志基督教诸侯公开书》的小册子,写给教士和学者的《关于教会的巴比伦之囚》和题为《论基督徒的自由》的致教皇的信件。他通过这些作品全面论述了宗教改革的主张,提出每个基督徒都可以凭借信仰直接与上帝沟通,在上帝面前为别人代祷,而以教皇为核心的教阶体系并不是神人之间必不可少的中介。在这一基础上,路德建议组建独立于罗马的德国教会,把教会的土地和财产收归国有,并主张简化宗教仪式,提议传统的圣事中只需保留洗礼和圣餐两项。其中《致德意志基督教诸侯公开书》一书,内容涉及政治、经济、宗教和文化各方面,但中心是要求德国摆脱罗马教会的控制,走独立发展的道路。该书揭露了罗马教廷的腐败,指责它像狼吃羊一样劫掠德国的财富,号召德意志贵族联合起来,反对教皇,解放德国。在书中 27 条改革建议中,主张停止向罗马缴纳首年捐和其他一切捐税,结束罗马任命德国主教的权力,认为教皇除加冕礼外没有凌驾于皇帝之上的权力,呼吁减少宗教节日,允许神甫结婚。这些主张获得德国各地众多修道士、神甫和宗教学家的拥护。

罗马教廷对此忍无可忍,从同年 6 月起,教皇就一再向路德发出警告,最后颁布破门律,将路德革出教门,罗马城开始焚烧路德的著作。但是,德国的不少市民、学生和部分诸侯支持路德。同年底,学生们在维滕贝格城内埃勒斯特门前燃起篝火,把诸多维护教皇权威的宗教著作投入火中。就在这一场合,路德也当众把教皇的警告敕令投入火中以示决裂。从以后德国历史发展的某些细节来看,这一行动

① 一说马丁·路德把论纲直接张贴在维腾堡的宫廷教堂大门上。

在不少人心中形成一种美好的历史记忆。

这时,宗教改革运动已不再限于宗教层面,逐渐演变成一场社会和政治运动。翌年 4 月,新任皇帝查理五世伙同教皇在沃尔姆斯召开帝国议会,要求路德到会参加辩论,或当众表示悔改。查理五世出身于哈布斯堡家族西班牙世系,散尽千金贿赂选侯,才当上了皇帝。他对德意志民族并无多大的感情,热衷于控制意大利,为此需要得到教皇的支持。路德明知形势凶险,还是毅然与会。他在会上宣布:只有《圣经》文句或健全的理性才能令他信服,否则,"我就不能也不愿承认有过什么错误,因为违背良心的事是不对的,也是危险的。上帝帮助我!"然而,会议在教皇的压力下,还是通过了所谓的《沃尔姆斯法令》,宣布路德为不法分子,取缔他的著作。会议结束后,查理五世下令逮捕路德,并禁止宣传他的改革主张。

马丁·路德的严正立场,受到德国人民的热情支持,北德的许多诸侯也抵制皇帝的命令。一些人制造路德被劫持的假象,趁机将他送进萨克森选侯所辖的瓦特城堡。路德隐姓埋名,在城堡里做起了另一件对德国历史发展影响很大的事情——翻译《圣经》。

《圣经》的原版是希伯来文,后被译成希腊文。四世纪时,教皇曾委托学者将希伯来文《圣经》译成拉丁文,但该译本的口碑不佳,文采较差,其中还有译误。直到 1516 年,伊拉斯摩斯花了四年时间,将《圣经》从希腊文本译成拉丁文本,宗教界才感到满意。但是,普通老百姓既不懂希伯来文,也不懂希腊文和拉丁文,这就给罗马教会留下了解释的空间。神职人员在传经布道时,可以根据教会方面的意愿,任意解释教义,为教廷谋利。路德要把《圣经》翻译成德国人看得懂的德文,让民众能够直接研习,接受神的启示,打破神职人员的垄断。在此之前,《圣经》曾经出现过各种地方语言的版本,如 12 世纪在法国南部的摘译本,14 世纪末在英国出现的英译本,以及 15 世纪捷克宗教改革家胡斯翻译的捷克文本,尤其是胡斯的译本,注意使用普通人易懂的词汇,取得了较好的效果,给路德以很大的启示。德语的译本也已出现,但是由于当时德语本身还没有统一,粗略地划分,就有南德高地德语、北德低地德语和中部地区德语,所以出现了 14 种南德高地德语译本和 3 种北德低地德语译本,译文的质量也不是太高。

马丁·路德选择没有经过后人篡改的《圣经》原本作为范本,《新约全书》主要译自希腊文本,《旧约全书》主要译自希伯来文本。由于路德掌握多种语言,所以在翻译时总是同时参考多种文本,以致造成国内外学术界对范本的语种有各种说法。他先翻译《新约全书》,并请来梅兰希顿(Melanchthon,1497—1560)等其他宗教改革神学家共同参与,经过两年的努力,于 1522 年 9 月出版。[1] 同年,路德返回维滕贝格,继续翻译《旧约全书》,经过 12 年的努力,于 1534 年出版。他在把《圣经》翻译成德语时,态度非常认真,常常为了寻找一个含义清晰读音顺口的词汇,苦思冥想,字斟句酌,花去很多时间,多至数天甚至三四周。他所使用的德语生动贴切,以至后来的诗歌、戏曲、甚至教堂的唱诗班都喜欢采用。为了在本身不统一的德语方言中找出合适的词汇,他经常与民众交谈,问问家里的母亲和胡同里的孩子,也会为此走街串巷听路人发音说话,谨慎地从高地德语、低地德语和中部地区德语中选用词汇。路德的《圣经》译本受到德国社会各界的普遍欢迎,不仅为德国的宗教改革提供了神学理论依据,而且为德国的语言统一作出了巨大贡献,经他筛选、修饰和加工的德语,很快流行全国,成为共同的书面语言。诗人海涅对于路德通过翻译《圣经》将经由加工的德语普及到全国表示惊异,他说:"这路德的语言在不到几年内便普及到全德意志,并被提升为共同的书面语言。这种书面语言今天仍通行于德国,并赋予这个政治上宗教上四分五裂的国家以一种语言上的统一。"[2]

然而在政治态度上,马丁·路德在翻译《圣经》期间,随着农民起义的兴起,日益转向保守。他曾经对农民的正当要求表示同情,对诸侯领主提出批评,但反对基督徒举行起义。当农民起义日益高涨并出现一些不良行为时,他甚至写作了措辞严厉的《反对杀人越货的草贼》的文章,并呼吁诸侯给予严厉镇压,要求像打死疯狗一样消灭起义军。这时,德意志诸侯因对待宗教改革的态度不同而形成两股势力。一部分诸侯在农民起义期间趁机占有教会产业,面对来自罗马教会的压力,他们在领地内建立以自己为首的改革教会,拒绝接受教廷的指令;另一部分诸侯不赞成宗教改革的主张,同时还担忧农民起义的后果,因此宁愿保持旧有的教会制度。两派之间的力量对比互有消长。在 1526 年举行于施佩耶尔的帝国议会会议上,主张宗教改革的力量占了上风,会议宣布暂停执行《沃尔姆斯法令》,以等待全国性会议的裁决,在此期间,各诸侯可以依据对上帝和皇帝负责的态度便宜行事。但是到 1529 年再次举行会议时,出席者中亲罗马派占据了多数,会议结果重申了 1521 年沃尔姆斯会议关于禁止宗教改革的皇帝敕令,要求归还被夺的教会产业,恢复以往的教会制度。主张改革的诸侯群起抗议,宣布他们不受这个法令的约束。在抗

---

① Horst Rabe, *Neue Deutsche Geschichte*, Band 4, *Reich und Glaubensspaltung Deutschlands, 1500—1600,* Verlag C.H.Beck, München, 1985, S.178.

② 亨利希·海涅:《论德国宗教和哲学的历史》,商务印书馆 1974 年版,第 47 页。

议书上签名的有萨克森选侯、勃兰登堡侯爵、黑森伯爵以及斯特拉斯堡、纽伦堡等14个城市的代表。他们所建立的改革教会因此得名为“抗议(罗)宗”(the Protestant church),一般中译成“新教”,中国民间俗称“基督教”。路德宗同瑞士的加尔文宗和英国的安立甘宗一起,构成新教的三大宗派。

路德宗诸侯继续抗争,他们于1530—1531年冬在萨克森西南山城施马卡尔登集会,组成“施马卡尔登同盟”,并通过各种手段向皇帝和教廷施加压力。经过二十多年的斗争,他们终于取得了合法地位。1555年9月,奥格斯堡帝国议会经过几个月的商讨,通过协议文件,经皇帝查理五世签署公布,即《奥格斯堡宗教和约》。根据和约规定,各邦诸侯有权决定其本人及其臣民的宗教信仰,在天主教和路德宗之间进行选择,即实行所谓的“教随国定”原则。这一原则被人们通俗地称为“在谁的国家,信谁的宗教”,不愿服从者可迁往它邦。此外,和约还确立了路德宗的合法地位,其信徒可以像天主教徒那样从事礼拜、布道等圣事活动,规定在1552年以前被新教诸侯占有的天主教财产,不再发还,维持现状。新旧教诸侯之间你死我活的搏杀告一段落,但德意志的政治分裂进一步加深。

二、骑士暴动和农民战争

宗教改革运动的兴起,既同罗马教会的腐败有关,也是社会矛盾尖锐的产物。所以,当改革运动兴起后,不仅教界内部唇枪舌剑,支离抢攘,社会上的其他力量也趁机奋起,发动各种形式的起义暴动。教界内的改革运动与教界外的武力义举相互影响,使历史演出了多彩的一幕。

首先采取暴力行动的是骑士等级。欧洲中世纪骑士起源于卡罗林王朝时期,经过数百年的发展,到九世纪末,据史家记载,“法兰克人不知道如何用步兵作战”,[①]骑士在战场上占据了绝对的优势地位。在骑士军事地位上升的同时,骑士制度也日渐发展起来,并在12世纪最终定型。骑士首先是骑马佩剑持戈的军人,

① A.V.B.诺尔曼:《中世纪的战士》(A.V.B.Norman, *The Medieval Soldier*),纽约1971年版,第31页。转引自倪世光著:《西欧中世纪骑士的生活》,河北大学出版社2004年版,第8页。

同时又是底层贵族和小采邑主。在鼎盛时期，骑士的竞技、狩猎和交际技能，乃至他们所谓的风度和美德，都成为诗人们赞颂的对象。然而，到了13世纪末14世纪初，由于武器的发展，骑士的军事能力减弱，他们的战场地位日渐下降。最早威胁骑士地位的武器是长弓，这种弓长约1.8米，发射简便快捷，一名熟练的弓箭手每分钟可以发射10—12支箭，是弩箭的两倍多，而且箭速快，不仅能射穿骑士的铠甲，也能射穿厚重的橡木城门，或穿透骑手的腿，击中战马。弓箭队逐渐成为军队的重要组成部分，打破了骑士的垄断地位。此外，当时出现的长矛步兵队列也能阻挡骑士进攻，成为他们的克星。这种部队的士兵，手持三米多长的长矛和盾牌，分三层排列成圆形密集阵容，第一排取蹲势，第二排取跪势，第三排站立，形成豪猪式队形，能有力地阻挡骑兵的攻势。此后，热兵器问世，以黑色火药为动能的火枪火炮尽管效能不佳，却开创了一个新的时代，给骑士以致命打击。随着皇权的衰弱，大部分骑士投靠诸侯，唯诸侯之命是从。而一小部分直属帝国的骑士则不满教会的专权，嫉羡教会的富有，要求结束诸侯割据，建立一个以骑士为支柱的中央集权君主国。还有部分骑士在堕落中沦为打家劫舍的强盗。

骑士暴动的领袖是济金根和胡滕。济金根（Franz von Sickingen，1481—1523）是一名帝国骑士，曾经统率帝国军队同法国作战，有相当的知名度。他才思敏捷，武艺高强，好勇善斗，恪守骑士的所谓“理想”，希图消除德意志的分裂割据状态，建立一个统一的君主国，让骑士上升为中上层贵族，拥有与诸侯同等的地位。然而在相当长的一段时间里，他常常为利益所驱使，做出各种异样不同的举动。他不断扩大自己的世袭领地，训练步兵、骑兵和炮兵，组成强大的军队。尤其是其中一支1 500人组成的骑兵部队，骁勇善战，经常侵扰各个邦国和城市，引起不少人侧目。他在自己的势力范围内征集税赋。经营矿山，成了远近闻名的富有者；同时大量购买新式武器，组建军队，被称为“军火巨商”，并以自己的军事力量为各种势力效劳。1515年，他帮助沃尔姆斯主教作战，反对帝国最高法院在该城开会，由此被皇帝剥夺了受法律保护的权利。但以后他又在与法兰克福城的对抗中索要钱财，并同皇帝言归于好。1517年，他袭击了富有的城市商人，向施瓦本城市同盟发出挑战。翌年，他又洗劫梅斯，蹂躏了普法尔茨和黑森部分地区，并且在达姆施塔特投降后从黑森侯爵领地获得一笔可观的补偿。然而，1519年他同胡滕相遇后，深受后者关于德意志人优于一切罗马本质的浪漫主义观念和有关德意志自由的观念影响，并在为人处世方面发生较大的变化。以后，当马丁·路德受到罗马教会压制时，他能亲自提笔写信，表示愿意将自己的城堡作为路德的避难所。胡滕（Ulrich von Hutten,1488—1523)虽然出身于法兰克尼亚一个帝国骑士的家庭里,但是位人文主义者,至于他的才艺,尤其在诗歌方面的造诣,则有不同的评价,褒之者称他“多才多艺”,贬之者称他是“蹩脚诗人”。早在 1515—1517 年,他就与人合作,发表《蒙昧人书简》,用所掌握的科学知识,对经院哲学和天主教会发动攻击。1517 年,他再度去意大利,直接把矛头指向教皇,讽刺历来的教皇不是暴君就是压迫者。这一行动得到马丁·路德的赞赏。同时,路德的《九十五条论纲》也深深地吸引了胡滕,他看到论纲后,即表示反对教皇,支持宗教改革。1519 年,他同济金根结成联盟,并邀请路德参加,但路德对他的暴力思想持有异议,没有答应。

1522 年 8 月,济金根在兰德施图尔召集莱茵、施瓦本和法兰克尼亚等地的骑士开会,结成为期六年的“兄弟同盟”,准备发动反诸侯的战斗。9 月初,济金根派 5 000 名步兵和 1 500 名骑兵,携带着火炮,突袭特里尔大主教的领地,希冀在那里建立自己的世俗领地。他在宣战文告中声称,进军的目的在于维护基督的荣誉,反对基督真理的破坏者。进军初期进展较为顺利,几天内就包围了特里尔城。这时,与特里尔大主教结盟的普法尔茨选侯和黑森伯爵迅速派来三万援军。骑士军队陷于孤立,五次猛攻特里尔城不下,只好撤军。济金根派胡滕到瑞士去求援,但是没有成功。翌年春,诸侯联军转入反攻,4 月包围了兰德施图尔城。骑士军在重炮轰击下抵挡不住,只好于 5 月 7 日开门投降。同日,济金根因重伤身死。胡滕逃亡瑞士,不久病死。骑士暴动以失败告终。

农民是当时德国社会中人数最多、受苦最深的阶级。神职人员洪诺留·奥古斯都在一次关于等级的布道中,按照教堂的部位把各个等级作了分类,把农民比喻为地面,任人践踏,同时又是支撑和供养其他阶层的地基。① 从 15 世纪初起,在西南德意志的农村里出现了加强劳役制的趋势,因为当地的土地主开始羡慕城市贵族的豪华生活,于是,“就对农民开始了新的压迫,增加代役租和徭役,越来越热衷于再度将自由农民变成依附农民,将依附农民变成农奴,把公有马尔克土地变成地主的土地。”②日益繁重的劳役和名目繁多的赋税同时并存,早在宗教改革运动发生前,就已经推动农民起来反抗。15 世纪三四十年代,在德意志西南地区开始出现名为“鞋会”的农民反封建秘密会社。之所以称“鞋会”,是因为其集会标记都同农民的鞋子有关,其中一部分是一面旗帜,上面绘有一只农民穿的矮鞋,旗杆顶端

① 汉斯—维尔纳·格茨:《欧洲中世纪生活》,东方出版社 2002 年版,第 150 页。
② 恩格斯:《马尔克》,载《马克思恩格斯全集》第 19 卷,人民出版社 1963 年版,第 364 页。

系着一根长长的带子，其余的干脆仅在木杆上用皮带系绑一只农民的鞋。到 15 世纪末 16 世纪初，这些组织进一步活跃，多次密谋发动起义。他们的口号是“除上帝的正义之外别无其他”，要求废除邦君的统治，重新分配教会的财产，取消一切赋税、捐税、租税和什一税，结束农奴制。[1] 16 世纪初，在符腾堡地区出现了名为“穷康拉德”的农民反封建秘密会社。“穷康拉德”（Armer Konrad）意为穷苦人康拉德。康拉德是德国许多农民的名字，又与南德方言“毫无办法”的发音相近。该组织的旗帜上画有一个跪在耶稣面前的农民，四周写有“穷康拉德”字样。组织成员除本地的农民外，还有逃散到这里的“鞋会”成员。在 1513—1514 年，“鞋会”和“穷康拉德”在巴登和符腾堡一带发动起义，一度迫使符腾堡公爵作出一些让步，但不久队伍陷于分裂而遭失败。

农民揭竿而起

城市里的阶级关系也在发生变化。城市贵族把持政权，控制经济命脉，是城市的特权阶层，在动荡中往往站在诸侯一边。市民阶层中富裕的手工业者、商人和工

① 马克斯·布劳巴赫等著：《德意志史》第二卷：从宗教改革至专制主义结束，商务印书馆 1998 年版，上册，第 83 页。

场主,有些已经演变成早期资本家,他们不满封建割据,要求建立统一而又节俭的教会,但在政治动荡中摇摆性较大。城市平民中的破产师傅、帮工、日工、奴仆和无业流浪者,他们没有财产和特权,平时往往追随市民,但在农民起义爆发后大多支持或直接参加农民战争。

德意志农民起义的领袖人物是闵采尔(Thomas Münzer,约1490—1525),他生于哈尔茨山区的斯托尔贝格。家世不详,有说生于市民(手工业者)家庭,多说生于农民家庭,其父亲被伯爵迫害致死。年轻时曾在莱比锡大学和(奥得河畔)法兰克福大学求学,攻读文学、哲学和神学,获得神学学士和文学硕士学位。他多才多艺,精通拉丁文、希腊文和希伯来文,熟读《圣经》,在古代典籍和人文主义著作方面也有很深的造诣,还能为人治病。离开大学后,他曾在阿舍斯勒本和不伦瑞克当过神甫、隐修院长和中学教师。1519年,他在哈雷结识神交已久的马丁·路德。他赞同路德的主张,宣传宗教改革。他的宗教理论充满革命精神,攻击天主教和新教的主要论点,在个别地方达到了无神论的边缘。他主张用暴力摧毁现存的国家制度,消灭一切诸侯和贵族,将农民要求建立以皇帝为首的君主国的主张,改造成建立统一的德意志共和国的要求,即建立一个博爱、平等、自由、纯洁的"千年天国"——一个人人平等、没有私有财产和阶级差别的理想社会。他的主张得到广大农民和城市平民的拥护,因而当宗教改革运动引发农民革命,而马丁·路德却转向妥协退缩时,闵采尔就被拥戴为农民战争的领袖。他以传教士的身份辗转各地,聚众演讲,传播革命理想。他的演说,每次都能吸引许多听众,不仅因为生动的演说词富有感召力,更因为他那消灭剥削、实现公有制的理想强烈地震撼着人心。他的思想远远超出了他的时代,人们将他的演说编成小册子,广为散发。同时,闵采尔于1522年底在图林根建立"基督教同盟",作为准备武装起义的组织机构。

在闵采尔的影响下,1524年夏,波澜壮阔的农民战争首先在德意志南部爆发。它像燎原的烈火,从南到北燃遍全德大部分地区,吸引了2/3以上的农民和其他阶层民众参加,总人数在十万人以上,成为欧洲历史上规模最大的一次农民战争。

德意志农民战争的主要战场集中在南部的施瓦本、中部的法兰克尼亚和北部的萨克森—图林根地区。施瓦本的农民从抗租抗税发展到有4.5万人参加的武装起义,先后制定了《书简》和《十二条款》两个斗争纲领。法兰克尼亚的起义农民先后占领了数百个城堡和教堂,惩办了许多农民恨之入骨的恶霸,并且发表了《海尔布琅纲领》。该纲领主要代表市民的利益和要求,呼吁在皇权的保护下,发展城市经济,摆脱诸侯的剥削和控制,如:没收僧侣的财产;限制世俗领主的权利和收入;

废除一切关税、杂税和除皇帝赋税外的其他赋税；统一全国的币制、度量衡和立法；取消地租。萨克森—图林根地区的起义由闵采尔直接领导和指挥，许多矿工和纺织工人也参加了起义队伍。1525 年春起义军攻占缪尔豪森，建立了革命政权机构“永久议会”。该机构由闵采尔领导，主张没收教会财产，废除封建特权，并组织革命武装，号召全德起义。除此之外，德意志东部的提洛尔和西部的阿尔萨斯也爆发了起义。

起义农民提出的《书简》和《十二条款》两个斗争纲领，代表了农民起义中的两种不同倾向，前者激进，后者温和。《书简》的提出者大多是闵采尔的信徒，比较直接地反映了闵采尔的主张。该纲领要求以暴力推翻现存的封建制度，建立尘世天国。它视宫廷、修道院和大教堂为一切罪恶的渊薮，主张处死压迫者和叛徒，焚毁城堡，没收寺院和教堂。这是一份过激的纲领，脱离了广大农民和平民的认识和要求。而《十二条款》则更多地反映了农民的切身利益。它要求：废除农奴制；取消什一税和死亡税；由村社自由举行宗教活动和选举教士，实现狩猎、捕鱼和伐木自由，取消 16 世纪初强加于农民的过重劳役、地租及其他捐税等。这一纲领的目标是改善农民的政治和经济地位，提高生活水准，而不是消灭整个封建制度。这些内容部分涉及取消数百年来的老规矩，有些要求取消 16 世纪初随着商品经济发展带给农民的新负担，有些则是由新教教义产生的愿望。从这些纲领中可以看到，德意志农民战争兼具民族运动和社会运动两种特性。

德意志农民战争从 1524 年 5 月一直持续到 1526 年 7 月，共两年又两个月，其中最为波澜壮阔、激动人心的是起义的第一年。农民战争爆发时，形势对起义者有利。当时，南德诸侯正在忙于参加皇帝反对法兰西的战争，无暇顾及农民起义，统治者所拥有的常备雇佣军，力量不及武装起来的农民。农民起义军利用自己的优势，迅速扩大战果，他们攻占城池寺院，打开地牢监狱，分掉诸侯财产，惩罚恶霸领主。成千上万的农民摆脱了封建剥削和压迫，成为自己土地的主人。起义军焚烧了数以千计的贵族庄园、教会寺院和诸侯宫廷，在西南部和中部的广阔地区建立起自己的政权。面对这一局势，各地诸侯大惊失色，慌忙拼凑成以黑森伯爵菲利普为首的联军，开始镇压起义。形势逐渐发生逆转，萨克森—图林根、阿尔萨斯、弗兰肯、施瓦本的农军被各个击破。1525 年 4 月底，诸侯联军开始进攻“永久议会”的所在地缪尔豪森。闵采尔组织一支 8 000 人的武装迎敌，但由于缺乏武器和训练，本人也缺乏军事经验，很快陷入劣势。诸侯联军趁机追入城中，双方展开激烈的巷战，起义军终因寡不敌众而战败。闵采尔本人头部受伤被俘，坚贞不屈，壮烈就义，年仅 35 岁。在这之后，农民战争在阿尔萨斯和提洛尔又坚持了一段时间，最后在敌人优势兵力的包围下失败。

骑士暴动和农民战争是搅动德意志社会原有秩序的两股涌潮，由于这两股力量都不是新的生产方式的代表者，因此不可能带领德意志国家进入新的社会制度。尤其是骑士等级，属于时代的没落者，其政治理想是恢复以农奴制为基础的贵族民主制国家，违背历史发展的潮流。但是，这两股势力的冲击，在很大程度上动摇了天主教会和封建贵族的统治，使德意志大部分地区的教会摆脱了罗马教廷的控制，制止了西南地区封建剥削的进一步加强，对德意志社会和历史具有深远的影响，在农民战斗过的地方，没有出现易北河以东地区的再版农奴制。

三、三十年战争

骑士暴动和农民战争结束后，德国迎来了较长时间的和平局面。从 1556 年到 1618 年 62 年间，一连四代皇帝，斐迪南一世（1556—1564 年在位）、马克西米利安二世（1564—1576 年在位）、鲁道夫二世（1576—1612 年在位）、马蒂亚斯（1612—1619 年在位），除了最后一代皇帝的最后两年外，都偃旗息鼓，刀枪入库。

在和平的日子里，德国的经济与社会等领域都取得了长足发展。农业产量不断上升，由于城市需要消费大量的农产品，农民的收入逐步提高。在鲁尔矿区，煤的产量不断提高，在哈尔茨山和埃尔茨山矿区，矿石的产量也在逐年增加。1610 年，在奥格斯堡织工大厅举办了一次大型展览会，共展出 475 000 块单面绒布，非常漂亮。人口大幅度增长，如汉堡，从原来的四万上升到六万。不少地方的骑士城堡扩建成了富丽堂皇的王侯府第和贵族式的宫殿，这些建筑大多采用法国和意大利式样，设有赛马场、动物园和喷水池，华丽悦目，争芳斗艳。不少城市变得越来越美，尤其是莱希河畔的帝国直辖城市奥格斯堡，由一位名叫埃利亚斯·霍尔的天才建筑大师实施全面改造，结果获得不少外国人交口称赞，被誉为德国最美的城市和“文艺复兴之城”。全国第一个植物园于 1580 年在莱比锡建成，不少帝国直辖市先后设立博物馆。1609 年，德国历史上最早的周报分别在斯特拉斯堡和奥格斯堡出版。这一时期，诸侯们在举办政事活动时往往大摆宴席，尽情享受。席上的佳肴美酒极其丰盛，有精白面包、酥皮馅饼、野禽、鲜鱼、蜂蜜酒、马利瓦西亚葡萄酒、英国及其他外国的啤酒等。餐具都用白银制成，在灯光照耀下，闪闪发亮。每逢佳节，宫廷及全城都要张灯结彩，燃放焰火。王侯们为了结交更多的上层人士，经常举办狩猎活动，时间长达二十余天，在萨克森甚至超过一个月。

然而，在经济繁荣的同时，经济社会方面的不良现象也日益涌现。由于美洲大陆的白银不断流入欧洲，通货膨胀率开始上升，而随着人口的增长，农产品逐渐不敷所需，甚至出现饥荒现象，这又进一步推动了物价上涨。营养不良导致疾病快速传染，在纽伦堡，1561 年—1585 年间暴发了各种各样的传染病，染病者多达 4.5 万人，其中 2 万人失去了生命。在社会不安之际，人们又一次把矛头指向犹太人，不少城市发生屠犹事件，其中以美因河畔法兰克福最为著名。1612—1616 年，该市发生了以挑起事端的姜饼烘烤师的姓氏命名的“费特米尔奇暴乱”，此人把城市的种种问题都归咎于市政委员会的无能和对犹太人的宽容，极尽鼓动之能事，率领民众举行抗议活动。该城的手工业者和店主本来就对犹太人的大量涌入不满，视此为导致经济萧条的祸因，于是积极加入反犹活动。1614 年 8 月 21 日，该城发生了较大规模的排犹事件，犹太人被赶出城市，迁往邻近的城镇和乡村，个别人连性命都没有保住，他们的住所被劫掠一空。原先国内最大的犹太人聚居地几乎成了“无犹太人区”。直到 1616 年市政当局处死了费特米尔奇，镇压了群众性暴乱，并颁布了保障犹太人人身安全的法令后，犹太人才逐渐返回。“捉巫运动”是社会不安的另一种表现。当时很多人认为，人类的不幸和罪恶大多同魔鬼有关，为了挫败魔鬼，就必须追杀其爪牙——女巫。所谓女巫，是指那些把自己交给魔鬼并与之发生性关系的女人，她们为了参加对魔鬼进行膜拜的仪式即“女巫安息日”，拥有飞行的本领，并做出种种邪恶之事，如传播疾病、使天降冰雹、使牛奶变酸等。1486 年，《巫术之密》一书经教皇批准后出版，以后不断再版，在 80 年里达 28 次之多。该书系统地阐述了关于女巫的种种传说，将民间传说系统化理论化，而且暗示着教廷也承认了神怪力量的存在，对社会造成很大的影响。每当周围出现难解之事，或者“捉巫能手”们心血来潮，就会群起捉巫。女巫被抓来后，先由法庭进行审讯，逼迫她们交代自己的同伙。审讯过程中，严刑拷打，残酷折磨，无所不用其极。而判断她们是否真是女巫，唯一的办法是看她们在死刑执行过程中会否真的死去。当时普遍采用的方法是把怀疑对象放在火堆上烧，所谓“女巫”只有在活活被烧死后才能证明自己的无辜。在这一时期内，全国大约有十万名女性成为“捉巫运动”的牺牲品。

宗教信仰之争远没有结束，以罗马教会、皇帝、天主教诸侯为一方，以新教诸侯为另一方的两股势力，都在加紧集结队伍，准备展开新一轮的争夺。天主教势力以“改革”为名，开展了一系列的反宗教改革活动。其内容，一是组建耶稣会，二是设立宗教异端裁判所。耶稣会是一种纪律森严、按军事制度组织起来的突击队，其目的是反对“异端”，保卫教皇和传布天主教。该会要求会士深入世俗生活，加强与各阶层人士的联系，尤其应该向统治集团和社会上层渗透，借此影响各国的政治决策；为此，会士不必住在修道院中，也不必身着僧衣。它还强调为了正当的目的，不必顾忌手段上的道德观念，要求会士为了取得对方的信任，可以起假誓，为了消灭敌方的力量，可以充当间谍，甚至采取暗杀行动。耶稣会在德意志各邦大肆活动，很快建立了四个耶稣会省区。一些年轻的诸侯受到耶稣会士的影响而接受天主教。宗教异端裁判所主要设立在西班牙和意大利半岛，但对德国也有影响。天主教会强调，异端分子是教会躯体上的痈疽，必须不顾疼痛以手术方法去之，方可保全纯洁。通过这一镇压手段，大批新教徒、反封建斗士和进步思想家受到迫害，甚至被处火刑。但新教诸侯也在行动，悄悄但持续地扩充着自己的地盘。经过数十年努力，到 17 世纪初，新教诸侯控制了包括大主教辖区、主教辖区及教堂、修道院在内的一百多处天主教领地。1608 年 5 月，以普法尔茨选侯为首，在安豪森建立了以协调军事行动为主旨的“新教联盟”，参加者有黑森、勃兰登堡、诺伊堡、巴登、符腾堡等诸侯及一些帝国城市，并得到丹麦、瑞典、法国、英国及俄国的支持。作为回应，巴伐利亚公爵在慕尼黑发起组织“天主教同盟”，得到国内几乎所有天主教诸侯的呼应，只有萨尔茨堡和奥地利诸侯没有参加。该同盟得到皇帝和教皇，以及西班牙、波兰的支持。于是，德国正式分裂成两大教派—政治集团，这两个集团的争斗和欧洲列强的介入，终于引爆了三十年战争。

三十年战争从 1618 年开始，到 1648 年结束，正好历时 30 年。这是一场以德意志兰为主要战场的国际性战争，战争的一方是德意志新教诸侯和丹麦、瑞典、法国，并得到荷兰、英国和俄国的支持，另一方为皇帝、德意志天主教诸侯和西班牙，并得到教皇和波兰的支持。① 战争呈现不断扩大的走势，即以各等级和侯国之间的地方性战斗开始，其间参战范围不断扩大，最后以一场全面的欧洲战争告终。之所以会出现这种局面，是因为这场战争尽管起因于新旧教之争，但同时还潜伏着其他各种因素，当时，皇帝要加强皇权，新旧教诸侯要扩充领地，部分大国则想通过牺

① Rolf Hellberg, *Kleine Geschichte Deutschlands*, Türmer-Verlag, 1981, S.64.

牲德意志的利益实施对外扩张。

战争的导火线是捷克民众反对哈布斯堡王朝的起义。当1526年捷克并入奥地利时，双方曾经有个约定，即捷克人拥戴哈布斯堡家族成员当自己的国王，但他必须尊重捷克的法律和宗教信仰。尽管历代国王都曾不同程度地违背承诺，把捷克当作奥地利的附庸，但还是相安无事地维持了几十年。神圣罗马帝国新皇帝马蒂亚斯于1612年即位后，决心改变前任皇帝鲁道夫二世对新教诸侯的退让政策，收复天主教会的失地。他一方面指定天主教强硬人物斐迪南为捷克国王，在波希米亚地区恢复天主教，另一方面下令拆除在天主教区内建造的新教教堂，即布劳瑙教堂和布拉格地区的布洛斯特格拉堡教堂。新教徒据理力争，拿出1609年鲁道夫二世关于允许新教徒修建教堂的诏令，但马蒂亚斯毫不退让，辩解说，此项诏令仅适用于帝国属地，而不适用于天主教会的领地。结果，布劳瑙的新教首领被投进监狱，布洛斯特格拉堡教堂被夷为平地，布拉格市长则下令，严禁新教徒再举行任何集会。捷克的新教徒被激怒了，各阶层各教派的人士走出家门，要向居留在布拉格赫拉德斯欣城堡里的统治者递交请愿书，12位著名人士勇敢地走在前头，后面的群众情绪激昂，游行队伍浩浩荡荡，在行进的过程中不断扩大。游行逐渐演变成了起义。起义者冲进格赫拉德斯欣城堡，抓住两名在他们看来应该承担罪责的帝国官员雅拉斯劳·马蒂尼茨和威廉·冯·斯拉瓦塔，把他们扔出窗户，此即著名的"掷出窗外事件"。这扇窗户离地面近14米高，然而令人奇怪的是，被掷的两人，尽管一人昏迷，一人受伤，但都保住了性命。天主教徒趁机宣传，说他们得到了圣母玛利亚的庇护，所以能够大难不死。其实，当时欧洲城市的卫生状态普遍不佳，垃圾粪便随处可见，尤其是在背阴的壕沟河岔处，这两个人的落地之处，正好在城堡壕沟中一大堆松软的秽物上，故能幸免于难。但是，三十年战争还是由这次事件拉开了大幕。

战争大致可分为四个阶段。

第一阶段称"捷克—普法尔茨阶段"，时间从1618年到1624年。

"掷出窗外事件"发生的同时，捷克起义者成立了由30名代表组成的临时政府，宣布摆脱哈布斯堡王朝的统治。翌年7月，捷克各地代表又在布拉格集会，通过起义纲领，重申罢黜国王斐迪南和维护捷克独立的决心，宣布捷克不是哈布斯堡王室的世袭领地，捷克国王应该由捷克各等级选举产生。最后会议选举德意志"新教联盟"首领、普法尔茨选侯弗里德里希五世为捷克国王。弗里德里希五世当时已经63岁，其妻子是英国国王詹姆斯一世的女儿伊丽莎白·斯图尔特，与会者指望捷克通过他，能够获得英国、荷兰和法国的支持。

这时，神圣罗马帝国皇位发生更替，马蒂亚斯去世，斐迪南被推举即位，称斐迪南二世（Ferdinand Ⅱ，1578—1637）。新皇帝认为前任的宗教政策不明朗，平定内乱的手段欠果断，上任后即对新教势力采取强硬政策，被两股势力分别称为“天主教的救星”和“天主教反动派的魔首”。1619 年 10 月，他与巴伐利亚公爵和“天主教同盟”缔结条约后，即组合出一支三万人的天主教同盟军队征讨普法尔茨和捷克。捷克方面原打算建立一支两万人的军队应战，但囿于财政拮据，只招募到四千余人，后来依托雇佣军统帅曼斯菲尔德自己的力量，才把军队扩充到 1.5 万人。在力量对比悬殊之际，新教联盟并没有坚定地支持捷克，反而同天主教同盟达成协议，约定两个集团的成员可以在捷克自由行动，同时在帝国层面上不相互攻击，这使捷克人感到孤立。天主教同盟军队在后来被拿破仑一世誉为“世界八大名帅”之一的蒂利（Johan Tilly，1559—1632）将军统率下，于 1620 年 9 月进入捷克。11 月，两军在布拉格城下的白山对垒，爆发了“白山战役”。一个小时后，胜负已定，捷克军战败。胜利者大开杀戒，大批起义者在伏尔塔瓦河畔德皇旧行宫里遭到屠杀。四个月后，1621 年 3 月，蒂利又在老城的环行广场上竖起 24 个绞刑架，绞死了 24 名波希米亚贵族。被杀者的地产，其中包括占国土面积 3/4 的 12 个县和 500 处领地，都被没收。这些地产被来自其他邦国的世族所瓜分，他们由此成为皇室的依附力量。帝国政府颁布驱逐路德宗和加尔文宗布道师的命令，兵士们搜查新教领袖的住宅，没收他们的财产并实施人身拘禁。当局大肆屠杀捷克新教徒，对拒绝皈依者，派出被称为“升天护送队”的特殊小分队，十分残忍地折磨和屠杀他们。捷克的相对独立地位被取消，沦为奥地利的一个省，由维也纳直接管辖。原来兼任捷克国王的普法尔茨选侯弗里德里希五世孤立无援，连他的岳父也不肯伸出援助之手，最后只得带着一大帮家族成员仓皇出逃，先到柏林，后又逃到海牙，受尽了冷遇和天主教派的嘲笑。由于他的国王职位没有维持到夏天即已垮台，故而被谑称为“冬王”或“残冬之王”。他的普法尔茨选侯的资格也被取消，这一职位转授给了坚定地站在皇帝一边的巴伐利亚公爵马克西米利安一世。

第二阶段称“丹麦阶段”，时间从 1625 年到 1629 年。

皇帝一方的胜利，引起周边大国的关注。丹麦、英国与荷兰，出于不同的目的，都反对德皇力量的恢复与增长，三方于 1625 年 12 月签订《海牙条约》，正式结成反对哈布斯堡王室的同盟，并得到法国、瑞典和德意志新教诸侯的支持。于是，国内战争演变成了国际战争。

丹麦国王克里斯蒂安四世同时又是帝国的荷尔斯坦因公爵，信奉新教，这时决定领头反抗皇帝。他使用的表面借口是援助德国的新教徒，其实主要动因还是扩充势力这一世俗因素。此外，其儿子费尔登主教也想趁机夺取哈伯尔施塔特、不来梅、马格德堡等德国土地。克里斯蒂安四世招募了六万人马，于 1625 年 5 月下令出兵，很快占领了下萨克森。

皇帝斐迪南二世赶紧准备应战。蒂利统率的那支军队，尽管具有相当的战斗力，但是人数较少，还要受到天主教同盟的掣肘。皇帝想建立直属自己的军队，但面临很多困难，缺乏军事人才，更没有军事预算。他尝试在各地开征特别税，积累了一些资金，但还是不敷所需。正在困顿之时，有一个人毛遂自荐，写信给皇帝，表示愿意出来解救危局。他在信中说："我自己没有任何追求，我所追求的只是更好地为陛下效劳，更好地维护国家的统治……"这个人就是三十年战争中的著名人物冯·华伦斯坦（Albrecht von Wallenstein，1583—1634）。华伦斯坦出身于波希米亚一个贫寒的贵族家庭，早年在路德教的阿尔特多夫大学攻读神学，由于举止粗野、打架和骂人被学校开除。他以骑士的方式周游欧洲，然后为皇帝服兵役，22 岁时获得了军官委任状，人称"英勇的"华伦斯坦。不久他改奉天主教，并在耶稣会的撮合下，于 26 岁时同一个富有的寡妇结婚，据此成为一名实力雄厚的大庄园主。拥有产业后，他又表现出卓越的理财能力，利用战争倒卖军火，成为一名武器弹药商，通过巧妙经营扩大地产，40 岁时成为波希米亚最富有的地主。他还利用手中的财力资助教会和修道院，同耶稣会士和其他神职人员交往，做祈祷练习和举办神学论坛，以增添身上的天主教气息。皇帝接到他的信后，大感兴趣，立即在维也纳召见。当时华伦斯坦 42 岁，他身材修长，体态瘦削，面色苍白，蓄着西班牙式髭须和颏须，英武中透出儒雅。而与他相比，47 岁的斐迪南二世身材矮小，体态肥胖，反而显示不出君主的威严。然而，华伦斯坦英俊的外表下隐藏着令人不安的性格，占星学家给他的评语是："严酷无情，没有手足之情或夫妻之爱，只考虑自己，对仆人严酷，为人悭吝，不诚实，不平等待人，经常沉默不语。"

斐迪南二世明确要求华伦斯坦为他组建一支拥有两万人的军队，不料军事经验丰富的华伦斯坦冷静地回答道："陛下，两万人还不够，应该达到五万人。"当皇帝询问这支军队何时才能建成时，得到的答案是几个月之内。皇帝大喜过望，但立即又担心起经费的来源问题，因为他连一支小小的贴身护卫队都供养不起。华伦斯坦情不自禁地摆出一副富人的派头，表示不会动用国库里的一个子儿，但要求皇帝答应两点，一是保证自己对这支军队拥有最高指挥权，二是保证自己有权为军事目的调用这支军队。朝臣们围绕这一建议，展开了激烈的争论，有些表示赞同，有些表示反对。赞同者里面，有些认为应该招募12万人，有些则认为应该少于5万人，以免过强的军队成为干预朝政的工具。华伦斯坦坚持“五万”这个底线，认为如此才能控制住各方诸侯。他的要求得到了满足，被任命为统率神圣罗马帝国皇帝全军的首领。在随后的组建工作中，华伦斯坦又一次表现出他的精明能干。军队所需的武器装备费用，他让自己担任公爵的弗里德兰地区全额承担，据此，邦内本来各自独立的64座庄园成了他的领地。日常的运作费用，包括定期向士兵发放的饷金，他都采用“以战养战”的方针。具体办法是：和平时期，不分敌友，由地方承担军饷、宿营和供给而不给任何报酬，没有驻扎军队的城市则支付补偿金；战争时期，则放任士兵去抢劫，部队每攻克一个地方，即大肆抢劫那里的粮食和财富充作军饷。依据这种方法，他能够向军官支付较高的报酬，有效地笼络了人心。当时，他每周发给骑兵或步兵上校的报酬为500古尔登金币，上尉为100古尔登，少尉40—50古尔登，军事法庭法官50古尔登，随军神甫8古尔登，伤科军医6古尔登。与此相对应，每个士兵的军饷就是给他的给养，为两个面包、一磅半肉和两升啤酒。而华伦斯坦的卫队，比皇帝的卫队还要风光。将士们的衣服上“绣有紧密的金线，剑带都镶有银饰，长矛的刃尖也镀了银”。卫队的装备，包含1 000匹战马、46辆战车和能够架起80顶帐篷的辎重。

华伦斯坦率领着这样的军队北上攻伐，1626年4月25日在德绍的易北河大桥上首战告捷，德意志新教诸侯的部队被迫退守匈牙利。同年8月27日，他与蒂利统率的巴伐利亚军队协同作战，打败了克里斯蒂安四世率领的丹麦军队及其在德意志北部的盟友，帝国军队占领了荷尔斯坦因、梅克伦堡和波美拉尼亚，新教势力基本上被赶出波罗的海沿岸。1629年5月22日，丹麦被迫签订《吕贝克和约》，退出所占的德国土地，保证不再干涉德国事务。

一时间，皇帝似乎取得了决定性的胜利，不仅外国势力战败求和，国内的新教势力也遭到打压，然而，他的一系列不当措施很快使形势发生逆转。和约缔结前，1629年3月，他不顾华伦斯坦和萨克森选侯的反对，颁布《恢复教产敕令》，宣布凡被新教教会没收或新教徒世俗化的教会财产，均返还天主教会。这一敕令意在重新“天主教化”，并没收新教教会的财产，它使新教诸侯同皇帝的矛盾更加激化。对外方面，随着战事的胜利，皇帝的雄心壮志被调动起来。他下令组建海上皇家舰队，任命华伦斯坦为“大洋与波罗的海统帅”，并计划开挖一条运河，把北海与波罗的海连接起来。为了奖赏和拉拢华伦斯坦，给了他更高的荣誉和利益，如授予其最高嘉奖——西班牙金羊皮勋章,加封他为梅克伦堡公爵(原来的公爵因为同丹麦国王联合,被皇帝剥夺了爵位和领地),以便用领地偿还他所垫支的军费开支,并授予他"我主派往神圣罗马帝国远征的独立将军"的称号等。华伦斯坦更是雄心勃勃,打算趁机建立一个以梅克伦堡为基础的北方侯国,声称:"波莫瑞共有 28 个港口,我们都要构筑防御工事。"他的成就及所作所为引起不少天主教派和新教派诸侯的强烈不满,他们担心自己的利益受到损害。天主教同盟认为,华伦斯坦的力量对于他们来说已过于强大,而他在对付新教徒的行动中又显得软弱无力,这其中一定有不可告人的目的。美因茨大主教直言不讳地指出,华伦斯坦一事令他"震惊和不快"。对其他人来说,华伦斯坦的军队没有纪律,横行暴虐,令人恐惧。1630 年 6 月召开的雷根斯堡选侯会议一致要求皇帝立即罢免华伦斯坦。在此之前,华伦斯坦已经得知某些对他不利的消息,有一封信甚至这样告诉他:"我感到有必要告诉公爵阁下,我从几位来自蒂利军队的重要人物那里得知,蒂利准备下令逮捕阁下,并把您关进监狱。如果他做不到这一点,也会另想办法把您从世界上除掉。"但华伦斯坦不愿相信这些消息,他认为皇帝"是一个正直的、表里如一的人","蒂利先生也不想搞暗杀"。当雷根斯堡决议通过后,他又设法同皇帝联络,要求联手搞一场军事政变,建立皇帝的绝对独裁统治。斐迪南二世对这一提议犹疑不决,更多地关心于选侯们能够推举其子当选皇帝,故于 1630 年 8 月派出两名特使到军营,收回了华伦斯坦的指挥权,转交给蒂利将军。这时,瑞典的进攻早已开始。

第三阶段称"瑞典阶段",时间从 1630 年到 1635 年。

瑞典自 13 世纪起建立了稳固的君主制,国力日渐强盛,此时正在向波罗的海地区扩展自己的势力,意欲建立一个环波罗的海大国。面对德国内部的变化,瑞典国王、新教徒古斯塔夫·阿道夫二世在宗教和世俗两重因素的推动下,决心介入其间。他一面致力于组建一个反哈布斯堡的联盟,一面亲自率军出征,于 1630 年 7 月初在奥得河口的乌泽多姆岛登陆。瑞典军出师顺利,14 个月内就在北德意志建立了一个辽阔的军事行动基地,并向中部推进。德意志新教联盟中的两支主要力量——勃兰登堡和萨克森选侯国,也很快地配合行动。正在此时,德意志内部发生了上述皇帝罢免华伦斯坦的事件,严重损害了自己的抵抗能力。虽然蒂利率领的天主教联军在马格德堡等战役中偶有小胜,但是战场的主动权却始终掌控在瑞典国王手中。1631 年 9 月,瑞典军队在萨克森军队的配合下,在萨克森的布雷顿菲尔德战役中实施歼灭性的打击,蒂利的军队几乎全军覆没,蒂利本人负伤南逃。同年 10—12 月,瑞典军队进入德意志西南地区,并攻占了维尔茨堡、法兰克福等重要城市。瑞典国王开始做起入主神圣罗马帝国的美梦,强调自己从青年时代起就信奉新教并说一口流利的德语。他把原为天主教诸侯占有的德意志南部大片地区,作为瑞典的封地授给德意志新教诸侯,以便在德意志兰建立起瑞典的势力范围。瑞典军继续向南进逼,翌年春先后穿过法兰克尼亚,进入巴伐利亚,占领纽伦堡、奥格斯堡和慕尼黑等重要城市。试图重整旗鼓的蒂利将军在莱希河畔阵亡,而"冬王"弗里德里希五世则投靠瑞典国王,试图重返波希米亚。

这时,似乎只有华伦斯坦才有能力来解救德国了。他被解职回家后,一直静观着瑞典国王的一举一动,认真研究他的战略战术。瑞典方面能够取胜,是由多种原因造成的。从军队的构成来说,瑞典的军队具有草根性,其士兵根据义务兵役制征召,核心部分由农家子弟组成,战斗力较强,而德方的军队由雇佣兵组成,"他们常常没精打采,动作迟缓,像牛群和猪群那样"。其次,瑞典国王善于使用炮兵部队。当时德方使用的是老式大炮,不是固定式的,就是需要20匹马拉的重炮,炮身笨重,却不使用炮弹,大炮旁边放着打开的火药桶,士兵用铁铲从桶里取药装炮。而瑞典方配置的是300门只能发射四磅重炮弹的小型炮,机动性很强。另外还有一种只需一匹马或两个人就能拉动的轻型炮,因炮筒的铜皮外包有皮革,又称皮革炮,一般士兵就能操纵。实际上,皇帝一方的蒂利将军,就是被炮弹炸伤致死的。瑞典军队还率先使用手榴弹。第三,瑞典国王在兵种配备上比较全面,广泛地使用工兵,包括坑道兵、工事兵和造桥兵,有效地提高了军队的机动能力。斐迪南二世皇帝在无奈之下,只得用重金恳请华伦斯坦重新出山。后者同意出任最高统帅,但提出了一系列较为强硬的先决条件,包括:最高统帅对皇帝的军队和德国境内的西班牙后备部队拥有独自的指挥权,以抵御外部敌人的入侵;他不受任何人监视;他在攻占的国土上接管皇帝的若干权力,如没收财产权和赦免权等;他可以和外国进行各种谈判,可以作为帝国的全权代表签署和约;王子退出总参谋部。这些条件是比较苛刻的,但皇帝为了摆脱败局,只得同意。于是,华伦斯坦成了欧洲历史中少有的掌握绝对自由指挥大权的军队统帅,只有以后的拿破仑才能同他比拟。华伦斯坦上任后,快速行动,不到三个月,就组织起一支七万人的军队。最高统帅身披猩红色大氅,威风醒目,其他军官也穿着同样颜色的军装。同时,他没有忘记学习瑞典国王的长处,出山后重视使用炮兵,共为军队购置了80门大炮。

华伦斯坦主动出击,率军将进占布拉格的萨克森军队赶出波希米亚。接着,他实行战略性撤退,把瑞典军队从维也纳和尼德兰南部吸引到萨克森,以寻找机会实施决战。1632年11月,双方在吕岑一地发生激战。吕岑是介于莱比锡和纽伦堡之间一个不起眼的小城，但吕岑之战却是三十年战争中规模最大的一次战役。双方的兵力对比是 1.2 万对 1.6 万，瑞典方略占优势。然而华伦斯坦身先士卒，率领步兵打入敌方阵中。他的扈从从来没有见过他这么勇敢，既不顾滑膛枪子弹射中了上衣褶子，也不顾散落在周围的炮弹，似乎有刀枪不入的功夫。将士们也跟着奋勇拼搏，力图创造以少胜多的奇迹。然而结果却令人失望，其军队抵挡不住瑞典军队的持续进攻，只得借着夜幕的掩护撤退到莱比锡一带。1.2 万人中损失了 6 000 人，而瑞典方面仅损失 4 000 人。但是，有“子夜雄狮”之称的瑞典国王被一颗子弹击中后背，落马死亡，由此，关于瑞典军队是“北方之光”的神话也逐渐消散。更令瑞典方感到丢脸的是，国王的尸体让华伦斯坦军抢去，被剥光所有的衣服，让布满弹创的身体一丝不挂地暴露在战场上。

主帅的阵亡未能阻止瑞典对德意志事务的干涉，在首相奥克森斯切尔纳的领导下，瑞典方面于 1633 年 4 月发起组织了“海尔布隆同盟”，准备作新的厮杀。该同盟由瑞典和德意志新教诸侯参加，并得到法国的资助。而在德国方面，尽管刚刚获得喘息的机会，但华伦斯坦同皇帝之间的矛盾却很快激化起来。第一根导火线是人类社会中司空见惯的“功高盖主”现象，这一问题由于华伦斯坦的特殊性格显得尤为突出。吕岑战役结束后，华伦斯坦在布拉格举行嘉奖大会和审判活动，要对战役作个总结。在嘉奖大会上，华伦斯坦像君王似地向部下封授桂冠，包括一个元帅权杖、若干高级军官委任状、奖金、贵族称号、地产和贵重饰物。每个参战者都得到一条荣誉金链，其中功勋卓著者竟获得上万个古尔登金币。这种奖赏力度使得皇帝和廷臣也目瞪口呆。一周后，举行审判会，一批被指控“遇敌怯懦、临阵脱逃和抢劫本部辎重”的军官受到惩罚，14 名贵族军官当即被送上断头台，7 名军官的指挥刀被当场折断，其他临阵脱逃的军官则被终生剥夺荣誉。在追究责任方面，华伦斯坦把惩罚重点放在军官身上，他认为，士兵的作战不力，根源还是在于军官的领导不力。尽管皇帝在请华伦斯坦出山时已经给了他所有的权力，但是华伦斯坦在奖惩下属时所表现的气魄和力度，以及隐藏其后的“傍若无主”的心态，仍然引起了他的不快和警惕。矛盾激化的第二根导火线来自法国。德意志的内乱外患，激起了法国的霸权野心，将在战争第四阶段充当主要角色的法国首席大臣黎塞留，开始悄悄地登台表演。他通过心腹约瑟夫神甫同华伦斯坦频繁接触，提出了双方合作的建议和条件。法方提出，法国已经准备向德国及其势力范围发起进攻，希望得到华伦斯坦的支持；作为回报，法国将向华伦斯坦提供两个兵团和大笔的经济援助，并且在事成后让其担任波希米亚国王。华伦斯坦既没有答应，也没有断然拒绝,而是一直同约瑟夫保持联系,据皇帝的密探报告,甚至每周都要和黎塞留通信一次。此外,他还同皇帝的各种政敌保持联系,其中包括"冬王"、萨克森公爵、瑞典人等。但是在关键性问题上,他的民族立场非常鲜明。他给自己的谈判代表的"底线"是:法国不可越过莱茵河;"宁愿给瑞典人金钱,让他们满意而归,也不要让他们在德意志帝国占有一寸土地"。然而,反对华伦斯坦的人,其中包括他的少数部下,反复向皇帝递交所谓的告密信,甚至还散发传单,揭示法国国王想当德意志的国王和皇帝,华伦斯坦要发动军事政变,想做波希米亚的国王,整个帝国将被重新瓜分,等等。在各种因素推动下,皇帝决定除掉华伦斯坦。1634 年 1 月底,他将华伦斯坦免职,军权交给皇太子(即后来的斐迪南三世)执掌。几天后,华伦斯坦派驻在西里西亚的军队发起暴动,他们宣布法国国王为德意志皇帝,拥戴华伦斯坦为波希米亚国王,并宣誓效忠于新教诸侯和瑞典,但华伦斯坦并没有公开支持部下的叛逆行为。1634 年 2 月 25 日狂欢节那天,一群效忠于皇帝的密谋者冲进华伦斯坦的寝室,一个名叫德弗罗的爱尔兰上尉向他的心窝扎了致命的一剑,一位传奇式人物最终死于非命。

华伦斯坦组建的军队在皇太子率领下继续作战。1634 年 7 月,德军夺回雷根斯堡要塞。8—9 月,交战双方在施瓦本的诺德林根发生大规模战斗,最后瑞典军队遭到毁灭性打击,被迫西渡莱茵河,寻求法国的支持。建立不久的海尔布隆同盟也随之解体。帝国军队此时也已精疲力竭,没有多少战斗力,但随着敌方的后撤,还是趁机占领了整个南德并进占波罗的海沿岸。1635 年 5 月,皇帝与萨克森、以后又与勃兰登堡等其他新教邦国缔结《布拉格和约》,双方各自作了一定的让步,达成了妥协。然而,由于法国在几天前已经宣战,和约根本没有被执行,德国又陷入战火之中。

第四阶段称"法国—瑞典阶段",时间从 1635 年到 1648 年。

当时,法国的君主专制制度已经达到相当的高度,其首席大臣黎塞留镇压了贵族的反叛并平息了新教徒的斗争,有能力公开插手三十年战争。1635 年初,法国分别同荷兰、瑞典签订盟约后,正式向西班牙系的哈布斯堡王室宣战,斐迪南二世只好置德国的忧患于不顾,紧急出兵援救西班牙,三十年战争由此发展到更大的范围。当时法方的战争计划是,一方面打击和夺占西班牙在意大利和尼德兰南部的属地,使西班牙无力援助德皇和德意志天主教诸侯,另一方面举兵开进德意志以建立自己的势力范围。在意大利和尼德兰战场,法方进展顺利,重创西班牙军队,控制了战略要地。在德意志战场,法国与瑞典协同作战,也取得了较大的胜利。在德意志南部和西部，法瑞联军于 1637 年占领了阿尔萨斯，并相继夺得了布雷萨克等一系列要塞城市。在德意志北部和东部，瑞典军队重新控制了波美拉尼亚和梅克伦堡等地，并在勃兰登堡地区重创皇家军队。从 1645 年起，法瑞军队兵分两路，一路从德意志北部穿越波希米亚，一路从西部穿越黑森和巴伐利亚，目标直取维也纳。在进军过程中，瑞典军队在波希米亚南部的扬考战役中重创帝国军队，而后开进奥地利，占领了施泰因等城市。1647 年起，法瑞联军从奥地利转向攻打巴伐利亚，大胜德军，逐渐控制了德意志战场局势。

战争第四阶段开始不久，德皇斐迪南二世就于 1637 年去世，其子斐迪南三世即位，在艰难的处境中应付着外国势力的干涉。到 1648 年，尽管战争各方都耗尽了实力，但德皇方面的困难更为突出，于是被迫求和，历时 30 年的战争终于结束。

其实，为签订和约的和会早在 1644 年就已正式举行。在和会中出现一个难题，即教皇和西班牙的代表坚持不与瑞典和德意志新教诸侯的代表等“异端分子”坐在一起开会。作为变通措施，会议在威斯特伐利亚分两处举行，皇帝与法国人之间的谈判在明斯特举行，参加的还有德意志旧教诸侯、教皇和西班牙的代表，皇帝与瑞典人之间的谈判在奥斯纳布吕克举行，德意志新教诸侯参加，两地相距不远。谈判期间，战争仍在进行。直到 1648 年 8—9 月间，两地会议才分别达成协议，10 月 24 日，各方代表在明斯特市政厅正式签字，这就是《威斯特伐利亚和约》。

三十年战争和《威斯特伐利亚和约》对德国和欧洲格局产生了重大的影响。

法国通过和约获利颇多。它从德意志西部获得了垂涎已久的阿尔萨斯地区，疆界到达莱茵河，有权在莱茵河上自由航行，德国仅保留其中的斯特拉斯堡。原先它通过支持德意志新教诸侯而获得的梅斯、图尔、凡尔登等主教区，通过和约正式确定了占有权。法国实现了把国界东推到莱茵河的目的。10 年后，它又在德意志西南部地区组建了“莱茵联盟”，为其插手德意志事务创造条件，逐渐建立起在欧洲大陆的霸权地位。

瑞典的势力也急剧扩展，它不仅获得了 500 万塔勒①的赔款，还得到了德意志北部的大片地区，包括全部西波美拉尼亚地区、一部分东波美拉尼亚地区、不来梅和维尔登两个主教区、维斯马城。此外，它还占有了北德三条重要河流（奥得河、

---

① 德意志地区的货币品种众多，其主流货币，从 14 世纪到 18 世纪流行名为“古尔登”（Gulden）的金币。16 世纪初，波希米亚地区出现名为“塔勒”（Thaler）的银币，但重量成色不一。1626 年神圣罗马帝国作出规定，每枚“帝国塔勒”（Reichsthaler）必须含银约 28 克。1667 年起，又出现“古尔登”银币，1 古尔登银币相当于 2/3 帝国塔勒的币值。1871 年德意志帝国成立后，采用金本位制，以“马克”（Mark）取代塔勒作为货币单位。“古尔登”在其他国家的货币译成“盾”，“塔勒”在英语国家转化成 Dollar。

易北河和威悉河)的出海口,从而牢固地控制了波罗的海沿岸地区和通商河道,确立了在波罗的海地区的霸权。它还以北德不少地区领主的身份置身于德国诸侯之列,有权出席帝国议会会议,取得了对德国内部事务的发言权。

荷兰和瑞士的独立地位得到确认。荷兰作为一个新的主权国家,开始大踏步走向欧洲政治舞台,并在争夺海外贸易和殖民地方面一度成为世界领先者。

德国的利益与地位则遭到严重的损害。战争期间,外国军队横行德意志大地,沿途大肆劫掠、强奸和屠杀,民众受尽了苦难。德国人口大减,一般认为大约损失了1/3,从原先的2 100万下降到1 350万。[①] 其中直接死于战场的约33万人,其余的死于战争所带来的饥饿、瘟疫和疾病。另外,三百多座城市、二千多个村庄被摧毁。大片土地因人口凋零而抛荒,大部分农田长满杂草,许多牧场荒芜。而牲口的缺乏,又导致农地缺乏肥料和无力深耕。城市的工业生产也遭到严重破坏。战争摧残了曾经成为经济明珠的采矿业,矿山城市的生产降到最低点。如在曼斯菲尔德伯爵领地,1619年有矿工2 000人,1684年降到20—30人,到1723年才恢复到600人。手工业也严重衰落,奥格斯堡的纺织工场数量只及战争开始时的1/12。经济的落后使德国在对外贸易中只能充当原料和半成品的供应地和商品的销售地。因境内的四大河流(莱茵河、奥得河、易北河和威悉河)的出海口均被外国占领,国内外贸易受到严重阻碍,反过来又影响经济运行。与经济凋敝同时发生的,是各地的农奴制得以恢复,被称为"再版农奴制"或"第二农奴制"。具体来说,在东部平原地区,尤其是易北河以东的勃兰登堡—普鲁士地区,盛行领主庄园制经济,而在西南德、西德和西北德地区,农民的依附关系表现在向贵族地主缴付高额的捐和租,以及每年负担2—4星期的徭役。

德意志政治上的分裂局面进一步加深。版图上出现了大大小小三百多个独立邦国,以及1475个骑士庄园领,总共有1789个相对独立的政权。有人说,一年有多少天,德意志就有多少个邦国。例如,威斯特伐利亚面积仅1200平方英里,却存在52个邦国。领地面积如此狭小,以致邦君们不敢轻易举行军事演习,害怕稍不留神炮弹掉入邻邦而引出祸端。皇帝的权力遭到削减,在法国的坚持下,和约第八款规定,所有德意志的选侯和诸侯,都保有完整的本邦主权,即内政和外交自主权,包括有权同非德意志的欧洲国家缔约结盟。从某种意义上说,三十年战争以后,已经不存在德意志帝国的历史,代之而起的是德意志特定邦国的历史,德意志人之所

① 克劳斯·费舍尔:《德国反犹史》,江苏人民出版社2007年版,第58页。

以还在继续利用这个笨拙的机器，也许是还没找到适当的架构来取代它。与法国加强中央集权的政治走向相反，此时德国出现的不是帝国的中央集权，而是邦国的专制制度。这种邦国专制制度越发展，就越不利于德意志民族国家的形成。巴伐利亚邦君在整个三十年战争期间，从来没有召集过邦内领主会议，都在实施个人的集权统治。曾经兴盛一时的城市，其中不少被邦国吞并，失去了原有的地位，只有诸如科隆这样的帝国直属城市，才因各种原因保持了自己的地位。1555 年《奥格斯堡宗教和约》中提出的“在谁的国家，信谁的宗教”原则，被再次肯定下来，稍有不同的是，不仅天主教派和路德教派有信仰自由，加尔文教派也被赋予了同等权利。而一种教派支配一邦后，该邦的其他教派信仰者如不服从，将限期迁移到其他地区。在这一过程中，部分邦国的实力得到增强。勃兰登堡—普鲁士公国在战争期间获得了部分东波美拉尼亚等大片土地，其邦君成为仅次于哈布斯堡的强大诸侯。巴伐利亚得到上普法尔茨，势力进一步增大。普法尔茨在战争中被德皇剥夺的选侯地位得到恢复。这样，七选侯扩大成了八选侯。① 奥地利既保留了原来由奥地利、波希米亚和匈牙利三个王国组成的统治区域，又扩大了自身的独立性，以后它沿着天主教统治和专制主义的道路继续发展，逐渐成为德意志帝国体系中一个具有独特地位的国家。

这时，帝国议会似乎获得了一丝生命力。《威斯特伐利亚和约》规定，凡和约中没有作出规定的宪法问题，均由帝国议会处理。由此，帝国议会的地位略有上升。然而，1653 年 6 月该议会在雷根斯堡召开后，很快陷入无休无止的争吵之中，翌年初即被斐迪南三世皇帝关闭。直到九年后，1663 年，新皇帝利奥波德一世亟须筹措经费用于对付土耳其人的战争，才再次召开帝国议会。但这时，各个邦国加强了反抗，迫使皇帝同意将该机构变成“永恒帝国议会”。所谓“永恒”，既指它不再解散，永恒存在，也指它成了一个常设机构，诸侯们不再亲自出席，派出常设公使纵横捭阖其间。由此带来了新的问题，即选侯的代表来参加会议，应该享受选侯的待遇，坐红布蒙面的椅子、使用金质餐具，还是同其他人一样，坐绿布蒙面的椅子、使用银质餐具。② 这个问题在一段时间里，曾经成为会议讨论的热点问题。除此之外，“永恒帝国议会”行使了一些立法职能，为一些涉及整个帝国的事务，如防务、造币、经济政策等，做出了部分决定。1731 年，它通过了一项具有进步意义的

① 选侯的数目以后进一步发生变化。1692 年汉诺威邦君成为选侯，总数扩大到九个。1777 年，普法尔茨和巴伐利亚合而为一，总数又回到八个。

② Adolf Laube und Grünter Vogler, *Deutsche Geschichte*, Band 3, Pahl-Rugenstein Verlag, Köln, 1989, S.398.

法令，阻止行业协会滥用权力。1772年，它解除了对妇女参加某些行业工作的排斥性做法，并取消了对熟练师傅雇用工人和学徒的数量限制。此外，对中小邦国来说，它还提供了一个有益的讲坛，有助于彼此之间化解歧见，避免暴力冲突。

1675 年在雷根斯堡举行的帝国议会会议

政治上的分裂割据也导致了关税壁垒。易北河上，从皮尔纳到莱比锡要经过 32 道税卡。从柏林到瑞士，要经过十个邦国，办十次手续，换十次货币，交十次关税。度量衡和货币十分复杂。这种状况严重阻碍了德意志社会和经济的发展。

三十年战争后，伴随着《威斯特伐利亚和约》的签订，“民族国家主权至上”的原则在欧洲国际关系中得到确立。此前，西欧各国不同程度地受到以罗马为中心的神权的控制，国家政治经济生活经常受到罗马教廷的干预，民族利益和国家利益得不到尊重和保护。此后，欧洲各民族国家，不论其采取何种政体形式，推崇何种宗教信仰，在享有独立和主权方面，在共同参与欧洲国际事务方面，都是平等的。欧洲各国之间的纠纷，要通过各国政府参加的国际会议来共同商议和解决。这一状况对德意志帝国的影响是双重的。一方面，德意志皇帝对罗马教皇的依赖进一步削弱，教皇惯用的“革出教门”惩罚逐渐失去了威慑力。但另一方面，神圣罗马帝国本身也受到致命的打击，德意志皇帝头上“神圣皇帝”、“罗马皇帝”的光圈被彻底打落，帝国只能以一个普通国家的身份同其他国家打交道。这样一来，德国非但失去了原先对其他国家的优势地位，而且因为内部大而无当、邦国林立、帝国政府无自己的军队而走向劣势，逐渐被英国和法国赶上。

四、普鲁士的崛起

三十年战争后,在神圣罗马帝国"碎片化"的过程中,普鲁士的崛起具有重大意义。它崛起后形成的普一奥两雄争霸,以及日后普鲁士统一德国,极大地影响了德国历史发展的进程。

如前所述,13 世纪时,德意志骑士团征服了普鲁士,建立起一个自治的骑士团国家,这个国家名义上隶属于神圣罗马帝国。到 14 世纪末,骑士团国家被视为中世纪欧洲治理最佳的国家之一。然而从 1410 年起,这个国家逐渐脱离神圣罗马帝国,被迫臣服于波兰。原来,1386 年,波兰与立陶宛建立王室同盟,逐渐在东欧地区占据优势,以后波一立同盟又与俄罗斯联手,形成三国联盟。1410 年,骑士团国家在坦能堡战役中遭到三国联军的重创,从此一蹶不振。1466 年骑士团国家再次遭到失败后,被迫签订第二次《托尔恩和约》,接受了波兰人提出的苛刻条件。条约规定,骑士团国家在未来三百年内承认波兰的宗主权,并把维斯瓦河下游以西的领土割让给波兰,河东岸的残存领土仍由骑士团"自治"管理,成为波兰王室的"藩属"。在波兰管辖下的维斯瓦河西岸土地,称为"(波兰)王室普鲁士",这块波兰语占优势的地段,像楔子一样,嵌在使用德语的东普鲁士与德意志王国之间。

1511 年,普鲁士的命运略有改变。是年,霍亨索伦家族的阿尔布雷希特被推举为骑士团团长。该家族起源于 12 世纪初,因领有索伦堡而受封为索伦伯爵,16 世纪中叶又在"索伦"前冠以"霍亨"("高贵的")字样,形成霍亨索伦家族。① 由于兄弟分家,该家族以后分裂成法兰克尼亚系和施瓦本系两个分支,阿尔布雷希特属于法兰克尼亚系。新团长就任不久,宗教改革运动如火如荼地展开了,阿尔布雷希特抓住机遇,顺势而行,于 1525 年宣布放弃天主教,改信路德新教,同时把骑士团的教会地产世俗化,把东普鲁士变成自己家族的世袭领地,改称"普鲁士公国",自己成了公国的第一位公爵。

普鲁士公国的进一步发展,是同勃兰登堡联系在一起的。勃兰登堡原为哈韦

① Robert-Hermann Tenbrock, *Geschichte Deutschlands*, München, 1977, S.130.

尔人的主要城堡兼辖区，928 年被德意志王国的萨克森王朝占领，但以后多次易主，直至 1134 年才被神圣罗马帝国皇帝洛塔尔三世作为军事采邑授予阿斯卡尼亚家族的安哈尔特伯爵，从此一直留在德意志的版图之内。经过近二百年的发展，勃兰登堡的统治区域日益扩大，达到 4.5 万平方公里，并在其上建造了柏林、科伦、法兰克福(奥得河畔)、古本等城市。然而自 1320 年起，由于阿斯卡尼亚家族后继无人，勃兰登堡经历了近一个世纪的纷繁易主的混乱时期。1415 年，纽伦堡指挥官、霍亨索伦家族的弗里德里希六世成为勃兰登堡选侯，开始了霍亨索伦家族在勃兰登堡的统治，勃兰登堡也因此迎来了又一个快速发展时期，此后领地面积迅速增长，几乎每一代统治者都征服或“购进”新的领地。1594 年，勃兰登堡选侯约翰·西吉斯蒙德娶了普鲁士公爵的女儿普鲁士的安娜为妻。24 年后，普鲁士公爵去世，因无男嗣继位，公国转让给长女婿约翰·西吉斯蒙德，形成“勃兰登堡—普鲁士公国”。普鲁士公国与勃兰登堡结盟，为霍亨索伦王朝跻身欧洲列强之列奠定了基础。至于波兰对普鲁士公国的宗主权，则在 1660 年被废除。当时，公国由约翰·西吉斯蒙德的孙子弗里德里希·威廉主政，他巧妙地利用波兰同瑞典之间爆发战争的机会，通过武装干涉和外交手腕，终止了波兰对普鲁士公国的宗主权。

18 世纪，普鲁士的地位进一步上升。1700 年，勃兰登堡选侯弗里德里希三世利用奥地利参与西班牙王位继承战争之机，把勃兰登堡一支三万人的军队出租给皇帝去打仗，从皇帝那里换来“普鲁士的国王”头衔。翌年 1 月 18 日，弗里德里希三世在哥尼斯堡的宫廷中举行隆重的加冕典礼，正式使用“普鲁士的开国君主弗里德里希一世”的称号，于是，作为伯爵的弗里德里希三世成了作为国王的弗里德里希一世。然而，当时“国王”这一称号，还仅仅限于不属于德意志帝国的普鲁士，他在其他领地中仍然只是作为选侯的“伯爵”。到其孙子弗里德里希大王执政时，整个勃兰登堡—普鲁士才逐渐构成一个普鲁士王国。① 在弗里德里希一世加冕的第二年，即 1702 年，普鲁士王国兼并了西普鲁士，把阻隔普鲁士王国与德意志帝国的“楔子”变成了连接两者的通道。以后，霍亨索伦家族的其他领地，事实上也并入了普鲁士的疆域，不再具有独立性。此外，弗里德里希一世还取得了莫尔斯、林根和泰克伦堡三块伯爵领地，其子弗里德里希·威廉一世通过《乌德勒支条约》，不仅取得默兹河畔的上格尔德区，还兼并了法国—瑞士边境上的两个侯国，并在

① “普鲁士的国王”德语为 König in Preußen，“普鲁士国王”德语为 König von Preußen，系整个普鲁士王国的国王。

"北方战争"以后得到波美拉尼亚的一部分。普鲁士逐渐成为一个不容小视的邦国。

由于1870年以后的德意志国家是由普鲁士来代表的,故而世人对"普鲁士精神"较为关注。长期来,我国学术界对普鲁士精神似乎有固定的看法,那就是专制独裁、好战扩张。在笔者曾经参与写作的《德国史纲》一书中,也强调了普鲁士政治体制的独特性:"所有内政、外交的重大决策均出自国王独断",官吏对于国王,也像士兵对军官一样,只有无条件服从,不要求他们发挥主动性。不仅是官吏,甚至普通百姓也是如此:"你每迈出一步,甚至只是走动一下,都要受到万能的官僚制度这个纯粹普鲁士土生土长的第二天神的干涉。没有 obrigkeitliche Erlaubnis,即没有当局的许可,你不能生、不能死、不能结婚、不能写信、不能思想、不能出版、不能做买卖、不能教书、不能学习、不能开工厂、不能迁徙,什么都不能做。至于科学和宗教自由、取消领主裁判权、废除等级特权……都纯粹是瞎说。"[①]近年来,学术界对这个问题略有争议。[②] 如果我们抛开一些带有情感色彩的词句,如黩武、好战、专制、独裁等,就不难看到,普鲁士在为人类社会贡献出自己的科学和艺术成果的同时,在发展道路和国家精神方面,确实有自己的特色,如高效的官僚制度、浓厚的尚武精神、对履行职责和义务的重视,等等,"开明专制主义"尽管在德意志其他邦国也逐渐显现,但是在普鲁士表现得更为明显。形成这些特色的原因,既同普鲁士的地理位置和发展进程有关,也受到其开国初期三代君主的个性、理念和治国方略的影响。普鲁士地处神圣罗马帝国的东北边陲,远离德意志的发展中心,地广人稀,荒蛮穷困,被称为神圣罗马帝国"铁罐里的一只陶罐"。日耳曼人刚登上欧洲舞台时,社会结构上实行军事民主制,作战在部落生活中占据重要的地位。神圣罗马帝国的主体部分,在先进的罗马文化的间接影响下,并由于自身的发展逻辑,逐渐离开了祖先的生活方式,缓步走到了中世纪后期,而偏远的普鲁士,则更多地保留着祖先的生活方式。此外,普鲁士邦国的扩展主要不是来自民众的融合,原先彼此分散的领土,是通过统治者的长年征战逐渐组合起来的,统治者需要不断强化绝对主义王权,以遏制地方主义势力。13世纪起统治普鲁士的德意志骑士团,更有其特色。骑士团使基督徒的禁欲主义世俗化,把清贫、守贞、服从的修道誓愿转变为集体的信念和要求。成员们穿着统一的服装,过着集体的生活,用共有的碗吃

---

① 见孙炳辉、郑寅达编著:《德国史纲》,华东师范大学出版社1995年版,第28页。

② 争议之一是有没有独特的普鲁士精神?个别学者认为,普鲁士人同其他德意志人一样,甚至同世界上其他地区的人一样,不存在所谓的普鲁士精神。

饭，在宽敞而有灯光的大厅里睡觉，并在内部实行严格的行政管理和严密的统计监督制度。

普鲁士开国初期的三位君主，各有特色，各有贡献，各自为普鲁士精神的形成涂上了浓浓的一笔。

弗里德里希·威廉

弗里德里希·威廉(Friedrich Wilhelm,1640—1688年在位)雄才大略，曾发誓“我一定要把勃兰登堡—普鲁士造就成强权国家”。他成为17世纪欧洲最卓越的专制君主之一，被尊为神圣罗马帝国“大选侯”(der Große Kurfürst)。他在三十年战争的混乱中长大，并继承父位成为选侯，动乱所造成的贫穷与无序，给他留下深刻的印象，并立志要在自己的权力范围内改变这一状况。原先，普鲁士公国的首府设在柯尼斯堡，他为了有效地控制整个勃兰登堡—普鲁士，在德意志兰发挥更大影响，把目光转向了柏林。1643年，他第一次来到柏林，七年后又迁入柏林王宫办公，施展自己的宏图。

他首先着手组建一支完全听命于自己的常备军。在这方面，他抛弃了德意志人的传统做法，甚至否定了自己亲生父亲的做法，大胆地以瑞典人为榜样。他的军队由长期服役的士兵组成，由职业军官领导，向选侯个人宣誓效忠。他还以法国为榜样，建立了讲武学堂，要求容克①贵族的儿子作为服役入学，学成后进入军官团。军官团由各地贵族组成，成员身着华丽的制服，佩挂肩章，在社会中拥有特殊地位。弗里德里希·威廉定期同最高级军官商讨军务，这一做法逐渐成为制度，奠定了后来普鲁士总参谋部的基础。一系列措施的连锁反应，造成了普鲁士邦国内“尊崇军人”的氛围，有志的青年大多向往军队，实现自己的抱负。这支常备军，开始时

---

① 德语Junker的音译，源自Jungherr，意为地主之子、小主人或年轻贵族，泛指普鲁士和德意志东部的地主阶级。

规模为1.8万人，到大选侯去世时，增加到3万人。

其次，他积极推行邦国中央集权计划，组建诸侯专制政体。他提出了“君主应是国家的第一公仆”的原则，该原则以后被其曾孙弗里德里希大王提升为开明君主专制的信条。在这个框架下，他组建了官僚集团，这个集团和军官集团一起，成为邦国的两大支柱。具体措施包括：1651年，他恢复了枢密顾问委员会，作为中央权力机构，负责向他提供关于军队组织、行政组织和经济组织方面的建议；委派官吏，任命各城市中的税务委员，这些人后来控制了城市的行政系统；在农村设立行政公署，负责管理税收事务；在诸领地省设立军事专员公署，作为当地的最高行政机构。他命令邦国内一切官员都对他一个人负责，从而为普鲁士官僚制度奠定了基础。

他还积极推行重商主义的经济政策，努力促进经济发展。在三十年战争中，勃兰登堡—普鲁士曾成为拉据战的战场，遭到严重破坏，田园荒芜，工商业凋敝，居民人口减少约2/3，几乎成了一片荒漠。① 然而从地理位置上看，该邦国又拥有一定的有利条件。它据有德意志输出物资的重要河流——易北河和奥得河，又在威悉河和莱茵河下游拥有领地，成为东西方贸易和南北方交换的必经之地，随着1669年连接奥得河和施普雷河的“弗里德里希·威廉运河”竣工，这种地位得到进一步加强。他利用这种有利地位，向西欧各国输出谷物，逐渐恢复了经济。他又大力发展贸易、包买手工业和工场手工业，赢得了更多的财源。同时，邦国政府着手改造道路和桥梁，实行统一的币制，建立起全邦国的邮政联系，以后还通过组建“勃兰登堡—非洲贸易公司”向海外扩展。他还大批接受富裕的移民，赢得了资金和人力资源。1671年，他接纳了50个被维也纳驱逐的犹太家庭，由他们参与提供宫廷开支，并向军队提供武器装备和食物给养。以后，又准许二万余名被法国驱逐的胡格诺派新教徒在邦国内居留避难，这些人大多拥有资金、实力和技术，他们把法国资金和生产经验带到勃兰登堡，分别开办了纺织工场、玻璃工厂和奢侈品工场，以及生产铁、丝和纸的企业，在首府柏林形成了一个繁华的“法国人区”。上述一系列措施行之有效，30年内，邦国的财政收入增加了七倍之多。

然而，弗里德里希·威廉一生中留下两个污点。其一，他在对外事务中反复无常，通过频繁地结盟和背盟为自己谋利，因此而获得“变色龙”的绰号。他甚至利用外国的资助，通过牺牲神圣罗马帝国的利益来扩充本邦的领土。其二，他在临终

① 参见丁建弘、李霞著：《普鲁士的精神和文化》，浙江人民出版社1993年版，第61页。

前留下的遗嘱中,违背祖先家族法关于勃兰登堡领地永远不得分割的规定,把他的国土分配给六个儿子,为邦国重蹈法兰克王国的覆辙埋下祸根。所幸的是,在各种因素的推动下,这一遗嘱未能实现,次子弗里德里希三世通过各种手段“打消了”兄弟们分割领土的愿望,单独继位,并荣升为前文所述“普鲁士的国王”,改称“弗里德里希一世”。

对普鲁士的发展影响较大的第二位君主,并不是弗里德里希一世,而是其子弗里德里希·威廉一世(Friedrich Wilhelm I,1713—1740 年在位)。弗里德里希一世继承了父亲创下的基业,尽管也有所成就,但是其奢靡的本性却再次淘空了邦国的实力。他获得“普鲁士的国王”桂冠后,豪华奢靡的庆典活动足足持续了六个月之久,用尽了父亲留下的家产,并欠下不少债务,其中包括向柏林首屈一指的珠宝商兼银行家弗劳·利别尔曼借了大笔钱财,民众的不满情绪开始蔓延。如果他的儿子继续奢靡下去,刚刚升格不久的普鲁士王国就会如流星一般仅仅成为历史的记忆。所幸的是,弗里德里希·威廉一世在这方面既不像父亲,也不像母亲,幼儿时期即十分节俭或吝啬,令其母亲十分惊讶与担忧,称之为“恶习”。他不愿穿行于豪华建筑和豪华家具之中,宁愿生活在木制桌和小板凳之间,穿着市民或士兵的外套在臣民中活动,吃市民的菜肴,抽陶土制的烟斗,睡在壁龛里,连结婚前的洗浴,也是用刚打上来的井水冲洗一下而已。父死执政后,他立即开始了普鲁士历史上

弗里德里希·威廉一世执政期间,节俭之风盛行,宫廷会议的享受品为烟草,被称为“烟草会议”

的"十年改革",王宫中一扫铺张挥霍之风,代之以斯巴达式的俭朴。父亲用过的奢侈用品一律高价拍卖,一次性偿清欠债。父亲的债权人弗劳·利别尔曼,立即锒铛入狱。他自称"国家之父",实行家长制统治,国家一应大小事务均由他这位"父亲"安排做主,不得违抗。他要亲自面见所有的军官和高级官吏,审查国家预算开支。各负责大臣必须随时向他呈报请示,他则每次都作出明确批示。他为全国制定的行为准则是:服从、尽职、守时、节俭、准确。

弗里德里希·威廉一世最关注的事务,是军队建设。他是欧洲历史上第一个穿军服的君主,把军官看作自己的"兄弟和独子",处身在他们之中才感到如鱼得水。他经常提着棍棒,亲自下操,在练兵场上训练士兵,被称为"军人国王"。他在军队方面的投资,是从不吝啬的。在他统治时期,军队的规模急剧扩大,从原先的3.8万人猛增到8.3万人,占到居民数的4%。当时,普鲁士王国有居民约224万,在欧洲大陆各国中位居第十三,领土面积约占第十位,而军队人数则位居第三。为了保证军队的规模,他从1733年开始实施"征兵区规则",将普鲁士全境划分为一系列的征兵区,区内的每一个年轻男子都登记在相应团队的花名册中,由该区向团队提供补充兵员,以保证步兵团的编制始终达到5 000人,骑兵团1 800人。他训练军队的办法,一是操练,二是体罚,通过整齐的步伐和严格的战术动作训练,辅之以对最小的差池施以鞭笞,士兵成了没有意志、没有思想的工具,对上级的命令盲目服从。军官则受到君主的重用,按当时的规定,任何军官,不论年龄资历,都有权直接向国王打报告,只有国王才有权辞退军官,这样,正式形成了效忠国王的普鲁士军官团,军官在社会上享有特殊的地位。弗里德里希·威廉一世在《政治遗嘱》里要求后继者,"在军队里任用贵族和廷臣,让他们的后代进入军校,以便让所有的贵族从孩提时代就知道,只有上帝和普鲁士国王才是他们的主人。"

他还组建起一套较为完善的常设行政机构和官僚制度,使君主政体绝对凌驾于等级议会之上。当时,枢密顾问委员会中已经形成总管财政和总管军事的两大部门,但是彼此间不断争权和摩擦,不仅影响了办事效率,还容易引起冲突。弗里德里希·威廉一世接受莱奥波德侯爵的建议,将两个部门合并成一个统一的官厅,名为"最高总理财政、军事、国有地事务院",简称"最高总理院",作为实际上的中央政府,负责全国的经济、财政和军队事务。该官厅上设总理大臣一人,由国王自己挂名,另设枢密顾问三四人;内设各个部,包括内政部、财政部、公共劳动部、军事部、粮食和交通部等,其中财政部和军事部等关键部门的首长由国王兼任。最高总理院的统治网络向下延伸到全国各地。在它之下是各省的省委员会,负责省的财政、军事和国有地事务，设省主席一人，下辖各厅。再下面是县委员会，作为委托管理的基层行政机构。弗里德里希·威廉一世要求各级官员做到勤政和节俭，他自己身先士卒，每天从早晨七时开始工作，一天工作 12 小时，而官员们的薪俸相当微薄，官吏家庭普遍很清贫。由此，整个普鲁士的行政系统成为国王手中得心应手的工具，也奠定了近代普鲁士官僚制度的基本风格。国王的勤政与尽职，甚至影响到全国的社会风气。

弗里德里希·威廉一世在其他方面也常常有惊人之举。他曾经将自己领地内的农奴全部解放，而他的领地约占到全部国土的 1/3。他还在全国废除了世袭租佃制。但另一方面，他对于文化、科学和艺术，不仅不通，反而像野蛮人一样加以嘲弄。他居然以杖刑为威胁，强迫奥得河畔法兰克福大学的教授们在他面前展开滑稽的舌战。而他同意给柏林图书馆捐赠的购书款，1734 年为四个塔勒，[①]翌年为五个塔勒，一时在邦国内传为笑柄。

弗里德里希·威廉一世被称为"普鲁士国家的建筑大师"，在他统治时期，"普鲁士性"逐渐形成。当他于 1740 年去世时，给儿子留下了两笔可观的遗产：约一千万塔勒的钱财，藏在柏林宫殿地下室里的长形箱内；一支训练有素的军队，战斗力居欧洲之冠。

这位专制君主在家里也实行专制统治，王后索菲娅·多鲁特亚尽管出身名门，其父亲后来成了英国国王(乔治一世)，但在夫家只能忍气吞声地恪守"妇道"。她为"普鲁士的国王"生育了 14 个孩子，其中 4 个夭折，10 个存活。对普鲁士国家影响较大的第三位君主弗里德里希二世[②](Friedrich II，1740—1786 年在位)，就是其中的一个。小弗里德里希原来排行第二，无权继承王位，因长兄早逝，被立为王储。小王储机敏、聪颖，富有音乐才能，爱好吟诗作赋，擅长于吹奏横笛。他在母亲的影响下，喜好法国文化，对巴洛克文化和启蒙文化情有独钟，平时喜欢使用法语写作，而瞧不起德意志文化，沾沾自喜地称自己的德语"讲得像个马车夫"。父子之间的矛盾很快激化。"军人国王"执意要把儿子培养成为军人，竭力向他灌输军事和国家行政管理知识，对儿子的文学和音乐抱负大不以为然，讽刺地称他为"吹横笛者和诗人"。在父亲眼里，小王储是个"法国的轻浮浪子"，宁可穿丝织睡衣或在轻松的社交中挥霍胡闹，而不想穿正式军服在高级军官面前监督团队的训练。父王用

① 当时高薪阶层的月薪大约为 100 塔勒。

② 旧译腓特烈二世、腓特烈大帝，其中"大帝"为错译，因为当时普鲁士国王并未当选皇帝，弗里德里希二世所获得的 der Große 的美誉，只能译成"大王"。

尽手法试图“改造”王储,其中不乏使用虐待和拷打等极端手段,然而效果不佳,父子之间的感情却日趋对立。1730 年 8 月,18 岁的弗里德里希借随同父亲去南德旅行的机会,偕同挚友、近卫团少尉卡特,悄悄地骑马出逃,试图前往英国定居,结果在过境时被截获。父王面对试图“叛国”的儿子怒不可遏,抡起短剑猛刺过去,但很快被部下拦住。军事法庭判处卡特终身监禁,然而国王一定要依法严惩他们,他驳回判决,下令“禁锢”王储,并坚持在禁闭室的窗下,当着王储的面斩决卡特。

王储被迫接受“再教育”。他大量阅读各类书籍,哲学、历史、文学、艺术,等等,广泛涉猎,并经常与朋友们一起展开交流讨论。26 岁那年,他写信给法国启蒙思想家伏尔泰致意,此后两人常以散文和诗的形式保持书信往来。闲暇时间,他还是不忘吹奏横笛。他对横笛有一种特殊的癖好,在日后的戎马倥偬中也没有放弃,并留下百余首笛谱。与此同时,王储开始涉足治国之道。他经常到柏林和波茨坦旅行,出入军营,观看操练演习;或外出视察,监督税收;对国有领地的管理也产生浓厚的兴趣。随之,父子之间的关系也大有改善。尤其在其即位前一年,1739 年,27 岁的王储随父王到东普鲁士旅行后,被父亲的“开拓业绩”所感动,在致伏尔泰的信中,一改以往的怨恨之情,而大加赞扬。一个具有启蒙思想的青年,逐渐被王家所同化。

弗里德里希大王

1740 年,“军人国王”患水肿而死,弗里德里希二世即位。当了国王的小弗里德里希,身上依然保留着青少年时期那种复杂的性格和思想。他即位之初就着手纠正父王当政时期的弊政,如禁止在审讯中拷打疑犯,放松新闻检查,废除宗教歧视,禁止驱逐农民,解散专为对付民众的掷弹卫队等。这一切,似乎在履行他在题为《反马基雅维里》的论文(该论文经伏尔泰审读,于 1740 年发表)中提出的论点。在这篇文章中,他提出了与马基雅维里《君主论》完全相反的观点,要求君主实行正直、公正和人道的政策,同时君主自然要从属于国家,成为国家的“第一公仆”。他为了充实柏林科学研究院，召回了流亡的普鲁士学者，其中包括哲学家沃尔夫等，聘请外国科学家前来任教，包括邀请法国数学家莫佩尔蒂担任院长。在来宾中，特别引人注目的是伏尔泰，他受邀在波茨坦住了三年，经常同弗里德里希二世及柏林科学研究院的学者们在桑苏西宫（即"无忧宫"）聚会，宾主围坐一桌，高谈阔论，交流启蒙思想，讽喻时弊，探讨思想和政治等诸方面的问题，构成了普鲁士宫廷史中小有名气的"一桌人"。新国王试图把保持、巩固和扩大国家权力同关心人的福利和教养等启蒙运动的要求相结合。但是另一方面，他又要求臣民们一丝不苟地遵守秩序和纪律，凡事无条件听凭他的独断。在这方面，弗里德里希二世有两个引人瞩目的故事，分别涉及到他的治军方针和司法干预。

弗里德里希二世治军极严，他的士兵总是一连数小时反复地操练队列和枪法，手中的武器和军服上的每一颗钮扣都要擦得锃亮，稍有疏忽，哪怕头发有一绺散乱，都要挨军棍。严重违纪者还要受鞭刑，甚至被处死。第一次西里西亚战争期间，他打算利用夜幕调整部署，就下令部队不准在营帐内点蜡烛，违者处死。晚上，他巡视军营时，发现一个营帐内有亮光，便入帐怒喝："你在干什么？难道不知道军令吗？"一名名叫齐滕的上尉赶紧跪下，战战兢兢地说："陛下，我在给妻子写信，望陛下宽恕！"国王冷静地说："你坐下，请在信上再写几个字：'明天我将在绞架上死去！'"齐滕不敢违命，只好照写。次日他真的被处死了。

在司法干预方面，弗里德里希二世口头上一再强调要实行法治，君主不应损害法律而应保护它。但在"米勒·阿诺尔德审讯案"中，他为了阻止不利于小人物的所谓枉法现象，粗暴而又顽强地干预了司法程序。世袭租佃农米勒·阿诺尔德拥有一个水磨坊，但拖欠了领主施美陶伯爵的租佃费，伯爵因此在水磨坊上方建了一个鲤鱼塘，把磨坊的水引入塘中。米勒·阿诺尔德不服，告到省里的高级法院，被判无理。当事人向国王告御状，弗里德里希二世命令一位自己信任的上校老军官会同一名高级法官调查此事，两人介入后，仍然坚持高级法院的原判。事情闹到王家上诉法院，经会审，继续维持原判。于是弗里德里希二世直接介入，他指示柏林的内阁法庭委员会重新调查并作出终决。司法大臣向委员会传谕，说国王坚持认为，以往的判决对米勒·阿诺尔德是不公正的，但法庭委员会的终决仍然维持原判。国王大为恼怒，破口大骂法庭委员会是"世界上最大的骗子委员会"，判决是"弄虚作假"，甚至着手调查该委员会收受了多少秘密贿赂。首相马克斯·冯·库帕弗尔贝格支持法官们的做法，被国王罢官；法庭委员会的主要法官遭逮捕，其他的法官也受到不同程度的惩罚。国王使用"绝对命令"，取消了各级法院的判决。

于是，鲤鱼塘根据国王的命令予以“摧毁”，水磨坊得以重新开工。这一幕用行政手段“平冤狱”的活剧，持续了整整九年，当时它带来了一个意料之外的后果，即普鲁士向着法治国家的方向前进了一大步。新任大宰相卡默尔依靠杰出的法律思想家斯瓦雷茨，继续进行司法改革，着手编纂统一的法典，制订新的诉讼规则，在1794年，即弗里德里希二世死后八年，在普鲁士全国得以应用。

弗里德里希二世在执政过程中，力图把“国王”和“人”的两重性合而为一，称自己是“国王—哲学家”、“误生王家的艺术家”，力图为自己树立起“明君”和“好国王”的形象。他继续在王家国有土地上废除农奴制，使五万农夫成为拥有自己耕地的自耕农，并把劳役地租从每周五天减为三天。他还企图把这项工作推广到其他领地上，但因遭到容克的强烈反对而暂时作罢。他还出于各种考虑，采取措施保护农民，如颁布命令禁止或限制贵族把农民赶出份地，保证农民的财产权和继承权，给农民减税，向他们提供预付金和谷物，允许流离失所的农民在战时易主或荒芜的土地上定居下来。然而，在“国王”和“人”的两重性对立中，总的趋势是“国王”的一面日占上风，逐渐拒绝对他的行为和立法作稍许的批评。作为一个风向标，他越来越不能容忍伏尔泰的彻底启蒙精神，更不能接受伏尔泰对普鲁士专制政体和强权行动所作的幽默睿智的讽刺和抨击，双方终于彼此失望，不欢而散。但是从总体上说，弗里德里希二世的统治还是具有鲜明的特色。当时，在德意志兰和其他东欧和南欧国家，普遍出现了“开明君主专制”现象，这是一种将君主的无限与绝对的权力，同理性—资产阶级的“启蒙运动”联系在一起的历史现象，而弗里德里希二世统治时期的普鲁士，是其中最好的典型。

弗里德里希二世对普鲁士的发展影响很大，以至于后来被尊为“大王”（der Große）、“唯一王”。① 人们朝圣般地前往波茨坦的桑苏西宫去拜见他，尽管得到的常常是几句训斥。尤其在他的晚年，人们提到他时喜欢使用爱称，多称他为“弗里茨老人家”，他执政时期也被称作“弗里茨时代”。他对普鲁士的影响主要体现在以下几个方面。

弗里德里希大王明确提出了“国家利益至上”的原则。他即位时对大臣们说：“我想，国家的利益也是我的利益；我不能有不同于国家利益的利益。要是两者不能相互并容，那么国家的利益应予优先考虑。”②在这里，他没有使用“民族”的概

① Rolf Hellberg, *Kleine Geschichte Deutschlands*, Türmer-Verlag, 1981, S.70.

② 丁建弘、李霞著：《普鲁士的精神和文化》，浙江人民出版社1993年版，第150页。

念,而以“国家”作为集权的载体,是有一定原因的。当时,作为德意志民族载体的“神圣罗马帝国”和“神圣罗马皇帝”,名义上还存在,如果强调“民族”利益至上,普鲁士国王就不能成为“至上者”,在他的上面,还有帝国和皇帝。另外,如果强调“民族”,普鲁士同其他邦国比较起来,它在德意志特性方面并不占优势。在“国家利益至上”的原则下,这个邦国的民众都成了“臣民”,处在国家的强制和高压之下,受君主的驱使,分别作为劳动力、纳税人、人口增殖者和士兵,服务于国家的生存和发展。国王作为“国家的第一公仆”,可以通过国家实施集权统治。实际上,弗里德里希大王有效地加强了中央集权,尽管国家的行政机构基本沿袭“军人国王”时的建制,但国王的专制权力明显增强。他亲任总理事务部主席,集权更甚于父王,事无巨细,皆必躬亲,大臣们仅起办事员的作用。他同大臣们不常见面,多用“书面批示”的形式往来,通过著名的“左上角眉批”发出指令,让大臣们照批执行,谁若不遵,或解职,或法办,少有幸免。这种执政方式,被他人描述成“戴着国王头衔的光荣苦役”,对以后的德国统治者有一定的影响。

弗里德里希大王信奉 Macht vor Recht 的准则,这一准则,在国内政治方面,一般译成“权大于法”,而在国际政治方面,可以译成“强权即公理”。他蔑视洛克的三权分立学说,也反对立宪君主制,坚持绝对专制论。确实,在他统治时期,普鲁士的立法工作取得很大成绩,改变了以往各省法律不相一致、互相矛盾的局面。在奥得河畔法兰克福大学法学教授冯·柯克采伊的主持下,普鲁士制定了统一的法院组织章程和检察章程,并完成了著名的法典《普鲁士通用公法》的大部分工作。通过这些立法,普鲁士在一定程度上实现了法制国家的一些要素:保护个人,反对私人和公共的压迫和“不平等”的权利;废除多余的法庭;简化诉讼程序;增加法律的透明度;减轻量刑;提高法官的教育水平;死刑必须经国王核准;任何人因公事原因都可直接向国王提出申诉。但是,普鲁士的法制,敌不过国王的“权”,弗里德里希大王不仅直接插手重大案件,连普通案件也会经常抽查,弄得劳累不堪。在对外政策方面,对他来说,“国家利益”要求不断扩大权力和地盘,为了“国家利益”,可以破坏国际条约和国际法。他经常说:“假如你喜欢别人的领土,那你就把它拿过来,而替掠夺辩护的法律家总是可以找到的。”①

为了富国强兵,弗里德里希大王积极推行重商主义政策。他即位后,立即在总理事务部内设立了第五个部——商业和工场手工业部。他指示该部,要大力发展

① 丁建弘、李霞著:《普鲁士的精神和文化》,浙江人民出版社 1993 年版,第 168 页。

羊毛和麻布加工厂,然后多开办原先普鲁士缺门的手工工场,即法国式金银制品、丝绸、帆布、粗印花布、荨麻布、优质纸张和食糖的制作,为此,政府花了较多的资金用于投资,并对外国商品征收高额的保护关税。在艺术工商业领域,他非常希望王家瓷器工场能够生产出像中国瓷那样的普鲁士瓷,这一愿望几经周折,终于在柏林瓷器工场实现。国家在实行烟草和咖啡专卖的前提下,采取各种办法促进商业发展,扩大港口,开凿运河,铺设了总长四万公里的道路,改善交通工具;同时公布法定利率,取缔高利贷,鼓励开钱庄,以繁荣商业;鼓励农产品和纺织品出口,争取把外国的钱赚到国内来。与此同时,他在法国人帮助下,建立起一套完整的税收制度,一丝不苟地向所有的人征税,连街头卖唱的也不能幸免。由此需要增添大量的税吏、贸易管理官员和市场监督官员,国王顺势而行,向有钱的市民—资产阶级卖官鬻爵,又开辟了一条财源。重商主义政策取得了很大成效,自弗里德里希二世即位后 26 年间,普鲁士的税收从 300 万塔勒增加到 1 100 万塔勒,土地收入从 300 万塔勒增加到 600 万塔勒,而到 1786 年他去世时,国库里竟有 5 100 万塔勒的储存,相当于两年半的国家预算收入。可惜的是,弗里德里希二世的重商主义政策,主要给普鲁士带来巨大的财源,而没有直接把国家导向现代国家和现代经济之路。巨额的财富没有直接转化成资本,大部分用于军队建设。弗里德里希大王执政十年后,军队人数就从父王时期的 8.3 万扩充到近 20 万,军费开支每年达 1 300 万塔勒左右,占全部国家收入的 4/5。普鲁士的士兵人数在居民人数中比例较高,平均每 32 个居民中就有 1 个士兵,即 32∶1,而奥地利为 64∶1,俄国 91∶1,法国 140∶1。而重商主义政策对经济社会的影响,是通过曲折的道路展开的,即重商主义政策影响产业结构,新产业的成员们渐渐形成自己的诉求,这些诉求再通过各种途径,影响到统治者的政策。

五、普奥争雄

在神圣罗马帝国诸多邦国中,雄踞首位的是奥地利。它原为巴伐利亚公国的"东方边区",但自脱离巴伐利亚并升格为公国后,发展很快。13 世纪后期,哈布斯堡家族的鲁道夫伯爵被选立为皇帝后,很快侵占奥地利,并逐渐以奥地利作为家族的根据地，成为事实上的“奥地利家族”。这一家族，不仅从1452年起连续12代担任皇帝，而且通过联姻关系，控制了波希米亚和匈牙利，以及西班牙和勃艮第。当时的奥地利大公国，除了一部分处于神圣罗马帝国的版图内，更大的部分在帝国的版图之外。普鲁士同奥地利相比，只能算是“后起之秀”。当弗里德里希大王正式向奥地利挑战时，普鲁士的领土相当于奥地利的1/6，人口相当于1/3。

然而，1711年至1740年担任神圣罗马帝国皇帝的查理六世，受困于王位继承问题。他有两个孩子，但都是女儿。为使家族保住王位乃至皇位，查理六世费尽心机。1713年，他发布了带有遗嘱性质的文件《国本诏书》，规定哈布斯堡王朝的领地不可分割，一旦男嗣断绝，则由女儿继承。随后，他费了多年的时间，争取获得德意志诸侯和主要欧洲国家对这一文件的承认。他以放弃洛林为代价，换取法国在《国本诏书》上签字。普鲁士国王弗里德里希·威廉一世也愿意做一个交易，他以查理六世同意普鲁士在莱茵河畔扩展势力为前提，在1728年的帝国会议上以选侯身份支持《国本诏书》。但是不久以后，查理六世违背了诺言，弗里德里希·威廉一世大为不满，声称他的儿子将会成为这一屈辱的“复仇者”。

1740年，查理六世去世，其23岁的长女特蕾西亚（Maria Theresia，1717—1780）继任王位。[①] 特蕾西亚女王美丽热情，富有女性魅力，精明强干，爱好体育运动，当时已经通过恋爱嫁给了洛林公爵的儿子弗朗茨·斯特凡。女婿很漂亮，被称为“俊秀的弗朗措斯”，但由于家道中落，又被戏称为“无国之君”。然而，也许查理六世骨子里还是有重男轻女的思想，竟然没有让特蕾西亚提前参与统治。继位后的特蕾西亚承认：“父亲从不喜欢叫我帮助完成外交或内政的事务，而且也不通知我，因此我突然发现钱、军队和办法，一概没有。”[②]然而最后，特蕾西亚挺过来了，不仅保住了王位，也保住了皇位。1740年，奥地利和普鲁士这德意志两强都发生王位更替，新任的两个国王，一个是被誉为“大王”的弗里德里希二世，一个是外柔内刚的女王特蕾西亚，两人代表各自的邦国展开争斗，在德意志历史上抹上了浓浓的一笔。

奥地利的王位更替，引起多种力量的关注，都想利用这个机会，为自己赢取各种利益。部分选侯和法国政府不希望哈布斯堡王朝长期垄断皇位，以免它进一步“坐大”。其实，早在两百来年前，当斐迪南一世将要成为皇帝时，萨克森选侯就已提出，新的皇帝应该在其他家族中选择；其他选侯甚至提议，应该制定一个法律，规

---

① 当时奥地利是神圣罗马帝国内的大公国，作为其首领，应该称作“大公”，但是奥地利大公同时兼领匈牙利国王和波希米亚国王，人们经常称该大公为“奥地利国王”。

② 阿·米尔著：《德意志皇帝列传》，东方出版社1995年版，第406页。

定同一家族担任皇帝者,不能超过两代或者四代,颇有点“皇帝轮流做”的意思。这时,法国政府反复不断地向选侯们发出警告,说他们会丧失自由,因为皇权已经逐渐变成一个傲慢家族的世袭物。弗里德里希大王还没有当皇帝的奢望,一来因为普鲁士的经济实力还不能同奥地利相比,由于神圣罗马帝国的开支大而收入小,皇帝是个很费钱的荣誉;二来涉及宗教信仰问题,由于历史原因,“神圣”的罗马皇帝一般都要由天主教徒担任,而普鲁士是个新教邦国,弗里德里希大王又是个“不信教者”。他所感兴趣的,是趁机扩展王国的领地,把西里西亚地区收入囊中。西里西亚位于奥得河的上、中游,是连接普鲁士和奥地利的通道,内中又可分为上(南)西里西亚和下(北)西里西亚,总面积相当于当时普鲁士的1/3,当时直接隶属于波希米亚王国,因而成为哈布斯堡家族的领地。要是弗里德里希大王能拿下西里西亚地区,就能增强普鲁士的实力,直接削弱奥地利。

1740年,即位不久的弗里德里希二世就打算向羽翼未丰的奥地利女王发起进攻。他先后给自己的外交大臣写过两封相关信件。第一封信表示:“我提出一个问题请您解答。如果一个人处于优势,他应不应该利用它?”第二封信表示:“法律问题是大臣即您的事情。现在是您从事这一工作的时候了,因为给军队的命令已经发布。”①同年12月13日,弗里德里希二世忍着感冒带来的不适,以哈布斯堡家族王位继承缺乏足够依据为由,亲率2.5万大军,越过边界,向西里西亚进发。尽管已经进入冬季,普鲁士军队举着飘扬的旗帜,伴着隆隆的鼓声,顺利跨过边界,进展神速。第一次西里西亚战争由此爆发。当时,特蕾西亚女王刚刚生下儿子,但她临危不惧,沉着应战,调集各种力量守卫原有的领地。

其他势力也趁机而动。1741年5月,法国、西班牙、巴伐利亚在慕尼黑签订《宁芬堡条约》,不久普鲁士、萨克森、瑞典、科隆等也加入,形成以瓜分奥地利为目标的军事同盟。条约签订后,巴伐利亚和法国从北面入侵奥地利,先后占领了上奥地利和波希米亚,维也纳城告急。反奥力量在法国的主持下,还以女性不能担任皇帝为由,推举巴伐利亚选侯卡尔·阿尔布雷希特为神圣罗马帝国皇帝,称查理七世。这样在哈布斯堡王朝约350年的称帝过程中,插进了为期三年的维特尔斯巴赫王朝统治时期,第一次西里西亚战争也由此正式发展成奥地利皇位继承战争。1742年1月,查理七世在法兰克福举行加冕典礼,伴随典礼钟声的,是炮声和硝烟。

视线转回西里西亚战场。普军使用重点进攻和快速突击等战术,比奥军略占

---

① 阿·米尔著:《德意志皇帝列传》,东方出版社1995年版,第403页。

"哀帝"查理七世

优势。例如,从整个力量对比来说,作为当时主要进攻力量的骑兵,奥地利拥有 6 800 名,而普鲁士只有 4 600 名,然而在决定性的莫尔维茨城战役中,普军投入 1.8 万名兵士,而奥地利只有 0.96 万名,双方的大炮为 53 门对 19 门。普军利用这种局部的优势,攻破了奥军的防线。通过这场战役,弗里德里希二世赢得了"年轻有为"、"勇敢大胆"的好名声。然而这种称誉经不起细究,人们依稀记得,他在初期攻势不利时曾经离开过战场,最后由库特·冯·什未林元帅率领普鲁士步兵发动一次果敢的反攻,才奠定了胜利的基础。1741 年 10 月,奥地利被迫同普鲁士签订《克莱茵—施内仑多夫秘密条约》,同意将下西里西亚和奈舍城割让给普鲁士,普鲁士则答应不阻拦奥地利军队撤回到摩拉维亚。这时,皇位继承战争已经爆发,奥地利遭到法国和巴伐利亚的进攻,承受了很大的压力,弗里德里希二世闻风而动,立即撕毁签订不久的秘密条约,直接向奥军发起进攻。奥地利难以抵挡来自多方面的压力,只得同意向普鲁士作出更大的让步。1742 年 6 月,奥普双方签订《布雷斯劳和约》,奥地利同意将几乎整个西里西亚割让给普鲁士,自己只留下特罗保、泰申和耶根多夫三个地方,而普鲁士则承认了特蕾西亚的王位继承权。第一次西里西亚战争结束。

奥地利在西里西亚地区腾出手后,得以集中力量关注皇位问题。它依靠英国、俄国和荷兰所给予的少许财政支持,重点在国家内部,尤其是匈牙利地区挖掘潜力,取得很大成效,充实了军队。特蕾西亚在北线反击巴伐利亚军队,连获大胜。从查理七世的角度来看,法国和普鲁士等支持他,并不是为了增强帝国的力量,而是意在排挤奥地利,因此,支持的力度和重点都比较有限。新皇帝自己也意识到作为傀儡的无奈,他在即位后的第一封信里可怜地写道:"……疾病,无地,无钱,我确实可以同临时工和痛苦的人相比。"面临奥军的攻势,查理七世守将不住,被迫撤出奥地利,最后连自己的世袭领地巴伐利亚也难以保住,不得不退回到加冕地法兰克福,在那里当起了空头皇帝。奥地利继续扩大战果,通过签订《沃尔姆斯条约》,加强与英国、荷兰等国的合作,在格丁根(一译"哥廷根")大败法军,并在意大利境内击溃了西班牙军队。

弗里德里希二世不愿意看到奥地利转入顺境，想出各种办法试图插手皇位继承问题。1742—1743年冬，他建议组建一支“中立军队”，直接调停女王和皇帝之间的冲突，但没有得到各方的响应。1743年夏，他又联络了几个诸侯，打算依靠他们的帮助，建立一支作为帝国军队的“联合军”，由自己以陆军中将的身份担任总司令，直接对抗反对查理七世皇帝的奥地利。但这一努力也没有奏效。于是他不得不单独诉诸武力，发动了第二次西里西亚战争。

1744年8月，普鲁士军越过萨克森，入侵波希米亚，目标直指奥地利。虽然当时普鲁士已经扩军至14万，并且有500万塔勒的经费可供支配，但由于缺乏粮草，进展并不顺利。相反，特蕾西亚作为奥地利君主，却表现出异乎寻常的沉着和冷静，被弗里德里希二世誉为“应当算作伟大男人的女性”。在这样的女王指挥下，奥军多次回避战斗，利用小战进行骚扰，封锁补给线，截获粮草，曾一度使普军陷于困境。弗里德里希二世再次调动兵力，并下令把王宫里的贵重银器铸成银币以补充辎重，经过三次决定性的战斗，普军取得了胜利。1745年，奥地利在连续失利后，同普鲁士签订《德累斯顿和约》，让出整个西里西亚，并支付巨额战争赔款，而普鲁士则承认特蕾西亚的王位继承权，并承诺投票支持特蕾西亚的丈夫担任皇帝。第二次西里西亚战争就此结束，弗里德里希二世获利甚丰，赢得了“大王”的称号。

当第二次西里西亚战争还在进行时，查理七世尽管借助外力夺回了巴伐利亚领土，回到了慕尼黑，但失望与病痛仍然缠绕着他，最后在哀怨声中悄然离开人间。三年的皇冠梦给巴伐利亚民众带来巨大的灾难，民众送给他的只能是抱怨与诅咒，有一首诗这样说道：

这个冒失的巴伐利亚人，在一个不幸的时间，
试图爬上令人畏惧的皇权峰巅；
随着意想不到的军旅忽然离去，
看到许多无备之域接受了他的威权，……
这位受挫折的君主在其荣显的昙花一现，
发现了对他的致命裁判。
他敌人的嘲笑、属民的痛谴，
痛苦羞惭使他悄离人间。①

① 詹姆斯·布赖斯著：《神圣罗马帝国》，商务印书馆1998年版，第345—346页注。

随着哀帝的去世,推举新皇帝的事务又提上议事日程。由于帝国历史上还没有女性担任皇帝的先例,特蕾西亚遂致力于让丈夫担任皇帝,以便自己以“皇后”之名行“女皇”之实。所幸的是,在德文中,“皇后”和“女皇”是同一个词:Kaiserin。[①] 在她的努力下,“无国之君”弗朗茨·斯特凡在法兰克福选帝会议上顺利当选为皇帝,是为“弗朗茨一世”;反对的只有两票,一票是曾经许诺投赞成票的弗里德里希大王,另一票是普法尔茨君主。中断三年的皇冠终于又回归哈布斯堡家族,尤其是1765年弗朗茨一世去世、特蕾西亚的儿子继任皇帝(约瑟夫二世)后,皇冠更加稳固地留在了家族手中,直至神圣罗马帝国灭亡。

玛丽亚·特蕾西亚不顾战事繁忙和临盆在即,亲自赶到法兰克福参加丈夫的加冕典礼。出人意料的是,她没有来到大庭广众之中,只出现在“罗马皇帝”旅馆的阳台上,这也许是因为身孕不便,但更大的可能是为了让丈夫在加冕称帝的时刻大放异彩。歌德在《诗与真》一书中生动地描述了特蕾西亚在欢呼声和礼炮声来到现场的情景:“这时她的丈夫穿着奇特的服装从大教堂回来,她觉得他简直像是查理大帝的幽灵。她丈夫开玩笑似地举起双手,给她指点象征皇权的金苹果、权杖和非凡的手套,她对此不停地大笑,笑声使得在场的民众感到最大的欢悦和振奋,他们有幸在旁边亲眼目睹了基督教世界最崇高的一对夫妇的良好而自然的关系。当皇后向她丈夫致意,挥舞手帕,高呼万岁时,民众的热情和欢呼上升到最高潮,以至喜悦的叫喊声经久不息。”

随着皇冠回归一个大家族,各国之间围绕皇位的冲突渐趋平息。1748年10月,各参战国在亚琛签署结束奥地利皇位战争的《亚琛和约》。和约承认《国本诏书》及弗朗茨一世的皇位,规定法国将尼德兰归还奥地利,奥地利将意大利境内的某些属地割给西班牙和撒丁,并确认了普鲁士对西里西亚和格拉茨领地的占有。据此,普鲁士获得大片领地,奥地利尽管重获皇位,但丧失了大片领土。

特蕾西亚女王利用这一喘息时期,励精图治,力图扭转奥地利的颓势。她仿照普鲁士的榜样,在领地内建立起统一的中央行政机构,形成开明专制制度。在财政状况有了明显好转之后,动用1 400万古尔登的费用,把军队扩充到11万人,同时还组建了有教养的军官团。她还着力于提高社会的道德与习俗水平,强调“高级官员不可为娱乐花费过多的金钱”,下令禁止军官逛妓院,规定一经查获就不得提

① 也许弗朗茨很了解妻子的心思,他加冕称帝后,当起了“甩手皇帝”,不问国政,像个私人收藏家似地研究货币和宝石,但又从不购买珍品。

升，并成立了针对普通民众的禁欲委员会。这些措施，在短时间内取得较为明显的成效。

第三次西里西亚战争又称七年战争，它是欧洲国家之间一次较大规模的战争。从英法对抗的角度看，它是此前两国在北美和印度展开的殖民战争的继续。然而，两国为了壮大自己的力量，都在争取盟国，在欧洲形成了两个国家集团。德意志各邦国，尤其是普奥两国，为了自己的目的，分别加入了对立的两方，最后反客为主，使普奥争雄战争成为七年战争的主体。这两个国家集团，一个由英国、普鲁士、汉诺威、不伦瑞克及其他德意志邦国组成，另一个由法国、奥地利、俄国、瑞典、丹麦、荷兰、萨克森等组成。

战争爆发前，奥地利同其他国家一起制定了进攻普鲁士的计划，不料该计划在德累斯顿落入了弗里德里希大王之手。普王决定先发制人，于 1756 年 8 月 28 日清晨，以检阅军队为名，率领七万主力部队，不宣而战，入侵奥地利的盟友萨克森，揭开了战幕。当时，奥地利方面已经拥有十余万军队，但是缺乏良将，担任总司令的查理亲王（皇帝弗朗茨一世的弟弟）被军民们称作“常败将军”。而普鲁士军队有备而来，旗开得胜，先打败了萨克森，后又同奥地利军队展开布拉格战役和鲁滕战役，另外还在其它三个战场上与法军交战。普鲁士军队在这些战场上都取得胜利，其中的鲁滕战役，后来受到拿破仑的盛赞：“鲁滕会战，在运动、机动和决断三个方面都是一个杰作，仅这一会战，就足以使弗里德里希列入世界伟大的名将之林而永垂不朽！”

鲁滕战役是弗里德里希大王独创的“斜行攻击序列”战术的典型应用。当时奥军参战人数达 8.3 万人，但分成北、中、南三段，呈一线展开，战线长达八公里。普军尽管只有 3.6 万人，但集中成一个拳头，在集中指挥下机动作战。普王先命令前卫骑兵攻击奥军北翼，诱使南翼奥军骑兵北上增援，而后普军主力急转南下，向奥军南翼斜插过去。而奥军统帅以为普军已经败退，对其调动不以为然，当南翼遭到猛攻时，由于战线过长，根本无法调集援兵，只好被动挨打。普军击溃奥军南翼之后，挥戈北上，一鼓作气将鲁滕附近的奥军中路主力击败。当夜幕降临时，会战结束，奥军伤亡一万余人，被俘二万余人，而普军仅伤亡六千人。弗里德里希大王要过横笛，得意地吹奏起来。

一时间，奥地利国内上下震动，有人建议特蕾西亚离开维也纳，逃往格拉茨，但遭到她的拒绝。她坚定地表示：“不到万不得已不离开皇宫，不到敌人真正靠近不撤退。”并着手扭转败局。她利用哈布斯堡家族占有帝位的有利条件，推动帝国会议作出谴责普鲁士的决议。1757 年 1 月，德意志主要邦国在雷根斯堡开会，以 60 票对 39 票通过决议，决定对普鲁士进行“帝国战争”，因为它破坏了帝国的和平。同年 2 月，奥地利与俄国缔结反对普鲁士的同盟条约，其中的秘密条款规定两国瓜分普鲁士。3 月，奥地利同法国签订反对普鲁士的第二次《凡尔赛条约》，进一步规定了领土的调整。在国内，特蕾西亚决定成立一支义勇军，声称如果军队覆亡，“我们将用锄头和棍棒武装自己，全体男子和妇女，把敌人赶出去。”

1758 年以后，战场形势发生了很大的变化。与法国结盟的俄国军队向东普鲁士发起猛攻，占领了柯尼斯堡。普鲁士陷入了两线作战的困境。普王企图对俄奥军队实施各个击破，结果招致惨败，尤其是 1759 年的昆尔斯多夫一役，奥军在盟军支援下大败普军，普王的两匹战马先后中弹倒下，他本人处境危急，被部下冒死救了出来。这时英国的对外政策也发生转变，不再资助普鲁士。弗里德里希大王绝望至极，在巨大的精神压力之下甚至想自杀。他在一封家书中写道：“全完了。我军崩溃之后，我是不会幸存的。”正在千钧一发之际，仿佛出现了奇迹，他的对头之一、俄国女皇叶丽莎维塔于 1762 年 1 月 5 日去世，继位的彼得三世不仅亲普，而且极度崇拜弗里德里希大王，他不顾国内的经济困难，拒绝了奥地利要给予 2 000 万古尔登援助的诱惑，不仅停止进攻普鲁士，反而与它结盟，归还俄军占领的全部土地，还派出 1.8 万名士兵交由普王调遣。① 彼得三世的亲普情结令人吃惊，当普王派特使给他送去“黑鹰勋章”时，圣彼得堡 150 门礼炮齐鸣。他不仅接受了“普鲁士陆军中将”的虚衔，还穿着普鲁士的军官服在皇宫里四处行走。但不久，圣彼得堡发生内乱，彼得三世被杀害，叶卡特琳娜继位，然而俄国退出战争的政策并未改变。

经过七年的厮杀，奥普双方都疲惫不堪。1763 年 2 月，普鲁士同奥地利、萨克森在莱比锡附近签订《胡贝尔斯图堡和约》，普鲁士撤出萨克森，奥地利放弃西里西亚，将捷克一些领地的采邑权转让给普鲁士，普王答应选举特蕾西亚的长子约瑟夫大公担任皇帝。第三次西里西亚战争结束。

西里西亚地区的易手，尽管不可能改变奥强普弱的基本态势，但是，在普奥两强争雄的关键时刻，该地区从奥地利手中转入普鲁士，明显地增强了后者的地位。奥地利统治者念念不忘牺牲别人的利益来扭转颓势。20 年后，即 18 世纪 80 年代，

① 这个带有戏剧性的情节，以后在一部分德意志人心中，成为一种历史记忆。1945 年 4 月，纳粹政权灭亡在即，但当希特勒听到美国总统罗斯福去世的消息后，也幻想自己的命运会发生类似的戏剧性转变。

奥地利新任君主、特蕾西亚的儿子约瑟夫二世，利用教皇屈尊访问维也纳的有利时机，向巴伐利亚选侯施加压力，要求用奥属尼德兰（现比利时）换取巴伐利亚，即维特尔斯巴赫家族向奥地利交出长期经营的宝地巴伐利亚，转移到北方的尼德兰地区去发展。普王立即采取行动，联合了巴登、魏玛、不伦瑞克等邦的君主，向奥王集体示威，迫使奥王放弃拟议中的交易。

普奥争雄的结果，使普鲁士的地位日益上升，随着巴伐利亚地位的衰落，德意志土地上两雄并立的局面越来越明显。

第四章

启蒙与改革

（1751—1815 年）

神圣罗马帝国后期，欧洲先进地区正在撑开中世纪的茧壳，踏上组建新体制的艰难历程。德意志人作为中世纪欧洲的执牛耳者，理应在这一征程中充当领头羊。然而由于种种原因，德意志落后了。英国通过资产阶级革命，建立了新制度，展开了轰轰烈烈的工业革命。法国也正在酝酿如火如荼的大革命。这两个国家在实施制度创新的同时，还为各国提供了新理念和新思想。对擅长于思维的德意志人来说，缺少的不是理论本身，而是思维的动力和方向。果然，在别国启蒙思想家的触动下，德意志兰也兴起了启蒙运动和狂飙突进运动，为进一步的体制创新积累着精神能量。法国大革命的爆发，加快了德意志兰变革的进程，同时也使它陷入了两难境地。从近代化的进程来看，法国的今天是德意志兰的明天，德意志人应该更好地同法国人合作，加快体制改革的步伐。然而从民族独立和民族自尊的角度来看，昔日曾经处于领先地位的德意志人，不仅必须把法国人奉为老师，而且当拿破仑开始对外扩张时，还必须把法国人当作自己的主子，这是德意志血性人士所难以接受的。于是，德意志各邦国在加快改革步伐的同时，也伺机开展了反法民族解放运动。

一、经济的波动

在地理大发现之前，神圣罗马帝国作为欧洲大陆的中心地带，经济是比较繁荣的，尤其经过十四、十五世纪的快速发展时期，手工业有了显著的进步，城市行会手工业日益占据重要地位，逐渐取代了农村手工业，纺织、采矿、兵器制造、雕刻和印刷等技术和产品，闻名于整个欧洲。然而，从16世纪初开始，正当英法等国的资本主义工场手工业开始取代行会手工业，实现大发展的时候，德意志兰的经济却逐渐衰落了，究其原因，是由内外各种因素造成的。

地理大发现后，世界商路发生改变，由地中海转向大西洋，德意志兰的南部诸城市和汉堡等，失去了贸易中心的地位。三十年战争后，北部的出海口又落在瑞典与荷兰手中，德意志兰成为四面被封闭的内陆地带，工商业普遍衰退。政治上的邦国林立，一方面使得各个邦国无力像英、法、西班牙那样，在中央政府的支持下从事海外贸易和殖民掠夺活动，从而失去了资本原始积累的重要外部来源；另一方面，也无法像法国那样，依靠中央专制政府的力量，扶植工场手工业，抑制行会的垄断。同时，政治上的不统一造成经济上关卡众多，度量衡制度混乱，无法形成全国统一的市场，延缓了自然经济的分解，阻碍了商品经济的发展。在农奴制"再版"的过程中，西部地区农民的财产和人身自由受到很大的限制，如在巴登地区，农民除了在一年中须为地主服2—4周的劳役，他们在出卖、交换和继承产业时，必须付给地主约占该产业价值1/5到1/3的"转手费"，结婚须经地主同意，并献出自己最珍贵的物品。而在易北河以东地区，劳役制本来就比较普遍，此时地主们更加致力于夺占土地，加强对农民的控制与剥削。他们从邦君那里获得"领地裁判权"，强迫农民每周服3—4天劳役，甚至把劳役义务扩展到农民的妻子儿女身上。① 农奴制的普遍恢复，降低了农民的生产积极性，也制约了工业的发展。16世纪以后，德意志兰的工商业迅速衰落，织工人数下降，采矿和冶金业一蹶不振，商业也失去了独立

① Volker Press, *Neue Deutsche Geschichte*, Band 5, *Kriege und Krisen Deutschlands, 1600—1715*, Verlag C.H. Beck, München, 1985, S.335.

地位和繁荣景象，大批商人变成荷兰、英国和法国资本家的代办。

但是，经过了近二百年的低迷运行后，从17世纪末期开始，德意志兰的经济状况开始回升，工场手工业逐渐起步。进入18世纪后，经济发展速度加快，工场手工业也获得更大的发展。

工场手工业的发展，基础在农村。18世纪末，德意志兰总共2 300万人口中，3/4以上居住在农村。城市规模仍然不大，只有维也纳和柏林的居民超过10万。由于许多城市居民仍从事农业生产，致使不少城市仍然带有农村的性质。随着16世纪世界市场粮食价格上涨，不论贵族地主还是富裕农民，都致力于提高产量，他们改进三圃制经济，种植饲草，给土壤施入氮肥。在农业经济发展的基础上，中低收入水平的农民希望从家庭手工副业中寻求补充收入。包买商人利用这一需求从中牟利，他们先以低廉的价格收购农民的产品，转手以较高的价格在城里出售，后来转为通过分发原料和付给微薄的工资，迫使农民为他们做工。这样，农民的家庭手工作坊就成了商业资本的附属物。当时农村手工业的产品，主要是纱线、花边、毛织物和麻织物，这些产品的染色和加工，一般由包买商自己组建的中心手工工场进行，以赚取更多的利润。到18世纪，农民的家庭手工作坊在农村中普遍发展起来，尤其在符腾堡、图林根、威斯特伐利亚和西里西亚的山区中，发展速度尤其快速。随着包买商力量的增强，他们把手伸向城市，开始使用行会手工业者为自己干活，使城市手工业者也沦于依附地位。

在工场手工业普遍发展的基础上，莱茵兰和萨克森等经济较为发达的地区兴建了一批资本主义手工工场。纺织工业成为轻工业中最重要的部门，棉花从马其顿经过维也纳、或者从美洲经过汉堡输入，在爱北斐特、萨克森、西里西亚一带加工，一部分用于出口。羊毛日益成为纺织工业的原料，在普鲁士，1802年的羊毛产品产值达到1 300万塔勒，为棉花产品总值的五倍。西里西亚是亚麻业中心，在国内市场上每年的交易额达480万塔勒，出口总值约达500万塔勒。在生产和消费需求的推动下，机器逐渐被采用。1782年，萨克森首次使用了纺织机，翌年，爱北斐特安装了第一台水力纺纱机，1785年，安装了第一台蒸汽机，1786年，整个德意志兰的纺织工人达到16.5万人。在萨克森，1789年约有25台纺织机，到1800年，已增至约2 000台，从而开始了工业革命的准备阶段。但是，德意志兰工业革命的准备阶段比英国长得多，原因是农村的封建生产关系和城市的行会制度较为顽固，要到19世纪初才被逐渐废除。从19世纪30年代起，德国的工业革命才真正开始。

矿业和冶炼业主要集中在鲁尔、萨尔和上西里西亚。鲁尔是最重要的采煤地区，1789 年的年产量达到约 13 万吨，当英国煤炭的输入由于反法联盟战争而受阻时，猛增到 23 万吨。萨尔区的情况相类似，从 1790 年的 5 万吨上升到 1807 年的 7. 5 万吨。西里西亚地区的煤产量增长最快，从 1780 年不到 2. 6 万吨上升到 1806 年约 19 万吨。铁矿的开采和冶炼很分散，主要在边区和山区，因为那里还有能提供燃料的森林和运输所需的水道。冶炼的技术较为原始，高炉很少，直到 18 世纪末才在法国影响下有所改进，使用焦煤作为燃料，以缩短冶炼过程并提高铁的质量。到 1800 年，整个德意志兰的生铁产量达到 4 万吨，而当时英国已经达到了 19 万吨。

在德意志兰经济发展过程中，外来移民起了不可忽视的作用。17 世纪末和 18 世纪初，法国、荷兰、瑞士、捷克等地的胡格诺派新教徒在本地受到迫害，大量向外逃亡。弗里德里希·威廉一世从重商主义政策出发，颁布了一项收容新教徒的法令，以后，三万多名新教徒移居德意志东部诸城市。他们大多是熟练的手工业者和商人，随身带来了资金、技术和管理经验，很快在定居处建立了毛织和棉织的手工工场，经营蚕丝加工，传播印染麻织品的技艺，从事天鹅绒、绢带、墙纸、蜡烛等的生产。他们还改善了当地玻璃、皮革和金属制品的生产，发展了钟表、化妆品、衣服、手套、帽子、冷兵器和枪炮的制造。

伴随着经济发展进程的，是自然科学领域中的一系列新发现。当时，以牛顿的万有引力定律为代表，欧洲的自然科学取得了很大的进步。在德意志兰，科学家们也加入了科学革命的潮流之中。胚胎学家沃尔夫（Caspar Friedrich Wolff，1733—1794）于 1759 年发表《发生论》一书，在生物学上第一次提出关于生物逐渐发展的科学理论。他周密观察鸡胚的发育过程，证明鸡的血管是逐渐发生的，以后又确定小鸡的肠管是由简单的“平板”状结构逐渐形成的，用以支撑他的“渐成论”。列·尤拉在数学领域、约·亨·拉姆贝特在物理学领域，尤其是力学和光学领域，也作出了重要的贡献。

二、启蒙运动

“启蒙运动”在德语里称 Aufklärung，它是 17—18 世纪欧洲知识界反封建的思想文化运动，是文艺复兴之后近代人类的第二次思想解放运动。根据德意志哲学家康德（Immanuel Kant，1724—1804）于1784年所著的《什么是启蒙》一书中的说法，启蒙就是使人们脱离未成熟状态，把人们从迷信或偏见中解放出来，使人类以理性代替神示作为行动的准则，以哲学代替神学，以自然宗教代替教条宗教，以追求尘世的幸福代替追求死后的幸福，乐观地相信人的善良和不断进步，预期会出现尘世的幸福。启蒙运动的中心在法国，但欧洲不少国家参与其中，包括荷兰、英国、俄国和德意志诸邦国，它在德意志诸邦经历的时间从18世纪20年代起到70年代末，约半个多世纪。德意志启蒙学者的活动不仅仅是对英法启蒙学者的回应，而且也成为欧洲启蒙运动的组成部分。德意志启蒙运动的代表人物是莱布尼茨、沃尔夫、莱辛和康德。

莱布尼茨（Gottfried Wilhelm Leibnitz，1646—1716）被称为启蒙时代德意志的学术首脑，一位不知疲倦的、多产的学者，他和英国的洛克和牛顿、荷兰的斯宾诺莎、意大利的维柯都是同时代的著名学者，同他们一样享有世界声誉。他视野开阔，博学多才，主要的研究领域在数学和哲学，但是他的独到见解和影响所及，涉及到逻辑学、力学、地质学、法学、历史学、语言学和神学等领域。他在《组合的艺术》一书中提出的某些结论，甚至成为现代计算机理论先驱的模型。像其他德意志启蒙学者一样，他坚持在大学讲台上用德语讲课，表现出强烈的民族和爱国情结。他的最著名的学术观点是“单子论”，这是他用来解释自然界规律的表述。他认为，世界上任何一个实体都是一个单子，一个普通的不可分的单位，单子是终极的、单纯的、不能扩展的精神实体，是万物的基础，它以各种方式反映了宇宙，而宇宙本身就由这些普通的单子所组成。该学说的优点是为未来在哲学上解释自然现象的规律奠定了基础，缺点是不能把自然界的各种现象综合起来考察，在认识论上具有局限性。

沃尔夫（Christian von Wolff，1679—1754）是莱布尼茨的学生，被誉为德意志启蒙运动的代表人物。他是一位哲学家、数学家和科学家，曾任普鲁士科学院院士。学术上，他在本体论、宇宙论和心理学等领域接受了莱布尼茨的某些观念，并把这些观念同自己的思想结合起来，形成“莱布尼茨—沃尔夫哲学”。有人认为这种说法贬低了沃尔夫的地位，实际上他把英法启蒙学者同莱布尼茨的哲学结合起来，形成“沃尔夫哲学”，其精髓是唯理论和数学方法论。他在其重要著作《神、世界和人的灵魂的理性思想》一书中，使莱布尼茨的哲学思想系统化，并运用数理实证法，使哲学原理以数理方法证实，以清晰的逻辑演绎概念取代经院哲学的不清晰概念。

康德曾经表示,在形而上学的未来体系中,必须遵循沃尔夫的严格方法。他赞誉沃尔夫具有数理才能,概念清晰。沃尔夫的形而上学论仍系于唯心主义体系,然而,他在阐述莱布尼茨哲学时却成为通向康德理性批判的桥梁。沃尔夫推崇理性,认为伦理学应该依据道德概念独立于宗教信仰,强调只要人畏惧伦理道德,伦理学便无需依赖上帝。他处处高举理性的旗帜,在欧洲许多国家引起反响,法国科学院任命他为名誉院士,俄国圣彼得堡皇家科学院聘他为名誉教授,英国和意大利则积极翻译其著作。然而沃尔夫却具有强烈的民族意识,他不仅讲课时使用德语,连写作也使用德语。其部分著作,像《完整的数学科学》,先用德语写成,然后为了便于同更多的学者交流,再译成拉丁语。他甚至表示:"我发现,我们的语言用于科学比拉丁语好得多,而且用纯粹的德语所作的表述,若用拉丁语,听起来其声音便极粗野。"①

莱辛

莱辛(Gotthold Ephraim Lessing,1729—1781)是德意志第一位不朽的戏剧家,也是哲学家和美学家,以及社会、戏剧和宗教评论家。他从小勤奋好学,很有天分,希腊文、希伯来文和拉丁文均有造诣,这些为他以后的工作提供了很好的基础。他主张人道主义、宽容和各民族友好,主张发展资产阶级民族文化,展开多方面的反封建斗争,成为德意志文学领域最杰出的启蒙学者。古希腊诗人西摩尼德斯曾经说过"画是无声的诗,诗是有声的画"这句名言,然而莱辛从实践的人生观出发,提出了完全不同的看法。他说:"我用'画'这个词来指一般的造型艺术,我也无须否认,我用'诗'这个词也多少考虑到其他艺术,只要它们的摹仿是承继性的。"这里所谓的其他艺术,系包括诗在内的语言艺术。莱辛认为,造型艺术和语言艺术是有区别的,"画"描绘物体

① 瓦尔特·蒙奇:《德国文化——从启蒙到当代》,慕尼黑马克斯·胡伯出版社1971年版,第41页。转引自杜美著:《德国文化史》,北京大学出版社1990年版,第126页。

静态,“诗”叙述人物动态;“画”表现静穆的美,“诗”需要真实表情。绘画的理想不能移植到诗里,因为诗不能代替画;画也不能代替诗,一些描写深刻、形象鲜明的诗超过同样题材的画。在表现物体美时,绘画比诗优越,因为绘画可以具体地描绘物体的细节,并使所描绘的各个部分并列,一些动人心弦的画超过同样题材的诗。而诗如果把物体各个部分加以并列描述,这首诗绝对好不了,诗在描述具体物体时,必须通过对某一典型描写引起人们想象的效果,以达到效果美。他还认为,诗和画都是摹仿艺术,各有各的规律。绘画运用空间中的形状和颜色,诗运用时间中明确发出的声音。因此,绘画是运用形状和颜色的艺术,比起运用文字的艺术,效果更为生动;而诗为了使物体栩栩如生,它宁可通过文字而不诉诸形状和颜色。① 莱辛关于诗的动态要求的观点,反映了其实践的人生观,启蒙时代的新人肩负着反专制反宗教的使命,他们在文化革新和争取理性的斗争中需要干实事,需要把事物变得有生气有希望,故而强调诗的表情动态,反对守旧,反对静观,因为静观不能改变现状。

在神学领域,莱辛是个自然神论者,又是个宗教调和论者。他通过剧本《智者纳旦》呼吁各种宗教之间实行和平共处。该剧描写十字军东征时期,一位年轻骑士在耶路撒冷将要被素丹萨拉丁处死,素丹见他同自己失去的兄长阿萨特相像,便赦免了他。后来骑士救了遭遇火灾的犹太商人纳旦及其养女莱霞,莱霞与骑士之间产生爱情,但骑士是基督徒,莱霞是犹太教徒,而素丹信奉伊斯兰教。最后,素丹终于搞清楚,骑士和莱霞都是其兄长阿萨特的孩子,三个人虽然信仰不同,但都是一家人。素丹弄不清哪个宗教是真正的宗教。纳旦趁素丹向他借钱之机,向素丹讲述了意味深长的“三个戒指”的故事。一个人家有三个戒指,父亲去世后传给了三个儿子,其中一真二假,但每个儿子都声称自己拥有的那个是真的。最后法官裁决说,戒指能否显示力量,关键在于每人都应该把自己的戒指视作真的。素丹听了这个故事,领悟到,只要相信自己的信仰是真诚的,三个宗教就可以共存。莱辛通过这个剧本来反对宗教之间的对抗,否定当时在不少邦国推行的“在谁的国家,信谁的宗教”政策的合理性,表现了其人文主义思想的发展与深化。海涅曾经说过:“在路德之后,德国还没有产生过比莱辛更伟大、更卓越的人物。”②

康德(Immanuel Kant,1724—1804)不仅是德意志启蒙时代的重要人物,更是

① 引自杜美著:《德国文化史》,北京大学出版社1990年版,第107—108页。
② 海涅:《论德国宗教和哲学的历史》,商务印书馆1974年版,第91页。

一个著名的学者,他在哲学、自然科学和人类历史方面的成就和声名远远超出国界,也远远超出他所处的时代。他出生于东普鲁士柯尼斯堡的一个马鞍匠家庭,从八岁入学开始,一生都在勤奋地学习和工作。求学期间,每天早晨六时开始半小时的祈祷,然后一小时的宗教课,紧张的学习连星期天都搭上。从事教学和研究工作后,每天为学术事业兢兢业业,学习、科研和生活都极有规律。海涅说,城里教堂的大时钟都不会像康德那样按时完成每日的工作。康德休息时一出来,邻居们都知道是几点钟,以至有人拿这一时间来校正钟表。然而,他的处境却并不顺利,31 岁获得博士学位后,在柯尼斯堡大学任编外讲师,尽管成果累累,但 15 年中两度申请教授均遭拒绝。他生活贫困,无钱结婚,直至 59 岁都没有固定住所。

康德起先研究自然哲学,1755 年发表了《自然通史和天体论》,提出了关于太阳系起源的星云假说。以后致力于哲学和社会理论问题的研究。他在哲学上试图调和唯物主义和唯心主义学说,认为“自在之物”独立存在于人们的意识之外,是感觉的源泉,但是它们又是不可知的,是“彼岸的、超验的”。他把人的认识区分为感性、知性和理性三种形式,前两种属于“现象”的认识,与它们相关联的科学知识是可以成立的,而理性受自由规律的支配,难以穷及,必须加以信仰的道德或意志。他在社会政治观点上,深受卢梭的影响,反对等级特权,谴责农奴制,主张民主、自由与平等,对法国革命表示同情。但他尽管对社会现实不满,却坚决反对用暴力手段变革社会,认为人们所设想的自由平等的共和政体,即“理想的天国”,只是一个可望不可及的纯粹理想,只有在遥远的彼岸才能实现。

三、狂飙突进运动

从 1770 年开始,德意志兰兴起了一个名为“狂飙突进”(Sturm und Drang)的文学运动,这一运动在 70 年代中期达到高潮,持续了近 20 年,80 年代后期进入尾声。狂飙突进运动发生在启蒙运动之后,很自然地被人们认为是启蒙运动的“继续和深入”,或者看作是继人文主义运动和启蒙运动之后德意志兰的第三个思想解放运动。但是实际上,狂飙突进运动同启蒙运动之间的关系比较微妙,两者既相通,也相悖:狂飙突进运动赞扬自然和个人主义,崇尚非理性主义,力图推翻启蒙运动所崇尚的理性主义,成为德意志浪漫主义潮流的早期阶段。

“狂飙突进”得名于年轻作家克林格尔(Friedrich Maximilian Klinger,1752—1831)新民族文学剧作《狂飙突进》。该剧突出表现争取自由、反对封建压迫的思想感情,批评德意志人失却民族的反抗精神。该运动主要集中在文学领域,是一场文学运动。其宗旨一般可归纳成四个方面。

其一是推崇卢梭的民主主义思想,认为他反对专制、要求民主自由和个性解放的思想,能够涤荡德意志社会的污泥浊水,冲击专制主义思想,使德意志的文艺作品成为反专制、反神权和反暴虐统治的有力武器。

其二是要求振兴德意志民族意识,弘扬爱国主义精神。当时,普鲁士的弗里德里希大王醉心于法国宫廷文学,蔑视和诋毁德意志文学,狂飙突进学者继承并发扬启蒙文学的优良传统,要求根据生活习俗创造具有民族风格、民族特点和民族内容的文化,主张维护德意志文化的民族性,关注刻画本族人民的自由、友谊、爱情和祖国,颂扬自然而恬静的田园生活。

其三是宣扬天才论,否认神的存在,相信人的力量能够突破宗教势力和封建专制的双重束缚。该运动的理论家赫尔德(Johann Gottfried Herder,1744—1803)曾经说过:“天才是与生俱来的,它既非靠兜售,也非靠乞讨;既不是靠相争,也不是靠摹拟而成。它是自然形成的,是由其自身,由天生的力量,并以天生的愉悦轻易地天才地发挥着作用。”狂飙突进运动的天才论与几乎同时代的法国形而上学唯物主义及德意志主观唯心主义哲学异曲同工,强调天才人物决心干某件事情,便攻无不克,无坚不摧。该理论在当时的条件下,起着鼓舞人民奋发上进,同封建神权抗争的作用。

其四是强调情感的力量,认为理性只是人的一部分思想,并非根本的东西,而人的本能、直观和感情才是更深刻的内容,要求理性必须与感情相融合,通过感情作用使认识深化。狂飙突进学者认为,在反抗德意志各邦专制主义和反宗教的斗争中,深入到各个领域的感情力量是不可忽视的,它们会产生强大的作用。①

狂飙突进运动的理论家赫尔德,为这一运动提出了比较全面的纲领性理论。他出生于东普鲁士小城莫隆根的一个牧师家庭,在游学过程中先后结识过狂飙突进运动先驱者哈曼、康德、法国百科全书派首领狄德罗、莱辛等,思想上深受这些人的影响。1770年,他在斯特拉斯堡结识了歌德,并同歌德一起掀起了狂飙突进运

① 详细内容可参阅杜美著:《德国文化史》,北京大学出版社1990年版,第123—131页。

动。六年后,他经歌德介绍,结识了席勒。他具有超越时代的眼光,善于通过以往获得的见识去揭示未来,在语言、文学、哲学和历史学等领域都表现出卓越的才能。在语言问题上,尽管其父亲是牧师,自己也担任过牧师,但他否认语言是源自上帝的神学见解,认为语言是社会生活现象,是人类在漫长的历史长河中逐渐形成的。他还强调,每个民族都有自己的语言,各民族的语言都有各自独特的表达方式,民族语言是一个民族的精神财富。这一主张鼓励了狂飙突进作家重视运用德语来写作,推动了德意志民族文学的发展。他还重视搜集民歌,反对把民歌视作粗俗、低下和卑陋的文学形式,强调其生动活泼,用语隽永,歌中有舞,感情真挚自然,富有浓厚的抒情韵味。他在周游欧洲的采风过程中,着重搜集反对封建君主专制和民众渴望民主生活的题材,并把这些民歌译成德语,身后被编纂成集,名为《各族人民的心声》。在历史观方面,他反对历史研究中的唯理论,认为个别历史事件和整个历史之间的矛盾是历史发展的逻辑基础,历史存在是这一矛盾的产物。同时,他强调文学与历史之间有紧密的关联,每个时代的文学都离不开那个时代的历史,古希腊的颂歌就与同时代的精神、内容和感情有关。最后,他非常强调"用人文主义思想来培育人",赞同维护人类尊严,谴责对邻邦进行侵略战争,反对战争时期买卖士兵,呼吁关注社会公众,谴责对贫苦民众的任意掠夺。

狂飙突进运动的核心人物是诗人和作家冯·歌德(Johann Wolfgang von Goethe,1749—1832)。他出身于美因河畔法兰克福的一个望族家庭,母亲是市长的女儿。歌德从小生活富裕舒适,家里有一个藏书颇丰的私人图书馆,为他日后走上文学之路提供了很好的条件。16岁入莱比锡大学攻读法律,但非常喜爱文学与诗歌,求学期间出版了《莱比锡诗集》。当时他的文学视野不够开阔,作品风格和内容受宫廷文化的影响,局限在洛可可风格的范围内。1768年秋,他因患重病离开莱比锡回家,康复后于1770—1771年前往斯特拉斯堡大学继续攻读法律,在那里获得法学博士学位。斯特拉斯堡成为他生活和创作的转折点,在那里,他结识了赫尔德。后者对民族语言和文学的见解,使歌德在文学领域里步入了新天地,他强烈的民主主义精神和反封建意识,燃起了歌德的创作热情。歌德经常把自己写的诗歌、剧本等寄给赫尔德过目,赫尔德总是提出尖锐而中肯的批评,使歌德受益匪浅。

1771年8月,歌德回到法兰克福,发表了热情洋溢的《莎士比亚时代的谈话》,这一事件标志着狂飙突进运动的兴起。两年后,他又写出了名为《铁手骑士葛茨·冯·贝利欣根》的剧本,推出了狂飙突进运动的第一部大作。该剧本描写了没落骑士的代表贝利欣根，在农民不堪封建诸侯的压迫和奴役起来反抗时，起初站在起义者一边，奋力与诸侯贵族抗争，反抗专制主义社会。然而，最后由于骑士和农民的政治诉求不一致，两者越来越不合拍，贝利欣根的反抗意志逐渐消失了。该剧于 1774 年在柏林上演时，遭到了弗里德里希大王的非议。

歌德

1774 年，歌德出版了一部书信体小说《少年维特之烦恼》，这本书以后被译成多种语言，产生了世界性影响。据说，歌德离开法兰克福后到了魏茨拉，在一次舞会上，认识了美丽活泼的姑娘夏绿蒂，并被她深深吸引。但姑娘已经心有所属，歌德为此十分伤心。不久，又传来了一位友人因失恋而自杀的消息，歌德更是嗟叹不已。他以这两件事为素材，创作了这部传世之作。一时间，德意志兰的青年中出现了“维特热”，不少人在遇到个人不幸时，竟然仿效维特举枪自尽，连穿的服饰也同维特一样，青衣黄裤。这本小说的社会意义何在？当时，莱辛等启蒙学者提出了批评，认为像维特这种自我沉溺、充满忧郁感伤意味的主人公，将在社会上产生不良影响。其实，该书的真正主题并非失恋，作者通过作品对社会进行了深刻的分析和批判，揭示了年轻人的忧愁、苦闷和愤怒。基督教反对自杀，认为自杀是犯罪，作品歌颂了个人的权利，反映了当时的社会狂热：偏爱不幸的结局。

1775 年秋，歌德应魏玛公爵之邀，在其宫廷中担任各种要职，从此脱离了狂飙突进运动，甚至还于 1792 年陪伴公爵参加了干涉法国革命的武装行动。但是其文学创作的欲望一直很强烈，有时甚至会不辞而别，秘密出走，寻找合适的地方从事写作。在诸多佳作中，以《浮士德》一书最为成功，被认为是文学上的最高成就之一。浮士德是民间传说和民间文学中的德国星相家兼巫师，把自己的灵魂出卖给魔鬼，以换取知识和权力。关于他的传说，大多是负面的，都同神学、妖法、降神术甚至鸡奸有关，声名狼藉。1587 年，一位无名作者写作了第一部《浮士德》，将他的形象作了调整。而歌德笔下的浮士德，尽管存在种种缺点，却是一个寻求克服自我与世界、理想与现实、艺术与生活、善与恶等重重矛盾的人，最后由于自己坚韧地不断探索，灵魂得到了净化和拯救。而魔鬼靡非斯特在对浮士德灵魂的争夺中，无力与上帝抗衡，他在爱的力量面前，在创造才能面前，在自由的道德抉择面前，毫无还手之力，最后输掉了与上帝的赌局。这一主题，在世界上引起了各种反响。在反对的营垒中，理性主义者认为歌德滑入了神秘主义的梦呓境地，天主教徒指责他亵渎神灵，新教徒声称歌德是一个唯物主义者，罗马教廷更谴责作者是假借科学之名的自大狂，连海涅也认为，尽管这部著作的第一部分有进步意义，但第二部分以上帝救赎浮士德作为结局，是十分反动的。但更多的人给予了高度评价。法国剧作家根据歌德的著作，分别改编出清唱剧《浮士德的沉沦》和歌剧《浮士德》，于 19 世纪中叶在巴黎上演，获得了广泛的赞誉。还有人甚至根据自己的需要曲解《浮士德》的中心思想。1871 年德意志帝国成立后，民族主义者把浮士德说成是“日耳曼精神”的化身。而奥斯瓦尔德・斯宾格勒则试图把他改造成民族沙文主义和帝国主义的神话人物。在纳粹肆虐时期，浮士德竟成了冲锋队员的榜样。

席勒

狂飙突进运动的另一名主将是席勒（Friedrich Schiller，1759—1805），他与歌德友情笃厚，且与歌德齐名。席勒比歌德小十岁，生在符腾堡军医家庭，幼年生活比较贫困。13 岁时，父亲奉专制的符腾堡公爵之命，将他送进名为“卡尔学校”的军校学习。席勒在学校里忍受可憎的约束达八年之久，毕业后任助理军医，地位低下，薪俸微薄。在小国暴君统治下度过的青年时代，使席勒感受到权力膨胀所带来的各种问题，这个主题后来贯穿其大部分剧作。

席勒的第一部作品是剧本《强盗》。该剧描述一个豪侠青年卡尔，因不甘社会屈辱，痛恨贵族家庭对他的猜忌，铤而走险，落草为盗，走上劫富济贫的道路。为医治和改造专制主义的社会，席勒借剧中主人公之口说，“如药治不好，就用铁治，铁治不好，就用火治。”甚至喊出了“德国应该成为一个共和国”的口号。该剧本起初无人愿意出版，他自费印刷后不久，即在建成不久的曼海姆民族剧院上演。首演那天，席勒未经公爵批准，私自前往剧院。现场情景使他无比欢愉与激动。演出效果是空前的，据一位目击者写道：“剧院几乎成了疯人院。他们圆睁双眼，攥紧拳头，双脚把地板跺得震天价响，喉咙都吼哑了！互不相识的彼此倾倒，泣不成声。女子们踉跄地走向出口处，几乎近于昏厥。那气氛犹如是驱散了笼罩在混乱之上的阴霾，露出了一线崭新天地的曙光。”[①]《强盗》一剧不仅是席勒的成名作，而且把狂飙突进运动推进到一个新阶段。

符腾堡公爵却因此宣布关他 14 天禁闭，并禁止他再写剧本。席勒毅然出逃，一度过着衣食无着的流亡生活，直到在同学家中找到寄身所。两年后，他拿出另一部不朽的剧作《阴谋与爱情》，对专制主义社会作了更为深刻的揭露与抨击。该剧描述了贵族青年斐迪南与平民之女露易斯的爱情，却遭到担任首相的父亲瓦尔特的反对。这一对青年男女因为等级门第的不同未能结合，最终死于首相的强权压力和阴谋陷害。在斐迪南身上，席勒既刻画了一个青年人对未来生活的向往和反抗精神，同时也揭露了罪恶的专制王侯为了维护自己的统治，不惜牺牲亲生儿子的幸福。

1787 年，席勒也应魏玛公爵之邀来到魏玛，任耶拿大学教授，脱离了狂飙突进运动。随着两位主将的退出，狂飙突进运动逐渐偃旗息鼓。

歌德和席勒两人同在魏玛，但起初歌德对席勒颇为冷淡。自 1794 年起，两人之间交往日密，开始了愉快的合作。他们共同领导魏玛剧院，把富有时代气息的剧目搬上舞台，一起主办《季节女神》，发表了大量的诗歌、文章和通信。合作期间，两人都再一次进入创作高峰，推出了大量不朽的作品。这两位大师之间的友谊与合作，成为德意志文学史上动人的一章。

四、西方音乐的德意志时代

启蒙运动和狂飙突进运动引发了西方人对个人命运的独立思考和自主要求，

① 杜美著：《德国文化史》，北京大学出版社 1990 年版，第 140 页。

在各种因素的推动下，欧洲文化，包括音乐，也向着世俗化和大众化的方向发展，在这一浪潮中，德意志有幸成了主角，迎来了西方音乐的德意志时代。

西方音乐起源自古希腊，那时的音乐是同神的崇拜与传说交织在一起的，认为音乐充满了神性，可以净化人们的肉体和灵魂，在集体性的节庆活动和竞技比赛中，往往伴随有丰富的音乐表演。古罗马在很大程度上继承了希腊的文化，同时又以自己的特色加以发挥。古罗马人粗犷豪放，长于征战，推动音乐向大型化和直白化的方向发展。他们的实用性和仪式性音乐很多，游行音乐十分普及，军乐规模相当宏大，同时，贵族中的家庭音乐也逐渐流行，作为身份与地位的象征。这一切，促进乐器的体形日渐扩展，出现一米多长的铜制大号和利用水压送风发声的水压风琴，以及音乐人职业化的趋向。

中世纪是一个以宗教为主导的时代，教会在音乐发展中起着关键性的作用。礼拜活动中的唱诵经文称为“圣咏”，其中“格列高利圣咏”（Gregorian chant）在宗教音乐中居于核心地位。该音乐诞生于公元六、七世纪之交，以教皇格列高利一世命名。其内容主要来自《圣经》和诗篇，用拉丁文演唱，旋律平缓，曲调优美柔和，根据不同场合使用独唱、齐唱、交替歌唱和应答歌唱等不同歌唱方式。与此同时，社会上还存在着世俗音乐，其中包括以史诗性作品“英雄业绩歌”为起点的方言歌曲，以及由游吟诗人创作和演唱的“戈里亚德歌曲”，后一种作品的内容大多与酒、女人及欢歌有关，放荡且不拘礼节，但曲风清新动听，深受民众喜爱。

从 16 世纪开始，以文艺复兴运动为动力，世俗音乐获得了长足发展，改变了此前以宗教体裁为主的单调局面，音乐语言逐渐丰富起来。同时，器乐也开始摆脱对声乐的依附，走上独立发展的道路，为西方音乐的发展注入了新的活力。此后，西方音乐的发展，先后经历了文艺复兴时期、巴洛克音乐、古典主义音乐等阶段。在文艺复兴时期，法国和意大利的音乐处于领先地位，不论是法国的歌谣曲（法国尚松），还是意大利的牧歌，以及它们的器乐曲，都成为时代的亮点。“巴洛克”最初是建筑领域的术语，以后逐渐用于音乐和其他艺术领域。巴洛克音乐的节奏非常强烈，旋律跳跃且持续不断，采用复调，作曲家都强调作品的情感起伏，以及音乐的速度、力度等变化。在声乐方面，意大利的佛罗伦萨诞生了欧洲最早的歌剧，并将这一艺术形式向各国推广。在器乐方面，伴随着管风琴、提琴和古钢琴的发展，产生了奏鸣曲、协奏曲、键盘音乐等各种器乐形式，也是由意大利人处于领先地位。

在德意志兰，音乐长期来处于被动接收状态，主要接收来自音乐创作中心意大利和法国的各种相关信息，加以适度改进。神职人员在礼拜上帝的同时从事音乐活动,他们改进记谱的方法,开办声乐学校,尝试音乐理论研究,但总体上说教学比较保守,只限于教人唱单声的圣咏,不涉及复调音乐。在亚琛、斯特拉斯堡和弗赖兴三座城市的教堂里,九世纪就设置了管风琴,一百多年后,科隆等地也先后跟上。自 12 世纪起,随着骑士精神从法国传入,德意志兰出现了不少"恋诗歌手",在帝国内活跃了三百多年。他们多半出身于贵族,除了热衷于谈情说爱外,也关心社会疾苦、宗教问题和政治现实。到了 15 世纪中叶,随着行会制度的兴盛,恋诗歌手被组成手艺人行会的"名歌手"(Meistersinger)所取代,后者是出身社会中下层的业余歌手,世代以严格而古板的行规相传,仿效恋诗歌手,沿袭单声歌曲的演唱传统。尽管他们在德意志社会活跃了三百多年,但由于因循守旧,短于创新,对于推动德意志的音乐发展贡献不大,人们记得他们,多半是由于瓦格纳创作了歌剧《纽伦堡的名歌手》的缘故。

但是,在名歌手流行的同时,德意志的管风琴音乐也异军突起,吹响了德国音乐走向世界的号角。引领这一潮流的先驱,是管风琴家保曼(Conrad Paumann,约 1410—1473)。他出生于纽伦堡一个手艺人家庭,刚出生就双目失明,13 岁正式学习音乐,不久就崭露头角。37 岁时担任纽伦堡城市首席管风琴师,40 岁受巴伐利亚公爵重金聘请,到慕尼黑供职二十余年,直至去世。保曼一生出访过很多国家,在意大利曾受封为骑士,见识过弗兰芒音乐派开创的大局面。他创作的乐曲博采众长,独具特色。如名为《心美意全》的器乐小合奏,使用的古乐器有雷贝克、竖笛、爱尔兰竖琴和名为"扎尔勃"的波斯打击乐器,曲调刚健爽朗,具有 15 世纪德意志乡村舞曲纯朴的特点,并带有中东阿拉伯打击乐的风味。他的精湛表演博得欧洲各国贵族和行家们的一致赞誉。他不仅自己独领风骚,还致力于培养学生,推动一大批优秀人才脱颖而出,由此创立了举世仰慕的德国管风琴学派。

在此后两百多年里,德意志音乐不温不火,经过苏萨托(Tielman Susato)、安默尔巴赫(Elias Nikolaus Ammerbach)、豪斯曼(Valentin Haussmann)、普雷托里乌斯(Michael Praetorius)等几代人的努力,基本上跟上了欧洲各国前进的步伐。

在巴洛克音乐时代的盛期,德意志著名作曲家巴赫(Johann Sebastian Bach,1685—1750)对欧洲近代音乐的发展起了很大的推动作用,被尊称为欧洲"音乐之父",同时也为西方音乐德意志时代的来临直接推开了大门。巴赫出生于德意志中部的爱森纳赫,一个有二百多年历史的音乐家族。从小在家随父学习弦乐器基础知识,并参加学校的合唱团,以后因变嗓而放弃歌唱,专门从事音乐的创作与演奏。巴赫从小勤奋好学,20 岁时曾步行 300 公里到吕贝克向著名管风琴家布克斯特胡德求教，平时则经常步行几十公里去聆听音乐会。他一生中音乐成果甚丰，比较著名的有《勃兰登堡协奏曲》、《平均律钢琴曲集》、《B 小调弥撒曲》，以及《约翰受难曲》、《马太受难曲》等宗教音乐。他汇融了意大利、法国等不同民族的音乐风格，并与德意志的音乐传统相结合，虽然没有创造新的曲体，但把当时一些还没有定型的曲体如托卡塔、赋格曲、众赞歌前奏曲等加以改造，使之形成完美的结构形式。他是欧洲中世纪以来音乐艺术的总结者，同时又是古典音乐的创始人。

古典主义这一概念的含义比较复杂。一般来说，它是指过去时代具有典范意义或代表性的作品，尤其是用作现代派艺术作品的对称。此外，它还包含有以古代希腊和罗马艺术为基础的历史传统和美学观点，如和谐、明晰、严谨、普遍性和理想主义。然而，仅从音乐的角度来看，古典主义是指一个特定的发展阶段，它上接巴洛克音乐，下连浪漫主义音乐，从 1750 年流行到 1827 年，持续了七十余年。古典主义音乐旋律优美动人，乐句结构规整对称；音乐的结构以调性、和声的布局为基础，段落或乐章结尾有明确的终止式，调律间的平衡使听众明白音乐行进，段落间的平衡使听众能理解整个进程；音乐创作和表现内容中的理性因素大为增强，模糊了音乐的民族性，从而使乐曲具有了普遍的国际化意义。

18 世纪中叶德意志贵族家庭中的音乐生活

“音乐中的古典主义在维也纳开花也在维也纳结果。”这句话指出了德意志邦国在古典主义音乐中的地位和作用。其实，古典主义音乐又可分为两个阶段，即“前古典时期”和“维也纳古典乐派时期”。“前古典时期”被形容成“洛可可风格”、“华丽风格”和“情感风格”等，其主要特点是器乐音乐成为作曲家创作的重点，许多重要的器乐体裁如键盘奏鸣曲、交响曲、协奏曲和各种重奏音乐都在这一时期初步定型，逐渐完善。约翰·塞巴斯蒂安·巴赫的儿子卡尔·巴赫成为这一时期“北德意志乐派”的代表，他一生中创作了许多键盘奏鸣曲，在其中融入了抒情幻想的气质和戏剧性因素，形成特殊的风格。“维也纳古典乐派时期”是西方古典主义音乐发展的高峰时期，其代表人物是海顿、莫扎特、贝多芬三位音乐巨匠。

海顿(Franz Joseph Haydn,1732—1809)出生于奥地利南部一个农村车匠家庭,自幼家境贫寒,但一直喜爱音乐。他曾表示:“我虽是坐在满是虫蛀的钢琴前,但也从未羡慕过王侯。”他一生创作极为丰富,仅交响乐就有 106 部,被誉为“交响乐之父”,另外还有 79 首弦乐四重奏、126 首三重奏、54 首钢琴奏鸣曲、16 部歌剧、3 部清唱剧和 13 部弥撒曲。海顿对于音乐的主要贡献,在于交响曲的形式结构方面。他把交响曲固定为四个乐章,在乐队的配器上形成一套较为完整的交响乐队编制,为近代交响乐的发展奠定了基础。

莫扎特(Wolfgang Amadeus Mozart,1756—1791)出生于萨尔茨堡一个宫廷乐师家庭,很小的时候就显露出极高的音乐天赋,被誉为“音乐神童”。他四岁时开始学习钢琴,短曲只需 30 分钟,稍长的曲子也只用 1 个小时,就能熟记,并且能够非常准确地弹奏出来。成年后,能够在琴键上覆盖白布进行“盲弹”,令人惊叹不已。他与海顿有师生情分,早期作品受海顿的影响较大,而海顿的晚期作品又明显地受到莫扎特的影响。莫扎特的交响曲虽然在数量上不及海顿,但其 20 岁以后的作品在质量上却极为优秀,主题鲜明,具有抒情、优雅、如歌的特性。他的声乐创作同样辉煌,歌剧《后宫诱逃》、《魔笛》、《费加罗的婚礼》等脍炙人口,内中人物塑造得栩栩如生,摆脱了此前流行的“非黑即白”的简单模式。

贝多芬(Ludwig van Beethoven,1770—1827)是维也纳乐派最后一位代表,也是整个音乐史上最伟大的人物。他出生在波恩,祖父是波恩宫廷乐团的乐长,父亲是宫廷乐团的男高音歌手,母亲是厨娘。贝多芬的一生是不幸的,祖父去世后,父亲酗酒成性,家境日益贫困,但同时又强逼儿子长时间地练习键盘乐器,希望家里出现一个莫扎特式的神童。从中年时期起,贝多芬的经济状况明显好转,开始过上富裕的生活,但他的听力却逐渐减退,起初听不到高音,仅能听到低音,后来渐渐地连低音也听不到了。痛苦之下,他准备自杀,写下了著名的《海利根施塔特遗嘱》,但很快醒悟过来:“假如我什么也没有创作就离开这世界,这是不可想象的……”他挑战命运,给世界留下了大量的不朽作品。他终生独身,虽然很多女性崇拜他的才华,但都没有把他选作丈夫。贝多芬做事笨拙,不善于表现自己,也不善于与人交往。他性情孤傲,言谈举止略显鲁莽,尤其是失聪后,逐渐变得有点喜怒无常,在人际交往中疑心重重。但他爱憎分明,具有一种反叛精神。他虽然与贵族们频繁交往,也努力去适应他们的生活方式,却不愿压抑自己的个性。他信仰“自由、平等、博爱”,真诚地拥护法国大革命,将拿破仑视作革命的化身,准备把精心创作的《英雄交响曲》献给他。但不久,当他听到拿破仑要加冕称帝的消息时,失望至极,抓起乐谱封面撕得粉碎，愤怒地喊道：“原来他也不过是个凡夫俗子！如今他也要用脚践踏人权，来满足自己的野心，成为骑在众人头上的暴君了！”

贝多芬先后求教过海顿和莫扎特，三人之间存在着师生关系，但他的作品最具有时代精神。他在器乐和声乐的创作上都表现出惊人的音乐能力和天赋，其中在交响曲和钢琴乐中成就最大。他的作品都具有深刻的思想内涵，结构紧凑，风格厚重，气势恢弘。他将古典主义音乐推到了顶峰，同时又为浪漫主义音乐的兴起开启了新的途径。

浪漫主义音乐强调个人的感情、趣味与才能，浪漫主义作曲家有着强烈的表现欲，要求在乐曲中表现出自己的癖好和对音乐的理解。他们为了更好地表达自己的感受，不惜突破传统的音乐形式，对古典主义音乐形成强大的冲击。如果说，古典主义音乐像线条一样鲜明，而浪漫主义音乐则偏重于色彩和感情，含有许多主观与空想的因素。浪漫主义是对古典主义的解放，使音乐有了更广阔的发展空间，同时为现代音乐的出现创造了条件。浪漫主义音乐的这一特性，使其具有了较强的民族性，作曲家在反映个性的同时，也把自己所属民族的特性融入了乐曲。西方音乐发展到浪漫主义阶段，各民族的音乐家呈现群星璀璨的局面，德意志人失去了对音乐潮流的垄断地位。在韦伯、舒伯特、门德尔松、舒曼、瓦格纳享受盛名的同时，波兰的肖邦、法国的柏辽兹和比才、意大利的威尔第也活跃在欧洲乐坛。很富特色的李斯特，其民族属性较难确定：他出生和学艺于匈牙利，深造于维也纳，青年时居住在巴黎，以后又定居德国魏玛。

五、法国大革命与神圣罗马帝国崩溃

经济与社会发展的影响、思想启蒙运动的激荡、国际变革潮流的推动，所有这些因素，都在推动着德意志各邦国实行程度不等的改革。从普鲁士几代君主的励精图治，到奥地利的特蕾西亚—约瑟夫二世改革，再到莱茵河流域中小邦国的变革，尽管变化的步子远远谈不上“飞跃”，但总在缓慢地跟着时代的步伐。德意志诸邦或多或少地都有自我变革的倾向，在它们的发展历史中，君主因为激烈反对变革、一味推行反动措施、最后被革命力量推上断头台的事，似乎还没有发生过。德意志民族之所以能够实现缓进的自我变革,是由多种因素造成的。第一,神圣罗马帝国尽管在早期曾经领欧洲风气之先,但在后期,已经落后于英法等先进国家,德意志诸邦成了"后发"国家。"后发"国家固然失去了名誉上的光彩,但在发展道路上却有了前车之鉴,能够吸取"先发"国家的经验与教训,较为主动地把握前进的方向。第二,德意志民族比起已经在一定程度上"罗马化"的法兰西民族来,较多地保留了古代日耳曼人的传统。古代日耳曼人的部落酋长制,被后人概括为"领袖产生于民众之中,又扎根于民众"的原则,已经成为一种美好的历史记忆。尽管在基督教化的过程中,具有"神力"的酋长形象被上帝"神授"的君主形象所取代,然而为了更好地维护统治秩序,各邦君主都程度不同地摆出"好家长"、"开明君主"的姿态,做出"亲民"、"倾听民众呼声"的各种举动,以加固"民众共同体"的理念。不少民众认为,在其他国家需要通过革命才能获得的成果,他们已经提前在享用了。第三,德意志民族不统一,邦国林立,这一状况在带来大量负面影响的前提下,也使各邦君主产生了较为强烈的竞争意识。他们为了增强本邦的实力,扩大邦国的影响,纷纷做出各种吸引人才的举动。他们一方面模仿法国"太阳王"路易十四,拨出巨资建造豪华宫殿,以显示邦国的经济实力和邦君的审美情趣,形成目前德国境内宫殿遗址遍地开花的局面,另一方面则广延名士,听取他们的各种建议,既给自己增添礼贤下士的形象,又能实际听到各种良言美策。这些作客邦君的知识分子,确实给各邦君主提出了不少改革的理念和设想,推动各邦实行改革措施。

1789 年 7 月 14 日,巴黎人民攻占巴士底狱,法国大革命正式爆发。革命呈上升路线发展,先后经历了大资产阶级专政、温和共和派专政和雅各宾专政,最后于 1799 年建立拿破仑·波拿巴的军事独裁统治。德意志诸邦的改革措施在法国大革命的对比和冲击下,显得黯然失色。

对德意志民族来说,法国大革命的意义和影响是多重的。从政治现代化的角度看,法国以大革命的形式走在了德国的前头,而且较为彻底的革命内容使善于走"缓进"路线的德意志人相形见绌。因此,法国革命受到德意志知识界的普遍赞誉,绝大部分杰出人士欢迎法国人民的壮举。黑格尔在十年后把法国革命比作"旭日东升"。① 教育家约·亨·卡姆贝编辑出版的《不伦瑞克杂志》发表了不少拥护法国革命、反对德意志邦国反动统治的政论文章。歌德尽管当时持克制的态度,但在数年后写作的诗篇《赫尔曼和窦绿苔》中回忆起人们闻知法国革命胜利时

① 黑格尔:《历史哲学》,三联书店 1956 年版,第 493 页。

的欢乐情景："谁能否认，当朝阳放射出第一道光芒时，当人们听到人人权利平等、鼓舞人心的自由和令人赞美的平等时，他们是如此的情绪高涨、心花怒放和精神振奋。"在欢呼法国革命的同时，不少人产生了变革自身社会的紧迫感。然而从另一方面来说，法国革命过程中出现的各种极端行为，尤其是把国王送上断头台的行动，不仅使德意志各邦君主同病相怜，心怀恐惧，也推动温和的改革派分子逐渐转入反对的行列。他们难以接受法国大革命的那种方式，期待人类社会顺乎自然，发生循序渐进的变化。当时，法国国王路易十六的妻子是奥地利君主、神圣罗马帝国皇帝利奥波德二世的妹妹，当法王夫妇的生命受到威胁时，奥地利乃至其他各邦君主的仇法情绪日益上升。另外，从民族利益和大国争霸的角度看，法兰西民族的崛起，激起了处于四分五裂状态的德意志民族追求统一的紧迫感；当拿破仑势力越出国境，横扫整个欧洲大陆时，德意志民族更是面临着生死存亡的危机，要求统一几乎成了整个民族的呼声。

基于这些原因，德国不同的地区，不同的人物，在不同的时段，对法国革命作出了不同的反应。

在邻近法国的莱茵地区，人们随即展开了激烈的反封建斗争。1789 年秋，特利尔、美因茨、亚琛、萨尔布吕肯、普法尔茨等地相继发生民众拒绝服徭役和缴纳租税的斗争，个别地方还发生了暴动。斗争迅速由西向东，向全德蔓延。翌年春，萨克森爆发了较大规模的农民起义，其他地方的农民也纷纷起来维护自己的权益。城市中的手工业帮工不断骚动，罢工示威时常出现。1793 年初，西里西亚的城市发生织工暴动，得到了农民和帮工的支持。1793 年纽伦堡、1794 年斯图加特和德累斯顿都发生了大规模的罢工和示威。1794—1795 年，汉堡爆发了裁缝工人起义。民主与自由派人士也投入斗争。大学生种植"自由树"，视法国革命为自由新世纪的破晓。市民阶层呼吁废除教士和贵族的封建特权，要求参与政权。一些"奥地利雅各宾党人"甚至打算组建政治组织，号召全德协同起义，响应法国革命，推翻德意志的封建割据统治。

在全德民众广泛开展斗争的基础上，莱茵地区甚至诞生了德意志土地上第一个共和国。1793 年 2 月，"自由和平等之友社"在那里主持"莱茵—德意志国民代表大会"选举，通过全民投票，选出 130 名议员，其中一半以上为农民。3 月，国民代表大会在美因茨开会，宣布成立美因茨共和国。之后，大会委派一个三人代表团访问法国，向巴黎国民公会宣告：美因茨共和国与德意志帝国和皇帝断绝关系，加入法兰西共和国，废除贵族和僧侣的封建特权。然而，该共和国的星火未能在全国燎原，自身也在三个月后被邦君势力推翻。

在德意志邦君中，则有不少人对法国革命持保留态度，他们欢迎法国流亡贵族的到来，让他们在科布伦茨附近定居。普鲁士国王弗里德里希·威廉二世和奥地利君主利奥波德二世立即捐弃前嫌，于1790年夏缔结《赖兴巴赫协定》，为日后对抗法国扫除障碍。随着法国国王路易十六的处境越来越困难，两人的反法态度也日益明朗。1791年7月，在路易十六的出逃计划败露后，利奥波德二世以神圣罗马帝国皇帝的名义向欧洲各王室发出通告，要求共同对巴黎施加压力，逼革命的法国让步，保护法王。7月25日，普奥双方在维也纳签署协定，决定对法国革命采取共同行动。翌年2月7日，双方签订《友好防御条约》，正式结成反法的军事同盟。

然而，就在条约缔结后不到一个月，3月1日，利奥波德二世突然去世，其长子即位，是为弗兰茨二世。新皇帝生性贪玩，懒于朝政，登基后宫廷内日日庆典不断。尤其是名为玛丽亚·特蕾泽的皇后，玩性更足，经常成为化装舞会的中心人物。然而面临着内忧外患，新皇帝也只能勉强上阵，去维护日暮西山的帝国。这时法国政局也发生变化，吉伦特派取代原政府上台执政。吉伦特派主张通过成功的对外战争迫使欧洲各国承认法国革命的成果，因而不顾主和派的反对，于4月20日断然向奥地利宣战。根据普奥双方军事同盟条约的规定，一旦一方遭到法国的进攻，两国必须各派出两万名士兵提供互相援助。为了保证取胜，两国派出了数倍于商定数额的兵力，10万奥军集结在尼德兰和莱茵河上游地区，4.2万名普军集结在摩泽尔河畔，打算一举击溃法军。其他各邦也派出了数额不等的干涉军。不伦瑞克公爵卡尔·威廉·斐迪南曾经在普王手下当过将军，立下一定的战功，担任了对法干涉军的最高司令官。1792年7月25日，他在科布伦茨发表由法国流亡贵族起草的宣言，声称：如果法国王室受到伤害，将把巴黎夷为平地。这一声明非但没有吓倒法国革命者，反而激起他们更强的斗志。8月10日，法国真正推翻了君主制度。干涉军以巴黎为目标，攻入法国境内，直逼巴黎东北一百多公里的小镇瓦尔密。

这时，交战双方的士气和战术是有差别的。从法国方面来说，制度变革所带来的革命热情，使不少青年踊跃参军，军官们也充满着进取精神，经常采用新的战略和战术。而从德方来说，兵员主要来自雇佣军，这种士兵纪律性差，缺乏责任心，他们打仗是同经济利益紧密联系在一起的。同时，统帅们顾惜到雇佣兵的昂贵装备，在战略战术上比较保守，习惯于阵地战和要塞战，常采用线性战术。更主要的是，普奥双方各怀杂念，彼此关心的是借机壮大自己，削弱对方。最终，干涉军惨败，被迫于9月底撤回德意志。法军乘胜进军，于年底占领美因茨、布鲁塞尔和亚琛等大片西部地区。不久,这些地区通过公民投票,宣布并入法国。

首次对法战争失败后,普鲁士转而重点谋划自身的利益,打算瓜分波兰的领土以弥补自己的损失。它先向奥地利提出相关照会,但碰到了软钉子。随后向俄国提出第二次瓜分波兰的建议,①得到响应。1793 年 1 月,普俄双方在圣彼得堡签订条约,商定俄国能得到立陶宛、波多利亚和沃利尼亚,而普鲁士能得到但泽、托伦、波森和卡利什,后两个地方将并成一个新的省份"南普鲁士"。奥地利则一如既往,继续致力于对法战争。在弗兰茨二世的催促下,位于雷根斯堡的帝国议会于 3 月 22 日作出决议,宣布神圣罗马帝国对法国宣战,由此,就把普、奥以外的其他邦国也带入了战争。这时,英法关系已经破裂,法国已经向英国宣战。从 3 月到 8 月,英国先后同俄国、撒丁王国、西班牙、那不勒斯和葡萄牙签订协定,共同干涉法国革命。奥地利和普鲁士也加入其间,这样就形成了第一次反法联盟。

1793 年春,反法联军发起进攻。此时,法国内部党派斗争激烈,反革命势力猖獗,少数军官叛变,反法联军进展迅速,先后收复亚琛,占据比利时,包围美因茨,占领法德边界要塞,甚至进入法国境内。存在仅四个月的美因茨共和国被迫投降。法方紧急行动起来,革命势力恢复了自身的活力,罗伯斯庇尔采取果断有力的措施,组织人民进行抵抗。法军又开始连续取得胜利,到 1793 年收复了国土。之后又一次越出国境,1794 年夏把奥地利赶出南尼德兰,10 月进入科隆和波恩,接着进入科布伦茨和克累弗,对这些莱茵河左岸地区实施了 20 年的统治。

普鲁士再次退出联盟,在同法国秘密谈判后于 1795 年 4 月单独媾和。普鲁士听任法国驻留莱茵河左岸,得到的补偿是由它控制整个北德意志。普鲁士在西部腾出手后,立即东向扩展。同年 10 月,俄、普、奥三方缔结《圣彼得堡条约》,第三次瓜分了波兰。在这次瓜分中,俄国吞并了库尔兰、西白俄罗斯和立陶宛、沃利尼亚的其余部分,奥地利吞并了西加利西亚,普鲁士吞并了包括华沙在内的马佐夫舍地区(位于东普鲁士以东和以南)。至此,有 800 年立国历史的波兰灭亡。

奥地利继续对法作战,并于 1795 年 9 月同英、俄两国结成反对法国的三国同盟。但它的噩运很快来临。1796 年 2 月,法国青年将领拿破仑被任命为进攻意大利的统帅。他利用法军高昂的士气,施展自身的指挥才能,半年里四次重创奥军,夺取了大片奥地利控制区域,并严重摧折了奥军的战斗力。奥地利被迫与法国签

① 第一次瓜分波兰发生在 1772 年,由俄、普、奥三方实施,俄国分得立窝尼亚地区,普鲁士分得西普鲁士地区,奥地利分得加利西亚地区。

订和约(1797 年 10 月 18 日),同意放弃它所属的尼德兰和直到阿迪杰河为止的意大利,同意割让莱茵河左岸地区。第一次反法联盟被粉碎。

形势很快发生变化。随着拿破仑率军南下,渡过地中海向中东地区伸手,在中东地区有巨大利益的英国、作为马耳他骑士团保护人的俄国、以及奥斯曼帝国,都对法国极其不满。奥地利迅速同它们联合,组建起第二次反法联盟,但普鲁士保持中立。1799 年春,35 万联军向法军发起攻击,连连得手。3 月,奥军在奥斯特拉赫打了胜仗,6 月,直逼阿尔萨斯。8 月,俄军在意大利北部击败法军,将之赶出意大利。接着,俄英军队在荷兰登陆。反法联军从意大利、瑞士、莱茵和荷兰四个方向进逼法国。然而,第二次反法联盟比第一次分裂得更快。奥地利独吞意大利的野心引起沙俄的恼怒,沙皇宣布退出联盟,召回全部俄军。恰在这时,震惊于国内危急形势的拿破仑从北非回国,于 11 月 9 日发动政变,成立执政府,并立即挥戈北意大利。1800 年 6 月,法奥军队在北意的马伦戈交战,奥军大败,法军取得决定性的胜利。12 月,法军又在巴伐利亚的霍亨林登战役重创奥军,奥军从此一蹶不振。1801 年 2 月 9 日,法奥双方签订《吕内维尔和约》。根据和约规定,神圣罗马帝国被迫放弃莱茵河左岸地区,放弃比利时和列日,莱茵河就此成为德法之间的边界;原属德意志诸邦的 1 150 平方英里的领土和近 400 万居民划归法国所有;奥地利在 1797 年获得的前威尼斯领地的一部分也被剥夺。

莱茵河左岸地区的丧失,使部分德意志诸侯的领地遭到损失,为了对他们作出适当的补偿,需要对邦国领土和帝国宪法作出调整。拿破仑绕过位于雷根斯堡的德意志帝国议会,在同一个城市召开"全帝国代表会议",对德意志帝国动了一次手术。在法国的支配下,会议于 1803 年 2 月 25 日通过一个名为《全帝国代表会总决议》的文件,对一些事项作出规定。决议以小邦并入大邦的方式废除了 112 个诸侯领地,约有 300 万人因此改变邦国国籍;所有的教会诸侯都被废除,实行教产还俗,只有与会的两个成员例外,即德意志骑士团长和美因茨选侯,该选侯继续以大主教选侯与总主教的身份驻节于雷根斯堡;大部分帝国城市归并给诸侯所有,仅保留六个城市继续为帝国直属城市,它们是汉堡、不来梅、吕贝克、奥格斯堡、法兰克福和纽伦堡。由于科隆选侯和特利尔选侯是教会诸侯,这次被废除,同时有四个邦国上升为选侯邦(符腾堡、巴登、黑森—巴塞尔和萨尔茨堡),因此选侯总数反而增加了两名。

经过这次调整,天主教会的势力受到一定的打击,十名选侯中新教徒占了六名;帝国诸侯中,天主教徒与新教徒的比例为 29∶52。在教产还俗的过程中,封建势力受到较大打击，许多农民成了独立的自耕农。但同时，文化领域也遭受到一定的损失，不少高等学校和文化设施被取消，一些具有数百年历史的纪念碑和见证物被拆除，甚至一些珍贵的艺术品和书籍也遭到损毁。巴伐利亚、符腾堡、巴登等邦国扩大了领土，并摆脱了对哈布斯堡王朝的从属关系，在法国的算盘中，它们是对抗普、奥两邦的有力武器。

在德意志邦国实施调整的同时，英法矛盾又趋尖锐。由于法国占领了英国的君合国汉诺威，英国开始组建第三次反法联盟，成员包括俄国、瑞典和那不勒斯，奥地利加盟，普鲁士仍守中立。但法国方面已不再孤立，除西班牙外，巴伐利亚、巴登和符腾堡也站在它的一边。德意志人为了法国的利益自相杀伐。

1804 年 12 月 2 日，拿破仑在巴黎圣母院加冕称帝，之后他先发制人，首先集中力量打击奥地利。1805 年 10 月，法军在乌尔姆消灭奥军三个军团，之后继续向维也纳挺进，于 11 月开进这座名城。法军向北追击俄奥联军，进入摩拉维亚，于 12 月 2 日展开著名的奥斯特利茨战役，由于当时法、奥、俄三国都实行帝制，三个皇帝又亲自出征指挥，该战役又称“三皇会战”。拿破仑在这场战役中巧妙指挥，最后以伤亡 0.9 万人的代价毙伤对方 1.5 万人，俘获 1.1 万人，取得辉煌胜利，在人类军事史上添上浓重的一笔。几天后，奥地利被迫请求停战，并于 12 月 26 日签订条件非常苛刻的《普雷斯堡和约》。根据和约，奥地利放弃全部意大利领土，把蒂罗尔和福拉尔贝格割让给巴伐利亚，其他南德领地割让给巴登和符腾堡。奥地利总共割让出 1 140 平方英里、80 万居民的地区，由此丧失了 1/6 的臣民和 1/7 的国家收入。哈布斯堡王朝在德意志的优势地位迅即下降。此外，它还必须承认巴伐利亚和符腾堡升格为王国，巴登为大公国。

拿破仑打败了第三次反法联盟后，立即筹划组建独立于奥地利和普鲁士的“第三德意志”，以进一步摧折神圣罗马帝国。当时，奥、普以外的中小邦国都力图摆脱顶着“皇帝”冠冕的奥地利的控制，并趁机扩大自己的领土，这种心态被拿破仑及时抓住。1806 年 7 月 12 日和 16 日，在拿破仑策动下，巴伐利亚国王、符腾堡国王、巴登大公、黑森—达姆斯塔特大公以及拿骚的几位公爵、列支敦士登侯爵等 16 个德意志邦国的代表，在巴黎签署《莱茵联邦议定书》，正式宣布：自 1806 年 8 月 1 日起，放弃德意志帝国的爵位，脱离帝国，组成莱茵联邦，设两院制的议会于法兰克福。根据规定，莱茵联邦和法国之间组成攻守同盟，只要欧洲大陆上发生战争，成员国的军事力量就要供拿破仑支配。可见在拿破仑眼中，“第三德意志”不仅是拆散德意志帝国的有效工具，也能构成应对奥普的有力拱卫。

至此，神圣罗马帝国已经彻底失去了存在的基础。早在 1804 年夏，拿破仑就在巴黎召见奥地利的全权代表，要求弗兰茨二世自动摘下神圣罗马帝国的皇冠。弗兰茨二世立即召集亲信商议，决定以放弃德意志的一致性来保全哈布斯堡王朝的利益，并防止拿破仑在德意志称帝。8 月 10 日，弗兰茨二世正式向大臣和大议会宣布组建“奥地利帝国”，由自己担任皇帝，称弗兰茨一世。他在公告中表示：“为了我们和我们的皇位继承人，为了我们独立的王国和各邦的完整，我要以我们家族的名义，最郑重地接过奥地利世袭皇帝的皇冠；我同时规定，我们所有王国、各诸侯国和各省，应继续照旧保留自己一直沿用的封衔、宪法和特权不变。”[①]奥地利帝国的统治范围包括奥地利、匈牙利、上西里西亚和波希米亚等地。1806 年 8 月 1 日是《莱茵联邦议定书》生效的日子，就在这一天，拿破仑发出通知，表示他不再承认德意志帝国。8 月 6 日，奥皇发表宣言，宣布神圣罗马皇帝的称号已不复存在，一切帝国议会等级代表的义务也已解除，他本人仅仅保留奥地利皇帝的头衔。这样，德意志民族的神圣罗马帝国寿终正寝。[②]

拿破仑摧垮奥地利以后，便集中力量对付普鲁士。而普鲁士也对拿破仑出尔反尔的行为不满，因为在奥斯特利茨战役后，普鲁士曾帮助法国封锁英国海面，换得了对汉诺威的控制权，然而很快，拿破仑又答应把汉诺威交还给英国。不满之下，普鲁士于 1806 年 9 月联合同样对法国不满的俄、英两国，组成了第四次反法联盟。10 月 1 日，普鲁士向法国致最后通牒，要求拿破仑退出南德意志，并同意在普鲁士领导下建立一个北德意志联邦。拿破仑对此不屑一顾，不愿费神予以回应。9 日，普鲁士对法国宣战，战争爆发。

当时，普鲁士几乎没有什么优势。10 月 10 日，其前锋部队在萨尔战场被法军打败。14 日，两军在耶拿和奥尔斯塔特交锋，法军全歼普军，并乘胜占领普鲁士的大部分领土。普鲁士国王及政府逃往梅梅尔。27 日，拿破仑亲自率军进入柏林，并通过具有象征意义的勃兰登堡门。法军继续向东推进，年底进入普鲁士东部。普军在俄军支持下，艰难地继续抵抗，但终难挽回败局。1807 年 6 月，俄国沙皇与拿破仑在涅曼河上的木筏里亲自会晤，沙皇以普鲁士的利益为代价，向拿破仑作了巨大的退让。7 月 7 日，两国签订了《提尔西特和约》。两天后，普鲁士国王也在和约上签字。和约除了规定俄国有权夺取原属瑞典的芬兰外，主要内容是对普鲁士

① Walter Schmidt, *Deutsche Geschichte*, Band 4, *1789—1871*, Pahl-Rugenstein Verlag, Köln, 1989, S.53.

② 神圣罗马帝国的皇冠、金苹果、权杖等皇帝信物，现保存在奥地利。

1806 年 10 月普法耶拿战役

的惩罚，其中规定：剥夺普鲁士在波兰夺得的全部领地，在这些领地上组成华沙公国，由萨克森国王管理（实际归法国统治）；普鲁士易北河左岸的全部领土划归新成立的威斯特伐利亚王国（国王由拿破仑的弟弟热罗姆担任）；普鲁士军队从 14 万人裁减到 4.2 万人，如果法国与奥地利重开战事，普方必须提供其中的 1.6 万人供法方使用。和约使普鲁士失去了一半以上的领地，国土变得支离破碎，人口也从 1 000 万骤降到 450 万。其后续签署的补充条款还规定，普鲁士向法国赔偿 1.545 亿法郎，在付清前由 15 万法军驻扎在普鲁士，占领费用由普方支付。和约严重摧折了普鲁士的实力，把它降到了小国的地位。

六、斯泰因—哈登贝格改革

《提尔西特和约》的签订，使德意志民族的地位降到了历史的最低点。奥地利和普鲁士两个最有实力的邦国遭到严惩，神圣罗马帝国的皇冠落地，大部分德意志领地被拿破仑占据和控制。

拿破仑对德意志的统治，对德意志民族来说，影响是双重的。从现代化的角度看，拿破仑统治德意志期间，按照法国的模式，在控制区内实施强有力的改革，较为彻底地清扫了原先阻碍社会发展的各种封建制度，推动德意志民族赶上改革的步伐。然而从民族意识和大国争霸的角度看，法兰西民族的崛起乃至对德意志民族的侵占，极大地伤害了德意志人的民族情感，推动他们起而反抗。

拿破仑对其德意志控制区的改革，包括以下几个方面。

革除古老的典章制度，推行《拿破仑法典》。拿破仑十分强调法治，他在给胞弟、威斯特伐利亚国王热罗姆的信中告诫道："德意志的各邦人民，像法兰西、意大利、西班牙等国人民一样，也需要平等和自由的思想……我确信特权阶级耀武扬威到处都是遭人憎恶的。你要做一个立宪的国王。"于是，法国大革命的一些积极成果在德意志广为传播。法院与行政机关分离，世袭官职和鬻卖官职消失，王公高官滥用财政遭禁止，国王也列在文官薪俸表上，个人开支同政府开支严格分列。

打击教会势力，取消教会特权，打破政教合一的传统观念。在很多地方，赶走教会和主教，解散修道院；废除什一税，没收教会财产；取消教会法庭；法律保证信仰自由，天主教徒、新教徒、犹太教徒和不信教者，同享公民权。然而，诚如上文所述，在不少反对天主教的地方，文化事业遭到一定的伤害。

废除封建等级制度，摒弃贵族免于纳税、占据官职、控制军队等特权，建立个人在法律上的平等权利，各种职业和职位向有才能的人开放。同时取消行会法规，宣告人人享有劳动权。

废除农奴制，解除农民对地主的封建义务。经过改革，领主丧失了对农民的管辖权，农民由领主的臣民变成邦国属下的人民，拥有就业、迁徙、婚姻和诉讼等自由。由此，在德意志西部和西南部，像在法国一样，形成了人数众多的拥有小土地的自由农民。

然而近千年来，德意志人顶着神圣罗马帝国的光环，一直执欧洲之牛耳，成为欧洲的霸主。对于形成统一的民族国家，一部分人热切盼望，发出了"德国？它在哪里？我找不到那块地方"（席勒语）的呐喊，然而更多的人曾经陶醉于邦国林立的现状，热衷于古希腊的城邦制，认为小邦分治比在庞大国土上实行中央集权制的法国优越，能够体现"开明专制政治"的理想。然而在法国军力的冲击下，德意志民族不仅光环不再，连自身的领地也被法国占领。法国的扩张和对占领区的专横行为，推动了德意志的民族意识快速上升。连原先赞同启蒙运动和世界主义的学者，也开始倾向浪漫主义，宣扬德意志的民族权利。德意志的浪漫主义在法国扩张行为的冲击下发生转变，成为德意志人反对法国人、反对法国革命和反对革命精神的思想武器。之后，德意志浪漫主义明显地不同于其他国家的浪漫主义，它采取更加极端的形式，更深切执著地控制着德意志的精神生活，追求政治上保守的民族主义。活跃在海德堡的学者，成为这股思潮的核心力量。“自由与统一”，成为此后大部分德意志人的主要追求。

对法战争的失败，使不少明智之士看到了加快改革步伐的必要性。照旧维持农奴制，非但不能使德意志摆脱拿破仑的统治，而且也无法挽救容克政治的破产。贵族骑士斯泰因告诫：“如果国家要想在迅速改变的世界中保存自己，就必须对封建秩序进行改革。”开明容克哈登贝格则鼓吹“将法国革命的思想运用到普鲁士”，同时保留传统的君主制度。他在1807年给弗里德里希·威廉三世的奏折中写道：“陛下！我们必须自上而下地做法国人自下而上地做的事。”

大力推动普鲁士改革的路易丝王后

当时，德意志各邦国都面临改革的重任。然而，成为“第三德意志”的莱茵联盟各邦的改革，带有太多的法国色彩，在民族意识上升的背景下，难以成为大多数德意志人心中的圣地。最强大的邦国奥地利，尽管遭到法国的沉重打击，但拿破仑对奥地利的政策，主要是割地赔款，并没有摧毁其封建专制统治的基础，加上弗兰茨一世生性软弱耽玩，没有能力保持自特蕾西亚以来不断进行的改革势头。尤其是1809年梅特涅掌握国政以后，奥地利的政治倾向日趋保守。而普鲁士，虽然1806年以后缩回到了易北河以东旧有的领地，但它是全德诸邦中对法国依附性较少的独立王国。因此，在德意志爱国者心目中，它具有民族主义的道义优势。1797年11月，弗里德里希·威廉三世即位，新王虽然胆小怕事，缺乏决断力和灵活性，但从小受到法治教育，承认应该把臣民看作自由的公民，即位后即清理宫廷，辞退了其父的宠臣。尤其是他的妻子路易丝王后（Luise，

1776—1810),在智力和性格上都强于丈夫。根据近年来德国史学界的研究成果,王后在支持改革方面作出了较大的贡献。这样,普鲁士就成了全德争取民族自由、变革旧制度的中心,一大批有较高文化素养的爱国志士奔向那里,共商民族独立和国家振兴大计。实际上,19世纪初普鲁士的改革,正是德意志民族共同创造的业绩。活跃在普鲁士土地上的优秀人物,不论是思想家费希特、黑格尔,军事改革家格奈森瑙、沙恩霍斯特,还是政治改革家斯泰因、哈登贝格,他们都不是普鲁士人。

斯泰因

在普王夫妇的主持下,1807年9月,斯泰因男爵(Heinrich Friedrich Karl Frhr. Vom und zum Stein,1757—1831)被任命为普鲁士首相。斯泰因出身于拿骚一个有五百年历史的帝国骑士家庭,父亲曾任美因茨选侯的枢密大臣。他16岁时入格丁根大学学习法律,在那里受到英国古典政治经济学的影响,倾慕英国的宪政和孟德斯鸠的三权分立思想,潜心研究法国的启蒙思想以及康德和费希特的哲学。此后,他在韦茨拉尔帝国法院实习,并去各地考察,包括南德的一些宫廷、雷根斯堡的帝国议会和维也纳的宫廷枢密院。以后他又去英国旅行,对英国式资本主义的政治经济体制有了较深刻的了解,这使他比易北河以东那些抱残守缺的容克更能适应新时代的潮流;但同时,他又坚决反对法国式的革命激进主义,力主实施改良。在选择就业地点时,他没有到当时最强大的邦国奥地利去,而是选择了普鲁士。先是出任威斯特伐利亚矿务局长和高级矿业顾问,后担任整个莱茵—威斯特伐利亚地区的行政长官。1804年,他被任命为普鲁士税务工商大臣,从而进入柏林的政府机关。任职期间,他废除了邦国内部的关税,并准备建立普鲁士统一的经济区,但由于时间较短,阻力较大,成效不太明显。在1806年普鲁士遭到惨败时,他立了大功,设法保全了国库的财产,并将其带往梅梅尔供普王使用。在签订《提尔西特和约》期间,拿破仑坚决要求普王将哈登贝格首相免职,然而令人费解的是,哈登贝格和拿破仑都要求让斯泰因继任,于是斯泰因顺利地当上了普鲁士首相，并立即开始实施较大规模的改革。

斯泰因改革的基本思想，是把以等级出身为基础的君主专制国家转变成以财产（阶级）为基础的现代立宪国家，实现这个目标的关键，是把君主的臣民变成真正的国家公民。为了实现这一目的，他着力于废除人身依附关系，解放农民。1799—1805年间，普鲁士曾在王族领地上实施解放农民的改革，但私人领地上的农民基本保持原状。斯泰因格外憎恨易北河以东的容克对农民的残酷压榨，谴责那里的贵族宫殿是“虎狼之窟，这些虎狼把周围的一切糟蹋殆尽，自己置身于墓穴一样死寂的环境中洋洋自得。”改革措施主要体现在被简称为“十月敕令”的法令中，其全称为《关于放宽土地占有的条件限制和自由使用地产以及农村居民的人身关系的敕令》，因颁布于1807年10月9日，故名。法令坚持“农民解放”和“地产自由”两项原则，规定废除一切人身隶属关系，取消全部世袭的、非世袭的、契约的依附关系，宣布“在朕之全部国境内，自1810年圣马丁节（11月11日）起，废除一切庄园的农奴制，在1810年圣马丁节之后，只有自由人，如朕在各省国有土地上已有的情况那样。”同时解除了土地买卖和流通中的种种封建限制，规定农民有权支配自己的财产，可以离开土地自由选择职业，自由决定婚事等，允许市民和农民购置庄园的地产，也可以自由经营工商业，包括贵族和容克地主，他们可以进一步扩大自己的地产，也可以迁入城市从事工商业。斯泰因推出此项措施的目的，是效仿英国模式，建立强大的自耕农阶层，然而由于后续的（哈登贝格的）改革措施不配套，获得人身自由的农民，要么成为没有土地的雇工，要么背上沉重的债务，未能实现原先的理想。

为了扶植资本主义工商业，刺激庄园地产的资本化，确保农业改革顺利进行，斯泰因又着手实施市政改革。1808年11月19日颁布了《普鲁士王国各城市法规》，规定：城市有自治权，有财政、教育和公共事务管理权，国家只保留对城市的最高监督权、司法权和部分警察权；城市的行政中心是市议会，议员由选民无记名投票选出。按规定，年收入在150塔勒（大城市为200塔勒）的市民就有选举权。这就摒弃了封建等级观念，确认了以财产和收入决定人的社会地位的资产阶级法则。根据法规要求，1809年4月柏林举行首次选举，15.6万居民中有1.1万人参加选举，选出的102名议员均为有产者，即商人和企业主。工商业资产阶级开始执掌城市的权力，封建行会在政治上遭到沉重打击，面包业、屠宰业、摊贩等行会甚至被取消。斯泰因原先打算把市政改革的精神推向农村，实行乡村自治，后因被迫离职未能实现。

斯泰因改革的第三个方面，是国家行政机构改革。普鲁士君主与其他很多德意志邦国君主一样，有亲自主政的传统，而普鲁士又是一个领土扩张较快的邦国，因此在国家发展过程中，形成了领导机构重叠、管辖范围互相交叉的现象。当时，政府机构由位于柏林的"总执行局"统揽，而国王长期住在波茨坦，经常依靠身边的内阁去推行各种指令。内阁拥有相当的权力，但又不是国家行政机构的组成部分。1808 年 11 月 24 日，斯泰因发布名为《改善国家最高行政管理机构的规章》的文件，据此，取消了内阁制度，同时解散总执行局，代之以责任制的大臣，成立内政、财政、外交、军政、司法五个部，分管各领域的国家事务，各由大臣统领。原计划在五个部之上设立一个国务院作为最高行政机关，既用于防止各个部任意妄为，又有权任命各地的行政长官作为中央与地方的桥梁，后由于斯泰因被迫离职，暂时未能实现，但在哈登贝格执政时期成为现实，首相成为国务院的首脑。

斯泰因还提出过军事改革的设想，要求实行义务兵役制，组织地方武装，改革军官团，废除贵族特权。但因时间仓促，这些设想并未形成法律文件，而是由后人付诸实践。

斯泰因的改革措施冲击了普鲁士容克的特权地位和官僚体制，因而招致容克的激烈反对。特别是当易北河以东的庄园主获悉斯泰因准备把改革进一步扩大和深化的时候，更是视之为祸害。他们狂呼"斯泰因比拿破仑更严重地损害了普鲁士国家"，叫嚷"宁要三次耶拿战役，不要一个'十月敕令'"。他们终于找到了复仇机会。原来，斯泰因对拿破仑久久不肯从普鲁士撤军很反感。他在出任首相前夕写下了《拿骚备忘录》，慷慨激昂地号召人民团结一致，"恢复对祖国、对独立和民族荣誉的感情。"掌权后便把迫使法军从普鲁士撤走、摆脱拿破仑制约作为外交活动的中心。1808 年上半年，西班牙人民举行反法民族起义，斯泰因大为振奋。当时，赛因—维特根斯泰因侯爵打算寻求英国的帮助，在西北德举行反法起义，斯泰因在一封致侯爵的私人信件中，期望全德支持正在酝酿中的奥地利反法战争，并主张在北德做好起义的准备。不料，反对改革的容克设置圈套，使这封信落入法国人手中。拿破仑勃然大怒，一方面加重对普方的处罚，另一方面则于 1808 年 12 月 16 日从马德里的行辕下了一道手谕，通令缉捕斯泰因。该手谕说："1. 那个试图在德意志制造不安的名叫斯泰因的人，被宣布为法兰西和莱茵联邦的敌人。2. 该斯泰因的财产，不论在法兰西，抑或在莱茵联邦各国，全部予以没收。3. 该斯泰因不论在何处，只要我们的或我们友军的部队力所能及，应加以逮捕。"普鲁士宫廷乃至全德为之震动。此前，斯泰因见势不妙，先行向普王提出辞职，11 月 24 日获准后即逃往国外。他先到哈布斯堡王朝控制下的布隆(位于捷克地区),两年后迁往布拉格。1812年春随着俄法矛盾尖锐,他受邀到沙皇宫廷担任外交政策顾问。1813—1815年,他同其他爱国者一起共同组建"德意志事务委员会",致力于德意志的解放事业和建立德意志民族国家。

斯泰因离职后,由于普鲁士宫廷顾忌拿破仑的干预,还不敢让哈登贝格继任,而是选择了多纳—阿尔腾斯泰因担任首相。然而该首相庸碌无能,使普鲁士的局势日渐混乱,政府已无法维持。这一局面连拿破仑也难以忍受,于是普王于1810年10月27日任命哈登贝格担任首相。

哈登贝格

哈登贝格(Karl August von Hardenberg,1750—1822)出生在不伦瑞克附近其母亲的庄园里,但父系属汉诺威的贵族。6岁起随母亲在汉诺威居住七年,由家庭教师教授语言、历史和地理课程。16岁起先后进入格丁根大学和莱比锡大学学习,期间结识了歌德等知名人士。在大矿主海因尼茨的提携下,进入政界任职,先后在不同的邦国、不同的部门担任要职。1772年(22岁)到德意志各地旅行,大大开阔了政治视野,在当时的日记中已经透露出很强的观察能力和判断能力。1798年获得普王青睐,政治地位进一步上升。1804—1806年出任普鲁士外交大臣,在一系列的对法谈判中,以圆滑世故的手腕同拿破仑周旋,为保持普鲁士的独立地位而努力。哈登贝格与斯泰因两人私交很好,都热衷于改革,但两人的行事风格相去甚远。斯泰因品格高尚,恪守道德准则,而哈登贝格圆滑世故,追逐功名,刚愎自用,平时喜爱寻欢作乐。在改革方式上,两人也有差别,哈登贝格反对农奴制,要求变革现状,但倾向于采用开明专制主义的统治形式,尽量使改革措施照顾到容克贵族的利益。在普鲁士的土地上,也许他的主张更能得到推行。1807年9月,他曾经写过一份《里加备忘录》,集中反映了他的改革理念。他认为,在对国家进行必要的根本治疗时,关键在于真正领悟时代的精神,进行一次善意的革命,在政府中实行民主的原则,但不能把政治权利交给民众,而是在维护并加强政府权威的前提下，在资产阶级生活中、在经济方面运用自由和平等的原则。他拥护法国革命，却拒绝法国的变革方式，“那种由于政府的明智，而不是由于内部或外部的暴力冲击所致的革命，就是我们的目的，我们的基本原则。”尽管如此，哈登贝格仍然不失为普鲁士杰出的改革家，在1810—1822年担任首相期间，继续斯泰因的未竟之业，在三个方面推出各项改革措施。

最主要的改革还是集中在农业方面。1811年9月14日，普王颁布了《关于调整地主和农民之间关系的敕令》，简称“调整敕令”。其总的精神，是规定农民可以把正在使用的土地转为己有，途径是向庄园主赎买义务。一旦赎买行为成立，附着在这些产业上的一切义务和权利即行解除。敕令分两大部分。第一部分涉及尚未具有所有权的世袭农民地产。第4条规定：“无论领有教会领地、国有土地、或私人庄园的任何世袭田庄或地产的一切现有业主，均可称为完全农民、半农民、茅舍农或小农，或其他的地方性名称，他们在按照下列规定向庄园主赎买义务后，均可将其田庄转为自身财产。”第10条规定：“当依附农将全部地产的1/3割让给主人，那么，庄园主应该满足于此，应放弃对于世袭农民的田庄所有权。”（如农民的保留地太小，割让后的剩余土地不足以维持生活，则可保留全部土地而支付相当于常年地租25倍的货币。）第12条规定：“虽然一般情况下，赎买必须交出包括田地、边地、草地、畜牧场、小树林的全部地产的1/3，但是当事人双方也可以自由达成协议，以现金或以实物租、货币租进行偿付。”第二部分涉及非世袭的农民地产。第35条规定：“属于这一等级的田庄有：以租税、租金和劳役为条件，庄园主将此田产不定期地，或者在一定年限内，或者以农民的一生，出让给农民使用的田庄”，此类农民亦可将他们的田庄转为自身财产。为此，第37条规定：“庄园主……有权将此类田庄的田地、边地、草地、畜牧场和小树林的一半，并入自己的庄园。”敕令还规定，关于劳役和其他义务的赎买和调整，以两年为期，采取协商的办法解决。

然而，开始时该敕令实施得不太顺利。民族解放战争期间，没有更多的精力去实施改革；维也纳会议后，封建势力抬头，容克地主抵制改革的进行，并趁机侵占在战争中阵亡的农民的田地，孤儿寡妇被逐出家园。但哈登贝格发挥其柔中带刚的特性，既坚持改革的大方向，同时又对具体措施作出修正，使之更加符合容克的利益。1816年5月29日，普鲁士公布一项《王家宣言》，对1811年的“调整敕令”作出修正，对可以赎买封建义务的农民的范围作了限制，包括至少拥有能用于耕作的牛马，以及所拥有的土地是在1763年（该年普王下令，严禁地主驱逐农民）前就已经登记入册的（标准年代在各省不一致，一般指50—60年前就已存在的农民田庄)。如此一来,有权赎买封建义务的农户数量就大为减少。

以上两项法令,连同1821年的《义务解除法》和《公有地分割法》,构成了哈登贝格的农业立法,它的实施交由一个1817年成立的总委员会负责处理。这种"普鲁士式道路"的农业资本主义化,历时数十年,直到19世纪40年代末才基本完成。这方面的改革为农业资本主义关系的发展创造了比较有利的条件。从1816年到1848年,普鲁士有35万农户赎回了封建义务,变成了自己份地的所有者。地主在农民赎买的过程中,得到了约150万摩根的土地和1 850万塔勒的现金。赎买了封建义务而成为小生产者的农民急剧分化,少数上升为富农,大多数破产变成雇佣劳动者。同时,地主则利用攫取来的大量土地和赎金,逐渐将其庄园改为资本主义方式经营。

当时,其他各邦也先后实施了农奴制改革,巴伐利亚在1808年、拿骚在1812年、符腾堡在1817年、黑森—达姆施塔特和巴登在1820年、库尔格辛在1821年,都宣布废除了农奴制。

第二方面的改革内容集中在财政和工业领域。1810年10月27日颁布的《财政敕令》,成了工商业和经济改革的纲领性文件。该敕令的要点包括两个方面。第一,按平等的原则对国家的税收制度作一次全面的改革。具体方法是,建造新的纳税人登记册,并按此确定主要的税款。敕令指出,这样做并非为了增加税收,而是要按照普遍纳税的原则,平等、适当地分配税额,取消免税特权。第二,实行营业自由,废除中世纪王侯拥有的限制工商业的禁令特许权和强制特许权,取消束缚工商业经营的桎梏,废止以前实行的工业税,简化关税。

根据《财政敕令》的精神,1810年10月28日以后陆续颁布了四个《工业税敕令》,这些法令成为新经济法规的基础,为企业主提供了自由经营的平台。这些法规的要点包括三个方面。第一,实行普遍的工业税,无论在城市或农村,从事或准备从事商业、工业和手工业者,均有义务置办营业执照并照章纳税。这样一来,复杂而混乱的不合理税收变成了一种现代税收制度,而且在所得税中开始实行累进税,试图保护低收入者。然而,贵族的免税特权直到1861年才得以废除,而且还给予了一定的补偿。第二,赋予完全的营业自由,取消束缚经营的桎梏。此举有利于工业新发明和新的生产方法的推广使用,有利于安置大批劳动力,增加国家税收。它构成了普鲁士经济高涨和工业化的前提。第三,取消一切行会的强制,规定每个成员可以自由退出所属行会,每个行会可以经多数成员的表决而解散,实行完全的经营自由。在斯泰因改革时期,《城市法规》已经在政治上打击了封建行会,现在,哈登贝格的工业立法又剥夺了行会的经济权力，事实上取消了行会，自由竞争开始在普鲁士工商业中占据主导地位。

第三方面的改革涉及社会领域。1812 年 3 月 11 日，颁布了《关于犹太人公民地位的敕令》。敕令承认了犹太人的公民地位，规定永久居留在普鲁士境内的犹太人及其家庭，"应视为本国人和普鲁士国家的公民"，同享公民的权利，同尽公民的义务。但是，他们必须向当局申报其固定使用的姓氏，在商业账册、合同撰写和法律意愿的表述方面，使用德语和其他一种活文字，在签名时，只能使用德语或拉丁语，如违反规定，"将被作为外国犹太人看待"。根据敕令和补充规定，本国犹太人"可以担任科学方面的教师职位，担任他们已很内行的、学校的、村镇的公职"，"可以从事商业和工业，并可获得地产以及正式的教育职位和乡镇职位"，但不能担任司法的、政府的、军官的职位。而外国犹太人，不允许担任教士和教会职员，不允许任助理教员，也不许从事企业的或家庭的工作。在中世纪天主教会占优势的年代里，犹太人在欧洲普遍遭到排斥，但启蒙运动的思想家普遍反对歧视犹太人，主张生而平等的人类应该彼此宽容与合作，法国大革命带头实践这些思想，并推动它们向各地辐射。普鲁士的这项解放敕令在相当的程度上改善了境内犹太人的处境。

哈登贝格改革同斯泰因改革形成一个整体，它们为普鲁士的社会转型起到了关键性的作用，使普鲁士完成了其他欧洲国家需要用暴力和流血来实现的变革，为普鲁士乃至德意志的发展奠定了很好的基础。

七、普鲁士的军事和教育改革

军事和教育改革是 19 世纪初普鲁士整体改革的组成部分，这两个领域的改革同其他领域的改革连成一气，彼此激励，在普鲁士王国这个舞台上演出了精彩的一幕。

军事改革的领导者是沙恩霍斯特（Gerhard Joh. David von Scharnhorst，1755—1813）。他同样不是普鲁士人，出生在下萨克森的博尔登瑙一个农民兼兵士的家庭。青年时代曾跟从优秀的军事理论家绍姆堡伯爵，先在军事学校学习，后在其部

沙恩霍斯特

队里服役。1783 年(28 岁)起,他在汉诺威军队中服役,参加了第一次反法联盟战争。他早年就受到启蒙运动的影响,认识到人民军队比雇佣军队优越,通过反法战争中的亲身观察,更加体会到法国革命对军事改革的影响力。他确信,德意志各邦国只有彻底改革军队体制,在民众中开展军事教育,才能战胜法国的国民军。1797 年,他发表《论革命战争中法军取胜的一般原因》一文,由此成为闻名的军事作家。他通过分析美军在独立战争中获胜的原因,深切理解到军队法规与国家整体情况之间的关系。1801 年起,他进入普鲁士军队供职,授中校衔,并担任柏林军事学院院长。1806 年参加反法联盟战争,在参谋部供职。就在这段时间里,普王被他质朴而坚定的举止所吸引,希望通过他来增强普鲁士的军事力量。从 1807 年起,沙恩霍斯特的地位一路上升,晋升为少将,并担任"军事改组委员会"主席。该委员会的主要任务是整顿军队,把怯懦无能者清除出去。1808 年,他成为国王的侍卫官长,翌年在新成立的军政部中担任军务局长。在斯泰因被迫离职、而哈登贝格尚未接任的"空档"里,沙恩霍斯特还成了普鲁士改革派的重要领袖。借着这一机会,他领导了普鲁士的军事改革。

沙恩霍斯特在推行改革的过程中,得到两位重要人物的协助,一位是格奈森瑙,另一位是更为著名的克劳塞维茨。格奈森瑙(Neidhardt von Gneisenau,1760—1831)出生于中德的破落贵族家庭,曾在埃尔富特大学学习,后在奥地利等地服役。1782—1783 年作为少尉在北美的英国军队中供职,据此熟悉了北美殖民地人民为争取独立所采用的有效作战方式。1786 年起转入普鲁士军队,在多次参加对法作战后,对拿破仑形成一种复杂的看法。在军事上,他敬佩拿破仑的战略战术,自认是其学生,但在民族情感上,他又极其憎恨拿破仑。克劳塞维茨(Karl von Clausewitz,1780—1831)以《战争论》而闻名,但这本书是他在参与军事改革后,担任普鲁士陆军大学校长期间写作的。他出身于马格德堡附近一个已接近于平民的小贵族家庭,12 岁作为士官生进入军界,19 岁进入陆军大学学习。1806 年参加耶拿战役,被法军俘虏,一年后回国,积极呼吁普鲁士实施军事改革。以后他担任沙恩霍斯特办公室的主任,成为军事改革的中心人物。

针对普法战争中暴露出来的普鲁士军队中的问题——贵族充任军官、雇佣兵制、野蛮的体罚及落后的训练和作战方式,沙恩霍斯特等一批有远见的军官认识到,要使普鲁士军队和民族融为一体,使军队成为民族的有活力的机构,就必须改革军事制度。早在 1802 年,沙恩霍斯特就发起组织"军事协会",创刊《军事手册》,将许多将领聚集在一起,研究军事问题,批判不合理的军事制度。《提尔西特和约》之耻更激起这批爱国军官的改革热情。改革的总方向是,以法国军队作为样板,改造军队,使军中服役不再成为令人可恨的强迫行为,而成为公民的荣誉和责任。

改革的首要内容,是废除雇佣兵制,实行普遍义务兵役制。普鲁士军队从 1733 年起,大约有一半士兵是从欧洲各地和德意志其他各邦招募的,另一半由本邦服役者组成,军队结构显得涣散无力,不太适应 19 世纪的需要。军事改革废除了雇佣兵制度,不再招募外国人入伍,同时取消了连队经理制度,以新的方法组建军队。自 1813 年 2 月 9 日起,废弃 1792 年《军事法》所规定的全部特权和例外,如纳税的富裕市民免服兵役、农村与城市平民的服役年限长达 20 年等,为每个有作战能力的公民规定了同等的服役义务。根据规定,凡年满 17—24 岁的青年,可以自己选择兵种,参加步兵、骑兵或炮兵,只有符合特殊规定的极少数青年,如寡妇的儿子、家庭的唯一供养者、现职的低级官吏或教士等,可以免于服役。这样,就大幅度增加了兵力来源。但与此同时,士兵的服役期限大为缩短,期满后再进入国民预备军。由于当时拿破仑强迫普鲁士将兵力压缩至 4. 2 万,沙恩霍斯特采取了一种"速成兵"制度,以变相地扩充军队。根据周密的计划,每个连队每月给 3—5 名士兵放假,再由同样数目的适龄青年顶替,他们经短期训练后立即离开军队。通过这种不断的短期轮训培训了一支数量很大的后备力量,至解放战争时,普鲁士竟在法国的监视下,四年内训练出 12 万—15 万名士兵。

其次,放弃单一的正规军制,建立国民预备军制度,以提高国家的战斗能力。1813 年 3 月 17 日发布《后备军条例》,规定组建三种后备军。第一预备军由 26—32 岁的男子、适龄应征但没有入伍的男子、退伍军人等组成,其职能是战争期间参与正规军作战。第二预备军由 40 岁以下的男子组成,负责战争中的警备任务并为正规军提供后备力量。第三种为地方民兵,由 17—50 岁男子中的剩余人员组成,主要任务是战时保护交通线,配合正规军打击敌人,必要时也可以上战场。此外,政府还鼓励组建“志愿军团”,吸收20—24岁的青年参加,其中不少是知识青年和大学生。

正规军、后备军、志愿军,三者构成新的军事体制,其效果是双重的。当时,德意志面临着摆脱法国的军事控制、实现民族解放的重任,此后,还有实现民族统一的任务,因此,实行全民皆兵式的军事体制,能够为这些任务的完成提供保证。但是,普鲁士本来就有“军事立国”的传统,当时为摆脱危机而实施的措施,非但没有削弱这种传统,反而进一步加深了原有的色彩。一旦民族解放和统一的大业完成,这种传统就有可能形成一股不可遏制的惯性,发展成黩武主义,进而危及周边国家的安全,损害欧洲乃至世界的和平。

再次,在军队内部,取消贵族垄断军官职位的特权,改为主要以文化水平和实际能力作为选拔军官的依据。在1786年即弗里德里希大王逝世之年,普鲁士军官团中90%的成员是贵族,将军中没有一人出身于市民。1807年沙恩霍斯特主持“军事改组委员会”的工作后,即以该机构为抓手,惩处那些在1806—1807年战争中表现怯懦和投降者,分别处以死刑、无期徒刑和有期徒刑,同时,将指挥官中不称职者淘汰,过老者退休。这样就在很大程度上打击了没落贵族在军队中的势力。1808年8月6日,颁布《军事条例》,其中明文规定:“从现在起,只有那些在和平时期学习知识,受过教育,在战争时期表现出类拔萃的勇敢和能驾驭全局的人,才有权利得到军官的位置。因此,全民族中一切具备上述特点的个人,均有权要求得到军队中最高的荣誉职位。军队中完全废除一切迄今为止实行的等级特权,而且每个人均有同等的义务和权利,不得照顾其出身。”通过这两方面的措施,至解放战争前夕,1806年以前任职的143名军官裁去了141名。1819年,普鲁士军官团中的贵族成分下降到约54%。此外,为了培养军官和参谋人才,1810年还建立了普通军事学校。以后,在沙恩霍斯特掌权时期优先提拔的大多数人,都成了优秀的指挥官。

第四,在军队中推行新式管理制度。1808年的《军事条例》废除了鞭刑和穿列笞刑,保障了士兵“脊背的自由”。沙恩霍斯特格外强调“更新战士的精神”,不再依靠农奴式的训练来保证士兵遵守纪律和勇敢作战,而是依靠责任感和荣誉感。以后,尽管军官殴打士兵的恶行并未根除,但军队中最坏的封建弊端已被取消。同时,对士兵进行新式的、适应近代战争方式的训练,废除了过时的线式战术,仿照法国的榜样,军队编成混合旅,配备各式武器和装备,进行散兵战术和协同作战的训练。

此外，沙恩霍斯特还发展了总参谋部体制，为人类社会的军队发展作出了贡献。这一体制到目前还为世界各国广泛采用。

在普鲁士各个领域的改革中，军事改革进行得比较彻底，取得的成效也比较明显。

普鲁士的教育改革是同洪堡的名字紧密联系在一起的。威廉·冯·洪堡(Wilhelm von Humboldt，1767—1835)是一位语言学家和哲学家，为探索人类文化语言作出过贡献，对20世纪语言科学的发展具有深刻的影响。他出生于波茨坦的贵族家庭，系普鲁士人。从小与弟弟亚历山大·冯·洪堡(著名的地理学家和人种史学家)一起接受家庭教师的教育，没有进过中小学。后来进入奥得河畔法兰克福大学和格丁根大学学习法律，在耶拿期间结识歌德和席勒，并成为忘年之交。他具有广博的知识和卓越的才能，熟悉古代哲学和康德哲学，研究巴斯克人的语言，翻译希腊悲剧，研究美学与汉学，而且都作出较大的贡献。为了更好地了解古典文化，他积极谋取普鲁士驻教皇国使节的职务，并一连干了六年(1802—1808)。1809年3月，他被任命为内政部文化教育司司长，主持普鲁士教育改革事宜。

洪堡主持的教育改革，覆盖面比较广。

首先，建立新的教育体制，其中分设初等教育、中等教育和高等教育三个层次。初等教育方面，当时已经有所举措。自1797年起，普鲁士就规定了普遍的义务教育，其中城市的小学比较正规，学制四年，教师由受过正规教育者担任，农村的小学一般只有1—2年级。初等教育的经费由城市或乡镇的全体居民承担。中等教育分实科中学(包括职业学校)和高级文科中学两种。前者系儿童在读完四年制小学后进入的一种五年制职业性学校，课程中不设希腊语教学，但强化了数学、自然科学和其他外国语的训练。后者又可称为“完全中学”，系儿童在读完小学后进入的一种九年制学校，毕业后可直接升入大学。这种学校受到洪堡极大的关注，他亲自过问其教育计划，把古典语言、德语、数学、自然科学和法语列入必修课，并推行人道主义和爱国主义的教育。从实际效果来看，这种学校对德意志的发展意义重大，在19世纪甚至20世纪，大部分议员、官吏和学者都出自此类学校。

其次，创办新型高等学校，培养高级人才。其最大的杰作是柏林大学的创立。普鲁士原先的大学城在哈勒，由于被迫割地赔款，这个地方已经进入威斯特伐利亚王国的版图。1809年5月，洪堡上书普王，要求创办柏林大学，很快获得批准。在普鲁士濒临崩溃之际，王国仍然拨出每年15万塔勒的经费用于兴办柏林大学，表现出相当的远见卓识。洪堡广为罗致人才,第一任校长为费希特,神学家施莱尔马赫、史学家尼布尔、医学家赖尔、农学家塔尔等一大批学术名流都应聘任教。学校的办学原则中,“学术自由”系继承欧洲各著名大学的传统,不要求教员作宗教信仰宣誓,但洪堡增加了“科学研究领先”、“教学与科研相结合”的原则,强调教学要从科学研究出发,将教学与科研统一起来,教授的选拔不太强调教学能力,而主要根据他们在学术上的成就。原先,德意志的大学除格廷根大学外,基本上以教学为主,科研任务由科学院承担,制约了大学学术水平的提高。洪堡为柏林大学确立的办学原则,不仅推动年轻的柏林大学很快成为德国的第一流大学,在德意志的民族解放和统一事业中起到精神中心的作用,而且这一原则被国内外其他大学所采纳,成为国际上高水平大学的普遍办学原则。

最后,在各类学校内注重师资水平,采用新教学法。政府明令,只有受过训练的合格教师才能在学校任教。为解决师资短缺问题,特设了教师研究会,负责培训新教师。洪堡根据瑞士教育家斐斯泰洛齐的学说,废除机械式、注入式的教学方法,发挥学生的学习积极性,自觉参与到教学过程之中。

19 世纪初期的普鲁士改革,使普鲁士社会发生历史性的转变。改革加速了封建关系的解体。容克地主把从农业改革中获取的大量土地和现金,按照资本主义的方式来经营,使农奴制经济转入资本主义的发展轨道。容克发生分化,出现了资产阶级化的容克阶级。工商自由带来资本主义经济的发展,又促使了资产阶级的诞生。普鲁士开始从封建庄园制过渡到资产阶级容克地产制,这种在保留封建土地所有制的条件下,用资本主义经营方式代替农奴制经营方式的转变,称为“普鲁士道路”。据此,普鲁士逐渐成为德意志经济发展和民族运动的中心。普鲁士的改革具有全德的意义,可以看作是德意志近代史的开端。

八、民族解放战争的胜利

德意志人在历史发展进程中,以语言为纽结,较早就形成了群体认同,那就是区别于其他语言群体的、使用德语的德意志人。然而,由于长期顶着“神圣罗马帝国”的桂冠,绝大部分时段里居于欧洲的霸主地位,德意志人缺乏对外危机感,因而也就失去了从外部推动群体进一步凝聚的动力。从内部来看,初期的德意志王国建立在“部族协商”的基础上,国王和皇帝从未真正实现过国内的集权统治,部族和邦国一直拥有较大的自主权,不利于民族意识的形成。宗教改革和三十年战争,以另一种标准对德意志群体作了分割,形成了天主教徒与新教徒的对立。17世纪末,路德新教中的德意志虔信派强调宗教狂热和非理性主义,强调尊重个性,关怀普通人的需求和发展民众教育,造成了一种心理反应和精神发展趋势,这种趋势把民族主义感情和理论的许多必要成分引进了德意志人的生活。启蒙运动兴起后,莱辛与赫尔德等人在各自的领域逐渐打破对法国模式的依赖,构建起了德意志人的文化民族主义。

法国大革命,为德意志人提供了民族团结的范例,宣告了各民族的自由与平等,而拿破仑对德意志的入侵和掠夺,在激起德意志人反侵略斗争的同时,也推动着德意志文化民族主义迅速转化成政治民族主义,要求加强民族团结,建立民族国家,恢复德意志的独立性。1807—1808 年冬,费希特在敌军占领的柏林发表了一系列《对德意志民族的演说》,论证了存在一种不可磨灭的德意志精神,号召争取形成一个作为人类理性王国核心的德意志民族国家。演说影响了整整一代的德意志青年,激励他们为德意志民族的独立和复兴而英勇战斗。

反抗拿破仑统治的欧洲民族解放运动首先在西班牙兴起,1808 年 5 月,马德里人民举行起义,很快蔓延到全国,并于 7 月迫使法军投降。在德意志兰,奥地利的反法战争尽管具有“争霸”的性质,但是在当时的大背景下,也可视作民族解放运动的组成部分,而且从时间上看,可称作“首举义旗”。在首相冯·施塔迪翁伯爵(Philipp Gf.Von Stadion,1763—1824)领导下,奥地利继续实施自特蕾西亚时代开始的改革措施,鼓励开设工厂,创办学校,修建道路,尤其在军事方面,通过在德语区内实施变相的义务兵役制度,创建了一支由 15 万名志愿者和退伍军人组成的后备军。1809 年 4 月 6 日,查理大公发表文告,声称“奥地利为德意志兰的荣誉和独立而战”,呼吁全体军民行动起来,“欧洲的自由仰仗你们高举义旗予以捍卫。战士们,你们的胜利将打破束缚欧洲的枷锁。处在敌人营垒中的德意志弟兄们等待你们去解放。”奥地利对法战争由此爆发。然而,奥军在指挥上优柔寡断,在行动上进展迟缓,导致在战场上连吃败仗。5 月 13 日,奥地利首府维也纳第二次落入法军之手。虽然查理大公继续率军抵抗,据守在维也纳的多瑙河北岸,并在阿斯佩恩—埃斯林的两天血战(5 月 21—22 日)中打败拿破仑,但拿破仑在 7 月 6 日的瓦格拉姆决战中重新获胜。奥地利发动的对法战争终未引发全德范围的民族解放战争,反而使自己的实力进一步下降。

1809 年 10 月 14 日,法奥双方签订《勋布隆和约》。按和约规定,奥地利不仅要承认拿破仑之弟约瑟夫为西班牙国王,还要割让出大片土地,包括:将萨尔茨堡和因菲尔特尔两地交由拿破仑转赐给巴伐利亚;向法国割让出本土的弗留利和一部分卡林西亚,以及卡尼奥拉、的里雅斯特城及辖区、萨瓦河以南的克罗地亚和达尔马提亚;昔日瓜分波兰得来的领土并入华沙大公国;奥属加利西亚的一部分划归俄国。奥地利共失去人口 350 万,赔款 340 万镑,军队被限定在 15 万人以内。奥地利由此成为一个内陆国家。施塔迪翁被解职,由善于周旋与妥协的梅特涅接任。奥地利迎来了梅特涅时代,其对法政策由对抗转为实施策略性合作。

在普鲁士,国王弗里德里希·威廉三世对反法战争缺乏信心,非但没有配合奥地利展开军事行动,反而于 1812 年 2 月再次与法国缔约,允许法国自由过境,并提供军需,派出 2 万军队参加侵俄战争。但人民群众却不断举行起义,有力地打击法军。斯泰因、格奈森瑙等改革派人士在奥地利准备起事时,曾提议发动一次北德人民的全面武装起义,并罢黜与拿破仑结盟的德意志诸侯,以瓦解法国的同盟体系。沙恩霍斯特甚至动议,同东方强国沙俄联手,发动民族大起义,抗击法军。在哈登贝格的支持下,沙恩霍斯特于 1811 年 10 月动身前往圣彼得堡同俄国签订军事协定。当普王向法国屈膝后,不少爱国人士弃职离开普鲁士,如斯泰因、克劳塞维茨去了俄国,格奈森瑙去了英国。他们在国外继续活动,积极谋划民族解放战争。斯泰因在圣彼得堡组织了一个"德意志事务委员会",用以对俄国统治集团施加影响,格奈森瑙努力沟通与英国的关系,前柏林总监格龙纳图力图在布拉格组织力量,准备给法军以背后一击。

1812 年,拿破仑纠集了一支近 70 万人的军队(其中奥地利被迫派兵 3 万,普鲁士派兵 2 万),远征俄罗斯。沿途为了筹集粮草,对德意志大地大肆劫掠,造成普遍的饥荒。然而,侵俄军队最终在莫斯科遭遇惨败,几乎全军覆没。

普鲁士的反抗斗争随之高涨起来。首先举起义旗的是参与征俄的普军指挥官路德维希·冯·约克将军,他在率部从波罗的海撤退途中,在未得到普王授权的情况下,擅自于 1808 年 12 月 30 日在陶罗根附近与俄方签署《陶罗根协定》,承诺普军对俄国保持中立。尽管普王宣布抛弃这一协定,将约克将军撤职,并与法国人虚与委蛇,但这一爆炸性的事件还是有力地推动了全德的反法解放战争。

1813 年,随着俄军越过边界向西方进军,斯泰因以沙皇代表的身份来到东普鲁士,会同约克一起组织该省的反拿破仑斗争。他们在俄军占领的普鲁士地区建立起临时政府,并根据克劳塞维茨的建议筹建一支 2 万人的地方武装。在沙恩霍斯特领导下的军备委员会号召组织志愿狙击兵部队,取消一切有关免除兵役的规定,宣布实行全国动员。在高涨的反法形势的推动下,普王的态度变得积极起来。1813 年底,他在哈登贝格陪同下,从处于法国控制下的柏林移跸布雷斯劳,2 月 23 日发布命令,在全国实施义务兵役制。2 月 28 日,普王与沙皇代表、俄军最高司令官库图佐夫签署《卡利什协定》,宣布普俄双方结成同盟,规定俄方出兵 15 万,普方出兵 8 万,共同为"解放欧洲"而战。3 月 16 日,普鲁士向法国宣战。次日。普王发表《告我人民》号召书,呼吁全体国民不分等级,通力合作,不怕牺牲,为解放祖国而战,因为"如果想继续成为一个普鲁士人,一个德意志人",这种牺牲是绝对必要的。此后,普鲁士民众的爱国运动就同政府的组织领导融合在一起。全德各地,人民如潮涌般应征入伍,为维护祖国的独立而战。整个普鲁士动员起一支 28 万人的军队。青年大学生踊跃参加志愿狙击兵团,17 岁至 40 岁可服兵役者被编入地方武装,民族运动开始越出邦界,汇成一股巨大的洪流,就像阿恩特在《什么是德意志人的祖国?》一歌中所写的,"哪里有人说德语,那里就是德意志"。随着这首歌曲的流传,这一观念也成为德意志人的共识。从 1813 年 3 月起,许多地方的德意志人自发起来反对法国占领者,汉堡、德累斯顿、不来梅等地,都燃起了民族起义的烽火。

1813 年 3 月,俄普联军与法军在普鲁士爆发春季战役,俄普联军渡过维斯瓦河和奥得河,直抵易北河东岸同法军对峙。4 月初,俄普联军继续西逼,把法军赶过易北河,确保了柏林的安全。而普军主力则在布吕歇尔(Gebhard Leberecht Blücher,1742—1819)元帅指挥下,攻占了萨克森。4 月底,联军 8 万多人进抵莱比锡东南地区。但是,法军很快补充了新的力量,在随后的几次战役中,联军频频失利。5 月 2 日的吕岑会战,联军败北,撤出萨克森。萨克森国王从波希米亚躲避处返回,重新投靠拿破仑。5 月 20—21 日,联军在包岑附近再遭败绩。不久汉堡重又陷入法军之手,汉诺威起义被平息。普军总参谋长沙恩霍斯特不顾战伤前往奥地利劝说结盟,途中病情恶化,在布拉格去世,其职位由格奈森瑙继任。

这时,拿破仑急需补充兵员,主动提议缔结停战协定。经奥地利调停,交战各方于 6 月 4 日签订了《普列斯维茨条约》,规定停战至同年 7 月 20 日(后延至 8 月 16 日)。事实表明,拿破仑的这一决策是错误的。在停战期间,他确实补充到了必要的兵力,但是力量对比的天平更倾斜于他的对手。俄普联军由此获得喘息之机,作出必要的战略调整;英国和瑞典正式加入第六次反法联盟;善于投机的梅特涅经过长久的踌躇，与反法四国签订了参加反法战争的《赖兴巴赫秘密条约》，并于停战期满之时宣布正式加入反法联盟，并对法宣战。

战事重开时，在德意志土地上，拿破仑集合了44万人马，反法联军则有52万人。联军推举奥地利将领卡尔·施瓦岑贝格侯爵（Karl Fst. zu Schwazenberg, 1771—1820）担任总司令，并将兵力分为三个军团：波希米亚军团，由12.7万奥军、8.2万俄军和4.5万普军组成，施瓦岑贝格亲自指挥；西里西亚军团，由6.6万俄军和3.8万普军组成，统帅为普鲁士老将布吕歇尔，格奈森瑙任参谋长；北方军团，由7.3万普军、2.9万俄军和3.9万瑞典军组成，指挥官为瑞典王储贝尔纳多特。根据联军的作战计划，三个军团以大半圆形态势包围法军，各个军团都力图回避法军的正面攻势，但当法军精锐部队指向其他军团时，各军团则应果断进军，从侧面或背后威胁法军。

联军的战术取得了明显的成效。西里西亚军团首先发起进攻，当拿破仑亲自率军正面迎战时，该军团即撤出战斗。拿破仑随即指挥部队进攻德累斯顿，双方于8月26—27日展开了德累斯顿争夺战。拿破仑虽在两天的战斗中击败对方的主力，但在追击时却遭到一次有力的反击。至月底，联军三路大军逐渐向德累斯顿合拢，形成了半圆形的包围圈。

双方都在捕捉战机，准备决战。由于德累斯顿一时难以攻克，联军便采纳布吕歇尔的建议，放弃攻击德累斯顿，直取法军背后的莱比锡。于是爆发了史称“民族大会战”的莱比锡战役。

10月16日，联军向法军发起攻击，莱比锡战役正式开始。5个多小时的猛烈炮击后，联军的四个攻击集团逐渐缩小包围圈。10月18日，追随拿破仑的萨克森军和符腾堡军倒戈。这些部队部署在莱比锡的东北部，用于抵御联军的北方军团，它们的转向，使法军陷入危局。拿破仑赶紧下令撤退，联军随即于19日进入莱比锡。这一役，法军伤亡约7万人，36名将官被俘，900辆弹药车、300余门大炮和四万余支步枪被缴获，而联军仅伤亡5.2万人。拿破仑且战且退，于11月撤退到莱茵河一线，留下后卫部队，自己返回巴黎。如果说，从全球范围来说，拿破仑失败的起点是在莫斯科，那么，他在德意志兰的转折点，则在莱比锡战场。这次会战，成为德意志民族反法解放战争的转折点。

联军乘胜追击。英军和西班牙军在惠灵顿公爵率领下首先进入法国南部。1814年新年前夕，布吕歇尔率军渡过莱茵河，解放了左岸的德意志领土并向法国北部挺进。奥军也越过莱茵河，直趋法国北部。3月31日，沙皇和普王进入巴黎。

拿破仑在下属的逼迫下，于 4 月 6 日退位。根据盟国达成的协议，由路易十六之弟回法国执政，是为路易十八。

翌年 3 月 1 日，拿破仑出人意料地离开厄尔巴小岛，在法国南部登陆。他又一次推翻了波旁王朝，临时拼凑起一支军队，在北部向联军反扑。反法力量重新联合起来，在维也纳组成“战争委员会”，负责协调各支力量统一作战。惠灵顿指挥多国部队在比利时地区迎战法军，布吕歇尔率领普军从莱茵河地区赶去增援，成为反法的主力军。6 月 18 日，各方在滑铁卢展开会战，结果拿破仑遭到惨败，被迫逃回巴黎，“百日王朝”崩溃。

德意志实现了民族解放，但许多悬而未决的问题却由战胜国召开的维也纳会议来解决。

九、维也纳会议与德意志联邦成立

法国大革命所引起的欧洲动荡随着拿破仑的垮台而逐渐平息，为了处理善后事务，欧洲各国政要会聚维也纳，缔结了欧洲近代史上第一个重要的国际体系——维也纳体系。

维也纳会议自 1814 年 9 月召开，至 1815 年 6 月结束，历时 9 个多月，中间还受到拿破仑“百日政变”的干扰。由于会议重要，欧洲各国，包括先前神圣罗马帝国的一些邦国，都派代表参加，只有教皇国例外。奥斯曼帝国虽然同欧洲事务的关系比较密切，但是未能出席会议。出席会议的有两个皇帝、六个国王和二百多个诸侯与外交官。会议可分为三个层次。最高层次是“四强会议”，由奥地利首席大臣梅特涅、英国外交大臣卡斯尔雷、沙皇亚历山大一世、普鲁士首相哈登贝格组成。法国外交部长塔列朗稍后也参与重大事务，构成了“五强会议”。这些强势人物经常于晚间在梅特涅的书房会谈，称作“五国会议”。中间层次为“八国朝廷会议”，由五强加上西班牙、瑞典和葡萄牙组成，梅特涅在其中起着主席的作用，其助手根茨则任秘书。最低层次为全体会议。担任东道主的奥地利，皇帝弗兰茨的风头已被梅特涅占尽，后者不仅深谙均势外交的真谛，而且颇懂与会者的心理。为了让各国政要在会议期间过得舒服些，会议组织了一系列社交娱乐活动，舞会、沙龙络绎不

维也纳会议

绝，于是，政治磋商与幕后交易，从正式会场延伸到社交场合和私人活动中。

维也纳会议做了两件大事，一是重新确定欧洲各国的疆界，二是组建德意志联邦。

在处理第一件事情方面，会议采纳了法国提出的“正统主义”原则，提出“欧洲政治制度的更新”、“社会秩序的重建”、“建立在公平的势力划分基础上的持久和平”等口号。据此，一系列王朝得以复辟，包括法国、西班牙、南意大利、彼蒙特—撒丁、汉诺威、黑森—卡塞尔等。教皇也恢复了在罗马的统治。但德意志的小邦诸侯们不少未能复辟。然而会议的真正目的，据梅特涅的助手根茨透露，“是要在战胜国之间瓜分从战败国那儿得来的赃物”。奥地利力图以均势体系确保自己控制中欧，不受两翼强国的侵犯；俄国希望独吞波兰；英国反对俄国势力的过分扩张，同时尽力巩固自己的殖民霸主地位；普鲁士希望进一步提高自己在德意志诸邦中的地位，如有可能，则推动实现有利于自己的德意志统一；法国则尽力维护自己的平等权利不受拿破仑战争的影响，同时阻止德意志实现统一。

会议经过艰难的交涉，逐渐达成妥协。战胜国四强所获颇丰。英国基本上达到了自己的目标。俄国先同普鲁士商定，由自己独吞波兰，让普方兼并萨克森。但这一企图遭到奥地利的激烈反对，它于 1815 年 1 月同英、法、荷、汉诺威、巴伐利亚等达成秘密协定，以战争相威胁，要求俄、普放弃预定目标。最后，俄国控制了一个缩小了的波兰王国，以共戴一君的方式实施统治，同时还占有了芬兰和比萨拉比亚。普鲁士也只得到2/5的萨克森，但同时在英国的帮助下，获得了德意志兰中最富庶、最先进的莱茵兰和威斯特伐利亚地区。战胜国希望由普鲁士在西部形成一道屏障，以防止法国重新向东方扩张，而对普鲁士来说，它趁机将重心西移，逐渐成为德意志兰内部最重要的经济邦国。奥地利未能收回比利时，也失去了在上莱茵的属地如弗赖堡周围布赖斯部地区、符腾堡南部、巴伐利亚—施瓦本地区的领地，但在中东欧地区获得较大的补偿，除重新收回以前的省份外，还获得了大片新的领地，包括以前的萨尔茨堡侯国、部分因河流域、伦巴第和威尼西亚地区、以的里雅斯特为中心的伊里利亚、达尔马提亚和加利西亚的一部分。这样，奥地利的重心进一步东移，即移至非德意志地区的波希米亚、匈牙利、加利西亚和北意大利。这一结局对奥地利的影响是双重的。如果把奥地利作为一个普通的国家来看，它放弃了远离本土的西部领地，在自己的周边地区进一步扩充地盘，损失不大，甚至还增添了一些利益；然而从德意志的角度看，长期来处于首领地位的邦国，失去了大块的德意志土地，而以非德意志土地作为补偿，其德意志属性有所减弱，在处理德意志事务时面临的选择会更加艰难。据1840年的统计资料，奥地利帝国的人口构成中，斯拉夫人有1 482万，匈牙利人为430.5万，意大利人454.8万，罗马尼亚人156.7万，而德意志人只有640万。[①] 英王所辖的汉诺威获得了希尔得斯海姆、戈斯拉尔和明斯特兰北部，升格为王国，横在东部普鲁士和西部普鲁士之间。南德诸邦除稍有变动外，基本上保持莱茵联邦时期的领土状况。其他较大的诸侯国也基本保存下来，但拿破仑时期的还俗教产和被剥夺的教会领地仍维持现状，不予恢复。法国保留了1790年的疆界。比利时并入荷兰，成立尼德兰王国。挪威并入瑞典，瑞士被宣布为永久中立国。这一欧洲的国际新秩序，称作“维也纳体系”。这是“世界历史”形成以来的第一个欧洲国际体系，并由于当时欧洲在世界上占有中心地位，成为第一个世界性国际体系。

组建德意志联邦的前提是认可了神圣罗马帝国被解散、德意志土地上仍然邦国林立的事实。在列强的直接干预下，建立了一个“五强委员会”，由奥地利、普鲁士、巴伐利亚、汉诺威和符腾堡组成，负责解决德意志问题。该委员会从1814年10月14日开始工作，于1815年6月8日签署《德意志联邦条例》，组建了新的国家。

新国家从名称上来看，是“德意志联邦”（Der Deutsche Bund），然而究其实质，

---

① 马丁·基钦著：《剑桥插图德国史》，世界知识出版社2005年版，第154页。

却是“邦联”，因此不少史书上将其译成“德意志邦联”。据《德意志联邦条例》第一条规定，联邦是各主权邦、自由市之间的一个持久的、不可分离的联合体，各邦不能自由退出，也不能被排除在外。即只要是德意志邦国，就自然成为其成员。联邦由34个君主国和4个自由市组成。君主国中包括1个帝国：奥地利。5个王国：普鲁士；巴伐利亚；萨克森；汉诺威；符腾堡。1个选侯国（尽管这时已不存在推选皇帝的问题）：黑森—卡塞尔。7个大公国：巴登；黑森；梅克伦堡—施维林；卢森堡—利姆堡；奥尔登堡；萨克森—魏玛—爱森纳赫；梅克伦堡—施特赖利茨。9个公国：荷尔斯坦因—劳恩堡；拿骚；不伦瑞克；萨克森—迈宁根—希尔德堡豪森；萨克森—科堡—哥达；萨克森—阿尔滕堡；安哈尔特—德骚；安哈尔特—柯滕；安哈尔特—贝尔恩堡。10个侯国：罗伊斯（新系）；利珀—德特莫尔德；瓦尔德克；施瓦尔茨堡—鲁道尔施塔特；施瓦尔茨堡—松德斯豪森；绍姆堡—利珀；罗伊斯（老系）；霍亨索伦—西格马林根；霍亨索伦—黑欣根；利希滕斯坦因。1个伯爵领：黑森—洪姆堡。自由市为：不来梅；汉堡；吕贝克；美因河畔法兰克福。除此之外，德意志联邦内还有一些特殊情况。其中有三个邦国由非德意志的君主统领，即英国国王代表汉诺威王国，丹麦国王代表荷尔斯坦因公国，尼德兰国王代表卢森堡大公国。奥地利和普鲁士只以它们以前属于神圣罗马帝国的领土加入联邦，因此，奥地利帝国只有它的德语区、波希米亚和摩拉维亚属于联邦，普鲁士王国的东普鲁士、西普鲁士和波森没有加入联邦。

德意志联邦是一个松散的联合体。根据条例规定，联邦的主要目的是“保持德意志外部和内部的安全，以及德意志各邦的独立性和不可侵犯”，即保证各邦君主的正统主义统治权，各邦具有相当大的独立主权，只是不能与它国缔结危害联邦或其他邦国安全的联盟，战争期间不得举行单独谈判。而德意志联邦，除了有权向外国派遣公使和签订条约外，没有更多的对外权力。在1820年5月由联邦议会通过的《维也纳最后议定书》中，补充规定联邦有宣战、媾和与结盟的权力。对内，它没有中央政府，没有国家元首，没有统一的最高法院，没有统一的货币与度量衡，也没有统一的邮政。建立统一国家的建议不是没有，如洪堡曾经提出组建四人执政内阁、组建强大的联邦军队、设立联邦法院的设想；斯泰因曾提议组建两个并存的联邦制国家，分别以奥地利和普鲁士为核心，甚至赞成重建哈布斯堡帝制；哈登贝格曾建议在联邦内部划分县区，由执政府实施统一管理。但英、俄等大国对这些建议都不感兴趣，德意志人内部也有不同意见。中等邦国从自身的利益出发，反对建立集权制国家；普鲁士尽管对德意志的整体利益较为关注，但也以不损害自身的地位为底线；对奥地利首席大臣梅特涅来说，关注的重点不是德意志的统一，而是维护欧洲的均势和奥地利的强国地位。1821 年 4 月，联邦议会制定了《德意志联邦战争法》，规定组建一支由 10 个军团组成的联邦军队（Bundesheer），其中奥地利和普鲁士各提供三个军团，巴伐利亚提供一个军团，其余三个由混合部队组成，战时总司令将由联邦议会的“核心委员会”选定。作为德意志联邦中央机构的主要象征，是设在美因河畔法兰克福的联邦议会（Bundestag），它由各主权邦的代表组成，由奥地利人担任主席，这显示出奥地利在德意志诸邦中仍然处于优势地位。德意志联邦的权柄由议会主席执掌。议会分为两级形式。被称为“小议会”的决策委员会由 17 人组成，其中 11 个较大的邦国各占一席，其余小邦共同拥有六席。全体大会共设 70 票，票数的分布随各邦的地位不等，帝国和王国各拥有四票，小邦只有一票。如讨论联邦的机构设置和宣战与媾和等问题时，必须有 2/3 的多数票才得通过，而在讨论修改联邦宪法等重大问题时，必须全体一致同意。

1815 年 6 月 10 日，确认《德意志联邦条例》的《联邦议定书》经各邦的全权代表签署后正式生效。该文件被收入《维也纳最后议定书》中，这一做法给日后欧洲列强干预德意志内部事务埋下了伏笔。

维也纳体系是一个复辟的体系，也是一个调整的体系，它以“正统主义”为原则，在平息了拿破仑战争所带来的动荡后，以当时的实力对比为基础，重新划分了疆界，确立了新的运行机制。对德意志民族来说，维也纳会议抛弃被拿破仑勒令解散的神圣罗马帝国，这一步骤是非常正确的，然而，会议所构建的松散的邦联，却未能满足正在成长中的德意志民族主义的诉求，也滞后于德意志经济社会发展对民族统一的客观要求，德意志民族将为“统一与自由”而继续努力。

第五章

统一与自由运动

（1816—1849 年）

德意志联邦成立后的近四十年时间里，德意志民族的核心任务是实现统一与自由。这场持续了几十年的统一与自由运动，可以有两种解读法。一种是指实际被冠上“统一与自由”名称的运动，以 1817—1819 年大学生运动为开端，中经 1832 年的汉巴哈大会，到 1848 年革命达到最高点。另一种是指整个民族在孜孜追求的目标。“统一”（Einheit），是要超越邦联式的组合，在政治上组建一个足以同周边民族国家相抗衡、甚至能超过它们的统一国家，在经济上打破关税障碍，实现度量衡和货币统一，在文化上张扬形成不久的德意志民族主义。“自由”（Freiheit），是要赶上时代步伐，用近代国家的政治、经济、文化体制取代中世纪的君主国家体制，而无产阶级则要进一步超越近代国家体制，实现人的自由与解放。

一、大学生运动

德意志联邦是“正统主义”和欧洲君主们互相妥协的产物，不能使渴望实现民族统一的人士满足。格雷斯在《莱茵信使报》上十分气愤地把这个所谓的国家说成是“干瘪可悲、不成体统、丑陋不堪的组织”。[①] 针对德意志民族的特殊情况，当时出现了各种各样的统一方案。第一种方案设想将德意志邦国的全部领地都并入一个完整的国家之中。这个方案的优点是新国家可以同神圣罗马帝国保持较强的继承关系，体现出基督教的大一统主义与德意志霸权的结合，也能够最大限度地维护奥地利的利益。这是奥地利所热衷的方案，但其致命的缺陷是违背了19世纪的民族原则，当时奥地利帝国内有大量的非德意志人，这些人同德意志人一样，也热衷于组建自己的民族国家。第二种方案实际上是第一种方案的修正版，它强调新国家的德意志属性，主张将奥地利帝国内的匈牙利人和斯拉夫人排除在外。从长远的角度看，这个方案对德意志民族的发展是最为有利的，如果得以实现，德国历史的走向将被改写，但是遭到奥地利统治集团的坚决反对。这些人固守着中世纪的传统观念，迷恋于雄踞东南欧的庞杂帝国，无视德意志民族的呼唤和民族主义运动对匈牙利人和斯拉夫人的影响。等到第一次世界大战后奥匈帝国瓦解时，奥地利再想进入德意志的行列，已经为时过晚，《凡尔赛和约》作出了禁止德奥合并的明确规定。第三种方案强调三足鼎立的稳定作用，主张由三个加盟邦构成一个新的德意志国家，其中奥地利和普鲁士各构成一足，剩余的邦国构成第三足。这个方案反映了中小邦国的美好愿望，其最积极的鼓吹者是符腾堡王国，但不受奥普两邦的欢迎。第四种方案是通过普鲁士的领导作用，实现国家的完全统一。克劳塞维茨在1813年曾经写道：“德意志实现政治统一的道路只有一条，这就是通过剑，由一个邦支配其余所有各邦。”[②]但是，实现这一方案需要具备两个前提：一是奥地利放弃自己的领导地位，这在当时还难以办到；二是普鲁士要足够强大。但当时的普鲁士，非但“力不足”，连心也未必“有余”。第五种方案更具有未来性，在当时难以实现，即主张建立德意志共和国，取消原有各邦，全体德意志人在普选的基础上组建一个中央集权的民族国家。

德意志民族要求统一的呼声，首先通过大学生运动表现出来。由于欧洲的大学兴办较早，因此大学生群体早已出现。然而19世纪以前，他们作为青年群体的一部分，给人们的整体印象是略带粗野，沉湎于决斗和酗酒。大学生的社团活动，局限于以同乡本土为基础的老式同乡会。解放战争期间，不少大学生积极参加志愿军团和志愿狙击兵团，为反抗法国占领军而奋战。解放战争结束后，民族统一未

---

① 卡尔·艾利希·博恩等著：《德意志史》第三卷：从法国大革命到第一次世界大战，商务印书馆1991年版，上册，第112—113页。

② 参见科佩尔·S.平森著：《德国近现代史：它的历史和文化》，商务印书馆1987年版，第63页。

能实现，而大学生的政治热情已被调动起来，他们对政治现状感到失望，对重新回到教室和图书馆感到厌倦，在各种民族政论家的激励下，发起了一场轰轰烈烈的政治运动。

在诸位民族政论家中，对大学生运动影响较大的是被称为“体育之父”的弗里德里希·路德维希·雅恩。他较早就组织过“体育协会”，要求德意志青年为了祖国的事业而增强体质，提高爱国心。他提倡理想的道德，以及种族主义、爱国主义、民粹主义、反犹主义的混合物，鼓吹青年应该带有一些粗鄙的无赖做派。1811 年，当解放战争尚处于艰苦阶段时，他就制定了一个有关“大学生联合会的规章和机构”的计划，提交给柏林大学校长，主张建立普遍的大学生联合会（Burschenschaft，亦译“青年协会”），以取代现存的大学生同乡会，但遭到了拒绝。反法战争胜利不久，1814 年 11 月，哈勒大学成立了德意志大学生联合会，但对外影响不大。1815 年 6 月，耶拿大学学生代表会议在解散五个同乡会的基础上，成立了“耶拿大学生联合会”。由于该组织影响较大，被不少人看作是全德第一个大学生联合会。该组织的口号是“荣誉、自由和祖国”，要求全德的每一个大学生都必须成为某一个大学生联合会的成员，只承认一个祖国，即德国，这样就能在“祖国联合”的理念下实现全德大学生的联合，为民族国家的产生提供样板和动力。联合会的标志颜色为黑、红、金。会旗为红、黑、红条形旗，中间饰以金色的橡树枝。会员制服采用解放战争中闻名的吕措夫军团的制服，即黑色上衣，红色翻领与袖口，金色钮扣与橡树枝。

关于黑、红、金三色标志，在近现代德国乃至世界，已经广为人知。它先后为 1848 年革命、魏玛共和国和二次大战后两个德国所继承，至今还是联邦德国的标志色。它代表了民主与共和。德国著名诗人费迪南德·弗赖利格拉特在歌颂 1848 年革命时也赞颂了三色标志，诗中写道：

> 在忧郁和黑暗中
> 我们将它珍藏！
> 现在我们终于使它恢复了自由，
> 从灵柩中解放出来！
> 啊，你像闪电，像雷鸣，像大海咆哮！
> 万岁，黑、红、金！
> 硝烟般乌黑，鲜血般殷红，
> 金色火焰熊熊燃烧。

以后，浪漫主义者对这种颜色标志作了另一种解释，认为它同神圣罗马帝国有着继承关系，因为旧帝国的标志是一只长着一对红爪的黑鹰停留在金色的底版上，大学生联合会采用这些颜色，标志着它要继承和发扬德意志民族的古老荣耀。雅恩还规定其追随者必须统一穿着灰色衬衫，目的是打破阶级界限，树立国家统一的思想感情。这种做法后来被包括纳粹党在内的政党组织所继承。紧随着耶拿大学的是基森大学，那里也成立了激进的大学生联合会。之后，大学生运动在德意志兰中部迅速扩展，莱比锡、海德堡、埃尔兰根等地很快卷入。稍后，德意志南部的不少新教大学也成立了大学生联合会。没有涉及到的地区主要在德意志北部，以及信奉天主教的奥地利和巴伐利亚。当时全德约有 8 000 名在读大学生，其中 1 000—1 500 人参加了各地的大学生运动。

大学生运动的第一场具有全国规模的活动是 1817 年 10 月的瓦特堡大会。该年适逢马丁·路德发起宗教改革运动 300 周年，10 月 17 日又逢莱比锡会战爆发四周年，耶拿大学生联合会向 13 个新教大学发出通告信，建议“在瓦特堡举行第一次欢乐的、友谊的聚会”，把这两个事件当作“恢复自由思想和祖国解放的两个节日”加以纪念。选择瓦特堡作为聚会地点，不仅因为它距耶拿大学很近，而且此处曾是路德的政治避难之地，政治立场开明的魏玛公爵也准许大会在其领地内举行。17 日那天，15 所大学的近五百名大学生在爱森纳赫集合，其中包括耶拿大学的 168 名代表。翌日晨，代表们在象征统一的黑红金三色旗引导下，集体向瓦特堡进发，来到一座正对着路德避难城堡的小山上。与会者一致推崇两名英雄，其中路德因解放了德意志精神而备受颂扬，布吕歇尔则因“从外国人手中解放了”德意志而受到赞美。会议主要发言人宣布，此次集会的宗旨在于“在我们心灵中唤起对过去情景的回忆，从过去吸取在今天积极生活的力量；就我们的活动和计划互相商讨，交换意见，给我们展现青年人的纯洁生活；最后，让我们的人民看到，他们可以对自己的青年人寄予什么样的希望”。① 当天晚上，与会者举行了大规模的火炬游行。正式仪式结束后，学生们回忆起马丁·路德曾经公开烧毁教皇的破门令，也举行了焚书活动。身穿灰色衬衫的大学生，大张旗鼓地把保守的、反民族主义的作品收集起来，斥之为“非德意志”的、具有挑衅性的政治文件，在熊熊大火中当众付之一炬。被焚烧的物品中，还包括《拿破仑法典》、普鲁士的警察法令以及被视为旧政权和军国主义象征的普鲁士骑兵制服、假发辫和下士使用的军棍。

① 科佩尔·S.平森著：《德国近现代史：它的历史和文化》，商务印书馆 1987 年版，第 96 页。

瓦特堡大会召开后,成立全德大学生联合会的条件成熟了。1818 年 10 月,在耶拿召开了全德大学生大会,有 14 所大学派出了代表。会议围绕犹太人问题展开了激烈争论。耶拿、海德堡等地的大学生联合会都曾规定,"基督教徒和德意志人"可以入会,排斥犹太人和外国人,拟议中的全德大学生联合会原先也采纳了类似的条款。但来自柯尼斯堡、布雷斯劳和海德堡的开明派代表强烈反对这一做法,并举出德意志犹太人在反法解放战争中的表现作为佐证。他们的意见被大会采纳,全德大学生联合会摒弃了反犹条款。大学生运动再次掀起高潮。

在此前后,从各地的大学生联合会中产生了两个有代表性的文件,既反映了当时大学生运动的宗旨与性质,又对以后的各种政治运动产生一定的影响。

第一个文件是耶拿大学生联合会通过的《10 月 18 日的原则和决议》,提出了 36 条要求,其中最主要的是以下五条:

1. 建立一个统一的德国,反对分裂;

2. 实现经济的统一,维护经济自由的权利;

3. 根据卢梭的人民主权思想,要求宪法保证人民享有言论出版等自由权利;

4. 反对贵族特权,反对农奴制度;

5. 尊重德意志的风俗习惯,纯洁德语。

文件中提出的"一个国家,一个皇帝"的口号,为以后大多数资产阶级领袖人物所接受。

第二个文件是基森大学生联合会激进派提出的《未来德意志国家宪法的要点》,这是一个理论观点和实践要求相结合的综合性纲领,反映了大学生运动中激进派的主张。文件要求:

1. 废除现有的政治结构,按照法国模式重建德意志;

2. 各级政府机构都实行自由选举的人民代表制,人民代表在议会中应是人民的代言人,他们的意志就是国家的法律;

3. 维护人权和公民权,其中包括财产权和个人自由,包括集会、出版等自由权利以及全体公民在法律面前的平等权利。

该文件明显受到卢梭思想的影响,带有雅各宾专政的特征,还具有空想社会主义的色彩,与后来德意志民主派中最激进的观点相似,对早期德意志工人运动也有影响。

二、卡尔斯巴德决议

德意志的大学生运动，对维也纳体系的“正统主义”原则是一个很大的冲击，对以维护欧洲秩序为己任的梅特涅是一个极大的刺激。

梅特涅（Klemens von Metternich，1773—1859）生于德意志莱茵区科布伦茨一个古老贵族世家中，其父亲曾在奥地利外交界担任高级职位，后在布鲁塞尔担任首席大臣。梅特涅少年时代在莱茵—摩泽尔地区度过，1788 年入斯特拉斯堡大学学习外交，两年后转入美因茨大学。法国革命爆发后，他站在“正统主义”的立场上持反对态度，在法国军队到来之前即离开美因茨，前往布鲁塞尔投靠父亲。1794 年法军入侵尼德兰，他们父子都前往维也纳，梅特涅进入维也纳大学继续求学。后同当地的名门显宦考尼茨家族联姻，使自己与奥地利封建王朝紧密联系在一起。先后出任驻萨克森公使、驻普鲁士公使、驻巴黎大使、外交大臣、首席大臣（1821 年获奥地利宰相的称号）等职，自 1809 年起至 1848 年止，领导奥地利的政治和外交达 39 年之久，并对欧洲事务起着重大作用，自诩“欧洲首相”。他受到历史学家福格特提出的欧洲实力均衡思想的影响，在执掌大权期间，追求两大目的。一是按照“正统主义”原则，恢复欧洲各国的封建专制王朝，镇压一切革命运动和自由主义运动。1815 年 9 月，俄、普、奥三国君主在巴黎签订条约，结成了“神圣同盟”，缔约各方在神秘主义的宗教色彩的外衣下，承诺彼此视为“兄弟”，无论何时何地都将互相支持，互相协助，互相救援，保卫宗教、和平与正义。梅特涅在执政过程中，全力支持神圣同盟所规定的使命。他的第二大追求目标，是恢复奥地利在中欧的大国地位，取得尽可能多的领地。为此，他反对德意志的统一，认为奥地利的力量主要在于家族领地，重心在东方，它对德意志的统治，只有依靠封建传统的维系。在德意志以外，他不想过分削弱法国的力量，同时又要在其周围建立一些缓冲国，确保奥地利在意大利的领导权，保证奥斯曼帝国“不可侵犯”。对俄国，则既要极力争取，又不能容忍其势力过分膨胀。因此，他的“均势政策”是（德意志）内外相通的，首先保持德意志土地上邦国分立的局面，使之互相牵扯和抗衡，然后施展纵横捭阖的外交手段，建立起包括奥地利帝国在内的欧洲大国之间相互制衡的格局，以维护奥地利的利益。显而易见，梅特涅的政策出发点是奥地利而不是德意志。在德意志民族意识日益上升的时候，这一点必然会影响奥地利在德意志民族中的地位。被摘下了“神圣罗马帝国”皇冠的奥地利君主，在梅特涅错误政策的诱导下，将主动地让出民族领袖的地位。

大学生运动中出现的偏差，给梅特涅提供了镇压的口实。平时，联合会成员的粗野作风，已经引起一部分民众的不满。这些成员经常闯进各所大学，搅乱课堂，不让他们所认为的“反民族”的教授继续讲课。瓦特堡会议的篝火，继续引发人们的深思。各邦当局开始出动警察逮捕与会者，大学生们随之转入秘密活动，提出的主张也越来越激进。1819 年 3 月 23 日，终于发生了“科策布谋杀案”。行凶者是卡尔·路德维希·桑德，耶拿神学院的一名学生，1815 年曾经在志愿军团服役。他在大学生联合会中，狂热追随领袖人物卡尔·福伦，后者在基森大学任教，是一名富有幻想的恐怖主义者。桑德在其影响下，充满着为民族献身的激情，决心要惩戒性地刺杀一些叛徒，为自由献身。他把目标对准了奥古斯特·冯·科策布，后者担任过俄国的枢密顾问，曾在自己主编的《文学周刊》上讽刺大学生联合会，并向俄国政府呈交过关于德意志大学状况的秘密报告，成为德意志民族主义者最痛恨的人。桑德潜入了科策布在曼海姆的家中，高叫着“看刀，你这个祖国的叛徒!”同时用刀刺进这个猝不及防的诗人。刺杀成功后，桑德满怀喜悦，口中念念有词:“啊，上帝，感谢你，我成功了!”他企图自杀，但没有成功。普王担心这个事件的背后有一个大阴谋，下令于 5 月 20 日当众将桑德处以绞刑，企图以此震慑其他谋刺者。不料，桑德在绞刑架上英勇无畏，大义凛然，很快成为人们心目中的英雄。1819 年，人们还为他建造了纪念碑。在桑德事件的直接影响下，大学生联合会的另一名激进分子卡尔·洛宁于 1819 年 7 月 1 日行刺拿骚的政府长官卡尔·冯·伊伯尔，但未能成功。

这些事件给了梅特涅很好的口实。他首先敦促普王弗里德里希·威廉三世在邦内监视各大学的动向，中止宪政改革，实行新闻检查制度。普王本来就害怕革命，在外力的推动下，很快转向反动，甚至将洪堡和博伊恩两人解职。梅特涅又伙同普王，在波希米亚的特普利茨温泉疗养地会商，就一系列镇压措施达成临时协定。1819 年 8 月 6 日至 31 日，在奥地利西北的水乡小城卡尔斯巴德(Carlsbad，今捷克的卡罗维发利)召开德意志邦国的代表会议，包括奥普在内的 10 个邦的代表出席了会议。会上将奥普双方商定的协议转化成各邦共同达成的协议，此即《卡尔斯巴德决议》的草案。同年 9 月 20 日，德意志联邦议会正式通过了该文件。

《卡尔斯巴德决议》及其批准文件包含以下四项主要内容。

其一，通过《大学法》，规定在每所大学配备一名“王家特命全权代表”（即大学学监），负责监督学生的活动和教师的教学。规定大学教师中“凡滥用合法地位对青年情绪施加影响，散布败坏道德、敌视公共秩序与安宁，破坏现存国家机构基础的学说，明显暴露出没有能力履行委托给他们的重要职务的”，应予撤职。取缔大学生联合会，因为这些“联合会是以各大学间持久联合和通讯这种绝对禁止的前提条件为依据而建立的”。[①] 根据这些规定，有关当局对不少教授提出指控，或解除了他们的教职。

其二，通过《新闻法》，实施新闻检查制度。对于一切报纸、杂志以及所有 20 印张（320 页）以内的印刷品，均实行预先检查的制度。在实际执行过程中，对 20 印张以上的著作，系实行刊后检查的做法，如果其中包含所谓“教唆理论和恶毒的疯狂思想”，也会遭到查禁。规定凡被取缔的报章杂志的编辑，禁止就业五年。

其三，规定在美因茨设立“联邦中央特别检查委员会”，负责对“革命颠覆活动及煽动性的联络活动”进行调查，并将调查报告上报联邦议会。

其四，规定德意志联邦有权对所有邦国的自由主义运动和民主人士展开调查。为此，设立一个中央联邦局，其权威暂时超越联邦，负责执行有关规定。

《卡尔斯巴德决议》起初是作为临时性措施推出的，但在 1824 年就成为无限期有效。《新闻法》本来以五年为期，但实际上和《大学法》一起，一直到 1848 年仍然有效。梅特涅实际上掌控着的奥地利通过这一决议，干预着大多数邦国的内政。为此，德意志各邦的革命力量陷入瘫痪达 20 年之久。大学生联合会转入地下活动，直至 1848 年革命爆发，才再一次积极投入政治活动。[②]

三、邦国立宪运动

维也纳体系没有为德意志民族构建一个统一的国家，自然也就无法在国家的

① 卡尔·艾利希·博恩等著：《德意志史》第三卷：从法国大革命到第一次世界大战，商务印书馆 1991 年版，上册，第 131 页。

② 大学生联合会在纳粹统治时期再次遭到迫害，第二次世界大战结束后在西部德国（1949 年后为联邦德国）恢复活动，但在政治上已不再发挥重大作用。

层面上构建立宪政体。更何况，它一方面在《联邦条例》中许诺在各邦颁布等级议会制的宪法，同时又通过《维也纳最后议定书》第57—59条，明确限制各邦国内等级机构的权力，确认了诸侯的最高统治权，即规定"全部邦国权力必须集中在邦国首脑手里"。

两个最大的邦国——奥地利和普鲁士，出于各种原因，都坚决反对制定宪法，实施立宪统治。然而其他邦国，尤其是南部地区的一些邦国，却程度不同地走上了立宪的道路，建立起代议制政府，在政治体制上跨入了欧洲先进国家的行列。这些邦国实施立宪统治的指导思想各不相同，有的是温和地继承了法国启蒙运动的传统，有的把英国式道路奉为圭臬，还有的从德意志唯心主义哲学中汲取了养分。

德意志邦国的立宪运动出现过两次高潮，第一次起自维也纳会议期间，在20年代初达到高峰，第二次出现在30年代初。

巴伐利亚尽管此前就有了宪法，但内容很落后，基本上属于旧的等级制法规的变种。作为立宪运动的组成部分，最早接受宪法的邦国是拿骚公国，时间是1814年。两年后，即1816年，歌德的朋友卡尔·奥古斯特大公在萨克森—魏玛也颁布了一部当时被认为最进步的宪法。但南德四邦(巴伐利亚、巴登、符腾堡、黑森—达姆施塔特)推行的宪政改革更为引人注目，被称为"立宪的德意志"，在1830年前一直是德意志宪政制度的实验场所。

南德四邦中，巴登的宪法最为激进，对全德的影响也最大。在那里，议会代表由普选产生，而不是如其他邦那样按等级分配。该邦在拿破仑战争时期曾经加入莱茵联盟，受到法国革命的直接影响，具有实施宪政改革的思想基础。同时，它在维也纳体系的领土调整中增加了不少领地，通过立宪改革以加速邦内政治经济的统一，也是其面临的迫切任务之一。1818年8月22日，大公签署邦国宪法，开始实施代议制度。邦议会分为两院，上院不完全由贵族组成，一部分自由派上层人士也进入其间。如自由派领袖罗特克，作为弗赖堡大学的代表进入上院，为废除封建强迫劳役、实行资产阶级改革作了不懈努力。他曾经说过一句能典型概括立宪时期自由派理念的话："宁要没有统一的自由，不要没有自由的统一。"下院的产生实行普选制，凡有公民权者都享有选举权，被选举人尽管有一定的资格限制，但不少当选者还是提出了废除封建负担、建立陪审法庭、实行大臣对议会负责的制度等提案。

符腾堡的宪法不如巴登宪法激进，但它是君主同各等级协商的产物，而其他邦的宪法都是君主"恩赐"给民众，"强令接受的"。这一结局是符腾堡人民经过斗争得来的。1815年春,国王曾召开邦议会,提出一份未触动专制统治的所谓宪法草案,引起人民强烈的反对。邦议会拒绝了国王的草案,声称宁愿要继承他们“古老的好权利”,这个反对派因此而被称为“古老权利者”。以后,他们又发生分化,形成两个派别,即善于妥协的温和派,人数较多,和名为“人民之友”的左翼激进派,人数较少,而国民经济学家弗里德里希·李斯特属于后一派别。1819年9月23日,新选出的等级议会通过了邦宪法,两天后,国王在宪法上签字。

如前所述,巴伐利亚早在1808年就颁布过宪法,但没有相应地建立邦议会和县议会。1814年,在国际潮流的推动下,当局组建了宪法委员会,负责修改1808年宪法,成员包括王太子、高级官吏中的贵族、市民代表等。尽管宪法委员会成员中不乏自由主义思想,连王太子也属于开明之士,但委员会的工作迟迟不见成效。1817年开始,巴伐利亚人民要求真正的立宪,他们散发传单,进行宣传鼓动。翌年5月26日,国王颁布了新宪法。但该宪法比1808年的宪法还要落后,对贵族特别有利,他们不仅据有上院议席,连下院议席都要占去1/4。下院的自由主义反对派由维尔茨堡大学教授威廉·约瑟夫·贝尔领导,他们对这部宪法强烈不满,自由运动仍在继续扩展。

黑森—达姆施塔特大公国的宪法并不先进,但是其立宪运动却有声有色。该邦自1816年起开展了真正的争取宪法的运动,市民阶层广泛参加进去,并以读书会作为运动的中心,抵制贵族们恢复旧日等级宪法的要求。1817年秋,司法顾问贝克起草了致联邦议会的《民族请愿书》,要求实现《联邦条例》第13条的承诺,在各邦以及全德建立真正的人民代议制。这个请愿书从基森传至各邦征集签名,并送给各邦驻法兰克福的代表,但被梅特涅宣布为破坏秩序而拒绝。但邦内的请愿活动仍在继续,一些地方建立了“宪法委员会”,使立宪运动有序展开。1819年3月,各地“宪法委员会”的代表举行集会,商讨采取一致行动反对政府。各地广泛响应,有些地方发展成居民拒绝纳税,进而引起武装冲突,个别地方甚至发生了起义。民众的行动产生了效果,1820年3月18日,大公颁布《宪法敕令》,规定设立两院制议会,但选举权和被选举权都有财产限制,全邦只有985人有被选举权。当1820年6月下议院开幕时,来自32个选区的自由派议员拒绝承认《宪法敕令》,拒绝宣誓,其中27名代表退出了议会。上议员们也要求修改和补充宪法。在巨大的压力下,邦政府于1820年12月颁布新宪法。该宪法由自由派人士参与制定,在很大程度上包含了下议院提出的建议,满足了富有阶层的要求,但选举的财产限制仍然存在。

立宪运动的第一次高潮，在一定程度上受到《卡尔斯巴德决议》的束缚，但还是取得了一定的成效。到20年代中期，德意志联邦中已有29个邦颁布了宪法，其中14个邦的宪法比较落后，仅仅是等级制法规的变种，但另外15个邦的宪法却属于或接近早期立宪主义性质。例如在萨克森—魏玛大公国，宪法保证民众拥有集会和新闻自由，规定邦议会由骑士庄园主、市民和农民代表组成，被选举权限制在拥有2 000塔勒以上财产者，议会拥有较大的权限，它有权批准预算和税收，讨论和通过法律，并能对大臣和其他官员提出指控。

立宪运动第二次高潮的兴起，同法国的1830年革命有着直接的联系。法国七月革命的胜利，使德意志自由派重新振作起来，掀起了立宪运动的新高潮。

南德的巴登和巴伐利亚在这次高潮中较为突出。1831年，巴登议会开幕，自由派教授韦尔克尔提出一系列的立法建议。经过激烈争辩，议会批准了《新闻法》，并废除了当时农村尚保留着的"什一税"。巴登的《新闻法》明显违背了联邦的新闻检查制度，它的实施鼓舞了各邦的自由主义运动，巴登、巴伐利亚、黑森和法兰克福等地的自由派人士频频越界接触，由此推动民族统一的要求成为自由主义运动的主题，实现了"统一"与"自由"两种要求的统一。韦尔克尔进而提出动议"把德意志联邦发展成尽力促进德意志民族统一和德意志公民自由的组织"，这实际上是要求建立"德意志的统一自由的国家"。

巴伐利亚的莱茵普法尔茨，自由主义运动开展得更为深入。反对派人士不仅在议会内激烈抨击政府的财政政策和税收政策，迫使国王撤掉民愤极大的内政大臣，而且把斗争引向议会之外，立宪自由派发展成为激进民主派。1832年3月，他们成立了"新闻和祖国协会"，明确提出议会的目的是"以民主的精神，组织一个德意志国家"。协会在各地建立分会，甚至越出邦界，波及到南德、中德和西北德，它是继大学生联合会之后，又一个超越邦界的全德性政治组织。该组织顶住反动势力的高压，呼唤各邦人民奋起投入"统一与自由"运动。在协会的感召下，不少地方群众举行政治集会，民族统一和人民主权成了共同的呼声。

在北德，运动表现出鲜明的特点。参加者包括社会各个阶层，尤其以城乡下层民众为主，运动的火药味很浓。

1830年9月，不伦瑞克市民要求召开邦议会，但遭到公爵拒绝。之后，民众举行武装起义，建立国民军，进攻并烧毁公爵宫殿，赶走了众所切齿的查理二世公爵。由贵族、官员和市民代表组成的邦议会任命查理二世之弟、不伦瑞克—厄尔斯的威廉公爵接管政府。在民众的推动下，1832年颁布了新宪法，规定建立一院制议会，赋予议会以立法权,加强了资产阶级和农民在议会中的地位。

同一时间,黑森首府卡塞尔也爆发起义。人们包围选侯宫殿,捣毁税务机构,愤怒的农民进攻地主的宅第,焚烧租税账册。选侯威廉二世面临民众的激烈反抗,被迫作出让步。1831年1月,黑森颁布宪法,规定设立一院制议会,实行间接选举制,并给予议会较大的权力,规定议会有权批准税收,有权决定法律和对新宪法的动议,有权弹劾违宪的大臣。就争得的民主权利而言,这部宪法是德意志第二次立宪运动中水准较高的一部。

工业发展水平仅次于普鲁士的萨克森王国,也是斗争四起。1830年9月,两个大城市德累斯顿和莱比锡首先起事,迅即蔓延到其他地区。起义矛头直指贵族特权和黑暗政权。佞臣冯·爱因西德被赶下台,70岁的国王也被迫让位。1831年9月,萨克森新宪法诞生,规定实行两院制议会,上院以贵族为主,其中10名议员由国王任命,另外12名由选举产生;下院以地主和富有农民居多,另包括城市工商界的代表。议会所争得的权力大致达到南德的水平。

在汉诺威,立宪运动波澜壮阔,而且在德意志历史上留下了"格丁根七君子"的美好印迹。30年代初期,汉诺威各地民众兴起,他们组建反政府的武装力量,要求废除封建制度,反对执政的大臣明斯特伯爵。1831年1月,格丁根的大学生揭竿而起,在三名讲师的领导下,同市民运动相结合,酿成一场人民起义。起义者拿起武器,驱逐了军队,废除市政当局和警察系统,控制城市达一星期之久。最后起义虽被镇压下去,但国王威廉四世面对群众的压力,被迫实施改革。他下令减轻赋税,免去明斯特的职务。1831年3月,国王召开等级议会,虽然贵族在上院保持优势,但在下院中,城乡资产者获得较大的发言权,自由派议员取代了旧议员,并推动当局同意起草宪法。以后成为"格丁根七君子"之一的格丁根大学历史学教授、国家法专家弗里德里希·克里斯托夫·达尔曼参加了宪法起草工作。经过与保守派的长时期斗争,宪法在保留等级制残余的同时,也包含了不少反映自由主义者观点的内容,如宣布将王室土地收为国家财产。然而,形势很快发生逆转。1837年,由于王朝更迭,汉诺威与英国共戴一君的局面结束。威廉四世的弟弟、英国的坎伯雷公爵恩斯特·奥古斯特即汉诺威王位。这是一个蔑视人民的专制狂,即位后就宣布废除颁布才四年的宪法,宣布将已成为国家财产的土地重新归还王室。

新国王的倒行逆施激怒了民众,全邦掀起了反对暴君的抗议浪潮。在格丁根大学任教的七名具有国际威望的教授,联名递交《抗议书》,反对奥古斯特违反宪法的专横行径。这七名教授是:历史学家达尔曼;《德意志民族文献史》作者、历史学家格·哥·格尔维努斯；以《格林童话》闻名于世的语言学家雅各布·格林和威廉·格林兄弟；物理学家威廉·韦贝尔，他于1833年与大数学家高斯一起创设了第一台电话；现代闪米特语言学奠基人、东方学家亨利希·埃瓦尔德；国家法学家威廉·阿尔布雷希特。“七君子”的抗议书被九百名学生制成副本，散发到全德，引起强烈的反响。1837年底，汉诺威政府宣布解除这七名教授的公职，并勒令达尔曼、格尔维努斯和威廉·格林三人必须在三天内离开邦国。联邦议会开会讨论这一问题，多数代表支持这一做法，只有巴伐利亚、萨克森、符腾堡、巴登四个邦支持1833年宪法。这一结果进一步降低了德意志联邦在民众中的公信度。民众自发地起来，全德爆发了支援七君子的抗议活动，许多城市建立了“格丁根协会”、“自由委员会”，甚至在瑞士、意大利和英国也成立了这样的协会，并为七教授募集了2.2万多塔勒的援款。三位被逐教授由格丁根去往卡塞尔的行程，变成了一场真正的胜利进军。汉诺威国王在全德公众的压力下，只得让步，于1840年颁布一部与1833年相类似的宪法。事后，达尔曼撰文指出，联邦议会的这种做法，表明了

格丁根七君子（从上到下依次为：威廉·格林、雅各布·格林、阿尔布雷希特、达尔曼、格尔维努斯、韦贝尔、埃瓦尔德）

通过和平方式在德意志兰实现宪政的道路已经断绝。德意志教授通过这一事件，则在社会上树立了自己的政治形象，提高了自己的政治地位，为以后在德意志政治生活中起更大作用创造了条件。

德意志各邦国的立宪运动，不仅推动不少邦国颁布了近代意义的宪法，同时也营造了一种氛围，激励人们为全德范围的统一与自由而努力。

四、汉巴哈大会

如果说“统一与自由”运动在大学生活动阶段，主要表现为高等院校和知识理论界的运动，而邦国立宪运动，主要局限在单个邦国的范围内，那么，进入19世纪30年代，该运动就逐渐发展成全德各邦的共同行动，参加的成员也扩大到小资产者和手工业者阶层。汉巴哈大会的召开就是这一进步的集中表现。

1832年，巴伐利亚的帕拉丁地区成立了“声援出版自由爱国委员会”，呼吁实行出版自由，并把这一点视为实现德意志统一和建立民主欧洲的必要前提。在它的推动下，32位知名人士签署了一份致全德男子和妇女的呼吁书，邀请全德的爱国者于5月27日在普法尔茨哈特河畔诺伊施塔特附近的汉巴哈城堡集中，商讨争取政治自由和维护民族尊严等重大问题。呼吁书在全德各地传播，一时，准备参加汉巴哈大会成为全国的头等大事。

1832年5月27日至30日，被称为“德意志人的民族节日”的汉巴哈大会按时举行。参加开幕游行的有约三万人，他们来自全德各地，几乎每个城市都有代表。参加者有议员、大学生、众多的手工业者和手工工人，还有成千的附近农民和兰道的士兵，以及波兰的侨民、法国的民主派代表等。大会上发表了激昂的政治演说。会议组织者西本法伊弗（Philipp Jakob Siebenpheiffer，1789—1845）在致词中热情洋溢地预言德意志统一的日子一定会到来：“那时阿尔卑斯山的和北海的、莱茵河的、多瑙河的和易北河的德意志人都如兄弟般拥抱，那时关税壁垒和边境的栅栏，分裂的、压抑的和使人意气消沉的一切权力象征都将消失”，“自由和统一的德国永存！”另一位发起者维尔特（Jon.Georg August Wirth，1798—1848）的演说更为激进，他强调，取消君主制才是德意志人民和其他国家人民的幸福所在。演说结束后

汉巴哈大会

举行了声势浩大的游行,队伍前面飘扬着黑红金三色旗和波兰旗帜,维持秩序者佩戴着三色绶带,上面缀有"振兴德国"字样,"人民万岁"、"自由统一的德国万岁"等口号声此起彼伏,响彻云霄。① 大会结束后,又召开了有数百人参加的小规模会议,以及更小范围的18人领导小组会议,但由于温和派和极端派难以达成妥协,因此未能制定出统一斗争的策略。

在汉巴哈大会的推动下,其他各地也召开了类似的、具有地方意义的人民大会。在巴登的巴登魏勒、美因河畔的法兰克福、黑森选侯国的威廉斯巴德、法兰克尼亚的盖巴赫等地,都举行了类似的会议。南德各处的民主派也展开了反对政府当局的革命活动。

这一局面引起了保守势力的警惕,梅特涅敏锐地感到,革命的瘟疫已经在德意志重新蔓延并造成威胁。他首先推动汉巴哈大会的发源地巴伐利亚采取行动,唆使巴伐利亚政府在邦内宣布进入紧急状态,派遣军队进入帕拉丁,逮捕激进分子,拔除各地种植的"自由树"。随后,他同普鲁士秘密商谈,准备好对付"革命瘟疫"的决议草案,然后交由联邦议会通过。1832年6月28日,在汉巴哈大会结束不到

① Walter Schmidt, *Deutsche Geschichte*, Band 4, *1789—1871*, Pahl-Rugenstein Verlag, Köln, 1989, S.386.

一个月，联邦议会通过了俗称“六项措施”的决议，重申1815年《维也纳决议》的规定，即国家一切权力集中于国家元首之手，并大幅度限制各邦国议会的权力，取消各邦议会的预算咨询权，同时设置了存在达六年之久的“等级谈判监督委员会”，规定“其使命将是，经常了解特别是德意志联邦诸邦的等级谈判活动，把那些与对联邦承担的义务和与受联邦条约保证的政府权力相冲突的动议和决议作为关注的对象，并向联邦大会告发”。同年7月5日，联邦议会又通过了关于“维持德意志联邦法律和秩序安宁的措施”的决议，规定：加强书报检查，禁止集会和结社自由；宣布巴登1831年12月的《新闻法》与联邦法相抵触而失效；解散符腾堡邦议会，因为某作家在这个议会里提出一项反对1832年6月28日联邦议会决议的动议；在汉巴哈城堡的所在地普法尔茨实施戒严；逮捕汉巴哈大会的领导者。根据这些决议，有关当局很快逮捕了西本法伊弗和维尔特。

但民众并没有因此而放弃斗争，他们的反抗情绪更加激烈。1833年4月3日，在“新闻和祖国协会”分会及大学生联合会的秘密策划下，法兰克福几十名大学生、手工业者和波兰军官，冲击了警备队和警察岗哨，试图以此掀起一次反对专制主义的人民起义，推翻设在该地的德意志联邦议会。但由于准备不足，事前又透露了风声，很快被卫戍部队一个营的兵力所镇压。黑森大公国的秘密革命组织也被破获。

接踵而来的是更加疯狂的迫害。梅特涅操纵设在维也纳的部务会议，强行推出更严厉的压制性法律。到1838年底，德意志联邦内有23个邦以叛逆罪对约1 800人进行起诉和审讯，其中有约1 200名大学生联合会成员和许多手工业工人，分别被判处死刑和监禁。其中在普鲁士，仅1836年一年就逮捕了204名学生，其中39人被判处死刑（后改为监禁），4人被处以车裂刑。大量的革命者流亡国外。如此的镇压完全违背了时代精神，以至于英国和法国也对德国提出抗议，它们以《维也纳条约》签署国的身份，在通电中敦请“德意志政府要制止联邦议会不审慎的热情并阻止采取一种极可能导致大动荡和战争的措施”。[①]

① 卡尔·艾利希·博恩等著：《德意志史》第三卷：从法国大革命到第一次世界大战，商务印书馆1991年版，上册，第149页。

五、黑格尔和青年黑格尔派

在德国“统一与自由”运动逐渐展开之际，它的古典主义哲学也在日益走向成熟。学术思想与政治运动并不是任何时候都紧密相关、互相激荡的，前者有其自身的发展动力和运行规律。但是，黑格尔哲学中关于“凡是现实的都是合乎理性的，凡是合乎理性的都是现实的”那句名言，却是同当时的政治体制紧密结合在一起的。

德意志古典主义哲学，是指德意志哲学家在启蒙运动达到高潮时，在对抗法国“百科全书派”的唯物主义过程中产生的唯心主义流派，在以唯心主义为核心的哲学体系发展中达到相当的高度。德意志古典哲学起始于康德，中间经过费希特、谢林和黑格尔，由费尔巴哈殿后。

费希特（Johann Gottlieb Fichte，1762—1814）青年时曾崇拜康德，专程跑到柯尼斯堡拜康德为师，请康德批阅他的论文。康德为这篇论文找到发表处，但由于印刷上的疏忽，忘记刊出作者的姓名。由于文章较为成熟，又系康德推荐，不少人认为是康德的大作。康德专门发表声明，指出作者的姓名，并称赞了这篇文章。这件事一时在学术界传为佳话。但后来费希特在逐渐完善自己哲学体系的过程中，抛弃了康德哲学中的唯物主义因素，形成了自己的学说。他否定“自在之物”（即客观事物）的存在，认为“自我”是唯一的、富有创造性的精神实体，是认识的主体，尤其是意志的或活动的主体。他提出，思维是独立的过程，是以内在的必然性来进行的，而客体（即“非我”）只是为主体（即“自我”）所设立的，因此认为“自我意识”是一切事物的创造者。在此基础上，他又强调“自我”和“非我”是可以统一的，在“非我”的后面是所期望的“自我”，由“非我”可以回复到“自我”，要达到“自我”与“非我”的统一，必须依赖于“绝对自我”，即绝对的自由意志，该自由是人的意志的根本决定。他在这里强调人的主观意志的能动性，很受当时德国年轻一代的赞赏。他在政治上宣扬民族至上，反对封建专制制度和等级制度，反对人身依附，主张资产阶级共和制或君主立宪制。

谢林的全名是弗里德里希·威廉·约瑟夫·冯·谢林（Friedrich Wilhelm

Joseph von Schelling,1775—1854),当他在歌德等人的推荐下担任耶拿大学的教授时,才23岁,可谓少年得志。他最初受到费希特"唯我"论的影响,但后来逐渐超越了费希特的思想,形成了包含有辩证思想的客观唯心主义学说。他的哲学思想经历了三个阶段。第一阶段为"自然哲学",认为自然界的一切,都是由"宇宙灵魂"按一定目的创造出来的。费希特承认外部世界的存在,但未作深入的研究,谢林反对费希特的主观唯心主义哲学的核心——"自我"论,认为"非我"并非"自我"所创造,相反,没有"非我"就不可能有"自我"。他认为,"非我"与"自我"不能等同,只能溶合,达到精神(自我)与物质(非我)的统一,即精神与自然的统一。第二阶段为"同一哲学",认为主体和客体,"自我"和"非我",思维和存在,都同时发端于"绝对同一体"本原。因此,从自然中可以看出精神,同时,从精神中也可以看出自然,物质是可见的精神,这样就产生了"先验哲学"。而所谓的"绝对同一体"本原,其实质接近上帝创世说。第三阶段为"天启哲学",即宣扬宗教高于科学,公开论证上帝的存在。这时,他的学术思想已经过了高峰期,下降到御用哲学的地步。但是,在辩证思想方面,谢林在解释自然界的矛盾时,认为"在任何变化中都会发生从一种状态向矛盾对立的状态的转化",①认为人类历史的发展是一个有意识的自由的不断进步的创造过程。这体现了古典哲学的辩证观点,尽管还很不完善。

黑格尔(Georg Wilhelm Friedrich Hegel,1770—1831)是德意志古典唯心主义哲学的集大成者,尤其是他的辩证法,是人类思想史上的瑰宝,不仅达到欧洲哲学史上前所未有的高度,而且成为马克思主义的重要源泉之一。他出生于符腾堡斯图加特市一个税务官家庭里,父母亲都是虔诚的基督徒。早年在斯图加特文法学校学习,经常埋首于图书馆博览群书,对哲学、文学和历史表现出浓厚的兴趣,做了大量的书摘。18岁考入蒂宾根神学院攻读哲学和神学,同时偏爱希腊文学。不久法国大革命爆发,蒂宾根的一批进步青年受大革命的影响,组织了一个政治俱乐部,常常聚集在一起谈论法国的变革和德意志的前途,黑格尔是这个俱乐部的积极分子。毕业后曾以担任家庭教师谋生,1801年在老同学谢林的帮助下进入耶拿大学任讲师,三年后又在歌德的帮助下获得教授职位。由于经常沉浸在思辨世界,偶尔会闹出点笑话。

有一次,黑格尔心不在焉地提前一小时走进教室去上课。坐在那里的学生是

① 谢林:《先验唯心论体系》,商务印书馆1977年版,第174页。

来听奥古斯蒂教授讲课的，但黑格尔没有察觉，径直走上讲台讲起课来。这时，奥古斯蒂教授来了，走到教室门口，听到黑格尔的声音，以为自己迟到了一小时，赶紧退了回去。一小时后，黑格尔的学生来听课了，他们都是黑格尔的忠实追随者，崇拜老师的思辨智慧。这时他们都很感兴趣地等着看自己的老师如何摆脱窘境。当黑格尔发觉自己搞错了时，竟不慌不忙地微笑着说："诸位，感官的可靠性是否真正可靠，首先取决于自身的意识经验。我们一直以为感官是可靠的，本人在一小时以前却对此有了一个特别的经验。"这句幽默而蕴涵哲理的俏皮话，引来了学生们会心而善意的笑声。

1808年起，黑格尔担任纽伦堡文科中学校长，1816—1817年任海德堡大学哲学教授。1818年被普鲁士政府聘为柏林大学教授，主持哲学讲座，开始形成自己的学派，其中1823—1827年是他讲课活动的鼎盛时期，他的名声远扬国内外。1830年，黑格尔担任柏林大学校长，次年因染霍乱而病逝。

黑格尔的哲学体系是客观唯心主义，把整个世界看成是绝对观念的表现和发展，他表达的"绝对观念"，实际上是上帝的代名词。由此出发，形成逻辑、自然和精神三个发展阶段，其哲学体系也相应地包括逻辑学、自然哲学和精神哲学三个有机组成部分。

逻辑学是"研究观念（理念）自在自为的科学"，在其中，以唯心主义方式，把质量互变、对立统一、否定之否定作为思维的规律加以阐述。这些辩证思想是黑格尔哲学的精粹。

自然哲学是"研究观念他在或外在化的科学"，在此也提出了关于物质和运动的统一、事物的可变性和可转化性等合理思想。

精神哲学是"研究观念由外化回复到自身的科学"，他在其中也提出了关于社会政治、伦理和历史的唯心主义理论，并试图找到贯穿在历史各个方面的发展线索，第一次把整个自然的、历史的和精神的世界看成是处于不断运动、变化和发展的过程，试图揭示这些运动和发展的内在联系。

黑格尔哲学的出发点是唯心主义的，然而它的辩证法却是革命的、批判的，这本身就隐含着一种矛盾。最终，黑格尔的唯心主义体系窒息了辩证法的革命精神。但是，它为辩证唯物主义的产生提供了很好的基础，以后马克思和恩格斯在革命实践的基础上，批判地吸取了黑格尔辩证法中的"合理内核"，摒弃了它的唯心主义外壳，加以革命的改造，创立了唯物辩证法。

本节开头部分所述的黑格尔名言，既可用于肯定现实，也可用于否定现实，这主要取决于解释者从什么角度解释和怎样解释。对普鲁士国王弗里德里希·威廉三世来说,现存的专制主义制度是现实并合乎理性的,因而要加以维护,因而普鲁士王室很快认可了这句话。黑格尔的本意确实也是如此。然而海涅和恩格斯却从中看出其隐藏的革命性。"凡是现实的都是合乎理性的",事实上,"凡是现实的",不一定都合乎理性。因为只有合乎理性的,才必然是现实的。"这样,在发展进程中,以前一切现实的东西都会成为不现实的,都会丧失自己的必然性、自己存在的权利、自己的合理;一种新的、富有生命力的现实的东西就会代替正在衰亡的现实的东西"。[①] 尽管黑格尔本人并未说出这一哲学命题的革命含义,但是,它所具有的辩证原理及双重性却是显然的。

黑格尔将德国古典哲学推到了顶峰,他本人及其学说有大量的追随者,这些追随者将黑格尔所创立的庞大思想体系发展成一个名为"黑格尔主义"的哲学运动,其影响一直延续到当代。在19世纪中叶,黑格尔追随者中,按照各人的哲学观点和政治倾向区分,可分为黑格尔左派、黑格尔中派和黑格尔右派。黑格尔左派和右派,又可称为"青年黑格尔派"和"老年黑格尔派"。"青年黑格尔派"的主要代表人物有施特劳斯(David Friedrich Strauß,1808—1874)、鲍威尔(Bruno Bauer,1809—1882)和费尔巴哈(Ludwig Andreas Feuerbach,1804—1872)。他们发扬了黑格尔哲学的革命方面,从批判现存的宗教观念入手去批判旧制度。施特劳斯的《耶稣传》剖析了基督产生的种种传说的荒谬性,认为摆脱宗教偏见是政治进步的条件。他指出,必须将基督教福音中超自然的成分看作神话,而不能作为历史现实。而费尔巴哈则是黑格尔之后德国最重要的古典主义哲学家。他是黑格尔的学生,对老师也很尊重,但是在哲学思想上却有了根本性突破,摒弃了黑格尔哲学思想的唯心主义内核,成了一名唯物主义哲学家。但是,他在否定黑格尔唯心主义的同时,又摒弃了辩证法,使自己的唯物主义有形而上学的局限性。

青年黑格尔派是德国激进的资产阶级思想流派,在政治上抨击封建制度,主张实行资产阶级改革,尽管他们对反动势力的斗争仅仅停留在对宗教和基督教义的抨击上,但他们的著作对当时先进的知识分子影响极大。恩格斯曾经写过:费尔巴哈《基督教的本质》"这部书的解放作用,只有亲身体验过的人才能想象得到。那时大家都很兴奋:我们一时都成为费尔巴哈派了。"[②]

① 《马克思恩格斯选集》第四卷,人民出版社1995年版,第216页。
② 《马克思恩格斯选集》第四卷,人民出版社1995年版,第222页。

六、关税同盟与早期工业化

"统一与自由"运动本身就同经济上要求统一市场的诉求有一定的关联，在这一运动的推动下，以打通关税壁垒为近期目标的组建国内统一市场的活动以更快的速度向前发展。在这一进程中，德国出现了一位以后具有世界性影响的经济学家李斯特，他的学说为后发现代化国家增强国力和提高国际地位提供了理论武器。

在"世界历史"的形成过程中，英国等"先发"现代化国家在工业经济中占据优势地位，为了更好地利用自己的优势在全球范围内获取更多的份额，它们的最好武器就是"自由贸易政策"，因此，古典经济学家亚当·斯密和大卫·李嘉图等，都积极鼓吹自由贸易思想。然而，对于后起的国家来说，当它的工业处于起步阶段时，其工业品是无力同先进国家竞争的，如果推行自由贸易政策，它的现代化进程很可能步履艰难。美国建国初期曾经担任财政部长的汉密尔顿就曾经提出贸易保护主义的主张并将之付诸实践。汉密尔顿之后，较为系统地阐释贸易保护主义思想的，就是李斯特。

李斯特（Friedrich List，1789—1846）生于符腾堡罗伊特林根城的一个皮革匠家庭里，未受过正式教育。青年时学过皮革手艺，当过书记员和财政官员，1817 年（28 岁）应聘担任蒂宾根大学的经济学教授。1819 年创立"德意志商业和手工业联合会"，起草《致德意志联邦议会请愿书》，明确提出"在德国内部废除各种关税"的要求，推动该协会成为要求经济统一的重要组织。翌年出任符腾堡等级议会议员，借机主办《符腾堡档案》杂志和《德意志工商者机关报》，大力宣传民主自由和民族统一的思想。他不满于当时德意志土地上关卡林立的状态，曾经作过这样的描述："德国 48 道关税和入市线，使得国内的交通麻痹；它所惹起的作用，就好像人体周身被捆绑，因而血液不能流通到别的部分一样。从汉堡到奥地利，从柏林到瑞士，为了做买卖，就得经过 10 个邦，考究 10 种关税制度和入市制度，并且要支付 10 种通行税。那些不幸住在三个或四个邦接界地方的人，就在怀着敌意的关税税吏或入市税之下，一辈子的生活被糟蹋掉了，他们是没有祖国的呀！"①他强烈要求变

① 转引自夏炎德著：《欧美经济史》，上海三联书店 1991 年版，第 330 页。

革现状,并因此多次遭到当局的惩罚:1820年,由于要求废除联邦内部的关卡,统一关税,建立适度的关税保护,发展民族工商业,被政府视为"悖理",而褫夺了教授职;1822年,因要求改革市政管理,被以"敌视国家罪"判处10个月监禁。他只得逃亡法国,但1824年返国后又被逮捕,最后被迫流亡美国。

经济学家李斯特

丰富的阅历,坚定的信念和不屈的精神,使李斯特逐渐形成自己的思想和理论,主要包括两个部分。具有国际影响的是贸易保护主义理论。他认为,相对落后的国家应当把追求生产财富的能力而非财富本身放在第一位,一个国家在经济很不发达的时候应该推行自由贸易政策,以出口农产品,进口所需的工业品。但是当本国的工业有了一定的发展,但又无力与国外产品竞争时,它就必须实行贸易保护主义政策,以使本国工业能够发展起来。等到本国产品具备国际竞争力后,便应再次实行自由贸易政策,以求得贸易利益。在他看来,保护本国"幼稚"的工业并不是保护落后,如果一个产业经过保护已经具备了竞争力,或者经过高关税(30%的税率)保护相当一段时间(30年)后,该产业仍无法自立,则应撤销保护,使之进入国际市场参与竞争,或等于宣布本国不具备建立该产业的条件。贸易保护主义政策的具体做法是"限入奖出"。李斯特论述中时效性较强的部分,是主张建立独立的经济体系,组建全德关税同盟以克服小邦割据状态,"只有废除内部关税,并建立一个全联邦的统一税制,才能恢复国家贸易和民族工业"。与此相关联,他痛斥封建复辟逆流,反对专制独裁,认为应该"抛弃那些已经陈旧的,妨碍公民自由活动的形式",主张实行英国式的君主立宪制。他疾呼:"昂首挺立和发挥自己智力的应是10万个自由平民,而不是30个贵族!"

关于李斯特的思想理论对当时德国的政治经济发展究竟起了多大的作用,国外学术界有不同的看法,但是他身体力行,积极地投身于争取德国政治经济统一的活动，却是显而易见的。他在流亡国外前，曾利用“德意志商业和手工业联合会”为载体，组团访问魏玛、斯图加特、慕尼黑、柏林、维也纳等地，向各邦统治者诉说德意志工商业的困境。他又往返奔走于南德诸邦，斡旋组建“南德商业同盟”。他在侨居美国获得合法身份后，于 1832 年作为美国驻莱比锡领事返回德国，继续为发展德国工商业而努力。他致力于全德铁路系统的规划和筹建，曾经高度称赞正在组建中的“铁路系统和关税同盟”：“这是个‘连体双胞胎’，彼此肢体相连，只有一个思想和一个感官，它们互相支持，追求一个伟大目标，即把德国各个部族联合成一个伟大、文明、富足、强大和不可侵犯的民族。”

在各种因素的推动下，各个邦国分别按北德、南德、中德三个系统谈判组建关税同盟事宜。

北德关税同盟的核心是普鲁士。在斯泰因—哈登贝格改革的惯性中，普鲁士首先着手实现邦内的关税统一。原先，各邦（包括普鲁士）内部也存在严重的关税壁垒，直到 1818 年，普鲁士境内还保有 60 个税卡。1818 年 5 月 26 日，普鲁士政府颁布关于关税税则的法令，宣布废除本邦的一切内部关税，取消省际和城市间征收的复杂混乱的税收，从而创建了一个约一千万人口的统一市场。1819 年起，它开始同邻近的小邦国缔结关税协定，到 1826 年，包括普鲁士在内的北德六个邦结成了关税同盟，同盟内完全取消邦际关税。

在南德，1820 年 5 月，由巴登发起，在得到巴伐利亚、符腾堡、黑森和图林根诸邦及达姆施塔特自立市响应后，各方缔结了有关关税问题的协议。1820 年 9 月—1823 年 7 月、1824 年 11 月—1825 年 8 月，南德诸邦代表先后在达姆施塔特和斯图加特两次举行关于成立“南德商业同盟”的协商会议，李斯特为会议起草了《南德诸邦统一海关收益估算》和《南德诸邦商业同盟草约》等文件。两次会议确定了若干项需要谈判的基本原则，包括废除一切同盟内关税，统一水陆通行税，共同拆除关税壁垒，关税收入分配按各邦面积与人口计算等。但开始时谈判并不顺利，因为巴登倾向于实行自由贸易政策，而巴伐利亚则坚持要推行贸易保护政策，在政治上，巴伐利亚认为加入一个商业同盟意味着自己的独立地位下降。直到 1827—1828 年，随着符腾堡与巴伐利亚签订条约，南部关税同盟才最终形成。

中德诸邦以萨克森为首，于 1828 年在法兰克福举行结盟谈判，参加者有黑森、汉诺威、不伦瑞克、拿骚、施瓦茨堡、法兰克福和不来梅等邦国和城市。谈判的预定目标是缔结中德关税同盟，对内实行自由贸易，对外降低关税，但最后没有达成协议，有关各邦仅仅相互保证在三年内不参加其他同盟。

如果这三个系统不断加固自己内在的凝聚力,就有可能在德意志土地上形成三个区域性关税同盟互相对立的局面,从而进一步制约政治统一的进程。尤其是中德商业同盟,它受到奥地利和法国的支持,在地理位置上不仅将普鲁士的东西部领土隔开,从而能够通过提高过境税来制约普鲁士的经济发展,而且又能够切断普鲁士同南德的来往。所幸的是,历史进程并没有沿着这条轨道前进。其中最关键的两步,是1828年普鲁士同黑森及达姆施塔特缔结条约,和1829年普鲁士与南德关税同盟之间签订了条约,规定双方对一切货物均予以免税。前一步的意义在于,普鲁士能够跃过汉诺威,把中部的一个中等邦国拉到自己一边,从而为以后的发展进程开通了道路,后一步的意义在于把德意志南北两个关税区连成一片,使本来就发展得并不顺利的中德关税同盟很快走向末路。

以后的步骤就呈现出加速发展的趋势。1831年8月,黑森选侯国转入北德关税体系,此举不仅打通了普鲁士东西领土之间的壁障,而且动摇了不少中德小邦的意志,它们纷纷表示愿意步黑森的后尘,导致中德关税同盟彻底瓦解。1833年,北德关税同盟与南德商业同盟签订条约,双方正式宣布合并,于1834年1月1日起组成"德意志关税同盟"。

德意志关税同盟开始时包括普鲁士、莱茵黑森、库尔黑森、图林根、萨克森、巴伐利亚、符腾堡等18个邦国,占德意志领土的3/4,人口约2 350万。以后,同盟不断扩大,从1835年到1851年,先后有巴登、拿骚、美因河畔法兰克福、瓦尔德克、不伦瑞克、卢森堡、汉诺威等加入,加入同盟的土地上升到全德领土的4/5,人口达3 300万。但奥地利始终对它持反对态度,梅特涅认为它是一个国中之国,会奠定普鲁士在德意志的优势地位,并会促成"德意志统一的最危险推理"。奥地利的这一极其不明智的态度,不仅有害于德意志的统一事业,而且又一次放弃了自己原先的领袖地位,提升了普鲁士的声望。

德意志关税同盟盟约规定:同盟各邦间货物往来无须纳税,对盟外的货物实施统一的关税制度;统一币制和度量衡制度;关税收入的分配按各邦人口比例而定;各邦关税行政自主,各有任命税吏之权;设置一特种机构,研讨各成员邦修改税率的建议,并考察关税制度的施行情况;各邦在不违背同盟规定的情况下,仍有订立条约之权。

1834年元旦是德意志关税同盟正式生效的日子,前一天,各邦的边界内外都有很多车船相望等待,等待零点的钟声一响,从此即能在关税区内纵横驰骋。同盟成立时定期八年,后于1842年、1853年、1865年数次延期。随着1871年德意志帝国成立,关税同盟即溶合在帝国之内,结束了它的历史任务。

德国早期工业化的进程与关税同盟的形成过程是互相激荡、平行发展的,但随着关税同盟最终形成,德国的工业革命也正式起步。

德意志尽管在中世纪曾经执欧洲之牛耳,然而在走出中世纪、向工业社会迈进的过程中却明显地落后于英国乃至法国。到 18 世纪末,德国还是一个农业国,农业是主要经济部门,全国 3/4 以上的人口居住在农村,农业劳动力占全国劳动力总人数的 3/5 强。在世界潮流的带动下,德国的工业也在缓慢地发展。1783—1784 年间,杜塞尔多夫出现了第一家纺织厂,配置了许多从英国私下购买①的纺机。这是德国工厂的先驱。拿破仑战争期间的大陆封锁,对德国的工业发展产生了多重影响。一方面,德国的代用品生产兴盛起来,如建立了人造染料工业和菊苣咖啡业,发展了制糖工业等;另一方面,德国工厂的机械化程度也不断提高,如萨克森的纺织工厂规模不断扩大,图林根地区的纺织业开始从家庭作坊过渡到工厂生产,莱茵兰的制铁工业快速发展,其纺织业中的机械化程度也不断提高。整个大陆封锁期间,德国的棉、毛、麻纺织业一度得到较快的发展。

拿破仑战争结束后,英国商品源源输入,德国幼稚的工业一度受到冲击。然而从 20 年代起,德国的工业再次活跃与繁荣起来。进入 30 年代后,便开始了工业革命的启动,手工生产向大机器生产过渡,工厂和较大企业日益吞并和排挤手工业、包买商家庭工业和手工工场。

德国早期工业化中,起步最早的还是纺织业。萨克森的开姆尼茨是棉纺织业的中心,有“德国的曼彻斯特”之称。棉纺织业最早采用机器生产。如前所述,早在 1783—1784 年就安装了第一台水力纺纱机。随着 1825 年英国宣布取消机器出口禁令,更多的机器进入德国。德国的棉纺织业,最初只是将英国的棉纱进行加工,关税同盟成立后,情况大有改善,在巴伐利亚、符腾堡和巴登,组建了不少新的棉纺织厂,原棉进口增加很快,从 1834 年的 15.5 万公担上升到 1845 年的 34 万公担。毛纺织业中尽管手工织机超过机器的数量,但是机器能够织造出精良的呢绒,适应国内外市场的需要,因而发展较快。而麻纺织业的情况就不太理想,制约因素主要是市场狭小和外来产品竞争激烈,造成 86%的织机掌握在以织布为副业的人手里。

采煤和冶金业由于采用了新的技术设备,获得了较快发展。德国拥有富饶的

---

① 当时英国禁止机器出口,这一禁令直到 1825 年才取消。

煤矿,鲁尔、萨尔和上西里西亚都有丰富的煤蕴藏量,但初期开采很少。随着蒸汽机的使用、冶炼业的发展以及铁道机车的驶行,对煤的需求量越来越大。但由于煤矿企业规模小,技术设备差,产量不敷所需,只能从英国进口原煤。鲁尔矿区开发初期,利用了英国、比利时的资本与技工,但渐渐地,莱茵地区的企业主和银行主也参与投资,连威斯特伐利亚的贵族也加入其中,推动煤产量大幅提高,为鲁尔地区成为重工业基地奠定了基础。德国的冶金业起步不迟,但发展较慢,散布各地的小冶炼厂长期使用手工操作方式生产。以后成为钢铁和军火大王的克虏伯家族(Krupps),初期的发展并不顺利。该家族发迹于17世纪,阿恩特·克虏伯趁一次疫病流行之际,从出逃者手中购得大量廉价地产,奠定了原始基础。以后经过四代人的悉心经营,初具规模,成为埃森地区最富有的家族。然而,第一代经营钢铁者弗里德里希·克虏伯1811年才在埃森组建"克虏伯铸铁厂",竖立起第一座炼铁炉。由于该厂使用了新的冶炼法,产品质量与英国货不相上下,1816年成为"好希望冶炼厂"的供货商。但是,拿破仑战争结束后欧洲经济普遍萧条,企业发展缓慢。到1826年弗里德里希·克虏伯去世时,铸铁厂债台高筑,由其14岁的长子阿尔弗雷德·克虏伯继承。初期,主要依靠家族的资助,铸铁厂才勉强地支撑着,雇用的工人数在个位数内徘徊。但是阿尔弗雷德一方面坚持质量标准,技术上力求精进,另一方面努力扩大经营范围,寻找新的发展机会。德意志关税同盟形成后,克虏伯工厂迎来了大好的发展机遇。它不仅利用当时刚刚兴起的"铁路热",制造铁轨和火车车轮,而且大搞武器生产,成了著名的"火炮大王",其制造的钢炮在1851年的伦敦博览会上展出,曾轰动一时。到1870年,克虏伯公司的雇员已达到1.2万人。新的钢铁冶炼法需要大量的焦炭,反过来又推动了煤炭业的发展。

机器制造业获得了一定的发展。由于德国在发展过程中有英国的经验可供借鉴,因此,尽管工业化初期不少人反对大规模使用机器,认为"每一台新建的蒸汽机都会增加乞丐的数量",[①]但是随着工业化生产效率的显现,部分人开始改变看法。1829年底,各地的企业联合会在《莱茵—威斯特伐利亚指南》中提出"迅速地、广泛地输入机器"的要求,"机器——到处是机器,这就是努力的方向"。早在18世纪末期,德意志的能工巧匠就开始手工打造蒸汽机,并把它们用于矿井,但离开工业化制造还有相当的距离。1817年,弗里德里希·柯尼希在维尔茨堡建立了印

① Günter Schönbrunn, *Geschichte in Quellen: Das bürgerliche Zeitalter*, München 1980, S.114. 转引自邢来顺著:《德国工业化经济—社会史》,湖北人民出版社2003年版,第144页。

刷机厂,开了机器制造业的先河,这种机器的“快速压印法”有助于新闻报刊业的发展。两年后,哈尔科特在鲁尔开办“机械车间”,聘请英国的工程师和技术员,用来生产蒸汽机和纺织机械。这家“机械车间”,以后发展成德国蒸汽锅炉的制造中心,成为联合冶金和机器制造的样板。英国解禁机器出口后,德国在继续制造机器的同时,加紧从英国进口较为先进的机器,大幅度推动了机械化生产的规模。到19世纪30年代末,纺织业中的棉纺业已实现了工厂化生产,废止了手工纺纱。1837年,奥古斯特·博尔齐希在柏林建立机器厂,四年后生产出第一台火车头。1840年起,普鲁士的矿山机器成倍增长,并开始向深钻过渡,大幅度提高了矿井的利用率。

铁路建设和蒸汽船航运也发展起来。世界上第一条铁路于1825年出现在英国,德国从1827年起开始建造从林茨到布德维斯的铁路,于1832年建成,不过上面行驶的车厢是用马拉动的。第一条使用蒸汽机车的铁路从纽伦堡通往菲尔特,由“路德维希铁路公司”建造,1835年建成通车,全长6公里。上面的铁轨和行驶的车辆,都由当地的铁厂制造,机车则由英国人斯蒂芬森提供,由英国司机驾驶。不过,普鲁士政府对修建铁路持消极态度,因此在一段时间里,德国的铁路基本上都由私人投资建设。针对这一现象,李斯特呼吁,为了加快全国铁路网的建设,应该组建股份公司来筹资。此建议很快成为现实,1835年5月14日,李斯特创立的“莱比锡—德累斯顿铁路公司”正式对外出售股票,数小时之内即筹集到150万塔勒的资金。1836年起开始修筑莱比锡到德累斯顿的铁路,1839年实现全线通车,长133公里。这条铁路的建成有力地推动了全德的铁路建设,铁路股份公司纷纷建立起来。1837年“莱茵铁路公司”建立,资本共300万塔勒。1843年9月,科隆—亚琛—安特卫普铁路,即“莱茵铁路”建成。此外,还有不少城际中短途铁路,如柏林—波茨坦线、杜塞尔多夫—埃尔伯费尔德线、不伦瑞克—沃尔芬比特线、柏林—安哈尔特线、柏林—斯坦丁线、马格德堡—莱比锡线、科隆—波恩线、法兰克福—威斯巴登线,以及南德的曼海姆—海德堡线、慕尼黑—奥格斯堡线,都在这段时间里先后建成。这样,就形成了一种独特的现象。一方面,德国的铁道总长度快速增加,1839年超过法国,1845年达到2 871公里,1850年增至6 044公里,到1870年猛增至近两万公里。另一方面,由于国家没有实现真正的统一,不少铁路又是由私人集资兴建,以后才转为公有企业,因此全国的铁路建设,既无统一的计划,也缺乏统一的管理,运费参差不齐。

在水路运输方面,1816年,不来梅建成了第一艘由蒸汽推动的轮船。1819年,第一艘轮船在莱茵河上航行。1826—1827年,科隆的商界组建了"普鲁士—莱茵轮船公司",并开通了科隆和美因茨之间的定期航班。到1830年,莱茵河上已经有12艘蒸汽轮船穿梭航行。1838年,总部设在雷根斯堡的"巴伐利亚—符腾堡轮船公司"也建立起来。在海运方面,1839年创立了"汉萨轮船公司",1847年又创立了"汉堡—美洲轮船公司",蒸汽轮船与帆船一起穿梭航行在茫茫大海上。

在金融方面,德国呈现出"后发"国家的特点。尽管工业化尚处于早期阶段,但作为资本积累手段的储蓄银行和股份公司,却已经出现。1818年,柏林第一批储蓄银行开业。1823年4月,十家柏林商号实现联合,组成"柏林银行联合会"。到1827年,普鲁士已有31家储蓄银行。在股份公司方面,普鲁士的第一批股份公司出现于1826年,萨克森出现于1836年。

从总体上说,到19世纪中叶,德国的工业化还处于早期阶段,参加关税同盟各邦的农业人口占总人口的70%以上,德国还是个农业国。它的出口商品主要是原料和食品,而进口商品主要是半制品和制成品。同英法两国相比,德国仅在采煤量和铁路长度方面超过法国,而在使用蒸汽动力、炼铁量、纺织工业产量和对外贸易周转额方面,法国超过德国25%—35%。而英国,在采煤方面超过德国10倍,炼铁超过4.6倍,棉花消耗量超过19倍,蒸汽动力超过4倍。

七、1848年革命

德国在1848—1849年爆发了一场规模较大的革命,这场革命从世界范围来说,是欧洲1848年革命的组成部分,而从德国历史的发展进程来看,它既是"统一与自由"运动的最高峰,也是德意志历史上民族统一运动的第二个高潮。① 严格说来,法兰克福议会的制宪活动是这场革命的有机组成部分,它同狭义的1848年德意志革命运动结合起来,可以组合成广义的"德意志1848—1849年革命",然而,为了便于叙述和理解,本书把这两个部分分成两个目。

① 一般认为,近代德意志民族统一运动出现过三次高潮,第一次为反法民族解放战争,第二次为1848—1849年革命,第三次为普鲁士通过王朝战争统一德国。

引发德国1848年革命的原因,不少史书仅仅从德意志社会的内部去分析,这是必要的,然而并不全面,而且容易对读者造成误导,仿佛德国社会的"内因"自然会在1848年引爆一场革命。其实,被罗列出来的那些原因,不少在1848年以前就已经在起作用,有些原因在"发作"时经过社会上下的互相妥协,得到了缓解,有些则一直没有得到解决。如果没有1848年革命,有些原因还是会在适当的时候"发作"。之所以这些原因会在1848年同时"发作",主要是受欧洲整体形势的影响,其直接的引爆线,是法国的二月起义。

从内因方面来说,德意志民族最大的需求,还是"统一与自由"。"统一"自不待言,在"自由"方面,即使在已经立宪的邦国,也还有很多工作要做,而两个最大的邦国,奥地利和普鲁士,竟然还没有跨出制宪的第一步。奥地利在梅特涅"正统主义"的主导下,已经成为反民主的堡垒。普鲁士国王在1810—1820年间,曾五次许诺要颁布宪法,但一直没有付诸实施。1847年2月,他为了增加新的税收以弥补财政困难,被迫宣布召开"联合省议会"。原来,在普鲁士所属的八个省中,到1823年都已建立了贵族占据多数席位的省等级议会,此时,普王把这些议会的常务委员会组合起来,构成联合省议会,以此取代真正的人民代议制。联合省议会分成两院:贵族院包括72名高级贵族;等级院包括231名贵族、182名城市代表和124名农民代表。在开幕式上,普王弗里德里希·威廉四世致辞,公开宣布不允许让"君臣之间的自然关系变成有条件、宪法的关系,让'写满字的废纸'仿佛是第二天命,来主宰我们,并代替亘古以来神圣的忠诚"。他告诉议员们:"你们被召集起来是代表权力——你们等级的权力和国王的权力。你们的任务不是代表意见。"① 他给予该议会的权力非常有限,它没有立法权,只有咨议权,而且上书国王的文件必须得到2/3以上代表的同意。在财政方面,它只有增加新税和提高旧税的权力,批准贷款的权力仅限于平时。对于国王的顽固态度,联合省议会内部产生不同意见,自由派领导人反对国王的演说,而贵族代表则反对国王作任何让步。国王向议会提出两项提案,一是成立保证地租银行,其款项用于解放农民,二是保证国家修建柏林—柯尼斯堡东部铁路的借款,数额大约为2 500万塔勒。结果两项提案都被否决。议员们说,不颁布宪法,不实行代议制,就不同意政府借款。6月底,国王下令解散联合省议会。

除了各邦内部的立宪要求,部分学者还希望把立宪运动扩大到全德的范围,把

① 科佩尔·S.平森著:《德国近现代史:它的历史和文化》,商务印书馆1987年版,第122页。

全德的立宪活动与统一要求结合起来。1846 和 1847 年，在法兰克福和吕贝克举行了德国语言和文学大会，被称为“思想界的邦议会”。1847 年 6 月，在吕贝克举行了全德歌咏节。同年 10 月，来自巴登、符腾堡和黑森的自由主义反对派在法兰克福附近的赫彭海姆集会，要求在整个德意志实行君主立宪，每个邦成立立宪政府。会议组织者之一的弗里德里希·巴塞尔曼于翌年 2 月 12 日(即法国革命爆发前)在巴登议会里提出一项动议，请求联邦议会中的各邦代表团采取步骤，制定全德统一的法律和制度，组建全德议会。之后，联邦议会收到大量的请愿书，要求召集全德国民议会，成立国民自卫队，并实行出版自由和陪审制。

德国的早期工业化，在推动经济社会发展的同时，也对阶级力量的更新和重组产生了影响。工厂的开设，机器的使用，威胁到工匠和手工业者的地位甚至生计，他们把工厂和机器视为仇敌，热衷于捣毁机器运动。通过工业化发展壮大的资产阶级，希冀得到相应的社会地位和政治发言权，要求变革政治架构，使之有利于市场经济的发展。早期工厂的工人，处境更为可怜，只能听凭工厂主盘剥，劳动日无限延长，工资少得可怜。在不少地方，实物工资制、女工制、童工制盛行。尤其是那些机械化程度较低、产品缺乏竞争力的行业，资本家主要依靠加重剥削工人来获取利润。以普鲁士的纺织中心西里西亚为例，那里的手工织布机与机械动力织布机的比例大致为 45∶1，其中毛制品和棉制品随着原料产量的大幅提高，产品逐渐能够同英国、法国、比利时相竞争，但亚麻布纺织业却陷入了停滞和倒退，它仍然按照半封建的方式组织生产，使用的设备已极度老化和过时。织工们夜以继日地干活，而他们的生活水平远在教养所和陆军监狱的犯人之下。不仅如此，织工们还要用收入的 1/3 缴交名目繁多的封建税和国税，诸如织工捐、狩猎捐、纺纱捐和地方税、等级税等。1844 年，织工们忍无可忍，终于爆发了著名的“西里西亚织工起义”。是年 6 月 4 日，住有五千居民的彼得斯瓦尔道的织工，因要求增加工资、厂主拒绝并开除工人代表，而掀起自发斗争，并酿成起义。次日，烈火蔓延至另一纺织重地、住有 1.3 万居民的朗根比劳。起义织工高唱战歌，集中打击最令人痛恨的厂主。他们冲击工厂，捣毁机器，烧毁记载他们债务的账簿，然后涌向厂主的庄园前示威。当治安部队进入现场时，起义者毫不示弱，他们向士兵喊话，劝其倒戈。当军官下令镇压时，他们又以棍棒和石块反击，把治安军赶出村庄。6 月 6 日早晨，当局又调来步兵连、炮兵连和骑兵连，才把起义平息下去。11 名起义者殉难，24 人重伤，150 名织工被捕，遭到判刑和鞭笞。起义虽以失败告终，但显示了织工的力量，对统治者和工厂主产生了一定的警示作用。在各种因素的推动下，1848—1850 年间,西里西亚织工的实际工资有了较大幅度的增长。但这时,马克思主义已经诞生,马克思和恩格斯作为出生于德国的革命者,对德国革命和德国社会的发展寄予了极大的希望。

在农村,尽管农奴制度随着各邦程度不同的改革被废除,但不是所有的农民都免除了封建义务。在普鲁士,富裕农民中赎免封建义务的达 6/7,但中农和贫农中只有 1/5 有能力赎免这些义务。不少农民在农奴制改革中甚至地位进一步下滑。据普鲁士王国所属波美拉尼亚、西里西亚、东普鲁士和波森的统计,在农奴制废除时有 25 万农民丧失了他们原有的大部分土地,只有 10 万农民保有原土地的 2/3,而地主从农民手中强占的土地达 40 万公顷。容克地主还保留诸如庄园法庭和庄园警察权等大量的封建特权,有权任意审讯和处罚农民,农民在政治上毫无权利。不少人被迫移居美国,在那里取得较大的成绩,消息传来后,更多的农民不安于现状,他们认为美国的成功在于民主共和的政治体制,因此向往革命。1843 年到 1847 年,德意志许多地方爆发马铃薯疫病,谷物也连年歉收,饥荒在 1847 年达到最高峰,仅西里西亚一地,就有八万人因营养不良患上斑疹伤寒症,其中约 1.6 万人丧生。不少地方发生了抢粮风潮,柏林、维也纳、斯图加特和乌尔姆都卷入其中。1847 年一年,全德各地爆发了一百多起因粮食危机引发的暴动,其中影响最大的是 4 月发生在柏林的“马铃薯暴动”。当商人利用工人的困苦处境而不断提高马铃薯价格时,4 月 21 日,愤怒的群众径直走进商店,以暴力手段取走了迫切需要的食物。之后,主要由妇女组成的人群穿过大街冲进面包店和肉店,很快,柏林的市场和商店被饥饿的群众抢劫一空,警察和巡逻队已无力应付,当局只得调来正规军对付群众,群众用石头瓦块英勇还击。第二天,大批群众从城郊涌向市中心,高喊“革命”的呼声,国王调动全部卫戍部队,才把起义镇压下去。

民族问题也是德国社会的重大问题之一。曾经顶着神圣罗马帝国光环的德意志民族,在其控制范围内,有不少其他民族的居住地,尤其在奥地利和普鲁士两大邦国内,居住着捷克人、匈牙利人、意大利人、南部斯拉夫人和波兰人。捷克人和匈牙利人在面临奥斯曼帝国的威胁时,愿意在信奉基督教的德意志国家内获得保护,但是,在德意志人的民族意识日渐上升时,他们也强化了自己的民族意识,要求摆脱德意志人的控制,建立自己的民族国家。

在部分邦国里,由于统治者的举措甚至行为失当,引起宫廷内外的不满。如巴伐利亚国王路德维希一世(Ludwig I,1786—1868)尽管在慕尼黑市政建设方面作出很大成绩,慕尼黑市中心至今还保存着很多由他主持建造的著名建筑物,然而他对漂亮女性也充满兴趣。当时他已六十出头，却被一位名叫利默里克（艺名“罗拉”）的爱尔兰女舞蹈演员弄得神魂颠倒，向政府通报说要授予她“兰茨菲尔德女公爵”的头衔。保守派政府平时对国王的举止就颇有微辞，这时更是感到忍无可忍，愤然辞职。新上任的自由派政府尽管勉强接受这一现状，但也经常向国王进谏，要求减少丑闻。罗拉则经常干预朝政，还雇用了一名自由派学生作为保镖。1847 年 2 月，慕尼黑民众忍无可忍，爆发了声势浩大的示威游行，市民、工人、学生在街上与军警发生冲突，冲进王宫，痛打并赶走罗拉。罗拉离开国王后，很快又当上了其他男人的情妇，国王追悔莫及。

1848 年 2 月 22 日，巴黎街头掀起群众风暴，法国二月革命爆发。革命的导火索迅速引燃到西南德意志。巴登首先发难。2 月 27 日，民众在曼海姆举行大会，3 月 1 日，卡尔斯鲁厄发生示威游行。起事民众要求废除封建特权，实行出版自由，平均分摊捐税，任命责任政府，实行共和制度，在普选的基础上召开全德议会。巴登大公被迫罢免民众深恶痛绝的三名反动大臣，以后又任命自由派立宪主义者卡尔·马蒂担任首相，任命民主派政治理论家魏尔克担任驻联邦议会代表。

在黑森，成立了人民委员会，向黑森选侯提出最后通牒式的要求：所有的部长职务由获得人民信赖的人担任，重新选举并召开等级议会，实行新闻、集会和结社自由，特赦 1830 年以来的政治犯。在民众的压力下，选侯被迫退位，把政权交给其儿子。

在巴伐利亚，一年前刚刚赶走国王宠姬的慕尼黑市民，对国王还是颇有看法，他们于 2 月 26 日首先草拟了请愿书，但纽伦堡市民抢先把类似的请愿书呈递给国王。请愿书要求取消书刊检查制度，实行陪审制和责任内阁制，军队宣誓忠于宪法而不是国王，召开代表大会等。但国王拒绝了民众的各项要求。3 月 2 日，慕尼黑出现大规模的示威游行，群众抢占武器商店，捣毁内务大臣的住宅，在他的房顶上树起黑红金三色旗，在街上筑起街垒，准备同军警战斗。国王被迫宣布在 3 月 16 日召开议会，并同意取消书刊检查制，实行责任内阁制，罢免反动大臣，任命自由派人士执政。但民众的斗争仍未停止，路德维希一世不得不在 3 月 20 日宣布退位，其子约瑟夫·马克西米利安继位，是为马克西米利安二世。

在反民主的堡垒奥地利，同样爆发了“维也纳三月革命”。3 月 13 日是下奥地利等级议会开幕的日子，民众在议会大厦前举行集会，高呼“自由！宪法！打倒政府！”自由派领袖和大学生在会上发表激动人心的演说，要求罢免梅特涅，组建人民政府和人民武装。其实，自 1835 年斐迪南一世继位后，梅特涅的政治地位就开始下降，主要负责外交事务，没有参与法令的制定。但他为了维持所谓的威信，竟为这些不得人心的法令承担了责任，结果，他在长时间里成了压迫与反动的象征。面对群众的呼声，梅特涅毫不退让，他在国事参议会上说："如不久前在法国表明的那样，被迫让步是不明智的"，"皇帝有责任将先帝传给他们的权力再传给其继位者"。他以鄙视的口吻表示："这种骚动不过是些面包师傅的吵闹"，"应由警察和军队来驱散这些暴民"。他甚至明确表态："如果我自己的儿子也被发现在表现那种行为的人们中间，他们也仍然是暴民。"上午 11 时，梅特涅调动军队实施武力镇压，将军队开到议会大厦附近和维也纳的主要街道上。民众同军警展开英勇的战斗。晚上六时，一个代表团来到王宫，要求梅特涅辞职。梅特涅要求代表团结束"无政府状态"，代表团回答说："这不是无政府，这是革命，是各阶级都参加了的革命。"接着又来了一些代表团，都坚决要求梅特涅辞职，声称如在晚上九时前不辞职，就要举行武装起义。奥皇决定牺牲梅特涅，于当晚解除了他的首相职务。第二天，梅特涅男扮女装，逃出了维也纳，一个月后全家流亡伦敦。①

4 月 24 日，奥地利政府公布宪法，宣布出版、结社和集会自由，内阁对议会负责。议会分为两院，上院由 150 名地主的代表和皇帝指定的数目不定的代表组成，下院代表由普选产生，但选举权仅限于成年男子，从事日工、周工和家政劳动者被排除在外。广大民众对该宪法不满，他们要求组建一院制议会，降低选举资格。由各支革命军组成的"中央政治委员会"成为反宪法斗争的核心。政府要求解散该机构，遭到拒绝后调动军队实施镇压，于是引发了 5 月 15—16 日的革命风潮。奥皇从维也纳逃到因斯布鲁克，被迫宣布废除原宪法，应允召开制宪会议来制定新宪法。7 月 22 日，奥地利议会正式开幕。会议通过了废除农民封建义务的法令，规定农民在获得解放时只需缴纳 1/3 的赎金，其余 2/3 由国家和地主负担。在议会的邀请下，奥皇于 8 月 12 日返回维也纳，不料反动势力随之开始反攻，解散了不少革命组织。10 月，维也纳人民为了支援匈牙利人民的独立运动，再次爆发起义，控制了首都。奥皇再次逃出维也纳，但很快调集三万多军队包围维也纳。起义者进行了长达九天的城市保卫战，最后失败。奥地利革命渐趋平息。

1848 年革命中最精彩、影响最大的当属普鲁士的柏林革命。从 3 月 6 日起，柏林动物园饭店前的帐篷里每天都聚集了大批激进青年，他们举行集会，草拟请愿书。当时，博尔齐希工厂刚刚解雇了约四百名工人，另外还有数千人找不到工作，

① 梅特涅于 1851 年返回维也纳，但不再直接参与政治活动。

这些人,以及还在工厂干活的工人,逐渐加入其中。以莱奥波德·冯·盖尔拉赫将军为首的军人集团对此采取强硬态度,街头冲突时有发生。3月16日,梅特涅下台的消息传到柏林,对各方产生了不同的影响:民众的情绪更为高涨,决心逼迫国王实施政治改革;国王在部分大臣的劝说下,准备作出一定的让步,以免被推翻;强硬派军人的态度更为强硬,决心使用武力压制革命。17日,大批民众举行集会,提出了给国王的请愿书,要求国王答应:军队撤出柏林;允许组织市民自卫团;保证无条件的出版自由;召开联合议会。会议决定第二天在王宫广场举行游行示威,迫使国王接见他们的代表团。同一天,以莱茵省省长和科隆市长为首的12人代表团到达柏林,向国王呈递请愿书,并表示如不进行改革,莱茵省将脱离普鲁士。3月18日清晨,国王会见了两个代表团,给他们看即将颁发的两项诏令:取消书刊检查制度;于4月2日召开联合议会。同时他还承诺,要组建以普鲁士为首的德意志联邦,普鲁士实行立宪制。

柏林的街垒战

从3月18日清晨起,就有民众聚集在王宫广场,临近中午,更多的人涌入,等待着国王的答复。下午二时,正式公布了国王的两项诏令。资产阶级自由派感到满意,民众要求国王把军队撤离现场。军队强硬派不理会这一要求,反而下令清场。龙骑兵和步兵赶来助威,士兵们手持军刀逼向民众,但是并没有得到动武的命令，因此现场既没有开枪也没有流血。当庭院里的人几乎已经走完时，突然发出了两声枪响。根据已有的资料，至今还难以确定枪声来自哪里，以及谁下的命令，是否有命令等。但示威的群众认为是国王背叛了他们，愤怒地高呼："叛徒！叛徒！拿起武器，到街垒去！"很快，柏林城变成了一座战场。据一位目击者说，片刻之间，仅在国王大街上就筑起了12座街垒，房顶被掀起，人们从房顶上，从窗口，向外射击。所有的人都武装起来，粪叉、剑、矛、手枪、木板，都当成了武器。到傍晚，起义的群众控制了全城3/5的地区。柏林驻军司令调动1.4万士兵和36门大炮，向起义者发起攻击。起义者顽强抵抗，甚至夺取了三门臼炮，向军队开火。到了傍晚，军队动摇了，士兵拒绝开枪，同情起义群众。国王弗里德里希·威廉四世亲自出马来平息事态。他于18日深夜写了名为《致我亲爱的柏林同胞》的文告，把镇压起义的责任推诿给"一群暴徒"、"一伙多半是外国人的恶棍"身上，号召"看在至圣的份上"，拆除尚存的街垒，他则保证军队将从所有街道和广场撤走。人民不相信国王的诺言，在全城加固街垒，准备继续战斗。在这种压力下，3月19日上午，军队从柏林撤往波茨坦。

起义民众付出了数百人伤亡的代价，但取得了起义的胜利。国王原准备逃往波茨坦，起先因王后身体不适，后来因王宫被包围，未能成行，最终陷入了起义者的包围之中。19日当天，群众举行游行以悼念阵亡者，当游行队伍经过王宫时，民众强迫国王为死者哀悼。起义者手握武器，肩抬牺牲战友的遗体，高喊牺牲者的姓名——"五个没有受教育的孩子的父亲，在科隆议会大楼旁的街垒里被砍死的"、"今年15岁，在我身边被打死的，是我的独子"、"在投降后被无情地杀死的"——每喊到一个人名，身披黑红金三色旗的普王就顺从地脱帽致哀。诗人弗莱里格拉特以死难烈士为第一人称，写下了这庄严审判的场面：

我们的头颅被劈成两半，
子弹穿透胸膛，
你们把我们放上担架，
抬到王宫的阳台上。
"滚下来！"——他摇摇晃晃地走了下来，
"脱帽！"——他脱帽向死者弯腰，
他脸色苍白，心惊胆战而站不稳脚。
军队这时撤离了城市，
这座我们殊死夺取过的城市。

“主耶稣是我的信心”，这句话你们在书中可以读到，

但是，“铁是我的信心”，已经经过考验。

弗里德里希·威廉四世决心利用自己曾经有过的自由派民主人士的美名，力图把自己从革命的对象转变为革命的参与者甚至领导者。3月19日晚上，他发布了《告我国人民和德意志民族书》，声称只有德意志人民和君主们团结一致，才能从国内外的危险中得救。他说：“今天，我肩负着当前危险时期的领导责任……今天，我举起古老的德意志旗帜，将我自己和我的人民置于德意志帝国的光荣旗帜之下。普鲁士将立即并入德意志。”3月21日，他自觉地戴着黑红金三色绶带，在大臣、将军和亲王们陪同下，巡视柏林城。他向民众宣布要忠于黑红金三色旗，实行出版自由和陪审制，取消领主法庭。他还任命莱茵银行家、自由派人士康普豪森组阁，任内阁首相。

5月22日，普鲁士国民议会开幕。当局提出的宪法草案中，确定普鲁士为君主立宪国家，实行责任内阁制，议会由两院组成，上院由国王、亲王钦定的人和选举代表组成，下院代表实行两级选举制。民众对下院的选举法表示强烈的不满，甚至在街头公开焚烧宪法草案以示抗议。随着全德的革命形势普遍回落，保守势力加强反扑，1848年11月9日，自由派政府被迫辞职，由普王的亲属勃兰登堡伯爵组建保守派内阁。12月5日，普王发布命令，宣布解散议会。普鲁士革命以失败告终。

早在1841年时，诗人、语言文学教授奥古斯特·海因里希·霍夫曼·冯·法勒斯雷本①(August Heinrich Hoffmann von Fallersleben，1798—1874)写作了一篇诗歌《德意志人之歌》(Das Lied der Deutschen，以后改称 Deutschlandlied，直译《德国之歌》，一般意译成《德意志之歌》，也被译成《德意志高于一切》)，在1848年革命中，这篇诗歌广为传播。以后，该诗歌配以海顿于1797年谱写的乐曲，成为奥匈帝国的国歌，1890年，成为德国国歌，1922年，成为魏玛共和国国歌。战后，联邦德国的国歌取其第三段歌词。诗中写道：

德国，德国，将胜过一切，

胜过世间万物，

只要为保护和捍卫家园，

如兄弟般团结一致，

① 他的原名是奥古斯特·海因里希·霍夫曼，因出生在法勒斯雷本，后自己将出生地加在名字上。一般说来，名字中加“冯”，是贵族的标志。

西起马斯河,东至默默尔河,
南自阿迪杰河,[①]北界贝尔特海峡。[②]
德国! 德国! 将胜过一切,
胜过世间万物!

德意志的女性,德意志的忠诚,
德意志的美酒,德意志的歌曲,
应在人间常保持
古老高贵好名声;
激励我们行事高尚,
终生不渝。
德意志的女性,德意志的忠诚,
德意志的美酒,德意志的歌曲!

统一、主权与自由,
让我们为此齐奋斗,
为德意志祖国,
如兄弟般心连心手牵手。
统一、主权与自由,
这是我们幸福的保证。
愿在幸福光芒中繁荣,
德意志祖国永昌盛!

八、法兰克福议会

德意志联邦是一个既不统一、又无自由的旧式邦联,随着世界潮流的推进和德

① 该河流在现意大利境内。
② 该海峡在德丹交界处。

意志“统一与自由”运动的深化，更多的德意志人不满足于现状，要求建立一个民主、立宪、统一的国家。1848年革命给德意志人提供了很好的机遇，可以在不受外力影响的条件下，自主地组建新型的国家。不少德意志人试图抓住这个机遇，但未能成功。

当革命刚从法国蔓延到德意志时，原有的德意志联邦议会就试图保持自己在德意志的领导权。1848年2月29日，联邦议会召开紧急会议，宣布自己是“德意志民族和政治统一的合法机构”。3月1日，它又发出呼吁：“为了对外安全，以及国内的合法秩序、安宁、安全和财产”，应该采取共同行动。3月9日，联邦议会发表声明，表示接受黑红金三色旗作为“德意志联邦”的国旗。翌日，它又向各邦政府提议，派遣代表前往法兰克福，参加审查联邦宪法的工作。然而，该机构在二十余年的时间里没有采取过实质性的行动，在民众中已经威信扫地，它的声音很快被议会外的另一支力量所融合。

同年3月1日，以弗里德里希·勒默尔和阿达姆·冯·伊策斯泰因为首的巴登和符腾堡的自由派人士建议，在海德堡召开各邦自由派人士会议，商讨立宪事宜。3月5日，主要来自南部和西部的51名人士聚会海德堡，商议下一步的行动。在这次会议上，出现了不同意见，少数人建议利用当时出现的革命形势，在德意志兰建立共和国，但更多的人主张在保持君主制的基础上组建统一国家。会议通过了《告德意志人民宣言》，提议召开德意志民族代表会议，并成立一个“七人委员会”，负责筹备召开全德预备国民议会。会后，“七人委员会”拟制了预备国民议会的会议日程，确定会议的主要任务是改组德意志联邦，并于3月21日向各邦的社会活动家发出邀请信。

3月31日—4月3日，全德国民议会的预备会议在法兰克福市的圣保罗教堂举行，全城挂起了黑红金三色旗。出席会议的代表共500人，他们并未经选举产生，基本上都是各地的知名人士。代表们以各邦组团的形式出现，其中普鲁士的代表141人，奥地利2人。会议一开始，激进派和自由派就展开了论战。“七人委员会”提出的纲领，主张在德国建立君主立宪制。激进派人士反对这个纲领，主张建立美国式的联邦国家。由于会议代表中激进派占少数，他们的主张被多数与会者否决。激进派首领带着约40名代表宣布退出会议，前往巴登寻求支持。当他们到达弗赖堡时，人数增加了不少，但当他们号召为建立共和国而举行武装起义时，很快遭到巴登和黑森军队(以联邦军的名义)的镇压。会议采纳了自由派的主张，强调该次预备会议仅限于筹备召开全德国民议会。会议决定，全德国民议会代表的选举，不仅要在加入德意志联邦的各邦内进行，而且要扩大到尚未加入联邦的东西普鲁士、石勒苏益格、波森等地，比例是每五万人产生一名代表，选举原则是国民拥有普遍、平等的选举权，具体选举方法由各邦自行决定，选举日期为 1848 年 5 月 1 日。在会议的最后一天，选出了一个由 50 人组成的委员会，负责全德国民议会的选举和召集事宜。

4 月底 5 月初，国民议会的选举工作在各地展开。尽管全德预备会议曾规定选举没有财产资格限制，但各邦还是按自己原有的规定对这一原则作了修正。这样，在巴伐利亚，只有缴纳直接税者才有选举权；在汉诺威、库尔黑森和符腾堡，工人和仆人没有选举权；在萨克森，家仆没有选举权；在法兰克福，领取贫困救济金者被剥夺了选举权。选举产生的议员和候补议员共约 830 人，其中受过大学教育者 550 人。具体职业的分布情况是：大学教授和讲师 49 人，其他学校的教师 57 人，法官和检察官 157 人，律师 66 人，作家 43 人，医生 18 人，市长 20 人，部长 33 人，高级官员 118 人，图书馆工作人员 5 人，地主 60 人，商人 46 人，手工业者 4 人，邮政官员和视察员等 11 人，农民 1 人，还有少量的银行家、企业主和印刷商。[①] 这些当选者中，有德意志一流的科学家、作家和政论家，以及散布各地的社会名流，还有许多是三月革命前受到冤枉和迫害，甚至是坐过牢房的进步人士，以至于该国民议会被称为“绅士议会”。中国读者所熟悉的格林兄弟中的哥哥雅各布·格林，也在其中。不过也有人看出了其中的问题，那就是这群光辉灿烂的明星，都是因为个人的品质而不是作为阶级、集团或政党的代表被选出来的，他们主要是理论家而不是实际从政者和政治家，按学者古茨科的说法，“著名的名字多，有政治头脑者少；仰承鼻息的官员多，来自人民的有独立身份的人少。”在实际出席过会议的 573 名代表中，如按邦国分布情况分析，则不甚理想。其中来自普鲁士的 200 名，来自奥地利的 121 名，两邦相加，占了一半以上。其余各邦分享剩余的席位，其中巴伐利亚占 68 席，符腾堡 28 席，汉诺威 26 席，萨克森 24 席，巴登 19 席，其他小邦共占 87 席。

1848 年 5 月 18 日，德意志国民议会（Deutsche Nationalversammlung，史称“法兰克福议会”）在美因河畔法兰克福的圣保罗教堂正式开幕，主席台上方的横幅上写有“祖国的伟大，祖国的幸福，创造它，把它交回人民”的字样。由于交通不便及各种其他原因，开幕那天只有约 330 名代表到会，以后陆续增加或离会，基本上维持

① 参见卡尔·艾利希·博恩等著：《德意志史》第三卷：从法国大革命到第一次世界大战，商务印书馆 1991 年版，上册，第 138 页，以及科佩尔·S.平森著：《德国近现代史：它的历史和文化》，商务印书馆 1987 年版，第 139 页。

在约500名代表。由于这是德意志民族有史以来第一次由选举产生的全德国民代议机构开会,开幕那天,人们怀着无限的希望,看着这批代表身穿黑上衣,头戴红羽毛大礼帽,在钟声中庄严地进入教堂,在他们眼中,这批人受过教育,怀有崇高抱负,享有名望,一定能为民族的发展作出贡献。会议开始后,首先选举议长,黑森自由派大臣、立宪主义者加格恩(Heinrich von Gagern,1799—1880)男爵顺利当选。他满怀激情地表示:"我们应该为德国、为整个德意志帝国制定一部宪法。制定宪法的使命和全部权力寓于民族自主权之中。"①

国民议会会议代表进入会场

当时德意志社会的现代性不足,还未形成政党制度,因此,法兰克福议会举行的过程中,议员们以自己不同的政治主张,形成了临时性的政治集团。志趣相投的议员经常在周围小饭馆或啤酒馆相聚,交换政见,商议对策,时间长了就形成固定的派别,以聚会处的店招命名。极右翼分子约60人,在米兰尼咖啡馆聚会,被称为"米兰尼党"。他们都是旧制度的拥护者,认为国民议会没有制定宪法的权力,制定宪法必须同各邦政府协商。另一个右翼集团被称为"施泰纳党",主要由亲奥代表组成。左翼激进派逐渐分成两个派别。温和激进派以他们的开会地点称为"德意志霍夫党",他们坚持民主原则,要求确认国民议会是唯一的立法机关,强调各邦必须服从统一的国家。极端激进派被称为"丹尼尔斯贝格党",他们是坚定的民主派。介于左右之间的是人数众多的自由派,大约有270人,其中又分为四派,各以聚会地点命名。一是"卡西诺党",又名"教授党",代表人物有加格恩、达尔曼等,约122人,他们要求统一和宪法,但反对革命,强调要通过同政府协商来制

① 迪特尔·拉夫:《德意志史——从古老帝国到第二共和国》,波恩Inter Nationes出版社1987年版,第86页。

定宪法。二是"兰德贝尔格党",主张同右翼联合。三是"奥格斯堡霍夫党",从9月份起逐渐同"卡西诺党"联手。四是"威斯丁大厅党",以后逐渐同左翼联手。除了这些政治集团,还有不少议员始终保持独立性。议会外的结派活动也在紧锣密鼓地进行。仅在普鲁士一个邦内,就出现了50个保守派团体、300个自由立宪派组织和250个民主集团,其中组织最为严密的是天主教组织"宗教自由联合会",它呼吁把教会的权利明确写进未来的宪法。1848年10月,天主教徒甚至在美因茨举行第一届全德天主教大会。普鲁士的容克地主则组成所谓的"容克议会",选举产生一个由50人组成的委员会,以期对邦国民议会施加影响。在法兰克福,工匠和手工业者成立了"工商业者全体大会",谴责自由主义者的自由贸易政策,要求恢复职业行会,以保护自己的利益免遭新兴工业的侵害。

法兰克福议会首先讨论自身的权力和地位问题。尽管不少人力主议会不能单独制定宪法,而必须同各邦政府协商,但会议还是于5月27日通过决议,宣布法兰克福议会为立宪会议。

关于国家政体问题,由于共和派力量较小,仅占150席,而君主立宪派拥有370席,占了绝对优势,最后确定德意志国家实施君主立宪政体。

随后着手组建政府。加格恩以议长身份,提议任命奥地利的约翰大公为"全国执政"。约翰大公系奥地利新皇帝弗兰茨·约瑟夫一世的弟弟,以反对梅特涅著称,他打破世俗观念,娶了一位资产阶级的女儿为妻,又发表过一篇关于德意志统一的演说,因此具有相当的声望。同时他又是奥地利人,由他担任全国执政,符合奥地利在德意志兰的地位。6月29日,议会以绝对多数票通过这项动议。7月11日,约翰大公来到法兰克福,翌日就任全国执政。原有的联邦议会当天宣布解散,联邦议会主席、奥地利公使把权柄交给约翰大公。根据法兰克福议会的规定,如果全国执政履行职责不能令各邦满意,原有的联邦议会将恢复活动,重掌权柄。议会还决定成立内阁,原打算由普鲁士人康普豪森担任政府首脑,以平衡奥地利的优势地位,但遭到康普豪森的拒绝,后决定由巴伐利亚将军莱宁根侯爵(Karl Fst.zu Leiningen, 1804—1856)担任,他是英国维多利亚女王的同父异母兄弟,也是普鲁士的追随者。其他还任命了内政、外交、司法、商务、财政、军事等大臣。

表面上,全德的中央政府已基本成型,实际上它只是一个空架子。它既没有自己的军队,也没有任职的官吏。有一句话似乎刻薄了一点,但说出了事情的实质:它的外交大臣得不到任何欧洲大国的承认,财政大臣掌握不了一芬尼,军事大臣指挥不了一支枪,政府权力不出圣保罗教堂大门之外,所征税额只有法兰克福城和一个小邦绍姆堡—利珀照付。当军事大臣根据有关规定，要求接管各邦军队的指挥权时，奥地利根本不予理睬，普鲁士的态度稍微和缓些，表示将继续掌管自己的军队，但在必要时可以支援中央政府，其余各邦尽管实力不如奥、普，但基本上采取了相同的态度。甚至当军事大臣下令各邦的军队举行检阅活动，为全国执政约翰大公欢呼三次时，真正执行命令的也只有一些小邦。奥地利和普鲁士不假思索就拒绝了这项要求。汉诺威宣称，由于天气不好，阅兵仪式无法举行。巴伐利亚倒是为大公高声欢呼了，但同时呼喊的对象还有自己的邦君和德意志民族。针对这一现象，俾斯麦曾经挖苦说："这是一个没有柄的矛头。"

法兰克福议会试图改造德国的社会经济关系。议会开幕第二天，5 月 19 日，即组建了由 30 人组成的"经济事务委员会"，下设七个委员会：农村经济问题委员会；工业委员会；商业委员会；银行和信贷委员会；统一度量衡和货币制度委员会；取消限制迁徙自由委员会；工人委员会。同年 10 月，议会通过了废除一切封建依附形式的总规定。11 月，又通过了一项决议，废除联邦内部的一切关税，德意志各邦都统一在关税同盟里。

法兰克福议会很重视保障人民的基本权利，从 7 月 3 日起，到 12 月 27 日通过《关于德意志人民基本权利特别法》，花了将近半年的时间。议员们在讨论争取个人自由、反对贵族及官僚制度的横暴统治方面，意见是一致的。根据法律规定，每个德国人都享有德意志公民权，有权选举全国议会的议员。其中"每个德国人"的字样容易产生歧义，究竟是指每一个德意志人，还是指德国疆域内的每一个公民，而这又同德国疆域的范围，即大、小德意志，以及各邦国内的非德意志人是否归入德国这些问题有关。果然，会议围绕这一句话，就展开过冗长的争论。法律还规定：每个公民都有在国家领土内的每个地方生活和居住的权利；取消一切贵族等级和一切阶级特权，法律面前人人平等；每个公民都有言论、出版、宗教和道德标准的自由，可以自由地选择职业；公民有学术结社的自由，有请愿与和平集会的权利，但以不危害社会秩序和安全为限；财产权神圣不可侵犯，但征税不能偏袒个别阶级和财产持有者；全部司法权来源于国家，废除世袭法庭，实行法官独立、公开审判。对于德国境内的非德意志人，法律允许在他们生存的领土范围内，在宗教事务、教育、地方行政和法律上，使用自己的语言。该法律于 1848 年 12 月 28 日公开对外颁布，以后被整体嵌入国家宪法，成为宪法的第六章。由于该宪法未被实施，因此这一进步的法律只是停留在纸面上。但是，它所包含的精神，甚至具体文字，在 1919 年魏玛共和国宪法中得到保留甚至张扬。

在民族问题上，德意志民族主义的两重性在法兰克福议会上表现得淋漓尽致，不少德意志人在争取本民族独立、统一和强盛的同时，对弱小的异民族成员则持沙文主义态度。在这方面，波希米亚—摩拉维亚、波兰、石勒苏益格—荷尔斯泰因事件是很好的例证。

大部分议员都认为波希米亚和摩拉维亚是当然的“德意志领土”，就如赫夫肯议员在议会发言中所说，“是德意志的固有领土，由于自然、历史、文化、法律、公理的原因而与德意志不可分割地联系在一起”。① 但以帕拉斯基为首的捷克民族主义者却认为自己是斯拉夫人，他们抵制法兰克福议会的选举工作，却在布拉格召开奥地利帝国内全体斯拉夫人代表大会。法兰克福议会代表对此感到震惊，认为捷克民族主义没有逻辑根据，性质反动。其中一位议员甚至把波希米亚比作“插进德意志这棵橡树中，企图将之劈开的一根楔子”。5 月 27 日，蒂图斯·马雷克议员提出一项议案，要求国家宣布：它将不帮助镇压任何民族；所有非德意志民族的国民将同德意志公民享有同等权利，他们的民族特性将受到尊重；虽然德国的语言是德语，在大多数居民不说德语的地区，其他语言将得到法律承认。该议案以绝对优势票获得通过。6 月 1 日，议会通过另一个报告，谴责布拉格代表大会的泛斯拉夫主义，要求奥地利政府采取措施，强迫斯拉夫人选出代表出席法兰克福议会。三位民主派议员提出不同意见，但被议会断然否决。这时，传来了布拉格发生内战的消息，并谣传部分德意志人已经被捷克人“消灭”，于是，法兰克福议会中左右两派惊人地一致，要求奥地利军队采取镇压措施。年高望重的爱国议员恩斯特·阿恩特警告人们说，不要允许德意志的任何部分宣称自己是独立民族，“如果我们把平等的生活权利给予每一个小的个体，那又把我们自己摆在哪里呢?”连左翼人士都认为，德意志人统治波希米亚和摩拉维亚，将给这些落后地区带去进步和文明。

7 月 24—27 日，议会就波兰问题展开辩论。波森地区（现波茨南）原是波兰王国的领土，波兰被瓜分后，为普鲁士占领，由波森大公进行统治。欧洲的自由派人士，包括民族主义者，都关心波兰的独立事宜。法兰克福预备议会举行期间，曾经通过一项议案，主张重建一个自由的波兰。但是，当波兰人掀起民族独立运动，驱逐普鲁士官吏，接管当地政权后，普鲁士政府的态度发生变化，并派军队进入了波森。波兰民族主义领袖联合德意志人中的同情者，向法兰克福议会提出控告，议会遂展开辩论。威廉·约尔丹在辩论中发表一篇沙文主义色彩很浓的演说，在一定

① 科佩尔·S.平森著：《德国近现代史：它的历史和文化》，商务印书馆 1987 年版，第 142 页。

程度上反映了当时流行的看法。他宣称：亲波兰政策是“虚弱、恐惧、懦怯的政策。现在，终于到了我们从自我遗忘的睡梦中觉醒过来的时候了，在这个睡梦中，我们为各种各样的民族操劳，而自己却处于可悲的受奴役状态，被全世界踩在脚下。现在是觉醒过来、执行一种健全的民族利己主义政策的时候了。”随后，他进一步把话题上升到原则探索的高度：“我们的权利就是强者的权利，征服者的权利。是的，我们已经征服了别人。在西方，我们被征服了，而在东方，非常不幸的是我们自己是征服者……德意志在波兰征服的土地是自然的需要。历史的法则不同于法典的法则。历史的法则只遵循自然的法则，而自然法则中有一条告诉我们：一个民族不能仅仅因为存在着就有权获得政治独立。而这种权力仅仅来源于使自己作为一个国家屹立于其他国家之中的力量。”[①]在会上，少数的民主派议员要求议会发表声明，承认德意志人有责任帮助解放波兰人，但该动议遭到多数否决。议会以 342 票对 31 票，通过了赞成普鲁士政府行动的报告。

荷尔斯泰因系德意志人聚居区，而石勒苏益格尽管以德意志人为主，但也有不少丹麦人。自 15 世纪中叶以来，石勒苏益格和荷尔斯泰因这两个公国在国家法上是统一的，1460 年签订的《里本协约》，规定石勒苏益格和丹麦实行君合制（即两国共戴一君），但石—荷两个公国永远联合为一体。1815 年的维也纳会议宣布荷尔斯泰因为德意志联邦的成员国，丹麦人希望使石勒苏益格同荷尔斯泰因分离，并入丹麦。1848 年 1 月，丹麦发生君主更替，老国王去世，新国王弗里德里希七世即位，两个月后宣布将两个公国并入丹麦。而两个公国的大部分民众希望脱离丹麦，加入德意志联邦。德意志三月革命爆发后，两公国人民也发动起义，在基尔成立临时政府，并吁请联邦当局给予援助。法兰克福预备国民议会委请普鲁士和汉诺威派出军队前往支援，很快抑制了丹麦人的势头。然而，在英、俄、法、瑞典等欧洲列强的干预下，普鲁士被迫于 8 月 26 日同丹麦签订《马尔默停战协定》，规定两公国不属于丹麦，但德方军队必须立即撤出，并解散基尔临时政府。

缔约的消息传到法兰克福议会后，全场群情激愤，议会大厅里响彻着采取爱国行动的强烈呼声，连左翼议员也认为这是对德意志民族利益的背叛。在议会表决中，尽管不少议员已经从欧洲格局的全局考虑，违心投了赞成票，最后，停战协定还是以 221 票赞成、238 票反对遭到否决。莱宁根政府因此而辞职，新政府难产，几

---

① 引自法兰克福会议记录，第二卷，第 1145—1146 页。转引自科佩尔·S.平森著：《德国近现代史：它的历史和文化》，商务印书馆 1987 年版，第 144—145 页。

经周折，终于由原内政大臣冯·施梅林骑士（Anton Ritter von Schmerling，1805—1893）担任首相。为了扶持处境艰难的新内阁，又有数名中间派议员改投赞成票，终于使停战协定以1票的优势获得通过。石勒苏益格—荷尔斯泰因的归属问题暂时搁置。然而，消息公布的第二天，法兰克福市就爆发了大规模的示威活动，将议员们称作"叛徒"。示威者筑起街垒，试图冲击圣保罗教堂。施梅林首相调集驻扎在美因兹附近的普鲁士军队和奥地利军队，经过血腥的巷战，才把事态平息下去。

在10月26日关于新宪法的辩论中，戴姆伯爵发表了一个带有总结性的演说，强调德意志人是整个中欧的精华，负有建立"一个中欧庞大国家"的使命，这篇演说成为民族沙文主义的最极端表现。他说："我们的目标是建立一个有七千万，如果可能的话，有八千万或一亿人口的庞大帝国，在这个帝国里，要树立起赫尔曼（即阿尔米纽斯）的旗帜。这样武装起来后，我们将与东方和西方抗衡，与斯拉夫国家和拉丁国家抗衡。我们将从英国手里夺过海上霸权，成为地球上最伟大、最强盛的国家。这就是德意志的未来！在这个目标前面，一切关于宪法形式的琐碎辩论都是毫无价值的。"①

当然，也有部分民主派人士看到了民族沙文主义的危险性，提醒人们加以提防。科学家卡尔·福格特曾经在议会中发言说："看来，领土掠夺已代替对法国人的掠夺，我感到这似乎有些奇怪……是的，掠夺法国人已发展到普遍掠夺领土。我们在北方掠夺，在西方掠夺，在东方掠夺。我们要在一切地方把他们叫做'德意志成分'的东西狼吞虎咽地吃光。而到最后，这一切会把我们的胃撑坏。"②

从1848年10月19日起，法兰克福议会开始审议德意志国家宪法。首先遇到的便是国家的范围和边界问题，即建立"大德意志"抑或"小德意志"国家问题。在这一问题的背后，隐含着如何处理历史遗产和现实世界潮流的关系问题。作为神圣罗马帝国的后裔，德意志人实际上控制着不少非德意志人居住区，其中一部分通过缓慢的"德意志化"过程，逐渐成为德意志地区。而从当时的世界潮流来看，建立民族国家，加固国家民族，是欧洲先进国家已经作出的榜样。自18世纪末以来发生在中部欧洲的不安和骚乱，有不少就是因为原先处于领先地位的德意志，没有及时赶上这一世界潮流引起的。关于"大德意志"和"小德意志"两种方案的差别，

---

① 引自法兰克福会议记录，第四卷，第2882页。转引自科佩尔·S.平森著：《德国近现代史：它的历史和文化》，商务印书馆1987年版，第146页。

② Otto Ernst Sutter, *Die Linke der Paulskirche*, Frankfurt, 1924.S.321.转引自科佩尔·S.平森著：《德国近现代史：它的历史和文化》，商务印书馆1987年版，第146—147页。

可以有两种解读法。一种在我国史学界已经广为人知,即“大德意志”方案主张建立以奥地利为中心、包括所有德意志邦国的中欧帝国,而“小德意志”方案主张以普鲁士为首,建立不包括奥地利的德意志国家。另一种解读法则强调深究其内涵,“小德意志”方案要求建立一个真正的民族国家,只有德意志邦国才能加入这个国家,如果德属奥地利要加入这个小德意志国家,就必须解除它同哈布斯堡其他邦之间的国家法联系,并把它同非德意志地区之间的联系限制在一种王朝和国际法的关系之内,如果要保持奥地利帝国的完整,那么它的所有组成部分必须从德意志联邦中分离出去。① 而“大德意志”方案则从德意志王朝的角度着眼,把所有的王朝控制区都纳入到一个国家之内。由于当时只有哈布斯堡王朝拥有超过德属控制区的非德意志属地,因此大、小德意志方案的区别主要在于奥地利帝国的归属。两种解读法,结果是相同的,但视角和思考路径有所差异。

奥地利在 1848 年革命以前,由梅特涅主政近四十年,在“正统主义”思想的指导下,成为德意志联邦内的反动堡垒。但维也纳三月起义赶走了梅特涅,到 12 月 2 日,软弱无力的老皇帝斐迪南一世宣布退位,其侄弗兰茨·约瑟夫一世(Franz Joseph I,1830—1916)②即位。新皇帝以有力的态势推行“大奥地利”政策,希望在巩固多民族帝国的基础上,以奥地利为中心,形成一个从北海到地中海,包括意大利北部和中部在内的中欧市场。在同德意志国家的关系方面,奥地利统治集团希望维持原状,即以奥地利帝国为基础,成为德意志邦国集团的首领,如果办不到这一点,则退守“大奥地利”,再推动奥地利帝国与德意志邦国集团结成联邦关系。就如奥地利代表在法兰克福议会中所表示的:“奥地利作为统一的国家继续存在下去,这是德意志的需要也是欧洲的需要。只有当更新的奥地利和更新的德意志获得新的和比较固定的形式之后,才有可能从国家方面来确定它们之间的互相关系。”③弗兰茨·约瑟夫一世可谓精明但不高明,他要坚守列祖列宗打下的江山,甚至希望进一步扩大势力范围,这种愿望本也无可厚非,但他忽视了民族主义上升的世界潮流,不仅德意志民族要求组建民族国家,违背这一潮流者将被德意志人抛弃,就是在他想坚守的奥地利帝国中,其他民族的民族主义情绪也在日渐上升,最

① 参见卡尔·艾利希·博恩等著:《德意志史》第三卷:从法国大革命到第一次世界大战,商务印书馆 1991 年版,上册,第 182—183 页。

② 此人系电影《茜茜公主》中女主人公丈夫的原型,茜茜公主的原名为伊丽莎白·阿马利娅·欧根妮(Elisabeth Amalie Eugenie,1837—1898),昵称茜茜。

③ 卡尔·艾利希·博恩等著:《德意志史》第三卷:从法国大革命到第一次世界大战,商务印书馆 1991 年版,上册,第 183 页。

后终将撑破帝国的外壳。果然,奥地利帝国于1867年被迫演变成了奥匈帝国,第一次世界大战结束后彻底瓦解。

在法兰克福议会讨论过程中,“小德意志”方案占了上风。历史学家约翰·德罗伊森甚至表示:“三百年来,由于奥地利,德意志变得民气不振,破败不堪,软弱无力。……谁都知道,奥地利曾使1/3的德意志人脱离自己共同的祖国。”不少人认为,普鲁士代表着德意志传统中最好的方面,它产生了马丁·路德、弗里德里希大王、德意志古典文学和解放战争的领袖,因此有资格担任德意志的领导,它“注定要领导新德国”。① 在这种背景下,宪法中有关新帝国的条款作了如此规定:

第一条:德意志国由迄今的德意志联邦地区组成。……

第二条:德意志国的任何部分都不能与非德意志邦结成一个国家。

第三条:如果一个德意志邦和一个非德意志邦有着同一个国家元首,那么两国之间的关系要按纯粹君合国的原则处理。②

面对这一局面,奥地利政府的态度愈益强硬,对法兰克福议会充满敌意。1848年11月,两名议会成员前往维也纳,打算帮助奥地利内部的自由派成员,但很快被奥地利政府逮捕,其中一人第二天即以叛国罪被处决。12月15日,奥地利人施梅林辞去法兰克福中央政府首相的职务,由小德意志道路的拥护者、议长加格恩接任。议长则转由齐姆松(Eduard Simson,1810—1899)担任。12月18日,加格恩向议会宣布施政纲领,主张建立一个不包括奥地利的德意志联邦,然后再同奥地利签订条约,建立某种联盟关系。1849年1月13日,法兰克福议会以261票对224票通过了加格恩的施政纲领。

从1848年12月12日起,开始讨论国家元首问题。出现了不同方案,其中包括共和国总统制和执政府制,更多的人主张实行皇帝世袭制或皇帝选举制。经过协调,皇帝世袭制的主张逐渐占据上风。面对奥地利政府的强硬态度,越来越多的议员倾向于普鲁士。

1849年3月28日是法兰克福国民议会的重要日子。那天,议会首先进行宪法二读表决,获得顺利通过。随后选举国家元首,普鲁士国王弗里德里希·威廉四世以290票赞成、248票弃权的优势当选。统一的德意志国家终于在纸面上建立起

① 科佩尔·S.平森著:《德国近现代史:它的历史和文化》,商务印书馆1987年版,第147—148页。

② Walter Schmidt, *Deutsche Geschichte*. Band 4, *1789—1871*, Pahl-Rugenstein Verlag, Köln, 1989, S.347.

来了。根据宪法规定，德意志国家由 36 个邦组成，国家元首为“德意志人的皇帝”，他是世袭君主，应“交给居于统治地位的德意志诸侯”担任。皇帝掌握德意志联邦的最高权力，是国家行政权的承担者，住在政府所在地，有权解散下院和行使暂停性否决权。皇帝由内阁协助管理国家，他的每一项命令都必须有一名大臣副署。在国家元首和政府机构方面，体现出新国家的中央集权一面。议会由两院组成。国家院（上院）代表各德意志邦国的利益，由 176 名议员组成，其中半数由各邦政府任命，半数由各邦人民代议机构任命。代表任期六年，根据自己的决定投票，不受邦政府指示的约束。国家院体现出新国家的联邦性质，它不能被国家元首或政府机构解散。人民院（下院）由选举产生，每五万人通过秘密、普遍、平等的投票选出一名议员，任期三年。对于政府同议会之间的关系，宪法没有作出详细的规定，总的来说，议会对行政权的制约较少。

然而，当议会派出以议长齐姆松为团长的 32 人代表团前往普鲁士，准备把皇冠献给普王时，却遇到了不可逾越的障碍。4 月 2 日，代表团来到柏林，明显感觉到敌意的气氛。创刊才九个月的容克集团机关报《新普鲁士报》（因报头上有一个引人注目的十字架，被称为《十字架报》），用以下语言迎接代表团的到来：“什么？你们带来一顶皇冠？你们是一群乞丐！你们没有金钱，没有土地，没有法律，没有权力，没有人民，没有士兵！你们是被扔掉的人民主权的破产投机者。不要摆架子，如果你们能免费住旅馆，又在听了欢送词后被打发回去，就像你们来时有人致欢迎词那样，你们就应该高兴。”当齐姆松向王室仆人要一杯水喝时，也遭到了无礼的拒绝。普王弗里德里希·威廉四世的态度更难以容忍。他在接见代表团时，抓住犹太人要行割礼的风俗习惯，对一名犹太代表借题发挥说：“博士先生，你不是也同样相信，如果不给这部宪法行割礼，我就不会接受它吗？”他明确表示自己不能接受“一顶由议会多数赋予的皇冠”，声称只有在“德国各国王、诸侯和自由城市”确系自愿让步而拥戴他为帝的情况下，才能考虑接受皇冠。他的真实想法，在之前给普鲁士驻英国公使的信中有所表露，他写道：“首先，此皇冠实非皇冠。如果情况允许的话，霍亨索伦王族可以接受的皇冠并不是由枪炮轰击而成革命种子的大会所制成的那顶，尽管该大会是在诸侯同意下设立的……皇冠应带有上帝的印记，使戴上皇冕之人在涂油净身的圣仪之后得到‘上帝恩宠’……可惜你讲的这顶皇冠是不洁的……充满 1848 年革命的腐尸臭味……难道像这顶用粪土污泥制成的想象中的头箍竟要由得到上帝恩宠的合法国王、现在甚至竟要由普鲁士国王戴在头上吗？我坦率告诉您：如搁置一边已 42 年的德意志民族的千年皇冠再次拿

威廉四世拒绝接受皇冠

出来加冕的话,那么,有权得皇冠者舍我和我等之人其谁?”①信中谈到的“千年皇冠”,是指原神圣罗马帝国的皇冠。在其他场合,他甚至把法兰克福议会打造的皇冠称作“标志奴隶身份的铁项圈”。可见,他所拒绝的是民主的皇冠,同1848年革命相联系的皇冠,而对于奥托大帝遗传下来的,具有神圣灵光的,拥有专制权力的皇冠,他非但不拒绝,而且是向往的。

法兰克福议会的另一项工作,是推动各个邦国尽快批准新宪法。当时,36个邦国中有28个先后宣布承认宪法,但包括奥地利、汉诺威、萨克森、巴伐利亚在内的有影响力的邦国都拒绝承认。普鲁士的下院曾表示承认,但普王严令拒绝。4月5日,奥地利召回参加法兰克福议会的代表,5月14日,普鲁士也下达同样的指令。尽管各地的人民群众程度不同地行动起来,开展了积极的护宪运动,其中萨克森、巴登、普法尔茨、莱茵省等地的斗争还相当激烈,但法兰克福议会本身,却呈现瓦解之势。议员们逐渐离开议会,剩余者越来越感到法兰克福当局的敌意。5月30日,“残阙议会”迁往比较友好的符腾堡城市斯图加特,试图实施为各邦君主所拒绝的全国宪法。

6月初,普鲁士、汉诺威和萨克森的君主组成“三王同盟”,不久巴登君主加入。王军由普王的弟弟威廉亲王统率,向护宪运动进攻。威廉亲王即后来德国统一后的第一个皇帝威廉一世,1849年因对革命者穷追猛打,获得了“炮弹亲王”的外号。

① Walter Wulf [Hg.], *Geschichtliche Quellenhefte 8*, Frankfurt a M.1974 S.46.

6月18日，符腾堡政府在普鲁士政府的要求下，派军队强行解散了“残阙议会”。7月23日，巴登军队也被迫投降。1848—1849年革命以失败告终。

1848—1849年德意志革命是同时期欧洲革命的组成部分，在德意志历史上也是一次波澜壮阔的革命事件，因此值得大书特书。但是，法兰克福国民议会和它所制作的德意志宪法，实际上并没有在德国历史发展进程中起到预期的作用，因此，似乎可以淡化处理，甚至一笔带过。然而，本书还是给予一定的篇幅作了必要的叙述。在近现代历史中，德意志民族表现出截然相反的两种精神，一种是军国主义和集权主义的，这种精神曾经引发过两次世界大战，其巅峰状态则是纳粹时期的暴政，而另一种则是人文主义的，追求民主、自由和人道。后者的原质来源于何处？是同古代日耳曼人的部落制度相联系的早期德意志人就固有的，还是主要受到了外部世界尤其是法国革命的影响？这是一个国际学术界正在讨论、估计难以在短期内得出定论的问题。但是，这种精神在法兰克福议会中得到极度张扬，却是十分明显的。法兰克福议会和德意志宪法所包含的精神，在第一次世界大战结束后的魏玛制宪会议上，在相当程度上得到继承，并增添了不少时代精神和社会民主主义成分。而魏玛精神又被第二次世界大战后的联邦德国所继承，成为指导当代德国发展的主流思想。

法兰克福议会和德意志宪法为什么失败？国内学术界在指出当时德意志资产阶级特点（即德意志资产阶级力量薄弱，随着无产阶级的独立出现，资产阶级一开始就害怕革命的深入发展）的前提下，更多地指责议会成员们长期陷于空谈，用议会讲坛清谈空辩的吵嚷声代替街垒上的武器碰击声，成了“老太婆会议”，以致错过了革命的大好时机。其实，法兰克福议会从1848年5月18日开幕，到1849年3月28日结束，历时三百余日。由于1848年革命具有一定的突发性，因此议会召开前并无充裕的时间做制宪的准备工作。作为一次制宪会议，要制定出德意志历史上第一部全国性宪法，内容既要适应时代潮流，又要照顾到德意志的传统，确实需要一定的时间保证，以便各方能够充分发表意见，同时对各项规则作一定的效果预测。反过来说，如果法兰克福议会的会期缩短至二百天甚至一百天，革命就有更多的成功可能吗？人们的习惯性思维方式是强调用“快刀斩乱麻”的手法解决难题，但是，如果这些乱麻还要用来编结绳子甚至织成麻布，使用“快刀斩”就不一定是最好的办法。法兰克福议会和宪法的失败，最主要的原因还是以奥地利和普鲁士两邦为代表的保守势力太强大，革命的力量还无力超越它们。如果把德意志作为一个整体来看，它具有主要实权分布在中层的传统。在查理大帝时代，部族首领拥有很大的发言权。《金玺诏书》的颁布，标志着七个大诸侯掌握了实权。在德意志联邦时代，大邦国的君主更是把联邦视作儿戏。在法兰克福议会组建全国政权的过程中，奥地利退出了角逐，但这并没有降低事情的难度。它实际上还处于可进可退的位置，一旦普鲁士称雄，很难保证奥地利不出面干涉。普鲁士要想统揽小德意志的全局，首先必须打败奥地利。即使其他中小邦国，尽管不少已经实现了立宪，但它们实施的也是君主立宪制，邦君还是拥有相当大的权力。邦国议会在革命的氛围中批准了全德宪法，不能保证邦君一定会支持联邦皇帝。普鲁士国王拒绝法兰克福议会打造的皇冠，除了它是革命的产物外，还因为它相当烫手。如果法兰克福宪法宣布在德国实施总统制，选举邦君以外的人担任联邦总统，这无异于搭建空中楼阁。至于要求德国无产阶级通过 1848 年革命，实现从资产阶级革命向社会主义革命的过渡，这一目标似乎定得过高，无论从世界范围的人类发展阶段，还是从德意志社会的实际情况来看，社会主义革命的条件还远未成熟。

第六章

德意志的统一

（1850—1871 年）

法兰克福国民议会的失败宣告通过和平、民主与协商的途径统一德意志的可能性已经消失，通过王朝战争、以武力手段实现统一的有效性日益凸显。普奥双方继续围绕德意志的领导权展开争夺，最后由于哈布斯堡王朝不愿意放弃多民族的帝国，领导权落入普鲁士之手。通过德丹战争、普奥战争和普法战争，普鲁士统一了德意志，以小德意志方案建立了德意志帝国。在这一过程中，随着工业化的发展，工人阶级的队伍不断壮大，开始发出自己的声音，为日后工人运动高涨、工人阶级走上政治舞台奠定了坚实的基础。

一、工人运动的发展

随着德意志地区工业经济的发展，工人的队伍也逐渐壮大起来。他们面对着各种社会问题，从维护自身的利益出发，走上了联合斗争的道路。

早在 1832 年，流亡在巴黎的德意志手工业帮工、店员和知识分子就组建了“德意志人民协会”，这是一个具有共和民主主义倾向的组织，主要从事于救济政治流亡者的工作，并进行推动德意志统一的宣传。1834 年，流亡在瑞士伯尔尼的德意志人又组建了秘密的政治组织“新德意志”，不久改称“青年德意志”。同年春，德意志人民协会解散，其左翼代表又组建了另一个秘密组织“流亡者同盟”，并出版了机关报《流亡者》。该组织是德意志民主政党和社会主义政党的前身，拥有成员约 200 人，以密谋组织的形式组建，其最高领导是“主要基地”，其次是“区营地”，最下面的组织是“营”和“帐篷”。但该组织的成员比较复杂，有知识分子、大学生、手工工人等，因此潜伏着分裂的因素。1835 年春，随着空想社会主义和空想共产主义思想的渗入，组织内部出现比较明显的思想分歧。翌年，“青年德意志”受到瑞士当局的持续迫害，许多成员流亡到巴黎，他们的到来进一步加速了“流亡者同盟”的分裂。1836 年，部分激进的盟员脱离“流亡者同盟”，在巴黎组成新的团体“正义者同盟”，这是一个半公开（地从事宣传活动）半秘密的政治团体，主要成员是德意志手工工人。它的成立，标志着德意志独立工人运动的开始。

“正义者同盟”成立初期，理论上主要受魏特林（Wilhelm Weitling，1808—1871）的影响，此人是同盟的主要理论家，也是 1848 年以前德意志空想共产主义思想的主要代表。他出生于普鲁士的马格德堡，少年时当学徒，后成为裁缝。他的学历不高，仅上过中等市民学校，但刻苦自学，阅读过大量的作品，包括巴贝夫、圣西门、傅立叶的著作。作为手艺人，他有机会周游各地，不仅走遍全德各邦，还到过许多欧洲国家，开阔了眼界。在空想社会主义学说的影响下，通过对各地劳动者困苦境遇的亲身观察和感受，魏特林逐渐形成了自己的思想体系。1835 年 10 月，他在巴黎加入“流亡者同盟”，以后在其分化的过程中发挥积极作用，参与筹建了“正义者同盟”。1838 年，同盟委托魏特林起草纲领，以此为契机，他在几个月内写成了第一部著作《现实的人类和理想的人类》。该书指出劳动者贫困的根源在于劳动所创造的财富分配不平等，强调必须通过暴力革命消灭私有制，才能通向人道的社会制度。它吸收了傅立叶等空想家的精神财富，描绘了一幅共产主义社会的蓝图，被德国共产主义者梅林称为“共产主义信仰的告白”。1842 年，他又出版了自己的代表作《和谐与自由的保证》。书中分析了社会病态的产生，强调私有制是罪恶之源，并扩充了未来社会的蓝图。在他所设想的未来社会里，担任领导的是由哲学家和科学家组成的三人团，所有的人结为兄弟，大家共同劳动，共有共享，没有政府、法律和惩罚，没有命令和服从，没有尊卑和贵贱。而实现这个理想的途径是暴力革命。虽然魏特林对资本主义的批判主要出于道义上的愤怒，而不能揭示其本质，他主张的暴力也只是自发的暴动，而不是阶级的有组织行动，但他的思想体系仍不失为德意志工人阶级第一个独立的理论体系。《和谐与自由的保证》一书被海涅誉为“德意志共产主义者的问答教科书”，马克思也给予了很高的评价：“只要把德国的政治论著中的那种俗不可耐畏首畏尾的平庸气拿来和德国工人的这种史无前例的光辉灿烂的处女作比较一下，只要把这双无产阶级巨大的童鞋拿来和资产阶级侏儒的政治烂鞋比较一下，我们就能预言这位灰姑娘将来必然长成一个大力士。”①然而从这以后，魏特林的思想开始后退，在1843年写的《一个贫苦人的福音》中，尽管也提出个别有意义的论点，但是把共产主义归结为早期基督教的主张，以原始基督教作为共产主义学说的理论根据，认为流氓无产阶级是实行暴力革命的社会力量，随时随地都可以实施起义和暴动，走向共产主义。马克思和恩格斯曾经帮助他，希望他能接受科学社会主义，但魏特林拒绝帮助，反而同“真正的社会主义者”H.克利盖站在一起，结成宗派，逐渐背离工人运动，成为无产阶级运动的绊脚石。

“正义者同盟”以魏特林的空想共产主义理论为指导思想，其宗旨是使一切人享有自由与平等，主张通过少数人的密谋，在德国建立共产主义社会。1839年5月，该同盟参加巴黎布朗基主义四季社的起义。失败以后，组织遭到严重破坏，重心移至伦敦，欧洲其他国家的工人纷纷加入。同盟由德意志人的组织变成国际性的组织。

如前所述，1844年6月，德国爆发西里西亚织工起义，它同法国的里昂起义和英国的宪章运动一起，标志着世界范围内无产阶级已经以独立的力量登上政治舞台。

在这一背景下，马克思和恩格斯创立了科学社会主义学说。马克思和恩格斯是国际共产主义运动的创始人，他们的理论体系和实践活动具有世界意义，但其中也包含了对德国工人运动的指导意义。尤其是，他们两人作为德意志民族的伟大儿子，无愧于这个民族和国家。

马克思（Karl Marx，1818—1883）生于普鲁士莱茵省特里尔市一个有文化的犹太人家庭，父亲是个持自由主义观点的律师。马克思在中学时就显示出具有创造性见解，中学毕业后先后进入波恩大学和柏林大学攻读法学专业，同时致力于研究哲学和历史，并参加了青年黑格尔派。他在大学的毕业论文中称赞了唯物主义者、无神论者伊壁鸠鲁的勇敢斗争精神。大学毕业半年后应邀担任《莱茵报》主编，此时，他的哲学观点是唯心主义的，政治观点是民主主义的。但是在《莱茵报》工作

① 《马克思恩格斯选集》第四卷，人民出版社1995年版，第193页。

马克思和恩格斯

期间，他广泛接触工农群众，探讨私有制、国家、法律等问题。活生生的现实使他认识到，国家和法律都是统治阶级维护自己利益的工具，经济利益是人们社会活动的基本出发点。这就促使马克思起来清算黑格尔唯心主义，研究经济关系和社会主义。而《莱茵报》在马克思的主持下，也日益具有革命民主主义精神，不久即被当局查封。1843 年 10 月底至 1845 年 2 月，马克思寓居巴黎，他住在工人区，经常访问工人家庭，了解工人的苦难生活，与他们讨论政治和经济问题，并系统地研究英国古典政治经济学和各种空想社会主义学说。在这期间，他完成了由唯心主义向唯物主义、由革命民主主义向共产主义的转变。1844 年 2 月，马克思在《德法年鉴》上发表了三封信和两篇论文，标志着其世界观的彻底转变，成为一名共产主义者。这些文章科学地论证了实现人类解放的目标、道路和原动力，号召无产阶级应“无情地批判一切现存的制度”，明确指出“批判的武器当然不能代替武器的批判、物质力量只能用物质力量来摧毁；但是理论一旦掌握于群众，也会变成物质力量”。

几乎在同一时期，恩格斯也转向辩证唯物主义和科学共产主义。

恩格斯（Friedrich Engels，1820—1895）出生于莱茵省巴门城的一个大纺织厂主家庭。父亲期望子承父业，然而恩格斯却从小就对家庭和周围环境持批判态度。父亲心怀焦虑，把恩格斯送到不来梅的一个牧师家庭里，希望用宗教氛围来改变恩格斯，不料恩格斯就在这个家庭里，开始对宗教产生怀疑，并永远同宗教决裂。1841—1842 年，恩格斯作为志愿兵在柏林服役，利用这个机会，一方面接受军事训练并钻研军事学，从此终生热爱这门学科，另一方面则挤出业余时间去柏林大学旁听，研究黑格尔哲学，参加青年黑格尔派的活动。在这期间，他以"奥斯渥特"为笔名，发表了《谢林论黑格尔》、《谢林和启示》、《谢林——基督教哲学家》三本小册子，尖锐地批判谢林的反动观点，表述了自己的革命民主主义和无神论观点。1842年11月，恩格斯被父亲派往英国，在曼彻斯特的"欧门—恩格斯"纺纱工厂实习经商。在此期间，他前往伦敦和利兹，访问工人区，考察工人的生活和斗争，查阅记述英国社会经济发展和政治斗争的各种文件和材料，研究英国经济学家的著作，同宪章运动的左翼领导人建立联系，为宪章运动机关报《北极星报》撰稿。1844年他在《德法年鉴》上发表《政治经济学批判大纲》，指出私有制是资本主义社会一切经济和政治矛盾的根源，论证了导向社会主义的必然性，无产阶级是实现社会主义革命的阶级力量。这篇文章标志着恩格斯同马克思一样，已经成为一名唯物主义者和共产主义者了。

1844年8月底，恩格斯在回国途中经过巴黎，两人在一起畅谈了十天。这次会见，给他们的亲密合作、理论研究和革命斗争，奠定了坚实的基础，从此两人并肩战斗，为包括德意志人民在内的世界人民的解放事业而不懈奋斗。

"正义者同盟"的基地移到伦敦后，成员和活动范围都进一步扩大，但还是处于魏特林思想的影响下，具有浓厚的宗派主义倾向。而魏特林这时俨然以"神仙"自居，似乎口袋里装有一副能在人间实现天堂的现成药方，并且以为别人都在打算偷取这副药方。在同其他错误思潮的论战中，魏特林拒绝同马克思恩格斯合作，直至最后翻脸。魏特林去了美国，影响很快消失。1847年2月，"正义者同盟"中央执行委员会委派代表专程前往布鲁塞尔和巴黎，向马克思和恩格斯表示，同盟赞成以他们的理论作为纲领的基础，邀请他们参加并改组同盟。1847年6月，"正义者同盟"在伦敦代表大会上改组成"共产主义者同盟"，以"全世界无产者，联合起来！"的伟大口号，取代原先"人人皆兄弟"的模糊口号。同年11月，同盟委托马克思恩格斯起草新纲领，马克思恩格斯以此为契机，于1848年2月发表了著名的《共产党宣言》。

在德意志1848年革命中，工人阶级不仅作为城市居民的重要组成部分，成了革命队伍中的主力军，"共产主义者同盟"作为无产阶级的先锋组织，还提出了无产阶级在这次革命中的要求。是年3月21—27日，马克思和恩格斯写了《共产党在德国的要求》（共17条）一文，提出革命的性质和任务，制定了无产阶级的纲领策略。文章提出，德国革命要完成民主、民族革命的任务，建立一个统一的、不可分割的共和国，德意志无产阶级不仅要完成资产阶级民主革命，还要为社会主义革命创造条件，因此要将各邦君主领地和矿山、矿井、银行、交通工具收归国有，建立国家工厂等等。总之，实行自下而上的革命，实现民族统一，完成资产阶级革命，为过渡到社会主义革命创造条件。马克思和恩格斯还一起从法国回到德国，同人民群众一起参加斗争。他们在科隆创办《新莱茵报》，声援各国人民的革命斗争。1849年5月，马克思被驱逐出普鲁士，先到巴黎，后长期定居伦敦。恩格斯则参加了德国人民的武装起义，以其军事方面的素养作出较大贡献。起义被镇压后，随革命军余部转入瑞士，以后前往伦敦，不久重返曼彻斯特经商，以便在经济上支持马克思。1848年革命后，马克思恩格斯对德国革命仍然非常关心，但同时把更多的注意力转向国际范围的斗争事业，转向理论研究，包括写作不朽的著作《资本论》。

1848年革命失败后，德国经历了为期十年的高压反动时期。1852年，“共产主义者同盟”被迫解散。1854年，德意志联邦议会通过决议，规定解散一切工人组织，禁止工人集会结社。尽管工人斗争还时有出现，十年内全国共发生107次罢工，但总体来说工人运动处于低潮。然而，随着1850年以后德国经济快速发展，工人阶级的力量也随之得到增强。他们利用法律上的空隙，用职业协会的形式组织起来，组成了工人教育协会、手工业者协会等团体，并挂靠在诸如进步党和民族协会等资产阶级团体的名下。而资产阶级团体为了阻止无产阶级从事独立的政治活动，也乐意这么做。进入60年代后，一些城市的工人团体在前“共产主义者同盟”盟员的推动下，要求建立独立的政治组织。1862年秋，50名德国工人去伦敦参观世界博览会，回国以后，多次在公开集会上进行宣传鼓动。柏林、汉堡、莱比锡、纽伦堡等地的工人随即筹划召开一次全国工人代表大会，组建全国性工人团体。

经过一系列的磋商和筹备，1863年5月28日，全德工人联合会在莱比锡成立，六百余名莱比锡工人聚集在成立会场，莱比锡、汉堡、哈尔堡、法兰克福、科隆、杜塞尔多夫、巴门、埃尔贝费尔德、佐林根、美因兹、德累斯顿等11个城市的12名代表出席。拉萨尔以特邀贵宾的身份出席大会。

联合会的章程规定，每个工人都可自由入会和退会，理事会有权接受和开除会员。理事会由1名主席和24名理事组成(其中设司库和书记各1人)，负责处理重大事务，书记处负责处理日常行政工作。会议选举拉萨尔为联合会主席，瓦尔泰希为书记。汉堡的《北极星报》被定为联合会的临时机关报，以后又以《社会民主党人报》取而代之。

德国历史上工人阶级的第一个全国性政治组织由拉萨尔担任主席，是有一定原因的。从根本上说，马克思和恩格斯遭到德国统治阶级的迫害，他们的著作及即

拉萨尔

时性的评论等不能及时地在民众中传播，为拉萨尔等本土性的社会主义者提供了很大的活动空间。另一方面，拉萨尔在传播社会主义思想方面确实也作出了很大的贡献。拉萨尔(Ferdinand Lassalle，1825—1864)出生于东部布雷斯劳(现为波兰的弗罗茨瓦夫)，父母都是犹太人，父亲是富有的丝绸商人，担任市议会议员。1841年，16岁的拉萨尔进入布雷斯劳大学哲学系，不久转入柏林大学，攻读哲学、语言和历史。这时，他开始接触黑格尔和费尔巴哈的思想，以及法国乌托邦思想家的作品。1844年毕业，获哲学博士学位。以后他又到巴黎，反复研究赫拉克利特的哲学。熟悉拉萨尔的海涅，曾经这样描述他："拉萨尔先生是我所遇见过的智能最优异、学问最渊深、知识最广博、头脑最敏锐的青年人。他既有高度的表达能力，又有坚强的意志和灵巧的行动，这真使我惊异。"然而，拉萨尔的犹太血统，使其发展受限，推动他走上革命的道路。他自己曾经说过："如果我生来就是王子或王族成员，我就会全心全意当贵族。但既然我只是个普通市民的儿子，我便成了个民主主义者。"[①]1846年，拉萨尔在杜塞尔多夫遇见正在闹离婚的哈茨费尔德伯爵夫人，这位女性的丈夫拥有贵族头衔和亿万家产，但对待妻子却毫无人性。周围的舆论，连同国王、贵族、法庭，甚至伯爵夫人自己的兄弟，都慑于伯爵的蛮横无理，不敢主持正义，而拉萨尔作为一个年纪很轻又无权无势的犹太人，赤手空拳地挺身而出，为她连续打了35场官司，终于使她在1854年离婚成功。这一事件，不仅使拉萨尔名声大振，还让他获利不少，以后每年能从伯爵夫人处得到4 000塔勒的报酬。1848年

① 两段引文均参见科佩尔·S.平森著:《德国近现代史:它的历史和文化》，商务印书馆1987年版，第272页。

革命期间,拉萨尔参加杜塞尔多夫民主派的革命活动,很快成为当地民主运动的领导人之一,同马克思领导的民主主义者莱茵区域委员会和《新莱茵报》建立联系,并同马克思恩格斯结识,以马克思学生的身份自居。1848 年 11 月,他因策划人民自卫队叛变,被政府以煽动公民武装反对王室罪逮捕,判处六个月徒刑。此时,他以革命者的形象受到公众关注。翌年 7 月出狱,继续留在杜塞尔多夫,虽然屡遭逮捕和监禁,但仍然积极写作和从事工人运动。1855—1856 年,他先后去瑞士、巴黎和亚洲各地旅行,1857 年迁居柏林,成为一名很活跃的政治记者。

这时,他同马克思恩格斯之间的政见分歧越来越大,在 1857 年出版的《爱非斯的晦涩哲人赫拉克利特的哲学》和 1861 年出版的《既得权利体系》两本著作中,充满了黑格尔哲学的唯心主义色彩。在 1859 年出版的历史剧《弗兰茨·冯·济金根》剧本中,反对通过自下而上的革命道路统一德国,反映了唯心主义的历史观。1861 年 5 月,拉萨尔同马克思在柏林会见,两人围绕德国正在兴起的工人运动问题交换了意见,但拉萨尔并未因此而改变自己的看法,反而致力于强化和完善自己的政见。他曾于 1862 年 7 月到伦敦,向马克思介绍自己在工人中进行大规模鼓动的计划,但是围绕工人运动的路线和策略等问题,同马克思发生激烈争论,从此双方分道扬镳。1862 年 4 月,他发表《论当前历史时期与工人等级思想的特殊联系》的演说,后以《工人纲领》为题发表。这时,他认为革命业已结束,工人运动只有采取合法和渐进的手段才有成功的希望。在文章中,他论述了工人阶级特殊的阶级地位和历史作用,主张通过普遍和直接的选举实现自己的解放。怀着这种信念,他采取同普鲁士政府合作的态度,与普鲁士首相俾斯麦多次通信并秘密商谈,要求普鲁士政府实施普选权,取得工人拥护,钳制资产阶级。他尽力推动建立君主制的福利国家,通过工人阶级与政治生活和社会生活相结合,把建立在私有制基础上的资产阶级国家转化成民主立宪国家。当时,德国工人阶级强烈要求摆脱资产阶级的思想影响,对马克思主义又缺乏真正的了解,很快被拉萨尔的主张所吸引。

1862 年 12 月,全德工人联合会筹委会请拉萨尔为大会拟订纲领,次年 3 月文件被通过。其核心内容,是把普遍的、平等的、直接的选举权作为工人联合会的原则口号和旗帜,利用一切合法手段进行和平而合法的鼓动。至此,拉萨尔的政见已经作了比较完整的表述,其要点是:在资本主义制度下,工人阶级的贫困是由“铁的工资规律”造成的,这个规律使工人的平均工资始终停留在一国人民为维持生存和繁殖后代、按照习惯所要求的必要的生活水平上;解放工人阶级的唯一道路,即废除铁的工资规律的唯一道路,是依靠国家帮助发展工人合作社,实现“公平分配”,使工人获得全部劳动所得,而这只能通过争取普选权,进行普遍的直接选举,由工人阶级掌握议会多数才能实现;在当时德国社会存在容克地主阶级、资产阶级和工人阶级三种主要力量互相制衡的格局下,工人阶级应该重点攻击资产阶级,与容克结盟。拉萨尔的这些思想,与日后德国社会民主党内的改良主义思想有一定的继承关系,被不少工人组织传奇般尊崇为社会主义的先驱。

然而,拉萨尔担任联合会主席的时间并不长。一方面,他在联合会内实施独裁领导,推行个人崇拜;另一方面,他同俾斯麦密切合作,互相利用,甚至向后者透露联合会的组织状况和行动计划,这些导致他的威信有所下降,他自己也逐渐厌倦政治。1864 年 7 月,他去瑞士休养,在那里遇到一位名叫登妮格丝的女性,狂热地向她求爱,但遭到女方家庭的反对。8 月,拉萨尔与情敌决斗,腹部被刺中,死于日内瓦。但继任主席施韦泽和哈茨费尔特伯爵夫人继续推行拉萨尔主义,全德工人联合会的基本倾向没有发生根本性变化。

当全德工人联合会在拉萨尔主义的影响下创立发展时,德国工人阶级中反对拉萨尔主义的力量也在行动。就在该联合会成立后两周,迈恩高、柏林、开姆尼茨、加塞尔、纽伦堡和杜塞尔多夫的工人也发起召开了新的代表大会。1863 年 6 月 7—8 日,48 个城市 54 个协会的 110 名代表聚会美因河畔法兰克福,宣布成立“德意志工人协会联合会”。该组织公开亮出反对拉萨尔主义的旗号,指责拉萨尔的纲领背叛了德国工人代表大会的理想。然而,其本身组织上非常松散,思想上仍然保留着自由资产阶级的影响,很难发挥应有的作用。是马克思恩格斯的帮助,增强了拉萨尔反对派的力量,推动德国工人运动中马克思主义政党的兴起。马克思恩格斯于 1864 年 9 月在伦敦成立的无产阶级第一个国际组织——国际工人协会(即第一国际),在推动世界各国工人运动健康发展的同时,尤其关注德国工人运动中马克思主义者的成长。1865 年恩格斯发表的《普鲁士军事问题与德意志的工人政党》一文,1867 年马克思出版的《资本论》第一卷,在反对拉萨尔主义、传播马克思主义方面起了特殊的作用。马克思还以第一国际德意志局书记的身份,重点做威廉·李卜克内西和倍倍尔的工作,与两人保持经常的接触,帮助他们坚定同拉萨尔派作斗争的信念。

威廉·李卜克内西(Wilhelm Liebknecht,1826—1900)同其儿子卡尔·李卜克内西两人都是德国和国际工人运动的活动家,他生于德国吉森的一个官吏兼学者家庭,先后在吉森大学、柏林大学和马尔堡大学学习哲学和语言学,毕业后在瑞士苏黎世任教。1848 年革命期间,于 9 月率领一支民主派队伍由瑞士进入巴登,宣布起义，建立“共和国临时政府”，失败后被捕，但很快获释。翌年5月，他又参加巴登地区维护全国宪法的起义，后流亡瑞士。1850年，他当选为日内瓦德意志工人协会主席，试图把瑞士24个德意志工人协会联合成一个统一组织，后被瑞士当局逮捕，关押两个月后驱逐出境。他前往伦敦，侨居了12年。在此期间，在马克思恩格斯的帮助下，积极参加“共产主义者同盟”和伦敦德意志工人教育协会的工作。1862年8月，他回到德国，在柏林任《北德日报》编辑，以记者身份从事工人运动，翌年9月加入全德工人联合会。他在联合会内，宣传科学社会主义，批判拉萨尔的思想，形成一个以自己为首的反对派别，以至于在1865年夏，被拉萨尔派开除出联合会。这时，他在莱比锡结识了倍倍尔（August Bebel，1840—1913），后者出生于科隆城郊一个士官家庭，从小当过学徒和钳工，60年代初投身社会主义运动，1861年参加莱比锡职工教育协会，1863年参与组建德意志工人协会联合会，逐渐成为该组织的领导人。

在马克思恩格斯的帮助下，威廉·李卜克内西率领全德工人联合会内的反对派，倍倍尔率领德意志工人协会联合会，双方联合起来，共同抵制和反对拉萨尔主义。1866年，双方成员在德累斯顿和莱比锡共同举行群众大会，决定成立“萨克森人民党”，为争取民主和社会改革而进行联合鼓动。1869年5月，德意志工人协会联合会的理事会发出《致联合会和党的同志们》的通告信，正式宣布要把联合会理事会改组成“社会民主党”。理事会呼吁：“除了我们组织的成员外，还邀请一切在社会和政治方面同我们观点一致的人，参加讨论建立新组织。”事后，全德工人联合会内更多的反对派成员响应了号召。1869年7—9月，“全德社会民主主义工人代表大会”在埃森纳赫召开，德意志工人协会联合会、职工联合会、第一国际德国支部以及全德工人联合会等组织的代表，聚于一堂，会上正式成立了“德国社会民主工党”，简称“埃森纳赫派”。该党的政治纲领和组织章程基本上遵循第一国际的原则，这是德国工人运动中第一个真正的、建立在马克思主义基础上的群众性政党，也是国际工人运动中第一个在一国范围内组织起来的社会主义工人党。

二、普鲁士联盟计划

1848年12月5日，当革命还在进行之时，普鲁士颁布了王国宪法，其中众议院的产生采用三级选举法，该方法在普鲁士一直沿用至1918年，并且在1871年普鲁士统一德国后，推广至整个德意志帝国，因此有必要作简要介绍。根据这一选举方法，邦内所有选民依据纳税情况分为三个等级，纳税最多者为第一等级，人数最少，约13.3万人，占选民总数的4.1%；纳税较少者为第二等级，约49万人，占选民总数的14.9%；纳税最少者为第三等级，人数最多，约265万余人，占选民总数的80.9%。这三个等级的人数虽然相差悬殊，但每个等级各拥有1/3的选举权，即选出人数相等的复选人，再由复选人选出众议员。这种复杂的程序和公开投票制，保证了贵族和大资产阶级在众议院中的优势。

然而普鲁士政府更为关注的，是打压奥地利的影响，通过与诸侯结盟，增强自己在德意志范围内的地位。1849年5月，普鲁士邀请奥地利、萨克森和汉诺威，四方派遣全权代表在柏林开会，商讨建国事宜，但未能取得进展。当时奥地利正在意大利和匈牙利地区用兵，力量受到牵制，普鲁士决定利用这一机会。1849年6月12日，其外交大臣约瑟夫·冯·拉多维茨将军向国王提出奏章。他在文件中提到，大部分德意志人都渴望统一，这就需要有一个统一的、坚强到足以对付国内外危险的行政机构，以及全德意志都适用的统一的法律体系。他表示，对外事务的处理以及对军队的控制都必须掌握在中央行政机构手中，而奥地利不能成为这种联盟的首领，因为其帝国内有许多非德意志地区，只有普鲁士能领导建立这样一个范围较小的联盟。但是，他提出，普鲁士不能单独保持为一个欧洲强国，以普鲁士为首的联邦必须永远与奥地利结成联盟，两国为了国内外和平要保证互相支持，互相帮助，对外关系由两国各派代表，联合处理。

这就是普鲁士政府所提倡的“普鲁士联盟计划”，其目的是利用1848年革命后德意志联邦处境困难的机会，推动奥地利承认普鲁士有权在一个大联邦内组建一个小联邦，大联邦将同原有的德意志联邦相似，只是普鲁士也将担任共同主席，不设全德议会，由普奥两国的双头政治决定全德的共同政策。这一计划自然被普王欣然接受,并向相关邦君发出呼吁。事实上,早在半个月前,1849 年 5 月 26 日,普鲁士国王已经与萨克森、汉诺威君主结成了"三王同盟",彼此承诺在埃尔富特组建议会,并着手通过该议会与参加同盟的各邦政府共同制定一部宪法。根据普方的设想,未来的德意志联邦,其行政、外交和军事的权力授予以普王为首的各邦君主联盟,其他事务由各大邦君主的联席会议(由普鲁士加另外六个邦君组成,即 1+6 模式)决定,在君主联盟之下,设两院制的全德议会,国家院由各邦政府和议会的代表组成,众议院由选举产生。不过,萨克森和汉诺威邦君在参加"三王同盟"时提出一项保留条件,即如果到正式组建小德意志联邦时,巴伐利亚和符腾堡仍然拒绝参加,他们也会因此而退出。

普鲁士的联盟计划尽管获得了不少力量的支持,但执行起来还是大打折扣。参加埃尔富特会议的邦国共有 28 个,但其中只有 12 名邦君的态度比较积极。能起到关键作用的巴伐利亚,则由于奥地利的坚决反对,始终没有参加。符腾堡也采取相似的态度。这样,萨克森和汉诺威也根据事先约定退出会议,与会邦国减至 26 个。1850 年 3 月 20 日,埃尔富特会议在古老的王宫召开,宣布组成德意志联盟,并着手讨论和制定联盟宪法。

这时,奥地利已经从战场上腾出手来,立即组织反击。它首先组建了"四王同盟",由奥地利、巴伐利亚、萨克森、符腾堡四邦君主参加,作为对抗普鲁士计划的核心力量。该同盟支持奥地利提出的"大德意志联邦方案",其中包含两个关键点,一是把哈布斯堡王朝统治下的非德意志人居住地区一并纳入联邦,二是只设立无权的议会。其次,奥地利利用自己在德意志联邦中的优势地位,召集各邦于 1850 年 5 月 10 日在法兰克福召开德意志联邦议会。同年 9 月 1 日,德意志联邦正式宣布恢复。

于是,在德意志范围内,就有了两个同盟,一是以普鲁士为首的集团,以埃尔富特议会为载体,二是以奥地利为首的集团,以法兰克福联邦议会为载体。不久,冲突发生了。黑森邦君与邦议会发生争议,邦君宣布在境内实施军事管制,但军队、法院和文职当局都拒绝听从。于是,黑森邦君呼吁德意志联邦给与帮助。[①] 法兰克福联邦议会经过投票表决,表示支持黑森邦君,并承诺派遣军队前往。对此,黑森邦君深为感激,当即表示退出埃尔富特同盟,站在奥地利一边。黑森系沟通勃兰登堡和莱茵区之间的主要通道,普鲁士一直担心其可能为奥地利所控制,这时赶紧

① Frank B.Tilton, *A History of Modern Germany since 1815*, Uni.of California Press, 2003, p.243.

自告奋勇，急不可耐地把军队开进黑森。奥地利认为这是搞垮普鲁士的好时机。其驻柏林公使普罗克施·奥斯滕幸灾乐祸地说：“黑森事件是上帝给我们的帮助。”陆军元帅拉德茨基踌躇满志地宣称：“假如爆发战争，我将以十比一的兵力优势征服柏林。”奥地利政府先是强烈要求普鲁士撤军，继而联合巴伐利亚，进军黑森。

普鲁士为奥地利的强硬措施所震惊，国王召集太子、亲王和大臣进行紧急磋商。此时，普鲁士的军事实力尚处于下风，尤其是，俄国沙皇对普鲁士的联盟计划抱有很深的敌意，他曾经发出警告，将把德意志联邦宪法的任何一种单方面的修改，看作是对相关大国即俄国的进攻。在磋商中，勃兰登堡伯爵主张撤军，认为现在不是发动战争的时机。内政大臣曼托伊费尔冷静地分析说，人们不能“为了虚幻的联邦宪法而去冒一场战争的风险，站在普鲁士一边的只有500万德意志人，而属于奥地利一边的则有1 100万。”主战派拉多维茨固执己见，坚持认为普鲁士必须再行动员，不能从黑森撤军。那位“炮弹亲王”威廉更是从纯军事观点出发，主张与奥地利决一雌雄。内阁多数成员支持勃兰登堡伯爵，普王举棋不定，拉多维茨请求辞职，威廉亲王啜泣着冲出会议室，决策机关一片混乱。不久，勃兰登堡伯爵忧愤而死，而来自沙皇俄国的压力越来越大，俄国驻柏林大使公开警告说：“普鲁士无权执德意志的牛耳，它只能予北德意志以影响，防止那里发生革命。”

普王只得缩回霍亨索伦的鹰爪，接受拉多维茨的辞呈，将其派往英国，进而摈弃联盟计划。主和派曼托伊费尔接任首相，并前往奥方同其首相谈判。双方于1850年11月底签订条约，普鲁士接受奥方提出的全部条件。根据条约规定，埃尔富特议会被解散，普鲁士重新加入法兰克福议会，并承认奥地利在德意志事务中的最高权力。该条约从普鲁士方面来说，被称为“奥尔默茨之辱”。但普鲁士以退为进，保住了抗衡奥地利的必要力量。

普奥双方通过改造德意志联邦来争夺对德意志的控制权，在60年代又上演了一次。1863年8月间，奥地利首相施梅林提出一项改革联邦的计划，设想在领导层设立三个机构，一为由五人组成的执行内阁，二为由各邦议会代表组成的代表议会，三为定期召开的各邦君主会议。奥方的目的是借此把德意志联邦建立在大德意志联邦体制的基础上。为了防止普鲁士从中作梗，奥方对计划的内容一直秘而不宣，准备在全德诸侯大会上作为重磅炸弹抛出。奥皇弗兰茨·约瑟夫一世为了使计划得以通过，在预定会期前两周，亲自赶到普王正在做水疗的加斯泰因，邀请他出席会议。普王犹豫不决，而俾斯麦则竭力劝阻，认为如果普王进入五人执行内阁，必然会使普鲁士继续依赖于其他邦国。普王醒悟后，立即提出反建议，一是以“双人领衔制”取代五人执行内阁，规定奥、普两国具有共同领导联邦的平等地位，二是反对组建代表议会，主张通过居民的直接选举产生联邦议会。在立宪与民主方面一向落后的普鲁士，为了对抗奥地利的计划，不惜接过1848年革命的旗号，仿佛成了民主斗士。

是年8月18日，德意志诸侯大会在法兰克福召开，联邦议会所在地自1851年以来，首次重新插上了黑红金三色旗。奥皇进入会场时，受到与会者的热烈欢呼。但是当他结束长篇开幕词后，台下诸侯们却在很长时间里鸦雀无声，没有人再上台发言，因为大家心里很清楚，没有普鲁士的参加，德意志联邦是不完整的。过了很久，梅克伦堡—什未林公爵提议，应该再次向普鲁士国王发出邀请，该提议得到广泛呼应。大家推举精明而谨慎的萨克森约翰亲王，作为“代表30个邦君的亲王信使”，前往巴登—巴登温泉，邀请水疗结束后在那里逗留的威廉一世前往法兰克福。威廉一世害怕触犯众怒，内心犹豫不决，但俾斯麦却力主拒绝。俾斯麦还亲自与约翰亲王展开长时间的争论，最后双方都精疲力竭，约翰亲王因高度紧张而出现虚脱，俾斯麦则回到卧室不停地擦拭眼镜，借以放松情绪。最后，法兰克福大会因威廉一世缺席，无果而终。

德意志统一问题，1848年革命和法兰克福国民议会未能解决，依靠君主的联盟和协商也未能解决，剩下的，似乎只有王朝战争的道路了。

三、俾斯麦登台

对近代德国来说，俾斯麦是一个重要人物，然而他受到重用，登上历史前台，却是由于普鲁士发生了军事改革纠纷的缘故。

1858年，普鲁士国王弗里德里希·威廉四世身患精神病，由其弟“炮弹亲王”威廉摄政。1861年初，老王去世，威廉亲王继位，是为威廉一世。威廉早在摄政时，就提出要实行军事改革。他把普鲁士的军队看作是统一德国必须具备的剑，但根据自己从军50年的观察，深知当时实施的纯防御性的后备军制度已经过时，不能适应统一战争的需要。同时，当时欧洲大国都在扩军，到威廉执政时，俄国军队达到99万,法国42万,奥地利31万,而普鲁士只拥有14万。在他看来,普鲁士面临的难题,主要是义务兵役制名存实亡。1814—1815年,普鲁士有1 100万居民,可以征召四万多名军人,他们在正规团队服役三年,在后备军中服役两年,再服国民自卫队第一征召役七年,第二征召役七年。到19世纪中叶,居民人数已经增加到1 800万,按比例推算,征召人数应该上升到6.5万,然而,由于有钱人可以交钱免役,致使每年应征人数一直在原数字上徘徊,两万多名青年逃避了军事义务,普遍兵役制有名无实,还造成社会不公。其次,作为后备军的国民自卫队,既难以完成统一重任,又逐渐成为议会中资产阶级势力的后盾。他要求强化军官团,增加正规军数量,改善军事装备,提高军队对王室的忠诚度。

1860年2月10日,陆军大臣冯·罗恩(Albrecht von Roon,1803—1879)秉承威廉的旨意,向众议院提交军事改革议案。议案要求:把军队的服役期限从两年延长为三年;取消国民后备军;改换常备军装备,从下年度起每年拨款950万塔勒作为军费。实施这些措施后,普鲁士的征兵额将从4.2万人增至6.3万人,军队兵力可以从14万增至21.7万。

该议案遭到众议院的反对。其实,众议院并不反对将每年征兵人数提高到6.3万,相反,即使是自由派人士,也主张加强邦国的军事力量建设,以满足统一战争的需要。在1848年以前,他们甚至还叫嚷要组建海军。议会反对派主要出于政治考虑,认为正规军中2/3的军官、9/10的教官都出身容克家庭,加强正规军就是加强王权,增强自己潜在的敌手,而国民自卫队是符合人民意愿、加强议会和地方力量的军队,不能取消。议会表决的结果,多数票同意一次性增拨军事改革经费,但要求国民自卫队继续留在军队内,而军队服役期继续维持为两年。政府对此不满,撤回议案,并宣称,只有国王才有权决定军队的组成,下院的职能仅在于投票通过所需的款项。1861年,议会仍然同意增加总拨款额,但反对票已经增加到148张,与151张赞成票已非常接近。

1861年12月,普鲁士举行新的众议院选举。是年夏,普鲁士产生了第一个政党——德意志进步党,该党系资产阶级自由主义政党,由普鲁士各左翼自由派和民主派集团组成,要求按小德意志道路统一德国,建立议会立宪制君主国。它成立之初就得到广大民众的支持,在众议院选举中获得109个议席。它同其他自由派资产阶级左翼的力量相加,控制了议会大多数席位。在新议会的开幕式上,罗恩提出军事改革方案,财政大臣巴托夫则提出国家预算,要求增加税收25%。进步党议会党团随即提出动议:由议会监督政府的经常开支;经费严格按照计划开支(当时政府常常使议会的财政监督和审核权流于形式，即每次都是在年初邦议会开会时才提出预算，当众议院讨论时，钱已经用掉了，此外，预算的分类粗疏，弊端丛生）；采取积极的对外政策，尤其是对奥政策。这项动议在议会中引起激烈的辩论。政府不同意议会拥有这么大的权力。以罗恩为首的军人集团力主使用暴力，破坏宪法，解散议会，实行专制统治。他调派50个营的部队到柏林周围，准备用武力镇压议会。威廉一世也持强硬态度，表示宁可放弃王位，也不愿丢掉三年兵役制的原则，强调统率和管理武装力量是自己的特权。然而，议会多数成员支持进步党的主张，经表决，进步党的动议以177票赞成、143票反对获得通过，而罗恩的军事改革方案被否决。

普王恼羞成怒，于1862年3月11日下令解散众议院。同年5月6日，举行新的选举，结果进步党取得更大的胜利，议席由109个增加到135个，如果加上其他自由主义者的席位，则在总数352个席位中占据了230席，占据绝对多数。新的众议院把军事改革经费列入1862年预算的“特别开支”项，然后否决了这项支出。议会外的舆论支持这一结果，普鲁士的形势骤然紧张，威廉一世已拟好退位诏书，准备由31岁的王子继位。

这时，罗恩想起了驻法大使俾斯麦，后者在一次面谈时曾经指出普鲁士政府危机的症结所在：它的政策在国内太过自由，办外交却太过保守，应该颠倒一下才对。罗恩在向俾斯麦发出“危机在继续，速回”电报的同时，向威廉一世力荐由俾斯麦出任要职来收拾残局。1862年9月22日上午，威廉一世在巴贝尔斯贝格宫接见俾斯麦，表示自己不愿意屈从议会的多数，如果必须如此，他宁可退位。俾斯麦当即劝慰道：“我愿意出来组阁，必要时在反对议员意志的情况下推行陆军改革和建立新兵役制。”普王很受鼓舞，欣喜地说：“既然如此，我的责任就是设法同你一起继续斗争。”他表示“不退位了”。次日，俾斯麦被任命为普鲁士临时首相兼外交大臣。

奥托·冯·俾斯麦（Otto von Bismarck，1815—1898）出生在勃兰登堡阿尔特马尔克的舍恩豪森庄园。这个属于中等容克的阿尔特马尔克世家原先为普鲁士内的等级反对派，但是在奥托出生前已转变成效忠国王的贵族。这个家族原先没有出现过出类拔萃的人物，研究人员遂把注意力转向给这个家族带来另一种因子的奥托母亲身上，她出身于资产阶级学者兼官员家庭，具有较多的现代性和想象力。俾斯麦两岁时随家庭搬迁到波美拉尼亚的克尼普霍夫庄园。1832年，他中学毕业后进入格廷根大学学习，攻读法律专业，后来转到柏林大学，在那里取得毕业文凭。

1866年普鲁士的最高军事会议，中间站立者为俾斯麦，其右边为威廉一世

求学期间，他既有贵族朋友（波罗的海人亚历山大·凯塞林伯爵），又有美国朋友（美国人约翰·洛特罗普·莫特利），一起过着悠闲自在的青年绅士生活，但由于性格狂妄，又常常在学校惹是生非。大学毕业后曾在柏林和亚琛的法院里供职三年，但很不喜欢每天按部就班地工作，尤其反感于决策前的“合议”制度。他在写给表姐的信中说过：“普鲁士的官员和管弦乐队中的每个个人相同，无论他是第一小提琴手或三角铁演奏手，他对整体并没有了解，也没有影响，而必须按谱演奏分给他的片断，不管他认为该片断是好是坏。但是对我来说，只有在我认识到音乐是好的，我才弹奏，否则绝对不干。”于是，他23岁时离职回到自己的庄园。在庄园的九年中，他生活幸福，如鱼得水。一方面，他善于经营庄园，在他的管理下，庄园呈现出欣欣向荣之态，另一方面，他又根据自己的喜好自由地生活。他纵情享乐，爱好狩猎、游泳和骑马，风雨无阻，被人称为“疯狂的容克”，同时大量阅读书籍，尤其钟情于认为“有内容”的书籍，包括斯宾诺莎、黑格尔、费尔巴哈、布鲁诺·鲍威尔等人的著作，因此在历史、文学、哲学和神学方面获益匪浅。一段时间内，他也曾醉心于贝多芬的音乐和莎士比亚的戏剧。作为一个容克，他喜爱乡村的生活，对城市生活毫无感情。他曾经表示：“我最喜欢穿着涂油的靴子，待在森林深处，在那里我远离文明，只能听到啄木鸟的啄木声……我永远渴望离开大城市，躲开文明的恶臭。每当我不得不待在大城市时，我总是更强烈地感到这一点。”然而为了从政，

他不得不进入城市。1847年成为普鲁士联合省议会议员，以后随着邦内政治体制的变化，成为众议员。他一进入政界，就坚定地站在君主主义一边。对国王的忠诚是俾斯麦整个公务生活的特色，这种忠诚深深地植根于宗教信仰之中，尽管人们经常感到奇怪，一个这么暴烈傲慢的人物除了忠于自己外，怎么可能忠于其他人。俾斯麦的政治纲领，对外，要求排除奥地利的影响，确立普鲁士的领导地位。他认为，普鲁士权力的任何扩大都对德意志有利，对普鲁士的独立和力量的任何限制都对德意志有害。对内，要求压制自由主义和社会主义的势力，按照中世纪容克的方式，用火与剑攻击它们。而在对内和对外政策两者之间，前者应该从属于后者。当1848年革命爆发时，他坚定地维护神授君权制度，声称："我是个容克，我一定要压制革命……任何东西都不能改变我的普鲁士君主情操，我的祖国是普鲁士，我永远不会离开这个祖国。"他甚至准备把庄园里的农夫组织起来，开往柏林，从革命者手中救出国王。

1850年12月3日，他在议会作了一次重要的发言，批评拉多维茨的联盟计划，颂扬弗里德里希大王时期普鲁士的强权国家思想。此后，他的仕途变得顺利，开始担任重要的驻外公职。1851年，他被任命为普鲁士驻法兰克福联邦议会公使，在此期间，向普王建议，应该放弃在联邦中谋求与奥地利平等地位的对策，着重追求一种不受联邦和奥地利约束的"独立的普鲁士政策"。50年代末，当普鲁士政府谋求同奥地利改善关系时，他被调离法兰克福，出任驻圣彼得堡公使，1862年又出任驻巴黎大使。驻外使节的经历扩大了他的政治视野，使他养成从全欧洲看问题的习惯。他在俄法两国，看到左邻右舍都把阻止德意志统一作为自己的基本方针，认识到德意志只有加强自己，以武力为后盾，才能在大国中周旋，争取解决民族问题的主动权。同时，对拿破仑军事独裁的实质有了深刻的认识，把波拿巴主义看作是用暴力压制资产阶级的政治要求而又发展资产阶级的巨大生产力的现代专制主义的典型形式，他把这称作"不舒服的有利政策"。与此相对应，作为容克的他，也认识到农奴制的"基石不过是腐朽了的木块"，并公开呼吁"骑士应自愿放弃其领主的权力"，因为"任何一次伟大的时代转折都必须从上面彻底漂清不完备的创造物"。

俾斯麦受到重用时，已经47岁，他立即抓住机遇，将国王的委托和自己的抱负结合起来，要在德意志舞台上上演一出有声有色的戏。1862年9月30日，即他任首相后的一个星期，他出席了议会预算委员会会议，该委员会只有二十余名成员，对俾斯麦抱着敌视态度。俾斯麦在讲话中趁机提出了关于统一问题的政纲。一开始,他以和缓的口气谈到自己是多么重视政府与议会共同解决预算问题,接着,他把话锋一转,直截了当地提出他对解决德意志问题的基本见解。这时,他的情绪逐渐高昂,语速加快,个别地方甚至语句不清。他表示:"普鲁士在德意志的地位将不取决于它的自由主义,而取决于自己的力量。巴伐利亚、符腾堡和巴登可以沉湎于自由主义,但不会有人让它们发挥普鲁士的作用。普鲁士必须积聚自己的力量并将它掌握在手里以待有利时机……这种时机已被错过好几次。《维也纳条约》所规定的普鲁士国界是不利于健全的国家生活的,普鲁士瘦长的身躯不可能较长时间地单独承担确保德意志安全的军备,这必须由所有德意志人来承担。当代的重大问题不是通过演说和多数议决所能解决的——这正是1848年和1849年所犯的错误——而是不可避免地将通过一场严重斗争,一场通过铁和血才能解决问题的斗争来解决。"这就是被后人所概括的"铁血政策",俾斯麦也因此而被称为"铁血宰相"。

这篇演说,引起了舆论大哗,在内阁中,除了陆军大臣罗恩,没有一个阁员支持他。就连起用他的普王也深感忧虑,一度考虑是否应该在俾斯麦造成更多损失之前就把他免职。10月5日,威廉一世在会见俾斯麦时懊丧地说:"我完全可以预见这一切将会如何终场……在歌剧院广场前,我的窗子下,他们将会砍下你的头,过些日子再砍下我的头。"然而俾斯麦坚持不让步,他对普王说:"没有别的路可走,只好奋斗。我们能不能死得更体面一些?……我自己是在为我的国王的事业和陛下奋斗。"俾斯麦以坚定果敢的态度消除了威廉一世内心的保留态度,把对自己的临时任命予以正式确认。

众议院拒绝俾斯麦在预算委员会的讲话,但俾斯麦利用国王给予的权力,继续前进。他撤回提交众议院审理的预算案,声称将在没有预算的情况下料理国家的财政事务。1862年10月7日,众议院再次宣布,政府使用未经批准的预算是违反宪法的行为。俾斯麦玩了一个手法,把军事预算计划交付上议院讨论通过,然后提出"漏洞理论",即宪法上的不完善造成立法上的漏洞,声称由于国家事务不能停顿,虽然两院意见不一,政府仍须进行工作,并在预算未得通过的情况下支付必要的开支。10月13日,他以国王名义宣布议会休会,由此,普鲁士军事改革的争执演变成宪法冲突。然而,自由派和进步党议员回到选区时,是被当作英雄来欢迎的。

1863年1月,众议院复会,议员们重又提出批准预算权限问题,俾斯麦毫不退让。当众议院提出免去其职务时,他奚落道:"这里不是英国,我们当大臣的是国王的仆人,而不是你们的仆人!"关于权限问题,他表示:"根据普鲁士宪法,一切法律,包括预算,必须是政府的三个方面——国王、上议院和下议院——一致同意的产物。宪法中没有哪一条说明这三方面意见不一致时,哪个方面应该屈服……对我来说,国家存在的需要就够了。"

在整个"宪法冲突"过程中,俾斯麦始终坚持使用两手策略。对反对派,他采取强硬的抗衡乃至镇压措施。当自由派和进步党议员拒不接受俾斯麦的"论证",并谴责政府违宪时,他极其粗暴地对待议会,尖刻地反驳议会的任何决定和建议,并对一些主要人物展开人身攻击,逮捕并撤销八名反对派议员。他甚至对政府官员、法官、大学教授和新闻界施加压力,要求他们去反对自由派和进步党。1863 年 9 月 2 日,他提前关闭和解散了众议院,而政府在新议会产生前,可以任意开支军事改革的费用。但是另一方面,俾斯麦始终开放着同资产阶级妥协的"后门"。他上台后,继续执行先前政府有利于资产阶级和资产阶级化的容克的经济政策和贸易政策。1862 年 11 月,他以暴力相威胁,要求黑森选侯同黑森邦议会和解,使持续多年的黑森邦宪法争执以有利于邦议会的结果获得解决,以此向普鲁士邦议会作出必要的姿态。他还在 1862 年圣诞节备忘录中提出关税同盟的内部改造计划,准备在现有的关税同盟条约期满后,建立一个按多数原则和直接选举的关税同盟议会。而他手里最大的王牌,则是尽快实现德意志统一,在完成普鲁士霸业的同时,实现资产阶级也渴望的国家统一。

四、德丹战争

德意志第二帝国的建立是通过德丹、普奥、普法三次战争实现的。这三次战争,互相连贯,俾斯麦经常在上一次战争的结果中埋入下一次战争的引信。如果撇开干扰进程的偶然因素,从某一个侧面去观察,三次战争犹如一气呵成。对于俾斯麦在这个过程中使用的不正当手段,以不同的价值观作评判,可以得出不同的结论。从一个角度看,当时德意志民族面临的主要任务是实现民族统一,民族统一本身是一项进步的事业,有利于进步事业的举措也具有进步性。然而,如果强调从个人的行为道德乃至政治道德的角度看问题,俾斯麦推动民族统一的主流固然是好的，但是他顽固地坚持忠君主义，经常使用不光彩的手腕，无疑损害了自己的形象。

在各种因素的推动下，德意志各个阶层要求民族统一的呼声越来越强烈，各种以“德意志”命名的协会不断出现。尽管不是每个冠以“德意志”字样的组织都是全国性组织，有些组织的成员主要集中在某一个邦国，但它们的目标是推动全德的统一并把自己的组织扩展到全德。最早出现的是“德意志经济学家协会”，它成立于 1858 年，通过宣传鼓动，要求实现自由贸易，免除关税，统一币制，组织合作社，特别是要求建立统一的经济，鼓吹把自由贸易和政治自由主义结合在一起。1861 年，它成立了全德性的商会，称“德意志商会”。另外，1860 年法学家们成立了“德意志法学家协会”，鼓吹为各邦制订统一的法律制度。1862 年，各小邦议会中的自由派议员组成“德意志议员大会”，他们定期举行集会，要求实现民族统一。同年 10 月，在奥地利一带成立了“德意志改革协会”，但是该组织的背后是奥地利政府，由政府首脑施梅林任主席，其宗旨是推动实现“大德意志”统一方案。

“德意志民族协会”是诸多协会中影响最大、活动最频繁的组织。它是以“意大利民族协会”为样板组建的，主要成员是北德意志自由派人士，他们自认是 1848 年法兰克福宪法的继承者。在协会正式成立之前，来自图林根和普鲁士的民主派人士在民主运动主要领导人赫尔曼·舒尔策—德利奇主持下，于 1859 年 7 月 17 日在埃森纳赫举行会议。两天后，汉诺威的自由派成员在邦内聚会。同年 8 月 14 日，来自全德各邦的自由派人士又在埃森纳赫举行集会。所有这些集团和会议都关心改革联邦宪法，拥护普鲁士的领导地位。在这样的基础上，1859 年 9 月，相关人士在法兰克福成立了“德意志民族协会”，由汉诺威议员冯·本尼格森担任主席。民族协会刚成立时，成员为 5 000 人，但两年后即增加到 1.5 万多人，1862 年 10 月达到最高峰，为 2.5 万人，此后人数开始减少。其成员大多来自中层和上层资产阶级，其中包括西门子等重要的工业家和金融家。其活动的总目标，据其机关报《周报》称，是“将全部军事力量和民主力量集中在一人手中，恢复全德国民议会，警觉地保卫一切真正的德意志利益以防外敌侵犯……用合理建立的省、村社、社团的自治制度代替非法的官僚警察制度。”尽管它在德意志统一问题上，基本上倾向于“小德意志”方案，也希望普鲁士在其中担当领导作用，但由于比较强调联邦和各邦国都要实施民主立宪，因而其活动得不到各邦政府的支持，连在法兰克福建立总部的要求都得不到该城的市政当局允许，最后只在小小的科堡大公国内找到立足之处。民族协会在德意志只是起到了发酵剂的作用，它把德意志自由派和中产阶级发动起来支持普鲁士领导的德意志统一。

普鲁士统一德意志的第一个王朝战争，是由长期来一直没有解决的石勒苏益格—荷尔施泰因的归属问题引起的。如前所述，这个问题在 1848 年革命期间被暂时搁置，然而革命一结束，欧洲列强就腾出手来插手干预。1852 年 5 月 8 日，英国、俄国、瑞典、法国、普鲁士、奥地利六方在伦敦签订《议定书》，文件除了为无嗣的丹麦国王规定了王位继承顺序外，主要安排了石—荷问题。按文件规定，这一地区的石勒苏益格、荷尔施泰因、劳恩堡三个公国不可分离，其中荷尔施泰因的传统特权予以保留，在此前提下，三个公国应该分别同丹麦国王个人结成同盟，即实行共合一君制。文件的签署大大激励了丹麦的民族主义者，他们在公国内外积极宣传，鼓吹将它们并入丹麦。1863 年 3 月 30 日，丹麦国王弗里德里希七世作出决定，否认伦敦《议定书》中规定的同石勒苏益格仅有的个人联系权，实际上吞并了石勒苏益格，同时还提出丹麦对荷尔施泰因和劳恩堡拥有特权。

丹麦国王的单方面举动引起德意志各邦的不满，民众的情绪开始激化。七个半月后，即 1863 年 11 月 13 日，丹麦议会通过《丹麦—石勒苏益格总宪法》，加快了推行合并石勒苏益格的计划。这无疑起到了火上浇油的作用。不料，两天后弗里德里希七世去世，事态进一步发展。由于国王无嗣，按照伦敦《议定书》的规定，丹麦王位由老王的堂妹夫克里斯蒂安·冯·格里克斯堡亲王继任，是为克里斯蒂安九世。但石勒苏益格、荷尔施泰因和劳恩堡三个公国的居民不愿意拥戴新王，因为按照萨利克法兰克人古老的法典规定，“土地遗产不得传给妇女”，而克里斯蒂安九世的王位来自女系。他们认为，三个公国应该由 16 世纪初统治过丹麦的克里斯蒂安三世的直系后代奥古斯滕堡公爵继承。对此，克里斯蒂安九世不予理会，反而宣布《总宪法》正式生效。德意志各地舆论大哗，各邦举行了几百个民众大会，谴责丹麦违反古老法规，无视德意志主权。联邦议会也发表声明，表示支持奥古斯滕堡公爵担任石—荷的合法继承人，认为这是解决争端的最好途径。荷尔施泰因人也拒绝宣誓效忠丹麦国王，呼吁德意志联邦议会承认奥古斯滕堡公爵为石、荷两公国的大公。12 月 2 日，普鲁士下议院以 231 票对 63 票通过决议，要求普鲁士废弃伦敦《议定书》。

事态发展到这一步，俾斯麦兴趣大增，正如他事后表述过的：“这两个美丽的省份确实对我们的雄心有巨大的诱惑力。”他要抓住机遇，利用这场纠纷跨出普鲁士统一德意志的第一步。他懂得，在那样的历史条件下，最能够在德意志民族中树立普鲁士威信的，莫过于举起“民族主义”的大旗。数百年来，特别是拿破仑战争以来，处于欧洲列强股掌之中的德意志各邦人民，对“维护民族主权”这一点至为敏感,石—荷问题正是俾斯麦挥动这面旗帜的大好时机。他决意牵头“夺回”这块地方,使普鲁士在德意志各邦面前,在全德人民的心目中,成为“德意志弟兄们”的希望。而且,他要用普鲁士的“铁血”手段而不是联邦的法权手段夺取石—荷,要造成这样一个既定的事实:普鲁士是作为一个大国而不是作为“联邦成员”行事,普鲁士必须领导别人,而不是追随别人。从普鲁士邦内着眼,“宪法冲突”并没有完全平息,1863 年秋冬新产生的众议院,又在翌年的财政预算中去掉了整编军队的经费,而欧洲的金融巨头,坚持期票贴现必须有三方面的签字,即政府、贵族院、众议院。俾斯麦虽然蔑视议会,但他深知,要使这些裤带上拴着国家钱柜钥匙的自由派就范,有效的办法就是激起他们的“爱国自豪感”。

俾斯麦按照自己的设想,利用英、法、俄等国互相间的矛盾,采取有效的措施予以稳住。1864 年 1 月初,俾斯麦向奥地利大使正式建议缔结普奥联盟,希望争取奥地利与其采取一致行动。奥政府没有及时看清俾斯麦的深谋远虑,贸然答应。1 月 17 日,普奥两邦在柏林签订盟约。奥地利承诺:如果丹麦国王不撤销《总宪法》,奥军将支持普军去对付丹麦。

1864 年 1 月 16 日,就在奥地利表示同意签约的那一天,普奥双方联合向丹麦国王提出最后通牒,要求丹方在 48 小时内宣布已经生效的《总宪法》作废,否则将采取军事行动。丹麦以为能够得到欧洲列强的援助,因而拒绝了最后通牒。然而援助并没有到来,法国拒绝对丹麦提供物质援助,英国又不能下决心单独行动。2 月 1 日,普奥军队越过艾德河进入石勒苏益格。经过军事改革的普鲁士军队,战斗力明显增强。然而,总参谋长赫尔穆特·冯·毛奇(Helmuth Karl Bernhard von Moltke,1800—1891,俗称“老毛奇”)所确定的基本战略思想,即包围施莱河出口处丹纳工事内的丹麦军主力,在才能平庸的总司令冯·弗朗格尔手中未能得到充分发挥,因而战争初期进展并不理想。以后普方加大攻势,发起损失惨重的攻击,才取得了决定性的胜利。奥地利军队在俾斯麦的催促下,也在日德兰半岛上展开攻势。

4 月底,欧洲列强由英国发起,在伦敦举行调停会议,普奥双方害怕触犯众怒,只得参加。会议提出了各种解决方案,包括:石—荷两公国与丹麦王国成立纯君合国,同时在政治上保持独立;两公国完全脱离丹麦,由奥古斯滕堡公爵或奥耳登堡大公掌权;把石勒苏益格按民族构成一分为二。萨克森外交大臣博伊斯特以德意志联邦代表的身份,表示赞成第二种解决方案,以后奥方代表也表示出相同的意愿。但俾斯麦从中作梗,通过与奥古斯滕堡公爵会谈,向其施加压力,致使该方案不能实现。6 月 25 日,伦敦调停会议无果而终,同时,由于俾斯麦的努力,连 1852

年的伦敦《议定书》也实际上被废弃。从此以后，丹麦不能指望外国进行干预，从而在军事上和政治上处于孤立状态。

战争重新爆发，一直持续到 7 月 12 日。在此期间，普奥军队占领了整个日德兰半岛和阿尔申岛。丹麦政府倔强顽固，错过了一些缔结和约的有利时机，最后在埃德尔丹麦人党内阁倒台后，被迫在最不利的条件下缔结和约。8 月 1 日，各方在维也纳签订预备和约，10 月 30 日，签署正式和约。根据和约规定，丹麦放弃对三个公国的一切权利，将它们让给奥地利皇帝和普鲁士国王，并有义务承认两位统治者将来对三公国作出的决定。那么，如何处置这三个公国呢？德意志各中小邦一致呼吁由奥古斯滕堡公爵接掌这三个邦国，稍后，奥地利表示支持这一建议，欧洲列强表示“同情”这一建议，连普鲁士王室也表示对这一建议有“好感”。但俾斯麦独排众议，坚决拒绝这个方案。他看得很清楚，如果奥古斯滕堡获得成功，如果石一荷成为诸侯独立领地并获得德意志联邦和国际列强的保证，就会成为某一种原则的范例，这个原则就是必须保证德意志联邦内所有中小邦国的独立地位。如此，普鲁士非但不能统一小德意志，甚至也不能实现在北德意志的霸权。在俾斯麦的坚持下，奥古斯滕堡接掌三公国的建议被彻底否决。

1865 年 8 月 14 日，普奥双方签订分享战利品的《加斯泰因专约》，其中规定：劳恩堡公国以 250 万塔勒卖给普鲁士；石一荷为普奥两国君主实行联合统治，但分别管理，奥管南面的荷尔施泰因，普管北面的石勒苏益格，但荷的首府基尔港的防务委托普军担任，鄂尔登堡由普奥两军联防；普鲁士有权修筑经荷尔施泰因境内的铁路，设置电报，以及开凿连接北海和波罗的海的运河。

又是“联合统治”，又是“分别管理”，与普鲁士接壤的荷尔施泰因由奥地利管理，而在荷尔施泰因北面的石勒苏益格却由普鲁士管理，为什么要弄得如此复杂？维也纳的政治家曾称《加斯泰因专约》是“没有谜底的谜语”。其实，俾斯麦的用意很清楚，他在为普奥冲突埋下伏笔。试想，奥地利地处南德，荷尔施泰因地处北德海边，中间横着普鲁士，奥地利要真正掌握荷尔施泰因，会有多大麻烦？而由普鲁士到石勒苏益格，必须经过荷尔施泰因，这中间，就比较容易制造事端。因此，这个“谜底”在俾斯麦那里早就有了。用他的话来说，这是“一张遮盖裂缝的糊墙纸”。他曾写道：“我们在这里遇到的问题，是只要欧洲的政治形势许可便可随时用来作为发动（对奥）战争的借口的问题。”只要时机一到，他就会捅破这张“糊墙纸”，打一场“兄弟阋墙”的、决定德意志命运的战争。

五、普奥战争

俾斯麦发起对丹战争，需要担心的只是欧洲列强的态度，在德意志民族内部，对丹麦当局的做法几乎是“同仇敌忾”。而当他把战争之矛转向奥地利时，情况发生了很大变化。

首先，在普鲁士邦内，几乎无人能跟上俾斯麦的思维。威廉国王和王室大臣尽管希望扩展普鲁士的领土与影响，但是他们专注于君主主义原则和“神圣同盟”所确立的正统主义秩序，如果同奥地利决裂，就是违背这个原则，破坏这个秩序。另外，奥地利不仅是一个德意志邦国，而且是德意志联邦的领袖，普鲁士主动把矛头指向它，将引起不少德意志邦国的不满。对这种想法，俾斯麦的对策是说服。他强调，奥地利帝国是个庞然大物，内外矛盾重重，它的战争机器笨重，扩充军备所需要的时间比普鲁士要长一倍。因此，俾斯麦成竹在胸，表示要竭尽自己的天职，“即使这会把我送上断头台也在所不惜”。俾斯麦终于用自己的忠心和决心说服了威廉国王和王室成员。

议会中的自由派和进步党多数仍然反对政府，1865 年 9 月，民主派领袖在达姆斯塔特集会，声称：“在冯・俾斯麦先生扩大的普鲁士统一国家与民主的联邦国家之间毫无共同之处……统一如果不是自由的产物，就既不可靠，也无价值。”对此，俾斯麦采取了三方面的措施：强调奥地利政权的反动性，渲染奥地利得势会使反动势力在整个德意志扩展其势力；利用工人阶级的力量制约代表资产阶级利益的自由派，当时，拉萨尔把自由派看作是工人阶级最大的敌人，而俾斯麦几次接见拉萨尔，进行较长时间的会谈；主动提出联邦议会的改革方案，[①]意在凸显奥地利政权的反动性，并夺走普鲁士自由派手中的旗帜。

其次，在德意志民族内部，不少邦国，尤其是南德诸邦，认可奥地利的传统领袖地位，惧怕普鲁士的强势政策。对此，俾斯麦不断强调通过必要的战争实现德意志统一的必要性。他不遗余力地散播这样一种观点：“德意志命运的难解之结，不能

① 具体内容，参见本章“普鲁士联盟计划”节。

用执行双雄并立政策这种温和方式来解开，而只能用剑来斩开。”[1]在同著名的奥地利历史学家海因里希·弗里德容格谈话时，他强调：“也许［德意志统一］这个问题用剑来解决还是好一些，因为德意志二元国家的时钟每隔一百年就要用战争来拨正一次。”他在回忆录里说，自己从进入法兰克福联邦议会时起，就确信同奥地利的战争是不可避免的。由于总想着与奥地利作战，他竟梦见了波希米亚战场。他曾表示，1863 年春天，他做过一个梦，梦见自己“走在一条通向波希米亚平原的大道上，到处都是普鲁士的军队和旗帜。醒来时感到精神振奋而愉快。”在军事上，他力图用速战速决的办法来减轻“兄弟阋墙”的负面影响。

最后，是德意志外部的欧洲列强的态度。由于德意志邦国各自都在欧洲大国中拥有盟友和敌手，普奥战争又同德意志的统一事业紧密相连，因此欧洲大国的态度尽管属于“外部”事务，但是其重要性远远高于德意志“内部”对这件事的反应。对欧洲大国来说，普鲁士对奥地利开战，就意味着德意志可能统一在“普鲁士的尖顶盔”之下，它们对此都有危机感。

而在普鲁士的各派政治势力中，在处理对外关系方面各有自己的立场。容克保守派始终信赖命运与共的沙皇制度，敌视“扩散革命”的法兰西，主张与俄国维持“传统友谊”，与法国保持敌对状态。而资产阶级自由派则从其工商业利益出发，主张亲近英国、敌视俄法，争取组建一个英—普—奥的“中欧轴心”以对付俄法。

俾斯麦不受任何教条主义的传统约束，坚持推行灵活的外交政策。他对英国略表亲善，与之建立关税同盟，降低关税。又利用俄国国内外的暂时困境，争取其采取中立。重点处理对法关系，于 1864 年 10 月、1865 年 10 月和 11 月，三次前往法国疗养地比亚里茨，拜谒拿破仑三世。俾斯麦在与法皇的会谈中，探明了巴黎方面的意图：一是讹诈，想获得比利时、卢森堡和莱茵河东岸的土地；二是坐收渔利，让普奥双方在争霸战争中消耗国力，丧失军事大国的地位。对此，俾斯麦自有良策。对法方的第一个意图，他的回答很含糊，答应只要法皇让普鲁士在“德意志放手去干”，对于法国“在讲法语的地区”扩充其疆界，他都予以承认。他这种空头许诺（没有立下任何凭据），是看准了小拿破仑的兴奋点在于其二。对法方的第二个意图，他在第三次会见法皇后，即制订了明确的行动计划：对奥战争速战速决，在拿破仑三世醒悟之前腾出手来，准备好在莱茵河的军事行动。为达此目的，俾斯麦采

---

① 科佩尔·S.平森著：《德国近现代史：它的历史和文化》，商务印书馆 1987 年版，第 191 页。

取了一项一箭双雕的措施,即与意大利订立军事同盟,既转移法国的注意力,又可迫使奥军在普奥战争中处于南北两线作战的困境。

创造了有利的国际环境后,俾斯麦便开始制造事端,捕捉战机。他主动把关于波希米亚军队调动的情况透露给新闻界,并鼓励夸张地报道奥地利的军备。1866 年 1 月 23 日,奥地利驻荷尔施泰因总督路德维希·冯·加布伦茨批准在荷的行政中心阿尔托纳举行支持奥古斯滕堡大公的群众集会。三天后,俾斯麦向维也纳发去抗议照会,指责奥地利怂恿奥古斯滕堡大公对石勒苏益格提出要求,并进行反普的"煽动性鼓动",他威胁要"终止两国政府的合作",并"保留普鲁士政府的行动自由"。奥地利政府的回答是:别人不得干涉奥地利管理荷尔施泰因的权力。普奥关系骤然紧张。

2 月 28 日,普鲁士国王举行御前会议,太子、政府成员、国王军事顾问、总参谋长、驻法大使等出席。俾斯麦就 1815 年以来的普奥关系作了分析和总结,并得出结论说:"对普鲁士来说,当前德意志和欧洲的形势还从来没有这么有利过。"除太子外,与会者都同意俾斯麦的分析。3 月 29 日,威廉一世下令增强普鲁士边防部队,表示不能容忍奥地利的"伪善的假面具",决心要把它撕破。

正在这时,出现了一个谣言,说意大利正在加强军备,这一谣言使各方"把子弹推进枪膛"。奥地利立即宣布停止裁军谈判,于 4 月 27 日进行动员。随后,普鲁士也实行动员。

此后,随着普意同盟条约的签订,俾斯麦加快战争步伐。6 月 1 日,他以《加斯泰因专约》遭到破坏为名,下令军队从石勒苏益格开进荷尔施泰因,奥地利守军知难而退。奥方要求将争端提交联邦议会,并呼吁所有邦国动员军队,对普鲁士作战。俾斯麦针锋相对,于 6 月 10 日公布《德意志联邦改革纲要》,提交联邦议会讨论,该方案要求将奥地利帝国赶出德意志联邦。奥方利用自己控制联邦议会的优势,将普鲁士的提议融合在巴伐利亚的建议里,一起进行小范围投票,巴伐利亚建议给联邦军队选一名司令官,同时把中小邦国的军队动员起来。联邦议会投票的结果,九票赞成,六票反对,普鲁士的《改革纲要》遭到否决,而巴伐利亚的建议被采纳。俾斯麦指示普鲁士代表宣读政府声明,宣布普方认为"至今的联邦条约已被破坏,因此不再具有约束力,更确切地说将它当作已经失效的条约来考虑和对待"。① 这样,自 1815 年以来存在了 51 年的德意志联邦正式瓦解。15 日,普鲁士

① 卡尔·艾利希·博恩等著:《德意志史》第三卷:从法国大革命到第一次世界大战,商务印书馆 1991 年版,上册,第 240 页。

向萨克森、汉诺威、黑森发出最后通牒，要求它们接受《改革纲要》，并同意让普军过境。三位君主都表示拒绝。6月17日，普军进入奥地利帝国的捷克地区，普奥战争爆发。

普奥战争又称“德意志战争”，因其持续七周，亦称“七周战争”。德意志各邦在这场战争中分成两个阵营，一方以奥地利为首，以“忠于联邦”为旗号，包括巴伐利亚、巴登、符腾堡、汉诺威、萨克森、黑森一卡塞尔等中等邦国，共13个成员，另一方以普鲁士为首，以“脱离联邦”为旗号，包括北德小国和诸汉萨城市，共18个成员，另有意大利相助。

战争在三条战线上进行。西南部的意大利战线，尽管由于意大利的实力较弱，在陆上和海上都被奥地利击败，但它分散了奥地利的注意力，牵制了奥方7.5万兵力。北部的德意志战线，系普鲁士同北德诸邦作战。普鲁士投入5万兵力，开进与其相邻的萨克森、汉诺威诸邦。汉诺威军队在朗根萨尔沙地区抗击普军，于6月24日战败投降，其他邦基本上不战而降，北德大部分地区落入普军之手。东南部的波希米亚战线，是整个普奥战争的主战场，交战双方为普鲁士对奥地利。奥地利投入28.3万兵力，普鲁士运用铁路运输和电报指挥，迅速组织三个军，共25.4万兵力。6月22—23日，普军分三路进攻波希米亚，旗开得胜。奥军总司令贝德克自感难以取胜，遂致电维也纳宫廷建议议和。而奥皇则寄希望于通过一次决定性的战役打败普军。于是爆发了萨多瓦决战。

1866年7月3日，在易北河和奥得河汇合处的柯尼希格莱茨要塞（今捷克境内）西北约12公里处，一个名为萨多瓦的村庄附近，小小的狭长地带中集结了大约23.8万奥军和29.1万普军。普鲁士军队兵分三路，在总参谋长毛奇的统一指挥下，分兵合击，推进到萨多瓦战场。普王亲临前线，俾斯麦身穿后备军少校制服，头戴骑兵铁甲盔，身披灰色长大衣，骑马随同普王登上一个离奥军不到12公里的小山头督战。他完全清楚，这一仗是他的政治赌博。有人说他甚至怀揣毒药，准备在这场“不得人心”的战争中，一旦普军失败就自杀。就在俾斯麦疑云满面的时候，毛奇向普王报告：“陛下不仅赢得了这个战役，而且也赢得了整个战争……维也纳将俯伏在陛下的面前。”到黄昏时，奥军最后被击溃。在此仗中，奥军死伤2.4万人，被俘1.3万人。奥地利无力再战，奥皇电告拿破仑三世，愿将威尼斯让给法国，请求法皇出面调停。

萨多瓦战役结束后，普军通往维也纳的大道已经打通。威廉一世和将军们劲头十足，打算进军维也纳，要在哈布斯堡王朝的京城提出和谈条件，完成祖辈的未竟之业。但俾斯麦却唱起低调来,要求迅速熄灭战火,在德意志恢复和平。7月5日,法皇应奥地利之请出面调停,俾斯麦毅然表示接受,愿意把普鲁士的势力限定在北部德意志,只求把奥地利从德意志排除出去。对此,普王责备俾斯麦是剥夺普军已得的荣誉,剥夺普鲁士的胜利果实,将军们怒斥俾斯麦是在破坏"普鲁士的利剑所赢得的"东西。他们坚持要进攻维也纳。

俾斯麦对这种鼠目寸光的荣誉感大为恼火,他认为,此时彻底摧毁奥地利,其结果不是壮大而是削弱普鲁士,有损于德意志的统一事业。他竭力阻止进军维也纳,甚至不惜以辞职相威胁,终于使普王屈服。威廉御笔批道:"因为我的首相要在我面对敌人处于困境的时候丢掉我,所以在维也纳的大门前,我不得不痛心地在军队取得如此辉煌的胜利之后逆来顺受,接受一个耻辱的和平。"俾斯麦明智地插剑入鞘,竭力避免以拿破仑式的胜利进入维也纳,为德国的最终统一和日后的国际事务保留了"欧洲棋盘上的一颗棋子"。

8月23日,普奥双方正式签订《布拉格和约》。善后事项包括:德意志联邦宣告解散;奥地利帝国的领土除威尼斯让与意大利外,不割一地,但奥地利被排除在德意志事务之外;根据已经在石勒苏益格举行过的公民投票的结果,将该公国和荷尔施泰因一起并入普鲁士;奥地利向普鲁士赔款300万,普鲁士保证在条约批准后,三个月内将军队撤出奥地利。

北德几个邦国,包括汉诺威、黑森选侯国、拿骚、法兰克福,曾经站在奥地利一边反对普鲁士。围绕如何处置的问题,俾斯麦同普王之间发生意见分歧。威廉一世反对取消这些王朝及其邦国,认为这样做违背正统主义原则和保守主义权利,他希望通过索取赔偿或土地的办法来巩固自己的胜利。但这回轮到俾斯麦采取强硬态度,他坚决要求吞并这些邦国,以壮大普鲁士的力量。王太子支持俾斯麦的意见,使这一主张得以实施。从此,普鲁士东部和西部地区之间的走廊地带被打通,王国的领土连成一片,面积增至34.7万平方公里,人口2 400万,占全德的1/3。

普鲁士的宪法危机持续了四年,一直难以了结,但普奥战争结束后,危机随即消失。在新的议会选举(时间为萨多瓦战役爆发的当天)中,进步党遭到失败,绝大多数党员退出后组建了"民族自由党",成为俾斯麦执政的支柱。9月3日,议会以230票对75票的多数通过法案,免于追究政府未经议会同意而拨款的责任。此前,《科隆日报》就已宣称,关于军队改革的纠纷不过是出于"误会"。议会还主动向普王提议,奖给俾斯麦40万塔勒的钱财,后者用这笔钱购买了波美拉尼亚的瓦尔青领地。

普奥战争的胜利、德意志联邦的解散,为北德意志联邦的诞生创造了条件。1866年8月18日,美因河以北的23个北德意志成员国(包括三个自由市)与普鲁士缔结了《联盟条约》,开始组建北德意志联邦。同年12月,"北德意志联邦"成员国的代表通过了已经拟制好的联邦宪法,翌年4月16日,该宪法被普选产生的制宪国会批准,7月1日起正式生效。联邦内部各邦之间取消关税限制和交通限制,实施统一的币制和度量衡,统一交通、邮政和电话电报业,重要的经济问题实行统一的措施,各邦的对外政策和对外贸易由联邦统一主持,但各邦在形式上保持独立。

六、普法战争

普鲁士统一德意志的进程,就差最后一步了。这时,法国问题日益突显。一方面,法皇拿破仑三世忙于索讨因在普奥战争中保持中立而应该获得的报酬,于1866年7—8月间,四次向普鲁士递交"债单"。这些要求包括:法国取得美因兹以南的莱茵河西岸地区;卢森堡并入法国;普鲁士承认法国对比利时的占领。对此,俾斯麦早有准备。此前在谈判中,他都是作口头承诺,从未签订过书面协议,为"赖账"埋下伏笔。这时他下决心什么也不给,只是在处理手法上尽量高明一些。另一方面,法皇这时内外交困,他既需要采取强硬手段来阻止德意志统一,防止法国相对地位进一步下降,又需要用战争手段夺取莱茵河西岸地区,转移民众的视线。

因此,从根本上来说,俾斯麦和拿破仑三世两人都希望爆发战争。差别在于,对俾斯麦来说,更需要"选择正确的时机",一方面利用推迟爆发的时间,开展外交活动孤立法国,另一方面等待法国采取主动,给世人造成普鲁士被迫应战的错觉。他在书信中曾经表示:"我们可以把时钟向前拨动,可是时间并不因此而过得更快,要有在客观情况发展之际进行等待的能力。这是现实政治的先决条件。"①"出

① 迪特尔·拉夫:《德意志史——从古老帝国到第二共和国》,波恩Inter Nationes出版社1987年版,第146页。

于纯粹主观上的原因擅自干预历史的进程，就好比摇落不成熟的果实……在某种形势已在变化的时候能进行等待，这种能力是现实政治的迫切需要。”

在等待期间，俾斯麦积极开展外交活动，意在为法国去除潜在的盟友。他放心地了解到，英国不会干预普鲁士的对法战争。对沙皇俄国，则摇动叮当作响的黑海门户钥匙，鼓励其破坏有关条约，在黑海保有舰队，换来其中立保证。

奥地利在普奥战争中失败后，被迫脱离德意志事务，转向巴尔干和地中海地区寻求发展空间，而对国内的民族矛盾采取让步政策。1867 年 6 月，经奥地利帝国议会通过，正式建立“奥地利—匈牙利君主国”，简称“奥匈帝国”。帝国内部以莱塔河为界，分为奥、匈两部分，双方同为主权国家，有各自的议会和政府。帝国无统一的宪法，其中奥地利部分使用 1867 年颁布的《根本法》，帝国的立法权由帝国君主和两院组成的帝国议会共享。奥地利皇帝为帝国元首，兼有“匈牙利国王”称号。两国的外交、军事和财政为帝国共有，国家开支按比例分摊，订有货币、关税盟约以保证两国经济上的协调或统一。两国共同事务由两国议会代表团定期开会商定。奥地利注意力的转移、俄奥关系的牵制、尤其是俾斯麦在普奥战争后期的宽宏大量，给普奥两国的密切合作留下了很大的余地。相反，法国要拉拢奥地利，反对普鲁士，难度倒很大。

还有南德四邦，也是一股不可忽视的阻力，而且由于工业不如北部发达，资产阶级对形成全德统一市场、建立海军、夺取殖民地的要求并不强烈，因此对发动一场对法战争、建立德意志中央集权统治并不感兴趣。相反，如果处理不当，有可能驱使它们倒向法国。所以在 60 年代后半期，俾斯麦竭力约束参谋部的急躁情绪，在同南德携手之前不在西方进行战争。当然，俾斯麦也看到南德四邦的弱点：在军事上对北德的依赖甚大，普鲁士的军事学院协助培养南德的军官，它的参谋官正在帮助训练南德的情报人员；经济生活如糖、酒的生产和销售与北德关系密切。经过一番努力，终于取得明显的成效。南德诸邦与北德之间，在经济上密切了关税同盟，军事上订立了秘密的攻守同盟，商定一旦发生战争，南德四邦有义务将自己的军队并入北德联邦的军队。

到 60 年代末期，俾斯麦认为条件成熟了，他怀着与法国一决雌雄的心情，捕捉着诱发战争的时机。

1868 年 9 月，西班牙发生军事政变，独裁女王伊莎贝拉二世被推翻，逃亡法国，一时王位虚悬。在俾斯麦的秘密策动下，西班牙议会通过决议，决定邀请莱奥波德亲王继承王位。莱奥波德属于霍亨索伦家族信天主教的施瓦本支系，是普鲁士的霍亨索伦家族的远亲,因而受到这一家族族长威廉一世国王的管辖。尽管霍亨索伦家族并不欢迎这一建议,但法国的反应更为强烈。在它看来,东邻普鲁士对法国并不友好,如果霍亨索伦家族入主西班牙,自己将面临腹背受敌的威胁。在内忧外患之际,右翼势力进一步抬头,在 5 月的公民投票中获得巨大胜利,新任外交部长格拉蒙采取对普强硬政策,在议会中公然宣称:如果普鲁士不放弃称霸西欧的企图,法国就将对其宣战。俾斯麦认为这是一个刺激法国挑起战争的极好机会,遂费尽口舌,成功地说服威廉国王同意接受西班牙王位。但不久后,随着法国态度的强硬,威廉国王退却了,表示不赞成霍亨索伦家族的人继承西班牙王位。莱奥波德亲王也随之发表声明,表示不接受西班牙的邀请。

但是拿破仑三世和格拉蒙却不肯就此善罢甘休,他们要羞辱普鲁士,用外交上的胜利来巩固自己的地位。拿破仑三世在接受一家报纸采访时宣称,只要霍亨索伦家族人士角逐西班牙王位,就意味着法国宣战。1870 年 7 月 13 日晨,法国驻普鲁士大使邦纳德蒂紧急请求正在西部埃姆斯疗养的普王立即接见他,并暗示将会提出什么要求。普王立即警觉起来,决定把接见时间推迟到当天晚些时候,因为当天上午俾斯麦的使者欧伦堡伯爵将到达埃姆斯,普王将先同伯爵商议一番。谁知邦纳德蒂打破常规,任性行事,擅自前往拉恩河畔的库尔加滕,在国王准备离开公园时挡住了他的去路。普王威廉看见了他,走过去同他交谈。法使转达了拿破仑三世的挑衅性要求,即普王保证今后永远不让霍亨索伦家族成员继承西班牙的王位。普王虽然感到莫大的耻辱,当即拒绝,但还是对法国大使作了安抚,表示莱奥波德“不会再怀有恢复这一资格的意图”。但邦纳德蒂不依不饶,问道:“好吧,陛下,我是不是可以报告我国政府,陛下已经同意宣布永不允许莱奥波德继承西班牙王位?”据普王自己的回忆:“一听到这些话,我后退了几步,用非常认真的口气说:‘大使先生,我似乎已经十分清楚明白地表示,我决不能这样宣布,我再也没有话要说了。’我举了举帽子,走了。”事后,普王派人通知法国大使,认为这件事已经结束,没有什么需要谈了,因此不准备按照原先的约定再次接见他。普王还委托外交部官员阿贝肯把发生的事情电告俾斯麦,如俾斯麦认为合适,允许他转告新闻界和普鲁士驻外使节。

俾斯麦一直在波美拉尼亚关注着事态的发展,并担心普王驾驭不了这一微妙的外交进程。7 月 12 日,他本已决定前往埃姆斯,路过柏林时,得知莱奥波德已经放弃王位,临时决定不去埃姆斯,改派欧伦堡前往。他对自己的挑衅计划遭到破坏而闷闷不乐,与毛奇和罗恩聚在一起,互相诉说着内心的郁闷。这时,阿贝肯的电报来了，内中叙述了国王在埃姆斯发生的事情，并询问："是否可以把邦纳德蒂的新要求以及对它的驳斥立即通知我国外交代表并见报？"起初，俾斯麦没有看出其中的可利用之处，阅后情绪低落，连饭都不想吃。突然，他感觉灵感来了，发现它大有用处。他问毛奇，普鲁士军队的准备状况能否应付一次突然的战争冒险。毛奇作了肯定的回答。于是俾斯麦亲自动手，虽一字未改，一字未加，但通过压缩原文，使语气顿然激烈，"原先是商谈的口气，现在则好像是对挑战的耀武扬威的答复"（毛奇语）。俾斯麦得意地表示："如果我不仅立刻在报纸上……发表这一电文，而且将它电告我国所有驻外使节，那么，午夜以前巴黎就会知道了。不只是电文，还有发表它的方式，将对高卢公牛起到一块红布的效果。"当晚，俾斯麦把电文交付柏林报馆，并发给各驻外使馆使之公诸于众。计划实施后，三人的精神顿然恢复，食欲大开，把盘中的食物一扫而空。

拿破仑三世早就磨刀霍霍，当驻普大使还在埃姆斯寻找威廉国王时，皇帝已同大臣们商定，如果普王不肯作出承诺，法国即对普鲁士宣战。德方的电文披露后，"高卢公牛"真的发怒了。7 月 14 日，正是法国大革命纪念日，"威廉侮辱法皇"的消息立即引起沙文主义者的愤怒，"打到柏林去"、"普鲁士忘了耶拿"等叫喊声响彻巴黎。当天，法军进行动员。15 日，法国议会批准战争拨款。19 日，法国政府拒绝了英国的调停要求，正式向柏林外交部递交了宣战声明。普法战争爆发。

战争爆发时，拿破仑三世对战争结局充满信心，他曾吹嘘说法国的进军只是到柏林的一次"军事散步"。然而，他当时能调动的兵力，只有 24 万，比对方的兵力少了将近一半，而他的对手，却是团结一心的德意志民族。战争爆发后，南德诸邦纷纷表示支持普鲁士，信守与普鲁士签订的防御协定，以共同保卫德意志，抵抗法国的侵略。它们动员军队，同北德联邦一起，组成一支 40 万人的德意志民族军，开拔到法国边境。

1870 年 7 月 31 日，德意志军队基本集结完毕，威廉国王偕同俾斯麦离开柏林亲临前线指挥。普军分三路迎击法军，前两路部署在普法边境的北端，任务是进窥法军的要塞梅斯，第三路部署在莱茵河上游，由弗里德里希太子指挥，任务是进击斯特拉斯堡。法国把作战部队分成两路，其中一路由拿破仑三世亲自指挥。法军原计划迅速推进到美因河，把南德和北德分割开来，并促使奥地利加入反普战争，一举打败普鲁士。但开战才半个月，普军便挫败法军的战略计划，转入进攻，使法军处于挨打的地位。8 月 4—6 日，普军越过边界，迫使阿尔萨斯地区的法国守军后撤。16 日，梅斯要塞的法国守军被截断退路。8 月底至 9 月 1 日，在色当地区展开了两军大决战，法军遭到惨败。9 月 1 日傍晚，拿破仑三世派人呈信威廉国王，表示："自从命运没有赐我死于军中，我除了把佩剑交到陛下您的手中，别无他法。"9 月 2 日，拿破仑三世、麦克马洪元帅，连同 10 万军队、418 门大炮和无数军需辎重都落入普军之手。

俾斯麦押送被俘的拿破仑三世

法兰西第二帝国的丧钟敲响了。巴黎爆发革命，推翻帝制，宣布共和，组成以特罗胥将军为首的国防政府。普军继续前进，长驱直入，法国国防政府未作积极抵抗，最后引爆了如火如荼的"巴黎公社"革命。

1871 年 2 月 28 日，法德双方签订停战协定，法国投降，正规军武装被解除。5 月 10 日，双方正式签订《法兰克福和约》，战争结束。和约的条件是苛刻的，它规定：法国向德国割让阿尔萨斯省和洛林省的大部，连同战略要地梅斯要塞；法国赔款 50 亿法郎；在赔款付清前普军继续驻守法国领土，一切供养费用由法国承担。

在普法战争的炮火声中，德意志完成了统一。1871 年 1 月 1 日，统一的德意志国家正式宣告成立，[①]18 日，普鲁士国王威廉一世举行帝国皇帝就位仪式。

德意志最终结束了民族分离的状态，一个统一的德国诞生了。德国的统一，不是广泛的民众运动的结果，也不是革命的产物，它是普鲁士通过王朝战争的道路实

① 在那天生效的宪法文本中，把新国家称为"德意志联邦"，国家元首称为"联邦主席"，但在 1871 年 1 月 18 日的国家元首就职典礼上，正式使用"皇帝"称号，不久，国家名称也改为"德意志帝国"。

现的。这一现实，会带来一个显性后果，即德意志帝国几乎是普鲁士的扩大。传统观点认为，普鲁士王国有很多负面因素，它是靠不断征战挞伐，掠夺他人土地建立起来的斯巴达式的军事国家，作为国家主人的普鲁士容克，具有与西欧贵族完全不同的特点，他们与世隔绝，没有文化，专横跋扈，侵略成性。普鲁士统一德意志，就把整个德意志民族"普鲁士化"，最后导致了两次世界大战的悲剧。其实，这一观点值得重新思考。一个国家的文化传统，是由多种因素经过长期的"酿造"过程才能形成。从德意志民族来说，它在古日耳曼人时期的部落传统，在中世纪前期的分治习惯，在中世纪后期的哈布斯堡王朝统治风格，在法国大革命时期"第三德意志"邦国的资产阶级性质的改造，都会在民族文化和民族心理中留下印迹。普鲁士统一了德国，但是很难把整个德国都普鲁士化。德意志民族在历史发展进程中继承了两种遗产，一种是军国主义和集权主义的，自近代以来，被俾斯麦、威廉二世、希特勒所继承和张扬，另一种是以歌德、席勒为代表的人文主义精神，追求民主、自由和人道。这两种遗产长期来并行不悖地在德国社会中存在与发展。至于哪一种遗产能够茂盛地生长，开花结果，处于显性状态，则同世界潮流、周边环境、国内各派力量的实力对比和经济社会发展的状况紧密相关。再进一步思考，传统观点中对普鲁士邦国及普鲁士人的描述是否准确？普鲁士人的节俭，办事追求效率，平时重秩序讲纪律，这些特点在宽松和谐的国际环境中也许是推动国家和人类发展的强劲动力。更何况，完成统一重任并在德意志帝国起主干作用的普鲁士，已不是建邦初期的东隅小国，它在发展过程中兼并了中、西德地区的不少土地，在这些土地上，有些拥有悠久的文化传统，有些有着较为先进的工业经济。人类历史中不乏落后人群征服先进人群，但最后征服者反被被征服者同化的事例，1871 年的普鲁士，还是建邦初期的它吗？

第七章

俾斯麦帝国

（1871—1888 年）

德意志帝国的前期，虽然皇帝由威廉一世担任，但作为帝国宰相的俾斯麦，在内政外交上起了决定性的作用，俾斯麦时代在不少德国人心目中已经成了难以忘怀的历史记忆。因此，用“俾斯麦帝国”来命名这一段德国历史，也许是更为传神的。

由于德意志统一是通过王朝战争来实现的，因此，缔造帝国的创制权，主要掌握在王公诸侯手中，所缔造的帝国也很有“德意志特色”，集权大于民主。然而在帝国初创的过程中，政党的力量也在发育成长，他们利用已经争取到的议会制度，不断地向里面添加现代元素，客观上推动德国的政治体制逐渐向世界潮流靠拢。

德国统一后，立即步入了快速发展的轨道，这里面有机遇，更有德国人的主观努力。经济腾飞是令德国国民欣喜的事，但也会带来贫富差距拉大、社会结构失衡等负面影响，在国际上，更会因“异军突起”而引起其他国家的侧目。德国统治者基本上经受住了这一考验。国内政策上，“皮鞭加蜜糕”，一方面镇压社会主义工人党的斗争，另一方面辅之以较为完备的社会政策，使德国提前走上了通向福利国家的轨道。外交上，“两手玩五球”，不仅度过了统一初期的艰难岁月，而且有效地提升了德国的国际地位。

一、德意志帝国的建立

组建德意志帝国的工作在普法战争的后期即已进行，俾斯麦为了加快这一进程，采取了说服南德四邦加入北德意志联邦的办法来组建新的帝国。1870 年 10 月，在色当战役胜利成果的震慑下，南德四邦先后派代表团到达凡尔赛，同普鲁士进行关于国家统一的谈判。

谈判的难点在于，南德诸邦对自己在新国家中的地位，提出了不同于北德小邦的要求。如果因此而重新起草宪法，就会耽误时间，不能在 1871 年 1 月 1 日宣布建国。俾斯麦采取了变通办法，即先同南德四邦分别签订相关条约，再以北德意志联邦宪法加上这些条约，构成德意志帝国的法律基础，这样就大大加快了建国的进程。在奥地利被排除出德意志的行列后，巴伐利亚成了仅次于普鲁士的重要邦国，它依仗着自己的有利条件，向普鲁士提出了一系列加入帝国的保留条件，包括：拥有高度的军事主权，可以在自己国王的统率下设置独立的军事机关，只需在战争期间把最高指挥权交给皇帝即可，和平时期皇帝只有权视察巴伐利亚的要塞和培训军队的工作，而且，如果爆发战争，在举行和谈时巴伐利亚也要派代表参加；在邮政、铁路方面拥有特权；享有啤酒税和烧酒税的保留权益。有人甚至建议，巴伐利亚和普鲁士应该在联邦参议院中共同掌管帝国的外交政策。面对这一局面，普鲁士当局的态度是尽量让步，以便尽快实现统一。威廉一世表示：“只要他们重新回归就行。”俾斯麦也说：“首先得进屋回到家里来。”同时，针对具体情况，对各邦采取不同对策。巴登和黑森的态度较为和缓，易于妥协，俾斯麦采取“拉拢”的对策，于 1870 年 11 月 15 日签订入盟条约。巴伐利亚的影响较大，俾斯麦采取“让步”的对策，基本满足它所提出的全部要求，包括最后阶段巴伐利亚所坚持的军队仍然保留头盔的要求。他对持反对意见的普鲁士高级将领们说，如果你们继续反对，“日后人们就会在世界历史书中读到：1871 年德意志帝国未能建立，是因为将军们不能容忍巴伐利亚的头盔”。当时巴伐利亚国王路德维希二世情绪低落，身体不适，患有牙疼兼偏头痛，大部分时间卧床休息，或者在宫中听瓦格纳的音乐，不愿处理政务，除个别心腹外，也不愿接见任何人。俾斯麦找到了他的一个心腹，即巴伐利亚国防大臣霍尔斯泰因伯爵，通过他，在路德维希二世情绪低落阶段迅速办妥了交易。11 月 23 日，巴伐利亚宣布加入联盟。为了报答霍尔斯泰因伯爵，以后帝国议会举行啤酒晚会所需的啤酒，主要向霍尔斯泰因啤酒厂订购。在三个邦加入联盟后，符腾堡就处于孤立状态，很快于 11 月 25 日签订类似的条约。至此，美因河南北的两部分德意志连成了一片。

接下来的争议发生在普鲁士王室内部。国王威廉一世不愿“同老普鲁士分离”，认为接受德意志的皇帝称号等于“把老的普鲁士称号撂下”，因而不肯接受“普鲁士国王”以外的称号，“把皇帝和帝国只视为自己以及普鲁士王国的死亡十字架”。而 39 岁的太子弗里德里希 · 威廉继位心切，竭力促成一个新的“自由德意志帝国”的诞生，强调不仅要建立统一的民族国家，而且还要制定一部符合德国人民合理要求的宪法。俾斯麦从中干预，先着手压服太子，表示威廉国王一向独立处理政治问题，对每一份重要电文都亲自审阅和修改，建议太子不要轻易发表不同见解。太子大为不悦，声称不能让别人堵住自己的嘴，“如果大家认为我还年轻，不能自己作出判断，那么也只有国王陛下有权向我发号施令，哪些让我说，哪些不让我说。”俾斯麦以退为进，表示：如果太子认为有人更适合于处理政务，他随时可以让位，但在此之前，他还要运用自己所拥有的丰富知识和对各方面情况的了解，忠实地坚持自己的原则。俾斯麦软硬适中的态度使太子知难而退，立即表示歉意，说他无非是不想眼睁睁地错过世界历史上的重要机遇。随后，俾斯麦把注意力转向说服威廉国王。这次，他动用了巴伐利亚国王的力量。他为路德维希二世起草了一封“劝进信”，然后以每年给路德维希二世 30 万古尔登报酬为代价，要求后者把信件抄写一遍，以自己的名义发给威廉一世。信中说：“巴伐利亚请求普鲁士国王接过德意志的皇冠。不是曾经有一次讨论过德意志的帝位是否应由巴伐利亚和霍亨索伦轮流执掌吗？维特斯巴赫人的头上已经戴过老帝国的皇冠，而霍亨索伦人直到现在还没有当过皇帝。现在，25 岁的巴伐利亚人请求 73 岁的霍亨索伦人接过帝位。改换家族，改换皇位，从慕尼黑移至柏林。最有权势的德意志国王致未来的帝国皇位继承人。”[①]路德维希二世按俾斯麦的要求把信件抄写了一遍，由霍尔斯泰因伯爵专程送往凡尔赛的威廉一世司令部（即凡尔赛宫的镜厅）。三天后，11 月 30 日，路德维希二世又正式向联邦各诸侯提议，把“德意志联邦主席”的称号改为“皇帝”。威廉一世尽管对此很懊恼和颓丧，但面临路德维希二世的提议，不

① 阿 · 米尔著：《德意志皇帝列传》，东方出版社 1995 年版，第 490 页。

敢再坚持原意。

另外还围绕“皇帝”称号的定语展开了争论。自由派人士和太子希望使用“德意志人的皇帝”（Kaiser der Deutschen）的称号，威廉一世希望使用“德国皇帝”（Kaiser von Deutschland）的称号，但巴伐利亚等邦国则坚持使用“德意志皇帝”（Deutscher Kaiser）的称号，因为第一个称号涉及没有加入联邦的德意志人，如奥地利人，而第二个称号强调了地域概念，“包含对非普鲁士地区行使君主权利”的含义，不利于帝国内部的团结。而先前俾斯麦在同路德维希二世的交涉中，使用的也一直是“德意志皇帝”的称号。最后，巴登大公在登基典礼上巧妙地回避这个问题，使用了“威廉皇帝”的称呼。

1871 年 1 月 18 日，是普鲁士王国第一任国王弗里德里希一世在柯尼斯堡加冕 170 周年纪念日，德意志帝国皇帝的就位典礼就在这一天，在法国凡尔赛宫的镜厅举行。在就位典礼上，各邦君主一个个身着戎装，皇帝威廉一世被诸侯们簇拥着，一如中世纪的皇帝。典礼似乎是正规而隆重的，60 面旗帜组成的仪仗队，军乐队演奏的军乐曲，华丽的制服，簇拥的人群，如雷的欢呼声，隆隆的礼炮声，太子下跪并吻皇帝之手的中世纪礼，包括那面被枪弹打得千疮百孔的象征着荣誉的军旗，但是，路德维希二世之弟奥托亲王在出席典礼后曾经表示：“我真不知道该怎样形容自己当时有多忧伤，多痛苦……一切都那么冷冰冰的却又煞有介事，一切都那么庄严隆重却又如此矫情，一切都那么虚假、空洞！”①

新成立的德意志帝国由 25 个邦国和地区组成，另有一个直辖区。它们是，四个王国：普鲁士，巴伐利亚，萨克森，符腾堡；六个大公国：巴登，黑森，梅克伦堡—什未林，梅克伦堡—施特雷利茨，萨克森—魏玛—埃森纳赫，奥尔登堡；五个公国：不伦瑞克，萨克森—迈宁根，萨克森—阿尔滕堡，萨克森—科堡（图林根城市）—哥达，安哈尔特；七个侯国：施瓦茨堡—鲁道尔施塔特，施瓦茨堡—宗德斯豪森，瓦尔德克，罗伊斯（老系），罗伊斯（新系），绍姆堡—利珀，利珀；三个自由市：吕贝克，不来梅，汉堡；直辖区：阿尔萨斯—洛林。

① 马丁·基钦著：《剑桥插图德国史》，世界知识出版社 2005 年版，第 193 页。

二、帝国宪法

为了制定(严格说来是“通过”)新的帝国宪法,1871 年 3 月 3 日,新成立的德意志帝国举行了国会选举。选举权仅给与 25 岁以上的男子,领取贫民救济金者和军人无选举权。当时,选民们的政治热情不是太高,投票率仅达到 51%。3 月 21 日,新国会在柏林皇宫开幕,开始审议宪法草案。开幕当天,威廉一世高坐在主席台上,他的御座专门从戈斯拉尔运来,是当年亨利三世用过的宝座。皇帝身边簇拥着衣着华丽的亲王和将军们,而议员们由于衣着普通,似乎成了可有可无的听众。4 月 16 日,国会以 321 票赞成、7 票反对的高票通过宪法。

新国家的国名为“德意志帝国”(Das Deutsche Reich),[①]国旗方面,摒弃了象征 1848—1849 年革命精神的黑红金三色,改用黑白红三色旗,那是由代表普鲁士的黑白两色和代表汉萨城市同盟的白红两色叠合而成的。

在确定新国家的国庆纪念日时,费了一番周折。巴登大公建议,以 1 月 18 日,即威廉皇帝登基之日作为国庆节。但普鲁士方面不同意,因为那天是普鲁士第一任国王的加冕日,如果定为帝国的国庆日,将会掩盖普鲁士原有的光辉。最后采纳了新教牧师冯·博德尔施文的建议,把 9 月 2 日拿破仑三世在色当投降之日宣布为德国的国庆日。这一选择并不明智,因为这一天同德意志的政治统一并无直接的联系,而对法国却是一个羞辱,强化了德法两国之间的对抗关系。

德意志帝国在国家结构上实行复合制,即联邦制。除了法定的例外情况,帝国政府有权处理军事、外交、海关和银行立法、间接税、度量衡、货币、民法刑法等方面的重大事务,实现了德意志民族的政治统一。在这一前提下,各邦可以保有一些自治权,如教育、宗教、部分司法、征收直接税、水上运输等,南德诸邦还可以独立管理邮政和电讯,征收啤酒和烧酒消费税。此外,各邦还保有向外国派遣和接受外交使

① 德国从 962 年到 1806 年,使用的国名是 Das Heilige Römische Reich(神圣罗马帝国,其后为 Das Heilige Römische Reich Deutscher Nation,德意志民族的神圣罗马帝国),从 1871 年到 1945 年,使用的国名是 Das Deutsche Reich,国名中都使用了 Reich 一词。该词的含义比较复杂,其中包含有表示高于邦国权力的全国政权或中央政权的意思,不一定都能够译成“帝国”,但是,德意志第二帝国的国家元首称“皇帝”,应该译成“帝国”。

节的权力，尤其是巴伐利亚，直到1918年还在奥匈帝国、法国、梵蒂冈等派驻自己的外交机构。由于帝国的财政收入从一开始就不足以支付预算支出，因此不得不指望各邦分担国库开支的份额。从这一意义上讲，如果德意志帝国所属各邦的实力相等，反而会危及到帝国政府的地位。所幸的是，各邦的实力差距甚大，以致当时就有人讽刺说，德意志帝国是一个由一只大猛兽、半打狐狸和十几只耗子组成的联邦。普鲁士拥有全帝国2/3的土地和3/5的人口，当时全国4 100万人口中有2 470万居住在普鲁士，土地达到近35万平方公里。其他成员邦中，只有四个邦的人口超过100万，它们是巴伐利亚（500万）、萨克森（260万）、符腾堡（180万）和巴登（150万）。另有八个小邦，人口数均不到十万，其中最小的邦罗伊斯（老系），人口只有6.2万，土地316平方公里。帝国的一切要害部门都由普鲁士控制，宪法明文规定："联邦主席由普鲁士国王担任，称号为德意志皇帝"，"由皇帝任命的帝国宰相，有权主持联邦参议院并领导其事务"。这样，普鲁士国王同时就是德意志皇帝，普鲁士首相同时就是帝国宰相，[①]普鲁士的不少大臣同时就是帝国相关部门的国务秘书。从各邦地位平等的角度看，普鲁士邦的绝对优势地位是个不利因素，然而从巩固新生的联邦制国家的角度看，幸好普鲁士邦的实力较强，它能够以自己所拥有的财力、军队和行政机构来保证帝国的正常运转。事实上，在帝国成立的头25年中，内政政策都出自于普鲁士，最重要的法律也是由普鲁士的有关专业部负责制定的。直到90年代中期，两者的关系才倒转过来。

从政体上看，德意志帝国实行的是二元制君主立宪制，其特点是君主的行动基本上不受议会约束，政府在形式上对君主负责。根据宪法规定，帝国元首是"德意志皇帝"，由普鲁士国王担任，他拥有充分的统治权，而人民代议机构只是参与确定法案和预算的内容。他拥有的国家权力包括：任免国家官吏权，宪法规定"由皇帝任免帝国宰相……皇帝任免帝国官吏……可决定其免职"；创制法律之权，"皇帝有权签署和公布帝国法律并监督法律的实施……当联邦领域内的公共安宁受到威胁之际，皇帝可以宣布某一地区进入战争状态"；统帅军事权，除了如上所述，巴伐利亚在平时拥有相当大的军事主权外，"帝国的全部陆军组成一支统一的军队，在战时、平时均由皇帝统率……帝国舰队系在皇帝最高统帅之下的一支统一的舰队"，在军事行政方面（国防预算、军队总人数、兵员补充、装备、军队的军需和给养）的命令尚需宰相副署，而在军令指挥方面（军事计划、驻军配备、军队的组织、

① 整个德意志帝国存在期间，只有1873年和1892—1894年，帝国宰相不是由普鲁士首相兼任。

训练、纪律、动员和投入使用等），皇帝一人拥有专断权，陆海军高级军官均由皇帝任命；对外政策决定权，除了国际法上的条约，以及有关贸易、交通、关税等帝国立法的条约需要得到议会同意外，所有其他国际条约（首先是同盟条约与和约）只需皇帝一人批准，“皇帝在国际法上代表帝国，以帝国名义宣战与媾和”；召集和解散议会的权力，“皇帝有权召集、召开联邦参议院和国会会议，以及使议会延期和结束”。

宰相是帝国唯一的大臣，主持帝国政府，在行政系统拥有相当大的权力，但他“由皇帝任命”，而不是由议会推举。宰相有权在联邦参议院和国会发起辩论，提出法案。虽然从道理上讲，帝国宰相要对国会负责，然而这种负责“还没有法制化”。如果法案被否决，国会无权用投不信任票的办法迫使宰相辞职，因此这种所谓负责，是毫无意义的。由于宰相的更换完全取决于皇帝的决定和皇帝周围人的影响，因此他只对皇帝负责，其任期长短完全取决于皇帝的意愿。宰相在行政机构中拥有绝对的权力，他依靠“帝国宰相办公厅”实施统治，起初厅内不设独立的“部”，商务、财政、司法、铁道、邮政等事务都在厅内统一处理，1873 年成立铁道厅，70 年代末至 80 年代初，内政厅、司法厅、财政厅、邮政厅等部门相继成立，但这些部门的首脑不是一般意义上的大臣，仅是宰相的助手，连称呼也比较独特，为“国务秘书”。因此，只要取得皇帝的赏识，宰相便是帝国全部权力的化身。事实上，从 1871 年到 1890 年，俾斯麦一直就是这个“帝国的监护人”。

议会由两院构成。一般意义上的上议院称作“联邦参议院”（Bundesrat），根据宪法规定，它拥有较大的权力，由帝国宰相兼任主席，有权对提交给国会的法案作出决议，议决国会作出的决议。它对立法和政策拥有决定权，即未经其同意，任何法律都无效，并能对法律实施监督权。联邦参议院由加入帝国的各邦代表组成，共设 58 席，其中普鲁士占 17 席，巴伐利亚 6 席，萨克森 4 席，符腾堡 4 席，其他各邦 1—3 席不等。参议员由各邦政府指定，按照政府指示统一投票。从理论上分析，由于普鲁士拥有的席位少于总数的 1/3，因此，其他邦可以联合起来，用多数票制服它，同时，由于每项议案只要有 14 票反对，便可被否决，普鲁士单独使用自己的力量，也可阻挠修改军事法令、关税税则和帝国宪法。但在实际上，联邦参议院内，在一些重要问题上，从未出现过中等邦国联合起来反对普鲁士的事件，只是在一些次要问题上，如决定帝国最高法院的地址、从宽修改《反耶稣会士法》、讨论帝国电力税等，普鲁士曾经被多数票击败。此外，不少中小邦国还认为，强大的普鲁士是维护联邦主义和保全各成员邦相对独立地位的最好保证，如果没有普鲁士的支持，成员邦的权益可能会被帝国吞没。

一般意义上的下议院称作“国会”(Reichstag,亦译“帝国国会”或“帝国议会”),它是按照普遍、平等、直接、秘密的选举原则选出,每届任期五年。按照宪法规定,25岁以下的男子,妇女、军人和25岁以上领取贫民救济金的男子,均无选举权。在普鲁士等几个邦,甚至仍然采用三级选举制而不是平等的普选制。在选举活动中,候选人以个人名义而不是以党派名义参加竞选,这就为日后天主教中央党和社会民主党在遭受打击期间仍有党员进入国会提供了可能。名义上,议员不受所属政党的约束,但实际上,同一政党的议员们在国会活动中还是具有某种特殊关系,形成议会党团。国会作为普选的产物,与联邦参议院旨在保护各邦的利益相反,主要体现民族和国家的统一。它开会时是对外开放的,各色人等都可以进入会场旁听。议员享受豁免权,1906年以后还可领取议员津贴费。国会由皇帝召开,由皇帝宣布开幕和闭幕,皇帝在得到联邦参议院同意后,可以提前解散国会。按照宪法规定,国会也是立法机构,行使立法权,有权提出法案。然而,它未能组成代议制的政府,不能自行通过一项对政府不利的法案,因为一切法律和决议都必须取得联邦参议院和皇帝的同意方能生效。国会对政府也没有行政监督权,无权要求政府作政务报告,唯一能对政府施压的途径就是批准预算。

三、政党的涌现

在人类发展进程中,政党同议会是紧密联系在一起的。由于德国的议会制度形成较晚,它的政党也发育迟缓,政党领袖的水平既远低于英法两国的同类人物,也远低于德国在经济和文化生活方面的领袖人物。如前所述,在1848年法兰克福议会中,曾经出现过大量的政党雏形,但随着该议会的失败,这些萌芽状态的政党很快夭折。以后,除了在全国范围内出现了进步党以外,其他的党派大多是在邦国内活动的地方性政党,而且这些早期活动的集团大体上只分为“保守派”和“自由派”两大类。然而,随着1867年北德意志联邦和1871年德意志帝国的建立,全国性政党如雨后春笋般地涌现出来。尽管这些政党在组织上都较为松散,除社会民主党外,大多还没有固定的组织形式,其外在表现,一是国会中的议会党团,二是竞选活动中的地方选举委员会或选举联合会,三是反映该党观点的报纸。

以它们的政治观点划分,全国性政党从右到左的主要政党有如下述。

最右的政党为保守党(Konservative Partei)。该党是普鲁士容克地主利益的捍卫者,人数少而能量大,大部分时间以《新普鲁士报》(即《十字报》)为自己的喉舌。该党强调普鲁士主义,赞同俾斯麦吞并诸如汉诺威王国这样的行为,同时反对他1866年对奥地利表示的宽容,以及把普鲁士太多地融合在德意志帝国的大框架内。在政治上,该党重新肯定19世纪初期浪漫主义学派所提倡的关于国家是有机组织体的理论,强调君主主义原则,强调国家内部的政治细胞是有组织的团体,而不是个人。他们认为个人是国家的"臣民"而不是"公民",个人之间是不平等的,只有通过对个人的限制,才能实现真正的自由。基于此,他们甚至反对俾斯麦屈服于压力容许实施普选制。他们强调,社会的发展不是依靠革命或所谓的"进步",而是一个受历史制约的、有机性质的缓慢成长过程。在经济上,保守党人敌视工业化和机械化,强调农业的极端重要性,希望让德国长期保持为一个农业国。为此,在德国农产品出口形势较好的19世纪40—50年代,鼓吹实施自由贸易政策,而在世界谷物市场竞争加剧的70年代,转而公开拥护贸易保护主义。他们还主张恢复手工业行会组织,限制正在兴起的百货商店。在文化政策上,保守党人拥护"绝对的基督教信仰",鼓吹王权神授说,赞同国家对教会实施保护,反对推广世俗婚礼,同意由宗教当局控制的教育计划。此外,他们对内反对犹太人,致力于把犹太人从军官团、官吏和大学中排除出去,对外强调德国遭到周边国家的包围,要求组建强大的军事力量以保卫国家的生存与发展。1876年,该党在几经分裂后,改组成德意志保守党(Deutsch-Konservative Partei),基本坚持原有的政见主张,但同政府的关系大为改善,逐渐成为一个与政府关系最为密切的政党。该党在第一届国会382个议席中,获得57个席位。

自由保守党(Freikonservative Partei)曾一度是保守党的支派,后来它的独立性日益明显,德意志帝国成立后,改名为德意志国家党(Deutsche Reichspartei,亦译"德意志帝国党")。该党以《邮报》(在柏林出版)为喉舌,成立初期,政见主张与保守党非常相似,但它的力量基础,主要来自旧普鲁士以外的地方,即西里西亚和莱茵兰,以那些地方的大土地所有者和大资本家为后盾。它的成员中,包括重工业资本家克虏伯(军火)、施图姆(莱茵和萨尔地区的煤矿主和冶金厂主)、卡尔道夫(德国工业家协会的创始人)。与保守党相比,该党的普鲁士属性较轻,强调从整个帝国的角度考虑问题,提出了"祖国高于党"的口号,同时也关注工业的发展。

该党在德意志帝国成立初期,就同俾斯麦保持良好的关系,是俾斯麦铁血政策的主要支柱。其成员充任政府的大部分阁僚,被称为“真正的政府派”。该党在第一届国会中获得 37 席。

民族自由党(Nationalliberale Partei)是自由派的右翼,1867 年从进步党中分化出来,代表着信奉新教、受过教育的资产阶级和工业大资本家的利益,活动区域集中在德意志西部和南部,如巴登、符腾堡、黑森、图林根等。该党起初在政治上追求自由主义,要求组建民族的法制国家,实现公民平等、民主自由、议会政治等,但随着俾斯麦的政策逐渐显露成效,尤其是随着 1880 年党内左翼分裂出去以后,其自由主义特征日益淡化,在国内政治中拥护现存的立宪君主制,而他们要求实现民族的强权国家的主张,却越来越凸显。在这方面,他们强烈要求组建强大的军队,加强中央集权,拥护“帝国的进一步发展”和“反对独立自主主义的斗争”,鼓吹对国内波兰人和丹麦人实施“德意志化”政策,以后还鼓吹推行殖民政策。渐渐地,该党同德意志国家党一起,成为俾斯麦政府的主要支柱。该党控制的报纸,主要是在柏林出版的《民族报》和科隆出版的《科隆报》。该党在第一届国会中获得 118 席,系国会第一大党。

德意志进步党(Deutsche Fortschrittspartei)是德国国会政党中最老的一个,1861 年 6 月成立于普鲁士王国,在与俾斯麦进行宪法斗争期间,成为普鲁士议会中最强大的党。该党是自由派的左翼,也是国会中唯一的反对党。它拥护法国大革命和欧洲 1848 年革命的原则,希望德国仿效“文明国家的榜样”,成为一个充分的议会制国家。它反对军国主义,反对实施贸易保护制度,反对中央集权下的经济统制,在政治和经济方面都主张自由放任。同时,它也强烈反对社会主义,不断地同工人政党展开斗争。但是,自从 19 世纪末期弗里德里希·瑙曼(Friedrich Naumann,1860—1919)担任领导人后,该党就强调要在原有的自由主义中注入社会内容,建立与工人阶级和社会民主党联系的桥梁。瑙曼还以激进的态度要求实施政治变革,采取“英国式的君主国制度”,建立能够与德国工业化进程相匹配的立宪体制。他称德国是“穿着农业国政治服装的工业国”,认为现代的德意志国家主要靠工业部门的钱来支持,“却受着封建骑士的子孙和教士的统治”。他甚至要求自由派同信仰社会主义的无产阶级联合起来,以实现一切进步力量的团结。1884 年,该党发生变化,与民族自由党的一批左翼“退党分子”联合,组成新的“德意志自由思想党”(Deutsche Freisinnige Partei)。但是到了 1893 年,自由思想党也发生分裂,其左翼成员组成“自由思想人民党”(Freisinnige Volkspartei),右翼成员组成

“自由思想联盟”(Freisinnige Vereinigung)。1910年,形形色色的左翼自由派集团重新合并,成立“进步人民党”(Fortschrittliche Volkspartei),一直活动到1918年。反映德意志进步党观点的报纸,有《福斯报》、《法兰克福报》和《柏林日报》等。该党在第一届国会中获得46席。

此外,德国还有一个以宗教为纽结的政党——天主教中央党(Zentrum),它的前身是50年代初出现在普鲁士邦议会的一个天主教政治派别,60年代中期获得罗马教会的明确支持。该派别在参加1870年11月的普鲁士邦议会选举时,提出了有关政治和社会的教会纲领,获得57个议席。一个月后,它改组成中央党。该党参加首届帝国国会的选举,在382席中获得63席,成为仅次于民族自由党的第二大党。它的机关报是在柏林出版的《日耳曼尼亚报》。中央党作为一个宗教性质的政党,强调自己代表着一个完整的世界观,它要实现的目标,包括道德、宗教、文化、教育、体育等诸种领域,因此,其他政党所没有的剧团、体育俱乐部、歌咏团、互助组织等各种文化、社交和娱乐组织,中央党都努力去创建。自宗教改革以来,德意志土地上一直是天主教和新教并存,两者的势力不分上下,但是在普鲁士统一德国后,从全帝国的角度看,新教徒占据上风,在北德的大部分邦国内,情况同样如此。这样,中央党就容易成为反对党。但是在南部的巴伐利亚,以及东部的西里西亚、西部的莱茵兰和威斯特伐利亚,却是天主教徒占上风。不同的社会地位会导致不同的政策主张,因此,巴伐利亚的天主教徒往往组建邦级政党,成为全国天主教政党的兄弟党。这时,他们组建了巴伐利亚的爱国者党(Patroten Partei)。中央党要求维护帝国宪法的联邦制特征,反对一切中央集权主义的倾向,主张各邦在帝国内部有最大限度的独立性,强调天主教不能受制于国家。在实际的政治生活中,中央党与保守党一起,成为俾斯麦政府的反对派。而爱国者党甚至主张分离主义,要求巴伐利亚脱离德意志帝国。直至1887年,爱国者党放弃了分离主义的极端主张,正式并入中央党。

工人政党也在快速发展,并于1875年组建了统一的德国社会主义工人党。其详细情况,将在专门章节中述及。

四、巩固统一的经济措施

德意志帝国建立后,俾斯麦政府在经济方面采取了一系列措施,意在消除阻碍资本主义发展的中世纪残余,推动经济发展,巩固新生的帝国。

统一币制。1871 年,德国还有七个不同的货币区,有 33 家发行货币的银行,这些银行按照完全不同的规格印发钱币。而在实际的经济生活中,全国流通的货币有 126 种硬币、108 种银行钞票和 42 种邦国纸币。1857 年时,各主要邦国为了改变货币繁杂的现状,曾同奥地利签订过一个协定,承诺永久实行银本位制。帝国政府成立后,便着手统一币制。1871 年当年,首先规定"马克"为全德统一的货币单位,1875 年 1 月 1 日起,马克成为全国唯一的支付手段。从 1878 年起,各邦的硬币停止使用。同时,从 1875 年起,普鲁士银行改组成德意志国家银行。根据规定,该银行的职能包括:控制全国的纸币发行权;为帝国保管主要的现金储备;为整个帝国的金融业务提供方便。[①] 在这一基础上,政府对其他银行发行货币作了近乎苛刻的限制,结果,前面提到的 33 家银行中,到 1876 年已有 14 家放弃了自己的发行权,到 1897 年还有 7 家保留着发行权。更具有深远意义的步骤发生在 1873 年,这年德国的货币从银本位制改为金本位制,翌年起逐渐回收银币。当时只有英国明确地宣布实行这种制度,它从 1816 年开始采用以黄金界定货币价值的做法。从短期的好处来看,随后不久国际上爆发了巨大的白银危机,而德国由于实行了金本位制,躲过了白银危机的直接冲击。从长时段来看,不久很多重要的国家都实行了金本位制,并以这个制度为纽结,不自觉地形成了初期阶段的国际货币体系,以适应日益加强中的国际经济联系。而德国,成了加入这一体系的早期国家,仅晚于英国。

统一度量衡制度。以公尺、公升和公斤取代各邦仍在使用的各种不同的度量衡标准。

统一经济法规。70 年代上半期,政府颁布了一系列法令,包括商业法、营业自

---

① Gustav Seeber, *Deutsche Geschichte*, Band 5, *1871—1897*, Pahl-Rugenstein Verlag, Köln, 1989, S.54.

由法、民权和迁徙自由法、保护境外商业法、货币法、关税法,以及对铁路、水路、邮政、银行等事务的管理法,使统一的经济发展有了法律保证。此外,其他各种法则也得到统一。除《商法法典》早就由北德意志联邦制定,并于1865年在各邦得到实施外,1872年,《帝国刑法法典》成为全国统一的法典。翌年开始着手制定《民法法典》,于1896年获得通过,1900年1月1日起生效,一直沿用至今。1879年统一了诉讼和法院程序,一部统一的《法院组织法》扫清了地主司法权的最后残余,使司法和行政分离,并且规定了审理的程序,即从地方法院,经邦法院和邦高级法院到帝国法院,澄清了各级法院的管辖权和审理原则。1879年在莱比锡建立帝国法院,确立了对外的帝国司法权。

统一铁路管理。70年代起,德国铁路发展的速度很快,但管理系统却非常复杂,有帝国铁路线、邦国铁路线、私营铁路线、私人所有邦国经营铁路线、邦国所有私人经营铁路线等。70年代后期,俄国谷物经由德国东部的铁路廉价输入,1875年至1877年由100万吨猛增至200万吨,对德国的粮食市场形成严重的冲击。同时,俄法关系日益密切,使德国铁路的战略意义逐渐突显。为了利用德国有利的地理位置吸引欧洲的过境贸易,俾斯麦政府采取了两项措施以加强铁路运输管理:一是创立"帝国铁路局",协调各所属系统铁路的建设、装备和营运;二是通过国家购买,扩大国有铁路的比重,1879年购买了5 000多公里。以后的政府继续这一做法,到1909年,又购买了3.7万公里。

建立统一的邮政系统。在这方面作出突出贡献的是1871年担任帝国邮政总局局长、1880年担任帝国邮电部国务秘书的施特凡。1876年,各邦的电报系统在帝国邮政总局之下合并起来。由于国家集中掌握邮电建设大权,德国邮电事业得到飞速发展,远远走在世界的前列。到1912年,德国的电话线里程数是法国的将近三倍,单线达到五倍,电话设备超过法国四倍,德国人在电话上的交谈相当于法国人的七倍。①

适时调整外贸政策。帝国成立时,全国经济正处于强劲的增长期,所以基本上延续北德联邦的做法,推行自由贸易政策。1865年取消谷物税,1873年废除铁、造船材料及其他若干原料的关税,1877年取消铁制品关税。1873年,德国工业遭遇到生产过剩的危机,本土产品受到北美等地进口的廉价农产品的激烈竞争。货币市场也为过度的投机所困扰,维也纳股票交易所陷入崩溃,很快波及到德国。据

① 克拉潘:《1871—1914年法国和德国的经济发展》,商务印书馆1965年版,第420、433—435页。

1875 年的统计材料,556 家股份公司股票的价值,由 1872 年底的 67.7 亿马克降到 1874 年底的 44.25 亿马克。在这种情况下,农场主和工业家们开始向政府呼吁,要求结束自由贸易政策,实施保护性关税。1873 年 11 月,莱茵兰和威斯特伐利亚地区的企业家成立名为“德国钢铁工业家联合会”的组织,要求停止削减关税,并加大铁路修筑的力度。该组织成立不久,规模迅速扩大,很快成为全国性的游说集团,并得到另一个团体的支持。该团体名叫“保护莱茵兰和威斯特伐利亚经济利益协会”,宗旨是保护本土的经济利益,因名字太长,被人们简称为“长名字协会”。1876 年,“长名字协会”的秘书长亨利·阿克塞尔·比尔克又成为“德国工业家总协会”的会长,把原本就鼓吹贸易保护主义的组织进一步纳入游说和压力集团之中。俾斯麦政府敏锐地看到,如果再推行自由贸易政策,将给各大工业国在德国倾销商品提供有利条件,对基础薄弱的德国工业是个巨大的冲击。1878 年 12 月,政府向国会提交议案,要求实行关税改革,对粮食和工业品征收高额进口税。1879 年 7 月,国会以 217 票对 117 票通过《保护关税法》。以后还不断制定新的关税法则,持续提高税率。1880 年时,每吨小麦、裸麦或燕麦征收 10 马克进口税,1890 年提高至 50 马克。工业品方面的征税原则为,进口的原料免税,制造过程中处于第一阶段的物品(半成品)低税,以后各加工阶段的物品(成品)分类征税。以棉纺织品为例,棉花免税,棉纱低税,棉布高税(税率达 50%)。

俾斯麦以他的《谷物法》和《保护关税法》维护了容克地主和工业资本家的利益,极大地稳固了政府的统治基础。1879 年以后,大地主和大工业家都全力支持他。所以有人说,现在俾斯麦“不用过去的‘铁和血’的口号了;宰相政治生涯的最后十年打的是‘铁和谷’这一不那么激烈的旗号。”

五、自然科学的发展

德意志的自然科学在 16 世纪中叶曾经达到相当的高度。著名医学家菲立克斯·白拉特和安德烈·维沙尔在世界上首次作了人体解剖,为研究病理医学开创了新路。而天文学家开普勒(Johannes Kepler,1571—1630)则是具有世界影响的卓越科学家。

开普勒于1571年生于符腾堡斯图加特附近维伊尔镇的一个贵族之家，但自父辈起家道中落。其父亲在从军多年后回到家乡开了一家酒铺，常常酗酒赌博。开普勒是个早产儿，从小体质虚弱，五岁时得了天花，给他留下满脸的麻子，接着患上猩红热，不仅损害了视力，还让他留下一双残疾的手和陪伴终生的胃病。然而令人惊奇的是，开普勒拥有超人的毅力和智慧，学习成绩优异。符腾堡公爵想把他培养成牧师，送他到拉丁语学校，13岁时又进修道院学习。他在蒂宾根大学研读数学和天文学，受哥白尼"日心地动说"影响颇深，决心投入全部精力研究天文学。

开普勒大学毕业后，在艰苦的生活条件下刻苦钻研，先后提出了著名的关于天文学的三条定律。他喜作遐想，常对天体运动作出假设。在他之前，所有的天文学家都认为行星作的是匀速圆周运动，但不管开普勒用什么方法计算，结果却总是同恩师留给他的观测数据不符。他在几年里作了70次假设，经过无数次的失败，到1604年终于发现，火星的运行轨道不是圆的而是椭圆形的。由此他得出了"所有的行星分别在椭圆形的轨道上绕太阳运行，太阳位于这些椭圆的一个焦点上"的结论。这就是后人所称的"开普勒第一定律"。1609年，开普勒又提出，行星运行的速度是不均匀的，当它离太阳较近时运行较快，反之就较慢，但不论从近远距离点出发，由太阳中心到行星中心之间的连线在相等的时间内，扫过的面积是相等的。这被后人称为"开普勒第二定律"。十年后，开普勒发表了又一本著作《宇宙的谐和》，提出新的科学论断：各行星绕太阳公转运动的周期的平方与它们椭圆轨道半径的立方成正比。这就是"开普勒第三定律"，又因其发表的书名，被称为"谐和定律"，开普勒在这里把行星的公转运动的速度都视作一种和谐。开普勒的三大定律为牛顿发现万有引力定律打下了基础。

除此之外，开普勒对光学也有重大贡献。他在前人的基础上，揭示了视网膜的作用，指出近视和远视的原因。矫正视力的眼镜虽然在13世纪即已发明，只是到开普勒才解释了凹凸镜片的作用。伽利略曾发明倍数很大的望远镜，由于以凹透镜作目镜，视场面较小。开普勒研究了望远镜的原理，改进了折射望远镜，以凸透镜作目镜，效果更佳。在几何学上，他创造了求体积和面积的新方法。在天体方面，他最先宣布大气有重量，确证潮汐与月球活动有联系，宣布地球以外还有行星，晚年编制行星表，此表直到18世纪中叶仍被天文学家视作标准行星表。

但是在近代早期，德意志对世界的贡献主要表现在音乐、哲学和人文学科等方面，在自然科学方面明显落后于英国甚至法国。直到进入19世纪，才略有起步。1838—1839年，施莱登（Matthias Jakob Schleiden，1804—1881）和施旺（Theodor

Schwann，1810—1882）先后在细胞学说方面作出巨大贡献，前者发表了《植物发生论》一书，说明植物体各部分均由细胞或细胞衍生物组成，从而首次提出一条生物学原则，后者发表了《关于动植物的结构和生长的一致性的显微研究》一书，把细胞理论扩展到动物中，并提出了胚胎学的基本原理。19 世纪中期，赫姆霍茨（Hermann von Helmholtz，1821—1894）对能量守恒和转化定律作了数学表达，为进一步发展电动力学和热力学作了很多极其重要的研究。

德意志帝国建立后，德国的自然科学研究出现了前所未有的繁荣局面，取得了一系列著名的成果，这些对德国上升为经济大国具有决定性的意义。在第一次世界大战前的 14 年里，全世界有 42 名学者获得诺贝尔奖，其中 14 名为德国学者。帝国时期德国的自然科学成果主要表现在物理学、化学、医学等领域。

在物理学领域，以伦琴、普朗克和爱因斯坦为代表的德国物理学家创造了举世瞩目的辉煌成就。

伦琴（Wilhelm Röntgen，1845—1923）曾在斯特拉斯堡大学、吉森大学、维尔茨堡大学和慕尼黑大学任物理学教授。1895 年，当他进行阴极射线管中电流的实验时，观察到附近的一块氰亚铂酸钡随之发光。他据此建立理论：当阴极射线（电子）撞击管的玻璃壁时，形成了某种未知的辐射，穿过室内，照射该化学品而引起荧光。以后经过反复试验，发现这种辐射能影响照相底片，而纸张、木材和铝并不能阻挡这种辐射。由于这种辐射不太明显地表现出光的特性，如反射和折射，因此错误地认定它与光无关，被称为 X 辐射，或“伦琴辐射”。X 射线的发现震动了整个物理学界，揭开了 20 世纪物理学革命的序幕。

普朗克（Max Planck，1858—1947）21 岁时即获得物理学博士学位，先后在慕尼黑大学、基尔大学和柏林大学任教，晚年担任普鲁士科学院院士和该院数学和自然科学部终身理事。他是量子理论的开创者和奠基人。从 1894 年起，他把注意力转向当时物理学界正在热衷的黑体辐射问题，在悉心研究后发现，在某些放射作用的过程中，原有的经典物理学已无法作出透彻的解释。1900 年底，他发表了著名论文《关于正常光谱的能量分布定律的理论》，宣告了量子论的诞生。根据普朗克的理论，能量并非以连续的形式存在，而是以个别“小包”的形式存在，这些不连续的“小包”被称为能量子或量子。量子是大小不一的，它们随着各量子的放射频率的不同而变化，量子的大小与频率之间的比例常数可以用一个常数来代表。普朗克关于能量不能连续的思想引入物理学后，经典物理学所碰到的许多疑难问题就能得到解答。

普朗克的量子理论起初并没有受到同行的重视,1905 年,一位在瑞士工作的无名小辈在接受量子概念的基础上继续前进,作出了更大的贡献,此人就是后来闻名全球的爱因斯坦。爱因斯坦(Albert Einstein,1879—1955)出生在德国乌尔姆镇一个犹太人家庭,父亲是小工厂主,经营不善,母亲爱好音乐。爱因斯坦早年在慕尼黑上中学,喜爱音乐,曾是一名熟练的小提琴手。1896 年进入瑞士苏黎世联邦工业大学求学,成绩优异,但不被留用,只得应聘到伯尔尼专利局任审查员。1905 年,26 岁的他通过自己的刻苦钻研,发表了题为《分子尺度的新测定》的论文,该论文不仅使他取得了苏黎世大学的博士学位,还为他的新理论体系开通了道路。此后不久,他接连发表了四篇重要论文,提出了“狭义相对论”。以后又花了整整十年时间,进行更深入的研究,其间,他于 1914 年受到邀请,前往柏林的普鲁士科学院任职。1916 年,他完整地提出“广义相对论”,该理论被人们称作 20 世纪理论物理研究的巅峰。相对论和量子理论一起,成为现代物理学最重要的理论基础。

在物理学方面作出重要贡献的德国科学家还包括:赫兹(Heinrich Rudolf Hertz,1857—1894),他发现了电磁波,从而使人类迈入了利用无线电通讯的时代;威廉·韦恩,因其放射能的最新理论而获得 1911 年诺贝尔奖,成为核能的先驱;马克斯·冯·劳厄,因发现结晶体干扰量定 X 光波长而获得 1914 年诺贝尔奖;约翰内斯·施塔克,首先实际运用原子放射理论的物理学家,1919 年获诺贝尔奖。

在化学领域,整个 19 世纪似乎成了德国人的世纪。1828 年,维勒(Friedrich Wöhler,1800—1882)首先以无机物人工合成了有机物——尿素,打破了只有靠动植物有机体中的生命力才能制造出有机物的成论。1840 年,李比希(Justus von Liebig,1803—1873)在俄国学者门捷列夫“元素周期表”的基础上继续探索,发表了经典著作《有机化学在农业中的应用》,提出植物生长主要依靠氮、磷、钾三种基本元素的看法,从而科学地说明了施肥的道理,被誉为“有机化学之父”。此外,他对有机化学的早期系统分类、生物化学、化学教育及农业化学的基本原理都作出过重大贡献。李比希的学生凯库勒(Kekule von Stradonitz,1829—1896)提出了“苯理论”,奠定了原子价理论的基础。在发现这一理论的过程中,有一个传说,称 1865 年的一个晚上,凯库勒梦见苯分子像一条蛇咬着尾巴旋转,他从这一幻象中产生了六个碳原子苯环的概念,完全符合当时已知的有机化学事实。进入 20 世纪后,德国科学家们更显示出在化学方面的杰出才能和开拓精神,这从他们摘取的诺贝尔化学奖桂冠的数目上可以看出。阿道夫·冯·拜耳尔由于发现了现代染色工业三大基本染素分子结构而获得 1905 年诺贝尔化学奖;爱德华·波赫纳因证明酒类发酵的主因是酵母中所含不同酵素作用所致,获得 1907 年的奖项;理查德 · 韦尔施塔特因研究叶绿素的化学结构,证明镁原子等的存在而获得 1915 年的奖项。此外,在化学领域中作出开拓性贡献而获奖的德国化学家还有奥托 · 瓦拉赫(1910 年)等人。①

在医学领域,德国科学家也作出了举世瞩目的开拓性成就。柯赫(Robert Koch,1843—1910)是世界病原学的奠基人和开拓者,1876 年宣布并图示了炭疽菌的生活周期,首次证明了某种微生物与相应疾病的确切因果关系。1880 年他建立了一个细菌研究室,在同事们的协助下,发明了用固体培基培养纯菌种的新方法,并通过改进染色体发现了结核菌,认为该菌是引起各型结核病的原因。十年后他又发现了结核菌素。1905 年他因结核病研究工作获得诺贝尔生理学奖及医学奖。另一位细菌学家贝林(Emil von Behring,1854—1917)因研制出抗白喉血清、抗破伤风血清和防结核病疫苗而获得 1901 年的奖项。现代化学疗法的奠基人埃尔利希(Paul Ehrlich,1854—1915)因发明了治疗梅毒的药物“606”(胂凡纳明)而获得 1908 年的奖项。此外,卡尔 · 路德维希 · 施莱希还发明了渗透麻醉的局部麻醉法。

六、经济腾飞

统一后的德国,迅速跨入通向世界强国之路,出现了历史上令人惊异的经济转变。它仅用大约 30 年的时间,经历了英国用 100 余年才完成的工业革命,把一个以农业为主的国家转变为以工业为主的国家,从一个“诗人和思想家”的民族转变为以工艺技巧、金融和工业组织以及物质进步为显著特征的民族。在工业革命早期,德意志的工业明显地落后于其他大国,在相当一段时间里,在产品上打上“德国制造”的字样是英国方面的要求,意在提醒人们注意这可能是低档产品。② 然而经过统一后的腾飞,德国以迅不可挡之势跃入西方强国的前列,成为欧洲列强之

① 吴友法、黄正柏主编:《德国资本主义发展史》,武汉大学出版社 2000 年版,第 180 页。

② 当时,英国向世界提供日常消费品,法国提供精致奢侈品,德国商人只能经营乡村家庭作坊生产的小宗商品,质量得不到保证。

冠。非但德意志民族的生存问题得到解决，还在世人面前竖立起追求卓越、精于制造的形象。“德国制造”从此成了制作精巧、质量优良的标志。

从统计数据来看，这一时期德国的工农业比例和轻重工业比例发生了根本性的变化，从农业国转变成工业国，从以轻工业为主转变成以重工业为主。其经济增长速度远远超过英法等国，仅次于美国。就工业生产而言，德国在 1874 年已超过法国，1895 年又超过英国。在整个经济发展中，最引人注目的是包括煤钢、电力、化学工业在内的新兴产业。

1836 年的克虏伯工厂

德国腾飞正处于第二次工业革命时期，煤钢等“大烟囱工业”是国家腾飞的基础与标志。德国在煤炭开采上，一改往日的人工挖掘，对于储量丰富的褐煤，采用炸药炸开、机器压碎、然后用火车运出的新方法，成效巨大。德国的煤产量很快从 1875 年的不足 5 000 万吨猛增到 1890 年的 9 000 多万吨，远超法国，稳居欧洲第二位。煤和铁的结合产生了欧洲最强大的钢铁工业。尤其是 1879 年德国人大胆引进英国人发明的可从褐铁矿中将磷脱去的“托马斯冶炼法”后，德国的制铁炼钢业有了新的飞跃，1900 年即居欧洲之冠，成为仅次于美国的世界第二大产钢国。凯恩斯在评述德国迅速发展钢铁生产的意义时指出：“德意志帝国与其说是建立在血与铁之上，不如说是建立在煤和铁之上更真实些。”

19 世纪 70 年代正是资本主义向垄断阶段过渡的时期，在第二次工业革命的

1912年的克虏伯工厂

推动下，企业规模急剧扩大。德国作为一个后起的国家，这方面的特色更加明显。在煤钢领域，除克虏伯公司外，蒂森公司也声名显赫。该公司的创始人奥古斯特·蒂森（August Thyssen，1842—1926）早年贫穷，年近30岁时勉强积累了2万马克，购买了一部轧钢机，于1871年在鲁尔地区创办了奥古斯特·蒂森钢铁公司。趁着第二次工业革命的浪潮，蒂森走上了发家之路。到第一次世界大战前夕，他的企业雇有工人5万名，年产100万吨钢铁，同时是德国最大的煤炭经营者。他拥有自己的铁路、船只和码头，财产遍及德、法、比、荷，甚至印度、俄国、南美等地，被人们称为"鲁尔区之王"、"鲁尔区的洛克菲勒"。

电能的使用，电力工业的兴起，是第二次工业革命的标志之一，也是德国发展的一大亮点。经过数十年的发展，到1910年，德国已拥有195家电气公司，资本总额达12亿马克。随之而来的是德国在照明、车辆、电讯和工厂生产等领域都采用了电力。德国电气工业的奠基人当数西门子（Werner von Siemens，1816—1892）和拉特瑙（Emil Rathenau，1838—1915）。西门子的特点是较早就把科学研究、应用与营销结合起来。他在任炮兵军官时就醉心于电力研究，退役后同他人合作创办了一个"电报机械所"。1866年他制成世界上第一架大功率直流电机，完成了把机械能转化为电能的发明，从而开始了19世纪晚期的"强电"技术时代。1879年他又发明了电动机，即把电能再转化成机械能，两年后在柏林建造了第一条有轨电车线路。西门子公司的另一特点是保留传统的手艺人气质，反对投机取巧。他曾骄傲地宣布:“我们不是商人。”其经营方针是尽可能生产出最好的产品,加以宣传,然后等待买主。拉特瑙在旅美回国时带回了爱迪生的电灯制造专利权,并于1883年创办了德国爱迪生公司。1887年,该公司又改称“德国通用电气公司”,使用的策略是扩大民众的电器消费,以此拓展市场。1903年,拉特瑙与西门子一起,创办了“无线电器材公司”,该公司亦译“德律风根公司”。

德国的化学工业更是异军突起,明显领先于其他国家。它包括化学肥料、合成染料、合成纤维和摄影器材,尤以化肥和染料最为著名。前述李比希的研究成果,为德国的化肥工业开辟了道路,氯肥、磷肥的生产开始发展起来。早在1856年,英国化学家珀尔金利用煤焦油合成了一种苯胺染料,但由于英国可以从广大的殖民地获得天然的植物染料,对发展人造染料并不热衷。李比希的学生威廉·霍夫曼当时在伦敦皇家化学学院任教,珀尔金是其学生和助手。霍夫曼回国后,继续从事化学染料的研究,为德国的染料工业奠定了基础。德国第一家染料厂弗里德里希—拜耳公司染料厂,90年代已成为举世闻名的企业。德国生产的士林蓝、酸性猩红染料等,曾经是世人的钟爱物。1877年德国占了世界合成染料产量的一半左右,1913年更上升到87%。染料的使用范围也随之扩大,被纺织、皮革、油漆、毛皮、造纸、印刷等工业广泛采用。

工业的飞速进步推动了交通运输业的发展。在前述早期铁路发展的基础上,70年代初全国出现了修筑铁路的热潮,到80年代形成了铁路网,铁路长度在中欧与西欧都首屈一指。从1879年起,俾斯麦开始实行铁路国有化,到第一次世界大战前夕,所有的铁路都组合成“德国国家铁路”。在汽车方面,1876年德国热机工程师奥托(Nikolaus August Otto,1832—1891)研制成功第一台以煤气为燃料的四冲程内燃机,1883年戴姆勒(Gottlieb Daimler,1834—1900)制成汽油内燃机,两年后本茨(Carl Friedrich Benz,1844—1929)和戴姆勒分别将内燃机用于驱动车辆,并率先生产出作为商品出售的汽车。德国的“奔驰牌”汽车和美国的“福特牌”汽车共同开创了人类的“汽车时代”。1897年,德国工程师狄塞尔(Rudolf Diesel,1858—1913)发明了柴油内燃机,进一步扩大了汽车的种类。

这段时期德国农业也有了较快发展,各种麦类的年产量分别提高60%—93%,牛、马的头数增加约1/3,生猪饲养量增加2倍。但是随着人们生活水平的提高,对食品的需求不断增长,快速发展的工业化也增加了对原料的需求,因此,包括小麦、油脂、棉花在内的不少农产品,仍然需要从国外进口。

为什么德国统一后会出现经济腾飞的局面?

德国的政治统一，以及帝国政府巩固统一的各种措施，改变了德国长期分裂割据的局面，为经济发展奠定了坚实的基础。

1871年对法战争的胜利，使德国获得50亿法郎的赔款，推动国内证券市场活跃，形成了一股创办企业的热潮。尤其是从法国割取阿尔萨斯—洛林，使德国增加了150万人口和丰富的铁矿资源，洛林的铁矿同鲁尔的煤田相结合，构成了德国工业发展的重要基地。

后起的国家在发展进程中，既有不利因素，也有有利因素。不利的是，世界市场和世界外交舞台已经被强势大国占据，后起的国家作为"挑战者"，时时受到挤压。有利的是，它能够发挥自己的"后发优势"，实现赶超的目标。就当时德国来说，由于起步已晚，整个民族都有一种紧迫感，希望奋起直追，重拾往日的荣耀，避免被国际社会抛弃。这种民族热情可以为经济发展提供良好的精神动力。其次，后起的国家拥有可供模仿的榜样，它既可以从事原创性的研究，也可以在模仿的基础上作进一步改进，以较低的成本换得较高的效益。不少人认为，德国人中第一流的发明家并不多，然而擅长于模仿并改进者却不少。早在工业革命早期，各邦政府就支持官员、工厂主和建筑师以私人身份出国，从事学习、采购机器或设计图、招聘专家等事宜。大量的冶金厂主和经理到了英国，以后又前往美国，先后把两国的先进技术学到手。蒂森在创办钢铁厂以前，就遵从父命，连同经理一起到美国"旅行"，学习美国的技术。他们用一种典型的德国式的彻底精神和系统利用的态度来对待他人成就，把它们加以吸收改造，为己所用。再次，德国统一时，资本主义已经开始进入垄断阶段，银行在经济生活中的地位发生很大变化，银行资本与工业资本更加紧密地结合起来。而德国银行本来就具有自己的特点，其中最主要的，就是"生产信贷"业务超过"货币信贷"业务，它们把商业银行、投资银行和投资托拉斯融为一体，直接参加组建工业公司，向它们提供巨额贷款，并直接参与它们的经营管理。这类银行中比较著名的有德意志银行、达姆施塔特银行、柏林商业银行、德雷斯德纳银行等。这一特点在新形势下成为推动国家发展的强劲动力。在银行资本的大力推动下，德国经济获得长足发展，如采煤业，以前曾苦于资金短缺，在金融业的参与下，19世纪70—80年代获得蓬勃发展。

德意志民族的特性，如重秩序、守纪律、有责任感、强调合作精神等，同第二次工业革命的内在要求相吻合，在发展大企业的浪潮中成为重要的助力。大生产需要加强协作，尤其是诸如钢铁厂之类的大型工厂，更需要环环相扣。在鲁尔区的炼钢厂和轧钢厂内，企业主对劳动纪律作了严格规定，工人在工厂里像服兵役一样服从企业主的命令。政府以克虏伯工厂的劳动规则为蓝本,制定出1872年的工厂总规章,成为同帝国宪法相平行的企业宪法。另一方面,各个行业的工人们出于责任心,也能够自觉地生产出合格、精细、价廉物美的产品。第二次工业革命还推动企业之间实现联合,组建卡特尔、康采恩等垄断组织。德国人的团队精神得到充分发挥,德国成为卡特尔的典型国家。到1900年,几乎所有的企业都加入了卡特尔,局外企业已很难维持下去。①

德意志邦国普遍具有国家干预的传统,德国统一后,帝国政府继续发扬这一特色,在经济发展中充分发挥主观能动性。为了推动新产品的普及,政府曾经在斯图加特和卡尔斯鲁厄成立了具有博览会性质的"样品储藏室",以后又在慕尼黑建立了"德国自然科学和技术杰出成就博物馆",受到全国普遍欢迎。为了鼓励创新,保护发明者的利益,1877年颁布了《帝国专利法》,成立了帝国专利局。在推动科学研究的潮流中,1886年设立了资助科研的政府基金,以后又成立了基金会,帝国宰相俾斯麦甚至从他70大寿时国民捐赠的250万马克中拿出120万作为学位津贴。在外贸政策方面,帝国政府根据国内外形势的变化,及时在自由贸易政策和保护关税政策之间作出调整,以保护本国经济的发展。德国统一之初,政府仍然延续原有的自由贸易政策,对大多数进口商品包括钢铁、煤、农产品等,给予免税待遇。19世纪70年代末,在经济危机的打击下,市场形势变得严峻,英国的低价钢铁开始侵蚀德国市场,美国的农产品也沿着新建的铁路线从大西洋沿岸涌向欧洲各国,除了英国外,其他欧洲国家纷纷放弃自由贸易政策,推行保护关税。1879年,帝国政府颁布新的关税法,开始实施贸易保护主义,全面提高工农业产品的进口关税。结果是进口减少,出口增加,德国工业日见繁荣,同时随着市场商品价格的提升,企业盈利增加,实力上升。19—20世纪转换之际,德国工业已经高度发展,而粮食短缺现象开始出现,政府又及时调整政策,开始实施比较灵活的外贸政策,一般工业品仍维持高关税,但降低农业进口税,对本国不能生产的原料实行进口免税,对半制成品的进口征收低税,所征税额以不妨碍其再度出口为度。同时通过各种双边协定,与其他国家商订协议税则,实行互让互惠。

德意志民族较早就重视教育,19世纪初普鲁士实施改革时,教育改革就是其中的内容之一,俾斯麦曾经把普法战争的胜利归功于小学教师。有位美国人在访

① 当时德国有各种不同类型的卡特尔,例如调节销售条件的卡特尔,调节价格的卡特尔,限制生产或供应的卡特尔,管理某一部门整个国内市场的卡特尔,以及对外贸易卡特尔。参加卡特尔的企业各自保留独立的法人地位。

德后感慨地说:“德国最大的本钱是智力”。第二次工业革命前,德国的高等教育侧重于精英教育,只有高级文科中学的毕业生才能进入大学深造。在第二次工业革命推动下,政府开始重视职业技术教育,大力开办职业学校、实科学校、工业学院和商业高等学校,以培养高层次的企业家、科技人员和有知识的熟练工人,同时废除惯例,允许实科中学的毕业生进入高等院校深造。与此相对应,德国的工业企业雇用了较多的科学家和工程师。据统计,1896 年,美国受过高等教育的化学家同工人的比例是 1∶170,德国是 1∶40,有机化学领域中更是高达 1∶27。1900 年,六家最大的德国化学公司雇用了 650 余名训练有素的科学家,而英国化学工业雇用的科学家只有三四十人。① 由于综合性大学还是以从事基础理论研究为主,政府就直接出面组建各种科研机构,其中包括国立物理研究所、国立化工研究所、国立机械研究所等。一些大公司也组建自己的研究机构,如克虏伯公司先后组建过两个实验室,分别研究钢的性能和钢的生产,第二个实验室以后发展成为化学物理研究所,进入 20 世纪后又发展成几个克虏伯研究院,并于 1912 年成功地研制出不锈钢。

七、“文化斗争”

自宗教改革以来,德意志土地上一直呈现天主教和新教两股力量势均力敌的局面,天主教徒和新教徒的人数几乎相等,然而,德意志帝国成立后,随着奥地利被排除在外,天主教徒在国内成了少数派,主要集中在南部的巴伐利亚、东部的西里西亚和西部的莱茵区及威斯特伐利亚等地。

随着欧洲各国现代化进程的发展,天主教面临着多重挑战。科学技术的进步,推动人们重新审视宗教观念,对宗教的基础产生怀疑;世俗化的加强,将不少民众的关注点从来世转向现世;民族主义的兴起、民族国家的形成和强化,对本质上具有世界性的天主教会构成强大的冲击,如果说新教教会能以民族教会的形式顺应

① 卡尔·艾利希·博恩:《德意志史》第三卷:从法国大革命到第一次世界大战,商务印书馆 1991 年版,下册,第 618 页;科佩尔·S.平森:《德国近现代史》,商务印书馆 1987 年版,第 312 页。

这一潮流的话，以罗马教廷为最高领导机构的天主教会就难以办到这一点。根据天主教的政治理论，现世的短暂生存必须服从于来世的超自然目标，因此，国家并不是神圣的，它本身并不是目的，而必须为道德秩序服务。该理论强调，上帝是一切国家权力的始源，他对国家权力有所限制，例如，国家权力不能侵犯个人权利、私人财产的权利和家庭的权利；同样教会也是独立于国家权力的，国家有责任帮助教会在自己的范围内行使其权利。

然而，作为生活在一个具体国家的天主教徒，他们是有祖国的，面临人们的怀疑，还常常会表现出更加炽烈的爱国主义精神，来表明自己同样忠诚于民族国家。在 1848 年法兰克福国民议会的辩论中，天主教历史学家伊格纳茨·德林格尔曾经针对关于天主教会是"国中之国"的指责作了辩驳。他说，教士们"同所有其他人一样，都希望被当作德国公民，来承担同样的责任，同样的公民义务，只要这种义务与他们全体的身份相称"。他还指出了中世纪教会与现代国家中教会作用之间的区别："远在若干世纪以前，由于当时各族人民、其整个意识和生活与宗教和教会完整地联系在一起，教会部分地获得了优越于世俗权力的地位。这种早期的关系已经一去不复返了。任何人如果想在教会的自治地位中看出回复到中世纪教会凌驾于君主和人民之上的局面的危险性，他就必须准备以同样的权利看到存在于 11 世纪的封建国家的复活。"①

在 19 世纪，德国天主教的具体政治要求涉及三个方面：反对中央集权，鼓吹实行联邦制，实际上是希望通过天主教占优势的各邦向全国政府施加更大的影响；主张宗教组织应该独立于国家，实行自治，反对世俗婚礼；要求开办天主教学校，保持教会对教育的控制。

天主教也关心由工业化、都市化和机械化所引起的社会和经济问题，它的社会理论家是以自由资本主义的坦率批评者的面目出现的，这既导源于他们追怀资本主义社会以前的时光，也因他们坚守自己的宗教伦理。他们攻击资本主义经济未能给产业工人提供免受剥削的保护，并因忽视精神生活而引起家庭退化和宗教意识淡薄。在这方面，德国天主教会有两个重要人物，即科尔平和克特莱尔，他们为推行社会政策作出了不懈努力。

科尔平（Adolf Kolping，1813—1865）出生在科隆，家庭贫困，但经过努力，于 32 岁时成为莱茵兰埃尔伯费尔德的神父。他特别关心学徒和雇工的命运，经常思考

---

① L.Bergsträsser, *Geschichte der Reichsverfassung*, Tübingen, 1941, S.111.

如何改善他们的经济状况。他认为,改进职业教育能使工人在工业发展中改善地位。为此目的,他着手组织雇工协会,协会由18—25岁的未婚雇工组成,推选一名神父作为会长。会长的职责,一是布道,二是组织实施教育计划。会员们集体居住在活动中心里,接受诸如速记、簿记、外语等职业教育,在较大的活动中心,也有设计和金工车间技术等课程。当会员外出旅行时,可以在其他的活动中心里吃晚饭、住宿和吃早饭。科尔平是德国天主教青年组织的精神鼻祖。

冯·克特莱尔(Wilhelm Emanuel von Kettler,1811—1877)是德国天主教社会运动的创始人,其影响超出了国界,被教皇利奥十三世称为“伟大的前辈”。他出身于威斯特伐利亚一个古老的贵族家庭,33岁成为神父,39岁起担任美因茨主教。1848年,他被选入法兰克福国民议会,期间以《现今巨大的社会问题》为题,连续在法兰克福讲道六次,阐述自己的理论。他宣称,天主教会不承认无限的财产权利,个人获得的财产应该有助于增进公共福利,否则,“财产即盗窃”这句口号就含有部分真理。他表示,为了消除社会的苦痛,“只给少数穷人提供更多衣食,打发我们的仆人多带几元钱到济贫委员会去是不够的。这只是我们工作中极小的一部分。我们必须填平社会中巨大的鸿沟,消除贫富之间根深蒂固的敌对……我们必须极其深入地研究穷人和贫穷问题;我们必须研究他们的处境和他们贫困的原因”。[1] 为此,他所提出的解决社会问题的方案包括:为失去劳动能力的人建立慈善机构;传播基督教教义,使工人接触基督教文化;组织和支持基督教工会;成立工人生产合作社。他原先反对扩大国家权力,自1869年起,转而更多地指望依靠国家帮助和国家立法来减轻资本主义的罪恶。

在这些努力的基础上,天主教中央党于1877年正式提出社会改革方案,要求:保证工人在星期天得到休息;订立师徒关系规章,鼓励成立劳资协会;实施工厂立法;实施童工法;订立女工规章;成立包括工人代表在内的仲裁法庭;订立允许在工厂吃饭喝酒的规章。[2]

然而,作为世界各国天主教会最高机构的罗马教廷,却固守传统,反对变革。1864年,教皇发布通谕,将19世纪初天主教自由主义神学家提出的,允许在坚持正统信仰的前提下实施结社、出版和学术探讨自由的主张定为“异端”。以后,又将主张抛弃经院哲学权威观点、运用现代各科知识重新阐述传统教义的天主教现

---

① 科佩尔·S.平森:《德国近现代史》,商务印书馆1987年版,第252—253页。

② 科佩尔·S.平森:《德国近现代史》,商务印书馆1987年版,第255页。

代主义者，也定为“异端”。1864年，教皇庇护九世公布《谬说汇编》，把一切反对教皇统治的学说、现代观点和学说，以及马克思主义和其他各种社会主义学说都列为“谬说”，宣布坚决拒绝“同进步、自由主义及现代文化”进行和解。1869—1870年，教皇召开第一次梵蒂冈公会议，谴责唯理论和自由主义思想，号召抵制共产主义，并且明确说明了两点教义，一是教廷拥有领先地位，二是“教皇永无谬误”，即教皇自其宗座就信仰和伦理问题正式发表的言论不会发生错误。

事前，德国的主教们曾经反对“教皇永无谬误”这一教义，但在教廷的正式公告宣布后，绝大多数人都表示服从，只有一小部分后来自称是“老天主教徒”的人反对。另外，不少天主教徒把普鲁士统一德国看作是新教对天主教的胜利，担心帝国政权的集中和加强会削弱天主教会的政治影响，因此采取各种手法实施消极抵制。早在北德意志联邦成立的时候，各教会报纸就唱反调，俾斯麦曾经一针见血地指出：“调节这种音调的音叉应该到罗马去寻找。”巴伐利亚宪法中关于定居和结婚的条款公然与帝国宪法不同，它规定，巴伐利亚国民在普鲁士或萨克森结婚，如果没有得到巴伐利亚邦君的批准，将来他的婚生子女在巴伐利亚邦内将被视作私生子女。天主教中央党成立后，巴伐利亚、符腾堡、巴登等地的分离主义者，以及波兰和阿尔萨斯的天主教徒，都聚集在该党周围，对帝国政府作梗。在1871年的国会选举中，中央党获得大胜，赢得63个议席，成了仅次于民族自由党的第二大党。在随后召开的国会会议上，该党提出了俾斯麦极为反感的两项动议，一是要求把普鲁士宪法中保证宗教团体对国家保持独立的条款植入帝国宪法，二是要求俾斯麦设法恢复教皇的世俗权力，这一权力在法国警卫部队撤出梵蒂冈后已被意大利政府剥夺。1871年12月，巴伐利亚教士在布道时公开攻击俾斯麦的政策。天主教青年运动成员库尔曼甚至行刺俾斯麦，子弹擦伤了俾斯麦的右手，但未危及生命。

梵蒂冈和德国天主教会的态度引起了两支力量的反感，他们联合起来向天主教势力发起进攻。一支是以民族自由党和进步党为代表的自由主义力量，他们把教廷的举措看作是对现代进步观念的攻击，是向中世纪的倒退，将严重危及信仰自由的原则。另一支则是俾斯麦政府。俾斯麦作为一位老练的政治家，之所以同自由主义者联手反对梵蒂冈，是由多重因素造成的。第一，他认为这是鼓动德意志民族情绪、巩固统一成果的大好时机。自德意志人登上欧洲舞台后，政教争斗就一直伴随其间，罗马天主教对“德意志奶牛”的压榨已为德意志人深恶痛绝，亨利四世皇帝的“卡诺莎之行”更使德意志爱国者积恨难消。当时各邦分离势力麇集于天主教旗帜之下，俾斯麦认为，对教会的斗争可激发人民的爱国热情，树立普鲁士的民族威望,这比直截了当地镇压反普鲁士势力要高明得多。因此,俾斯麦不断暗示:第二帝国正继承着第一帝国反抗教皇的斗争传统,以雪 800 年蒙受的耻辱。他公开表示:“罗马教廷难以更改的本性之一就是这种向四面八方伸手的天生欲望”。1872 年 5 月 14 日,他向国会议员保证说:“放心吧! 我们是不会去卡诺莎的,身体不去,灵魂也不去!”第二,从外交上考虑,这是孤立法国,拉拢俄国和意大利的极好机会。这时,法国仍然是罗马教廷的传统保护者,部分法国主教甚至公开宣称要支持阿尔萨斯的天主教徒和德国主教团反对普鲁士的斗争。俾斯麦希望利用国内的这场斗争,把中央党和法国系在一个靶子上。对信奉东正教的俄国和正在从事反教权主义行动的意大利来说,通过打击德国天主教徒并通过俄意打击梵蒂冈,有利于密切它们同德国的关系。第三,俾斯麦希望用宗教斗争掩饰政治矛盾,分散工人群众的注意力,阻止日益增长的工人运动。

在俾斯麦的授意下,《十字报》首先吹响反教权主义的号角。1871 年 6 月 19 日,该报撰文对天主教“宣战”,声言帝国政府将不仅仅局限于防御,而且将转入对内对外的反攻。这意味着,不仅中央党,就连罗马教廷都将成为攻击的对象。对这场斗争,俾斯麦原先将它说成是“王国和僧侣之间”古老的“权力之争”。但民族自由党代表、医学科学家鲁道夫·菲肖夫在 1873 年 1 月 17 日的普鲁士议会发言中首次使用了“文化斗争”一词,称这是两种不同的人生观和世界观的搏斗,以后该词被进步党、自由党和俾斯麦政府广泛使用,而天主教徒则抱着嘲弄的态度接受了它。

俾斯麦政府的攻势是由一系列措施构成的。

1871 年 7 月初,俾斯麦下令取消普鲁士文化部的天主教处。该处“原来被设想为这样一个机构,即依靠它来使信仰天主教的普鲁士人在对待罗马的关系中,代表他们自己国家的权利”,但按照俾斯麦的说法,实际上它“已经变成了一个官府,这个官府在普鲁士的官僚机构中代表罗马和波兰的利益在反对普鲁士”。[①] 该处与新教处合并,组成新的“宗教事务处”。中央党领袖对这一举措大加责备,俾斯麦尖刻地驳斥道:不可能把国家分割成“每个教派都将分得一定份额的各个教区”。

当时,耶稣会会士在东普鲁士学校提倡波兰文化,阿尔萨斯—洛林的神父也支持其信徒反对普鲁士的统治,1871 年 11 月,俾斯麦采取决定性的步骤,以国家监

① 奥·冯·俾斯麦:《思考与回忆》,第 2 卷,东方出版社 1985 年版,第 155 页。

督学校来代替一贯实行的教会监督。政府公布《学校监督法》,规定把一切学校,包括私立的教会学校在内,都置于国家监督之下,强调学监应特别关注天主教学校的宗教课程。此举使一部分新教人士也大为不满,部分老保守党人因此而同俾斯麦拉开了距离。

同年12月10日,政府颁布作为刑法补充的《布道条款》,禁止教士在从事职业活动时“以危害公众秩序的方式”讨论“国家事务”,①据此,在布道时讨论政治问题都有可能被看作是触犯刑法,受到逮捕或监禁的惩处。1872年初,不赞同俾斯麦教会政策的温和保守派人士海因里希·冯·米勒被免去普鲁士文化大臣的职务,继任者为仇视天主教的自由理性主义者阿达尔贝特·法尔克。同年6月,帝国政府根据巴伐利亚邦政府的提议,颁布了《耶稣会教团法》,禁止耶稣会会士在帝国境内建立定居区,并限制他们的居留,实际上是在帝国范围内取缔了耶稣会。与此同时,政府对天主教神职人员采取强硬措施,逮捕科隆和波森大主教及两个辖区内的主教,撤掉了1 300个教区的教士。

“文化斗争”的高潮,发生在1873年。当年5月,普鲁士政府颁布四项通称为“五月法令”的反教权法令,规定教士必须在国立大学学习,以作为从事这项职业的准备,国家对教士的授职保有否决权,同时设立国家的法庭,以处理教会的事务,剥夺了主教在教会内的大部分惩戒权。天主教的主教们在富尔达集会,警告“天主教徒承认或自愿服从这些法令就是严重违背自己的信仰”。这时,宗教偏执和党派情绪大为加强。然而俾斯麦毫不退让。1874年政府又以民事婚姻和户籍登记的规定来补充“五月法令”,规定只有在户籍登记处办完手续的婚姻才具有法律效力。这样,就把发放婚姻证明书的权力也收归政府所有,国民只准举行世俗婚礼。1874年12月,俾斯麦在国会发表六次长篇演说,以挑衅的口吻引诱中央党应战。1875年5月,普鲁士进而颁布法令,规定:一切教团和类似教团的团体,除了医疗救护团体之外,都在取缔之列;凡教士不服从新法令的教区,停发给教会的一切补贴;取消普鲁士宪法中允许教会自治的条款,国家有权干预主教管区的教务行政。

梵蒂冈抵制俾斯麦政府的反教权措施,1875年2月5日,教皇庇护九世发布通谕,宣布“违反教会神圣制度”的全部普鲁士法令无效,并且以开除教籍相威胁,禁

① 卡尔·艾利希·博恩:《德意志史》第三卷:从法国大革命到第一次世界大战,商务印书馆1991年版,上册,第337页。

止神职人员和普通教徒执行这些法令。教皇告诫他们:“用祈祷和坚定不移的精神来对抗你们国内的迫害,运用报刊和公众舆论的手段,行动时要同样做到谨慎、坚定……”[①]德国天主教僧众起而相应,他们反抗国家的强制措施,并且充分利用言论自由和结社自由等公民权利,创办报纸,组建天主教团体。到1878年,全国有一半的主教被解职,但几乎所有的神职人员都顽强抵抗,既不怕罚金和逮捕,也不怕判刑坐牢或驱逐出境。虽然教区的神甫职位大部分空缺,但教区居民们依然坚定地站在教会一边。

事态发展到这一步,其他势力产生了截然相反的两种反应。不少非天主教报刊抨击罗马教廷的举措,它们指出,教皇的这些行动证实了政府的指责,即天主教公民不像其他公民那样,认为自己应该服从国家的法律。但新教中的保守分子却担心有朝一日,政府的进攻目标会扩大到所有的宗教组织,因而开始支持中央党。

这时,国内外形势发生了不利于俾斯麦政府的变化。天主教中央党尽管面临政府的一再打压,但拥护人数在很短的时间内几乎翻了倍,在1874年的国会选举中,所获议席达到91个,占总席位数的27.7%,比1871年净增28席。国内经济出现了衰退的迹象。国际上,由于俾斯麦错误地估计了形势,于1875年挑起德法危机,引来了英、俄的强烈不满。同时,法国内部的变化,使它从罗马教廷的保护者转变成反教权主义国家,俾斯麦通过进攻教会来孤立法国的最初目标失去了依据。而东方危机的爆发又使俾斯麦急切希望腾出手来利用这一国际纠纷为德国谋求中欧的权益。于是,俾斯麦无奈地表示:“必须至少走一段去卡诺莎的路。”中央党也深感工人运动的威胁,愿意妥协。他们警告说:“如果你们剥夺工人在彼世的天堂,他们就想要地上的天堂了。因此,耶稣会士永远会成为‘国际’[②]的最积极的反对者。”

和解的机会终于来了。1878年,庇护九世去世,利奥十三世当选新教皇。他在当选的同一天写信给威廉一世,表示希望在教会和德国之间重建和平。经过巴伐利亚邦政府的协调,双方都作了让步。教皇保证教士的行为要合度,承诺今后任命所有教职前均通知德国政府。德方也承诺作出相应让步。1879年,法尔克被免去普鲁士文化大臣的职务,被撤职的主教则纷纷复职,教堂重新开放。此前,德国政府已经放宽了相关法令的执行力度,除了《布道条款》、《学校监督法》、《民事婚

① 迪特尔·拉夫:《德意志史——从古老帝国到第二共和国》,波恩Inter Nationes出版社1987年版,第162页。

② 指第一国际。

姻法》和《耶稣会士法》以外，其他法令都逐渐失效。俾斯麦同教皇互赠照片，并获得了一枚教皇勋章。

这场被称为“文化斗争”的冲突，所折射出来的矛盾是多重的，既有作为统一政权象征的帝国政府与各邦分离势力之间的矛盾，也有在德意志土地上延续已久的政教之间的矛盾，还有天主教徒所坚持的传统思维方式及生活方式，同以世俗政权为代表的现代性之间的矛盾，以及帝国政府包管一切的传统做法同民间社团要求分享社会职责的心态之间的矛盾。同样，这场斗争的影响也是深远的，远没有谁胜谁负那么简单，它对于政、教双方今后的对策，乃至德意志社会的发展，都在慢慢地，默默地发挥着作用。

八、反社会党人非常法

德意志帝国的成立是同德法战争、巴黎公社起义联系在一起的，巴黎公社失败后，欧洲工人运动的中心从法国转移到德国，加之德国统一后工业化迅速发展，产业工人人数迅速增加，从1852年的199万人猛增到1894年的613万人，因此，德意志帝国的发展是同工人运动的高涨联系在一起的。

在首届国会选举中，工人政党有两名代表入选，到1874年第二次国会选举时，代表数增加到九名。翌年5月，两个工人政党的成员数超过2.4万。随着德国工人运动地位的突显和影响增大，俾斯麦政府的镇压措施也日渐严厉起来，不断罗织罪名迫害工人领袖和工人运动的活跃分子。1872年，莱比锡刑事法庭以“准备叛国”罪判处李卜克内西和倍倍尔两年“要塞监禁”。[①] 很多党员因“莫须有”的罪名遭到逮捕、监禁和罚款，104个案件总共判了211个月的监禁。政府制造借口，处心积虑地要置工人组织于非法地位。1873年4月，俾斯麦在联邦参议院上声言：对付国际党（他常这样称呼德国工人政党）也要像对付世界性的神甫党（中央党）一样，有用严厉的法令的必要。各邦政府闻风而动。萨克森政府开始考虑全面取

① “要塞监禁”系对政治犯等进行的非侮辱性监禁，被监禁者的名誉并不因此而受影响，日后仍能当选议员或担任公职。

缔工人运动,甚至建议同巴伐利亚、普鲁士政府一起,在整个德国取缔工人政党。不少地方付诸行动。在 1874 年 8 月一个月里,纽伦堡、柯尼斯堡、柏林、埃尔福特、汉诺威等地的党组织先后被勒令解散。从 1873 年到 1876 年,俾斯麦政府先后提出两个《出版法》草案、《破坏契约法》草案、《修改刑法法典》草案,力图限制工人们的活动。

与日趋严峻的环境相对应的,是两个工人政党依然处于并立状态。当时,全德工人联合会的优势在于它是拉萨尔的“嫡传”组织,而社会民主工党(埃森纳赫派)的优势则在于拥有倍倍尔和威廉·李卜克内西等能干的领袖,这些领袖同马克思、恩格斯保持着一定的联系。最后,由于全德工人联合会内部不断发生分化,它的力量日渐缩小,成员数从 1874 年 5 月的 2.1 万猛降至 1875 年 5 月的 1.5 万,而埃森纳赫派的人数却从 1874 年上半年的 8 700 名增至 1875 年 5 月的 9 100 名。全德工人联合会的两派头目在无奈之下,争相向埃森纳赫派表达联合的愿望。经过 1874 年秋冬的多次谈判,两个工人政党就合并事宜达成了协议。

1875 年 5 月 22—27 日,两党在哥达城的蒂沃利饭店大厅举行合并代表大会,与会 129 名代表中,原全德工人联合会的代表占 73 名,埃森纳赫派的代表 56 名。会上正式成立了统一的“德国社会主义工人党”,设执行委员会于汉堡,设监察委员会于莱比锡。大会正式通过新的党纲,即《哥达纲领》。纲领中包含不少拉萨尔的观点,如“力求用一切合法手段来争取自由国家和社会主义社会,废除工资制度连同铁的工资规律”、“依靠国家帮助建立生产合作社”等,甚至把工人阶级以外的其他力量看作“只是反动的一帮”。在组织原则方面,为了应对德意志帝国对社团组织管制严格的局面,不采取“严密”和“集中”的原则。党章第一条规定:“凡是承认党纲原则并以其力量支持党的人都可入党。”党的基层组织是地方分会或选区分会,拥有一定的独立地位。马克思、恩格斯事前看到这个纲领后,大为惊异,表示极大的愤慨,感到它“会使党堕落”。马克思为此写了著名的《哥达纲领批判》一文,就《哥达纲领》的要害问题——国家学说,作了原则性的批判,论述了为建立无产阶级专政而斗争与为建立民主共和国而斗争的辩证关系,第一次阐述了关于共产主义社会两个阶段的思想,同时围绕纲领中反映拉萨尔观点的词句作了措辞尖锐的评论。马克思把文章转给了倍倍尔和李卜克内西等人,但他们坚持认为,为了争取德国工人阶级的政治统一,埃森纳赫派必须作出广泛的让步。同时,他们为了保证统一后的政党不发生分裂,将马克思的著作“封存”起来,直到 1890 年才由恩格斯公布。

倍倍尔

尽管马克思和恩格斯的批评意见未能及时公布，但德国社会主义工人党还是在斗争中不断发展壮大，这既得益于马克思、恩格斯的关注与关怀，也因为该党自成立后很长时间内由倍倍尔掌舵。倍倍尔具有强烈的民众意识和献身精神，个性淳朴，拥有杰出的演说才能和组织能力。他在威廉·李卜克内西帮助下成为社会主义者后，成长很快。1870—1871 年普法战争期间，他作为埃森纳赫派的领袖，利用议会讲坛，反对俾斯麦政府的侵略和吞并政策，支持巴黎人民的革命事业，由此于 1870 年 12 月被捕入狱。1871 年 3 月被选入国会后，政府当局宣布他犯了“准备叛国”罪和“侮辱皇帝”罪，剥夺其议员资格，并判处其两年零九个月的徒刑。这一经历反而使他在民众中增添了社会主义“殉道者”的荣光，而他也以乐观的态度对待这一事件，不仅在狱中养好了结核病，而且把牢房当作课堂，刻苦自学，并写成题为《国会及邦议会活动和 1871—1873 年的社会民主党》的小册子，用以指导党的议会斗争。以后他又写作了《妇女与社会主义》一书，成为德国社会民主党的理论武器之一，1879 年初版后，以后多次重版，并被译成各种欧洲语言。

工人政党完成统一后，一时发展很快。到 1877 年，该党已建立起 251 个地方组织，党员人数达到 3.2 万。另外还拥有 26 个工会联合会，约 5 万名会员，以及 56 种报刊，订户达 60 万。这一年的全德国会选举，该党的议席增至 12 席。面对日益兴起的社会主义运动，容克资产阶级恐惧万分，进步党领袖欧根·里斯特尔大声疾呼：“同反对派斗争是次要的事情，同社会民主党斗争是主要的事情。”

正在这时，俾斯麦的机遇来了。1878 年 5 月 11 日，一名来自莱比锡的鲁钝的补锅匠赫德尔，在柏林的菩提树下大街开枪谋刺威廉一世，但未能得手。谋刺事件与社会主义工人党毫无关联，但在俾斯麦的嘴里，就有了关系。当时他正在弗里德里斯鲁庄园中，听到消息后心中暗喜，立即电示“颁布反社会民主党的非常法！”

《防止社会民主党越轨的法令》草案很快被制订出来，但在 5 月 24 日国会表决时，以 25 票赞成、57 票反对被否决。机遇再次来临。6 月 2 日，有位名叫诺比林的博士也行刺威廉一世，使其受了重伤。这次事件同样与社会主义工人党没有关系，但俾斯麦和接受官方旨意的报刊对该党发动了一场猛烈的攻击，再次指控它唆使诺比林采取这一行动。6 月 11 日，联邦参议院根据俾斯麦的要求，宣布解散国会。7 月 30 日，全国举行大选，结果除天主教中央党的议席数增加较多外，其他政党都是略有增减，民族自由党依然是国会第一大党。俾斯麦政府提出《反对社会民主党企图危害治安的法令》（简称"非常法"）草案，表决时由于民族自由党倒戈，在第三读时以 221 票赞成、149 票反对获得通过。"非常法"共 30 条，其中规定：

①"以危害公共安宁，特别是危害居民各阶级的和睦的方式，为旨在破坏现行国家制度和社会制度的、社会民主党的、社会主义的或共产主义的企图服务"的协会、团体、出版物以及会议和募捐，各地警察署有权禁止；

② 违反禁令而参加被禁止的团体、继续出版和散布已被查封的出版物，将处以巨额罚金和重刑；

③ 各地警察当局有权禁止一切"违法者的逗留，有权撤销与违反非常法有关的出版商、书商、店主的营业执照；

④ 对由于社会民主党的活动而使治安受到威胁的地区，各邦有权实行至少为期一年的小戒严，戒严期间，非经警察当局批准，不得公开出售出版物和举行集会。

"非常法"最初的有效期为两年半，但以后每隔两年被续延一次，直至 1890 年，一共实施了 12 年。在这期间，政府不断发布禁令，镇压工人运动。甚至罗马教皇也不计"文化斗争"的前隙，跟着发布通谕，把反对"社会主义的瘟疫"作为"教徒职责"。企业主联合会大批解雇拥护社会主义工人党的工人，蓄意把他们推向贫困的深渊。党的许多领导人被捕或遭流放，150 多份期刊和 1 200 多份不定期出版物被取缔，1 500 多名党员遭逮捕，320 个各种工人组织被解散。

社会主义工人党面临这突如其来的袭击，一时间多数领导人茫然失措。在"非常法"生效的当天，党的执行委员会和议会党团便决定党自行解散，并要求地方党组织也作出相应的决定。在将近一年的时间里，党的行动能力几近瘫痪。马克思和恩格斯及时地提供帮助，批评了德国党领导人的错误，并为德国无产阶级制订了反"非常法"的斗争策略。倍倍尔、李卜克内西等领导人接受了帮助，着手恢复和健全党组织，开展地下斗争。

1880 年 8 月 20—23 日，德国社会主义工人党在瑞士苏黎世的维登堡宫召开第一次代表大会，中心议题是党的处境和应采取的策略。大会一致决定，把原来党纲中关于党将“采用一切合法手段”来达到自己目的的规定，改为党有责任“运用一切手段”，这表明党将采取各种策略，包括把合法斗争与秘密斗争、议会内的斗争与议会外的斗争正确地结合起来。大会还决定，在“非常法”生效时期，委托议会党团领导党的工作。为了引导群众并与他们保持联系，大会决定创办地下的中央机关报《社会民主党人报》（周刊），这个刊物最初在苏黎世出版，后来改在伦敦出版，秘密地运回德国来散发，印数曾经达到1.2万份。后来甚至能在德国国内的印刷厂中印制其中的一部分。维登堡代表大会为德国社会主义工人党战胜“非常法”奠定了基础。

由于社会主义工人党敢于斗争并善于斗争，它顽强地生存下来了。在1881年的国会选举中，党员们巧妙地以个人名义参与竞选，最后在艰难的境况下，仍然获得12个议席。入选者充分利用国会讲坛，揭露政府的反动统治，呼唤民众抗击暴政。各地党组织通过组建诸如互助储金会、教育俱乐部等伪装组织来保存自己的实力，还通过与合法组织结合，把自己的政治活动伪装起来，这些合法组织包括九柱球俱乐部、游览协会、储蓄协会、养兔协会和金丝鸟协会等。1888年正值“非常法”颁布十周年，工人党有效地显示了自己的顽强生命力。10月21日（“非常法生效日”）那天，几乎所有的大城市，如柏林、开姆尼茨、德累斯顿、埃尔贝费尔德、曼海姆等，街道上飘扬着不少红旗，《社会民主党人报》贴满了广告柱。

1890年，俾斯麦政府还打算继续延长“非常法”，但在1月25日的国会表决中，以169票反对、98票赞成遭到否决。同年2月20日举行新的国会选举，社会主义工人党获得140万张选票，35个议席，成为得票最多的政党。一个月后，俾斯麦自己被威廉二世赶下台。社会主义工人党在同俾斯麦政府的较量中，最终成了赢家，该党反对“非常法”的斗争历程，以德国工人运动的“英雄时代”载入史册。走出地下状态的社会民主党人，将逐渐在德国舞台上扮演重要角色。

九、社会立法

帝国政府在挥动皮鞭巩固专制统治的同时，还积极推行社会福利政策，使德国作为一个经济上后起的资本主义国家，在社会政策方面却走在了其他国家的前头。

1881年11月17日，俾斯麦向议会宣读由他起草的《皇帝诏书》，开始实施社会立法计划。

德意志帝国的社会保障制度由三项法令构成。第一项法令是1883年国会通过的《疾病保险法》。根据该项法令，参加疾病保险的工人生病时，从第一天起到第13周（1903年起为26周）结束为止，可享受免费医疗，包括免费诊治和医疗护理，如失去工作，可领取病假津贴，必要时还可以免费住院治疗。如不幸死亡，可获得丧葬补贴。保险费用的1/2由投保工人承担，另外一半由雇主支付。职员的年收入如低于2 000马克，也可参加保险。据统计，到1885年，即有429.4万人参加了该项保险，到1914年，由于保险范围向农业、航海等领域扩展，参保人数增至1 561万。[①] 尽管从每年的结算来看，国家的保险收入都略高于保险支出，但是站在投保的工人和低级职员方面来看，第一，雇主支付了其中一半的费用，第二，工人之间也由国家出面构成"互助"关系，第三，一旦保险总支出超出了保险总收入的数额，由于法令的实施具有一定的刚性，投保者还是可以享受到应有的保障。

第二项法令是1884年颁布的《意外事故保险法》，适用于危险企业内所有工人和部分职员，保险费全部由雇主承担，即由雇主同业保险联合会支付。保险内容包括恢复工作能力、支付失去劳动能力、残疾和死亡的费用等，受保者如遭遇意外伤害，可以得到免费医疗、死亡丧葬和现金抚恤，终身残废者可得到原收入2/3的养老金。为有效实施该项法令，政府设立了"帝国保险局"作为裁决监督机构。开始时，只有矿山、采石、制造业等部门的企业列入保险范围，参加者仅为300万人，到1887年，国内运输、农业、建筑、航运等企业也纳入其中，受益人数急剧增加，到1913年时达到2 800万人，占全国总人口数40%以上，若按就业总人数计算，则达到90%以上。

第三项是1889年颁布的《老年和残疾保险法》，对全体工人和年收入低于2 000马克以下的职员实行强制保险，受保者如致残，可获得残疾赡养费，年满70岁后可获得养老金。养老金数额根据投保时间的长短决定，从每年142.5马克到390马克不等。而残疾保险金，则必须在投保五年以后才有资格领取。这项保险事业所需的费用，由雇主和雇员各承担一半，政府再对每笔保险金提供50马克的国家津贴。

---

① 参见邢来顺著：《德国工业化经济—社会史》，湖北人民出版社2003年版，第458页。

除了上述三项重要的法规之外，政府还颁布过调节劳动条件的《工商管理条例》、《工厂法》、《童工法》、适用于寡妇孤儿的《遗族保险法》、《雇员保险法》等作为补充，在全国实行每周六天工作制和八小时工作日制，禁止妇女做夜工和井下作业，禁止妇女在分娩前后被迫工作，禁止使用不足 14 岁的童工等。

德意志帝国时期的社会保障立法具有不少特点。第一，帝国初期的社会保障立法在世界各国开了先例，赢得了“德国是争得社会立法的第一个国家”的骄傲，俾斯麦起草的《皇帝诏书》则被誉为“社会保险的大宪章”。第二，它的社会立法保障范围较广，涉及工人可能遭遇到的各种不幸，受保人员的面也比较宽，几乎庇及全国所有工业人口。第三，政府在其中承担了关键性的角色，它直接筹办和管理各种保险，并分担部分保险费的开支，同时把责任比较公平地强行分摊给雇主和雇工。

工业革命的发展和统治者推行的“蜜糕”政策，使德国民众的生活条件得到较大改善。外国人来到德国，能够看到原先狭窄拥挤的城市小道变成了清洁宽阔的大街或林荫大道，建筑物外表刷洗得干干净净。电气化的普及使许多便利设施进入普通家庭，集中供热、浴室和改良炊具在中产阶级家庭中得到普及，各阶层民众普遍表现出一种满足感。从统计数字看，全国食糖消费量从 1876 年的人均 6 公斤增加到 1913 年的 21. 4 公斤，棉花消费量从 1871 年的人均不到 3 公斤增加到 1913 年的 7. 6 公斤，储蓄存款从 1870 年的约 15 亿马克增加到 1914 年的约 200 亿马克，奢侈品的消费也大幅度增长。

那么，为什么德国会在社会保障领域走在世界各国的前列？在大部分人的心目中，由普鲁士牵头统一的德国，其鲜明的特色就是崇尚专制独裁和军国主义，工人群众作为这个国家中的弱势群体，应该受尽欺凌、生活在“水深火热”之中才是。然而实际情况正好相反，从制度层面来讲，德国民众提前享受到了其他资本主义国家的民众还在努力争取的社会福利。之所以出现这种结果，主要是由下述原因造成的。

首先应该归因于德意志社会中根深蒂固的“共同体”意识。这种意识植根于古代日耳曼部落社会中，民众拥戴并服从于领袖，领袖努力当好大家长，为民众谋福祉。中间又经过各位德意志君主，尤其是以自称“乞丐们的国王”的弗里德里希大王等的张扬。在这种意识支配下，德意志各邦国尤其是普鲁士，较早就推行社会保障政策。17 世纪时，德意志采矿业中已经有矿工疾病保险组织存在。1766 年，普鲁士开始在矿工中实行强迫疾病、意外事故和残废等保险。1855 年，普鲁士大臣冯·德·海特在听了杜塞尔多夫、亚琛和阿恩斯贝格的工厂视察员关于这些城市的报告后喊道："如果你们的报告是真的，我宁愿整个工业都毁灭！"与此同时，社会主义者、自由主义者、社会改革家和宗教领袖也发出种种呼吁，要求关注工业发展所带来的坏影响，由私人或政府采取行动，矫正工业主义的弊病。正是在这样的背景下，从19世纪中叶起，普鲁士等邦国中开始实行强制保险，并通过法令形式固定下来。到德意志帝国成立后，威廉一世和威廉二世都把弗里德里希大王作为自己的学习榜样，力图推行"君主社会主义"政策。作为帝国宰相的俾斯麦，既了解威廉一世的心态，也深谙德意志民族的深层心理。他在1881年的国会演说中曾经声称，国家政策应能"为居民中的无财产阶级，即那些数量最大、受教育最少的人们培养这样一种观点，即国家不只是一个必需的机构，而且是一个福利机构。必须用看得见的直接利益使他们不把国家看成是一个唯一用来保护社会上境况较好的阶级的机构，而且也是一个为他们的需要和利益服务的机构"。他甚至承认"就业权"和国家通过公用事业系统帮助就业的必要性。他于1884年5月9日的国会演说中表示："一个走到同胞面前说'我身体好，想干活，但找不到工作'的人，有权利说：'给我一个工作！'而国家也必须为他提供一个工作。这一条在我们整个道德伦理关系中难道不是根深蒂固的吗？"1885年，俾斯麦在信中写道："毫无疑问，个人可以做很多好事，但是，社会问题只有国家才能解决。"①

其次是受到当时德国国内独特的阶级力量对比的影响。由于德国的工业化起步较晚，当资产阶级准备走上政治舞台时，它的背后已经站着一个强大的无产阶级。对这一实际状况，以前的解读更多地看到资产阶级会有较强的政治妥协性，它为了防范背后的无产阶级，宁愿同挡路的容克贵族妥协。其实阶级力量的这一分布还会产生其他影响。容克贵族为了压制资产阶级在政治上的要求，巩固自己的政治统治和特权地位，也把拉拢无产阶级作为重要的斗争策略。在这方面，最明显的例子就是在普鲁士"宪法冲突"期间，俾斯麦曾经拉拢工人运动领袖拉萨尔，以实施普鲁士国家社会政策为条件，拉拢工人阶级一起对付资产阶级自由派。德意志统一前后，工人阶级的力量崛起，工人政党登上政治舞台，以威廉一世和俾斯麦为代表的统治集团希望以家长的姿态，用先发制人的手段来对付工人政党的宣传，力图使工人群众抛弃自己的领袖，投入父亲般的统治者和保护人的怀抱。俾斯麦起草的《皇帝诏书》中说得很清楚："医治社会弊病，不能依靠镇压社会民主党的过

① 科佩尔·S.平森：《德国近现代史》，商务印书馆1987年版，第328页。

火行为,但同时却能通过积极促进工人的福利来办到。”在另外的场合他表示,用蜜糕来缓和社会矛盾,能够挖掉“社会主义工人党的老根”,“只有现存国家的政府采取行动,即由它实现社会主义要求中合理的、并与国家及社会制度相一致的东西,才能制止社会主义运动的混乱局面”。

最后,当时国内外有不少实施社会保障政策的呼声和实例,只要统治者愿意这样做,就能够找到思想理论依据和借鉴榜样。俾斯麦在国会演说中经常提到他从在法国的经历中学到的东西,在 1884 年 5 月 9 日的演说中,专门提到拿破仑三世依靠社会立法,成功地获得了农民的忠心。对俾斯麦影响更大的外国政治家,是曾经两度担任英国首相的本杰明·迪斯雷里,后者尽管出身犹太平民家庭,但以自己的能力赢得了俾斯麦的钦佩。在俾斯麦三处居所的图书馆里,都有迪斯雷里的画像,其中在柏林的居所中,还有幸挤入三张画像的行列,俾斯麦对这三张画像的定位是:“我的皇上,我的妻子和我的朋友。”迪斯雷里曾经在政论性作品《西比尔(两个国家)》一书中提到,随着工业化的发展,国内产生了“两类国民”,“在这两类国民之间没有交往,没有同情……这就是富人和穷人”。他提出,工业主义的弊病所引起的堕落和虚弱已经降临到英国人的头上,这些会“使他们的地位低于葡萄牙人或波兰人,低于俄国的农奴或那不勒斯的乞丐”,穷人的地位已降低到如此程度,以致他们“不再相信这个国家的统治阶级和被统治阶级天生有别了”。俾斯麦基本上接受了这一思想,再进一步强化其民族主义的含义,尤其是当他听到军界和农业界的代言人指出,从德国工业人口中征召的士兵不适合服兵役时,态度就更坚决了,要求通过社会立法来保障工人的健康,以巩固统一和加强国防。在国内,压力主要来自基督教会、工人政党和“讲坛社会主义”(Kathedersozialismus)集团。

十、“两手玩五球”

在德国快速发展的进程中,对外交提出了很高的要求。尽管神圣罗马帝国前期,德意志人对周边国家拥有一种明显的优势地位,但在神圣罗马帝国后期和德意志联邦时期,非但这种优越地位早已消失殆尽,而且随着英国、法国、俄罗斯等国的崛起,德意志兰分裂割据的局面愈加明显,德意志人的内部争斗同外部列强争霸欧洲的活动相互交织，最终德意志兰成为列强干涉和蚕食的对象。德意志帝国的成立，阻断了这一进程，同时它的发展，预示着神圣罗马帝国的故土上将崛起新的大国。从地理位置上看，德国除了北面濒海，仅同丹麦交界外，东面同俄罗斯接壤，西面是法国，东南部与奥匈帝国为邻，越过瑞士，南面还有一个完成统一后正在蓄势欲动的意大利。如果这些国家感受到德国的威胁，联合起来结成反德同盟，德意志帝国将在列强的联合进攻下夭折。俾斯麦清楚地认识到这一点，他在 1888 年 2 月 6 日的国会演说中说过："我们位于欧洲中部。我们至少有三条会遭到进攻的战线，而法国却只有一条东部的国界，俄国只有在西部的边界有遭到进攻的可能。此外，根据世界历史整个发展的情况、我们的地理位置以及根据德意志民族的内部联结与其他民族相比也许相当松散这一特点，我们比任何一个别的民族更易遭到别人联合起来对付我们的危险。"①如何巧妙利用各种现有的国际条件，展开纵横捭阖的外交活动，首先让列强承认德国完成统一这一现实，然后在德国崛起的进程中，防止出现反德"大合唱"，甚至把尽可能多的国家团结在德国周围，提升德国的国际形象和地位，这是历史交给德国外交的艰巨任务。

俾斯麦外交的特点，一是目标明确，二是手腕高明。在目标方面，他坚定地推行稳健的"大陆政策"，其核心思想是：集中全力巩固和发展德国在中欧的强国地位，避免同时与俄、法为敌，招来东西两面的夹击，避免过早地卷入海外殖民的争端。其外交棋局的基本方针是：联合奥地利，拉拢俄国，疏远英国，孤立法国。为此，他协调俄奥关系，挑起英俄交恶，加深英法对立，离间俄法关系。正是按照这个基本方针，俾斯麦利用每一起国际争端，精心编织着他的外交政策网络。以至于威廉一世曾经钦佩地对他说过："我不像你那样，一共才有两只手，却能一下子投出五个球并能抓住五个球。"②玩弄"五球不落"，成为描述俾斯麦灵活外交的经典性语言。

俾斯麦外交的第一项重大举措，是缔结德、奥、俄三皇协定。

俾斯麦首先关注使法国无法找到反德的同盟力量。很长一段时间，"同盟的梦魇"缠得他坐卧不宁。他说过："形势要求我们，至少和列强之一通过条约建立起牢固的关系，以便把可能出现的反德同盟限制在一定的范围。"在这方面，各国政治体制的差异给俾斯麦找到了机会。当时法国实行共和制，而欧洲不少国家还

① 迪特尔·拉夫：《德意志史——从古老帝国到第二共和国》，波恩 Inter Nationes 出版社 1987 年版，第 168 页。

② B.波将金等编：《外交史》第 1 卷，三联书店 1979 年版，第 896 页。

在推行君主制，帝制是德奥俄三国的共同点，通过这一纽结，就能孤立法国，为德国找到盟友。

障碍在于当时俄奥之间存在着较为尖锐的矛盾。奥匈帝国图谋兼并波斯尼亚和黑塞哥维那，使其成为帝国的第三个组成部分，变二元帝国为三元帝国。沙俄则筹划建立在自己控制下的“自治”的大斯拉夫帝国。然而，俾斯麦看到了俄奥两国的弱点。俄国由于不彻底的农奴制改革而面临内部政局不稳，对外则由于军事准备不足，无力与土英奥同时作对；奥匈帝国则受制于内部的民族矛盾，对外，曾经谋求缔结英奥同盟共同对付俄国，但遭到英方的拒绝，因此较为重视德国的支持。

1872 年 9 月 5 日至 12 日，三位皇帝会聚德国首都，为三皇同盟的形成打下了基础。翌年 5 月初，威廉一世在俾斯麦和毛奇陪同下，到彼得堡进行国事访问，双方签订了军事专约。一个月后，6 月 6 日，沙皇与奥匈帝国皇帝在维也纳附近的舍恩布龙签订协议，约定遇到第三国进犯时，“不需寻求或缔结新的同盟”，应立即商谈，议定“共同的行动方针”。10 月，威廉一世抵达维也纳，在同意加入“舍恩布龙协议”的文书上写明：“对上述协议中所列各条款在任何方面都表同意。”这样就构成了“三皇同盟”。

俾斯麦外交的第二次出击，矛头指向法国，制造了“战争在望”危机，最后遭到挫折，无功而返。

1875 年春，法国议会通过改组军队的议案，把每个团所属的步兵营数量从三个扩增到四个。考虑到德国正在大肆扩军，法国的这一举措本也无可非议，但是俾斯麦政府决意抓住这一事件做文章。德国报刊首先行动。4 月 5 日，《科隆报》刊登俾斯麦新闻办公室主任撰写的文章，说法国改组军队是进行战争的一种准备，指责这个帝国的“天然敌人”企图组成一个欧洲天主教国家集团来反对新教的德国。三天后，4 月 8 日，同威廉街关系密切的《邮报》刊登一篇影响重大的文章，题目为《战争在望吗?》。作者对这个问题作了肯定的回答，把一切原因都归咎于法国的重新武装。同时，半官方的《北德意志汇报》也撰文提醒人们：危险越来越明显地来自法国。俾斯麦通过这些喉舌连鸣三枪，竭力制造一个 1870 年普法战争阴云重新浮现的可怖景象，在国内外掀起了一场反法运动。德国陆军总参谋部更是把火药味搞得浓浓的。5 月 2 日，总参谋长毛奇在同英国驻德大使会谈时提出一个“先发制人”的观点：不是首先拿起武器的国家，而是煽动战争的国家，才对这场战争负有责任。4 月 21 日，德国外交部有影响的官员拉多维茨在英国大使馆举行的，有法国大使出席的宴会上说得更露骨：法国以后将会发展经济，扩充军备，寻找盟友，发动复仇战争，夺回失去的土地；为什么我们要等待这么久而不先它一着呢？

不料，法国并没有因此而惊慌失措，其外长德卡兹把德国“先发制人”的言论，包括官方的和传闻的，统统搜集起来，送交欧洲各大国政府和伦敦《泰晤士报》的记者。欧洲舆论大哗。俾斯麦立即鸣金收兵，又是发表和平演说，又是递交备忘录，忙着为自己的行动辩解。5 月底，俾斯麦向德皇递交辞呈，被拒绝后，于 6 月 5 日离开柏林前往瓦尔青“闭门思过”。

俾斯麦外交的第三项重大举措，是巧妙地利用“东方危机”，恢复德国的国际地位。

就在俾斯麦“闭门思过”时，1875 年夏天，巴尔干半岛的波斯尼亚和黑塞哥维那爆发反抗土耳其奥斯曼帝国统治的起义。奥斯曼帝国原为雄跨欧亚非三大洲的大帝国，但这时势力急剧衰退，它在巴尔干地区的属地接二连三地丢失，塞尔维亚、门的内哥罗和保加利亚都是在这一进程中取得独立的，因而自然会支持波、黑人民的反抗斗争。俄奥两国共同进行干涉，但它们的动机和目标各异。俄国以自己是斯拉夫人中的强势群体为资本，主张巴尔干诸国“独立”和“自治”，以便在“泛斯拉夫主义”的旗号下控制这些地区。奥地利已经利用欧洲民众排斥伊斯兰教的心理，建立起超过本土面积数倍的偌大帝国，现在希望利用这股惯性，进一步蚕食奥斯曼帝国的遗产。俄奥两国难以“协调一致”。英国则宣布反对再次干涉土耳其，支持奥斯曼帝国持强硬态度。列强抢夺土耳其“西亚病夫”遗产的角逐重开战局，这就是 1875—1878 年的“东方危机”。

俾斯麦把自己装扮成和事佬的角色，一再声明自己在东方问题上不过是一个“诚实的掮客”。他打算在这个过程中为德国经营一笔买空卖空的生意，捞回德国在“战争在望”危机中的损失。他在协调俄奥关系的同时，竭力怂恿沙俄在巴尔干地区扩展势力，力图让俄、英两股势力在海峡地区相撞，恶化近东局势。等到 1877 年 4 月俄土战争爆发，英、奥逐渐卷入其间，俾斯麦又突然改变策略，从“东方危机”的挑唆者变为和平的天使，劝告俄国停战，呼吁有关各国通过国际会议解决争端。

1878 年 6 月 13 日—7 月 13 日，在柏林的拉齐维尔固宫举行了国际会议，英、俄、奥、法、意、德、土的代表出席会议。俾斯麦主持会议，规定议程，主持辩论，归纳分歧点，会外协商，会上议决，俨然是国际冲突的评判官。在俾斯麦的调停下，大会通过《柏林协定》，暂时平息了“东方危机”，也扭转了德国在“战争在望”危机中的不利地位。

俾斯麦外交的第四项重大举措是恢复德奥俄三皇同盟，并辅之以德奥意三国同盟。

沙皇俄国对柏林会议很不满意，感到自己被迫吐出了口中之食，原因是德国为了奥、英的利益出卖了它。然而在德国统治集团内部，围绕如何处理俄国问题，意见略有分歧。威廉一世认为，自从反拿破仑战争以来，俄国的友谊对德方来说就是至关重要的，维持对俄友好关系，是先王的“神圣遗产”，不得轻易改变。俾斯麦也认识到俄国的重要性，但他认为维持对俄友谊并不是德国外交政策的全部，俄国是德国推行中欧政策的不可靠的同盟者，德国必须同奥地利建立新的同盟，同英国取得谅解，回过头来也许能推动俄国转向德国。

俾斯麦坚持沿着自己的路线行事，要求同奥匈帝国缔结军事同盟。经过说服，威廉一世作出让步，但提出条件：同盟只能针对法国，不能指向俄国。然而在同奥方的谈判过程中，维也纳只想建立一个针对俄国的同盟，不愿意负有反对法国的义务。俾斯麦用较为强硬的态度迫使威廉一世作了让步。1879 年 10 月，德奥两国在维也纳签订为期五年的《德奥同盟条约》。① 与此同时，德国开始同英国进行交涉，以促使俄国产生紧张心理。

果然，俄国有了反应，提议重新恢复“三皇同盟”。俾斯麦立即抓住机遇，很快结束德英谈判，转而向俄国示好。他斡旋于俄奥之间，协调两国矛盾，历时一年半，终于在 1881 年 6 月签订了新的《三皇协定》，正式恢复了“三皇同盟”。

在同东邻结盟的同时，俾斯麦又把自己的外交注意力转向西南和南面，挑动法意冲突，相机扩大自己的同盟圈。他与奥匈帝国一起，怂恿意大利占领突尼斯，暗地里却鼓动法国去摘取突尼斯这个“已经成熟了”的“梨子”，终于导致意法两国反目。1881 年，意大利敌不过法国而向柏林讨救兵时，德国又轻易地获得了一个盟友。1882 年 5 月 20 日，《德奥意三国同盟条约》在维也纳签字，彼此约定在对付俄、法时相互援助。俾斯麦虽不怎么青睐意大利，但正如他所说的：“只要在阿尔卑斯山冈上出现一个打三色旗的意大利鼓手”，就可大大减少陈兵德国边境的法军实力。

“三皇同盟”的恢复和“三国同盟”的缔结，使“东方危机”和柏林会议上一度失去平衡的大陆政策，又回归到原来的轨道上，它们标志着俾斯麦的欧洲结盟体系

---

① 该条约多次续订，并于 1888 年 2 月首次公布于世。1902 年续订时规定，缔约国之一未在两年前通知废约，该条约就继续有效。实际上，该条约一直存在到第一次世界大战结束。

达到了高峰。

俾斯麦外交的最后一项重大举措，是在奥、俄之间走钢丝，签署了“再保险条约”。

俄奥关系的再度紧张，起因于保加利亚危机。1885 年 9 月，保加利亚人民发动起义，推翻土耳其总督，宣布南北两个保加利亚合并，亲奥的亚历山大·巴腾堡自立为大公。沙俄一改柏林会议的立场，否定保加利亚的统一，并图谋把保加利亚控制在自己的手中。英、奥两国态度强硬，声明不许俄国单独干涉保加利亚的事务。在它们的支持下，土、保双方达成协议，土耳其实际上承认了保加利亚的现状。沙俄政府不甘心，在保加利亚策划政变，遭到亲奥集团的镇压。俄奥关系的紧张，使三皇同盟名存实亡。

这时，《德奥同盟条约》仍然有效，在俄奥冲突中，德国面临失去俄国的危险。至此，俾斯麦只得孤注一掷，背着维也纳，同沙俄单独缔结盟约。1887 年 6 月 18 日，双方签订《德俄密约》，规定缔约双方在任何一方同第三国处于战争状态时，另一方必须保持友好的中立，但如果发生俄进攻奥、德进攻法（而不是相反）的战争，则“不受本条约的约束”。

对德国来说，原先缔结的“德奥同盟”可以保证德国不受俄国和法国的进犯，如今又与俄国签订了密约，似乎又保了一次险，因此《德俄密约》被称为“再保险条约”。其实，这一密约恰恰表现了俾斯麦执政后期在外交政策上的混乱和自相矛盾。在“保险”条约中，他答应奥匈帝国如遭到俄国进攻就给予援助，在“再保险”条约中，他又向俄国人保证如发生俄奥战争就善守中立。而俄奥在巴尔干的利害冲突在所难免，因此“保险”与“再保险”之间的矛盾终难共存下去。再说，再保险条约也未能促进俄德之间真正的接近。沙皇对俾斯麦压根儿就不放心，他知道，这位首相既然可以欺骗奥皇，也会以同样的方法来对付他。

俾斯麦再做调整。为把哈布斯堡君主国紧紧地拴住，他公布了 1879 年的《德奥同盟条约》，向世界表明中欧两大君主国的紧密关系。此外，他又把友谊之手伸向伦敦。1889 年 1 月，当德俄关系已冷到最低点时，俾斯麦干脆去掉含糊的外交辞令，指示大使向英国政府提议，要求缔结一个对付法国的《英德同盟条约》。英国政府婉言拒绝，表示英国对德国充满善意，却不宜正式结盟。

俾斯麦外交的第五项重大举措效果不佳，他的时代似乎已经走到了尽头。

俾斯麦外交是俾斯麦执政时期的一个亮点，在整个德国历史中也有一定的地位。总体来说，他的外交是相当成功的，内涵明确，手段高超，不但为德国赢得了发展空间，而且还明显提升了德国的国际地位。然而，在显性的光芒之下，也包藏着一些隐患。他使用了不少外交手腕，时间一长，难免失效。从 80 年代中期起，其外交活动的效果明显下降。沙皇的弟弟甚至对俾斯麦之子这样说："沙皇承认你父亲的天才，但他始终担心受到他的欺骗。"更为严重的是，俾斯麦作为德国历史上的一位强势人物，他的所作所为具有较大的宣传和示范作用。对外部世界来说，俾斯麦代表了统一后的新德国，因此，新德国是充满活力的，但也是不讲信誉的。对国内来说，俾斯麦时代是一个值得仿效的时代，因此他的外交手腕同样也是可以、并值得仿效的，这将为后世枭雄的背信弃义外交减少道义上的障碍。

十一、早期殖民活动

在现代化进程中，殖民地曾经起过很重要的作用。当西方国家的发展还处于外延扩展阶段时，殖民地对于宗主国而言，不仅具有原料产地和商品销售市场等经济价值，还能显示民族的所谓"优越性"，展示政治体制的生命力，提升国际地位，扩大势力范围。在列强抢夺殖民地的浪潮中，拥有殖民地似乎成了成为世界性强国的必要条件。

在德国学术界，殖民思想出现得并不晚。1841 年，李斯特在《国民经济学体系》一书中谈到："殖民地是发展工业、进出口贸易和强大海军的最好手段。"进入 70 年代后，以历史学家特赖奇克（Heinrich von Treitschke，1834—1896）为代表的少数人，以更狂热的态度鼓吹殖民，认为德国如果想成为第一流的强国，就必须像其他强国一样拥有殖民地。然而，在整个 19 世纪 70 年代，尽管德国的实力在不断增长，但俾斯麦对海外殖民活动一直持谨慎的态度，拒绝到欧洲以外去谋求领土。直到 1881 年，他还声称："只要我当一天宰相，德国就不会有殖民政策。"①1882 年 12 月，在法兰克福成立了由赫尔曼·楚·霍恩洛厄—兰根堡亲王任主席的"德国殖民协会"，要求政府采取措施到海外开拓殖民地。1884 年，下萨克森的牧师之子、

① 马丁·基钦著：《剑桥插图德国史》，世界知识出版社 2005 年版，第 205 页。

东非殖民者卡尔·彼得斯又在柏林成立了“德国殖民公司”,[①]也提出同样的要求。但这些都遭到俾斯麦政府的拒绝。然而不久,英法等国掀起了争夺殖民地的狂潮,并加剧了彼此之间的紧张关系。在这种背景下,俾斯麦政府的做法也起了变化。

1883 年,不来梅烟草商吕德里茨(Adolf Lüderitz,1834—1886)在西南非洲南纬 20°—28°之间的安格腊—贝肯地区登陆,以 200 枝旧式步枪和 2 000 马克的代价,向当地部落酋长换得 350 平方公里的土地,作为自己的“商栈”之后,他请求帝国政府予以保护。俾斯麦随即向伦敦发出问话:英国政府对这一地区是否有领土要求?英国在拖延了九个月后回话:整个西南非洲沿海地区(即安格腊和好望角之间约 1 000 公里长的地带)均属于英国合法的领土要求之内。翌年 4 月 24 日,俾斯麦电令驻开普敦总领事通知英国殖民当局:安格腊—贝肯及其附近海岸已经处于德意志帝国的保护之下。当英国军舰“波阿狄西亚号”奉命从开普敦驶入安格腊—贝肯时,飘扬着德国国旗的炮舰已经停泊在这个港口了。

趁着这股势头,德国迅速向别处伸手。1884 年 7 月 5 日,德国驻突尼斯总领事古斯塔夫·纳赫蒂加尔受俾斯麦之令,宣布自己作为德国驻西非特派员,把几内亚湾北岸的多哥置于德国的“保护”之下。同月 14 日,他又在喀麦隆升起德国国旗,建立起德国的统治权。同年 10 月 15 日,俾斯麦政府正式宣布德国在西南非洲、多哥和喀麦隆建立殖民地。在东非,卡尔·彼得斯在后来的桑给巴尔一带,同黑人酋长做交易,获得了数块土地。1885 年 2 月,德国政府将这些地方纳入保护范围。在南太平洋,1884 年成立了“德国新几内亚公司”,它在德意志贴现银行经理阿道夫·冯·汉泽曼的领导下,先后获得了北新几内亚、俾斯麦群岛和马绍尔群岛,1885 年 5 月,德国政府接管了这些地方,并把北新几内亚的土地命名为“威廉皇帝州”。

上述这些活动并不表示俾斯麦政府的殖民政策发生了根本性变化。面临国内民族主义情绪和殖民要求的高涨,俾斯麦需要利用有利的国际形势做出支持殖民的姿态,使自己继续成为“德意志弟兄们”的希望。但是,他并不把殖民地看作是德国统治领域的扩大,也不认为它们是军事基地,甚至也不相信它们能够成为德国向海外移民的定居地区。在他的眼里,这些地方纯粹是德国的商业基地,用于支持德国商人在海外同外国商人进行竞争。他甚至不打算在国家财政预算中为殖民地列出新的支出项目,希望由在国家保护下的私营公司来处理殖民地的行政管理事

① 1887 年,“德国殖民协会”和“德国殖民公司”合并成“德意志殖民公司”。

务。从实际情况来看,与殖民地相配套的,是庞大的海军舰队,而要组建它们,不但将耗费巨大的人力财力,而且必然会因此而激化同英国的矛盾。俾斯麦的目光主要盯在欧洲,他表示:如果这时德国让殖民地问题缚住了自己,那"就会陷入波兰小贵族的境地,他们虽有黑貂皮大衣,但是没有衬衣"。以后他在同极力鼓吹非洲殖民的学者兼政治家欧根·沃尔夫谈话时又表示:"您的非洲地图的确是很美的,可是我的非洲地图在欧洲。这里是俄国,这里是法国,而我们在当中,这就是我的非洲地图。"①

因此,俾斯麦政府在拓展殖民地的同时,非常关注不同英国发生冲突。他多次派遣自己的儿子作为特使去英国,参加为维持平衡而举行的谈判。1885 年底,随着英法争夺非洲殖民地的矛盾暂时得到缓和,英国和俄国就阿富汗的边界问题达成妥协,英国的国际处境明显好转。俾斯麦认为,德国趁机捞取殖民地的时机已经过去。他立即中止了积极的殖民政策。

---

① 卡尔·艾利希·博恩:《德意志史》第三卷:从法国大革命到第一次世界大战,商务印书馆 1991 年版,上册,第 371 页。

第八章

威廉二世时代

（1888—1918 年）

从 1888 年到 1918 年这 30 年间，德意志帝国由威廉二世担任皇帝，一般把这段时期的德国称为“威廉德国”或“威廉帝国”，不少德国文献中，也把它称作“威廉二世时代的德国”。

不少读者的心目中，对威廉二世的印象并不好，因为在他领导下的德国，追求“阳光下的地盘”，向英国的世界霸主地位挑战，引发了第一次世界大战，最后德国战败投降，他自己被推翻，落得流亡国外的悲惨结局。其实，历史是复杂而多彩的，历史人物也是多侧面的。自从威廉二世被推翻后，对他的研究就没有中断过，也许是他的性格和作为太复杂，也许是研究者的研究方法乃至立场观点相差太悬殊，各人笔下的威廉二世迥然相异。就其在国家发展中的作用来说，有人认为他是无足轻重的“影子皇帝”，而另有人则强调他建立了真正的“个人统治”。通过史学家们的努力，一个较为完整的威廉二世和威廉二世时代逐渐呈现出来。

一、威廉二世亲政

威廉一世的儿子是弗里德里希·威廉，他的特殊之处是接纳了一位英国公主作为妻子。保守派从一开始就对太子的跨国联姻感到不安,俾斯麦在给朋友的信中说:“我不喜欢这桩婚事的英国因素……王室婚姻常将新娘宫廷的影响带入婆家宫廷,而非相反。特别当新娘国家比之丈夫国家更为强大、国事发展上更为成熟时尤其如此。”①实际情况正是如此,婚后的维基公主不时显示出英伦的优越意识,也不掩饰自己对普鲁士传统价值的蔑视。在妻子的影响下,弗里德里希·威廉成了自由派人士,早在1863年就公开指责政府颁布限制出版自由的法令,他们与保守而虔诚的皇帝夫妇的关系也变得复杂而微妙。

1859年1月,威廉一世的孙子,即后来的威廉二世出生。分娩过程一波三折,羊水破了十个小时后婴儿才来到世间。专程前来护理的英国女王的私人医生詹姆斯·克拉拉爵士曾乐观地向女王报告,她的第一个外孙“在所有方面都是个完美的孩子”。但三天后,护士发现男婴的左臂几乎完全瘫痪,左肩畸形,头侧向一边。对一个命中注定要成为德国皇帝的人来说,这是一个难以弥补的缺陷。但宫廷在经历了几天的沮丧和不安后,很快振作起来。孩子的成长过程伴随着最好的医学和体育上的治疗措施,小威廉也没有表现出明显的自卑感,反而比弟弟妹妹们更加活跃而吵闹,喜欢玩军事游戏,表现出争强好胜的倾向。七岁那年,父母为他安排了一位家庭教师,即不苟言笑、极为自律的乔治·辛茨彼得博士。每天从早晨六点(冬季为七点)直到傍晚六七点,中间只有用餐和体育活动作为间隙,小威廉跟着教师学习拉丁文、历史、地理、宗教和数学。体育锻炼更具有挑战性,但小威廉在辛茨彼得的严厉督促下,成功地克服了左手无力的障碍,在游泳、划桨、射击等方面表现出不错的能力,甚至还学会了网球与台球。② 最为困难的是骑马,先天残疾影响了他的平衡能力,但骑术是皇孙必须掌握的技能。尽管面对小威廉的眼泪和抗议,但辛茨彼得依然无情地把他扶上马鞍。不久后,威廉居然奇迹般地成为一名出色而热忱的骑手。然而,细心的人不难发现,威廉其实有自卑感和不安全感,不过埋藏得很深。他经常用一种虚张声势的傲慢来掩盖内心的犹豫动摇,喜欢出头露面,平时总是昂首阔步,在登基典礼上使劲挥舞右臂,以遮掩孱弱的左臂。演说时常常高谈阔论,话语顺嘴倾泻而出,想到哪儿说到哪儿,时而夹杂着咆哮,经常使大臣们尴尬,令外国舆论担忧。他还热衷于外出访问和巡游,一上台就周游列国,出访彼得霍夫、斯德哥尔摩、哥本哈根、维也纳、罗马、雅典和君士坦丁堡,1893年那年外

---

① Lamar Cecil, *Wilhelm II: Price and Emperor, 1859—1900*, University of North Carolina Press, 1989, p.4.

② Kaiser Wilhelm II, *Aus meinem Leben, 1859—1888*, Berlin und Leipzig, 1927, S.26.

出旅行达 199 天，以致俾斯麦抱怨说：“皇上像只气球，不把线抓紧，就不知道过一会儿会飞到哪里去。”

特殊的家庭环境也影响了威廉二世的政治理念。作为霍亨索伦家族的后代，以弗里德里希大王为代表的先辈已经成了一种美好的历史记忆，他们的业绩是值得仿效的榜样。然而，以母亲为代表的具有自由倾向、关注海洋和公共利益的理念，与以威廉一世和俾斯麦为代表的倾向保守、关注贵族价值和军事技能的理念，形成有形无形的冲撞。为此，维基公主曾失望地抱怨自己的儿子成了“公共财产”。家庭教师辛茨彼得在宗教与社会问题上持相当开明的态度，他的宗教课程主要授以《圣经》和赞美诗，不涉及宗教派别间的争论。后来威廉二世拥有不少天主教甚至其他宗教的朋友，应与此有关。辛茨彼得还同情工业化过程中遭遇苦难的工人群体，每逢周三及周六的下午，都带领威廉和其弟海因里希，到工厂、作坊和工人住所参观。每到一个工厂，他总是令威廉兄弟对工头脱帽行礼，向他们请教问题，并了解工人劳作的艰辛、家庭的贫困、饮食居住状况的恶劣。后来，威廉二世颇为感激地将自己在劳工政策上的作为归功于辛茨彼得。

1887 年初，还处于太子身份的弗里德里希·威廉突然患了失声症，经医学专家会诊，认为是喉癌所致。反复权衡后，决定不动手术，以保守疗法维持。翌年 3 月 9 日，威廉一世去世，太子继位，是为弗里德里希三世。新皇帝的上台，似乎造成了一种可能，即德国的政治体制向着自由主义的方向改革。然而当时他已病入膏肓，99 天后，即同年 6 月 15 日，新帝一命呜呼。29 岁的威廉继位，是为威廉二世。

威廉二世决心改变其祖父所扮演的弱势皇帝的角色，自己以普鲁士国王和德国皇帝的身份亲自执政。应该说，君主亲自执政，是德意志人长期来的传统做法，只是进入近代以后，由于种种原因，才出现了以梅特涅和俾斯麦为代表的强势相权。现在一个年轻的皇帝登基，希望从宰相手中收回实权，也是正常的事情。更何况，俾斯麦为了应对弗里德里希三世可能实行的自由主义改革，曾经鼓动年轻的威廉要牢牢保住统治权，现在这一劝告奏效了，不过矛头指向了他自己。

导致帝相冲突的导火线，是威廉二世引以为豪的善待工人问题。1889 年 5 月，鲁尔地区爆发工人罢工，要求实行八小时工作制，取消加班加点。罢工很快蔓延到全国所有的煤矿区，共有 15 万矿工卷入。威廉二世决意摒弃俾斯麦的“大棒政策”，宣称自己不愿意“用工人的鲜血染红他执政的最初年月”，而愿意做一个“乞丐们的国王”。他以国王身份出席普鲁士内阁会议，指示大臣，要迫使矿主满足工人的要求以平息罢工。他还以此为契机，要求将社会保险政策向劳工保护方

威廉二世

面推进，制订比较完善的劳动保护法，保证星期日休息，限制女工，禁止童工，并由政府出面直接干预劳资纠纷。而俾斯麦坚持自己的一贯方针，坚持镇压工人的反抗斗争。同年 10 月，政府向议会提出一个草案，主张把 1878 年“非常法”每隔三年讨论一次的规定取消，使之成为永久性制度。在 1890 年 1 月 24 日的御前会议上，内阁大臣提出这个议案，威廉二世对此大发雷霆，声称，他不会派军队去保护那些也许要求在他们床前设置双重岗哨的工厂主的别墅和玫瑰园，他们榨取工人就“像榨取柠檬汁一样，然后让他们在垃圾堆上腐烂”，“我的臣民必须知道，你们的国王在关心你们的疾苦！”他在离开枢密院时还大声嚷道：“他们简直不是我的大臣，而是俾斯麦侯爵的大臣。”翌日，国会以 169 票对 98 票否决了延长反社会党人法的提案。2 月 4 日，《帝国新闻》刊登皇帝的《二月敕令》，宣告全德社会政策的两项根本改变，即将劳工保护视为国家机关的义务，保证工人可以通过代表参与企业事务，维护劳方权利。引入注目的是，这上面没有宰相的副署，①这是帝国成立后首次出现的现象。

1890 年 2 月 20 日，全德举行国会大选，结果支持政府的“政党联盟”遭到惨败，所得议席从原先的 220 席降至 135 席，而社会主义工人党的席位成倍增加，从原先的 11 席增至 35 席，而其获得的选票，则达到近 143 万张，在各政党中列居榜首。天主教中央党的席位从 98 席增至 106 席，从此成为国会第一大党，直到 1912 年被社会民主党超过。这次大选表明，俾斯麦的统治基础瓦解了。

俾斯麦并不善罢甘休，他想策划新的政党联盟，从保守党和中央党中间组织一个新的多数，然后重演 1862 年的宪法冲突闹剧，使威廉二世同样陷入当年老威廉的困境。同时，他认为威廉二世的所作所为，是受到了其他官员的影响。为此，他

① 以前曾经认为这是威廉二世要踢开俾斯麦的信号，其实，这次是俾斯麦自己拒绝副署的。

在内阁会议上提醒普鲁士的大臣们，要牢记1852年的内阁指令，该指令规定，大臣们向国王直接报告的内容如涉及整个内阁政策时，必须先把报告的内容通知首相。威廉二世闻讯大怒，怀疑俾斯麦准备图谋不轨，说："当我看到一个火车头朝我开来时，我不应站在路上，而是跳上去驾驶它。"他指责俾斯麦不禀报皇帝即擅自会见中央党领袖，认为这样做违背了帝国的政制，同时给予俾斯麦两个选择：要么取消1852年的指令，要么辞职。

1890年3月18日，俾斯麦正式递上辞呈。20日，威廉二世在报上发表《恩宠信》，表示以"不安和沉重"的心情接受宰相的辞职。四天后，俾斯麦告别威廉街官邸，回到自己的庄园，在那里度过他一生中最后的八个春秋。

威廉二世实现了自己的夙愿，在德国建立起"个人统治"。但是，这场帝相之争，涉及的还是皇帝和宰相之间的权力分配问题，并没有直接影响到政府和议会之间的关系，也就是说，帝国建立初期所确定的宰相仅对皇帝负责，不对议会负责的体制，没有被改变。

1908年发生的《每日电讯报》事件，极大地动摇了威廉二世"个人统治"的基础。是年10月28日，伦敦《每日电讯报》发表了一篇英国记者的威廉二世访问记。文章说：皇帝认为英国人对德国充满猜疑，"犹如三月里的野兔"，其实德国的舰队纯粹是用于保护商船队的；皇帝还声称自己是英国的朋友，由此他在德国属于少数派；布尔战争期间，他曾给维多利亚女王送去对布尔人作战的计划，该计划同英国人实际使用的计划完全一致。这篇讲话在英国引起了小小的波动。英国报刊强调，德皇的话证实了英德关系恶化的原因在于德国的反英态度。然而当时的德国宰相比洛（Bernhard Blüow，1849—1929）希望借此削弱皇帝的影响，加强自己的地位，使用了一定的手腕，造成国会内一片愤怒与沮丧的气氛，所有党派都为皇帝独断独行破坏德国对外关系感到愤怒。[①] 威廉二世的性格中有"自恋性人格障碍"的特征，经常用表面的浮夸来掩饰内里的空泛，缺乏耐心和韧劲。受此打击后，一段时间曾卧床不起，甚至考虑要退位。经太子劝说后，他才勉强振起精神，但早已今不如昔。然而，"个人统治"的软化对政治体制的缓慢演进却是一件好事。宰相失去了皇帝的有力支撑，只得把注意力转向议会，由此提升了国会的地位，推动德国政治体制向着三权分立的方向滑行。只可惜，第一次世界大战爆发后，军人集团迅速崛起，在很多方面取代政府行使职权，昔日集中于皇帝的权力转归军人。

① Christopher M.Clark, *Kaiser Wilhelm II*, New York, 2000, S.172.

二、社会政策“新路线”

由社会政策方面的分歧导致俾斯麦下台，威廉二世亲政。沿着这股惯性，德意志帝国的社会政策继续向前发展，一直保持着世界领先地位。威廉二世时代的社会政策推行大致呈现三个阶段。

第一阶段明确以“新路线”命名，发端于俾斯麦辞职前后，后由俾斯麦的继任者卡普里维(Leo Caprivi，1831—1899)继续操办。在前述《二月敕令》的框架内，1890年2月颁布了两道关于劳工保护的诏令，禁止工厂在周日开工，保证劳工的周日休息权，禁止工厂雇用未满13岁的童工，规定16岁以下青工每天的工时不能超过10小时，女工不得超过11小时，并在各地设立“劳资仲裁法院”来调处工人和雇主之间的纠纷，法庭由一位担任公职的庭长和劳资双方各出一名的陪审员组成，以保证工人们有比较可靠的社会福利保障。

一个月后，1890年3月，由威廉二世发起的第一届国际劳工保护会议在柏林开幕。虽然会议没有在劳工保护方面达成预期的国际合作，也没有作出有形的决议，仅仅提出一些建议，但是对德国正在推行的方针是一个有效的推动。

1890年5月，国会通过政府提出的《工商业法修正案》，除继续加强劳工保护外，规定“20人以上的企业必须成立工人委员会”，确定了一条在劳资关系史上具有划时代意义的原则，即规定企业内部的秩序不只由企业主，同样也由工人的意志来共同决定。

1891—1895年在普鲁士实行的税务改革，也是从调节社会关系的角度出发的。此前实行的分级征税法，把纳税人分为几个大的等级，属于同一等级的人交纳同样数目的税金，容克地主享受着税收特权，底层民众承受着较重的负担。改革代之以累进所得税，税率从年收入900—1 050马克征收0.62%开始，一直累进到对年收入超过10万马克者征收4%。从政府来说增加了收入，低收入者减轻了负担，中等收入以上者则提高了纳税额。①

① Hans-Ulrich Wehler, *Das Deutsche Kaiserreich, 1871—1918*, Göttingen, 1973, S.143.

关贸政策的调整也加进了社会协调的因素。原先推行的贸易保护政策，在阻止外国商品进入的同时，也提升了社会底层的饮食成本。随着德国工业化水平的提高，需要扩大产品的出口，同时相应地增加进口额。1891—1893 年间，德国同奥、意、比、瑞士和罗马尼亚签订了贸易条约，这些国家承诺降低对德国工业品的进口征税，同时德国也降低农产品的进口关税，如 100 公斤的粮食进口税从原先的 5 马克降到 3.5 马克。此举降低了工人的生活费用，但也引起了农庄主的不满，削弱了卡普里维政府的基础。1894 年 10 月，卡普里维政府垮台，由霍恩洛埃—谢林斯菲斯特侯爵继任宰相，直至 1900 年。

第二阶段从 1897 年到 1906 年，主要由内政部国务秘书波萨多夫斯基（Arthur von Posadowsky-Wehner，1845—1932）操办，因而被个别人称为"波萨多夫斯基时代"。

该阶段的社会立法成果涉及两个方面。一方面是传统的保护政策的延伸与深化。1900 年颁布《事故保险法增补案》，扩大了事故保险者的范围。1903 年，规定延长疾病保险的期限。同年，又通过了《儿童保护法修正案》和《工商业法修正案》，把禁止童工的规定扩展到家庭手工业。另一方面则涉及社会政策机制化。1899 年 11 月，国会批准一项旨在改善社会保险的法案，虽然未能如波萨多夫斯基所愿在各地设置强制性保险局以协调劳资保险谈判，但提升了养老保险领域中劳资共决成分，并统一了全国的事故受保者养老金数额。同年 12 月，政府宣布废除关于禁止社团之间发生联系的规定，从而扩大了政党和利益团体的活动范围。1901 年，鉴于劳资仲裁法院的工作卓有成效，强制规定所有拥有两万以上居民的乡镇都必须实行这一制度。以后几年，先后在商业领域和海事领域设置了劳资仲裁法庭。1905 年，国会顺利通过《普鲁士矿工修正案》，规定拥有 100 名以上矿工的矿场必须设立"工人委员会"，从机制上保证工人参与对计件工资的核算，并在一定程度上参与企业事务。尽管这一做法没有推广到全德国，在普鲁士也仅限于矿区，但该法案还是成为"波萨多夫斯基国家社会政策的巅峰和他最大的社会政策成就"。①

此外，国家从 1901 年开始致力于建造工人住宅的工作，为此每年拨款四五百万马克。为了让社会民主党议员能够顺利地参加国会会议，从 1906 年起向国会议

① Karl Erich Born, *Staat und Sozialpolitik seit Bismarcks Sturz: ein Beitrag zur Geschichte der innenpolitischen Entwicklung des Deutschen Reiches, 1890—1914*, Wiesbaden, 1957, S.188.

员发放开会补贴。

第三阶段从1907年到1912年,以其主持者的名字被称为“贝特曼时代”。1900年霍恩洛埃政府下台后,即由比洛担任宰相,直至1909年。在这一过程中,特奥巴尔德·贝特曼—霍尔维格(Theobald Bethmann Hollweg,1856—1921)接替波萨多夫斯基担任内政部国务秘书。1909年,比洛下台,贝特曼继任宰相,直至1917年。

1908年,接连推出两项法令。《营业法修正案》扩大了劳工保护的范围;《帝国结社法》确定了全帝国统一的结社和集会权,限制警察解散社团和集会的权限,并允许妇女参加社团和集会,对农业工人和说外语工人的结社限制也有所降低。

1909年,以军事开支增长造成财政拮据为契机,进一步推行税务改革。原计划征收遗产税,但因党派斗争的结果,未能实现,代之以加征间接税,增加流动资本的税负,主要承担者仍然是高收入人群。

1911年5月,国会通过《帝国保险法》。规定设立“保险局”,由一名帝国官员掌控,劳资双方派遣同样数目的代表参加,负责处理有关劳工保险的争端。法令草案曾提议将劳资双方缴纳比例由原先的3∶2改为1∶1,但国会讨论时遭到大多数党派反对,后决定维持原比例。

1912年起,国际形势日趋紧张,政府的注意力更多地转向外部事务,国内的社会立法进程基本上停顿下来。

三、经济卡特尔化

德国经济的腾飞正逢世界范围的第二次工业革命,产业结构以钢铁、机器制造、电力和化工为主,这些行业的资本有机构成都比较高,因而企业规模都比较大。德国人的团体协作精神也有利于推动协作组织的产生与发展。因而,在资本主义走向垄断的过程中,后起的德国走到了英、法的前面,与美国并驾齐驱。

从单个企业来看,在电气、化工等新兴工业部门中,德国的部分工厂从一开始就采用股份公司的形式,因此规模比较大。据统计,在1907年,雇用50名工人以上的企业所雇用的工人,在采矿和冶金业中占工人总数的97.5%,在机器制造业中占84.7%。拥有1 000名工人以上的586个最大企业,占用了全国蒸汽动力和电力总数的32%。有些大企业经过扩充和吞并,规模急剧膨胀,成为全国乃至世界的"巨头",如蒂森公司、克虏伯公司、西门子—舒克特公司、德国通用电气公司、拜耳公司、本茨公司、戴姆勒公司等。

从企业联盟来看,德国的卡特尔不仅产生得早,1857年就已出现,而且发展势头迅猛。到1900年,几乎所有的企业都已加入,否则就很难生存。卡特尔是法文cartel的音译,作为垄断组织的形式之一,它的主要功能是分割市场和规定商品价格,参加的企业在其他方面仍保持自己的独立性。这种比较灵活的企业联盟,在德国表现出强大的生命力。1889年,鲁尔区出现多特蒙德煤业卡特尔和埃森煤业卡特尔,它们规定了所辖范围内的煤价和产量,保证企业之间的有序竞争。1893年成立"莱茵—威斯特伐利亚煤业辛迪加"①,该组织包纳了鲁尔区全部煤产的86.7%,1910年上升到95.4%。在钢铁业方面,1896年在杜塞尔多夫成立生铁辛迪加,1910年进而组成"德意志铁业协会",几乎掌握了国内全部的炼铁工业。在其他生产集中程度较高的部门,甚至连生产集中程度较低和企业较为分散的部门中,如生产日历、刷子、小灯等行业,卡特尔也都得到快速发展。卡特尔这种企业联盟,经常把为数众多、但规模和技术悬殊的企业结合在一起,如1900年成立的糖业卡特尔,包括的企业就不下450个。

在经济卡特尔化的基础上,不少企业的规模进一步扩大,部分行业甚至被一两个企业集团所垄断。在电气工业中,德国通用电气公司和西门子—加尔斯克—叔克特公司在一次大战前控制了全国。在航运业,大部分汽船集中在汉堡—美洲邮船公司和北德—罗伊特汽船公司手里。在化学工业中,两大集团瓜分了几乎所有的份额,一个集团是霍斯达城的"美斯特尔"工厂和法兰克福城的"加贝尔"工厂,另一个是威斯哈云城的安尼林苏打工厂和爱北斐特城的"拜耳"工厂。在军火工业,克虏伯公司占据着统治地位。

工业的卡特尔化也引起银行业的急剧集中,出现了好几家大银行。除国家开办的"德意志帝国银行"外,最大的私人商业银行为"德意志银行"。该银行成立于1871年,在1873—1879年的危机与萧条年代里,吞并了6家其他银行,以后在

① 辛迪加是法文syndicat的音译,其垄断程度比卡特尔高,功能是通过共同销售商品和采购原料来维护企业利益,参加者在生产和法律上仍保持独立性,但丧失了商业上的独立地位,销售商品和购买原料都由总办事处统一办理。

1901—1906 年间，又吞并了 26 家银行。到第一次世界大战前夕，该银行共参与了 87 家银行。结果，它直接和间接控制的资本共达 20 亿—30 亿马克，成为欧洲范围内资本最为雄厚的银行集团之一。其他的还有德累斯顿银行、商业贴现银行、贴现公司、达姆斯塔特银行、沙夫豪森联合银行、柏林商业公司、中德信贷银行、德国国民银行等八家大的银行。1909 年，这九大银行及其附属银行，所拥有的资本占全国银行总资本的 83%，并吸纳了约一半的全国存款。

作为时代特征的金融资本与工业资本的结合，在德国表现得更为突出。因为德国银行主要采取综合性银行的形式，既经营贴现和贷款，又兼营投资等业务。大银行通过公司透支、长期贷款、发行股票以及股份参与，对工业发展起着很大影响。同时，从企业的角度看，由于规模较大，所需的资金也比较多，有赖于大银行的积极参与。例如在 1896 年，电气工业中的 39 个股份公司，就是在大银行的直接协助下建立的。银行在为企业发行股票和债券的活动中，往往购买一定数量的股票，以便在参与经营的同时分享利润。而工业企业也通过购买银行的股票，以便利用银行的作用扩大自己的势力。

四、文化思潮

德意志帝国时期，对后世影响比较大的两个文化名人是尼采和瓦格纳，他们两人的思想与作品又同叔本华有着程度不同的关联。

叔本华（Arthur Schopenhauer，1788—1860）的经历较复杂，曾经在柏林大学任教，但因教学效果欠佳，愤然离职。他生命的最后 29 年，定居在法兰克福研究哲学，从事写作。叔本华被称为“悲观主义哲学家”，是唯意志论者。他强调世间万物都有“生存意志”，假如这一意志满足不了，就会产生痛苦。苦难和痛苦是普遍的。一个人在意志不能得到满足而痛苦地死亡时，只是这个人解脱了痛苦，而作为群体的人类是不能解脱痛苦的。生存伴随着痛苦，意志是痛苦之源。

尼采（Friedrich Nietzsche，1844—1900）的思想是反基督教的，但他却是出生在普鲁士的祖传教士之家，父亲是牧师，母亲是虔诚的清教徒。由于从小接受基督教的教育，小时候被周围人戏称为“小牧师”。先后在波恩大学、莱比锡大学和瑞士的巴塞尔大学攻读神学和古典语言学。求学期间,他以叔本华的著作为师,认真研读了其重要著作《作为意志与表象的世界》,并为此写作了自己的第一篇论文《教育家叔本华》。他的思想在一定程度上受叔本华的影响,是继叔本华之后唯意志论和悲剧主义的重要代表,然而他对叔本华的悲观主义有不同的看法,尤其在生命哲学方面,他的许多思想和理论因超越叔本华而发出自己的哲学光辉。在巴塞尔期间,他结识了德国音乐家瓦格纳,不久出版了第一部专著《悲剧诞生于音乐精神》,但六年后又因学术观点不合而与瓦格纳断交。

尼采是唯心主义哲学家和唯意志论者,他继承了人文主义兴起以来对宗教的批判精神,有力地抨击基督教。在他看来,“人工”制造的上帝是不值得赞赏与崇拜的,那些“名之曰上帝”的救世主精神极为空虚,他们的说教无论是“甜蜜之歌”还是慈悲为怀,都是虚妄之词。他提出,宗教的迷雾遮没了人的聪明才智,使人分不清善恶,更阻碍了民族文化的发展,因为一个民族总不能以宗教的文化为文化,而应该有创造。“一千种民族,因此有一千种目标。”①德意志民族也应该有自己的大目标,而不应只拘泥于所谓“善恶”的宗教观。

尼采说,上帝死了,诸神也不存在了。那么,谁来引导人们的生活呢?这就需要“超人”。什么是超人?尼采在《查拉斯图拉如是说》和《道德的谱系》中都有论述。他所指的超人是英雄,是芸芸众生中的佼佼者,杰出人才。造就这样的超人需有多个条件。一要靠有意识的精心安排,实现优生优育。在他看来,婚姻不是为了传宗接代,而是为了人种的进化;只有优良的家世和血统才能造就高贵而超群的理智。二是超人本身要经过艰苦的磨炼和培养,能吃苦耐劳,严于律己,锻炼意志,在智力和体魄上都要超强,并勇于去做应该做的事,无须期待赞赏。三是超人要有高傲的意志,应超脱于善恶又凌驾于善恶。尼采的善恶观即强者与弱者的观点,勇敢、冒险、创造和权力意志属于善,是强者的象征,而平凡、懦弱、畏惧则属于恶,是弱者的表征。强者高傲自负,居高临下,统帅善恶,有权力驾驭一切,弱者庸庸碌碌。②

尼采的悲剧主义思想表现在1872年出版的《悲剧诞生于音乐精神》一书中。1868年他同瓦格纳结识后,在“迪奥涅索斯的世界观”问题上达成一致。在原来的希腊神话中,日神阿波罗被视作艺术之神,而酒神迪奥涅索斯被视作欢乐之神,两

① 尼采:《查拉斯图拉如是说》,湖南人民出版社1987年版,第68页。
② 杜美著:《德国文化史》,北京大学出版社1990年版,第256页。

神彼此对立，而希腊悲剧则以迪奥涅索斯的痛苦经历为主。尼采主张，阿波罗为造型艺术之神，代表着希腊人生来爱好的韵律、自制与和谐，而迪奥涅索斯为音乐艺术之神，代表着非理性主义的激情，只有驾驭了它才可能产生希腊文学艺术。悲剧起源于两者的熔合，这种熔合所产生的艺术品既是迪奥涅索斯的，也是阿波罗的。理性主义只能扼杀它。

从总体上说，尼采强调必须否定日趋没落的西方文明，要“重新估定一切价值”，创造新的价值，提倡主观战斗精神和对生活的“肯定”态度，这些思想符合正在形成中的德国垄断资产阶级的要求。德国诗人贝恩曾经说过：“我们这一代人所讨论的企图领悟的所有事情，实际上尼采早就详论过这一切。他发现的是最后的准则，其余不过是对这些准则作解释而已。”尼采的思想是丰富多彩的，后人会根据不同的需要，将其中的某些部分加以延伸和放大，有些甚至推进到恶性的程度，这不能全部归罪于尼采。

瓦格纳（Richard Wagner，1813—1883）是继贝多芬之后德国的重要音乐家，出生于莱比锡。由于其母亲在怀孕前后因夫死而再嫁，所以谁是其父一直存在疑问。不过，他的几个姐姐都是歌剧演员，似乎能够说明问题。瓦格纳自幼喜爱贝多芬和莫扎特的作品，自学钢琴和作曲，同时也喜欢莎士比亚、歌德、席勒的戏剧，15 岁就写了一出五幕的诗悲剧。青年时代在莱比锡大学当旁听生，仅用六个月就学完基础课程。1848 年革命期间，积极参加德累斯顿的起义，失败后遭通缉，在国外流亡 15 年。

流亡期间，他接触了叔本华的哲学，深受影响。按他自己的话来说：“我因此觅得一副镇静剂，它最终在那些不眠之夜成为唯一有助于我的睡眠的镇静剂，那就是衷心的和心灵深处的对死亡的渴望：全然失去知觉，完全的涅槃、一切梦的消失——绝无仅有的最终解脱。”[①]1864 年回国后不久，他又前往瑞士，居住在卢塞恩城郊，在那里结识了尼采，两人维持了几年的友谊。当尼采发现瓦格纳所创作的歌剧中透露出叔本华的哲学思想时，友谊从此结束。

瓦格纳是多才多艺的，他既是歌剧作曲家，又是诗人和艺术理论家，他的所有戏剧作品，从情节、人物、剧词、表现方法到音乐，都是自己创作的。他对音乐形式本身不感兴趣，认为它只是作为情感和心理的表现手段而已，但是重视运用不断变奏的主导旋律，或称表征性旋律，这种曲调既为剧中特定人物和环境所设计，又把全部题材和

---

① 摘自 1854 年 12 月瓦格纳致友人李斯特的信，见杜美著：《德国文化史》，北京大学出版社 1990 年版，第 262 页。

思想结合在一个循环范围的统一协调体内,对剧中的特定人物、剧情和对话要求重复出现,以此达到象征性意义,使剧情更加清晰。这一做法导致以后表现主义音乐的形成。

瓦格纳的作品具有浪漫派特征,喜欢以传说、童话和神话作为创作题材。他的著名作品《尼伯龙根的指环》(Nibelungen Ring)取材于13世纪初期中古高地德语史诗《尼伯龙根之歌》(Nibelungenlied),前后花了25年时间陆续写成,由《莱茵黄金》、《女武神》、《青年齐格弗里德》("齐格弗里德"旧译"齐格菲")和《齐格弗里德之死》四部构成。作品中的冲突,常常围绕着贪图黄金这个主题,以此暗示资本主义的悲剧,恐惧地看到它将消灭自古以来的美德。

叔本华、尼采和瓦格纳,尽管他们的特长和观点各异,甚至彼此之间还具有敌意,但他们都是19世纪后期文化悲观主义,或复活的新浪漫主义潮流中的主将。这股思潮的对立面,是工业发展和技术进步所带来的社会和思想上的关系紧张,是资产阶级世界及其宣扬的理想,是科学发展所推动的理性主义的高扬,是大众社会和大众文化初见端倪。文化悲观主义者认为,进步令人怀疑,国家和社会以进步的名义,用一种无所不包的秩序约束每一个人,导致部分有才智的青年难以发展,而大众社会和大众文化是机械而没有灵魂的。他们要求回到太古时代"纯粹的"日耳曼文化和日耳曼民族宗教,回复到浪漫主义的社会"有机体"概念中,从传统的力量中,包括从神秘的"血统"观念中寻找出路。这种思潮还同20世纪初年的青年运动结合起来,主张通过接触自然来追求解放,希望在效忠集体的新形式中,在对资产阶级伦理和性习俗的反抗中,在领导体制的新形式中,找到逃脱个人主义的避难所。他们在不断地徒步旅行和扎营中,表现出与现代交通形成对照的浪漫精神,在自己的"有机共同体"群体中,批判人为的社会结构。

在威廉二世时代,尤其在世纪转换时期,对国内外政要和民众产生直接影响的舆论,则是民族沙文主义和军国主义的呐喊。

"德国人的气质将会再次使世界复兴",这种宣扬德意志民族优越的语句几乎成了威廉二世的口头语。在不少德国人的心目中,德意志人"在精神方面所创造和拥有的一切都具有世界意义,德意志的衰落意味着全部文明的不可弥补的损失,自路德、康德、席勒以来,没有一个民族如此认真致力于建设一个精神独立的有道德的世界。"以后担任德国通用电气公司总裁的瓦尔特·拉特瑙,[①]在《复仇女神的蒙难者》一文中写道:"我们时代的最大不公平在于,这个地球上最有经济才能的民族,具

① 系德国通用电气公司创始人之子。

有最坚强的思想和最强大的组织能力的民族,却不能对世界起支配作用,承担责任。”

优秀的民族需要更大的空间,但按照《柏林最新消息报》的说法,“我们欧洲的地盘对我们来说是太小了,但愿那些主宰我们命运的大人物能够使德国人在太阳下面争得一块必需的地盘”。伯恩哈迪将军在《我们的未来,给德国人民的一个忠告》中也说:“如果我们注意一下……德国在世界上的地位,我们不得不悲痛地承认,德意志帝国的政治地位无论如何与德意志民族的文化价值和经济上的重要性不相称”,这无疑“不能满足我们的经济需要”。

出路就是崇尚武力,准备战争。伯恩哈迪明确提出:“不是称霸世界,就是衰落——这是历史发展使我们不得不接受的口号。第三项解决是不可能有的!”骑兵将军哈蒂甚至公然说:“战争是万事之父……战争不仅是一种生物规律,也是一种道德规律,因而是文明的不可缺乏的因素。”

五、转向“世界政策”

威廉二世执掌国政后,一方面宣布“路线照旧”,同时又命令“全速前进”,在内外政策上都推出“新路线”。对外新路线不久就露出端倪,即放弃俾斯麦坚守的“大陆政策”,转向“世界政策”(Weltpolitik),要让德国从一个大陆强国变成世界强国。

1895 年 12 月,英国殖民者出兵进攻位于南非德兰士瓦地区的“南非共和国”,该国家是 1880 年底布尔人经起义取得独立后建立的,由克鲁格任总统。不料,英国的进攻遭到惨败。威廉二世认为这是显示自己具有世界意识的极好机会,于是致电克鲁格表示祝贺。有人认为威廉二世此举意在提醒英国,它在外交上已经陷于孤立,应赶紧向德国靠拢,但结果事与愿违,英国国内由此兴起了一次强大的反德浪潮。两星期后,威廉二世又在一次演说中提出:“在德意志帝国之外,一个世界帝国出现了。”为此他呼吁人民“帮助我尽快将这一更大的德意志帝国与我们本土的帝国连接起来”。① 当然,这一世界帝国不是通过干戈与征服,“而是通过追求

① Peter Winzen, “Zur Genesis von Weltmachtkonzept und Weltpolitik”, in John C.G.Röhl(Hg.), *Der Ort Kaiser Wilhems II In der deutschen Geschichte*, München, 1991, S.193.

共同目标的各个民族的相互信赖”而建立起来的。一般认为,这两个事件标志着威廉二世“世界政策”正式出台。

德国为什么在这个时候由俾斯麦的有节制、有约束的“大陆政策”转向后果不佳的“世界政策”呢?在我们以往的解释中,比较注重挖掘垄断资本主义的经济诉求,强调垄断资产阶级需要获得原料产地、销售市场和投资场所,要求重新瓜分殖民地。这个原因是重要的,但不是全部。德意志民族主义的诉求,以德国的统一与发展为表现形式,已经取得了重大的成就,这些成就似乎证明了它的正确与有效,现在这种诉求需要有新的伸展空间,世界上正在展开的瓜分势力范围的热潮,正好为此提供了施展场所。神圣罗马帝国初期的大一统普世主义思想,经过 19 世纪后期新浪漫主义的加温,构成了一种“世界情怀”,认为优秀的德意志民族不应该只顾自己,必须承担起应有的世界责任。此外,在威廉二世的心目中,海洋与海军是同先进的英国联系在一起的,它们象征着未来和自由。尤其是海军,它是现代科技的成果,是帝国和民族,特别是它的工业、商业和学术队伍里中间等级的武器,依靠海军,能够帮助实现内部的社会重构。①

转向世界政策后,德国的殖民政策发生变化。由俾斯麦时期偶尔的、有节制的、以商人为主导的政策改为全方位的、政府主导的政策。政府直接出面同列强交涉殖民事务,专门成立了高效率的殖民部,并以对所吞并地区直接行使主权取代过去商业公司的开发行为。细算起来,威廉二世时期德国所获得的殖民地面积并不比俾斯麦时期多,也许是因为当时世界已基本瓜分完毕,德国在非洲的殖民地基本上是在原有基础上的扩大和调整,在中国,则侵占了胶州湾,将山东省实际上纳入其势力范围,但是它所表现出来的殖民态势,却令不少国家感到担忧。

转向世界政策后,德国开始大力发展海军。当时,容克土地贵族对此兴趣不大,1895 年,政府要求建造 36 艘巡洋舰,但国会只批准了 4 艘。1897 年,国会仍拒绝增加海军预算,海军部国务秘书霍尔曼被迫辞职。威廉二世任命冯·蒂尔皮茨(Alfred von Tirpitz,1849—1930)接替,后者与威廉二世私交甚好,在发展海军方面雄心勃勃,受命要把当时位居世界第七的“婴儿舰队”提升到一流的水平。翌年,蒂尔皮茨即提出新的海军扩建法案,规定到 1904 年,将拥有战列舰 19 艘,海防装甲舰 8 艘,巡洋舰 42 艘。为了使计划得以顺利通过,政府发动了一场声势浩大的宣传攻势,记者们连篇累牍地撰写文章,学者们从理论上展开论证,演说家们走街

① Christopher M.Clark, *Kaiser Wilhelm II*, Longman, 2000, p.131.

串巷，边放映幻灯片边大声疾呼，美国海军将领马汉论述海上强国的影响的著作被译成德文。蒂尔皮茨自己还成立了“海军协会”，十年内成员发展到一百多万。经过多方努力，该法案终于在 1898 年 3 月以 218 票对 139 票获得国会批准，被称为德意志帝国的第一个海军扩建方案。

政府继续努力，要实施更大的海军扩充计划。1899 年 3 月，蒂尔皮茨与宰相比洛联手，利用皇帝想集中海军指挥权的愿望，撤销海军司令部，排除了实施造舰计划的任何干扰。1900 年 6 月，国会以 210 票对 103 票通过第二个海军法案。根据新的计划，舰队数量将在 17 年内翻一番，德英两国的海军实力对比将从 1∶2变成 2∶3，德国海军将位列世界第三，仅次于英国和法国。①

1905 年日俄战争结束后，形势再起变化。日俄海战表明，争夺海上霸权的斗争不像此前人们所认为的那样，取决于巡洋舰和鱼雷，而是取决于战列舰，军舰的速度快、炮火射程远，对赢得海战具有重大作用。英美两国很快转向，把新战列舰的排水量增加一倍。英国甚至在 1906 年就下水了一艘“无畏号”新型战列舰，并且认为德国将从此处于落后状态，因为德国的船坞较小，港口和基尔运河的宽度不足，财政上也支撑不起。不料德国方面排除各种困难，拓宽运河和港口，改建船坞，并且从 1906 年到 1908 年三次扩充海军计划，建造的战列舰以英国的无畏舰为模板，但吨位更大，火力更强。而且，德国没有清除或维护旧舰的负担，在造新舰方面反而竞争力更强。很快，德国的舰队超过法国，位居世界第二，成为英国海军的强大竞争对手。

建造“巴格达铁路”也被纳入世界政策的范畴。该铁路兴建于威廉二世亲政以前，即 1888 年，当时由奥斯曼帝国用德国的财政援助建造，第一期工程是将海德帕夏至伊士米德之间的铁路延伸到安卡拉。当德国转向世界政策后，从 1902 年起，德国公司在土耳其政府的特许下，开始将该铁路进一步延伸到巴格达。一旦这条铁路完成，可以将柏林、拜占庭（即伊斯坦布尔）和巴格达这“三 B”连接起来。在德国民众看来，这条铁路将使本国能在近东地区大规模地开展经济活动，并施加政治影响。而在英国和俄国看来，它将严重危害其他国家在那里的利益。

转向世界政策还伴随着世界性的泛德意志运动的高涨。1891 年，在克虏伯公司总经理阿尔弗雷德·胡根贝格发起下，成立了“泛德意志同盟”（初期称“日耳曼总同盟”）。当时的泛德意志计划主张，世界上全部德意志人都联合成一个庞大的

① Walther Hubatsch, *Die Ära Tirpitz: Studien zur deutschen Marinepolitik, 1890—1918*, Göttingen, 1955, S.18.

泛德意志国家，由这个国家统治世界。泛德意志国家除包括奥地利外，还应该把荷兰、比利时、卢森堡、瑞士、匈牙利、波兰、罗马尼亚、塞尔维亚包括在内，有人甚至主张连斯堪的纳维亚半岛也应纳入其中。该同盟不同于一般国家的民间团体，其领导人中有官员、国会议员、大学教授、军界和工业界的重要人物，还同政府中的重要人物保持着密切的接触，对政府制订法案和国会表决法案都能产生重大影响。它还同27个协会建立了特殊的联系，成了它们的参谋机构，这些协会包括海军协会、陆军协会、殖民协会、国际协会、德国东部边境协会、青年德意志同盟等。

六、走向世界大战

与世界政策相伴的，是不太成熟的外交谋略。威廉二世时代前期，对外交政策起重大作用的，是外交部枢密顾问霍尔斯泰因（Friedrich von Holstein，1837—1909）。档案材料证明，此人的外交决策建立在三个前提上，即深信：俄法两国不会结盟；俄英之间不会达成谅解；英国由于在北非同法国争夺，在近东、伊朗、阿富汗和东亚同俄国争夺，将会被迫向德国靠拢，因此德国在大国之间享有行动自由。①

“新路线”外交面临的第一个问题是处理对俄关系。1890年，德俄再保险条约期满，俄方提出续订，而德方决定不再延长。俄德关系正式拉开距离，并日趋恶化。为了迫使俄国降低关税，德方将俄国商品的进口税提高50%。俄国以牙还牙，从1893年夏天起，两国展开了关税战，贸易关系几乎陷于停顿。之后，德国政府曾一度试图重修与俄的“传统友谊”，于1894年缔结了德俄贸易协定，但两国关系始终未能根本改善。在微妙的欧洲战略格局框架内，德俄的疏远，很快推动了俄法两国的接近。1892—1894年，俄法两国通过一系列条约，结成具有长期意义的同盟关系，奠定了日后“协约国”集团的基础。

其次是处理对英关系。在这方面，威廉二世略占优势，1901年去世的维多利

① Norman Rich, *Friedrich von Holstein: politics and diplomacy in the era of Bismarck and Wilhelm II*, Cambridge, 1965, pp.292-294.

亚女王和继位的爱德华七世分别是他的外婆和舅舅。尽管“天子无私事”,亲戚关系一定会服从国家利益,但是有时这种关系也会起到关键性的缓和作用。面临对俄关系松弛,德国也确实把结盟的目光转向英国。1890 年 7 月,德英两国签订《赫耳哥兰—桑给巴尔条约》,在条约中,德国放弃了在东非的要求,承认英国对桑给巴尔和奔巴的保护权,作为交换条件,德国获得了赫耳哥兰岛。1891 年,当威廉二世得知维多利亚女王病重的消息后,立即赶赴英国,在女王床边陪伴外婆走完人生的最后旅程。此举在英国获得普遍的好评。然而,当时的大国关系极其微妙,德英接近很快影响了俄国,推动它向法国靠拢。在这种情况下,德国开始缩手。尤其是前述 1895 年的“克鲁格电报”事件,使德英关系急剧降温。以后随着德国大力发展海军,英国的态度日渐明朗,先后于 1904 年和 1907 年签订《英法协约》和《英俄协约》,连同 1894 年的《法俄协约》,构成了协约国集团的雏形。

俄法结盟,意味着未来的战争将在东西两线进行,为适应这一形势,1905 年德国总参谋部着手制订欧洲作战计划,该计划以总参谋长冯·施利芬(Alfred von Schlieffen,1833—1913)命名,称“施利芬计划”。该计划改变了此前两任总参谋长首先进攻东线的主张,将第一打击目标指向西线。它要求采用速决战和包围战,集中优势兵力,先消灭西线法军。即用 79 个师越过比利时和卢森堡,进入法国北部,用 8 个师留在法德交界的阿尔萨斯—洛林地区,德军以梅斯为枢轴,像一扇巨大的旋转门,一直横扫到法国沿海地区,南北包围巴黎,“六周内把法国解决掉”。然后移兵东线,全力回击俄国,三至四个月内结束战争。该计划的前提,是俄国经过日俄战争,将在很长时间内丧失斗志。另外,计划主要从军事上着眼,没有考虑到破坏比利时中立的政治后果,也许会引起英国的敌意。

事态发展到这里,趋势似乎已经很明朗,即德国将在很不利的条件下卷入战争,而施利芬计划则难以成功,因而,德国必将在大战中失败。实际情况并非如此。事后的回顾和叙述,能够在一团乱麻中理出其中的几条线索,因而相对比较容易,而在当时,要看清这一点是有难度的,非明智人士莫为。而且,当时大国关系中确实存在很多干扰视线的因素,这些因素甚至能成为变数,推动局势向另外的方向发展。例如,1902 年,英国同日本结成了较为紧密的“英日同盟”,1904—1905 年,日本与俄国爆发日俄战争,由于英日同盟具有长期性,因此,英国似乎很难同俄国“亲密无间”,尽管两国于 1907 年缔结了协约。另外,从 1909 年到 1912 年,英德之间围绕海军建设问题展开了多次谈判,双方曾经达成过某些妥协,国家集团重组的可能性不是没有。

然而,从1905年起,德国两次卷入摩洛哥危机,恶化了同英国的关系。根据1880年国际《马德里公约》规定,各大国在摩洛哥都享有平等的权利,不得授予任何一国以优先权。然而在1904年4月的英法协约中,双方均衡了在北非的权益,规定英国控制埃及,法国"维护"摩洛哥。法国根据协约,于翌年2月提出改革计划,试图把摩洛哥变成自己的殖民地。德国本来就对非洲殖民地图很不满意,这时立即发出了自己的声音,要求《马德里公约》缔约国举行会议,按照"门户开放"、"一视同仁"的原则调整各国在摩洛哥的地位。当法国犹豫不决时,德国甚至警告它"不要玩火"。德国此举有两个目的,一是维护自己在非洲本来就不多的权益,二是以强硬手段威逼法国,利用俄国在对日战争中地位软弱之机拉拢它,组建以自己为中心的反英大陆联盟。最后,德国根本没有达到目的。

1911年4月,摩洛哥首都非斯的郊区爆发起义,法国以恢复秩序和保护侨民为由,出兵占领非斯。德国派出"豹号"炮舰进入摩洛哥的阿加迪尔港,要求法国交出一部分摩洛哥领土,或者让出整个法属刚果。不料英国反应强烈,声称"愿作重大牺牲以维护和平",同时海军进入战备状态。德国只得后退,承认法国在摩洛哥的特权,并取得法属刚果的一小部分,使德属喀麦隆扩至刚果河畔。

两次摩洛哥危机,德国获利不多,但它同英国的关系却日趋恶化。经过这番角逐,德国的坚定盟国,似乎只剩下奥匈帝国了。但正是这位"德意志兄弟",把它拉入了巴尔干危机的旋涡。

根据1878年《柏林条约》规定,波斯尼亚和黑塞哥维那由奥匈帝国"代管",名义上仍属于奥斯曼帝国。但塞尔维亚人创导"大塞尔维亚主义",希望将包括波、黑在内的各个民族统一起来。俄国在"泛斯拉夫主义"的旗号下支持"大塞尔维亚主义",试图进入这一地区。土耳其于1908年爆发资产阶级革命,也提出"重返欧洲"的口号。对此,奥匈帝国极为恐惧与仇视,于1908年10月单方面宣布吞并波、黑,挑起了波斯尼亚危机。塞尔维亚向奥匈帝国提出抗议,并向俄国求援,但德国坚决支持奥匈帝国。最后,土耳其政府在德国影响下,以250万英镑的代价向奥匈帝国转让了波、黑两地名义上的主权。这次事件使德俄关系进一步恶化。

随后发生的两次巴尔干战争,即巴尔干国家反对奥斯曼帝国的第一次巴尔干战争和巴尔干国家内部发生的第二次巴尔干战争,德国都坚定地站在奥匈帝国一边,鼓动它对塞尔维亚采取强硬态度。这样,非但激化了德—奥与俄—法之间的矛盾,还使巴尔干国家内的塞尔维亚、希腊、罗马尼亚也站到了对立面一边,但同时,德英关系有所好转。

1914年6月28日，奥地利皇储弗兰茨—斐迪南大公夫妇在波斯尼亚首府萨拉热窝遇刺，凶手是波斯尼亚大学的学生普林西普。凶手的背后是一个名叫“不统一毋宁死”的秘密组织，该组织又名“黑手党”，旨在复兴塞尔维亚民族、强化国家权力，头目季米特尔耶维奇上校在塞尔维亚总参谋部供职。这次谋刺事件有塞尔维亚背景，因为凶手的武器来自塞尔维亚陆军仓库，而谋刺行动又在塞尔维亚报纸上受到称颂，但同塞尔维亚政府没有直接关联。谋刺对象之所以选择斐迪南大公，是因为他想把奥匈帝国改造成一个联邦主义国家，让国内各民族享有广泛的自治权力，一旦他登基实施改革，斯拉夫民族主义将失去动力，大塞尔维亚主义也将无机可乘。

奥皇打算利用欧洲公众普遍痛恨恐怖行径之机，动用外科手术式的方法，把塞尔维亚这个俄国在巴尔干的前哨“作为政治实力因素消灭掉”。为此，他给威廉二世写了一封亲笔信，请求获得德方的支持。威廉二世很快作出答复，宰相的态度也很明确：德国将忠实地站在奥地利一边。德方的反应无异于给奥皇开了一张可以随意填写数字的“空白支票”，把自己的命运同奥地利捆绑在一起。有些史书将这一行为看作德国蓄意发动第一次世界大战的证据，这一观点有待商榷。德方希望教训甚至“清除”[①]塞尔维亚人，这是事实。德国统治者甚至认为，考虑到奥匈帝国内部不稳和国际地位下降，当时是它通过一场小规模战争表明其大国地位的最后一次机会。他们也考虑过战争规模可能失控，甚至会引发欧洲战争，但认为英国不会参加这场战争。塞尔维亚问题的背后是俄国，但威廉二世认为沙皇不会支持谋杀皇储的凶手，而据德国总参谋部的估计，俄国要到1916—1917年才能完成自己的军备计划。因此之故，德方并没有很快作出临战反应，威廉二世按惯例前往北方旅行，总参谋长小毛奇和海军首领蒂尔皮茨也正在休假。然而从更大的范围来看，德方难逃其咎。当时国际局势日趋紧张，地区冲突不断，德国作为一个后起的大国，时时在搅动原有的世界秩序。这时出于种种考虑，它又纵容奥地利对塞尔维亚发动战争，由此引起的后果，它是有责任的。

7月23日，奥匈帝国向塞尔维亚发出最后通牒，要求让奥方官员参与调查谋杀案，要求塞尔维亚取缔一切反奥宣传并清除所有反奥的文武官员，限塞方在48小时内答复。25日，塞尔维亚作出答复，表示同意镇压反奥活动，但在主权问题上

① 该词是威廉二世自己使用的，他于1914年6月30日在对德国驻奥匈帝国大使馆工作报告的眉批上写道：“必须清除塞尔维亚人。”

作出一切保留。同时,塞方发布了动员令。28 日,奥匈帝国对塞尔维亚宣战。

德国士兵开赴前线

以后发生的一切大多超出德国统治者的设想。7 月 30 日,沙皇政府宣布支持塞尔维亚,并下令实行总动员。法国担心有朝一日会单独同德国作战,决定支持俄国,也于 8 月 1 日实行总动员。德国向俄国发出为期 12 小时的最后通牒,要求停止一切针对德、奥的战争措施。俄国不予答复,8 月 1 日,德国对俄国宣战。前一天,德国根据施利芬计划的要求向法国提出询问:一旦德俄开战,法国是否保持中立? 法国的答复是将“根据其利益”行事。8 月 3 日,德方嫌法方的答复“支吾其词”,对法国宣战。同一天,德国向比利时发出假道西进的最后通牒,遭拒绝后,德军越过比利时边界。英国政府在萨拉热窝事件刚发生时,内部曾经对是否参战意见不一,但在奥匈帝国对塞尔维亚宣战后,也决心参战。8 月 4 日夜,它向德国发出尊重比利时中立的最后通牒,实际是正式对德宣战。5 日,奥匈帝国在德国催促下,向俄国宣战,随后,英法向奥匈宣战。第一次世界大战就此爆发。

七、陷入阵地战

战争开始后，德军即根据施利芬计划行事，但作了一些修改。俄国在日俄战争结束后很快恢复了元气，而战争的导火线也是在东面而不是西面点燃，因此，总参谋长小毛奇将西线的兵力从计划中的87个师缩减至70个师，相应地加强了东线的力量。另外，即使在西线，按照施利芬的设想，应尽量减少南端的兵力，一方面加强北端的进攻力量，同时吸引南端的法军陷入德国领土，以加强进攻效果。但小毛奇对西线兵力的部署，南、中、北端的分布为16个师、20个师、34个师，相比之下较为均衡。

8月4日，德军进攻比利时的要塞列日，两天后攻克，20日占领布鲁塞尔。随后，西线大军向法国北部推进，同法军展开了激烈的"边境交战"。法军一时难以抵挡德军的攻势，被迫从凡尔登西北全线撤离，以保存自己的主力，加强巴黎的防卫。9月2日，法国政府迁往波尔多。德军以为法军已被击溃，下令乘胜追击，实施施利芬计划。9月5日，法军主力在巴黎东面的马恩河一带反击德军，打响了"马恩河会战"。双方投入约200万兵力，6 600多门大炮，在宽180公里的战线上恶战了八天。德军遭受严重挫折，被迫后撤60公里。原先的运动战有变成消耗性阵地战的可能。9月14日，威廉二世以"患病"为由，免去小毛奇的总参谋长职务，由普鲁士国防大臣冯·法金汉(Erich von Falkenhayn，1861—1922)继任。

法金汉为了实现包围法军的预定目标，命令主力向北突进，企图占领法国北部沿海地带，在控制港口的同时，按预定计划实施"大包围"。法英联军看出德方的意图，采取相应对策。于是从9月16日至10月15日的30天内，双方为了相互迂回对方的侧翼，展开了"奔向大海"的角逐。德军在多次战斗中损失了三个军的兵力，终于在10月10日占领了比利时的安特卫普，但仍未能突破联军的防线。这样，从10月中旬起，双方进入了相持状态。

东线，俄军于1914年8月17—18日发动进攻，分别从北部战线攻入东普鲁士，从南部战线攻入加里西亚。8月底，德军第八集团军司令兴登堡(Paul von Beneckendorff Hindenburg，1847—1934)及参谋长鲁登道夫(Erich Ludendorff，1864—

1937）在北部战线发动坦能堡战役，利用俄军两路进攻部队没有密切配合的弱点，实施各个击破，迫使俄军退出东普鲁士。兴登堡的声望陡升，被誉为“战时英雄”和“常胜将军”，翌年即升任总参谋长，指挥全局，甚至有不少人认为皇帝应该把军事指挥权交给他。鲁登道夫则升任第一军需总监，实际上成了副总参谋长。

德方希望同俄国单独媾和，以便腾出手来集中对付西线。但沙皇虑及英国的报复，一再表示不愿“背叛协约国”。东线经过一番争夺，到 1915 年底，从波罗的海到罗马尼亚的 900 多公里战线上，双方形成对峙状态。

这时有了一个小小的插曲，即德军士兵开始配备钢盔。原来，军医总监、德国著名的外科医生比尔教授在西线发现，因榴弹而受伤的人比以往战争要多，锯齿形的弹片常常置人于死地，尤其在头部，很小的弹片足以使人丧命。他产生了一个聪明的想法，即使用金属帽把头盖住，让弹片和弹头滑过去。这一想法使他成了“钢盔之父”。根据这一想法，汉诺威工学院施威尔德教授作具体设计，创制出独特的德式钢盔，即后半部向下弯曲，让士兵的头部得到更多的保护。1916 年 1 月，三万顶钢盔分发到西线战士手中，同年 4 月，德军普遍使用钢盔。

法金汉又把目标转向西线，选择了巴黎西北部入口处、被称作圣地的凡尔登为攻击点，扬言要在这里“使法国把血流尽”。他从东线调来 50 万军队，在凡尔登要塞之外的 8 英里战线上集中了 1 400 多门大炮，从 1916 年 2 月起发动进攻。凡尔登战役历时 10 个月之久，德军在战争史上第一次使用毒气窒息弹，但还是未能取胜。相反，当凡尔登战役还在进行时，法英联军从 6 月起发动索姆河战役，双方投入的兵力超过 150 个师。在这次战役中，英军第一次使用坦克，最后德军还是守住了阵线，但军事形势更加恶化。

施利芬计划求助于运动战，但最后的结果是陷入消耗性阵地战。一旦如此，德国东西两线受敌、易于遭封锁的恶果立即暴露。工业原料短缺，食品匮乏，劳动力不足。1916 年 6 月，政府设立了“帝国谷物局”和“帝国服装局”，负责征集和配售粮食及衣服。居民必须凭证按限额购买生活必需品，供应被压缩到极低的水平。到 1916 年冬天，连最低标准的粮食供应也达不到，只能以芜菁取代，被人们讥为“芜菁之冬”。战争中后期，德国被饿死的人达到近 80 万，其中 55% 是 6—15 岁的儿童。政府的对策是加紧控制，1916 年 12 月颁布《兴登堡纲领》，规定凡 17—60 岁男子，都要被征调入伍，留在工厂中的劳动者，不得随便转岗，一切工厂生产都必须服从军事需要，不能生产军需用品的工厂视情况关闭，工人另调工厂或开赴前线。

德方把视线转向海上，于 1916 年 5 月底发起日德兰海战，企图诱使英国海军在公海上决战，趁机消灭一部分英舰，夺取制海权。不料有关电报被英方截获，使英方得悉德方意图，作了部署。德方出动了 160 艘战舰，使英方的损失大于德方，但没有夺得制海权，被迫撤回基地，继续困守。

八、社会民主党分裂

“非常法”被废除后，德国社会主义工人党于 1890 年 10 月召开哈勒代表大会，会上决定将党名改成“德国社会民主党”。翌年 10 月，该党又召开埃尔福特代表大会，会议通过了新的党纲，即《埃尔福特纲领》。该党纲由考茨基（Karl Kautsky，1854—1938）起草，清除了《哥达纲领》中的拉萨尔主义痕迹，比较明确地表述了党的政治和经济要求，但离开恩格斯的要求还有一定的距离，如没有明确提出建立无产阶级专政的要求等。考茨基出身于布拉格的知识分子家庭，在维也纳大学读书时加入奥地利社会民主党，从 80 年代起受到马克思、恩格斯的指导和培养，自命是“正统马克思主义理论家”。1891 年进入德国社会民主党的领导机关，此后参加第二国际的领导。他在以后德国社会民主党内部的分歧中，属于“中派”。

从 1895 年起，随着恩格斯的去世，伯恩斯坦的改良主义思潮在德国社会民主党内崛起。伯恩斯坦（Eduard Bernstein，1850—1932）出生在德国犹太人家庭，父亲为铁路技师。伯恩斯坦 1872 年加入社会民主工党（埃森纳赫派）。他拒不接受政府颁布的反社会党人“非常法”，因此而被驱逐出境，流亡到瑞士。期间经马克思同意，担任党的机关报《社会民主党人报》主编。从 1896 年起，他在考茨基编辑的理论刊物《新时代》上，以“社会主义问题”为总题，发表五篇文章，提出了一系列改良主义观点。以后又将相关文章汇编成册，取名《社会主义的前提和社会民主党的任务》。他提出：马克思主义理论同社会现实之间存在着一定的距离，马克思关于无产阶级将越来越贫困、中产阶级将消失、资本主义行将崩溃的预言，已经被实际情况所否定；垄断的出现，使资本主义具有适应能力，“有比过去所假定的更长的寿命和更强的弹性”；先进国家中资产阶级“正在一步步地向民主制度让步”，在一百年前需要进行流血革命才能实现的改革，现在只要通过投票、示威游行和类似的威逼手段就能实现；社会主义不是工人们反抗贫穷和屈辱的革命的产物，而是人类所渴望的最终理想，是一个走向生产合作制的运动，它的胜利不可能通过一次暴力起义而取得，工人阶级必须逐步实现自己的解放，把社会由商人、地主实行寡头统治的领域改变成一切部门都以劳动者和创造者的利益为指导的真正的民主制。

伯恩斯坦的观点获得党内不少年轻理论家的支持，他们在《新时代》杂志上同考茨基派展开论战。同时，以卡尔·李卜克内西、罗莎·卢森堡为代表的左派也迅速崛起，对伯恩斯坦的观点展开反击。由于党的领导人倍倍尔具有较强的个人魅力，并对党实行着强有力的控制，社会民主党在组织上还保持着完整。1913 年 8 月，倍倍尔去世，党的领导权转入艾伯特（Friedrich Ebert，1871—1925）和谢德曼（Philipp Scheidemann，1866—1939）手中，他们两人在观点上均属于右翼。

艾伯特将在 1918 年以后的德国政治舞台上处于中心位置，有必要略加了解。他出生于海德堡一个信奉天主教的裁缝家庭里，小学毕业后就到马具店当学徒。尽管文化水平不高，但还是关心政治与社会问题，由此被师傅斥为“不务正业”。满师后按照手工业者的惯例，漫游在法兰克福、卡塞尔、波鸿、不来梅、慕尼黑、曼海姆等地，趁机了解工人的劳动和生活状况。他的叔叔居住在曼海姆，关心和同情社会主义运动，在社会民主党遭禁的年代里，曾经向它提供过援助。艾伯特在叔叔的介绍下，阅读过拉萨尔、马克思和恩格斯的著作，还经常同当地的社会民主党人接触。18 岁时加入马具匠工会和社会民主党，两年后定居不来梅，结束漫游生活。1893 年，他 22 岁，开始经营一家小旅馆谋生，同时担任了不来梅地区社会民主党机关报《不来梅民报》的编辑，由于工作出色，以后又当上了地区党组织的主席。伯恩斯坦的思想兴起后，艾伯特没有参与论战，但内心深处比较赞同。他的协调能力很强，能妥善处理各方关系，因此进入 20 世纪后地位上升较快，在 1905 年的耶拿代表大会上进入大会主席团，并当选为党的执行委员会书记，倍倍尔去世后继任主席。

在威廉二世时代，随着社会民主党被解禁，它的社会活动能力越来越强，在国会大选中的影响也越来越大。在国会 397 个总席位中，解禁前的 1887 年，社会民主党人仅得 11 席，1890 年即上升到 35 席，1893 年 44 席，1898 年 56 席，1903 年 81 席，1907 年降到 43 席，1912 年获得大胜，猛增到 110 席，成为第一大党，而原先的第一大党中央党的席位从原先的 105 席降到 91 席，沦为第二大党。如果不是德意志帝国独特的政治体制，社会民主党人此时应该领衔组阁，至少也应该参加政府。

1914 年 8 月 1 日，当第一次世界大战的导火索正在引爆时，威廉二世宣称：

"当国家投入战争时，一切政党应该停止争吵，我们大家都是兄弟。"国会各政党积极响应，很快达成了"国会内党派斗争暂时中止"的政治休战。93名德国杰出的知识分子和艺术家，其中包括普朗克、伦琴等，联名发表一项宣言，否认关于德国破坏比利时中立和挑动战争的指责，并得意地宣告"德国军民是一家"。但是社会民主党以马克思主义为建党原则，它会采取什么态度呢？在党的核心会议上，92名与会者中只有14人投票反对国会批准军事拨款。但由于国会党团作过规定，全体议员必须作为统一的整体进行投票，所以在8月4日的国会投票中，一致投票赞成军事拨款。在赞成"保卫祖国"的人中，政治观点还是略有差异。大部分人已经成了爱国主义者，而不管所爱的是什么国家。早在1907年4月，诺斯克(Gustav Noske，1868—1946)在国会作预算投票时发表的演说，就曾经引起过一场有关民族问题的风波。他宣称，社会民主党人从来就蔑视资产阶级的裁军幻想，当前经济冲突十分严重，任何国家都不可能考虑裁军，"普鲁士国防大臣应该知道，我们从来就要求有一个武装起来的国家。"诺斯克反对旨在征服别人的战争，但他声称，社会民主党人将永远要求对青年进行军事训练，为德国在"需要最好的战士"的时期做好准备。① 诺斯克的演说受到资产阶级和保守派人士的欢迎，但在党内却遭到一定的攻击。另一些支持第一次世界大战的人则认为各参战国之间有是非之分，如考茨基在1914年8月28日的《新时代》杂志中说："我们再次遇到了反对欧洲发展自由的凶恶敌人，即沙皇制度。"另一些人则认为英国代表了传统的资本主义制度，它的辉煌时期已经过去，而"德国人的辉煌时期"，即"德国精神、德国制品和德国文化在世界上至高无上"的辉煌时期即将到来。后一种人在看清了一次大战的本质后，容易转向反战的立场。

党内左派坚持认为一次大战是一场帝国主义战争，德国帝国主义应负特殊的战争罪责。就在8月4日社会民主党国会党团投票支持战争拨款的当晚，左派分子在卢森堡的寓所聚会，决定开展地下斗争，并同其他地区的左派党员取得联系。会后，卢森堡向各地的左派活动家拍发了近三百份电报，她和李卜克内西还到西部和南部作反战旅行，在"反兼并保和平"抗议大会上发表演说，谴责右派领袖的错误政策，要求党实行改组。9月下旬，社会民主党执行委员会召开会议，追究李卜克内西"破坏党的统一"的责任，但遭到后者的拒绝。

1914年12月2日，国会第二次讨论增加军事拨款法案，社会民主党议员，包括

① 科佩尔·S.平森：《德国近现代史》，商务印书馆1987年版，第293—294页。

全体议员中,只有李卜克内西一个人投反对票。他在声明中说:“我反对战争,反对战争贩子和战争祸首,反对导致战争的资本主义政策,反对兼并计划,反对战争中的不人道行为,反对军事独裁,反对统治阶级的像目前所表现的那种社会上和政治上不负责任的态度,所以,我反对所提出的军事拨款。”但是,他在表决辩论时被剥夺了发言权,根据议长的指示,他提出的反对论据也没有载入正式记录。① 翌年3月5日,七个城市的左派分子在柏林举行会议,初步形成了有组织的派别,因其主办的杂志取名《国际》,被称为“国际派”。1916年1月1日,国际派在柏林召开全国代表会议,会议决定定期发表《政治书信》。因刊物的发行人匿名“斯巴达克”,该刊物以后被称为《斯巴达克书信》,左派也就被称为“斯巴达克派”。

随着形势的发展,社会民主党内中派的态度发生变化,他们更明确地从和平主义的立场反对战争,反对支持本国政府的军国主义政策。1915年3月15日,中派领袖哈泽(Hugo Haase,1863—1919)写信给右派领袖艾伯特,表示经反复思考后,认为赞成军事拨款的行为是违背党的决议的。五天后,国会第三次表决军事拨款法案,以哈泽为首的30名中派议员一致弃权而离开会议大厅。同年6月19日,伯恩斯坦、哈泽、考茨基三人联名发表呼吁书《当务之急》,指责兼并政策,要求“在自由协定的基础上”实现“真正的和持久的和平”。他们的行动遭到党内仲裁委员会的批评。

1917年1月,34名斯巴达克派成员和123名中派成员共157人,在柏林召开“社会民主党反对派全国代表会议”。右翼不能容忍这一局面,由执行委员会出面向全党发出号召书,实际上号召把一切反对派开除出党。同年4月,反对派在哥达城召开会议,成立了“德国独立社会民主党”。斯巴达克派参加了该党,但保持着组织上的独立性。

九、帝国崩溃

速战速决的意图破灭后,德国当局即开始作和平试探。它首先把目标定在俄

① 洛塔尔·贝托尔特等编写:《德国工人运动大事记》第一卷:从开端至1917年,人民出版社1983年版,第331页。

国，以便同它单独媾和，摆脱两线作战的困境。1915 年，它通过丹麦向俄国示意。接着又通过俄国皇宫一女侍，向沙皇接连递信。1916 年 7 月起，德俄双方在瑞典首都频繁进行非官方的和谈。由于俄国国内主战派的力量强大，政府也不愿意背叛三国协约，因而和谈没有成功。

1916 年 12 月，德国政府以同盟国的名义，向协约国发出照会，建议和谈，但没有提出具体的条件，只是泛谈“和平与和解”。其实，在德国内部，对和谈的条件是有不同意见的。社会民主党等一些政治派别主张实行“不割地和不赔款”的媾和，而军人集团则谋求欧洲霸权和殖民霸权地位的胜利媾和。月底，协约国集团作出答复，要求同盟国以“赎罪、赔款和保证”作为谈判的前提。

无奈之下，德国只好求助于小小的潜艇以扰乱协约国的运输线。1917 年 1 月，根据蒂尔皮茨“用强有力的尽可能残酷的潜艇战”去剥夺“英国岛国的便利形势”的建议，威廉二世在御前会议上决定“恢复无限制潜艇战”。潜艇战初期确有成效，三个月内共击沉协约国和中立国的船舶一千多艘，但很快招致美国参战。当时，德国正在拉拢墨西哥和日本结成反美同盟，美国已经对德国充满敌意，在无限制潜艇战初期，美国有 10 艘船只被德国潜艇击沉。4 月 2 日，美国提前举行国会会议，参众两院分别通过对德宣战的决议案。美国参战，直接影响了巴西、加拿大、暹罗(泰国)、澳大利亚等中立国的态度，1917 年共有 23 个国家加入协约国的行列。同时，美国停止建造战列舰，大量建造并派出驱逐舰和猎潜艇参加反潜作战，迫使德国的无限制潜艇战走向失败。

1917 年，俄国接连发生二月革命和十月革命，新生的苏维埃政权急需以空间换时间，以赢得喘息时机。而受陆军中将马克斯·霍夫曼控制的德方代表团以趁火打劫的态势，迫使俄方于 1918 年 3 月签订屈辱的《布列斯特和约》。根据和约，德国在东线取得从北极的纳尔瓦到高加索和黑海的控制权，包括整个波罗的海地区、乌克兰和高加索，苏俄因此失去一百万平方公里的领土和 4 600 万人口。在国会辩论中，绝大部分政党都欢迎这个和约，并表示决心把西线的战争进行到“最后胜利”。谢德曼在发言中，一方面提醒大家注意 1917 年 7 月 19 日国会通过的“和平决议”，该决议强调德国“只是为了保卫自己的自由独立和维护领土完整才拿起武器的”，其目的是缔结一项和解性的和约，另一方面宣读了国会党团作出的声明，其中谴责《布列斯特和约》违反了民族自决权。社会民主党人在表决时弃权。只有独立社会民主党坚持认为这个条约是兼并性的，投了反对票。

有人设想，如果德国打赢了第一次世界大战，取代《凡尔赛和约》的将是什么条约?《布列斯特和约》已经作了回答。

1916 年兴登堡升任总参谋长后,曾经在西线沿着国境线构筑了“兴登堡防线”,该防线由战壕、多层铁丝网和钢筋混凝土碉堡组成,重要地段的防御纵深达 15 公里,分主要地带、中间地带和后方地带三层。1917 年 4 月,当美国宣战后,德国最高统帅部为保存实力,把西线部队撤入防线,并在 1917 年下半年和 1918 年初,借此抵御了敌军的多次攻势。《布列斯特和约》签订后,德方消除了来自东线的压力,军部便打算利用这一机会,集中兵力在西线作最后一搏,在大批美军抵达欧洲之前打败英法联军。从 1918 年 3 月到同年 7 月,德军连续发动五次大规模的进攻,其中第一次进攻曾一度进抵距巴黎仅 32 英里的小镇。但从总体上说,德军已经是强弩之末,没有后备军,补给不足,很快失去西线的主导权。

8 月中旬,德国最高统帅部已经意识到无法战胜对手,13 日,鲁登道夫在总结战争形势时指出,德军无力攻垮敌人,必须进行和平谈判来结束战争。德国的盟国连吃败仗,纷纷投降。9 月 29—30 日,保加利亚和土耳其先后投降。奥匈帝国处于瓦解中,匈牙利人等相继宣布独立。德国败局已定。在战争期间长期揽权的军方,为了推卸责任,开始寻找替罪羊。皇帝早已离开决策圈,他的大本营更像一座行宫,尽管在战争期间,但还经常举行郊游和打猎。皇帝有时也坐在地图前,根据战报摆弄着上面的小旗,但每天的工作时间维持在一小时左右,过了这个时间,他就开始心不在焉。时间长了,决策者几乎完全不把他放在眼里,他在大本营里经常连发言的机会都没有。德国和谈代表曾对美国人说:“威廉皇帝现在只在德国的敌人那边出了名,而在德国本土,他已被人们完全撇在一边,或者不如说已作为一个无能的蠢人被扫到一边了。在德国,没有人再谈论他;在政治上,他已不复存在;在柏林,甚至在形式上也没有人同他商量问题了。”①因此,替罪羊只能是政府,最好是有议会基础的政府。9 月 28 日,最高司令部发出声音,要求组建一个基础更广泛的政府。

俾斯麦之后的帝国宰相,先后由卡普里维(1890—1894)、霍恩洛埃(1894—1900)、比洛(1900—1909)、贝特曼(1909—1917)担任。1917 年 11 月,在鲁登道夫等人的要挟下,贝特曼被迫下台,由中央党人赫特林伯爵接任。不到一年后,1918 年 10 月 3 日,又是在军方的要求下,南部贵族中的自由派人士、巴登亲王马克斯(Prinz Max von Baden,1867—1929)被任命为宰相。他接任时曾公开宣布,他的政

① 科佩尔·S.平森:《德国近现代史》,商务印书馆 1987 年版,第 431 页。

府要以国会多数为基础,因此将邀请社会民主党人和中央党人入阁。尽管不少社会民主党人反对参加政府,因为他们不想"为霍亨索伦王朝充当债务清理人",但在艾伯特的坚持下,该党还是派谢德曼和鲍威尔入阁。马克斯政府的政党基础是社会民主党、中央党和进步党。

政府立即实施政治体制改革,国会通过了一系列修正帝国宪法的议案,10 月 28 日由皇帝签署公布。根据议案规定,宰相必须取得国会信任才能行使职责,他履行职务时要对国会和联邦参议院负责,而不必对皇帝负责,宣战与媾和都需要经过议会批准。就此,德国迈入了议会君主制国家的行列,只是时间上太晚了一点。月底,鲁登道夫在国内外各种压力之下,向皇帝提出辞职,做了战争败绩的替罪羊,他的职位由格罗纳接替。

在军方的一再催促下,马克斯政府通过美国总统威尔逊寻求停战之道。10 月 23 日,威尔逊呼吁德国摆脱"专制君主",否则就要面临彻底投降的抉择。11 月 3 日,德国发生基尔水兵起义,十一月革命爆发;7 日,艾伯特和谢德曼根据社会民主党执行委员会的决议,向宰相提出最后通牒,要求皇帝立即退位,并增加社会民主党阁员。当时,皇帝正在斯巴的大本营内,政府派出代表劝其退位,威廉二世犹豫不决,声称"弗里德里希大王的后代决不退位"。11 月 9 日上午,艾伯特等五位社会民主党领导人晋见马克斯亲王,表示军队已经站在本党一边,要求建立一个新的民主政府。中午,在艾伯特等人答应依据宪法行事、不擅自组建苏维埃政权后,马克斯亲王未经皇帝授权,即通过通讯社发布关于皇帝退位的声明。德意志帝国就此崩溃。失去帝位的威廉秘密前往荷兰的多恩城堡,在那里作为一名孤独的流亡者度过余生,直至 1941 年 6 月去世。

德方派遣代表团前去处理投降事宜,根据军方的要求,团长由文职人员担任。协约国的停战条件很苛刻:德军在 14 天内撤出所有的占领区,废弃《布列斯特和约》;协约国军队占领莱茵河左岸地区;德国立即放还全部战俘;德军交出武器、车辆、舰艇和潜艇;对德封锁暂不撤销。规定德方必须在 72 小时内作出答复,否则继续交战。政府面临这些条件,感到为难,征询兴登堡的意见,后者表示,无论如何也要缔结停战协定,即使在个别问题上得不到让步也罢。11 月 11 日晨五时,德国代表团在贡比涅森林签署停战协定,第一次世界大战结束。

第九章

魏玛共和国

（1918—1933 年）

魏玛共和国在不少读者的心目中印象模糊，只能依稀回忆出这样的图景：工人阶级的叛徒在出卖十一月革命的基础上，组建了一个过渡性国家，这个国家惨淡经营，最后构成了通往纳粹专政的台阶。

其实，魏玛共和国是德国历史中一段不朽的篇章。在中欧这块缺少西方民主传统的土地上，构建了一个超民主的共和国，它的经验，不仅引起世人的瞩目，还被联邦德国所继承，它的教训，不仅被联邦德国引以为戒，还激起学者们的研究兴趣。然而，政治体制上的大胆创新，并没有引起西方民主国家的同情和珍惜，反而送去了一副《凡尔赛和约》的枷锁，使新生的民主国家同屈辱和灾难捆绑在一起，严重削弱了它的吸引力。过于民主的政治体制，给法西斯政党提供了合法的生长空间和活动舞台，最后自己被它颠覆，上演了一出人间悲喜剧。此外，这个国家经历过人类历史上罕见的恶性通货膨胀，在得到治理后又引来了经济的腾飞。在文化上，柏林第一次能以欧洲文化都城的地位同巴黎和伦敦并肩媲美，呈现出赶超之势。

一、1918/1919 年革命

魏玛共和国的开端，是 1918 年的十一月革命，而这场革命的爆发，有着两重起因，一是大战期间国内各种矛盾的激化，二是俄国二月革命和十月革命的影响。由于战争的拖延，不少人产生了厌战情绪，而民众生活水平的下降，又凸显出原有的阶级分野。上层阶级的生活较为富裕，军队里有向军官提供较好伙食的制度，这种情况在经济状况较好的时候都属正常，然而在下层民众和普通士兵的基本温饱得不到保障时，就会冲击颇具德意志特色的“共同体”意识。尤其在军舰的狭小空间里，官兵之间生活水准的差距，更容易引起士兵的不满。德国工人运动中鼓吹革命的力量是左翼，而国际左翼力量的大本营在俄国，当俄国人民开始通过革命道路来解决社会难题时，会给其他国家提供启示和榜样。

早在 1917 年 6 月，德军“利奥波德摄政王号”的水兵就爆发过兵变，举行绝食斗争，并引发了其他舰船的类似行动，最后起义领袖被当局处决。1918 年 1 月，爆发了全国性的政治大罢工。从柏林 40 万工人走上街头开始，很快波及到大部分工业中心，共 100 多万人卷入罢工。罢工者要求实现无兼并无赔偿的和平，要求政府实现民主化、取消戒严令和废除国民服役法。罢工的第七天，遭到鲁登道夫的残酷镇压，被迫停止。但从同年的 6 月到 9 月，又出现了全国性的罢工浪潮。

十一月革命的开端是基尔水兵起义。10 月底，德国舰队司令部下令调集舰队攻击英国海军，其目的是破坏当局的停战努力，挽回德国的荣誉。八千名水手和司炉感到这是一场无谓的流血行为，拒绝执行命令。他们成立水手委员会，在军舰上升起红旗。舰队司令部仍然采取镇压措施，逮捕了近千名水兵。11 月 3 日，基尔的水手、工人和士兵举行示威活动，要求释放被捕者。当局向示威者开火，于是引发了武装起义。到 11 月 4 日，基尔地区的行政和军事权力已掌握在工兵代表会①手中。由于全国各地已经布满了革命的干柴，因此革命浪潮迅速蔓延，在短短的几天里，吕贝克、汉堡、不来梅、汉诺威、马格德堡、不伦瑞克、奥尔登堡、什未林、罗斯

① “代表会”的德文原文为 Rat，以往曾意译成“苏维埃”。

托克、科隆、德累斯顿、莱比锡、慕尼黑等地相继爆发革命,成立了工兵代表会。

柏林的起义爆发得较晚,但对全国政局起的作用最大。11 月 9 日,几十万人走上街头,举行武装示威,他们解除警察和军官的武装,占领电讯总局和市政府,到中午时分,已基本控制了全城。马克斯亲王在宣布威廉二世退位后,紧接着就把自己的职位转让艾伯特。艾伯特立即以“帝国宰相”的名义发布公告,宣布将尽快举行普选,由制宪国民会议来决定国家大事,在这之前,将由临时的“人民的政府”执政。因此,在公告发布后,艾伯特就从帝国宰相变成了临时政府的首脑。

人民代表委员会成员,从左到右依次为迪特曼、兰茨贝格、哈泽、艾伯特、巴尔特、谢德曼

临时政府的组阁谈判从 11 月 9 日下午开始,谈判者为社会民主党执行委员会和独立社会民主党中央委员会,于翌日上午达成协议。双方同意成立名为“人民代表委员会”(Rat der Volksbeauftragten,亦译“人民委员会”或“人民全权代表委员会”)的临时政府,由六名委员组成,两党各出三人,艾伯特和哈泽共同担任主席。为了保证政府机构的正常运转,他们对各部的国务秘书(即部长)基本上不作调整,但既不让他们进入人民代表委员会,又为他们配备社会民主党人(包括独立社会民主党人)担任副职或“助理”,如在外交部国务秘书佐尔夫身边,安排了社会民主党议员达维德博士担任副国务秘书,考茨基担任助理。三个重要的部,即内政部、军粮部和经济部,改由社会民主党人执掌。

11 月 10 日下午五时,柏林各地的工兵代表会在布什马戏场举行代表大会,会议由独立社会民主党人巴尔特(Emil Barth,1886—1934)主持。会议宣布成立由工兵代表会执政的社会主义共和国,批准人民代表委员会为临时政府。会议选举了柏林工兵代表会执行委员会,由28人组成,其中7名为社会民主党人,7名为独立社会民主党人,14名士兵代表。在全德工兵代表会召开代表大会之前,该机构代行全德执委会的职责,对临时政府拥有监督权。

尽管临时政府执政的时间不会太长,因为制宪国民会议很快就会召开,但它还是着手实施国家的体制改造,如实行男女公民平等、秘密和直接的选举制,保障公民权利,实行八小时工作日制,推动全国雇主协会和工会之间原先已经开始的谈判,甚至还成立了以考茨基为主席的"社会化委员会"来研讨"社会化"问题。在军队问题上,原打算组建赤卫队,但遭到柏林地区士兵代表会的反对。军官团对社会民主党人并无好感,但这时为了防止出现左翼革命,表示愿意同临时政府合作。这一合作,在很大程度上影响了历史的发展轨迹,并给社会民主党带来不少污点。

1918年12月16—21日,在柏林的议会大厦举行了全德工兵代表会第一次代表大会。在出席会议的489名代表中,社会民主党的代表291名,独立社会民主党的代表90名,其中斯巴达克同盟的代表10名,李卜克内西和卢森堡未能当选,连邀请他们列席会议的提案也被否决。会议开幕那天,斯巴达克同盟组织25万工人群众在会场外举行示威游行,并派出代表,冲进会场,向大会提出"宣布德国为一个统一的社会主义共和国"、"全部政权归工兵代表会"等口号。会议经过激烈争论,艾伯特等人的意见占了上风。会议否决了关于"全部政权归代表会"的提案,规定在1919年1月19日举行国会会议选举,在国民会议作出决定前,立法权和行政权都暂由临时政府掌握。大会选出中央委员会作为常设机构,行使对政府的"国会监督权"。独立社会民主党对"监督权"的细则有不同意见,没有进入该机构。

在革命发展进程中,左派逐渐意识到保持组织相对独立性的重要意义。11月11日,斯巴达克派成员在"埃克采尔希奥尔旅社"聚会,宣布成立"斯巴达克同盟",并组建一个由13人组成的"中央"作为领导机构。围绕同盟的定位问题发生意见分歧,卢森堡等大部分人认为同盟是一个严密的宣传联合组织,而不是政党,同时反对退出独立社会民主党,希望从该党内部扭转它的发展方向。

随着人民代表委员会排斥左派、仇视苏俄的态度越来越明朗,斯巴达克同盟在提议召开独立社会民主党代表大会以制定革命政策的要求遭到拒绝后,决定退出该党,同"不来梅左派"联合,组建德国共产党。1918年12月30日—1919年1月

1日，德国共产党在柏林的普鲁士议员大厦礼堂举行建党代表大会，俄国布尔什维克党派出以拉迪克为首的六人代表团参与建党进程。会议以卢森堡起草的纲领性宣言《斯巴达克同盟想要做什么?》为基础制定了党纲。党纲要求实现无产阶级专政，建立统一的社会主义共和国，组建工人民兵队和赤卫队，解除全部警察、军官及非无产阶级出身的士兵的武装。围绕是否参加即将举行的制宪国民会议选举的问题，代表们发生意见分歧，卢森堡认为社会主义事业需要通过宣传、说服、动员群众来实现，将是一个较长的过程，因此应该参加选举，但大多数代表持相反意见，最后，卢森堡的主张以23票对62票被否决。

新生的共产党很快卷入“一月战斗”，经历了一场生死考验。此前，临时政府同驻守皇宫的人民海军师发生冲突，艾伯特通过秘密渠道调动旧军队实施镇压。12月27日，独立社会民主党人因此事退出临时政府，他们的职位由三名社会民主党人取而代之。1919年1月3日，普鲁士内政部以独立社会民主党人已退出政府为由，要求左翼独立社会民主党人艾希霍恩辞去柏林警察局长职务。艾希霍恩拒绝辞职，翌日，普鲁士政府将他免职。当晚，左翼力量召开会议讨论此事，大部分与会者主张号召工人举行武装示威，使用暴力手段推翻艾伯特政府。次日，组成了包括李卜克内西在内的53人“革命委员会”。柏林的工人和士兵响应号召，从1月5日开始举行大规模的示威游行，随后按照革命委员会的部署，陆续占领《前进报》社、警察局、火车站等重要据点，使总理府等少数地方几乎成为孤岛。1月6日，革命委员会发布公告，宣布艾伯特政府已被推翻，革命委员会担负起政府的全部职能。

但是，全德工兵代表会中央委员会宣布支持艾伯特政府，并授予它镇压起义的非常全权。艾伯特授权诺斯克组建武装力量，后者在受命时表示:“总得有人充当警犬，我不能逃避这个责任!”当时，德国作为战败国，面临着被迫大量裁军的重任，各种政治力量都借这个机会，吸收退伍军人组建半军事化的防卫组织，如《前进报》编辑库特纳就在柏林组建了三个“工人志愿兵团”。但诺斯克担心它们可能会受左翼思想的影响，在关键时刻倒戈，所以宁愿启用由右翼反动分子组成的“志愿兵团”(Freikorps，旧译“自由团”)。

1月8日，艾伯特政府中断同起义者的谈判，诺斯克指挥包括军队在内的各种武装力量进攻工人占领的据点。到13日，政府重新控制了柏林。军队和“志愿兵团”对起义群众残酷镇压，肆意杀戮，并且趁机逮捕和杀害了李卜克内西和卢森堡两位共产党重要领导人。事后，政府虽审理了此案，但没有严惩凶手。

1918/1919 年革命的最后一个亮点是巴伐利亚组建代表会共和国的斗争。巴伐利亚的革命进程略快于全国,1919 年 1 月中旬,那里就进行了邦国民议会的选举,结果社会民主党和巴伐利亚人民党取得议会绝对多数,议会授权社会民主党人霍夫曼组织政府。然而,该邦工兵代表会中央委员会不肯让出政权,并于 4 月 7 日宣布成立“巴伐利亚代表会共和国”。共产党人拒绝参加这个政府,并称它为“虚假的代表会共和国”。霍夫曼政府根据艾伯特的指示撤往班贝格,并联合各种力量实施反击。慕尼黑陷入失控状态。共产党人领导的力量脱颖而出,平息了局面,并组建了新的政府。列宁致电祝贺,称它是“真正的巴伐利亚苏维埃共和国”。4 月 30 日以后,霍夫曼依靠中央政府的力量攻入慕尼黑,恢复了议会政权。

二、魏玛宪法

艾伯特政府执政后,把召开国民会议置于重要位置。1918 年 11 月 25 日,代行原联邦参议院职责的各邦政府联席会议批准举行新的选举并召开国民会议。12 月中旬,全德工兵代表会第一次代表大会决定 1919 年初举行国民会议选举。由于选举采用世界上较为先进的“比例代表制”法,因此政党的作用比以前更为重要。

革命爆发后,德国的政治格局发生了很大的变化,为了适应新形势,很多政党实行了改组。

天主教中央党曾一度改称基督教人民党,但很快就恢复原名。革命初期,该党持反对态度,认为马克斯政府进行的改革已能适应社会发展的需要。在组建共和国的过程中,它逐渐采取合作的态度,成为共和国的支柱之一。在巴伐利亚,天主教徒占优势地位,其政治态度与其他邦略有不同,不赞同中央党同社会民主党紧密合作,因此另行组建了巴伐利亚人民党。在政治活动中,两党互为盟友。

1918 年 11 月 20 日,原进步人民党改组成德意志民主党。该党吸收了一部分左翼民族自由党员和大量自由派知识分子,主要代表中小工商业资本家和部分知识分子的利益。初期除瑙曼主席外,著名学者马克斯·韦伯、特勒尔奇、迈纳克等著名人物也是该党领导人。该党追求民主,要求扩大社会福利,但竭力反对工人政党单独执政。随着 1919—1920 年瑙曼和韦伯相继去世,该党的激进倾向日渐减弱，其创建人之一的沙赫特以后甚至同希特勒实行合作。

同年11月23日，原民族自由党改称德意志人民党，由斯特雷泽曼任主席。该党代表加工工业和大商业资本家的利益，早期反对民主共和制度，赞成君主制，但主张实现"民主、普遍、平等和不记名的选举权"。它的主要竞选纲领是实行个体经济、自由经营企业、在国内外实行民族主义政策。魏玛共和国建立后，该党逐渐采取承认现实的态度，拥护共和政体。

同年11月24日，原保守党和自由保守党合并组成民族人民党，并吸收了原基督教社会党和人民自由党的部分党员。该党政见保守，谴责十一月革命，鼓吹种族主义和保存私有制，追求正统的基督教教义，倾向于恢复君主立宪制。该党党员来自各个社会阶层，但主要支持者是重工业垄断资本家、易北河以东的容克和农民、城市小资产阶级分子。它还得到泛德意志协会、德国店员协会和部分新教徒的支持。

除政党外，一些政治性或准军事性团体在德国政治生活中也起了一定的作用。革命期间成立的全国性准军事组织是"钢盔团"（全称"前线士兵联盟钢盔团"）。该组织1918年12月23日由预备役军官泽尔德特和原总参谋部军官迪斯特贝格创立，成员多为极端民族主义者、君主主义者、退伍军人和抱有沙文主义思想的青年，集会时着灰色军制服。该组织反对革命，鼓吹复辟霍亨索伦王朝和对外扩张，在实际活动中经常同民族人民党合作。1920年，纳粹党开始组建后来演变成"冲锋队"的武斗组织。1923年，共产党组建了"无产阶级百人团"，以后改组成"红色前线战士同盟"。1924年，社会民主党组建了"黑红金国旗社"，简称"国旗社"。

1919年1月19日，制宪国民会议的选举如期进行，83%的选民参加投票。社会民主党得票37.9%，独立社会民主党得票7.6%，两者相加，工人政党得票45.5%。其他政党，中央党得票19.7%；民主党得票18.55%；民族人民党得票10.3%；人民党得票4.4%。

国民会议的开会地点不是在柏林，而是选择了魏玛，以至于它制定的宪法被称为"魏玛宪法"，它所缔造的共和国俗称"魏玛共和国"。之所以这么做，一是当时柏林处于动荡之中，难以保证安静地开会，二是魏玛作为歌德和席勒长期生活的地方，代表着德意志民族中的人文主义精神。2月6日，国民会议开幕。当天，全德工兵代表会中央委员会和临时政府向国民会议交出了自己所掌握的权力。

会议首先解决政权问题。2月11日，以压倒多数选举艾伯特担任总统，两天后，艾伯特任命谢德曼为政府总理。由于社会民主党只获得议会总数中1/3强的

魏玛国民会议会场

席位,需要和独立社会民主党合作,组建联合政府。但它以后者放弃暴力革命、接受议会民主制为先决条件,遭到拒绝后,转而同中央党和民主党合作,组建联合政府。这三个政党的合作被称为"魏玛联盟"。从此,魏玛政府取代人民代表委员会,在德国行使行政权。

国民会议的另一项工作是制定宪法。早在1918年11月15日,临时政府就委托民主党人、内政部长普罗伊斯主持起草宪法。翌年2月24日开始,国民会议对宪法草案作进一步的修改和审议。7月31日,宪法最后定稿以262票对75票在国民会议获得通过,8月14日公布生效。宪法共181条,分三个部分,内容分别为:德国政体、制度、政府组成及其权限;公民的基本权利和义务;经济生活。

德国的国名仍为Das Deutsche Reich(这时可译为"德意志国家"),由于宪法第一条明确规定"德国为共和国",正式宣告废除帝制,因此新国家一般称为"德意志共和国"或"魏玛共和国"。在讨论国旗颜色时,出现了不同意见。多数人建议采用象征1848年传统的黑红金三色旗,以此作为新时代的象征,同时也有利于吸收奥地利参加,因为1848年实行的是"大德意志"方案。少数人坚持沿用第二帝国的国旗,因为德国的统一是在这种国旗下完成的,改换颜色是一种忘恩负义行为。最后决定国旗采用黑红金三色旗,商船旗帜采用黑白红三色,但必须在左上角增添新国旗的颜色。1922年8月11日,又规定《德意志之歌》为国歌。

关于中央政府同各邦的关系，普罗伊斯的原稿强调中央集权，对各邦的自治权作了较大限制，并主张将最大的邦普鲁士分为几个小邦。但这些条款遭到巴伐利亚、巴登、符腾堡等地的坚决反对。宪法定稿时将双方意见折中，规定德国实行联邦制，将“邦”(Staat)降低为“州”(Land)。① 规定：各州拥有自己的议会、政府、宪法和警察，并保留相当的自主权力，特别是在教育和税收方面，当公共秩序和安全遭到严重危害时还有权动用军队；各州必须采用共和政体，实行普选制和比例代表制，其外交、国防、殖民、货币、关税、财政、邮电等权都归联邦政府；联邦立法高于各州立法，总统有权使用武力迫使各州政府遵守联邦宪法和法律，联邦政府有权变更各州疆域或设立新州。宪法完全取消了原普鲁士邦的特权。②

立法机构由上议院(参议院)和下议院(国会)组成。国会的选举权大幅度扩大，授予20岁以上的全体男女公民，根据“巴登制度”型的比例代表制原则直接选举产生。该选举制度不确定议席总数，每六万张选票设一个议席，议席总数取决于参加投票的人数；各政党在各州所获选票的尾数可以相加，最后剩余的选票满三万张即可增加一席。国会的权力比帝国时期大为扩展，它是最高立法机构，有权宣战和媾和，有权否决总统颁布的紧急法令，也可采用由2/3成员中2/3赞成票通过决议的办法修改宪法，总理及各部部长必须对国会负责并得到国会信任。参议院由各州政府选派代表组成，每个州至少有一名代表，大州则每100万人增派一名代表。为了限制普鲁士的地位，宪法规定任何州所占的席位都不能超过总席位的2/5，而且普鲁士所占的26席中，州政府选派的代表只能占13席，另13席由其所辖的省摊派。参议院有权批准或否决法律，如果国会与参议院意见不一致，国会有权以2/3多数票重新通过该项法律，使之生效。

国会的比例代表制选举，能够比较准确地反映选民对政党的选择，即某个政党得到多少选民的支持，它就可在国会中占据相应比例的席位，从这个意义上来说，这种选举法是相当民主的。然而在实际运行中也显示出不足之处。选民只能把选票投给政党而不是个人，政党派何人出任议员，选民无从选择，由此，政党领袖人物的作用就非常突显，而普通议员的个人魅力却难以施展。议员进入国会后，为了保证自己得到连任，只能同本党保持一致，否则就会被本党“合法地”舍弃。

---

① 在我国的史书中，一直将魏玛共和国的Land译成“邦”，而将联邦德国的Land译成“州”，现按原意改回。

② Erich Eyck, *A History of the Weimar Pepublic: from the Collapse of the Empire to Hindenburg's Election*, Harvard University Press, 1962, p.75.

总统由公民直接选举产生，任期七年，可以连选连任。在总统选举中，如果无一候选人获得绝对多数票，则举行第二轮选举，并允许新的候选人参加，由得票最高者当选。总统在任期内，可由国会 2/3 多数提请公民投票予以免职。总统有权任免军官并统率军队，但他对军队发布的命令必须由总理或部长副署。如一项法令草案在国会和参议院表决结果不同时，总统可以下令举行公民表决。宪法第 25 条规定，“总统有权解散国会，但出于同一原因，仅得解散一次。新选举最迟应于国会解散之第 60 日举行之”。第 48 条规定，“如某一州不履行其依照联邦宪法或法律所规定的义务时，总统有权使用武力强制它履行。如德国境内的公共安宁和秩序受到严重扰乱或危害时，总统为恢复公共秩序和安宁，有权采取必要的措施，需要时可以使用武力”，并宣布宪法规定的某些个人权利无效。总统有责任将有关法令通知国会，国会没有必要批准这些法令，但它可以经过表决废除它们。第 53 和 54 条规定，“总理，以及由总理推荐的联邦政府部长必须由总统任免”，但是，他们为行使职责，必须取得国会的信任，当国会对其中之一明确表示不信任时，该官员必须立即辞职。”

与其他西方国家相比，德国总统的权力是比较大的。宪法制定者的初衷，一是在不指定具体人选的国会比例选举制度之外，增设一种投票给特定人选的总统直接选举制作为均衡因素，在作为各政党和利益集团纵横捭阖场所的国会之外，设置一种超然于党派利益之上的国家权力来互相制衡。二是以非常时期的相对集权来增强国家的应变能力。在这些条款中，除了国会对总统紧急权力的制约存在一个时间差以外，总统权力在特定条件下的加强，是合理的。然而，德国民众的君主意识和集权意识比较浓厚，魏玛民主政权的社会基础比较薄弱，当各种反民主的因素处于一种最佳组合状态时，总统紧急权力就会成为野心家、阴谋家摧毁民主制度的工具。

奥匈帝国崩溃后，奥地利临时国民会议曾于 1918 年 11 月 12 日宣布成立奥地利共和国，并吁请德国政府采取必要的行动，实施德奥合并，成立统一的德意志共和国。德国国民会议开会期间，奥地利政府派遣特使卢多·哈特曼与会，参与制宪工作。宪法第 61 条规定德奥合并，“德意志人的奥地利在并入德意志国家后，将获得参加全国参议院的权利，其席位数由人口数决定”。迟到的“大德意志国”终于问世，但很快被《凡尔赛和约》否决。

在“公民的基本权利和义务”部分中，宪法规定“所有德国人在法律面前一律平等”，“公法特权和由出身或等级所造成的不利地位，概行废止；贵族的衔称仅作为姓氏的一部分，而且今后不再颁给。”在社会民主党人的坚持下，宪法甚至规定禁止向任何人颁发勋章和奖章，以防止产生新的特权人士。但是他们关于废除一切尊称头衔的提案遭到否决，最后被废除的只是“枢密顾问”的头衔。宪法还保证公民的人身、迁徙、言论和宗教信仰自由。在这部分中，宪法的特色是给予选民以“立案权”，规定普通公民的某项提案在征得 1/10 选民的签名后即可提交国会表决，如果遭到国会否决，必须就此进行全民公决。

在“经济生活”部分中，宪法显示出公共经济、社会化和自由经济三项原则鼎足而立的格局。保证私有财产不受侵犯，每个公民拥有经济上的自由权，国家有权资助失业者的生活，实行社会保险政策。这些条款也许同其他西方国家相差不大，而以下两方面就很具自己的特色了。

第一是宪法允许工厂代表会继续存在，但规定其职权仅限于经济领域。1920 年 2 月 9 日生效的《企业代表会法》进一步明确规定，拥有 20 名以上雇员的企业均可成立企业代表会，由 3—30 名成员组成，其主要职责是维护企业内的劳资和平关系，并有权了解企业的经营和决算情况。此后，全国有 34 万家企业成立了企业代表会。1920 年 10 月，举行了全德第一届企业代表会代表大会。尽管共产党人指责《企业代表会法》是代表会制度的“死亡证书”，但资本家仍不愿将它付诸实施，他们阻挠企业代表会参加董事会，不许代表们全面监督企业的经济运行。在国民会议讨论宪法草案的同时，政府下令各企业的资本家和工人代表组建“工作组”，用以监督和调节商品的分配，并同企业代表会一起，参与决策，共同承担责任，构成所谓“公共经济自治机构”的基本要素。这些工作组在德国从战时经济向和平经济转变的过程中，为调节各方利益起了一定的作用，但不久就瘫痪和解体了。

第二是社会化问题，该问题是革命过程中悬而未决的难题，在国民会议内外也引起了激烈争论。1919 年 3 月 4 日，谢德曼政府发布一项宣言，宣称“社会化已经到来”。但是，它所称的“社会化”并不是指变革生产资料所有制，而是“旨在建立公共经济以代替过去那种毫无约束的私人经济”，也就是对私人企业的生产和产品销售加以一定程度的国家监督和干预。由于德国具有政府控制公用事业和大规模参与工业活动的传统，因此同月 23 日，国民会议通过了社会民主党人、全德经济部长维塞尔主持起草的《社会化法案》和《煤炭业公共经济组织法案》。前者的内容基本上同 3 月 4 日的宣言一致，规定限制企业主的自由支配权，同时也限制工人的罢工权。后者规定成立全国煤炭委员会，由资本家、雇工、消费者和国有企业的代表组成，任务是管理全国的煤炭开采和销售。一部分社会民主党人和独立社会民主党人认为这些法令离社会主义的要求太远。在1919年4月8—14日召开的全德工兵代表会第二次代表大会上，两党的大部分代表认为，社会主义要求的核心是改变生产资料的占有关系，代表会是实现社会主义化的理想机构，如果把代表会的职责仅限于拥有公共经济内部的参与决定权，就是变相地放弃社会主义化。但是，由于代表会已经交出了权力，因此不可能施加有效的影响。资本家则竭力抵制国家对企业的监督和干预。国民会议经过讨论，在宪法第156条和165条中规定，把全国划分成若干经济大区，区内各类经济企业联合成自治机构（即公共公司），由企业主和工人的代表共同决定生产、价格和分配等问题；在联邦一级组建全国经济委员会（1920年5月4日通过任命的方式组成），该机构相当于拟议中的“经济议会”，负责对政府提出的关于社会政策和经济政策的法律草案进行评定，自己也可以提出此类草案，但没有最后决定权。在以后的实践过程中，魏玛宪法所规定的“劳资共决”原则并没有得到实现。

魏玛宪法是先进的，“从宪法的字面看，社会民主党实现了一些他们在战前连想都不敢想的目标”。[①] 然而，魏玛宪法又是短命的，14年后，随着纳粹党上台执政，它即被废弃。对这两者之间存在的矛盾，政治家和学术界作出了各种不同的回答。

有观点认为，魏玛宪法所确立的体制太“美国化”，不适合德国的国情，以至于根基不稳。其实，美国的体制与魏玛共和国的体制有很大的差别，前者不如后者先进。如果一定要朝这个方向去考察问题，毋宁说魏玛共和国太具有社会民主主义色彩，而社会民主主义是一种国际性的思潮，同德国的“土壤”之间确实有一个衔接问题。不能认为先进的东西都来自美国。

魏玛宪法的短命，一是由于国际环境不佳，“生不逢时”，二是它的理想性超越了现实。在第一方面，尽管第一次世界大战结束前后，以美国总统威尔逊的“和平十四点”为标志和载体，兴起了理想主义外交思想，然而在实际的外交舞台上，仍然盛行强权政治。巴黎和会热衷于按照新的实力对比重新瓜分世界，对德国实施勒索和惩罚，基本上没有顾及到德国内部的体制改革，更没有想到国际社会有责任去呵护和培育德意志土地上的民主幼芽。在第二方面，宪法制定者更多地关注于理论与原则的完美性，而较少注意到社会变迁的渐进性，以致在操作中出现很大的

① 苏珊·米勒和海因里希·波特霍夫：《德国社会民主党简史（1848—1983）》，求实出版社1984年版，第97页。

弊端。宪法为了保证各种政治力量的活动自由，竟然没有规定政党不能违宪，反对宪法的政党照样可以合法存在。也未对政党代表进入国会设置门槛，造成国会内政党林立，政治力量组合多变。由于政府组成直接取决于国会内的力量对比，结果就是内阁更替频繁。另外，宪法过多地诉诸于公民的投票与选举，引发了民众的"民主疲劳"，当这种投票与选举不能解决民众面临的实际困难时，更会引起民众的反感。之所以出现这方面的失误，是因为德国的统治秩序发生了断裂，宪法制定者在以前的专制体制中大多属于反对派或被统治者，他们更多地关注维护被统治者的权益，忽视了这些权益也许会走向自己的反面。

三、凡尔赛的惩罚

1914 年爆发的世界大战是人类历史上的"第一次"，处理世界大战的善后事务也没有先列可循。大战后期，美国总统威尔逊提出了充满理想主义色彩的"和平十四点"，德国政府通过威尔逊寻求停战之道，自然是想得到一个公正、温和的处置方案。在德方受邀参加巴黎和会前夕，1919 年 4 月 21 日，德国政府给代表团下达了和谈方针，内中规定：在关于第一次世界大战的爆发责任问题上，德国要求设立一个中立的调查委员会进行追究，协约国不能既是原告同时又是法官；德国希望拥有经济上的平等权利和保留殖民地；领土割让事宜应诉诸于公民投票；赔偿应局限于重建战火破坏地区所需的费用；德国的裁军行动应成为各国均衡裁军的先导；建议加强国际联盟的权力，实行强制仲裁权，而德国应是其中平等的一员。

然而德国的幻想很快破灭，主要是在法国的坚持下，巴黎和会采取了排斥和严厉制裁德国的方针。德国代表团根本没有被允许参加谈判，1919 年 5 月 7 日拿到手的是战胜国已经通过的和约文本，而且不允许对它作口头申辩，只许在两周内递交书面意见。

和约草案传到德国后，全国上下群情激愤，柏林举行了抗议示威。在 5 月 12 日的国民会议上，艾伯特总统、谢德曼总理、国会主席费伦巴赫、独立社会民主党领袖哈泽和德国和平协会主席克维德教授都以激烈的词句抨击和约。谢德曼指责和约是"可怕的、谋杀性的魔锤"，并诅咒"谁签署这个条约，他的手就会烂掉"。会议结束时，全体与会者起立高唱《德意志之歌》。

5 月 29 日，外长布罗克多夫—兰曹向和会主席提出德方的答复，同意了大部分条款，但要求德国加入国际联盟并分享对殖民地的委任统治权，特别强调要成立一个“公正的委员会”来调查战争责任问题。

6 月 16 日，和会向德国代表团递交和约修正稿。其中，法国放弃了对萨尔区的行政管理权要求，并规定上西里西亚将由公民投票决定其归属。附送的照会强调：对于“今天这一条约文本，要么完全接受，要么完全拒绝”，如德国在五天内不作出答复，协约国将废除停战协定，以武力实施和约条款。

德国代表团回国商议。内阁中六人赞成接受和约，八人反对，谢德曼声称自己不能领导一个在和约上签字的政府。6 月 20 日，谢德曼内阁全体辞职，翌日，组成以社会民主党人鲍威尔为总理的新内阁。艾伯特总统也想辞职，被党内同僚劝阻。政府征询军方意见，格罗纳同兴登堡商议后，明确回答：“重新开战虽然最初能在东线获得短暂胜利，但最终决无成功的希望。因此，我们必须在包含敌人强加条件的和约上签字”。6 月 22 日，国民会议就签署和约问题举行表决，结果 237 票赞成，138 票反对，5 票弃权。签署和约那天，德国各右翼报纸都在第一版加上了表示哀悼的黑色镶边，并号召准备复仇。《前进报》和自由资产阶级报刊也劝告人民冷静地接受严酷的现实，自强不息，争取国家复兴。

《凡尔赛和约》对德国的惩罚是严厉的，战胜国自做法官，把全部战争罪责加在德国头上，把制裁、勒索德国和满足私利作为首要目标。在其他列强拼命争抢殖民地的同时，剥夺了德国全部殖民地和海外属地。此外，德国本土也被割去 13%，人口损失 10%。其中，上西里西亚地区经过公民投票，约 60% 的投票者赞成归属德国，后经国联裁决，按人种比重数分割，结果大部分产煤区和工业区归入波兰；石勒苏益格—荷尔斯坦因地区经公民表决归入丹麦；欧本—马尔梅迪地区实行一种特殊的表决法，即赞成继续留在德国的人可以在公开的表格上签名，结果六万名居民中只有 271 人赞成留在德国，该地区遂归入比利时；但东普鲁士南部、西普鲁士维斯瓦河以东的马林堡和马林威德地区经公民投票，几乎百分之百的投票者赞成归属德国；阿尔萨斯—洛林未经表决就划归法国；波美拉尼亚部分地区、大部分西普鲁士地区和东普鲁士的索尔道县未经投票划入波兰；梅梅尔地区归协约国管辖，1923 年 1 月起归入立陶宛；西里西亚拉蒂博尔县的忽尔钦地区未经投票划归新成立的捷克斯洛伐克；萨尔煤矿开采权归法国，行政权交给国联，15 年后由公民投票决定其归属；但泽及其周围地区成为国联管辖的“自由市”。另外，卢森堡退出德国关税同盟；卢森堡和比利时的中立地位被废除，以后比利时成为法国的盟国。德国在敌国的资产全部被没收，在中立国的投资也大部分被没收。随着领土的割让，德国丧失了15%的耕地面积和75%的铁矿藏，洛林的矿产和鲁尔区的煤炭之间的联系被割裂，全国铁的生产能力降低44%，钢38%，煤26%。另外，德国还必须从现存的煤产量中拿出一部分来补偿法国煤矿因战争遭受的损失，再拿出每年2 500万吨代替现金赔偿。这样，德国自行支配的煤炭从战前每年13 900万吨猛跌至6 000万吨。

和约中止了德奥合并的过程，第80条明确规定，德国应“承认并切实尊重奥地利的独立，承认奥国的独立非经国际联盟理事会的许可不得变易。”

军事条款规定莱茵河以西领土由协约国实行军事占领，作为德国履行和约的保证。如果德国切实履行和约，协约国军队将在和约生效后5年、10年、15年分区撤出。占领区内由法、英、比、美四国代表组成“莱茵河流域协约国高级委员会”作为最高代表机构，它所发布的法令具有法律效力，民政事务仍由德国当局管辖。莱茵占领区、莱茵河以东50公里以内的地区和其他战略要地的堡垒要塞及海上工事均须拆毁。德国必须废除普遍义务兵役制，代之以志愿兵制。规定到1920年3月底，陆军必须削减到七个步兵师和三个骑兵师以下，总兵力不得超过10万人，其中军官不得超过4 000人（签约时德国大约拥有陆军40万人）。条约规定德国必须解散总参谋部及其他类似组织。此后，总参谋部以“军队管理局”的名称继续存在，由冯·泽克特（Hans von Seeckt，1866—1936）首任局长。为了表示履行和约，1921年3月23日德国颁布新《兵役法》，规定军队改称“国防军”，以志愿兵制为基础。关于海军，和约只允许德国拥有6艘轻型战斗舰，6艘轻型巡洋舰，12艘驱逐舰和12艘鱼雷艇，所属兵力不得超过1.5万人，其中军官限制在1 500人以下。和约规定德国不许拥有空军和海军航空兵，不许拥有重炮、坦克、潜艇、军用飞机等。为保证军事条款的履行，和约规定设立“协约国监察委员会”，驻留德国政府所在地，并有权前往任何地区履行公务。和约明确宣布，德国的裁军是“普遍限制一切国家的军备”的开端。

关于赔偿问题，和约无法确定赔偿总额，但规定了赔偿原则。德国的赔偿范围是广义的，即不限于各战胜国遭到战火损害地区的重建费用和这些国家战争开支的部分补偿，还包括所有伤亡人员的退休金、养老金和家属赡养费，在德国被迫从事强迫劳动的交战国平民的损失费，以及1918年11月11日以前比利时向其他战胜国举借的债务及其利息。条约规定德国在1921年5月1日以前以黄金、外汇、商品、船舶及有价证券等偿付 200 亿金马克,①以后将由“赔偿委员会”来主持赔偿事务,德国的支付期限大致为 30 年。

赔偿委员会内部几经反复,最后确定了 1 320 亿金马克的赔偿总额,要求德国分 66 年付清,同时向德国提出最后通牒,以出兵占领鲁尔区相威胁。无奈之下,德国政府在最后通牒期满前两小时接受了全部条件。

德国在战争爆发之初就放弃了金本位制,战争期间由于增发纸币,导致了隐性通货膨胀,到战争结束时,马克兑美元已经贬值约 40%。战争结束初期,德国作为赔偿,向战胜国移交过 900 艘远洋轮船、5 000 辆机车、15 万辆火车车厢、5 000 辆载重汽车和约 5 400 万吨煤。但是随着各国经济相继恢复,战胜国除了继续需要德国的煤炭、木材和其他少数几种产品外,开始拒收实物。德国政府必须将工业品卖给农业国,换取外汇或黄金,或者向国家银行贷款,到国际金融市场去购买外汇,作为赔款支付。后一种做法进一步加剧了国内原有的通货膨胀。从 1920 年起,财政状况就处于失控状态。如果以 1913 年商品批发价格指数为 100 计算,1920 年 1 月就猛升到 1 256,1922 年 1 月又上升到 3 665,同年 7 月进一步升至 10 059,7 月以后,马克的贬值如脱缰野马,到鲁尔危机爆发时,上述指数已上升到 278 500。通货膨胀刚发生时,垄断资本家和大商人大为得利,他们利用贷款抢购机器和原料,按原来的标准缴纳税款和支付工资,而以急剧上升的价格出售产品。同时他们还利用自己强大的实力和中小企业的困境,廉价收购这些企业的股票或直接吞并它们。这个时期,德国出现了一些投机性的规模庞大的新康采恩和卡特尔,其中比较著名和典型的是施廷纳斯、沃尔夫、波雪等巨头所拥有的康采恩。容克地主和富农也得到好处。他们利用日益贬值的马克清偿了对银行和政府的 180 亿马克巨额债务。而中下层民众却受到沉重打击,城乡居民的银行储蓄日益贬值,依靠房租、养老金和保险金等固定收入生活的人,其生活水平急剧下降,部分小资产者沦为无产者,工人的实际工资减少,小农经济受到沉重打击。

然而,一直垂涎于鲁尔区的法国感到时机来临,它伙同比利时,先后派出十万多名官兵开进鲁尔地区,挑起了鲁尔危机。当地民众自发地采取“消极抵抗”,政府巧妙地表示“没有能力制止人民的消极抵抗”,于是“消极抵抗”就蔓延开来,成了官方的政策。德方除了停止偿付赔款和实物外,还指示被占领区停工停产,官员

---

① 金马克是一个虚拟的计量单位,以战前的汇率为标准,将不受通货膨胀的影响,1 美元等于 4.2 金马克,但当时德国使用的马克已经开始贬值。

鲁尔危机期间民众用箱子装着高面值的货币去购物

和居民抗命,损失由政府资助。而政府的钱款又来自于增发货币,于是通货膨胀达到了恶性的程度,42 000 亿马克才能兑换到 1 美元,马克形同废纸,儿童们竟然使用成捆的高面值马克玩搭积木游戏。战胜国对德国的惩罚,使德国坠入了苦难的深渊。

此前国际社会流行的惯例,是战败国必须向战胜国实施赔偿,这种赔偿同战争责任并无必然的联系,而《凡尔赛和约》加给德国的赔偿义务,是同发动第一次世界大战的战争责任联系在一起的。同时,和约所建立起来的国际联盟,使用的是超越战胜国集团的"国际社会"的名义。这个"国际社会"没有经过必要的仲裁程序,就把战争责任连同严厉的、带有勒索色彩的处置条款强加给战败国,这样做不仅激起战败国的复仇情绪,而且给新生的国际联盟蒙上了尘土。

四、维护共和国的努力

德国社会民主党人对魏玛共和国很满意,把它看作是一个凌驾于社会各阶级之上的"自由的人民国家",在那里,垄断资产阶级在政治上已经丧失了垄断权,人民认为可以通过议会民主程序来操纵和掌握这个国家,以实现社会主义。[①] 他们

① 曹长盛主编:《两次世界大战之间的德国社会民主党(1914—1945)》,北京大学出版社 1988 年版,第 87 页。

甚至把魏玛共和国看作是纯粹资产阶级统治的国家向纯粹无产阶级统治的国家演进的中间环节。为了保卫这一国家,他们既反对来自右翼的君主复辟势力,又反对来自左翼的建立苏维埃专政的努力。

首先发生的暴乱,是来自右翼的卡普暴动。1920 年 3 月 10 日,国防部长诺斯克为执行战胜国的裁军要求,下令解散两个海军旅。柏林驻军司令官冯·吕特维茨(Walther von Lüttwitz,1859—1942)宣称决不允许解散这样的精锐部队,并于当天同其他高级军官一起谒见艾伯特和诺斯克,要求解散国民议会,由全民投票选举总统,建立一个强有力的内阁,并停止裁军。艾伯特和诺斯克拒绝了这些要求,并警告吕特维茨不得干涉政治事务。于是,右翼军人发动了蓄谋已久的军事叛乱。

3 月 12 日夜,埃尔哈特率领 5 000 名海军旅士兵,从柏林附近的驻地出发,向柏林进发。艾伯特急忙召开内阁会议,要求军队当局采取措施制止叛乱。当时只有两名高级军官愿意服从政府的指挥,以泽克特为首的军官团把维护军队团结置于保护政府安全之上,声称“国防军不打国防军”,拒绝镇压叛军。政府随即迁往德累斯顿和斯图加特,仅留下副总理欧根·席弗尔和少数部长留守柏林。

3 月 13 日,海军旅叛军从勃兰登堡门开进柏林政府区。同日,东普鲁士行政长官卡普博士(Wolfgang Kapp,1858—1922)和吕特维茨等也率领 8 000 名陆军士兵进攻柏林。叛军占领了所有的政府建筑物,宣布废除魏玛宪法,推翻政府,解散国民议会,废除一切民主权利,成立以卡普和吕特维茨为首的新政府。鲁登道夫参加了所谓的“胜利游行”。

叛乱者心有余而力不足,他们笨拙的执政能力使暴动几乎成为一场闹剧。早晨,他们逮捕了普鲁士政府的所有部长,但铁路员工威胁说,如不释放分管他们的部长,就要开始罢工。而该部长又坚持要同其他部长“共进退”,于是到了中午,全体部长都被释放。伪政府发布过两个公告,一个公告禁止柏林大学举行一切考试,另一个则得意地宣布已经没收了用来制作犹太逾越节薄饼的面粉。

工人群众采取强有力的行动来反击叛乱。各工人政党号召举行总罢工,保卫民主共和国。3 月 15 日,总罢工扩大到全国,总计约有 1 200 万工人和职员参加。在柏林、莱比锡等许多地方,工人们展开了武装斗争。同时,公务员普遍拒绝合作,当卡普要求国家银行为其支付一千万马克的经费时,各部官员都不肯签字,而签有“总理卡普”字样的支票,遭到了银行出纳员的拒付。叛乱地区的铁路、报纸、交通和工业活动都陷于停顿,城市生活完全瘫痪。四天后,伪政府被迫辞职,卡普乘飞机逃往瑞典,后死于狱中,吕特维茨则逃亡匈牙利。

工人的武装斗争沿着惯性继续向前发展，目标逐渐转向魏玛政府。政府赶紧求助于此前曾经支持卡普暴动的“志愿兵团”，国防军也积极投入，联手镇压了工人的斗争。冲突中，共有约三千人丧生。

共产国际“二大”结束后，各国工人运动中的“中派”组织发生分化，德国独立社会民主党也不例外。该党原先拥有约89万名党员，其中约30万名左翼成员不满领袖的“中派”路线，脱离该党后同共产党合并，组成“德国统一共产党”，使后者的成员数猛增到约35万。

共产党规模和影响的急剧扩大助长了党内左倾盲动情绪。1921年3月，中央委员会在共产国际代表的直接影响下，过高估计国内革命形势和群众革命情绪，提出“推翻魏玛政府，与苏俄订立攻守同盟，解除反革命武装并武装工人，增加工资和薪水50%，为失业者提供工作，废除国债”等口号，并决定在3月27日发动反政府的群众起义。这样就形成从左的方面试图推翻魏玛政权的努力。

政府决定挫败共产党的起义计划，选择了共产党影响最大的中部工业区作为突破口。3月19日，政府武装开进该地区，解除了工人的武装。共产党决定提前起义，3月19日当天，《红旗报》号召全国工人举行总罢工并发动武装起义。但是，部分德共领导人在左倾盲动情绪指导下，否定了这次行动的防御性质，提出了所谓的“进攻理论”，即不惜一切代价，把德国工人阶级引向革命进攻的道路，夺取全国政权。个别成员借口要唤醒处于“昏沉的麻木不仁状态”的工人群众，甚至提议在公共场所和发电厂制造爆炸事件，然后归罪于反动势力。工人群众响应共产党的号召，纷纷走上街头，但由于起义的条件不成熟，很快遭到失败。

“三月起义”使工人政党进一步发生变化。统一共产党内有一半以上的党员退党，其中不少再次加入独立社会民主党。1922年9月，独立社会民主党整体并入社会民主党。而共产党的力量到1922年秋，再次回升到约22万人。

在鲁尔危机的推动下，魏玛共和国再次跌落到灾难的深渊。在社会动荡中，无产阶级革命运动高涨，法西斯分子猖獗，连分离主义势力也趁机崛起，于1923年10月在亚琛宣布成立莱茵共和国，科布伦茨、波恩、威斯巴登和美因茨等地也出现了类似的情况。在内忧外患之际，古诺政府无法维持下去，黯然下台，由人民党领袖施特雷泽曼（Gustav Stresemann，1878—1929）组建大联合政府。施特雷泽曼政府从1923年8月13日开始执政，中经两次改组，到11月23日下台，共执政102天，史称“百日内阁”。执政时间虽不长，但在维护共和国生存方面的贡献却不小。

施特雷泽曼上台不久，即促请艾伯特总统颁布“紧急状态法”，将全国置于国防军的管制之下。这时,魏玛宪法第 48 条显示出其正面作用。9 月 26 日,他宣布停止"消极抵抗"政策,为和平解决赔偿问题创造前提条件。同时软硬兼施,利用英国的力量对法国施加压力,逐渐平息了西部地区的分离主义运动。

随后,他着手制止恶性通货膨胀,排除社会动荡的经济根源。这一工作具体由新任国家银行总裁的沙赫特(Hjalmar Schacht,1877—1970)主持,后者拥有"金融奇才"的美誉。一般说来,实施币制改革需要有黄金或外汇作为担保,而德国正缺少这两样东西。曾经担任过财政部国务秘书和副宰相的卡尔·黑尔费里希认为,所谓货币担保物,它的作用主要是心理上的,货币稳定了,就没有人会把这种货币去兑换成担保物,因此,可以使用全国的可耕地和工业资产作为新货币的担保物。沙赫特采纳了这一想法,于是,1923 年 10 月 15 日,根据政府法令建立了"德意志地产抵押银行"(Deutsche Rentenbank),11 月 15 日起发行"地产抵押马克"(Rentenmark),该货币与战前马克或金马克等值,即 1 美元等于 4.2 地产抵押马克,或 1 万亿纸马克兑换 1 地产抵押马克。该货币不能在银行兑现成担保物,但由于建筑在真实价值的基础上,受到了广大公众特别是农村人口的欢迎,因为消费者和生产者都已经饱尝了没有流通手段之苦。为了避免发生新的通货膨胀,政府规定地产抵押马克的最高发行量为 32 亿马克,其中政府贷款额限制在 12 亿之内。但是,在地产抵押马克发行初期,币值仍不稳定,直到"道威斯计划"实施后,才稳定下来。

同年 10 月中旬,萨克森和图林根两个州组成由共产党和社会民主党联合执政的工人政府,德共中央在共产国际推动下,决定在这两个州发动起义,控制中德地区,并从萨克森出发向柏林进军,从图林根出发向巴伐利亚进军,夺取整个德国。为了转移政府的注意力,他们决定在汉堡首先发动起义。10 月 23 日,三百多名起义者袭击工人区的警察所,夺取武器,然后向市中心发起攻击。施特雷泽曼政府调动国防军开进萨克森州,并镇压了汉堡工人起义。政府要求萨克森工人政府解散,遭到拒绝。艾伯特总统再次动用宪法第 48 条,委派人民党人鲁·海因策接管萨克森政府,逼迫工人政府辞职。次月 12 日,施特雷泽曼政府又强迫共产党人退出图林根政府,扑灭了 1923 年的无产阶级革命浪潮。

但是,在如何对待纳粹党的慕尼黑"啤酒馆暴动"问题上,艾伯特和施特雷泽曼之间产生了意见分歧。前者授权国防军首脑泽克特坚决镇压纳粹党暴动,平息巴伐利亚的分离倾向,而后者则担心共产党人再次发动起义,故拒绝对巴伐利亚行使武力。施特雷泽曼镇压工人运动和纵容法西斯势力的态度引起社会民主党左派的强烈不满,11 月 23 日,该党国会党团提出对政府的不信任案。施特雷泽曼内阁辞职。

施特雷泽曼在接任总理职务时,同时代理外交部长一职,他辞去总理职务后,专任外交部长,直至逝世。"施特雷泽曼外交"也是魏玛共和国历史上浓重的一笔。

五、经济复兴

"道威斯计划"实施后,德国再次实行币制改革,以"德国马克"取代"地产抵押马克",两种货币等值,但新币的40%以黄金或外汇作担保,其余60%以贸易期票为后盾,因此更加稳定。

经济稳定后,国际资本便源源流入,因为德国资本市场上利率较高,年利率达到6.5%—10%,对外资很有吸引力。这些资本有的作为贷款,有的作为投资,五年间共达到320亿马克以上,有效地缓解了缺少资金的难题。企业重现活力,为了节省劳动力,提高产品的技术水平,大批企业家和工程师横渡大西洋,去美国学习先进技术和企业管理经验。各企业纷纷开展"生产合理化"运动,实施科学的经营管理,采用新式机器、流水作业法或传送带作业法,改善"泰勒制",使用工时测定法。生产专业化和产品规格化、标准化也在全国推行。全国经济自1924年起开始复兴,1927年工业已接近战前水平,以后进一步向前发展。标明"德国制造"的大件工业品,又开始活跃在世界市场。

大企业的发展令人瞩目。1925年12月由数家大垄断企业联合组成了"法本工业公司","法本"系德文"染料"(Farben)一词的音译,但其经营范围,远远超出染料的限制。它控制了全国染料和人造汽油的生产,还掌握着80%的氮、40%的药剂、25%的人造丝、大部分摄影器材的生产,另外还建造了"不来梅号"和"欧罗巴号"等高速豪华远洋客轮。该企业控制了国内约400家企业,在国外也有约500家商行,1929年拥有12万名工人,成为西方世界中最大的化学垄断组织,仅化工领域,就能与美国的杜邦公司、英国的帝国化学公司鼎足而三。1926年,德国六大煤钢垄断组织合并成"联合钢铁公司"。该公司是欧洲最大的黑色冶金托拉斯,拥有八亿马克的自有资金和17.7万名工人,全国1/4的煤、1/2的生铁和2/5的钢都由它生产。其粗钢产量几乎与英国全国的产量相等，产品种类繁多，质量稳定，为各方所乐于购用。如果包括与其有密切联系的企业和银行，它所控制的资本共计有66亿马克。此外，诸如通用电气公司、西门子公司、克虏伯公司、汉堡—美洲轮船公司等原有的垄断企业，也在继续发展。从1926年到1929年，拥有500万马克以上资本的大企业在全德企业资本总额中的比重，由37.6%增至41.4%。

与此相对应的，则是中下层民众处于不利的地位。一部分中小企业被吞并，业主或者破产，或者丧失了往昔的独立地位。20年代后期职员的失业率也一直保持在2.4%左右。手工业者在通货膨胀时期摆脱了债务，但同时也失去了积蓄，由于他们没有被纳入社会保险的范围，也就失去了应急的手段。在经济稳定时期，德国手工业的结构发生变化，陈旧的部门如桶匠、车轮匠和织布工，从业人数有所下降或消失，新的部门如汽车技工、电工、金属板和水泥板技工，从业人数迅速增加。衰退部门的小资产者的地位急剧恶化，他们渴望国家加强对经济生活的干预，维护他们往昔的地位。

20年代中后期，整个国际市场上农产品过剩，农业生产遭到较大的冲击。德国除了受到大环境影响外，还有自己独特的困难。由于战败，其领土的13%被割让，人口损失10%，导致东部地区农村人口稀少，农业经营粗放，因而全国主要农产品的播种面积和收获量，以及牲畜存栏数，迟迟达不到战前水平。政府曾设法资助农业经济，设立一种称为"东援"的特别基金，但这笔基金没有得到合理使用，大部分被贪污挪用，成了"用来收买官员的资金"。此外，政府还致力于向农村疏散人口，从1919年至1932年间，通过国家援助和私人移民公司，解散了约1/6无力偿清债务的大庄园，相应地建立了57 000多个移民农场，共占地150万英亩。同时通过发放低息贷款，鼓励农户采用机器，实现农业机械化。但是，这些措施在短期内效果不明显，而且导致农产品成本较高。为了解决国内粮食及工业原料不足的困难，政府降低进口税率，从国际市场上输入粮食和原料，很快引起低价进口农产品与高成本本土农产品并存的困境。农民销售产品困难，负债越来越重，不得不把牲畜、农具甚至庄园充当抵押品。到1928年底，东部2/5农庄是负债的，其中许多农庄的负债额高达本身资产的2—3倍。

当时国际上流行"自由放任主义"政策，坚信"管得最少的政府是最好的政府"，但是德国自近代以来就有政府控制公用事业和大规模参与工业活动的传统，魏玛共和国时期，在社会民主主义和"公共经济"理论的双重影响下，政府还是在一定程度上干预了经济生活。

首先,完善了劳资仲裁制度。根据魏玛宪法,各经济大区曾组建过经济公共公司、联邦一级曾建立过全国经济委员会,然而,这些机构的设立并未实现"劳资共决"的原则。作为弥补性手段,20年代逐渐形成一套比较完整的仲裁制度。如果劳资双方在谈判中僵持不下,由政府任命的调解委员会或调解人就可以实施干预。调解部门作出的决定只要被一方接受就能生效。如果双方都不接受,调解部门或劳工部长就可以根据劳工部提出的统一规定,就工资、劳动时间、假期等问题作出裁决,双方必须服从。1927年,全国从地方到联邦,建立了统一的劳资争议法庭系统,以裁决劳资纠纷。劳资仲裁制度在一定程度上缓和了劳资矛盾,减少了劳资纠纷,但同时也使政府包揽了资本主义经济制度的固有弊病,一旦经济运行失调,资本家和工人都会怪罪于政府。

其次,建立了失业保险制度。1926年,德国的失业救济制度改为失业保险制度。该制度规定,工人刚失业时,从保险金账目中支取保险费。该账目的资金来源由劳资双方按工资的一定比例对半提供,发放额也按失业者原来的工资额分成若干等。失业时间较长者改领危机救济金,该项资金4/5由国家提供,1/5由地方提供。长期失业者改领由地方支出的社会救济金,数额大为减少。

最后,政府参与了住宅及公用事业的建设。1925年到1930年间,德国新增住宅总数中,私人投资者建造了50%,公益生产合作社建造了40%,国家建造了10%。政府还负责制订住宅建筑计划,并通过向房屋抵押贷款债务人征收房屋利息税,拨出6%的公共事业开支,补贴私人建房者和建房合作社,以资鼓励。同时政府又严格控制房租上涨,一定程度上保护承租者的利益。此外,国家还建造了很多学校、医院、体育场、剧院和图书馆等公共建筑,扩大并改善了电力、煤气、自来水和城市交通等公共事业。

六、文化繁荣

在魏玛共和国时期,德国的文化事业呈现欣欣向荣的局面,柏林第一次能以欧洲文化都城的地位同巴黎和伦敦媲美,各种思潮和艺术流派纷纷涌现。

社会科学领域始终贯穿着民主共和派与反民主共和派之间的对立。一大批民主共和派学者著文颂扬共和，反对帝制。作家托马斯·曼（Thomas Mann，1875—1955）原是帝国的辩护士，后转向共和，1922 年 10 月发表《论德意志共和国》的演说，从阐述魏玛共和国的生存规律着手，表示拥护共和制度。社会学家、哲学家和历史学家马克斯·韦伯（Max Weber，1864—1920）信奉国家政治实用主义，认为魏玛共和国为复兴德国提供了机会。新教神学家和历史学家特勒尔奇（Ernst Troeltsch，1865—1923）从抑制无产阶级革命运动的目的出发，要求共和国比以前更自觉地去寻找同西方启蒙运动传统的联系。历史学家迈纳克（Friedrich Meinecke，1862—1954）拥护共和制度，但在 20 年代后期看到议会制度已陷入“党派利益的纠缠”，难以完成实现社会协调和政治妥协的任务，因而建议实行“立宪民主制”，扩大民选总统的权利。

反民主共和派学者认为魏玛文化是令人憎恶的东西，广播、音乐等现代文明是没有灵魂的新式文明的表现，它们加速人的异化，使人更加脱离自然，疏远他人。《行动》、《德国革新》、《普鲁士年鉴》等杂志报刊是反民主共和派的喉舌。作家范·登·布鲁克（Arthur Moeller van den Bruck，1876—1925）于 1923 年出版了《第三帝国》一书，鼓吹帝国是一种理想的未来制度，它对内实行领袖原则和阶级合作政策，对外为保护边境周围的德意志少数民族和“东进”而斗争。历史学家施本格勒（Oswald Spengler，1880—1936）所著《西方的没落》一书产生更大的影响。该书认为在欧洲文化的黄昏中迎来了恺撒的时代，并强调普鲁士精神与社会主义是一致的，真正的社会主义国家就是一种军事化的国家，在那里每个工人和业主都成了国家的公职人员，在严明的纪律和普鲁士式的严峻环境中为整个民族的利益而工作。作家荣格尔（Ernst Junger）激烈抨击国内的资产阶级民主思想和西方国家对德国的影响，认为自我牺牲、严格纪律和军国主义精神才是未来模范德国的组成部分。

社会学获得了较快的发展，同时比较注重哲学问题。例如：科隆大学的维泽学派重点研究人际关系（“关系学”）、海德堡大学的阿尔弗雷德·韦贝尔重点研究文化社会学；阿尔贝特·萨罗蒙在家庭社会学、特奥多尔·盖格尔在社会阶级社会学的研究方面取得重大突破。然而，该时期最出色的社会学家当数马克斯·韦伯，他不仅精通历史和法学，而且精通国民经济学、哲学和神学，他力图搞清现代社会是怎样形成并运转的。1922 年，其名著《经济与社会》发表，书中提出的观点引起了人们的重视与讨论。

文学也取得了一定的成就。霍普特曼（Gerhard Hauptmann，1862—1946）和托马斯·曼是魏玛时期的两大文豪,代表了魏玛共和国的精神。霍普特曼是自然主义作家,他的作品很畅销,不仅创作了许多艺术性很高的童话、喜剧、悲剧、心理描写小说,还创作了哲理史诗。托马斯·曼于1924年出版了长篇小说《魔山》,达到了其艺术成就的顶峰,1929年为此获得诺贝尔文学奖。此外,托马斯·曼为德国文学和世界文学增添了新体裁的作品,即富有诗意和哲学味道的长短篇小说,在这些作品中,抽象的科学问题、社会问题、伦理问题和美学问题不仅仅是人物思考和谈论的主题,而且成了故事情节本身和塑造形象的直接基础,成了主人公命运和性格发展的动力。雷马克(Erich Remarque,1898—1970)在1929年出版的《西线无战事》一书是反战文学中最重要的一部,也是20年代的畅销书之一,曾被译成数十种语言。通过描述战壕生活和无谓、痛苦地死亡的真实可怕情景,有力地批判了相互残杀的战争,但由于作者看不到反对战争的真正方法,因此作品充满着伤感色彩。

魏玛时期,德国历史学界围绕帝制时代的评价,出现了传统派与民主派的分歧。马尔克斯、舍费尔和贝洛等历史学家认为,德意志帝国的外交政策没有大的错误,第一次世界大战主要是德国的敌人造成的。这些历史学家颂扬国家和实力,把战争和占领看作是民族发展过程中受欢迎的现象,对民主与共和持否定的态度。而另一些著名的历史学家如迈内克、翁肯和欣策则转而同民主派历史学家如格茨、特勒尔奇和迈尔抱同样态度,反对把威廉德国理想化,认为帝国的垮台是由一连串悲剧事情引起的,体现了德国历史的延续性。

20世纪前半期,欧洲经历了前所未有的科学思想大变革,德国则在其中扮演了重要的角色。20年代中期以后,随着德国经济走向繁荣,政府对科学研究的资助也大幅度增加,各实验室获得了所需的资金,科技人员又成为社会的重要成员。

物理学方面的成就最为突出。自普朗克和爱因斯坦作出重大贡献后,世界各地的物理学家和数学家纷纷汇聚到德国。20年代中期,爱因斯坦开始致力于场论研究,青年物理学家则纷纷开拓新的领域,如布罗格利研究物质波,施勒丁格尔致力于波动力学,并于1933年获得诺贝尔奖,海森贝格探索测不准原理,于1932年获得诺贝尔奖,博尔致力于互补性原理。

化学方面的进展从整体上说较为逊色,但其中有机化学方面的成果不容忽视。内恩斯特进行了物理化学方面的开创性研究工作,埃尔利希发明了现代化学疗法。雅默斯、弗兰克、维兰德和温道斯先后在1926、1927和1928年获得诺贝尔奖,他们的重大发现对药理学和合成材料生产很有实用价值。

在心理学方面,兴起了"形态心理学"(即"格式塔心理学"),其基本原理是

“一个整体大于其各个部分的总和”，因此认为追求一个“完美的格式塔”（完形）或模式、结构是大自然的一个基本规律，只要找到现存环境下可以达到的最简单、最有规律、最对称的结构就是很大功劳。该学派的著名心理学家韦特海默曾对意象的心理活动等作过有趣的试验；屈勒在大西洋加纳利群岛和非洲度过战争岁月，在那里研究过黑猩猩的行为方式；科夫卡从自己和韦特海默的研究中得出结论，正好与当时“测验心理学”中占主导地位的原子论倾向相反。在形态心理学崛起的同时，心理分析法在德国的影响也越来越大，到20年代，柏林已取代维也纳和布达佩斯成为这个新学派的中心。

随着民主政体的确立，教育领域也开始了民主化进程。魏玛时期教育领域的民主化进程在中小学和高等院校有着不同的内容。

中小学首先面临学校非教会化问题。十一月革命前，德国除巴登和黑森之外，小学绝大部分是教会学校，地方和区一级的学校监督权也多半掌握在神职人员手中。共和国建立后，大部分小学教师要求取消神职人员对学校的监督，并以不分教派的学校或非教会学校取代教会学校，社会民主党人和自由主义者、民主主义者也提出同样的要求。在魏玛制宪会议上，社民党主张建立非宗教学校，不开设宗教课，民主党主张建立教派混合学校，即宗教课程分开上的公共学校，中央党则要求保留教会学校。各派力量妥协的结果，魏玛宪法宣布废除神职人员对学校的监督，规定宗教信仰不能成为学校录取学生的标准，但允许地方上建立教会学校。宪法颁布后，全国约4/5的小学仍保留其教派性质，在巴登和黑森两州，则仍以教派混合学校为主。随着右翼势力日占上风，1927年马克斯政府试图制定学校法，把教会学校、教派混合学校和非教会学校定为三种平等并立的国民学校，但遭到社会民主党、人民党、民主党国会议员的一致反对。

德国中小学教育改革的另一项任务是废除入学特权，向人民大众的子女敞开校门。魏玛宪法正式规定，全国开设公共小学，连同初级中学和高级中学，向所有的人开放，只有“天赋和爱好，而不是父母的经济地位、社会地位或宗教信仰”，才是孩子升入高一级学校的标准。与此相对应，宪法规定实行八年义务教育制。

魏玛时期的高等学校仍像大战以前那样，是保守的民族主义的堡垒。政府为改变大学的政治空气，作了一定的努力。科隆和汉堡创办了两所新型的大学，招聘一批进步和开明的学者前去执教。在原有的大学中，政府鼓励新兴势力进入学术领域，使一批社会民主党人、犹太人和妇女学者走上讲台。但从总体上说，魏玛时期高等院校仍然是保守的，反共和的气氛浓厚。一部分右派民族主义教授虽然从共和政府那里领取薪水，但在讲台上却攻击共和国。他们人数不多，能量却特别大，把持了很多学校的评议会，以反对大学“政治化”为借口，破坏政府要求大学实现等级结构民主、让更多的人接受高等教育的努力。[①] 从 20 年代初期起，一部分教授转而支持民主制度，同魏玛政府合作，但这种合作大多半心半意，人们谑称为“与共和国喜结姻缘，可是没有爱情”。1926 年，迈纳克组建了“大学教师拥护共和国协会”，但没有取得很大的成效。大学生中民族复仇主义情绪和种族思想也很流行。

魏玛时期，德国的戏剧处于黄金时期。以乔治·凯泽和施特恩海姆两位戏剧家最为著名。慕尼黑前独立社会民主党主席托勒尔在服刑期间写下几部有名的戏剧，如《转变》、《机器破坏者》、《战争残废》等，强烈地控诉了战争及战后社会中种种丑陋现象，被一部分人称作“20 年代最伟大的戏剧天才”。贝托尔特·布莱希特曾是一颗表现主义后期的明星，20 年代后期逐渐摆脱了表现主义的影响，创立了“叙事戏剧”的理论，并认为这种戏剧是反映现实和表达革命思想的完美形式。他最有影响的剧作是《三个铜子的歌剧》。

德国电影出现于 1895 年，大大落后于其他国家。魏玛时期德国无声电影正处于从观看画面到形成艺术的发展阶段，但已经取得了一些在世界电影史上留下痕迹的成就。这些年里获得世界声誉的著名导演有卢比奇、朗格、耶斯纳尔等，他们的作品成功感人、饶有风趣，在理论和实践方面都对艺术电影的发展作出了贡献。

从 20 世纪初开始，轻歌剧开始繁荣，到 20 年代，德国已成为轻歌剧的中心。鲍尔·林克谱写和指挥的轻音乐曲，曲调优美、悦耳、活泼，许多作品很快成为流行曲。爵士音乐从外国传入后，深受德国听众的欢迎。风行于柏林酒吧的诙谐小调，内容多半反映日常生活，政治性淡薄。此外，魏玛初期，德国画坛出现了神秘主义倾向，这种倾向反映了当时人们的沉重与绝望心情。20 年代中期出现的与现代派相对立的新现实派，曲折地反映了人们希望破灭后，顺从天命的心情。

---

① Gordon A.Craig, *Germany, 1866—1945*, Oxford University Press, 1981, p.480.

七、东西方平衡外交

对地处中欧的德国来说,处理东西方关系始终是一个重大问题,魏玛共和国时期也不例外。这个时期,在传统的影响因素外,还增添了意识形态和社会制度的因素。

在东部,尽管第一次世界大战后期,德意志帝国通过《布列斯特和约》勒索过处于软弱状态的苏维埃政权,然而大战结束后,双方在善后体系中都处于受排斥被欺侮的地位,两国从不同的指导思想出发,都希望打破这个体系,重建国际新秩序。但是,当德国国内革命运动趋于高涨时,魏玛政府又会以不安乃至仇恨的心理注视革命的根据地苏俄。而当德国不可能通过乞求获得国际平等地位时,又会通过改善对苏关系摆脱孤立的局面。此外,经济上沙俄和东欧各国曾是德国工业品的传统出口市场,此时苏俄仍是农业国,德苏经济合作的前景广阔。以卡尔·豪斯霍弗尔为代表的地缘政治学家们曾鼓吹,要建立一个从莱茵河到黑龙江长江的欧亚集团,以对抗英国这个"统治海洋的世界强国",这一理论对德苏关系也会产生一定的影响。

在西部,法国的国际地位略有变化。它通过国际联盟主要控制国之一的地位,从德国的普通邻国上升为"国际社会"的代表者,德国同法国对抗,也就含有同国际社会对抗的意味。另外,英国尽管同法国有矛盾,但它毕竟和法国同属战胜国集团。

1921 年 5 月以前,魏玛政府采取了"对抗凡尔赛和约"的立场,相应地,德苏合作开始起步。1919 年秋,德国军方在泽克特的推动下,开始同苏联军方接触。1920 年起,两国开始了小规模的军事合作。1921 年 5 月 6 日,两国政府签订《临时通商协定》,该协定以经济合作为表象,实际上包含政治合作的内容,如规定彼此承认对方,放弃反对对方的敌对行动,不在本国境外进行反对对方的宣传活动,不参加针对对方的封锁活动等。

自 1921 年 5 月起,中央党人维尔特总理和外交部长拉特瑙推行现实主义的对外政策,一方面对战胜国改行"履行和约"政策,试图通过合作以求得宽待,同时对苏俄继续加强合作。对苏合作的标志和顶峰是双方签订《拉巴洛条约》。1922年4月,热那亚国际经济会议召开,苏俄同西方国家交涉不利,而德国要求战胜国减少赔偿数额的希望落空,同时又担心苏俄同协约国达成妥协。在此情况下苏俄趁机与德国签订合作协议,规定两国建立外交关系,双方在经济上享有最惠国待遇,互相放弃赔偿要求等。随着鲁尔危机的爆发,德国对法关系破裂,而同苏联的合作进一步升温。德国向苏方提供军备工业的技术援助,苏方则负责为德国制造武器,提供坦克、军用飞机和化学武器的试验场。

施特雷泽曼担任外长后,德国对外关系进入了新阶段,他的外交政策宗旨是:利用苏联同西方国家的矛盾,搞东西方平衡外交,摆脱外交孤立,恢复大国地位。1925年,施特雷泽曼给前德国皇太子写了一封密信,概述了其现实主义的外交政策,信的结尾部分表示,德国对外政策应该像1809年以后梅特涅所做的那样:善于应付,并避免作出重大的决定。由此,人们对施特雷泽曼的外交动机产生不同的解释,有人认为他是两面派,是披着和平主义和人道主义外衣的极端民族主义者,有人认为他的愿望是真诚和光明磊落的,即为欧洲谋取和平。不管实际情况怎样,施特雷泽曼实际的外交活动,还是围绕着现实主义外交政策目标展开的。

施特雷泽曼力主德国政府接受战胜国的赔偿计划,此后还根据法国急于获得安全保障的心理,以放弃对阿尔萨斯—洛林的领土要求为代价,同西方国家缔结保障西部边界现状的《洛加诺公约》,借以恢复德国的大国地位。公约生效的前提之一是德国加入国际联盟,这时又遇到了新的问题,即英法等国要求德国无条件地接受国联盟约第16、17条,在西方国家与苏联发生冲突时,德国必须参加对苏经济制裁,甚至允许法国军队通过德国领土。德国政府严格奉行既定的外交原则,以德国缺乏武装力量和防范革命为由,坚持有权自己决定是否参加制裁。1926年9月,德国在坚持保留条件的前提下,正式参加国际联盟并担任常任理事国。

外交天平似乎向西倾斜,德国政府赶紧加织对苏关系网,以保持外交平衡。在洛加诺会议召开前,它曾多次向苏方表示重视德苏关系的发展,建议两国"根据拉巴洛条约的精神"加强合作。会议召开期间,两国于1925年10月12日在莫斯科签订一项内容远远超出一般通商条约范围的经济条约,其中包括关于居住和一般法律保护协定、经济协定、铁路协定、税务协定、通商航海协定、商事仲裁法庭协定和保护工业财产协定等。会议结束后,德国政府又于1926年4月24日与苏联签订为期五年的《友好中立条约》,进一步保证了德国的中立地位。

与此同时,施特雷泽曼为了进一步消除德法之间的隔阂,加强了同法国外长白

施特雷泽曼(右)与白里安同获诺贝尔和平奖

里安之间的个人联系。1926 年 9 月 17 日上午 11 时,两人避开新闻记者,秘密离开日内瓦,来到靠近日内瓦的法国小城图瓦里举行秘密会谈。双方达成了所谓的“图瓦里协议”。在这一口头协议中,法国允诺结束对莱茵区的占领,向德国归还萨尔,撤销对德国的军事管制,德国则同意向法国支付十亿金马克赔款以缓解法国的货币危机。由于两国政府其他高级官员的反对,图瓦里协议未能实施,但两国之间的和解气氛却大为增强。在 1926 年国联年会期间,两人又一同泛舟日内瓦湖,进一步增强了欧洲乃至世界的缓和气氛。

20 年代中后期国际格局的演变和德国的外交努力,使德国调整了与东西方各国的关系,恢复了国家尊严,跻入与英法等国平起平坐的大国行列。

八、陷入经济大危机

1929 年起,整个世界陷入经济大危机,魏玛共和国后期经济严重依赖外国,自然会很快卷入危机并遭到巨大破坏。非常的困难需要超常的智慧和手法才能克服,因此,这场危机对各国统治者的统治水平是一场考验。遗憾的是,魏玛共和国末期的三届政府都未能经受住这场考验,给希特勒攫取政权留下了较大的空间。

经济危机期间执政时间最长的是布吕宁政府。布吕宁(Heinrich Brüning,1885—1970)在一次大战期间曾任前线指挥官,参与镇压十一月革命。战后从事天主教工会工作,1924 年起进入国会,在其中以“金融专家”著称。1929 年成为中央党领袖,翌年 3 月社会民主党米勒内阁倒台后,他以社会民主党之外的其他主要政党为后盾,组成总统制政府。他认为当时多党制国家已经面临深刻的危机,建议加强魏玛宪法中的专制成分，以顺利摆脱危机。同年7月16—18日，在政府和国会之间发生了一连串的事情。16日那天，政府提出紧缩方案，遭到国会否决。布吕宁动用宪法第48条，发布两项紧急法令。不料国会同样根据该条条款，否决了它们。18日，布吕宁根据宪法第25条，宣布解散国会，并于9月14日举行新的国会选举。结果纳粹党获得大胜，所获选票从1928年的2.6%猛增到18.3%，一跃成为第二大党。此后，社会民主党不敢轻易否决政府的提案，害怕让纳粹党渔翁得利。这样，布吕宁政府就获得了施展手脚的议会条件。①

然而，布吕宁信奉传统的财政政策，认为经济危机是一种净化剂，可以淘汰以往一哄而上的不健康企业，而通货收缩是一剂良药，可以将经济引向健康的道路，认为缩短危机时间的最好办法是让经济自行发挥自我治疗的作用。他拒绝采取措施来缓解日益严重的失业问题，认为该问题的解决有赖于整个经济的复苏。布吕宁政府顽固坚持过时的财政政策，根本原因是对时代的发展要求和凯恩斯的反危机理论缺乏敏锐的感应能力，同时也受制于其他因素。1923年德国曾出现恶性通货膨胀，引起全国整体性震荡，日后各届政府都视膨胀政策为洪水猛兽。此外，杨格计划曾规定重新审查德国的生产能力以评估其支付能力，但先决条件是德国必须保持货币稳定，从另一方面说，德国的外债是以外汇结算的，马克贬值势将加重德国名义上和实际上的债务负担。当然，这些困难都是能够克服的。

布吕宁政府上台后，强调要维持国民经济的骨干企业和重要生产部门，向垄断组织提供贷款和补助金，其中受惠较多的有联合钢铁公司和各大银行。此外，政府还通过国家订货、强制卡特尔化等措施扶助垄断组织。1931年，政府拨款40亿马克以"东援"遭受困难的农业部门，结果96.8%落入占地20公顷以上的农户之手。与此同时，政府为了增加收入，大量开征新税，几度颁布减薪、紧缩社会福利开支的紧急法令。新增的税目大多由劳动人民承担，遭削减的社会福利开支有残废救济金、年老退休者救济金、孤寡救济金和失业者补助金。另外，政府还裁减了约1/3的政府职员。这些措施正好同时代的需求背道而驰，既减少了社会对商品的"有效需求"，进一步深化了危机，也打击了中下层民众，激化了国内阶级矛盾。

1932年5月，布吕宁政府为了缓解日益严重的农业危机，拟定了一项新的垦殖法令，打算强制购买不再具有偿还能力的东部庄园，向迁徙农民提供土地。大庄

① 布吕宁政府有效地利用这一格局，不断强化行政权力。1930年政府共颁布5项紧急法令，而国会通过的法令达52项；1931年政府颁布41项法令，国会只通过19项；1932年政府颁布的紧急法令达60项，国会通过的法令只有5项。

园主对此极为不满,纷纷向兴登堡总统请愿,指责布吕宁"已完全倒向农业布尔什维主义"。在各种势力的逼迫下,5 月 30 日,布吕宁被迫辞职。6 月 1 日,兴登堡任命巴本为总理。冯·巴本(Franz von Papen,1879—1969)出身天主教贵族兼大资本家家庭,曾在总参谋部任职,1920 年参加中央党。由于他参加了推翻中央党提名的总理布吕宁的幕后活动,又违背该党领袖的旨意,因此被迫脱党。巴本内阁属纯总统制内阁,主要由保守的贵族分子组成,没有工人和小资产阶级政党的成员,因此被称为"男爵内阁"。

巴本执政前期,基本上沿用传统政策,增加捐税,削减社会保险,颁布法令允许资本家将法定工资削减一半,实行有利于大地主利益的农业定额分配制。从 8 月起,开始放弃紧缩政策,试图用"引爆政策"来刺激经济复苏。如向增加劳工雇用人数的企业发放"税收有价证券",资本家可以此充当税款。同时通过分配国家任务和削减企业税收来刺激私人经济,间接解决劳工就业问题。同时,它还规定实行"进口限定制",以保护国内市场。然而,这些措施难以在短期内见效,不足以安抚民众,而且首先得利的是资本家,因而引起了工人的强烈反对。

巴本执政五个半月后,仍然得不到国会多数的支持,这使一心想恢复正常统治秩序的兴登堡总统感到不安。无奈之下,数年来一直躲在幕后干预政事的施莱歇尔将军被迫走上前台担任总理。冯·施莱歇尔(Kurt von Schleicher,1882—1934),时任国防部办公厅主任,是一位略有争议的人物。厌恶者认为他脸皮浮肿,面色苍白,头发全无,好玩权术,毫无原则,连他的姓 Schleicher,在德文中都是"蹑手蹑脚走路者"、"伪君子"的意思。另一些人则不同意这种"酷评",认为施莱歇尔身上不乏亮点。1925 年艾伯特总统去世后,其遗孀既无权力又不能提供情报,遭到朋友们的冷落,只有施莱歇尔,每年在艾伯特生日那天,手捧一个大杏仁蛋糕,上门看望遗孀,长时间谈论故者。在政治上,他不反对实施独裁统治,但认为这种统治必须拥有一定的社会基础,因此要关心社会问题,尤其应拉拢工人。为此,他广泛出击,既同右翼社会民主党人建立了联系,又与纳粹党内的左翼势力交涉,达成了组阁协议。

施莱歇尔试图消除前两届内阁在社会政策方面的缺陷,声称自己既不赞成资本主义,也不拥护社会主义,意在成为一名"关心社会问题"的军人政治家。他上任不久,向全国作了一次广播演说,宣布"本政府的纲领集中到一点,就是创造就业"。该政府执政期间,在经济上不增加新的税收并控制物价,取消巴本内阁削减工资和救济金的规定,废除农业定额分配制,在东部实行补贴无地农民定居的庞大计划,同时决定耗资五亿马克,发行特别期票,用以扩充劳动就业岗位。施莱歇尔的政治伙伴、“左翼凯恩斯主义”资本集团头目京特·格雷克提出一个劳动就业纲领,建议设立部长级的劳动就业专员一职,在市镇机构的协助下,以国家债务形式筹集经费,利用社会委托订货的办法来扩大就业机会。该纲领被施莱歇尔接受,格雷克则受邀担任中央劳动就业专员。他将全德工会联合会、基督教工会和冲锋队的代表吸收进专员办公室,试图沿着所谓的“工会轴心”扩大社会基础。施莱歇尔则准备把格雷克的做法扩大到政治领域,打算邀请各派工会的领袖担任政府部长,再次组建“横向阵线”。在外交上,施莱歇尔打算同苏联进行谈判,延长1926年德苏条约,并扩大两国贸易关系。

但是,施莱歇尔在政界经营时间不长,根基尚浅,即使在军界,也因资历欠深和喜弄权术而缺乏有力支持。原同意出任副总理的纳粹党组织领袖格·施特拉瑟在党内斗争中失败,又使他失去了国会第一大党的支持。其干预经济的措施,不可能立即见效,但引起了“巴本派系”垄断资本集团的恐惧,认为其政策具有一种“布尔什维克的危险”。西门子甚至表示:与一种布尔什维克的危险相比,希特勒只能算小巫见大巫。施莱歇尔下台,于是为希特勒上台提供了机会。

九、纳粹党崛起

纳粹运动作为世界法西斯运动的组成部分,它的兴起是时代的产物。20世纪前半期,人类现有秩序处于失调状态,寻找替代方案的运动此伏彼起。近代生物学衍生到人类社会,兴起了社会达尔文主义,但世界格局不可能使每一个民族都感到满意,尤其是那些自视甚高、有着辉煌历史的民族,更感到现存的国际格局必须打破。商品经济的发展使竞争加剧,有人感到发展空间增大,更多的人感到生活岌岌可危,朝不虑夕。这时,中世纪时期和缓的生活节奏与相对稳定的阶级结构,变成了田园诗般的美好记忆。民主制度实施初期的不适应,以及它在应付突发事件方面的滞后性,又使不少人怀念起“好皇帝”时代的美好片断。然而,法西斯的追求是“回归”与“超越”并存,它要以中世纪的碎片为材料,在现代的基础上建立起一个强调阶级合作的民族有机体,内部高效运行,对外统治世界。

德国纳粹运动崛起的第一个标志，是纳粹党的诞生。该党的前身，是1919年初成立的“德意志工人党”，创立者是慕尼黑机车厂的技术工人（木旋工）德莱克斯勒（Anton Drexler，1884—1942）。该党追求“小资产阶级社会主义”的空想，其活动宗旨包括：“联合一切劳动者反对借贷资本和利息奴役制”，使劳动者分享红利；将熟练工人从无产阶级队伍中分离出来，列入中产阶级的行列，同时牺牲大资本的利益以扩大和加强中产阶级；反对马克思主义的国际主义学说，反对犹太人，要求结束阶级斗争。但是该党的活动能力很弱，除了不时举行一些小型聚会外，对外几乎没有什么影响。但希特勒的加入使情况发生变化。

希特勒（Adolf Hitler，1889—1945）是奥地利的德意志人，出生于小官吏家庭，但学习上比较随性，喜爱艺术和历史，而在数学和自然课上表现不佳，经常因不及格而补考，有时甚至留级，连高中也未能进入。18岁报考维也纳美术学院，结果名落孙山，此后独自留在维也纳，过起半流浪的生活。但是他对读书充满激情，经常从图书馆背回一大摞书籍，闭门研读。据他自己说，在维也纳生活的六年中，形成了自己的世界观。其主要内容是种族主义、民族沙文主义、反犹主义、社会达尔文主义、极权主义和超阶级的民族共同体思想。第一次世界大战爆发时，他已移居慕尼黑一年，经恳求，终于如愿加入德国军队。战争后期成了战场上的传奇英雄：作为团部传令兵，在传令途中一人俘获四名法国士兵。为此，他破格获得一枚通常只授给军官的一级铁十字奖章。德国投降后，他固执地断定，德国失败是背后中了卖国贼的暗箭，这些卖国贼就是信奉马克思主义的革命分子。他决定从政，当一名政治家。在奉命调查德意志工人党的过程中，他决定利用这个默默无闻的小党作为实施政治抱负的工具。

在希特勒的推动下，一系列改造措施先后出台。党名改成“民族社会主义德意志工人党”（Nationalsozialistische Deutsche Arbeiterpartei），德文缩写Nazipartei，中译“纳粹党”。党名中增加的“民族社会主义”一词，可以作三种解释：强调民族主义而不是国际主义的社会主义；①对“民族社会”的追求，该社会又称“德意志社会”，据说是德国特有的社会制度，里面没有阶级分野和犹太人；②社会主义即国家主义加极权主义，而且只是民族主义的从属和补充。党名含义的模糊反映了纳粹主义的不确定性，为领导人的诠释留下了空间。

---

① Patrick Moreau, *Nationalsozialismus vom links*, Stuttgart, 1984, S.16.

② 海因茨·赫内：《德国通向希特勒独裁之路》，商务印书馆1987年版，第58页。

同时设计了党旗,为红底白圆心,中间嵌个黑色的卐。希特勒在《我的奋斗》一书中解释说:“黑色代表为战争失败而悲伤,红色象征我们这个运动的社会思想,白色象征民族主义思想,卐象征争取雅利安人胜利的斗争使命。”①

还推出《二十五点纲领》作为党纲。该纲领是一个大杂烩,但主要渗透着两方面的内容,一是德意志的民族沙文主义,二是小资产阶级的社会改革要求。第一方面又具有两层含义。其一为建立“民族国家”的要求,如:“只有本民族同志才能成为公民。不分职业如何,凡是具有德意志血统的人才能成为本民族同志”;“只有公民才享有决定国家领导和法律的权利”;“阻止非德意志人迁入境内”等。② 其二为打破凡尔赛条约的束缚,实行对外扩张的要求,如:“我们要求一切德意志人在民族自决权的基础上联合成为一个大德意志国”;“我们要求得到领土和土地(殖民地)来养活我国人民和迁移我国过剩的人口”。社会改革要求包括:“取缔不劳而获的收入,打碎利息奴役制”;“没收一切战争利润”;“对所有已经组合起来的企业(托拉斯)实行国有化”;“参加大企业的分红”;“要求建立和维护一个健康的中产阶级,要求立即将大百货公司充公,廉价租赁给小工商者,要求在国家和各邦区收购货物时特别照顾一切小工商者”;“要求实现一种适合我国需要的土地改革,要求制定一项为了公益而无代价地没收土地的法令,要求废除地租,要求制止一切土地投机倒把”;“要求对损害公益的行为作坚决斗争。对卑鄙的卖国贼、高利贷者、投机商等应处以死刑,不必考虑其职业和种族”。这些条款有着强烈的反对垄断资本和大地主的倾向,但又要求保存私有制,属于一种带有封建色彩的小资产阶级社会主义或自耕农式的社会主义的空想。

纳粹党原沿用德意志工人党的集体领导体制,希特勒是七人领导委员会中的第七名委员,分管宣传和组织工作。但他利用自己在党内逐渐取得的优势地位,于1921年6—7月使用诡诈手段,迫使该党确立了领袖负责制,自己成了“元首”(Führer)。

希特勒信奉“强者即胜利者”的原则,纠集部分退伍军人和志愿兵团的成员,组成“纠察队”,用以保护本党集会,对付其他政党,制造街头殴斗流血事件,以扩大纳粹党的影响。以后该组织改称“冲锋队”,德文缩写SA,因队员着褐色制服,又得名“褐衫队”。

---

① Adolf Hitler, *Mein Kampf*, Boston, 1979, pp.496—497.

② 纳粹党的《二十五点纲领》见 Louis Leo Snyder, *Hitler's third Reich: a documentary history*, Chicago, 1981, pp.22—25.

纳粹运动崛起的第二个标志，是1923年秋发动“啤酒馆暴动”。纳粹党成立之初，对外影响并不大，且不说主要局限于巴伐利亚州的慕尼黑地区，即使在慕尼黑，当时也是山头林立，各种民间组织遍地皆是。但是鲁尔危机造成的全国动荡，给了希特勒可乘之机。从1923年2月起，纳粹党就积极活动，同其他右翼团体先后结成“祖国战斗团体工作联盟”和“德国人战斗联盟”，都由希特勒任头目。“祖国战斗团体工作联盟”曾经决定在5月1日发动武装暴乱，后因军方反对未敢实施。纳粹党机关报《人民观察家报》则连篇累牍地发表反对政府的煽动性文章。

同年10月，全德政府下令巴伐利亚州政府取缔《人民观察家报》。巴伐利亚当局违抗这一命令，同时试图利用国家危机，使该州脱离德国，复辟维特尔斯巴赫王朝。为了拉拢民间右翼势力增强自己的实力，他们还着手同希特勒合作。但是希特勒厌恶分离主义，向往建立一个法西斯的“大德意志国”。同时，他也决定利用国家危机，仿效一年前墨索里尼的“罗马进军”，用暴力手段首先夺取巴伐利亚的统治权，然后以此为基地，“向柏林进军”，在全国建立纳粹统治。然而，当时全国上下的不满情绪，主要针对法国，政府还拥有一定的社会基础，垄断资本集团、国防军和民众，对纳粹党的政治态度并不十分了解，因此暴动很快被镇压。然而暴动本身，以及随之而来的开庭审讯和判决，却快速提高了纳粹党和希特勒的知名度。

从“啤酒馆暴动”失败到经济大危机爆发，纳粹党似乎是惨淡经营：希特勒被判五年徒刑（实际上服刑一年）；纳粹党内发生分裂，以施特拉瑟兄弟为首的左翼势力兴起；1924年后开始走“合法斗争”的道路，参加国会选举，但在1924年12月的选举中仅获得3%的选票，在总数493个议席中得14席，1928年5月的选举中，选票降至2.6%，议席降至12席。然而实际上，这段时期在纳粹党发展的道路上至关重要，它不仅确定了纳粹党的最终发展方向，而且在组织建设方面为日后执政掌权奠定了基础。

施特拉瑟兄弟的政治追求与希特勒不同，他们更加注重党纲中的小资产阶级社会改革要求。兄长格雷戈尔·施特拉瑟（Gregor Strasser，1892—1934）是位出色的组织家和宣传家，大学求学期间主攻药物学，第一次世界大战期间入伍，战场上表现出色，获得一级、二级铁十字奖章各一枚，并从普通士兵提升为中尉军官。战后退役，在慕尼黑附近的兰茨胡特镇开了一家药房。弟弟奥托·施特拉瑟（Otto Strasser，1897—1974）的思想更为激进。他曾在大学攻读法律和经济学，第一次世界大战期间入伍，升至中尉军官。战后因向往社会主义，于1919年底加入德国社会民主党，担任该党机关报《前进报》的编辑，但四个月后又因不满该党领导人同国防军勾结而退党。1920年10月，他出席德国独立社会民主党的哈勒代表大会，在听完共产国际主席季诺维也夫长达数小时的报告后，对苏俄的社会主义革命也不感兴趣。以后曾帮助范·登·布鲁克撰写《第三帝国》一书。经过1923年德国的经济危机，他看到小资产阶级遭受沉重打击，最终形成了其激进的民族社会主义观念。他认为，"为了拯救德国，必须借助一种革新的、以基督教和革命的民族社会主义为基础的共同观念，把农民、工人和士兵联合起来，在保守革命的旗帜下进行斗争"，除"民族社会主义思想外，再没有其他的思想能够革新国家。"[①]他还认为，民族社会主义分为两个部分，应该认真对待和强调其中的社会主义部分。在兄弟两人中，奥托的思想较深刻，理论叙述能力也较强，他常常为兄长起草讲稿和文件，但因为以格雷戈尔的名义发表，所以声名远不如兄长。而格雷戈尔1924年当选国会议员后，享有火车免费乘车证，有权在公共场所发表演说，他利用这些有利条件，频繁奔波于工人阶级比较集中的德国北部，进行游说和宣传，在这一地区影响很大。这样，纳粹党内逐渐形成了"北方派"，由于这一派认真对待党纲中的社会改革要求，也被称作"激进派"、"社会主义派"或"左派"。

施特拉瑟兄弟还着手拟制新的党纲。他们认为，希特勒派过分注重党纲的民族主义内容，无视社会主义条文，这不符合纳粹主义的原意。同时，《二十五点纲领》中提出的要求太笼统，在北德具体的经济和社会条件下，既不利于争取中小资产阶级，也不能在工人中扎根，很难推动纳粹运动。于是，格雷戈尔委托奥托拟定一份革新的纳粹党党纲。

1925年9—10月，施特拉瑟兄弟的新党纲基本成形。新党纲草案对"社会主义"的含义作了一定程度的解释，对《二十五点纲领》作了补充，声明对私有财产进行限制，提出了纳粹党尚未充分陈述的经济要求。

在农业方面，纲领草案规定，全国的土地形式上属于民族的财产，农民的全部土地转变成不能出售的"世袭采邑"，限制私有财产，重新分配土地，成立合作社。对于原党纲中关于土地改革的条款，具体规定25 500公亩以上的大庄园，分成1 275—5 100公亩的农民庄园，内部实行合作制，原庄园上的德籍农业工人每人获得51公亩的"封地"。

工业方面，努力使大企业国有化，工人应参与企业的行政管理和财产占有。对于原党纲中"要求参加大企业的分红"的条款，明确规定一切重要的工业部门应改

① Patrick Moreau, *Nationalsozialismus vom links*, Stuttgart, 1984, S.18.

为股份公司。企业主仅保留49%的股份，其余51%归民众所有，其中10%归企业职工，30%为国家财产，11%由教区和行政区分配。在非重要工业部门中，企业主可保留51%的股份。对于较小的企业，工人、国家和行政区均无权提出占有要求。

商业方面，除赞成原党纲中关于“要求将大百货公司充公”的条款外，还倡议建立中世纪行会模式的强制手工业者协会和工厂联合会，保护小资本不受大资本的竞争威胁。

在党的组织原则方面，主张废除“领袖原则”，改由精英人士推举各级领导人。

在外交方面，主张推行独立政策。重申废除凡尔赛体系，要求恢复1914年的边界，合并奥地利等德意志人占多数的地区，建立大德意志国。认为“德意志欧洲中心国”应在苏联和其他盟国的支持下，“在反对西方国家的解放战争中诞生”。

在1925年11月20日召开的“北德纳粹党大区领袖会议”（简称“汉诺威会议”）上，革新党纲被通过。新党纲同《二十五点纲领》相比，强化和深化了小资产阶级社会主义的改革要求，淡化了民族沙文主义的色彩，更多地反映了中下层民众的利益和心声。在当时德国阶级斗争的总结算中，这些反对大资本和废除地租的小资产阶级激进要求，具有某种进步意义。如果北方派控制了纳粹党，该党将以另一种面貌影响德国历史的进程。但是很明显，革新纲领同样不代表未来，反而更加突出地反映出前资本主义时期旧式手工业者、独立小农和小商人这一类小生产者的落后意识和要求，因此也只能是一种脱离实际的乌托邦空想。

希特勒使用各种手腕，通过1926年2月的“班贝格会议”，彻底否决了革新党纲，再次确立了自己的领袖地位。随后，他利用自己掌握的主动权，全面出击，在巩固控制权的同时也强化了党的组织架构。

鉴于修改党纲已经成为党内反对派改变党的发展方向的抓手，1926年5月22日，希特勒在慕尼黑党员大会上宣布一个原则：党的《二十五点纲领》永久不变。他解释说：该纲领“是我们的信仰和意识形态的基础，对它进行篡改，就是背叛对我们的思想怀着信仰死去的人们。”①此举的目的在于防止党纲向“左”偏移，但实际上希特勒自己对党纲也是不满意的。为了不违背上述“原则”，以后他采取了重新解释有关条款的办法。如1928年4月，他为了获得大地主、大资产阶级的支持，以党的名义发表声明，重新解释关于“土地改革”的第17点，强调纳粹党维护私有财产，土改主要针对犹太人的投机公司，“无偿没收”必须限于法律许可的范围

① John Toland, *Adolf Hitler*, New York, 1976, p.215.

之内。

为了加强党总部的力量，希特勒设立了“全国指导处”，作为直属于元首的中央领导机构。“全国指导处”的成员各分管诸如宣传、组织、青年等一个方面的事务，成为该领域的“全国领袖”。此外还着手整顿和发展党的地方组织。凡有纳粹党员的地方，都参照行政区划，逐级建立党的地区（Landes，以后逐渐取消）、大区、分区、分部、支部和小组，各设一领袖。大量增设党的外围组织，以网罗各个阶层的人士，扩大纳粹党的影响。从1926年起，先后组建了希特勒青年团、民族社会主义教师协会、民族社会主义法学家联盟、德意志文化战斗同盟、民族社会主义德意志医生联盟等组织。

纳粹运动崛起的第三个标志是经济大危机期间实力急剧膨胀，从一个国会小党一跃成为第二大党（1930年）和第一大党（1932年）。

世界经济大危机袭来后，希特勒顿时产生一种解脱感。他曾在《人民观察家报》上毫不隐讳地宣称：“我一生之中从来没有像这些日子这么舒坦，内心感到这么满意过。因为残酷的现实打开了千百万德国人的眼睛，使他们看清楚欺骗人民的马克思主义者的史无前例的欺骗、撒谎和背叛行为。”①他要利用民众的苦难和不满，全方位出击，既吸引民众以获取选票，又以此为资本同权势集团交涉，目的是取得政权，在德国建立纳粹体制。

吸引民众的主要手段是扩大宣传。希特勒组织数千名纳粹宣传员前往中小城市和广大农村，进行蛊惑人心的宣传，并到处举行各种群众集会、演讲会、青年集会和火炬游行等活动，到处散发传单，张贴广告和标语，制造声势，以至于有些地方一时成了广告和标语的海洋，看不到空白的室外墙壁。纳粹头目在拉拢群众的过程中，一方面利用自己出身卑微的有利条件，与中下层民众一起坐车和用餐，介绍自己的身世，努力缩短同群众的距离，以加强宣传的效果；另一方面则在集会和游行中显示纳粹党的实力和权威，向渴望得到“国家保护”的民众提供实例展示。纳粹集会大多规模巨大，四周布满纳粹党旗，冲锋队员组成仪仗队和吹奏乐队，并负责维持会场“秩序”，纳粹头目在党徒的簇拥下出场，整个会场笼罩着浓厚的宗教色彩和军国主义气氛。

纳粹党不仅运用丰富多彩的宣传形式，更注重通过宣传内容来吸引群众。他们向中下层民众许下种种美好的诺言，这些诺言一部分源于纳粹主义理论，更多的

① 威廉·夏伊勒：《第三帝国的兴亡——纳粹德国史》，三联书店1974年版，第196页。

属于希特勒针对群众的需求所作的夸大性宣传。在作这种宣传时,希特勒巧妙地利用了党内激进派的力量和对群众的影响力。宣传内容包括:针对群众要求改变现状的迫切心情,更加疯狂地攻击魏玛共和国和民主政体,颂扬独裁制的优越性,许诺纳粹政权将向全体公民提供强有力的国家保护;向中下层民众提出针对他们切身需求的"礼品单子",如确保工人都有工作和面包,保护中小企业,保护农民这一"民族新生命的源泉";利用国人痛恨凡尔赛条约、希望民族自强的心理和要求,进一步扩大民族复仇主义的宣传。

遭到经济危机沉重打击的中下层民众,强烈要求改变现状,得到国家的保护。他们被纳粹党的宣传形式所吸引,并各自在宣传内容中找到了自己所需要的东西,于是大批涌进该党,或者把选票投给它。从1929年到1933年,纳粹党员人数从17.8万逐年上升到35万、80万和100万。

十、希特勒就任总理

1930年纳粹党成为国会第二大党后,并未进入政府,更不用说受命组阁了。究其原因,除了希特勒坚持"要么没有,要么全部"的方针,不肯担任低于总理以下的职务外,还同垄断资本集团、国防军和兴登堡总统的态度有关,他们还不肯接纳希特勒作为政府总理。

垄断资本集团中,鲁尔工业集团因为《凡尔赛和约》割去了主要工业原料基地而受到较大损害,所以他们公开反对现存的国际秩序。这个集团中的蒂森和基尔道夫等,较早就同希特勒建立了联系,在经济大危机期间,逐渐把希特勒作为实现自己目标的政治代理人,形成"纳粹工业集团"。然而,更多的垄断资本家,包括西门子公司、法本集团,甚至克虏伯公司的财主,却拥护现成体制,排斥纳粹党。

希特勒在拉拢中下层民众的同时,积极地争取更多的工业巨头。据纳粹党新闻发布官奥托·迪特里希回忆,"在继后的几个月中,他走遍整个德国,同杰出的人物私下会谈。选择的约会地点,不是在柏林就是在各州,不是在恺撒霍夫饭店就是在某个偏僻的森林空地。保守秘密是绝对必要的,绝不能让报界有捣乱的机会,否则就会影响到会谈的成功。”[①]1931年10月11—12日，纳粹党同民族人民党、钢盔团等政党和组织在不伦瑞克州的哈尔茨堡温泉城举行全国反对派大会，会议要求布吕宁政府辞职，在全国和普鲁士组建右派政府。会议结成了“哈尔茨堡阵线”，但不久因各方之间存在利益冲突和策略分歧，以及纳粹党和民族人民党争夺领导权而解体。希特勒据此进一步加强了同资产阶级右翼的联系，扩大了纳粹党在政治舞台上的影响。另一件重大事件是1932年1月希特勒在杜塞尔多夫工业家俱乐部向300多名资本家及其代表作演讲。他在长达两个半小时的讲话中强调：在人类社会中保存私有制和企业家主权的合理性；布尔什维主义已经控制苏联，并“将逐渐震撼整个世界”，如果不尽早让纳粹党上台执政，该主义将赢得50%的德国民众，然后把德国推入灾难；保证掌权后要扩充军事力量，训练800万后备军，使德国摆脱凡尔赛条约的束缚，夺取新的生存空间。希特勒的演说博得资本家的热烈掌声。奥托·迪特里希曾在《跟随希特勒十二年》一书中指出：“1932年1月27日将永远是德国纳粹党历史上值得纪念的一天。这一天，希特勒成功地在德国西部工业巨头中间打开了缺口”。[②]

纳粹党与国防军的关系一开始并不融洽，军官团成员大多具有一定的社会地位，[③]通常站在代表传统、保守和正统的势力一边。而纳粹党从成立的那天起就把矛头指向合法政府，使用的手段是煽动、街头暴乱，甚至政变，其成员大多出身下层，举止粗鲁。国防军成员在很长一段时间里对之蔑视，甚至心存疑虑。

1923年希特勒发动“啤酒馆暴动”时，国防军作为整体来说并未支持纳粹党，反而持坚决反对的态度。国防部长格斯勒下令取缔攻击政府的纳粹喉舌《人民观察家报》，当驻守巴伐利亚的陆军第四师师长洛索夫跟随巴伐利亚全权代表卡尔暂时与纳粹党合流、拒绝执行国防军镇压暴动的命令时，国防部解除了洛索夫的职务。

此后，纳粹党同国防军的关系一直不佳。希特勒尽管希望得到国防军的支持，但是为了控制冲锋队，却又禁止冲锋队同陆军发生联系。国防部则不准陆军招募纳粹党员，或者雇用他们在军火库和补给站工作，并要求军队不过问政治，超然于党派之上。

---

① Alan Bullock, *Hitler, A study in Tyranny*, Penguin Books Ltd, 1962, p.167.

② 保罗·汪戴尔：《德帝国主义与战争》，世界知识出版社1959年版，第12页。

③ 据1932年的统计资料，有23.8%的军官出身贵族，其余为军人世家和小资产阶级家庭。见 Robert J. O' Neill, *The German Army and the Nazi Party, 1933—1939*, New York, 1966, p.6.

然而纳粹党与国防军具有先天的血缘关系,这不仅表现在希特勒及其党徒,尤其是冲锋队员,不少都是退伍军人,更主要的是在仇视凡尔赛体系、扩军备战、崇尚武力和民族扩张主义宣传方面,纳粹党和国防军的主张是完全一致的。希特勒清楚地看到,纳粹党要在德国执政,没有国防军的支持则绝无可能。1930 年春,乌尔姆卫戍部队中尉施林格、卢丁和温特因在军队中从事纳粹宣传并发展纳粹势力而被捕,被提交莱比锡最高法院审理。希特勒抓住这个机会,争取陆军的支持。9 月,他亲自出庭作证。他的发言包含三个重点:保证陆军拥有不可取代的地位,维护陆军的完整,“任何想要取代陆军的尝试都是发神经病”;解释成立冲锋队是为了在宣传时保护纳粹党,决无一点军事性质和取代陆军之意;保证使用合法手段获取政权,开除党内“革命”分子。

希特勒作此表态之后,一部分军官,如参谋部军官约德尔、乌尔姆的第五炮兵团团长贝克等,公开拥护纳粹党。对大部分青年军官来说,除了希特勒的保证外,纳粹党关于扩军备战的许诺使他们看到了晋升的希望。1931 年 1 月,军队废止了关于不得雇用纳粹党人在军火库和补给站工作以及不准纳粹党人加入陆军的禁令。

希特勒争取权势集团的努力引起了中下层民众和党内激进派的不满。格·施特拉瑟在纳粹党会议上告诫希特勒:纳粹党如此同反动派沆瀣一气,同资本家、容克、旧将领和高级官吏密切合作,会丧失群众的支持。奥·施特拉瑟则惊呼:希特勒已背叛了社会主义!“如此下去,民族社会主义的性质和任务……是否还能维持?”一部分冲锋队员也认为“阿道夫背叛了我们无产者”。1930 年 4 月,萨克森州工会宣布罢工,奥·施特拉瑟不顾希特勒的反对,在自己控制的报刊上宣布全力支持。希特勒在得到蒂森等资本家的警告后,于 5 月 21 日赶到柏林,同奥·施特拉瑟展开了长达七个多小时的争论。奥·施特拉瑟指责希特勒“为了用合法手段执政同资产阶级右翼政党进行新的合作,企图扼杀社会革命”,要求纳粹党坚持实行工业国有化的方针。希特勒则认为工人需要的只是面包和马戏,根本不懂得什么理想。他指责奥·施特拉瑟实际上信奉的是马克思主义。希特勒强调德国只需要进行种族革命,不需要进行政治、经济或社会革命,再次肯定了垄断资本的私有权。在此期间,戈培尔秉承希特勒的旨意,先后在《进攻报》上发表四篇文章,指责奥·施特拉瑟“只在书桌旁拼凑革命理论,不考虑现实的可能性”,是“膨胀的激进主义精神病患者,手持匕首在大街上疾走”,号召“开除所有奥·施特拉瑟的追随者,结束这种路线”。希特勒以国会议员之职和 18 万马克引诱奥·施特拉瑟,要求他放弃自己的主张。后者拒绝了希特勒的利诱,1930年7月,联合26名北方派领导人发表退党声明,并呼吁"社会主义者离开纳粹党!"以后,退党者成立了"革命的民族社会主义者战斗同盟"(后简称"黑色阵线"),公开反对纳粹党和后来的第三帝国。1935年,该组织迁往捷克斯洛伐克境内,1938年又转移到美洲继续活动。

纳粹党党内矛盾的另一表现是部分冲锋队组织的反叛活动。由于经济危机期间冲锋队向队员提供食宿,大量失业工人和青年涌入该组织,致使其草根性更甚于纳粹党。在少数野心家的挑动下,部分冲锋队组织向纳粹党领导集团提出了自己的政治经济要求。1930年8月,施滕纳斯任队长的柏林冲锋队提出七点要求,呼吁希特勒放弃"合法"路线,以暴力行动实现真正的"社会主义",要求提名冲锋队领袖为国会议员,缩小党的大区领袖的权力,并给冲锋队的护卫活动支付报酬。这些要求遭到拒绝后,该队在国会选举中消极怠工,并于8月29日袭击纳粹党柏林大区指导处,砸坏大部分办公用具。希特勒亲自赶到柏林,用安抚手段平息了事态,随后于9月2日撤换冲锋队全国领袖扎洛蒙,自任冲锋队最高领袖,并规定全体冲锋队员必须宣誓对其个人无条件效忠。1931年1月,希特勒任命罗姆为冲锋队参谋长,隶属于全国最高领袖的领导。罗姆曾任冲锋队首领,20年代中期因坚持要把冲锋队建成破坏凡尔赛体系的非法武装而不是纳粹党的防卫组织而辞职,赌气前往玻利维亚。这时,希特勒为了转移冲锋队的政治兴趣,重新起用他。罗姆到任后,立即着手加强冲锋队的军事性质,模仿德国陆军的组织机构,设立总参谋部、司令部和训练学院,并设地区总队、旅队、区队、旗队、突击大队、突击队、小队和小组,一般都由前军官担任头目。

1931年4月1日,施滕纳斯等人再次起事,纠合了勃兰登堡、西里西亚、波美拉尼亚和梅克伦堡地区冲锋队的领袖,发动第二次叛乱。不久,德国北部和东部的冲锋队组织也起而呼应。起事者谴责希特勒的"合法"夺权路线,指责他任人唯亲,要求澄清民族社会主义理论,并宣布废黜希特勒的领袖地位。希特勒一面在纳粹报刊上发表文章,抨击施滕纳斯一伙是钻进纳粹党内的"沙龙布尔什维主义和沙龙社会主义的小丑们","将一系列严格说来是属于共产党不断煽动所需要的概念引进冲锋队内";一面调动党卫队平息叛乱。希特勒的行动获得国防军领导层的赞扬。

1932年期间,格·施特拉瑟同希特勒之间的矛盾也尖锐起来。前者自1926年起担任纳粹党全国宣传领袖,1932年又兼任全国组织领袖,成了党内地位仅次于希特勒的第二号人物。班贝格会议之后,他一直没有放弃自己的政治主张。然而，随着经济大危机期间纳粹党在各方面取得一定的进展，他对如何处理同旧势力的关系也有了新的看法，认为在坚持民族社会主义原则的前提下，同保守势力结盟比举行暴力革命“更为可靠”。在这种思想的指导下，他批评了奥·施特拉瑟在1930年的行动，表示“社会主义不可能由宣布过激的理论词句加以推进，而是有朝一日通过某一民族社会主义的劳动部长颁布必要的法律来实现”。1932年11月，纳粹党在国会选举中得票数下降，格·施特拉瑟认为这一情况表明希特勒的“合法路线”已破产，如果纳粹党进一步向右偏转，广大党员将投奔共产党。因此，他主张纳粹党“应原则上改变路线”，“回到原来革命的民族社会主义路线上来”，“避免下降为一种反犹主义的经济党”。他还认为，使纳粹党免于瓦解的另一途径是立即执政，如不能单独执政，参与组阁亦可。因此，他同意到施莱歇尔内阁里去当副总理。当时希特勒既坚持要自任总理，更拒绝改变纳粹党的既定方针。1932年12月7日，两人展开了一场激烈的争论，翌日，格·施特拉瑟辞去党内一切职务，前往意大利“疗养”。纳粹党内以施特拉瑟兄弟为首的反对派就此消散。

这时，德国政坛上的斗争也进入了白热化状态。1932年一年内，国会被解散两次，政府三次更迭，各派政治力量之间纵横捭阖，频繁地分化组合，德国政治生活处在民主与独裁的十字路口。最后，希特勒成了赢家。

在政坛的台面上，巴本被施莱歇尔搞下台后，一直伺机报复，甚至不惜同希特勒联手。民族人民党主席胡根贝格（Alfred Hugenberg，1861—1951）打算进入施莱歇尔内阁，遭到拒绝后，也加入了倒阁运动。在台面下，则是支持魏玛政府的垄断资本集团发生分化。克虏伯、沃尔夫（大输出商和制铁工业家）等形成“左翼凯恩斯主义”集团，主张由国家增发贷款，通过发展公共事业，如修筑道路、建造住宅、改良土壤等，以吸纳失业工人，缓解就业矛盾。这实际上是呼吁加强国家干预，使用膨胀型的财政政策来缓解危机。而杜伊斯贝格（法本公司头目）、西门子等形成“右翼凯恩斯主义”集团，主张维持自由放任政策，等待私人经济自发地繁荣市场，反对实施工资协议，建议推行薪金低于协议工资的“自愿生产服务”。由于这两个集团分别支持施莱歇尔和巴本，随着巴本同希特勒联手，他们背后的资本集团也发生重组。

此时，国防军领导集团内部也发生了有利于希特勒的变化。以驻防东普鲁士的第一军区司令冯·勃洛姆贝格（Werner von Blomberg，1878—1946）及其参谋长赖希瑙为代表的一派，竭力主张任命希特勒担任总理。勃洛姆贝格曾于1927—1929年担任军队管理局局长，30年代初又兼任日内瓦裁军会议德国代表团团长，在军内拥有一定的地位。1933年1月29日,即希特勒上台的前一天,他又被任命为国防部长。这在客观上加强了希特勒和军内亲纳粹派的地位。

按照预定计划,新国会将于1933年1月31日召开会议。施莱歇尔预计自己得不到国会支持,遂于1月23日晋见总统,要求解散国会,并推迟几个月举行下届的国会选举。兴登堡一心恢复正常的统治秩序,要求他履行上台时的诺言,设法争取国会多数的支持。施莱歇尔无力办到这一点,于1月28日辞职。下一步怎么办?兴登堡召见巴本商议,两人在组建希特勒—巴本内阁抑或巴本—胡根贝格内阁之间犹豫。这时,传来了军内可能发生政变的消息,两人迅速打定主意,暂时让希特勒担任总理,但给他设置一系列障碍,利用纳粹党在国会内外的实力渡过难关,然后再作取舍。巴本信心十足地认为:"希特勒是我们雇来的。……兴登堡信任我。用不了两个月,我们就能把希特勒远远挤进角落,让他去吱吱呀呀叫唤!"①

1933年1月30日中午,兴登堡总统任命希特勒担任魏玛共和国总理。不是每个人都会想到,这着棋竟然颠覆了魏玛共和国。

① John Toland, *Adolf Hitler*, New York, 1976, p.293.

第十章

纳粹德国

（1933—1945 年）

以希特勒担任总理为开端，德国历史逐渐进入了一个特殊的阶段，在这个阶段里，德国在政治、经济、社会、文化各个方面的体制和政策都发生根本性的变化，给人一种全新的感觉，以至于有学者提出纳粹统治时期是德国历史“断裂”的说法。

其实，“断裂”一说令人费解。除非赋予该词汇以特殊的含义，在一般情况下，一个国家或民族，只有遭受外族的统治，或者战败后被战胜国占领，强制实施改造，才有可能造成历史发展的“断裂”。而事实上，德国在第二次世界大战后被战胜国占领并实施民主化改造，也没有造成所谓的“断裂”。从总体上看，纳粹运动作为一种土生土长的运动，纳粹党在赢得多数选民的支持、成为国会第一大党后，被国内的权势集团扶上台执政，以纳粹主义为指导对德国实施改造，很难造成历史的“断裂”。从微观上看，纳粹主义的反理智主义特点可以追溯到 19 世纪早期的浪漫主义传统及第一次世界大战前的青年运动，它对强权的崇拜可以很容易地在黑格尔、俾斯麦身上，在德意志强权统治的传统中找到。希特勒在实施政治体制改造时，时常会提到古代军事民主制的“日耳曼民主”。在实施对外扩张时，经常以神圣罗马帝国的世界情怀和普鲁士弗里德里希大王的丰功伟绩作为参照物。纳粹青年的焚书行动，同马丁·路德焚烧教皇敕令及 1817 年民族主义大学生的焚书行为有一定的关联。就连纳粹组织中的统一制服，也有“统一与自由”运动中的统一灰色衬衫作为先例。

但是，所有这一切并不意味着纳粹统治是德国历史发展的必然，1932—1933

年,德国历史的发展处于十字路口,有可能向其他方向发展。另外,纳粹运动和纳粹统治中的上述历史“因子”,并不能简单地被看作是纳粹的思想文化“起源”,历史先人和他们所做的事情,具有多个侧面和多重影响,不会单线条式地直接导致后面的进程。同时,纳粹的做法在很多方面是对产生这种做法的本源的庸俗化和粗鄙化。

一、“一体化”

“一体化”(Gleichschaltung)原是工业技术领域的术语,被纳粹当局用来表述希特勒就任总理后确立法西斯体制的一系列措施和行动。一体化即纳粹化,就是要用纳粹极权体制取代魏玛民主体制,用纳粹德国取代魏玛共和国。一体化涉及政治、经济、文化、军事诸领域,但核心在政治领域。

希特勒—巴本内阁,前排从左到右分别为戈林、希特勒、巴本

希特勒担任的总理，是魏玛共和国总理，他所活动的舞台，是魏玛民主共和体制。权势集团为了防范纳粹党胡作非为，为它设置了一些障碍。希特勒内阁不是总统制内阁，而是一个必须取得议会多数支持的内阁。在 11 个部长职位中，纳粹党人仅占 3 席，除希特勒外，其余两个都是较次要的部。连希特勒这个总理，含金量也不如其他总理，他的内阁被称为“希特勒—巴本内阁”。希特勒只有在巴本陪同和在场的情况下，才能向总统报告和请示工作。国防部长勃洛姆贝格和外交部长牛赖特都是兴登堡直接遴选委任的。而希特勒的目标是要把权力高度集中到一个人手中，内阁只是其办事机构，议会是其咨询性顾问团，法院则是镇压政敌的有力工具。纳粹党作为他夺取和执掌政权的重要支柱，必须在政治生活中占据垄断地位，其他政党都是多余的东西，没有存在的必要。希特勒要以这样的极权国家作为集聚德意志民族全部能量的工具，去完成争霸世界的“大业”。

一体化的第一个重大步骤，是以反对共产主义为名，逐步取消人民的基本民主权利。2 月 4 日，颁布了《总统关于保护德国人民的法令》，该法令授予国家机构较大的权力，禁止在所谓“至关重要的”企业里举行罢工和各种政治集会与游行；以及在“可能导致对公众安全有直接危险”的情况下，没收并在限定时间内禁止“其内容涉及危害公众安全和秩序”的印刷品。法令的初衷是防止共产党领导工人举行总罢工，但在实际运用中，却能广泛地限制反对党在竞选中的宣传活动。13 天后，戈林以普鲁士州内政部长的身份颁布一项命令，指示各警察局“以最强硬的手段对付与国家为敌的组织的活动”，必要时可使用枪支，“执行此项任务时使用枪支的警官不论其所造成的后果如何均将受到我的保护；反之，凡因错误的照顾而执行不力者，则将追究其失职的刑事责任。”所有州的政府都接到了该项命令。五天后，戈林又下令起用冲锋队、党卫队和钢盔团作为“辅助警察”，协助警察“进行反对共产主义的斗争”。

第二项重大步骤，是借 1933 年 2 月 27 日晚发生的国会纵火事件，彻底废除了《魏玛宪法》赋予公民的基本权利，从而抽掉了法治国家的基础。关于国会纵火事件的起因，至今仍是个谜，①但希特勒的第一反应，是一口咬定这是共产党武装起义的信号，是推翻政府的烽火。他向闻讯而来的人们叫嚷道：“德国人民长期来太软弱了。当官的共产党人个个都得枪毙。当代表的共产党人今晚通通得吊死。共

---

① 笔者在齐世荣先生主编的《精粹世界史》（中国青年出版社出版）丛书《法西斯运动和法西斯专政》一书中，概括了对纵火起因的几种说法，可参阅。

产党的朋友要全部关起来。这也适用于社会民主党和国家的蛀虫！……这是上帝的旨意，现在谁也无法阻挠我们用铁拳消灭共产党人了！”第二天晚上，兴登堡总统签署了由希特勒主持制定的法令并向公众颁布。该法令的正式名称是《总统关于保护人民和国家的紧急法令》，简称《国会纵火案法令》。法令取消了《魏玛宪法》关于保障人民的人身、新闻出版、言论、集会、结社等自由，准予政府干预通信、邮电、电报和电话秘密，准予当局搜查私人住宅等，还授权中央政府在各州政府不采取“为恢复公共秩序和安全所必需的措施”时，暂时接管该州的权力。同时修改刑法条款，把叛国罪和纵火罪的惩罚由无期徒刑上升为死刑。不久以后，人们逐渐感觉到，这项法令实际上是纳粹德国的基本法。

借此机会，希特勒还把打击矛头指向共产党。大批共产党员和反法西斯人士被逮捕，共产党和社会民主党的报刊遭查封，德共的办事处被封闭。同年 9 月，德国最高法院在莱比锡举行“国会纵火案审判”。共产国际西欧局领导人、保加利亚共产党领袖季米特洛夫在法庭上揭露法西斯主义的反动本质和血腥暴行，变法庭为控诉法西斯的讲坛。在世界正义舆论的压力下，法庭只能判处被当场逮捕的范·德·卢贝一人死刑，将其他被告宣判无罪释放。

第三项重大步骤，是通过《授权法》使内阁拥有立法权，逐渐架空国会。在这件事情上，遇到些小障碍。在 3 月 5 日的内阁会议上，希特勒提出《授权法》草案，要求内阁一致同意，并以内阁的名义提交国会。巴本和胡根贝格担心这样做会导致希特勒个人专权，遂提出异议。巴本提议，为了防止因通过授权法而出现擅自改变宪法的现象，应将国会改名为国民大会，并“制定一部新的国家基本法”。纳粹分子戈林赤膊上阵，断然拒绝说：“绝不考虑这一建议！”3 月 15 日，内阁再次讨论该问题，胡根贝格试图以兴登堡的力量来制约希特勒，要求增加总统对政府颁布法令的参与权和监督权。当时，总统府国务秘书梅斯纳早已把赌注投向纳粹党，当即反对说：“总统没有必要进行参与”，总统本人“也没有要求这样做！”此时，内阁中多数部长认为，通过该法将会加强内阁的权力，因而也是件好事。3 月 20 日上午，《授权法》草案在内阁会议上未加修改就获得通过，随后希特勒以内阁的名义提交国会。

按照《魏玛宪法》规定，通过诸如《授权法》这样重大的法案，必须取得 2/3 多数票的赞同。而通过该法，对国会来说无异于自杀。1933 年 3 月 5 日，举行了希特勒上台后第一次、也是魏玛共和国彻底灭亡前最后一次国会选举，纳粹党使尽招术，企图获取 1/2 以上的席位，但结果却令其失望。纳粹党得票达 43.9%，尽管比前一次高出10.8%,但还是未能取得绝对多数。社会民主党和共产党的得票数有所下降,但仍占总票数的18.3%和12.3%。为了使《授权法》得以通过,希特勒采取了一系列措施。

国会纵火案发生后,希特勒大肆镇压共产党人,但是一直没有宣布共产党为非法,原因是担心共产党的选民会把选票转投给社会民主党。在3月5日的选举中,共产党还是获得了81个席位。选举结束,尘埃落定,希特勒于3月9日宣布取消共产党人占据的全部议席,并下令逮捕一些共产党议员。3月14日,又正式取缔共产党。通过这一举动,希特勒把国会总议席从647席减至566席,纳粹党的288个议席,在总议席中的比例从43.9%上升到了50.9%。

与此同时,戈林利用他掌管普鲁士警察的权力,对若干名社会民主党议员实行"保护性拘留",削弱该党在国会中的影响。

对其他政党,希特勒采取了威胁和利诱并重的办法。他声称,所有投票赞成《授权法》的政党,将联合组成一个工作委员会——"精英小国会",政府根据《授权法》颁布任何法令时,事先均会听取"小国会"的意见。投反对票的政党无权进入"小国会"。

中央党占有73个议席,是继纳粹党、社会民主党、共产党之后的国会第四大党,希特勒专门做了它的工作。3月20日,他避开反对《授权法》的中央党领导人布吕宁,同该党其他领导人卡斯主教等三人举行会谈。卡斯主教急切地提出"应该尽快回到宪法规定的基础上来"。希特勒作出了一系列许诺,戈林则赤裸裸地威胁道:"如果不赞成授权法,将把中央党官员从所有机构中清除!"中央党议会党团内部展开激烈的讨论,尽管有10人持反对态度,但由于多数人赞同,按常例决定全部投赞成票。

3月21日是新国会开幕的日子,希特勒借此机会大做文章,以显示其尊重传统,将延续俾斯麦的事业,对内团结全国民众,对外提高德国的国际地位。他借口国会大厦被烧毁,把开幕仪式安排在柏林西南郊的波茨坦卫戍区教堂内举行,波茨坦不仅是普鲁士主义的圣地,有弗里德里希大王的王宫和墓地,还是俾斯麦第一届帝国议会的开幕处。那天,纳粹党党旗和旧帝国的黑白红三色旗在全城飘扬,出席仪式的不仅有当时活跃在政治舞台上的"新"人,也有旧帝国的皇亲国戚和年迈的将军们。兴登堡总统身穿老式的陆军元帅服,虔诚地向皇帝的空座致敬,希特勒身穿黑色燕尾服,虔诚地同兴登堡握手,并作深度鞠躬。会场内是震耳的管风琴乐声,会场外是嘹亮的军号声和礼炮轰鸣声,一派"新""旧"交融、民族团结的景象。

3月23日,国会将表决《授权法》。这次,舞台移到了柏林市内的克罗尔歌剧院,武装的党卫队员在场外实施封锁,五大三粗的冲锋队员在场内走廊上游弋,齐声喊着"我们要求授权法——否则当心挨揍!"主席台后面悬挂着一面大卐字旗,用以提醒议员们注意,谁才是德国的主人。纳粹党议员全部身着褐色制服,希特勒也重新穿上了褐衫。

然而希特勒在演说中,措辞及其谨慎,调子非常温和。他立誓要尊重私人财产和个人的积极性,保证援助农民和中产阶级,许诺要消灭失业,同英国、法国甚至苏联讲和。当时有人评论说,这个演说"贯穿了许多和解的、民族的和基督教的语调"。但是他话锋一转,要求国会批准《授权法》,以便给他一定的权力来达到这些目标,他保证"只在执行极端必要的措施非动用不可时"才会使用这项权力。

在场的议员中,只有社会民主党人表示反对。该党主席奥托·韦尔斯在发言中说:"在社会民主党经历了最近一个时期的迫害以后,谁也无法要求或者希望它对这里的授权法投赞成票。……自从德国有国会以来,选举产生的人民代表对公共事务的监督在目前这种程度上和由于新的授权法在更为严重的程度上被取消,是从来没有过的。政府拥有如此无限的权力,不仅必然要造成严重的后果,而且使人民失去任何的活动自由。"社会民主党94名议员集体投了反对票。

但是,由于其他政党的议员都投赞成票,《授权法》以444票对94票获得通过。

《授权法》的正式名称是《消除人民与国家痛苦法》,共分五条,其中规定:政府有权制定国家法律;政府所制定的法律,如果不以国会和参议院的组织本身为对象,可以同宪法相异;政府和外国订立涉及国家立法事务的条约,不必得到立法机关的同意。①

《授权法》的有效期原定四年,但在纳粹党操纵下,国会两次延长该法,一直到纳粹政权覆亡为止。希特勒在《我的奋斗》中曾说过:"要取消议会是不大可能的,但是议会中的议员届时实际上将只提供建议……不论国会和参议院,都不进行表决"。自从内阁获得立法权后,国会很少开会,除了在1934—1935年"制定"过《国家重建法》和三项反犹的《纽伦堡法》外,其他会议的内容都是聆听希特勒的演讲并批准他的声明。1933年7月14日起,德国实行一党制,国会选举制度也改为按纳粹党提出的统一名单作全民"认可性"投票。1933年11月12日,1936年3月29

① Wolfgang Ruge und Wolfgang Schumann, *Dokumente zur deutschen Geschichte, 1933—1935*, Berlin, 1977, Dokument 19.

日和1938年4月10日，纳粹德国曾举行过三次国会“选举”。由遵循“领袖原则”的纳粹党徒组成的国会，连对政府的监督权也无力行使，成了点缀“民众意志”的装饰品和希特勒公布政策意图的讲台。

《授权法》通过后，希特勒立即策划削弱州政权的力量，将国家结构由联邦形式的复合制改为中央集权的单一制。1933年3月31日，政府颁布《各州与国家一体化法》，规定除普鲁士外，各州的议会必须按照3月5日国会选举的得票比例重新组织，这样就剥夺了共产党在各州的议席，并使纳粹党在各地都占据多数席位。法令还授权各州政府颁布法令，整顿州的行政机构，而无须州议会的批准。同年4月7日，又颁布了《各州与国家一体化的第二个法令》，规定总统驻各州的专员被正式任命为各州行政长官，负责监督全德总理提出的方针政策在各州贯彻执行的情况，他有权解散州议会，任免州政府和颁布法令。这样，各州的议会政体即被废除。1934年1月30日，国会和参议院通过《国家重建法》，规定取消州议会，各州的最高权力移交给中央，州政府隶属于中央政府，州政府首脑受全德内政部长管辖。之后，由各州代表组成的参议院随之解散。中央集权制最终确定。

希特勒在缓和经济危机和稳定社会秩序方面所取得的成绩，使统治阶级感到放心，并进一步授权于他。1933年4月，兴登堡总统表示，巴本不必继续陪同希特勒晋见总统，原先那种做法，希特勒会感到是对他的不信任，而总统本人并不想伤害他。于是，希特勒—巴本内阁变成了希特勒内阁。

第四项重大步骤，是取消其他政党，实施纳粹一党专制。纳粹德国在权力结构上实行个人独裁，但是纳粹党在实现和维护这种权力结构方面，起着特殊的作用。按纳粹党自己的说法，它是一个特殊的政党，集合了整个民族的精华，代表着整个民族的利益，又是民族社会主义世界观的载体，希特勒依靠这样的党，就能对整个民族实施有效的保护。而其他各种政党只是分别代表一部分国民的意志和利益，它们的存在有碍于实现“一个国家、一个民族、一个领袖”的理想目标。

在取缔共产党的同时，希特勒就把矛头指向社会民主党。该党的主要报刊，经常被勒令停刊，该党的集会，不是被禁止就是遭到冲锋队的破坏。

在国会表决《授权法》之后，该党为了能够合法地存在下去，采取了容忍和退让的政策，其中包括劝阻欧洲其他国家社会民主党减少或停止对德国法西斯恐怖行为的报道，该党领袖韦尔斯退出“社会主义工人国际”执行局，以表示不同意该机构对希特勒政府采取较强硬的态度。在5月17日的国会会议上，社会民主党议员甚至投票赞成希特勒关于修改《凡尔赛和约》和扩充军备的要求。然而，这些举动根本不可能改变希特勒实施一党制的决心。1933 年 6 月 22 日，内政部长弗里克发布命令，以“反对国家及其合法政府的叛国罪”为名取缔社会民主党。7 月 7 日，该党在国会、州议会、市政厅和各种代表机构中的代表资格全部被取消。在短短的几个月内，近 3 000 名社会民主党干部被逮捕。

紧接着是其他政党。5 月 3 日，德意志民族人民党改称“德意志民族阵线”，6 月 21 日，它在全国各地的办事处被警察和冲锋队占领，6 月 27 日，该党领袖胡根贝格被迫退出政府，该阵线也随之解散，其议员进入纳粹党党团。6 月 28 日，从 1930 年起已更名为“德意志国家党”的民主党宣布解散。7 月 4 日，德意志人民党和巴伐利亚人民党自行解散。7 月 5 日，布吕宁被迫解散天主教中央党，该党议员被允许列席纳粹党国会党团会议。

1933 年 7 月 14 日，希特勒政府凭借《授权法》颁布《禁止组织新政党法》，规定：纳粹党是德国的唯一政党；凡维持另一政党的组织机构或组织一新政党者，如其罪行不触犯其他规定而须受到更大的惩罚，则处以三年以下的徒刑或六个月至三年的拘禁。同年 12 月 1 日，政府又颁布《党和国家统一法》，规定：纳粹党是德意志思想的体现者，是国家的领导和推动力量，与国家不可分离地联系着，它的机构是人民权力的一部分；为保证纳粹党和冲锋队的机构同国家机关实行最密切的合作，纳粹党元首的代表和冲锋队参谋长均为政府成员；纳粹党和冲锋队成员如果损害所负义务，不受国家司法机关审判。这两个法律以法律形式确立了一党制，保证了纳粹党凌驾于国家政府机关之上并不受国家法律制约的地位。

为了保证纳粹党更有效地控制国家，该党的中央机构再次作了改组。新设“元首办公室”负责处理党内日常事务。任命赫斯（Rudolf Heβ，1894—1987）为“元首代表”，设立“元首代表办公室”，负责领导全国指导处和健康、种族、家庭调查三个办公处，并管理纳粹党的整个组织系统。但是，“元首代表办公室”重要的职责之一是干预国政，它负责在政府机关中维护和坚持纳粹党的旨意，保证一切国务活动不违背该党的政策和纳粹主义理论，执掌政府官员的提名权和最终审批权，有权代表纳粹党参加起草并最终批准德国法律。

最后一项重大举措，是利用兴登堡总统去世，将总统职位纳入囊中，正式确立独裁统治体制。1934 年 6 月底，希特勒清洗了冲锋队，压制了向国防军和垄断资本集团挑战的“第二次革命”的呼声。8 月 2 日，兴登堡去世，希特勒在垄断资本和国防军的支持下，颁布《德国国家元首法》，规定将德国总统和总理的职位合而为一，希特勒就任国家元首兼政府总理，拥有武装力量最高统帅权。

二、领袖国家

纳粹党改造国家的基本理论依据是“民族共同体”(Volksgemeinschaft)理论,这一概念的内涵同“民族社会主义”有部分重合之处,即强调德意志民族内部的利益一致性,要求各阶层人士注重民族的整体利益,淡化或主动调节内部矛盾,和衷共济,以复兴德意志民族。而国家只是一种保种保族的工具,如果它完成了这一任务,就是正确有用的,在它不能胜任这个任务时,就是有害的,要么加以改革,要么弃之一旁,用更好的工具取而代之。纳粹党认为自己不必舍弃国家,可以对它作根本性的改造,建成一种新型的国家,既不是议会民主制的,也不是君主制的,而是“民族的领袖国家”(der nationale Führerstaat)、“日耳曼国家”(der germanische Staat)或“人民国家”(Volksstaat)。这种国家必须有能力通过各种手段保护民众,从本民族中挑选出最有种族价值的精英并将他们保存起来,以确保一个民族的内部力量。更重要的,它有能力培养本民族的理想情操,提高文化素养,从而将该民族引向更高的自由王国,在人类中占有统治地位。这种国家采取什么外部形式并不重要,但是它必须实行“领袖原则”。

纳粹党人强调,领袖是民族共同体的人格代表和中心,两者之间存在着种族血统上的一致性,存在着人格上结合的基础,领袖是民族的利益及意志的代表者,是保持全民团结的维系者,他有权对民众实行绝对统治。优等种族的领袖能够最有效地表现和发挥民族意志和民族精神,他能够自觉地意识到加强民族力量的三个要素——种族价值、个体价值、自我保护的魄力与动力,有力地抵御削弱民族力量的三种人类罪恶——国际主义、民主主义、和平主义,因此应该让他居于绝对的领导地位。在这一基础上,纳粹提出了“一个国家,一个民族,一个领袖”的口号。希特勒承认,推行领袖原则,损害了个人的自由,但是他强调:“民族社会主义不是把个人或‘人’作为其观点和决策的起点。它有意识地把民族(Volk)作为整个思想的中心。……个人是短暂的,民族是永存的。如果自由主义的世界观在个人的神化之中必定导致民族的毁灭,在必要时,民族社会主义则不惜牺牲个人来保护民族。”

领袖原则运用于实际，就是政治权力高度集中。从三权分立到内阁独裁，再通过内阁纳粹化，演变成了个人独裁。①

为了体现出"人民国家"所实行的"日耳曼民主"，纳粹政权采取了以公民投票批准政府政策的做法。这样的公民投票共举行过三次。第一次在1933年11月12日与国会选举同时进行，内容是批准政府作出的退出世界裁军会议和国际联盟的决定。据官方公布，96%的公民参加投票，其中95%投赞成票。第二次在1934年8月19日举行，内容是批准将总统和总理的职位合二为一。官方公布95%的公民参加投票，其中90%投赞成票。第三次在1938年4月10日进行，即德奥合并之后与国会选举同时进行，内容为批准德奥合并。官方公布拥护合并的占99.7%。公民投票原是资本主义国家在政局发生变化或决定国家重大问题时，由全体公民通过直接投票来表达意愿的一种方式，也是统治集团了解民意的重要途径。然而纳粹德国举行的公民投票，却不能完全反映民意。首先，纳粹德国三次公民投票都属于"公民复决"类型，对当局的决策几无影响。其次，纳粹德国的公民投票属于"有条件的或非强制性的"，即某项决定是否需要提交公民复决全由希特勒个人决定，而希特勒则选择民众爱国热情高涨之时，同某项外交行动联系起来举行投票，以造成全民拥护的假象。最后，纳粹德国官方公布的投票结果并不真实。如1934年8月的公民投票，据盖世太保的内部报告称，在普鲁士州约有1/4或更多的公民投反对票，而官方公布全国有90%的人投赞同票。

在领袖国家里，纳粹党在统治结构中有着至关重要的地位，1938年，希特勒达到了"党国一体"的目标，得意地声称："民族社会主义革命的最大保证在于纳粹党对国家及其一切机构和组织有了绝对控制。"

"党国一体"具有外在表现形式。希特勒就任总理不久，就取缔魏玛共和国国旗，代之以纳粹党党旗和原来德意志帝国的国旗。同时，将纳粹党党歌《霍尔斯特·威塞尔之歌》定为同原国歌并列的第二国歌。1935年9月15日，又将纳粹党党旗定为代表德国的唯一旗帜。

比这些外在表现形式更重要的，是纳粹党对各级政权机构的实际干预和控制，甚至是直接取代。

在中央(Reich)一级，作为纳粹党元首的希特勒担任政府总理，1934年8月起

---

① Martin Broszat, *The Hitler State: the foundation and development of the internal structure of the Third Reich*, London, 1985, p.282.

又成为国家元首，这首先保证了纳粹党对全国政权的控制。纳粹党中央机构“全国指导处”的18名领导成员中，宣传领袖戈培尔兼任政府国民教育与宣传部长，农民领袖达雷兼任政府粮食与农业部长，新闻出版领袖马克斯·阿曼虽因政府内没有相应的部，未直接出任内阁部长，但实际上独掌全国新闻出版大权。其他成员，或通过出任政府不管部长，或对相关部门进行干预和渗透，夺占政府部门职权。对于一些纳粹党一时还难以严加控制的政府部门，希特勒采取设置直属于他的对口平衡机构来加强干预。外交部的传统力量比较强大，在1938年2月以前一直由无党派人士冯·牛赖特执掌。尽管纳粹党全国指导处内设有以罗森贝格为首的“外交政策办公室”，希特勒仍感到难以直接控制外交事务，遂于1933年春起用心腹里宾特洛甫作为主要的外交助手，并在外交部的街对面，原普鲁士邦外交处所在地，设立规模庞大的“里宾特洛甫办公室”。1938年2月，希特勒借故将牛赖特解职，直接任命里宾特洛甫为外交部长，该办公室才撤销。

在地方各级政府机构中，也绝大部分由纳粹党各级头目担任政府机关首脑。纳粹党的六级地方组织中，“地区”组织不久便被撤销。“大区”的管辖范围，除普鲁士和巴伐利亚之外，大致同“州”相等，大区领袖都兼任州总督。普鲁士州因为面积较大，州内设有24个大区，其行政区划是12个省，故一半大区领袖兼任省政府首脑，另一半出任州政府的顾问。巴伐利亚州设有6个大区，州总督和行政长官由纳粹党全国指导处成员冯·埃普担任，6名大区领袖中，2人担任州政府内政部长和文化部长，2人担任省政府首脑，1人担任萨尔区专员。“大区”以下为“分区”，相当于行政区划的“县”，分区领袖一般都兼任县长。其下为“分部”，分部领袖一般兼任镇长。纳粹党的基层组织“支部”，或设在企业一级，或管辖4—5个街区，支部领袖一般也掌握该地区的行政大权。①

纳粹党控制政府机构的另一重要手段，是控制官吏和公务员队伍。1933年4月7日和1937年1月25日，当局先后颁布《恢复职业官吏法》和《文职人员法》。第一项法令颁布时，希特勒尚未完全获得独裁大权，多党制尚未取消，因此法令只规定文职官员的清洗对象主要是共产党员、社会民主党员和犹太人。第二项法令则规定政府官员必须由纳粹党员担任。在这两项法令的影响下，文职人员纷纷加入纳粹党，同时大批纳粹党员进入国家机关。文职人员中纳粹党员比重越来越高，1933年仅为1/5，1935年上升到3/5，1939年后，纳粹党党籍成为进入官员阶层的

① K.Hildebrand, *The Third Reich*, London, 1984, pp.7-8.

先决条件。

领袖国家的产生,确实有古老的日耳曼因素在起作用。古代日耳曼部落的军事民主制,乃至不少德意志皇帝的辉煌事迹,在不少人心中已成为一种美好的历史记忆。当魏玛民主制度的不完善之处充分暴露时,或者内外环境非常不适合民主体制运行时,民众就会容忍甚至选择集权体制。而希特勒政权在应付经济危机和外交危机过程中所表现出来的效率,又似乎在证实这种体制的高效与有力。各种因素的交互作用,使德国较为顺利地走上了法西斯的不归路。

三、监控和镇压系统

纳粹当局为了巩固统治,一方面对民众实行欺骗,鼓吹其政权具有“人民性”,通过各种手段把大部分民众纳入控制网络之中,另一方面,则通过各种监控与镇压机构,对全体民众,尤其是反对派和反叛集团,实行严密的监控和残酷的镇压。大棒与胡萝卜同时使用,是纳粹统治的特征之一。在大棒与胡萝卜两者中,后者能够在更深的层次上巩固统治,因而被纳粹当局放在主要位置上。对一个受到欺骗而真心实意地拥护纳粹主义和纳粹政权的纳粹“顺民”来说,可能不一定感受到自己的言行已置于监控机构的严密监控之下。把纳粹德国定为“党卫队国家”或“警察国家”的说法,不仅因为涉及党卫队和警察在“领袖国家”中的实际地位而遭到一部分历史学家的反对,在当时也不一定为大部分德国民众所接受。

在纳粹监控与镇压机构中,最重要的是党卫队、盖世太保和集中营。党卫队是纳粹党的分支组织,归属于政党的范畴,盖世太保作为警察的一个种类,是国家机构的一部分,这两个监控镇压机构同时并存,互相配合,又互相争夺控制权限,既是纳粹德国党政关系在具体领域中的延伸和体现,也是纳粹当局为了更有效、更全面地实行监控镇压的手段。

党卫队最初是冲锋队的下属组织,规模较小,到 1928 年也只有 280 名队员,任务是保卫希特勒和其他纳粹领袖的生命安全,维持纳粹集会的会场秩序。1929 年希姆莱(Heinrich Himmler,1900—1945)就任其全国领袖后,为了扩展自己的势力,立即着手赋予该组织以新的使命。他一方面在内部强化种族原则,只允许“纯种雅利安人”入队,另一方面加速扩充成员,1929 年底达 1 000 名,1930 年底为 2 727 名。

经济大危机期间冲锋队两次发动叛乱,在平叛过程中,党卫队成了希特勒手中的主要工具,获得了“党内警察”的职能,规模进一步扩大,1934 年初达到 5.2 万人。在随后发生的清洗冲锋队的“长刀之夜”中,它又充当主力,之后完全脱离冲锋队,升格为与它并列的党内独立组织。而冲锋队从此解除武装,其职责大多转交党卫队,仅负责对青年实施役前训练和充当辅助警察。党卫队的规模则急剧膨胀,很快成为纳粹国家中超出常规的多功能特殊集团,成为希特勒统治德国的主要支柱。

随着党卫队的势力迅速膨胀,其下属组织划分成普通党卫队、党卫队骷髅队和武装党卫队。普通党卫队由原党卫队主体力量延续而来。队员必须具有雅利安家谱(一般队员查溯到 1800 年,领袖或候补领袖查溯到 1750 年),体态匀称,风度优雅,持有党卫队短剑,不受国家法律的约束。1939 年共有成员 20 万人。党卫队骷髅队是集中营的看守组织,队员的上衣制服上饰有白骨骷髅标志。武装党卫队是党卫队的武装组织。按最初的计划,武装党卫队主要用于内政,是纳粹党头目防备军队叛乱的工具,以后随着世界大战全面爆发,德国在实施对外扩张中所需的兵力越来越多,该组织事实上主要用于对外战争。它在达到顶峰时一共拥有 39 个师,100 万人,其中包括外籍师,如荷兰师、挪威师、比利时师、匈牙利师、乌克兰师等。

党卫队的领导机构由 16 个局、处组成。同监控与镇压事务关系最直接的是“党卫队保安处”。该处的情报网在纳粹党大区、分区、分部各级层层设置,其最重要的细胞是设在县或市一级的外勤站。外勤站在属下每个地方设置一至数名情报员,每名情报员又拥有自己的联络员作为“眼线”。充当情报员的,有各级纳粹头目、公务员、医生、教师等等。30 年代后期,保安处共拥有 6 000 多名正式成员,约 5 万名情报员。

盖世太保是德文“秘密国家警察”(Geheime Staatspolizei)缩写 Gestapo 的音译。在纳粹党人控制着警察队伍的普鲁士和巴伐利亚,从 1933 年开始,就着手组建属于政治警察性质的特种警察,并力图向全国推广。1936 年 6 月,希姆莱就任“德国警察总监”,他上任后立即改组全国的警察指挥系统,把全部警察分为穿便服的“保安警察”和穿制服的“治安警察”,保安警察里面又分“盖世太保”和“刑事警察”,治安警察里则包括行政警察、巡警、水上警察、海岸警察、消防队等穿制服的警种。

盖世太保的主要任务是在党卫队保安处的配合下，镇压一切反对纳粹政权的人和活动，而且作为"一种慑服和恐怖的混合物"，不仅要制止正在实施的犯罪活动，同时要把犯罪动机和计划消灭在萌芽状态。其使用的手段有侦察(包括电话窃听)、警告、劫持、谋杀(包括伪装成不幸事故或自杀)、"监护"等，而利用"监护拘留令"把政敌关进集中营是其手中最有力的王牌。在大部分国家里，警察都拥有一定的执行权，但是德国盖世太保所拥有的权力，远远超出了警察权力的范畴。纳粹当局规定，盖世太保的行动不必经司法部门批准和复审，法院不得干涉，只要警察是在执行领袖的意志，它的行动就是合法的。

集中营制度是纳粹政治体制的组成部分，是德国法西斯极权体制中最为残忍的统治手段和形式。

早期的集中营大多由冲锋队组建，小而简陋，往往利用城市里的仓库和地下室改装，被称为"地堡"式集中营。冲锋队纪律松散，队员品质低下，集中营内虐待甚至残害囚禁者的现象非常流行。党卫队建造的集中营数量较少，但比较正规，在整个纳粹统治时期规模不断扩展，直到纳粹政权覆亡时才关闭。通常所说的纳粹集中营就是指这类集中营。第一座党卫队集中营建立于 1933 年 3 月，希姆莱在巴伐利亚达豪市附近一个火药厂的旧址上，以几间石砌平房为中心，建立达豪集中营。冲锋队遭清洗后，党卫队独掌集中营的管理权，它对全部集中营实行整顿改组，关闭所有临时凑合的集中营，增建大规模的正规集中营。

集中营在纳粹当局的官方宣传中，被称为"国家劳动改造营"，是一种"政治改造所"，其口号是"劳动带来自由"(Arbeit macht Frei)。实际上，它是作为法西斯恐怖专政的暴力强制工具而设计的。它主要关押四类人：1. 政敌，包括持反纳粹态度的政党或团体的成员，被开除的纳粹党员，破坏外汇管制者，收听敌对国家广播和发牢骚者；2. "低等种族"分子，主要是犹太人和吉卜赛人；3. 刑事犯，内分"有期预防性拘留者"即有前科累犯者，和"保护性拘留者"即正在服刑的囚犯；4. "懒惰分子"，其中包括同性恋者、乞丐、游民、流浪者、妓女和酗酒者。

1938 年以前，纳粹集中营都建在国内，达豪集中营、萨赫森豪森集中营(建于 1936 年)和布痕瓦尔德集中营(建于 1937 年)构成当时的三大中心集中营。1938 年 3 月以后，随着德国迈出对外扩张的步伐，党卫队先后在奥地利、波兰、捷克斯洛伐克、苏联等国建立集中营，其中比较著名的有奥斯威辛、索比包、毛特豪森集中营。从 1941 年夏天起，部分原波兰境内的集中营设置毒气室等大规模杀人工具和焚尸炉，改造成为"灭绝营"。

纳粹德国的司法机构也失去了独立性，成为镇压机器的一部分。法官几经清洗，并被迫加入“民族社会主义法律工作者协会”，在审理案件时基本上按纳粹党官员的旨意行事。1933 年 3 月 21 日，纳粹政权在各州高级法院内设立了“特别法庭”，用于审理所谓“阴险地攻击政府”的政治案件。该法庭由三名纳粹党员法官组成，没有陪审团。德国最高法院在“国会纵火案”审判中遭到挫败后，纳粹政权很快就成立“人民法庭”，取代常规法院镇压反对纳粹政权者。该法庭设在柏林法院内，由七名审判官组成，其中只有二人是职业法官，其余五人为纳粹党、党卫队和武装部队的官员，法官席背后不放置国徽，代之以弗里德里希大王和希特勒的胸像及三面纳粹党党旗，审判结果由纳粹党预先决定，被告大多数被处以死刑。

四、统制经济

希特勒执政后，一面着手恢复经济，同时实施经济体制和机制方面的改造，逐渐建立起纳粹经济体制。根据主要经济任务的变化，整个纳粹统治时期的经济大致可划分成三个阶段，即 1933—1935 年的“沙赫特时代”、1936—1941 年的“四年计划时代”和 1942—1945 年的“施佩尔时代”。

第一阶段以沙赫特命名，是因为这一阶段他成了德国经济的实际主持者。希特勒这位从小数学课经常不及格者，在后来大量的自学阅读过程中，根本无力涉及经济与财政方面的内容，这就为能干者提供了施展才能的空间。沙赫特作为德意志国家银行的总裁，在 20 年代中后期的国家经济稳定与发展中起了很大的作用。然而经济大危机爆发后，他因拒绝反对《杨格计划》，同魏玛政府分道扬镳，积极支持希特勒上台。纳粹党掌权后，他于 1933 年 3 月重新出任国家银行总裁，翌年 7 月兼任政府经济部长，1935 年 5 月又兼任“军事经济全权总代表”，一时成为直接对希特勒负责的全国“经济独裁者”。在沙赫特时代，经济任务的两重性表现得比较明显，即摆脱危机和组建国家干预机制的任务都比较繁重。

希特勒就任总理时，德国经济已经走出了危机的谷底，但仍陷于困境之中，失业人数高达 600 万。沙赫特执掌经济大权后，总结前三届政府的经验教训，加强国家对经济的干预，但是在具体方法上，采取了一种独特的方针：松财政，紧货币。

松财政，就是由国家大量投资，兴办公共工程，如修筑道路和高速公路，兴建机场，建造住宅，整治水道，改良农田土壤等，用以刺激需求。在1933年和1934年两年内，全国用于公共工程的开支，达50亿马克。这些非生产性项目的投资，既繁荣了经济，又不会加重已有的生产过剩性危机。

兴办公共工程所需资金从何而来？通常国家筹集资金的渠道是增税、增发新货币和借债。但是，大幅度增加税收会引起民众的不满，同时会直接削弱本来已经不足的社会有效需求，抵销扩大就业的好处。增发新货币会引发通货膨胀和物价上涨，德国经过1923年的恶性通货膨胀，全国上下对此都非常敏感。因此沙赫特采取了以借债为主的筹资方法，以实现紧货币的目标。

在具体实施中，沙赫特除了按常规举借内债，发行“劳动国库券”外，还建立了一套依靠发放短期商业债券的所谓“兴工券”机制。这种短期商业债券，一般期限三个月，但可延长20次，最长达五年，每年兑现1/5。它作为商业债券可以自由交易，实际上成了马克之外的一种“辅助货币系统”。这种变相的货币，可以有效地避免通货膨胀。

“梅福票”是上述“兴工券”中较为有名的一种。它的全称是“冶金研究股份公司(缩写Mefo)期票”，由发行公司支付给军火承包商和生产商，最后由国家银行贴现。在一般情况下，该票在五年后开始贴现，这样就能暂时缓解战前预算支出的负担。到1939年欧洲战争爆发前，全国共发行“梅福票”约120亿马克，占同期军费开支的1/5。

“松财政，紧货币”方针实施的结果，德国以很低的通货膨胀率换得了经济迅速恢复和发展。1937年底与1932年底相比，德国国民收入增加63%，而纸币流通量仅增加48%。

在恢复经济的过程中，政府先后在1933年6月和9月发布“第一项莱茵哈特纲领”和“第二项莱茵哈特纲领”，用各种手段来减少失业人数。首先，政府兴办的公共工程增加了很多就业岗位。其次，纳粹政府规定，在工程建设中尽量以人力代替机器操作，替换下的旧机器必须销毁，以免被变相使用。再次，政府规定向年轻夫妇提供婚姻贷款，只要女方保证婚后不就业，生满四个孩子后，贷款便无须归还。这样，大量的女性退出劳动岗位。最后，大力扩充纳粹党和政府的官僚机构，实行劳动义务制，规定男女青年必须服劳役半年至一年，以吸收剩余劳动力。[①] 在这些

---

① Frank B.Tipton, *A History of modern Germany since 1815*, London, 2003, p.431.

劳动服役队在整治水利

措施的推动下,1933年底德国的失业人数减少了1/3,1935年3月起实行义务兵役制后,军队又吸收了数十万劳动力,1936年底德国实现了充分就业。

德国在这一阶段里形成的国家干预机制,曾经给人以神秘之感,总以为会有一套严密的控制网络机构,然而在研究过程中却难以找到它。另外,同样是法西斯国家,意大利通过实施"国家参与制",占有了75%的资本所有权,日本通过"民有国营",利用所有权与经营权分离,通过占有经营权淡化了所有权,而德国在其他领域的集权程度超过意、日两国,根据一般规律,它对所有权的侵犯应该比它们更为强烈。但实际上,纳粹当局几乎没有侵犯过私人企业的所有权,除了犹太企业主。它尽管在私人企业内部管理方面引进了"领袖原则",但还是强调发挥"私人企业的创造性",实行"经济自治管理责任制"。其原因,在于希特勒在夺取政权过程中,曾经多次许诺尊重私有权。因此纳粹当局对经济的干预,主要是由国家政府机关,通过颁布和实施法律法令,对经济生活实施宏观控制。

纳粹政府实行宏观控制的内容有以下七个方面。

1. 控制利润率。1934年,纳粹当局颁布两个法令,规定企业利润超过6%的部分,企业主不得自主支配,或者用于购买政府债券,或者存入国家银行所属的金汇兑银行,作为专门的"投资贷款储备金",四年之后归还。这意味着企业积累下来的一部分利润,已由一般的自由资本变成了所有权与使用权分离的"社会性资本”，其理由如当时一家德国金融杂志所说的：“由于企业的恢复靠的是公共开支的就业计划，政府感到暂时处理企业创造的一小部分利润是正当的。”

2. 控制投资方向。为了限制私人资本投入政府所不希望的领域，纳粹当局规定，凡新办企业和扩大原有企业的生产能力，均需得到国家批准。同时，通过管制原料分配和劳动力予以干预。政府从扩军备战的需要出发，推动资本流入与军事工业有直接关系的重工业部门，其结果，从1932年到1939年，德国消费品生产仅增加50%，重工业生产却增加近2倍，军火生产更猛增11.5倍。

3. 控制劳动力就业方向。为了保证政府规划中的重点部门，当局限制劳动力流出农业、冶金工业、矿业、化学工业、建筑业和军火工业。1935年2月，德国实行“劳动手册”制度，规定每个工人必须领取一本劳动手册，上面记载其种族、技能和职业经历，作为受雇就业的依据。这样，雇主或政府就可以通过扣押劳动手册阻止工人离职，取消一般西方国家都存在的自由就业和劳动力市场，把工人强制固定在某一企业之内。1938年6月起，当局禁止军工企业的工人离职，1939年2月全国实行强制劳动服役制，规定工人必须到官方就业处所指定的岗位去工作。

4. 控制工资水平。纳粹当局公开声称，为了提高国防能力，确保四年计划的目标顺利实现，提高德国商品在国际市场的竞争力，德国必须保持较低的工资水平。另外，控制工资水平也是实现“紧货币”方针的重要一环。希特勒执政不久，经济部就开始实行封顶式的最高工资率。1939年德波战争爆发后，当局在“不许发战争财”的口号下全面禁止提高工资。实际上，纳粹统治时期，工人的计时工资额基本冻结在经济危机期间的低水平上，工人的总收入有一定幅度的增加，主要通过广就业和增加工时。

5. 控制物价。从沙赫特时代起，作为“紧货币”方针的另外一环，德国政府就着手控制物价。最初依赖于卡特尔组织原有的监控机制。1934年11月，希特勒任命银行家格尔德勒为物价专员，授予他监管物价的全权。1936年10月，政府颁布《价格冻结法》，规定各种商品价格以1933—1936年间的“最公正”价格为标准点加以固定。世界大战期间，由于生产成本上升，批发价格上涨，当局于1940年12月颁布法令，规定每种商品的零售利润均减少10%。为了强制执行，当局明令一切零售商品都必须明码标价，所有手工业、修理业、旅馆业等也必须张贴完整的服务价目表，以便战时物价专员署和警察部门监管。

6. 强化资本的集中与垄断。在工业领域，纳粹当局的做法，一是实行强制卡特尔化，二是推行康采恩专业化。1933年7月，政府颁布强制卡特尔化的法令，以国家行政命令为手段，迫使大批局外的中小企业或加入所谓“义务共同体”（即原来由大企业掌握的卡特尔），或组成新的卡特尔。1937 年 10 月，政府又颁布法令，解散资本在 10 万马克以下的小股份公司，禁止创办资本在 50 万马克以下的新公司，致使大批小企业破产。所谓康采恩专业化是由政府以行政命令为手段，强使原来从事多种经营的康采恩集中到某一专业部门，从而提高它们在该专业部门的垄断能力，集中的途径是强制交换股票和限定产品的范围。

在农村，纳粹当局一方面保留小农所有制，另一方面于 1933 年 9 月颁布《德国农庄继承法》，用以稳定大农庄。法令规定，凡占地 7. 5—125 公顷的农户地产均为“世袭地产”，必须保持完整，不得出售、分割或抵押，也不得因无力清偿债务而被没收；世袭地产的户主称为“农民”，其他家庭成员不能获得这一荣誉称号，只能称作“农人”或“农业经营者”；户主死后，世袭地产必须按当地习惯传给长子或幼子，但继承人必须具有 1800 年以来的纯雅利安血统。

7. 管制外贸。规定对全部进出口贸易实行监督和控制。同时，国家实行严格的外汇管理，规定出口所得的外汇必须卖给国家，私藏外汇者将被送进集中营实行劳动改造。①

沙赫特时代的结束，起因于他的部分想法遭到希特勒的拒绝。1935 年秋，德国粮食歉收，政府被迫耗费大量外汇进口粮食。翌年，军事工业又严重缺乏原料，影响了战备工作顺利进行。这时，沙赫特主张放慢扩军速度，大力发展对外贸易，使德国重新加入世界经济的行列。希特勒已经巩固了独裁地位，决定撇开沙赫特，依靠党内亲信戈林制定“四年计划”，要保证“德国军队必须在四年内做好战争准备，德国经济必须在四年内做到能够应付战争”。这样，德国经济就进入了四年计划时代。

戈林主持编制的四年计划，其重点是发展军工生产，改组经济结构，争取达到“自给自足”。为了实现这一目标，政府重点着手解决矿产品等战略物资和农产品短缺的难题，利用掌握的财政权力，拨出巨额款项，开采和提炼贫矿，生产合成原料，提高农产品自给率。在诸种措施中，以下两方面的工作值得注意。

一是“赫尔曼・戈林国家工厂”的建立。由于阿尔萨斯—洛林地区在第一次世界大战结束后划归法国，德国所剩的铁矿大多品位较低，萨尔茨吉特等地的贫铁矿实际上已被弃用。为了达到钢铁资源的“自给自足”，1937 年 7 月建立了“赫尔曼・戈林国家工厂”，用以不计成本地开采贫铁矿。该公司的股票，70% 由政府出

① Hajo Holborn, *A History of Modern Germany, 1840—1945*, Princeton University Press, 1969, p.734.

资购买，其余由资本家认购。但是德国实施对外扩张后，它大肆攫取占领区的工矿企业，实力急剧膨胀，成为纳粹党党棍兼任新财阀的典型。

另一方面是提高农产品的自给率。当时德国粮食不能完全自给，1932 年全国“食品热量”的自给率只达 75%。为了节省进口粮食所需的外汇，并建成“自给自足”的农业体系，纳粹政权除了扶植大农业外，还通过其他措施来提高农业产量。一是利用价格杠杆。较大幅度地提高农产品收购价格，降低化肥价格，减少农业税收，降低农业贷款的利息，以促进农业生产。二是稳定和扩大农业人口。1934 年 5 月，政府颁布法令，限制农业劳动力流入非农业性企业；翌年 2 月，政府又强迫从事过农业生产的人都回到农村去。此外，政府还推行“移住计划”，其中的“区域整理计划”是在各州内设置“垦区”，配合以“德意志人民到农村去”、“与大自然亲近”等宣传，鼓励民众“移住”人口较少的农业地区。“郊外移住”则包含两个内容，一是在小城市周围设立“田园城市”，鼓励城市过剩人口到那里建造廉价住宅并耕种田地，二是实行“助耕制”，由劳动部门指派 2—3 人为一组的失业工人到郊外农场“助耕”，由农场主负责提供膳宿，并鼓励助耕者与农场主的儿女们通婚，定居郊外。各种措施实行后，农产品总产量有所增加，食品自给率从 1932 年的 75%上升到 1939 年的 83%。

施佩尔时代开始于 1942 年，当时德军入侵苏联的闪击战已经破产，国际反法西斯同盟也已形成，纳粹德国面临同时与苏、美、英同盟国长期作战的困境，不得不实行总动员，因此施佩尔时代就是德国的总体战争经济时代。

施佩尔时代的特点是加强集中领导，他在四年计划的范围内成立“中央计划局”，统一决定国民经济各部门的生产计划和方案，按照各自的轻重缓急来分配原料、燃料和劳动力。与此同时，他推行所谓“工业自行负责制”，按照军备生产的类型，分别成立 13 个专业的生产指导委员会，以及同样数目的企业联合组织“瑞恩”，由它们管理工厂生产的各个环节。在这一时期，德国的工业生产，尤其是军工生产，有了较大幅度的提高，但是根本无法扭转战场上失败的颓势。

五、社会协调与社会统制

纳粹理论强调，人类社会尤其是德意志社会，本来是一个和谐的有机体，然而在各种有害思想的毒害下，社会成员都片面追求各自的利益，甚至强调内斗，造成了社会的分裂。而纳粹主义的历史任务，就是要创造新国家，“要将国家放在我们认为是正确的模子中加以铸造”。因此，通过纳粹主义来黏结劳资之间的分裂，重建社会有机体，克服“阶级癫狂和阶级斗争”，“相互理解、融洽相处，共同意识到肩负着维护民族精神的义务”，①就被认为是纳粹政权的重要历史使命。

在重建社会有机体方面，“德意志劳动阵线”是一个较有典型意义的载体。1933年5月2日，一个名为“保护德国劳动界行动委员会”的组织根据政府的命令，用暴力手段占领工会机构，逮捕工会干部，进而取缔所有的工会组织。在此以前，各派工会为了幸存，已经实施了联合，1933年4月28日，自由工会、基督教工会和希尔施—东克尔工会的领导人组成“联合工会领导人集团”，并向政府效忠，但还是未能奏效。5月10日，在柏林宣告成立“德意志劳动阵线”（Deutsche Arbeitsfront），由莱伊（Robert Ley，1890—1945）博士任头目。按照希特勒的想法，劳动阵线应该有别于传统的工会，“它不是关于工资等问题讨论的场所，而是解决更高层次问题的地方”，②必须按照民族整体利益指导劳工运动发展，并逐步把劳工阶层乃至企业主阶层也融入其内，实现所有“劳动者”的联合，形成一个符合纳粹主义要求的劳动关系主体。同年11月，德国的雇主协会解散，其成员陆续加入劳动阵线。1934年10月24日，颁布了有关劳动阵线的法律，规定阵线是“有智力和体力创造性的德意志人的组织”，其目的不是保护工人，而是“创立一个由全体德意志人组成的真正社会性和生产性的社会”，并根据纳粹党的总政治目标和正在修订的劳动法规精神对成员进行教育。在实际运行中，该组织向成员灌输纳粹“共同体”思想，调解劳资纠纷，用经济资助、提供教育和住宅、稳定工资和组织娱乐活动吸引和控制全国的工人和职员。

社会心理拉平政策被置于重要的位置，因为它能够满足中下层民众对平等的渴求，将“民族共同体”理论现实化。

当时资本主义国家，一般只有上层人士才有可能去休假旅游，劳动人民无力问津文化活动，更不可能去各地旅游。纳粹当局通过“德意志劳动阵线”及其下属组织“欢乐产生力量”，首先扩大职工的有薪休假制度，把原来每年3天的带薪休假日延长到6—12天，16岁以下的少年休假15—18天；然后控制国内旅游点，修建数

① Eberhard Jackel, *Hitlers Weltanschauung: Entwurf einer Herrschaft*, Deutsche Verlags-Anstalt, 1981, S.11.

② Max Klüver, *Vom Klassenkampf zur Volksgemeinschaft: Sozialpolitik im Dritten Reich*, Druffel-verlag Leoni am Starnberger See, 1988, S.125.

千所疗养院和旅馆，建造“欢乐产生力量”旅游船，组织中下层民众前往国内外旅游。累计到1937年，全国约有1 000万民众参加了休假旅游。一时间纳粹报刊、电台和电影广为宣传，以前只有有产阶级才能享受的东西，现在工人们也成为可能。“欢乐产生力量”组织还拥有交响乐队，经常组织工人观看廉价的话剧和歌剧，参观展览会，参加文娱体育活动，接受业务进修。

纳粹当局经常举办象征性的庆典活动和聚餐活动，在社会生活中制造一种德意志民族内部人人平等的感觉和印象。各地每年确定固定的日子为“一锅饭日”，那天，在城镇街道和农村广场上，大企业主与工人职员一起，地主贵族与农民一起，军官与士兵一起，全体德意志人同吃“一锅饭”（也称“大锅饭”），作为形成民族共同体的象征。在希特勒青年团等纳粹组织里，富家子弟与工人子弟同穿一样的制服，在举行活动时同吃一样的饭菜，同样服义务劳役和接受军事训练。莱伊曾经得意地宣称：“我们是欧洲第一个克服阶级斗争的国家。”

1937年纳粹当局掀起的生产“大众汽车”的活动，成为社会心理拉平政策的突出实例。希特勒声称，纳粹德国要实现“每个德意志职工拥有一辆小轿车”，为此，他下令生产一种每辆只售990马克（合396美元）的小轿车。由于私人企业没有能力生产如此廉价的汽车，希特勒便命令莱伊筹建一家国营大众汽车厂来生产。劳动阵线从成员缴纳的会费中拨出5 000万马克，另外发起大规模宣传运动，要求每个职工通过所谓“先付款后得货”的分期购买方式，每星期交付5—15马克，达到750马克时获得一张定单，由此聚集了大量资金。

“劳动美化”活动也是社会心理拉平政策的组成部分，其主要内容是改善工人的劳动条件和环境。该活动由德意志劳动阵线的另一个下属组织“劳动美化”协同企业主一起经办。该组织在宣传中提出了纳粹主义的企业标准模式：“干净的厂房、绿色工厂、无噪声、有良好的照明和通风设备以及提供热气腾腾的饭菜。”① 据德意志劳动阵线1940年宣布，“劳动美化”组织为改善劳动环境，提高劳动场所的卫生和美化程度，在劳动美化纲领的范围内共修建了2.4万个盥洗室和更衣室，1 800个餐厅，1.7万座工厂花园和3 000个工厂运动场。同时，纳粹新闻媒体大肆宣传，国家投资建造了住宅、公园和运动场。

除了社会心理拉平政策，纳粹政权还广泛推行社会笼络政策。官方大肆宣传

---

① J.Noakes and G.Pridham ed., *Nazism 1919—1945*, Vol.2, *state, economy and society, 1933—1939*, University of Exeter, 1984, p.559.

“一人为大家,大家为一人”的共同体意识,并佐之以各项具体措施。

通过两项“莱茵哈特纲领”,初步解决了劳动者的就业问题,这从根本上满足了广大民众的基本生活需求。而低工资高就业的基本政策,又使民众的就业需求能够得到持续的满足。此外,当局还不断完善社会保险制度。1933 年 12 月,政府颁布《维持偿付残疾者、矿工和职员保险法令》,规定恢复经济大危机期间停止执行的社会保险制度。翌年 7 月 5 日,政府又颁布《社会保险建设法令》,将魏玛时期的社会保险自治管理制度改由政府官员掌管。1937 年 12 月和 1938 年 12 月,政府先后发布《扩大保险范围法令》和《关于德国手工业者养老金法令》,扩大社会保险的范围,规定 40 岁以下的工人和职员全部纳入社会保险的范围。这样,个体经营者首次获得了社会保险。然而,纳粹当局明确道出此举与其他国家的不同之处,戈培尔说:“我们不是从个人出发,我们并不代表这种观点,以为必须给饥饿者饭吃,给干渴者水喝,给衣不蔽体者衣穿——这不是我们的动机。我们有另外的一种动机。概括为最简单的一句话:我们必须拥有一个健康的民族,旨在在世界上完成自己的使命。”“第三帝国的社会政策首要的不是保护勤劳的人……抵制一种充满各种生活风险的灾难,它更多的是保障和维护德意志民众生存,最终的目标是形成一个由健康的、有效率的、乐于劳动的、有防卫力和有种族价值的德意志人组成的民族共同体。”①

社会救济也被纳入了社会笼络政策的范畴,其主要项目有“冬赈服务”和“母子救济”。前者的主要任务是缓解失业者、多子女家庭和贫困家庭在冬季所面临的饥寒困境,由民族社会主义人民福利会发放食品补助券和煤炭,经费大部分来自群众性的募捐活动,其余通过扣除在业工人的部分工资获得。后者的主要内容是增加对孕妇和产妇的经济资助,延长孤儿补助金和儿童补助金的领取期限,使两者均至 18 周岁,同时资助多子女家庭以鼓励生育。

社会协调政策在很大程度上已经达到了社会整合和社会控制的目的,因为有组织的活动能够把民众置于官方的视线之内。在此基础上,纳粹政权进一步强化社会控制网络,以保持政权和社会的稳定。纳粹党在执政前,曾组建过一些外围组织,如希特勒青年团、民族社会主义妇女团、民族社会主义教师联盟等,以增强自己的实力。执政以后,它不仅继续保留这些组织,还大量增设新的社会团体,将控制网络伸向整个社会。在纳粹德国,每一个年龄层次、每一种职业的人都有自己的组

① 朱庭光主编:《法西斯体制研究》,上海人民出版社 1995 年版,第 270—271 页。

织,不能参加组织的人就是“民族的敌人”。

六、种族政策

带有种族含义的民族理论是纳粹主义的核心之一,在希特勒的“世界观”里,种族间的生存斗争是人类社会发展的主要动力。他荒谬地把世界上各种人种划分为文明的创造者、文明的承袭者、文明的破坏者三大类。鼓吹雅利安—北欧日耳曼人是文明的创造者和维护者,具有高贵的血统、优美的体形和健康的心灵,而犹太人和吉卜赛人等混合种族是劣等种族,他们是文明的破坏者和人类的寄生虫,缺少真正的文化,一直在破坏其宿主的肌体。他喋喋不休地强调,地球应该让优等种族拥有和统治,而优等种族要获得并保持统治地位,一要保持自身的种族纯洁,避免与劣等种族杂交而破坏种族素质的稳定,二要获取足够的生存空间以利于种族的健康发展,三要征服和利用劣等种族,继续创造高级文化。而按照自然界的规律,低等生物的繁殖率高于高等生物,同样,劣等种族的人口增长率也高于高等种族,其结果是把优等种族排挤到次要的地位。① 具体到犹太人,他认为他们具有较强的内聚力,两千多年来在内在素质和性格等方面没有发生很大的变化,但从未拥有过自己的国家,一直像寄生虫和细菌一样在优等种族的国度内蔓延滋长,妄图利用民主学说和马克思主义征服全世界,因而必须采取有力的措施,限制犹太人的数量。

希特勒反犹,除了同种族理论有关,执政后又增添了政治和经济因素。他要称霸世界,必须缓和国内矛盾,稳定国内政局,进而利用各阶层的力量为其卖命。他除了把纳粹国家描绘成没有阶级矛盾的“民族共同体”外,希望通过反犹来转移国内视线。他曾经说过,“必须始终存在一个看得见的反对对象,而不能仅仅是一个抽象的对象”,要是没有犹太人,还得再制造一个敌人。另外,德国的犹太人拥有一定的财产,通过反犹活动就能够将其收归国有,并强迫犹太人从事奴隶劳动。

① George L.Mosse, *Nazi Culture: Intellectual, Cultural and Social Life in the Third Reich*, The Uni.Of Wisconsin Press, 1966, p.75.

纳粹德国从反犹、排犹到屠犹，经历了一个发展过程。

1933 年，纳粹党执政第一年，即掀起第一个反犹高潮。是年 3 月，冲锋队员对犹太人实施血腥暴行，甚至冲进布雷斯劳法院殴打和驱赶犹太法官。4 月 1 日被确定为全国“抵制犹太人活动日”，从那天起，纳粹分子有组织地抵制犹太人商店，冲锋队员每天上午 10 时起在犹太人店铺门口阻拦顾客购物。6 月 30 日，政府颁布了《雅利安条款》，宣布禁止犹太人担任官吏、教师和军人，限制其从事自由职业，还命令新教徒中不拥有 2—3 代雅利安家谱者（当时被称为“犹太—基督徒”）立即退出教会。此后两年之内，数万名犹太人被迫离开德国，其中包括许多作家、艺术家和科学家。

1935 年 9—11 月，纳粹政权颁布了俗称《纽伦堡法》的三项反犹法律，掀起了第二次反犹高潮。根据这些法律，犹太人被剥夺公民权，禁止同雅利安人通婚或发生婚外性关系，禁止书写德语。一时间各种商店、旅馆、啤酒店和公共娱乐场所，都挂出“犹太人恕不招待”的牌子。不过在如何处置犹太人问题上，纳粹党内还存在分歧。党卫队保安处和盖世太保头目海德里希主张尽快赶出德国，主持四年计划的戈林担心驱逐犹太人会造成外汇损失。1936 年在柏林举行了奥林匹克运动会，在此前后，纳粹当局的反犹排犹活动有所收敛。

1938 年 11 月 7 日，一名被驱逐出境的 17 岁犹太青年为父报仇，在巴黎枪杀了德国大使馆三等秘书拉特。戈培尔为了提高自己在国内的地位，趁机煽动纳粹党徒和狂热分子用暴力袭击犹太人，制造了“全国砸玻璃窗之夜”（因那夜碎玻璃满街，又称“水晶之夜”或“晶莹剔透之夜”）。据纳粹当局粗略估计，那天夜里 15 小时内，共摧毁 815 家犹太人店铺，砸碎 7 500 家商店的橱窗，焚烧和捣毁 195 处犹太会堂和 171 家住宅。

趁着这股反犹狂潮，纳粹政权将排犹政策进一步升级。11 月 12 日，纳粹高级官员召开专门会议，决定将犹太人排斥出一切经济部门，关闭全部犹太人商店，强行对犹太人经营的企业实行“雅利安化”。犹太人的企业以极低廉的价格贬售，德国垄断集团由此获得额外致富之机。此外，会议还强令犹太人佩戴六角黄星标志，禁止犹太人上公共浴场、旅馆和一切娱乐场所，禁止乘坐公共交通工具，取消犹太儿童享受义务教育的权利。

1939—1941 年是纳粹当局强制犹太人大规模移居国外的阶段。政府先后在维也纳和柏林设立犹太人出境办事处。欧战爆发后，犹太人迁居的难度增加，政府一方面在波兰等占领区增建集中营，另一方面计划向海外运送犹太人。起先把目光转向巴勒斯坦,但遭到英国方面的拒绝。后来又提出“马达加斯加计划”,准备趁法国战败之机,迫使它交出马达加斯加岛,然后把欧洲全部犹太人迁入该岛,使该岛成为犹太移民区。但是,由于德国的海运能力不足,该计划也未能实施。

从1941年7月起,纳粹德国的反犹迫害发展到所谓“最后解决”即实行种族灭绝的阶段。当时,希特勒通过戈林正式提出“最后解决犹太人问题”(简称“最后解决”)的设想,并命令海德里希制订具体计划。1942年1月20日,海德里希在柏林近郊主持召开“汪湖会议”,通过了“最后解决犹太人问题”计划,规定由西向东彻底清理欧洲,将犹太人全部送往东方占领区,无劳动能力者和妇女儿童直接处死,有劳动能力者组成劳动大队从事繁重劳动,耗尽体力后处死。为此,一部分集中营设置毒气室和焚尸炉,改造成“灭绝营”,毒气则主要使用法本化学公司研制的高效杀菌杀虫剂“齐克隆—B”。据统计,在实施“最后解决”计划中,有数百万犹太人被害。

根据近年的研究证实,吉卜赛人是纳粹当局试图灭绝的第二大群体。1935年纽伦堡种族法令公布之后,纳粹分子对吉卜赛人采取了一系列迫害措施,强令吉卜赛人和吉卜赛混血儿迁往集中区。战争结束之前,约有21.9万吉卜赛人被杀害。此外,黑人和斯拉夫人也被列入根除和灭绝之列。

纳粹政权在排斥和驱赶“劣等种族”的同时,对德意志内部的所谓“无生存价值的生命”也实施淘汰。其中包括遗传病患者和懦弱、不合群、无能的人。希特勒在1929年的纳粹党代会上曾经表示过:“假如德国每年生育一百万个孩子,消灭70万到80万名最懦弱者,那么最终也许甚至会使民族的力量增强。”[①]1933年7月,当局颁布《预防遗传病新生儿法令》,声称国家对民众的生活、婚姻和家庭拥有决定权,规定某些不可治愈的遗传病,如躁郁症、癫痫症等患者,必须实施绝育手术。法令颁布后,全国有约30万人被迫接受手术。1939年,当局又开始实施“儿童行动”计划,将新生儿中痴呆和畸形的“无生存价值的生命”以“治疗”为名杀死。

当局为了在数量和质量上增强“优等种族”的力量,鼓励健康的德意志人尽可能多地生育子女。为此,政府一方面在宣传和经济方面给予生育者诸多优待,另一方面设置了“德意志母亲荣誉十字奖章”,分铜质、银质、金质三等,分别授予生育4个、6个、8个以上子女的女性。党卫队作为优等种族中的精英集团,在繁衍后代方

---

① 卡尔·迪特利希·埃尔德曼著:《德意志史》第四卷:世界大战时期,商务印书馆1986年版,上册,第459页。

面也要承担更大的责任。为党卫队设计的“生命之源”计划，规定队员家庭至少必须生育四个子女，同时鼓励党卫队员与经过挑选的未婚德意志少女同居，党卫队员的配偶和同居者一旦怀孕，立即送入 12 个“特别产科中心”给予精心护理，所生子女也由这些中心统一培育。这些所谓的“希特勒儿童”，在智力和体力上并未显示出超群之处，据科学家分析，主要原因是缺乏母爱，可见把人作为一般的生物来“饲养”，结果会适得其反。

七、培养接班人

教育从广义上讲，是一种培养人的活动，然而在纳粹统治时期，被纳入了狭义的培养纳粹接班人的轨道。1933 年 11 月 6 日，希特勒在讲演中说：“当一个反对者说，‘我不会投向你那边的’，我就平静地说，‘你的子女已经属于我们了……你算什么？你是要死的。但是，你的后代现在站在新营垒里。在一个短时期后，他们就将不知道别的，而只知道这个新社会’”。1937 年 5 月 1 日他又说：“这个新国家将不把它的青年交给任何别的人，而是自己管青年，自己进行教育和抚养。”

纳粹党要培养什么样的青年一代呢？希特勒在公开场合声称，一个德国青年应该“像猎犬那样敏捷，像鞣过的皮革一样坚韧，像克虏伯工厂生产的钢那样经受过锻炼”。但在私下谈得更为坦率：纳粹的教育目标是培养出这样一代青年人，“全世界在这代青年的面前都要骇得倒退。我要的是具有强烈主动性、主人气概、不胆怯、残忍的青年。在他们身上既不允许有软弱，也不允许有温和。我要从他们的目光里看出骄傲的神色和猛兽般的狂野……”

高等院校在魏玛共和国时期曾是保守的民族主义堡垒，然而，纳粹掌权后，高校自治和“非政治化”传统，又对纳粹“一体化”的努力构成了障碍。1933 年 2 月，普鲁士新任文教部长鲁斯特(Bernhard Rust，1883—1945)就夸口要在一夜之间“使学校不再成为玩弄学术的机构”。正是此人，一年后全德政府增设“科学、教育和国民教育部”，由他兼任部长。

高等院校的领导体制发生变化。大学的自治地位被取消，校长和系主任都由部长任命，大学评议会和各系仅仅保留咨询权。大学内部则推行“领袖原则”，校长和系主任在管辖范围内拥有全权。领导体制的改变往往同安插纳粹骨干结合在一起。柏林大学竟由一名兽医担任校长,因为他是冲锋队员。在他任内,柏林大学竟开设了25门种族学方面的课程和86门同兽医有关的课程。[①] 然而,尽管有700多名教师在1933年11月《德国大学和高等院校教授支持阿道夫·希特勒和民族社会主义国家声明书》上签名,很多教师出于无奈也试图把自己从事的学科纳入纳粹主义的轨道,在生物学、社会学、政治学、哲学、历史和文艺领域用保守的民族观念对纳粹主义进行解释,但政府仍经常指责教授们没有积极参加纳粹运动。当局一方面通过"民族社会主义大学教师联盟"对教师加强控制,另一方面发动大学生对教师的学术观点和讲课内容实施监督,直至把"不受欢迎"的教师从讲台上拽下来。

纳粹头目带头攻击知识分子,希特勒经常把学者称作"博学的猿猴",莱伊则说过一句具有典型的法西斯特色的话:"一个科学家以一生发现一个细菌而自夸自得,而一个清道夫一扫帚就能把一千个细菌扫入水沟。"[②]在他们的引导下,全国上下轻视科学,轻视知识,导致高等院校教师和在校学生人数下降。1920—1933年,德国共有2 333名学者获得大学任教资格,而1933—1944年降为1 534名。[③] 1932年全国高校学生注册人数11.8万人,1938年降到5.1万人。青年普遍不愿当教师,高校学生中师范生的比重从1935年的16%降到1939年的6%。1937年起全国出现科技人员紧缺现象,当局不得不采取措施,如向理工科学生发放津贴,允许无高中文凭的职业竞赛优胜者进入高校深造等。到1943年,大学生注册人数回升到8万人。但大学生的专业结构发生变化,攻读工程技术的比例,从1935年到1939年增加了一倍。

在中小学教育方面,魏玛共和国曾致力于打破受教育的特权,但由于私立学校大量存在,不平等现象主要表现在受教育质量的高低上。纳粹政权在教育"一体化"的口号下,逐渐取消了私立学校,一方面保证当局能够严密控制各类学校和全部教育环节,同时也破除了以经济条件为背景的不平等现象。同生育政策相配套,当局还对多子女家庭减免学费,如普鲁士的德意志血统家庭,第二个孩子可减免1/4的学费,第三个减免1/2,第四个起全部免费入学。然而,纳粹统治时期仍然存在受教育特权,由于注重种族和政治条件,纳粹狂热分子家庭,尤其是纳粹党官员

① Louis L.Snyder, *Encycopedia of the Third Reich*, McGraw-Hill Book Company, 1977, p.358.
② Richard Grunberger, *A Social History of the Third Reich*, Penguin Books, p.393.
③ Richard Grunberger, *A Social History of the Third Reich*, Penguin Books, pp.400-401.

家庭，其子女常常能够进入较好的学校。而犹太儿童，自1938年11月起全部被赶出“德意志学校”，进入专设的犹太学校，1939年战争爆发后连这种学校也被关闭。在德国占领的东欧地区，非德意志儿童最多只能上四年小学，其培养目标是学会500以内的计数，书写自己的名字，“能按上帝旨意服从德国人，做到诚实、勤勉和驯服”即可。

其次涉及学校的非教会化问题。纳粹当局为了全面控制学校，用纳粹主义的新教义取代基督教教义，从1935年起着手将教会学校改为公共小学，效果比较明显。即使在天主教影响较大的慕尼黑，93所天主教小学在两年内也有75所改成了公共小学。1937年，当局开始采取措施，逐步取消中小学的宗教课程。到纳粹统治后期，教会对教育的影响被压缩到了最低限度。

最后是教学内容发生较大变化。纳粹政治教育和军事体育训练的比重大幅度上升，名为“PT科目”（主要内容是越野跑、足球和拳击）的活动越来越频繁，从1936年以前每年搞两次增加到1938年以后每年搞五次。文化学习的内容受到纳粹主义和军国主义的严重侵蚀。数学课花费大量时间学习计算炮弹飞行轨迹和枪炮瞄准的提前量。生物、地理、德语等课程着重讲授种族论和地缘政治论。历史课除古代部分外，几乎完全局限于德意志历史，并充斥着反犹、反共、反民主的观点。由此，德国中小学生的知识水平大幅度下降，在某地举行的一次招工考试中，179名应试者中有94人不知道专用名词的第一个字母应该大写，81人拼写不出歌德的姓氏。与教学内容变革相关的，是扩大了中学教育阶段的职业教育，大力发展专科学校、技工学校和工程师学校。莱伊经常鼓吹要使每一个德国工人成为一名技术工人。

纳粹党为培养可靠的行政官员和专业技术干部，设立了三种类型的特殊学校。“阿道夫·希特勒学校”是培养纳粹干部的初级学校，1937年以后全国共设立十所，其中著名的有不伦瑞克的“预科学校”。这类学校由希特勒青年团主管，学生从该团所属少年队内12岁儿童中间选拔，主要审查项目为种族血统，具有白肤、金发、碧眼外形的儿童具有优先权。该校学制六年，除学习必要的文化知识外，还从事军事训练，培养从事党内外领导工作的能力。学生18岁毕业后有资格上大学。

“民族政治教育学院”是培养专业技术干部的中级学校，1933年4月设立三所，1938年发展到23所，大战爆发前达到31所，其中三所女校。学生由党卫队地区总队长选拔，入学标准是“体格健壮、性格坚强、思想灵活”，纳粹党徒的子女、希特勒青年团员和原军官子女具有优先权，实际上学生大多来自农村和劳工家庭。

课程大致与高中平行。

“骑士团城堡”是培养纳粹官员的高级学校，全国共四所，各有不同的训练重点。克罗辛泽城堡的训练重点是拳击、骑术和滑翔等体育运动，松特霍芬城堡为登山和滑雪，福格尔桑城堡为体格训练，马林堡为纳粹思想强化训练，每所城堡可接纳 1 000 名学生。城堡内气氛神秘，纪律严明，训练严格，目的是为纳粹党高级领导层培养坚韧、残忍、专制和对上绝对服从的接班人。学生被称为“容克”，由纳粹党高级机关直接挑选，大多是前两类学校的优秀生，在“国家劳动服役队”从事两年半体力劳动，再从事四年党务工作，一般在 25 岁左右入学，学制六年，依次在每个城堡受训一年半。由于校内轻视文化学习，学员文化水平很低，大部分学生毕业时仅达到初中水平。

八、文化荒漠

纳粹运动是利用社会动荡之机，通过大规模的宣传鼓动发展起来的，纳粹专政确立后，同样需要持久的思想灌输和宣传运动来巩固政权，因此纳粹政权是重宣传轻文化，把文化纳入宣传的轨道。希特勒执政后，在政府中设立了国民教育与宣传部，而没有设立文化部，就是一个最好的证明。纳粹当局的文化控制与宣传机构，分党和政府两大系统。

纳粹党的宣传机构有三个。最重要的是“全国宣传指导处”，下设“文化总办公室”和“宣讲员事务总办公室”等机构，前者负责抓面上的一般工作，后者负责培训纳粹宣讲员并准备宣讲材料。其次是“新闻办公室”，负责发布纳粹党全国性活动的消息，并监控党内全部机关报刊。第三个是罗森贝格领导的“德意志文化战斗同盟”，该机构原先属于民间文化团体，从 1937 年起也参与文化控制活动。

政府系统的“国民教育与宣传部”由纳粹党宣传领袖戈培尔任部长，该部除了通过地方机构收集民情资料并从事宣传鼓动外，主要通过半官方的文化控制机构“德国文化总会”来实施文化统制，由戈培尔自任会长。该总会下辖文学、音乐、电影、戏剧、广播、美术、新闻七个协会，根据规定，只有具有雅利安血统并在政治上同国家保持一致的人，才能参加这些协会，只有会员才能在德国从事文化工作。这样,这些协会就能用禁止违规者从业等手段,来保证全国的文化活动都符合纳粹主义。

纳粹当局通过这些文化控制和宣传机构,对新闻报刊实施严密的控制。"国民教育与宣传部"每天举行新闻发布会,通过"语言训令"和"每日指示"两种形式向各个报社发布每天的宣传口号和宣传内容。在纳粹时期,德国各报社只能在政府公布的新闻内容中作一定的取舍,因而产生报刊内容雷同的现象,而地方广播电台实际上成了全国广播电台的转播台。除此之外,纳粹分子在科学和文化领域最大的"杰作",就是按种族主义的原则,把科学和文化划分成"德意志科学与文化"和"非德意志科学与文化"两大类,鼓吹和推崇前者,排斥和清除后者。前者是指德意志人创立的科学文化成果,歌颂雅利安血统优越的理论和作品,以及适合为纳粹主义作理论性解释的学科和流派。

1933 年 3 月初,在纳粹主义思想的鼓动下,一些大学生组织和希特勒青年团,开始自发地准备焚烧"非德意志文化"的书籍。5 月 10 日晚,当夏季学期开学时,这场闹剧终于正式开幕。在柏林洪堡大学对面的广场上,两万册书籍被希特勒青年团和大学生组织的成员扔进熊熊烈焰。其他的大学城也纷纷举行"焚书日"。被焚毁的不仅有马克思、恩格斯、列宁、斯大林和德国共产党人的著作,还有德国著名作家和科学家如海涅、托马斯·曼与亨利希·曼兄弟、爱因斯坦等人的著作,以及外国著名作家高尔基、杰克·伦敦等人的著作。

在希特勒的号召下,纳粹政权发动了"清理艺术殿堂"运动,要将"资产阶级颓废艺术"轰出德国社会。1937 年,纳粹政权在全国艺术中心慕尼黑做了两件大事。一件是"德国艺术馆"落成,这是一座单调的拟古主义建筑,宽达 160 米,被希特勒称为"不仅伟大,而且壮美",说它在建筑艺术上是"无与伦比和无法模仿的"。落成后的第一个展览会,便是纳粹政权隆重推出的"大德意志艺术展览会",展会中陈列了从 15 000 幅应征作品中挑选出来的 900 幅作品,大多是自然主义的风景画、乡土题材、英雄崇拜和学究式古典主义作品。据内行人士称,这些作品都是他们在其他国家从未见到过的"最蹩脚的货色"。另一件则是开设"颓废艺术"展览会,将纳粹党重点打击的五千多件现代主义艺术作品作为"反面教材"拿出来公示。具有讽刺意义的是,由于德国艺术馆地盘较大,观众显得比较空荡,而后一个展会的场地局促,进入破败的陈列室前必须经过狭窄的楼梯,展品又带有"告别"的性质,因而观众拥挤不堪,"等候入场的人从吭吭嘎嘎作响的楼梯一直列队排到街上"。除了绘画,其他领域的现代派也遭到打击。希特勒上台当年,著名的"鲍豪斯建筑学院”被扣上“文化布尔什维主义”的帽子，被迫解散，大量教师和学生流亡美国和欧洲各国。为了同鲍豪斯学派划清界线，公墓管理部门甚至不敢树立顶部磨平的墓碑，怕沾上“现代主义”的嫌疑。讽刺文学剧团“胡椒磨”被赶出国门。“坟窟”剧团演出的剧目，语言风趣，寓意深刻，深受观众喜爱，但由于经常讥诮时弊，遭警察查禁，主要演员被送进集中营。爵士乐遭到禁止，但是由于顾及到同西班牙的关系，与之相近的探戈舞和伦巴舞却安然无恙。

纳粹高压统治严重摧残了德国的文化，当局隆重推出的“大德意志艺术展览会”基本上暴露出纳粹文化的粗鄙和畸形。艺术作品的表现主题局限在“种族与国家”、“家庭”、“血统与土地”等方面，大部分绘画降低到宣传画的水准，如写实主义风景画占到整个展品的40%，用以赞颂德意志国土的伟大，女性人体美的作品占到10%，用以颂扬北欧—雅利安人的高贵。为配合当局的鼓励生育政策，宣传“德意志家庭”的作品，画面上除表现父母双亲外，至少还要有三个孩子伴随左右。由于当局推崇所谓“现实主义风格”，即使较为中性的题材，表现手法也只能接近于彩色照片。当局一再强调文化作品要具有“大众性”，作为“民众”代表出现的人物，只有共性没有个性，诸如“德意志工人”、“德意志农民”、“德意志士兵”等主题的绘画，大多是千篇一律的货色。雕塑艺术的主题，大多为古代神话和传说，以及运动员和军人。作品往往比真人更为高大，以此象征国家不可抗拒的力量。

电影业受到的摧残也很深刻。故事片中有14%纯属直接为纳粹政治宣传服务，其中最为臭名昭著的是《希特勒青年团员克韦克斯》和《犹太人绥斯》，完全是图解纳粹当局政策的货色。前者把矛头直接指向共产党人，即所谓“马克思主义—犹太人的世界”，虚构了一个纳粹青年被共产党人谋杀的故事。后者取材于一个真实的事件，即18世纪一个阴险的犹太金融家在一次人民起义后被处以死刑，然而影片加以夸张和拔高，塑造了一个名叫绥斯的犹太人，此人无恶不作，折磨迫害，强奸妇女，是一个十足堕落的坏人，以配合反犹、屠犹的基本国策。纪录片由于能够直接为政治和当局服务，被抬升到不恰当的高度，备受重视。在纳粹德国，有两部纪录片名声远扬，引起世人瞩目，一部是记录1934年纳粹集会性党代会的《意志的胜利》，另一部是记录1936年柏林奥运会的《奥林匹亚》，后者由于花费了巨大的制作经费和人力物力，在拍摄艺术上也有所创新，在国际上获得好评，除了在威尼斯电影节荣获一等奖外，1948年还获得国际奥委会的嘉奖。除此之外，纳粹政权对其他纪录片，尤其是“每周新闻片”等，也高度重视，这些影片的数量、长度、拷贝数都在急剧增加。这种政治性新闻片一般安排在故事片之前放映，强迫观众“搭看”。时间一久，观众难免反感，开始消极抵制，往往推迟进入电影院，试图只看故事片，躲过纪录片。对此，戈培尔又采取对策，下令电影院禁止迟到者入场。

九、抵制纳粹统制的努力

纳粹党在经济危机期间打出的“改造社会”和“民族自强”旗号，不仅吸引了不少民众，连统治集团也以为找到了有效的工具，从开始时想利用该党为自己“打工”，到后来把全部权力都托付给它。但是在这一过程中，也有不少集团对纳粹党抱有警惕之心，持续地抵制纳粹的“一体化”做法，但遭到纳粹势力的报复性迫害。

德国共产党始终站在反法西斯的最前沿。1930 年 8 月，该党发表了《德国人民民族解放与社会解放纲领》作为领导人民斗争的总路线。纲领强调要通过无产阶级革命来摆脱人民的困境，并阐述了共产党掌权后将实施的政策。该纲领在一定程度上满足了民众求变的愿望，因而德共的国会选举得票率大幅上升。但是，德共在反法西斯斗争中仍有一些需要改进之处。它未能集中力量打击纳粹这股最危险的势力，把“法西斯”这顶帽子也投向社会民主党和魏玛政府。此外，党内部分领导人还提出了“法西斯主义是革命的跳板”的错误理论，认为一旦纳粹党上台，在德国这样一个国家就会引发无产阶级革命，因此对法西斯危险掉以轻心。

希特勒就任总理后，首先把矛头指向共产党。德共被迫转入地下，政治局转移到巴黎。为了适应地下活动，德共改组了组织机构，成立了一批灵活机动的秘密小组，进行秘密的无线电广播、印发报纸和小册子，在艰难的条件下，坚持反法西斯斗争。同时，部分领导人改变了对社会民主党的态度，向后者建议开展两党联合的反抗活动。然而，部分领导人还抱有宗派主义情绪，把统一战线看作是吸收工人参加德共的策略方法。直到 1935 年共产国际“七大”提出统一战线策略后，党内才达成组建反法西斯人民阵线的共识。

社会民主党是魏玛共和国的主要缔造者，一直把捍卫共和国作为自己的首要任务。布吕宁政府执政初期，它作为在野党，持反对态度。但是随着经济危机的加深和法西斯势力的急剧膨胀，它开始调整对策，认为布吕宁政府虽然是维护资本主义制度的大资产阶级大地主专政，但实行的还是议会民主制度，“如果推翻这个政府,那么继它之后的另一个政府将会更坏”,此即“两害相权取其轻”。据此,社会民主党开始对布吕宁政府采取“容忍政策”。然而自己却因此陷入了一种无所作为的境地,由于害怕布吕宁政府辞职,不得不支持那些不为群众所欢迎、并遭到党员反对的紧急措施和紧缩政策,使自身的选票开始下降。

希特勒上台后,社会民主党执委会的大多数成员陆续流亡国外,最后在布拉格建立起以韦尔斯和福格尔为首的流亡执委会。它的主要工作是从事宣传,并为国内反法西斯抵抗组织筹措经费,提供宣传品。1939 年以前,它先后在布拉格、巴黎和卡尔斯巴德等地出版了《新前进报》、《社会主义行动报》、《社会主义杂志》、《消息报》等五种报刊,并印制了大量传单。为了同国内的抵抗组织进行联系,它在德国的七个邻国建立了 16 个“边境秘书处”。这些机构负有双重任务,一方面将流亡执委会的印刷品通过秘密渠道转送到国内,同时收集来自国内的各种情报,汇总转发给流亡执委会,供它评估自己的政治措施,采取相应的对策。但是,流亡执委会始终没有放弃敌视德共的态度。

基督教有自己的教义和教规,尤其是天主教会,在组织上还有罗马教廷高居其上。而纳粹党在宗教问题上的最终目标是用纳粹主义信仰取代其他信仰,这就必然会产生控制和反控制的冲突。然而,作为策略手段,希特勒在口授《我的奋斗》一书时就已看到,“在以往的全部历史经验中,一个纯粹政治性的党派要进行宗教改革是从来没有成功过的。”希特勒执政后,首要任务是获得教会和天主教中央党对“一体化”的支持,并进而控制教会,以所谓“积极的基督教”即无须接受教会教义束缚的基督教概念取代原有的概念,使教会成为其巩固国内统治的一种特殊工具。1933 年 3 月 23 日,希特勒在国会审批《授权法》之前发表演说,赞扬基督教信仰是“保障德国民族灵魂的要素”,宣称其政府的“志向是谋求教会和国家之间的融洽协调”,改善同罗马教廷的友好关系”。德国天主教会在经济大危机期间曾对纳粹运动持保留甚至反对的态度,纳粹党执政后,它为了求得生存,开始谋求同政府合作,中央党甚至投票支持了《授权法》。从 4 月份开始,中央党前领导人卡斯代表罗马教廷同德国政府商谈签订契约之事。7 月 20 日,德国代表巴本和梵蒂冈代表红衣主教帕切利在罗马签订《宗教协定》。协定禁止天主教神职人员进行任何政治活动,在此前提下,德国政府同意教会有权“独立安排和管理自身的事务,并在其职权范围内向其教徒颁布具有约束力的法令和规定。”在德国的“纳粹化”进程越来越深化的背景下,一个天主教大教堂无疑是逃避独裁政府的聒噪、鄙俗和压迫的好场所。而希特勒在利用《宗教协定》达到自己的目的后,即开始着手干预和控制天主教会。警察以个别教士从事外币走私或有同性恋行为，逮捕了数以千计的教会人士，禁止数十种天主教出版物发行，并破坏忏悔室的神圣性。1937 年 3 月 14 日，罗马教皇庇护十一世发布题为《焦虑不安》的通谕，指责纳粹政府“规避”和“破坏”《宗教协定》，声称天主教会“急需解除的忧虑”是与纳粹的种族主义原则作斗争，并指出纳粹主义和天主教教义在解释世界和生活方面存在着根本性的差异。在德国境内的主教们也在公开布道中捍卫《圣经》，许多教士和修女冒着生命危险帮助犹太人，救援他们逃脱盖世太保的魔爪。而纳粹政权对天主教会的压制则进一步升级。

纳粹政权同新教教会的关系和新教内部各派之间的矛盾混杂在一起。德国的新教徒除少数属于浸礼教会和监理教会等独立教会外，大多分属于 28 个州教会。德国新教教会和天主教不同，与魏玛政权的关系一向比较疏远。随着纳粹运动的泛滥，追求所谓“本民族”基督教的“德意志基督徒信仰运动”也发展起来，该运动以希特勒的信徒、东普鲁士军区随军牧师米勒（Ludwig Müller，1883—1945）为领袖，拥护纳粹党的种族学说和领袖原则。同这一运动相对立的是“明认信仰教会”，该教会由尼默勒（Martin Niemöler，1892—1984）领导，尽管支持纳粹党执政，但不接受种族理论，并反对教会纳粹化。1933 年 7 月，全国各新教教会在纳粹当局的撮合下实现联合，亲纳粹教派在其中占据优势地位，米勒当选为“全国主教”。该派试图以自己的主张改造全国教会。1933 年 11 月 13 日，“德意志基督徒信仰运动”在柏林体育馆举行群众集会，主讲人建议摒弃作为“犹太畜生和乌龟之书”的《旧约全书》，使耶稣的教导“完全符合民族社会主义的需要”，要求全体牧师宣誓效忠于希特勒，主张“一个民族、一个国家、一个信仰”，并要求把犹太人驱逐出教会。此举使新教徒再次发生分裂，约六千名牧师在尼默勒号召下组成“牧师非常联盟”。在 1934 年 5 月和 10 月举行的全国新教第一、第二次教义会议上，“明认信仰教会”和路德派教会主教签署一项神学声明，表示“拒绝这种错误的学说，即国家似乎应该并能够超越其特殊使命成为人类生活唯一的和全面的制度，也能够完成教会的天职”，并拒绝“违反圣经精神，把世俗的领袖原则引进教会并据此要求无条件服从。”第二次会议还公布《教会非常法》，据此成立“明认信仰教会”的最高机构“兄弟会”。1934 年 11 月，兄弟会和汉诺威、符腾堡及巴伐利亚教会的主教们决定，设立“德国新教教会临时管理处”。面临全国新教教会的分裂，政府于 1935 年 7 月增设宗教部，由亲纳粹人士克尔任部长，以加强对宗教人士的控制，同时寻衅逮捕包括尼默勒在内的一千多名牧师，没收“明认信仰教会”的经费并禁止其收集捐款。从1936年秋天开始，对所有基督教会的迫害都加强了。

二次大战期间，身为“纳粹党全部文化哲学教导事务领袖私人代表”的罗森贝格为“德国总教会”拟定了《三十点纲领》。纲领规定德国境内的全部教会都是“民族性教会”，必须根绝“各种异己的外来的基督教信仰”，停止出版和传播《圣经》，从供坛上清除一切耶稣受难像、《圣经》和圣徒像，各教堂必须撤除基督十字架，代之以纳粹卐符号。纲领还宣称《我的奋斗》一书“不仅包含了最伟大的伦理，而且体现了对德国民族目前和将来的生活最纯粹和最正确的伦理”，必须和剑一起放置在教堂的供坛上。

个别政坛人士在纳粹“一体化”的进程中，也以个人名义发出过不满的声音。1934年6月17日，巴本在马尔堡发表演说，要求在德国保持言论自由和思想自由。在同年6月30日的“长刀之夜”中，起草这篇演讲稿的巴本秘书埃德加·容遭到清洗，而巴本得以幸免。1935年8月18日，沙赫特在柯尼斯堡发表演说，批评不加区别地对犹太人施加暴力的做法。但演说词很快遭到当局的“封杀”，不得流传。

知识分子在高压统治下发生分化。一部分人卖身投靠。法学家恩斯特·胡贝尔迎合当局的旨意，撰写《大德意志国家宪法》一书，声称“不存在国家必须尊重的、先于国家或离开国家的个人人身自由”，指斥学术自由的传统阻碍了科学“与人民内在的发展保持步调一致和站在民族复兴的前列”。弗赖堡大学校长、存在主义哲学家海德格尔发表演说，鼓吹革新大学精神，“使教授同学生一样，通过劳动服役、军事服役和科学服役三种形式报效民族”。[①] 1933年3月，由少数学者牵头，300名大学教授在支持纳粹党的呼吁书上签名。[②] 大部分学者听天由命，保持沉默，其中包括不少人实施阳奉阴违的“内心流亡”。少数学者则挺身而出，面对暴政发出了自己的声音。基尔大学社会学家斐迪南·滕尼斯1933年2月在柏林公开发表演说，极力维护学术自由，指出学术发展同一种自由的社会制度有着不可分割的联系。法兰克福大学教授库尔特·里茨勒极力反对取消教学自由，认为“如果学生自己有权决定谁能应试，如果督促学生按照政治观点监督教师讲课，或者甚至狂妄地根据自己时髦的观点断定书籍或教师是否具有德意志精神，……那么实际上便取消了教学自由。”此外，以卡尔·雅斯贝斯和阿尔弗雷德·韦贝尔为首的海德堡集团，以及以历史学家格哈德·里特尔为中心的弗赖堡集团，始终都反

① Louis L.Snyder, *Encyclopedia of the Third Reich*, McGraw-Hill Book Company, 1977, p.358.

② Richard Grunberger, *A Social History of the Third Reich*, Penguin Books, p.389.

对学术文化的纳粹化，它们后来还输送了一些人参加政治反抗运动。大学反抗集团中，最有名的是慕尼黑大学的“白玫瑰小组”（Weisse Rose），由该校学生朔尔兄妹和哲学教授库特·胡贝尔（Kurt Huber，1893—1943）组成，因以“白玫瑰通信”的方式散发传单和张贴标语而得名，以后规模逐渐扩大，在汉堡出现分部，活动范围从南部城市波及到北部城市。他们号召德国人民起来推翻纳粹政权，尽早结束战争。

传统势力的反纳粹活动以“克莱骚集团”（Kreisau Kreis）较为有名。该地下组织形成于 1933 年，首领为赫尔莫特·冯·毛奇和彼得·冯·瓦腾伯格，成员有军官、青年知识分子、保皇党人和基督徒，因聚会地点设在西里西亚克莱骚的毛奇庄园，故名。该集团要求推翻纳粹政权，建立民主共和的新德国。它反对使用暗杀手段，但在 1943 年 7 月希特勒遭到未遂刺杀后还是被残酷镇压。

十、毁约扩军

1961 年，英国史学家泰勒（Alan John Percivale Taylor，1906—1990）出版了《第二次世界大战起源》一书，对第二次世界大战结束以来统治史坛的“正统学派”提出挑战，认为第二次世界大战不是希特勒挑起的，而是起源于各国政治家们的忙中出错。“正统学派”的学术漏洞，在于混淆了称雄欧洲乃至全球，同战争狂人般地蓄意发动战争两者之间的差别。尽管希特勒在《我的奋斗》一书中说过：“人类在永恒的斗争中壮大，而在永恒的和平中只会灭亡。”但作为一种国家政策，他所追求的，首先是不战而胜，通过恐吓、欺骗、局部战争等手段打破凡尔赛体系，扩大德国的领土，统治欧洲乃至世界。但是他也清楚地知道，不论是从事“神经战”、局部战争还是世界大战，军事准备都是必要的后盾。而且，按希特勒的说法，由于世界上不存在无主的空间，进攻者总是要碰上占有者的，因此任何空间的扩张都只能在打破抵抗和承担风险的情况下进行。①

① 1937 年 11 月 5 日希特勒在德国高级军政会议上的讲话，参见 Louis L.Snyder, *Encyclopedia of the Third Reich*, McGraw-Hill Book Company, 1977, p.172。

受《凡尔赛和约》制约的德国，军事力量被约束在很低的水平上，而且，战胜国所承诺的普遍裁军，根本没有兑现。因此，从魏玛时期开始，德国就一直致力于打破和约的束缚，重整军备。1926 年，陆军曾拟定代号为 A 的扩军计划，要求以 1934 年为期，把德国步兵师从 7 个秘密扩充到 21 个。但是在凡尔赛体系的约束下，德国无法获得足够的武器装备，1932 年陆军只得修改计划，把完成 A 计划的期限推迟到 1938 年 3 月。①

在 1932 年 2 月的世界裁军会议上，德国提出“军备平等”的要求，遭到法国的反对。希特勒上台后，继续参加第二阶段的会议，要求各大国给予德国“军备平等”的权利。英国政府试图调和各方面的要求，提出“麦克唐纳计划”，建议五年内法、意、波的陆军兵力削减到 20 万，德国则可扩充到 20 万。希特勒赶紧表示同意该计划，然而，纳粹党在国内实施“一体化”行动，尤其是反犹暴行，引起世界舆论和各国政府的反对。法国趁机要求修改“麦克唐纳计划”，将五年限期延长到八年，前四年为试行期，其间德国将以短期兵役代替长期兵役，并建立起军备监督制度和制裁制度，第五年开始各方正式裁军或扩军。该建议得到其他大国的赞同，但德国政府以不能容忍差别待遇为由加以拒绝。1933 年 10 月 14 日和 19 日，德国宣布退出裁军会议和国际联盟，从而摆脱了国际会议和国际组织的束缚。这是希特勒毁约扩军的第一个冒险行动。

1933 年 12 月，国防部长勃洛姆贝格主持制订新的扩军计划，规定德军在和平时期的总兵力为 30 万人，战时扩充到 63 个师，其中野战部队 33 个师。该计划原定 1938 年完成，但希特勒下令提前到 1934 年秋。由于当时尚未实行义务兵役制，兵源缺乏，只得将原来三个三营建制的步兵团和一个三营建制的炮兵团组成的步兵师，改为两个四营建制的步兵团和一个两营建制的炮兵团组成。

1935 年 3 月，法国政府向议会提交新的兵役法，其中规定恢复两年服役期限，并把服役年龄从 21 岁降到 20 岁，其目的是弥补一次大战期间出生率下降造成的兵源“空年”。希特勒抓住这一时机进行第二次冒险，公开撕毁《凡尔赛和约》的军事条款。1935 年 3 月 16 日，政府正式颁布《普遍义务兵役法》，规定国防军的志愿兵制改为义务兵役制，和平时期陆军由 12 个军 36 个师共 50 万人组成。5 月 21 日，政府又颁布《国家防御法》，授权希特勒可在实行戒严、总动员和宣战等问题上作出个人决定，并规定：改组武装力量，“国防军”(Reichswehr)改称“武装部队”

① Wilhelm Deist, *The Wehrmacht and German Rearmament*, London, 1981, p.92.

(Wehrmacht),由陆、海、空三军组成,希特勒担任最高统帅;国防部改组成军事部,前国防部长勃洛姆贝格改任军事部长兼武装部队总司令;三军设置各自的总司令和总参谋部。这一法令奠定了纳粹德国扩军备战的基石,从此德国加快了扩军备战的速度。

1936年3月,希特勒又借口法国议会批准《法苏互助条约》,再次违反《凡尔赛和约》,下令军队进军,重新武装莱茵区,恢复了德国"完整和不受限制的主权",为扩军备战创造了更好的外部条件。

德国在扩军备战过程中遇到了一些困难。首先是兵源严重不足。到1939年,陆军只有70万名现役军人,即使加上50万一等预备役人员和60万二等预备役人员,也不足190万人,而根据动员计划,仅野战部队就应该达到103个师共210万人。结果,为了应付欧洲战争的需要,只能征召没有受过训练的壮丁和超过39岁的老兵来弥补。其次是军官严重缺乏,在《凡尔赛和约》制约下,德军只能保留4 000名军官,其中400人为军医。而按照扩军计划,需要10万名军官。为此采取了一系列特殊措施。如把原国防军中的1 500名军士提升为军官,这些军士原来就按照军官标准训练,素质较高,能够胜任,但由此又引起军士的数量不足和质量下降。又从警察中挑选2 500名警官,重新征召1 800名已退役的旧军官,降低适役标准以减少军官退役等,但仍不敷所需。到1939年8月,陆军中只有1/6的军官受过足够的专业训练。[①] 第三是武器装备严重不足。尽管纳粹政权优先发展军工生产,但由于起点低,时间短,再加上军工生产同民用需求方面的矛盾、各军兵种之间的矛盾等,仍然无法满足军工生产所需要的各种要素。直至1939年,德军还没有配备到足以打一场世界大战的装备和军火储备。例如,作为实施闪击战主要手段的坦克和摩托化部队,大约只占整个野战部队的1/20和1/10,步兵师的摩托化程度也未达到规定的水平,各种运输车辆仅达标准数的1/4,重炮的拖运和后勤供应主要依靠马匹,连弹药的储备也只达到规定数的3/5左右。

但这些情况并不说明希特勒不想打仗,他很清楚,德国要取得胜利,唯有依靠自己在战争准备方面比其他国家先走一步,利用其他国家的分裂状态,发动闪击战去各个击破,然后"以战养战",以占领区的资源和装备不断补充自己。

---

① Mattew Cooper, *The German Army, 1933—1945*, London, 1978, p.81.

十一、扩张得手

1937年11月5日下午4时15分到8时30分，希特勒在柏林总理府召开秘密军事会议，出席者有军事部长兼武装部队总司令勃洛姆贝格、陆军总司令弗立契、海军总司令雷德尔、空军总司令戈林和外交部长牛赖特。希特勒在会上作长篇发言，发言内容由其军事副官霍斯巴赫（Friedrich Hoβbach）记录，五天后整理成秘密备忘录，史称《霍斯巴赫备忘录》。

希特勒首先声明，该发言是“经过深思熟虑和四年半执政经验的结果”，具有极大的重要性，万一他死去，应视为遗嘱。他强调，“德国的未来，将取决于能不能解决空间不足的问题”，而“各个时代——罗马帝国和英帝国——的历史已经证明，只能用粉碎抵抗和大胆冒险来实现扩张”，“德国的问题只能用武力来解决。”配合其他文件，可以看出希特勒称霸世界的步骤是“先大陆后海洋”的“三步曲”：第一步，以建立“大德意志国”为目标，控制中欧，其中包括捷克斯洛伐克、奥地利及波兰的一部分；第二步，打败法国，消灭苏联，夺取欧洲大陆的霸权，这时，英国差不多已经完蛋；第三步，向海外发展，战胜美国，称雄全球。

在国际史学界，对《霍斯巴赫备忘录》的真实性没有争议，但对希特勒是否在会上表露了真实意图则有不同看法。少数学者认为希特勒召开此会意在解决统治集团的内部矛盾，而且几个月后与会者中大部分都被剥夺了权力，因此希特勒不可能对这些人讲心里话。但更多的学者认为，此后希特勒的行动，以及国际局势的发展，基本上同备忘录的内容相吻合，因此它确实是一份“侵略蓝图”。

“先大陆后海洋”的扩张步骤，系充分吸取了近代德国发展进程中的经验教训，将俾斯麦的大陆政策和威廉二世的海洋政策有机地嫁接起来，试图弥补宏伟的扩张蓝图与刚刚摆脱凡尔赛体系束缚的德国实力不足之间的巨大反差。

根据希特勒在会上表示，实施扩张计划的时间最迟在1943—1945年，而事实上，德国在1938年就开始入侵奥地利和肢解捷克斯洛伐克，其原因，主要是英国首相张伯伦制订了允许德国建立“大德意志”的绥靖战略，并主动向希特勒透露了这一意向。希特勒则立即“抓住机遇”。另外，在希特勒的计划中，捷克斯洛伐克一直放在奥地利之前，但由于奥地利问题比较单纯，可以“一举”吞并，而在捷克斯洛伐克问题上，德英双方的政策略有分歧，需要交涉，因此德国先吞并了奥地利。

在解决捷克斯洛伐克问题时，希特勒其实是想动武的，希望通过一场局部战争来提高士气，在军事上积累起从事闪击战的经验。德方制订的《绿色方案》，就采用了“闪击”捷克斯洛伐克的打法，明确规定陆军主力的任务是在空军的协助下，“击溃捷克斯洛伐克陆军，尽快占领波希米亚和摩拉维亚”。但是，当时希特勒还不敢同英国正面对抗，所以动武的前提是英国放弃捷克斯洛伐克。另外，希特勒希望“一举”拿下整个捷克斯洛伐克，尽早走完全球扩张的第一步。而张伯伦愿意让出的，只是德意志人占多数的苏台德区。在捷克危机期间，希特勒一次次抬高要求，但每次当张伯伦威胁要中止会谈，不惜兵戎相见时，又总是软了下来，其原因就在于此。《慕尼黑协定》是英国作出全局性的让步，而德国作出局部性让步的产物。希特勒没能随心所欲，所以在慕尼黑会议期间，“他显然是情绪低落，对整个议程都显得暴躁不安”，回柏林途中还在对党卫队官员说：“张伯伦这家伙使我进不了布拉格，真叫我扫兴！”①并在 1939 年春天寻机吞并了整个捷克斯洛伐克。

这时，按照原先粗线条的全球战略，德国应该着手走第二步，进攻法国或苏联，夺取欧陆霸权，但是原先不起眼的东欧问题开始凸显出来。德国要解除西进的后顾之忧，在小范围内避免两线作战，或者控制东进的前进基地，取得粮食、煤炭和石油等急需物资，都需要控制波兰、罗马尼亚等国。希特勒打算诱逼这些国家加入《反共产国际协定》，使它们成为附庸国，结果罗马尼亚就范，而波兰却坚持在德国和苏联之间搞“等距离外交”，不肯成为德国的附庸，反而寻找英国作为靠山，同英国缔结互助协定。因此希特勒决定实施《白色行动计划》，在 1939 年 9 月用武力征服了波兰。

随后希特勒开始策划入侵西欧。然而，苏联和芬兰之间爆发边境冲突后，英法两国积极向芬兰派遣志愿军，它们既希望把战争祸水引向苏联边境，也打算趁机切断德国的铁矿石供应，从北翼威胁德国。希特勒看出英法的意图后，又局部修改计划，于 1940 年 4 月发动北欧战役，入侵丹麦和隔海相望的挪威。

1940 年 5 月 10 日，德国入侵西欧，由于实施了“曼斯坦因计划”，英法联军中计，近 40 万主力部队被包围在敦刻尔克附近，后虽撤出，但损失辎重无数。6 月 22 日，法国正式投降。

---

① J.Noakes and G.Pridham ed., *Nazism 1919–1945*, London, 1974, p.549.

德国打败法国后,应该东向进攻苏联,但是,英国并没有如当初希特勒预计的那样,因法国战败而屈膝投降。希特勒为了实现西线的和平,做出各种姿态争取同英国媾和,其中包括通过瑞典国王和罗马教皇向英国发出和平试探,甚至打算绑架逊位英王温莎公爵,同他作和解交易。但是新任英国首相丘吉尔采取了毫不妥协的立场,希特勒恼羞成怒,决定诉诸武力,通过"海狮"作战计划打败英国。一时间,出现了一种新的可能,即希特勒在进攻苏联之前,首先征战英国。但是,德军在实施战役准备时遇到了巨大的困难,包括缺乏运送登陆部队的船只,海军无力控制作战海域,部队缺乏两栖作战的经验等等。希特勒一面推迟"海狮"计划的实施日期,一面发动对英空战,争夺制空权。但是,德军没有取得英伦空战的胜利,而东线同苏联之间的关系却由于双方进驻东欧地区而紧张起来,最后,西线战事不了了之。

按"三步曲"的扩张计划,德国在控制欧洲大陆前,不准备入侵非洲。但是意大利为了实现称霸东地中海、建立非洲大帝国的迷梦,于 1940 年 7 月起在东非和北非发动侵略。意大利素有"国际食尸兽"之称,作战能力远低于侵略野心,在英军的打击之下一再败北。希特勒为了提高轴心国的士气和国际影响,被迫于 1941 年初分兵,派遣隆美尔指挥"非洲兵团"进入非洲作战。

1941 年 6 月 22 日,希特勒发动侵苏战争,190 个师共 550 万人分三路展开大规模进攻。中间经过数个战役后,德军中路进攻主力直达莫斯科附近,但很快遭到苏军顽强抵抗。通过莫斯科会战,德军的进攻势力遭到苏军的遏制。

十二、纳粹"欧洲新秩序"

1936 年 3 月,希特勒在进军莱茵非军事区后宣称"欧洲应该出现一种新秩序"。随着德国对外扩张步步得手,控制了欧洲越来越多的地方,就着手对占领区实施调整,力图打破原有的格局,以德国本土为核心,组建一个统一的欧洲。综观纳粹政权在占领区的行为,所谓建立"欧洲新秩序",主要包括四个方面的措施。

第一,改变原有的欧洲版图,合并所有德意志人占多数的地区,组建起"大德意志国"。"大德意志国"除了德国原有的领土外,还包括"合并区"和"民政长官管辖区”。“合并区”是以德国新行政区，或德国的州、行政区或省的增添部分的形式并入德国，这些地方都以德意志人居多数。大战爆发前成为合并区的有奥地利、苏台德区和梅梅尔区（原属立陶宛）。大战期间，波兰的不少地方成为合并区，比利时的圣维特市、欧本市、马尔梅迪市也进入此列。在合并区内，最高权力由接受内政部长全面监督的“行政长官兼总督”行使。“民政长官管辖区”在海关、邮电和铁道管理方面，完全被当作德国的组成部分，但未完全并入德国，还需要在地名、居民姓氏和语言方面进一步“德意志化”，这个过程预计需要十年的时间。这类地区包括：波兰的比亚威斯托克省；南斯拉夫的下斯蒂里亚地区和上卡尔尼奥拉、米埃斯塔尔和西兰乡地区；法国的洛林摩泽尔省和阿尔萨斯上莱茵和下莱茵省；卢森堡国。在这些地区，最高权力由民政长官行使，然而在很多地方，民政长官往往由上级行政区的长官兼任。民政长官只接受希特勒总理的指令，并对区内除邮电、铁道和海关以外的所有行政部门实行全权管理。

第二，以“大德意志国”为核心，组建一个统一的、由纳粹政权控制的欧洲。“大德意志国”以外的德国占领区，被划分成“附属区”和“占领区”两大类。“附属区”包括波兰总督辖区、乌克兰专员辖区、奥斯兰专员辖区（内含白俄罗斯地区、爱沙尼亚地区、拉脱维亚地区和立陶宛地区）和原来作为捷克主体部分的波希米亚—摩拉维亚保护国。按照德国政府的声明，总督辖区经过改造，可以成为“大德意志国”的一部分。“占领区”在军事和经济方面受德国控制，但不并入“大德意志国”。属于这类地区的是除上述三类地区之外的所有德军控制区，包括：比利时、法国占领区（即“维希法国”以外的地区）、荷兰、丹麦、挪威、希腊、塞尔维亚。

第三，以德意志人为主宰，将各民族按人种划分等级，排斥和屠杀犹太人、吉卜赛人，奴役斯拉夫人。

第四，强制推广德语，摧残各国的文化和民族语言。

在经济上，随着占领区日益扩大，纳粹政权实施“以战养战”，掠夺其中的粮食、石油、工业品、劳动力、武器装备等资源，来补充战争消耗。德国对占领区的经济管制方式，根据各地区在政治新秩序中的不同地位，划分成三种类型。第一种是已经或即将并入德国的地区，这类地区完全纳入德国本土经济的轨道。第二种是德国直接实施经济管制的地区，包括波希米亚—摩拉维亚保护国、波兰总督辖区、苏联被占领区和巴尔干诸国，纳粹当局视其为经济掠夺对象，最大限度地利用其生产能力。第三种是德国实施间接经济管制的地区，包括挪威、丹麦、比利时、荷兰和法国，它们的日常管理工作由当地自行负责，但纳粹当局在其之上设立相应的机构加以监督,左右其决策;同时还控制重要的经济部门,接管为德国服务的企业和犹太人、敌侨的产业。

由于纳粹当局忙于战争,没有时间和精力去组织占领区的经济,常常采取杀鸡取卵式的野蛮快捷的经济掠夺,以应付战争所需。

经济资源和战略物资是纳粹当局的重要掠夺对象。德军控制欧陆大片土地后,仅缴获的武器装备就可武装 100 多个师。其他还有数百万辆各式交通工具,15 亿美元以上的黄金外汇,以及大量的工业制成品。德国新老垄断集团通过没收、征用或低价收购股票等办法,把占领区 2/3 以上的大企业据为已有。地主富农涌进波兰、捷克等地,强夺农民的土地,建立起自己的庄园。1940 年,希特勒以保护文物为名,委派罗森贝格设立"罗森贝格特别工作处",负责征收法国和其他占领国的艺术珍品。这些文物中的精品归纳粹头目私人占有,其余分发给德国各博物馆。

随着战争规模的扩大,德国大批强劳动力被征入伍,军需部门对劳力的需求也日益增多,为了摆脱困境,纳粹当局在占领区大规模抢掠和搜捕居民到德国充当劳工。他们还违反《日内瓦公约》,强迫战俘从事同作战直接有关的劳动,甚至逼迫他们为轰炸机装炸弹、运送军火或挖战壕。劳工从事的是繁重的奴隶式劳动,生活条件却非常低劣,得到的粮食往往少于最低需求。据统计,战时德国强征占领区劳工总数在 1 000 万人左右。

十三、纳粹政权覆亡

莫斯科会战结束后,希特勒不甘心受挫,于 1942 年夏集结重兵于苏德战场南翼,向斯大林格勒方向实施重点进攻。不料,重点的进攻遭到重点的失败,德军 22 个师 33 万人被苏军围歼,总共损失约 150 万人、3 000 架飞机和 3 500 辆坦克,遭到致命的重创。希特勒面临困境,首次在国内实施"总动员",加强军工生产,并于 1943 年春夏发动库尔斯克会战,妄图制造一个"德国的斯大林格勒"。然而经过 50 天激战,德军彻底丧失了战略进攻能力,转入全线防御,以后只有挨打的份了。斯大林格勒会战成为纳粹政权的命运转折点。

1944 年,苏军在东线实施战略反攻,对轴心集团连续实施十个高速度大纵深的战略进攻，史称“十大打击”，德军基本上被赶出苏联领土。同年6月，美英盟军在法国北部的诺曼底登陆，在西线开辟了欧洲第二战场。至1945年5月，相继解放了法国和周围各国。德军退守法德边境一线。同时，苏军在东欧战场先后解放东欧各国。纳粹政权在东西夹击之下，节节败退，逐渐龟缩到本土的范围之内。

随着战场形势失利，国内反抗活动也活跃起来，在战争后期，谋杀希特勒的活动主要由军内密谋集团实施。军队在纳粹党执政后，在勃洛姆贝格的控制下，一直对希特勒采取合作态度。兴登堡总统去世后，勃洛姆贝格主持全体官兵重新宣誓，规定国防军官兵效忠于希特勒个人，而不是国家和宪法。1934年接任陆军部长的弗立契尽管对纳粹党持保留态度，但他既不足以影响整个国防军的政治态度，又在扩军备战问题上同政府积极合作。但是1937年11月5日希特勒公布侵略计划后，勃洛姆贝格和弗立契都表示担心扩张计划会导致德国灭亡。地位已经巩固的希特勒决定“换马”。他利用勃洛姆贝格的新婚妻子曾当过妓女和盖世太保炮制的所谓弗立契搞同性恋的把柄，制造了“勃洛姆贝格—弗立契事件”，将两人免职，同时还免去16名高级将领的职务，将另外44名高级将领调往低级指挥部。由此，军内不少高级军官认为希特勒夺了军官团的权，纳粹党凌驾于军队之上，一部分人组成了被称为“军内密谋集团”的松散团体，试图暗杀希特勒，通过军事政变结束纳粹统治。1944年7月20日的“七二〇事件”是该集团实施的影响最大、也是最后一次谋刺事件。这次事件的主角是国内驻防军司令部的参谋长施陶芬贝格伯爵（Claus Schenk Gf.von Stauffenberg，1907—1944），因为他既掌握着部分兵权，又有机会面见希特勒，是较为理想的人选。这次代号为“女武神”的行动计划，预定在行刺后两小时内切断希特勒大本营同各地的通信联系，夺占柏林的电台、电报局、总理府和政府各部，解除党卫队和盖世太保的武装，然后通电全国，宣布陆军接管政府，成立反纳粹政府，同西方国家举行和平谈判，结束战争。是日中午，施陶芬贝格奉命前往腊斯登堡大本营，参加希特勒举行的每日军事汇报会。他寻机把一只装有定时炸弹的公文包放在会议桌下面，随后借机离开。不料，另一名与会者为了看清地图，把碍事的皮包提到橡木桌子厚底座的外侧，由于厚厚的橡木挡住了炸弹的冲击力，希特勒保住了性命。留在柏林的密谋分子不知道谋刺是否成功，不敢采取行动，直到施陶芬贝格返回后才仓促行动，丧失了有利时机。在进占政府机构的过程中，一部分参与者闻知希特勒未死，很快反戈一击，致使政变失败。事后，希特勒成立专门机构严惩参与者，其中的核心人物都被钢琴琴弦加肉钩子绞死。

4月10日，希特勒为了负隅顽抗，把德国尚未被占领的地区分为南北两个行政作战区，北部地区由海军总司令邓尼茨（Karl Dönitz，1891—1980）指挥，南部地区由原西线总司令凯塞林指挥。4 月 16 日，苏军发动柏林战役，希特勒在总理府地下室指挥德军顽抗。然而，此时戈林逃到南方山林中，希姆莱则背着希特勒与盟国秘密谈判。26 日起，苏军强攻市中心区。希特勒眼看大势已去，于 29 日口授了政治遗嘱，号召全体德国人“决不放弃斗争”、“无情地打击一切民族的毒害者国际犹太人”，并任命邓尼茨为德国总统兼武装部队最高统帅，戈培尔为政府总理。30 日，希特勒在总理府地下室开枪自杀。第二天，戈培尔也自杀身亡。

5 月 1 日，邓尼茨向全国发表广播讲话，宣布希特勒已“阵亡”，号召国民拯救德国“使它不致遭受向我们进攻的布尔什维克政府的破坏”。他企图利用盟国间的矛盾，单独向美英军队投降。但遭到美国的拒绝。邓尼茨政府被迫接受总投降。5 月 8 日，德国宣布向苏美英法四国无条件投降，并正式在投降书上签字。5 月 23 日，盟军逮捕了邓尼茨政府全体成员，苏美英法四国接管德国最高权力。纳粹政权彻底灭亡。

第十一章

两德分立

（1945—1989 年）

德国人为了追求霸权而挑起世界大战，结果却适得其反，反而使自己陷入了悲惨的深渊。战争结束后，德国的命运掌握在战胜国手中，而战胜国之间又很快爆发了冷战。一向善于在东西方之间摆平衡“走钢丝”的德国人，这次却难以施展身手，反而自己成了冷战的牺牲品，分裂成联邦德国和民主德国两个国家。

然而，分裂成两个国家的德国人却并不自甘沉沦，他们根据自己所处的不同环境，努力找出一条适合自己需要的发展道路，并取得了一定的成效。联邦德国继承了魏玛共和国体制中经受住时间考验的成分，摈弃了被实践证明行之有害的做法，构建了已平安运行 60 年的《基本法》，创建了“社会市场经济”模式，融入西方世界，融入欧洲，取得了很高的成就。民主德国在苏联的推动下，建立起“斯大林模式”式的体制，逐渐走上社会主义道路。它面临体制运行中出现的问题，也在寻觅探索，创建了以联合企业为主体的经济运行模式，在社会主义国家中独树一帜。

然而在统一问题上，随着柏林墙的建立和两个德国同时进入联合国，分立局面似乎将成为常态。

一、困顿与反思

战后的德国悲惨无比。由于盟国吸取了第一次世界大战终战模式的教训，对德国确立了“无条件投降”的原则，而希特勒又坚持负隅反抗，第二次世界大战末期，德国本土成了盟军打击法西斯强盗的舞台。盟国轰炸机对战略目标实施连续轰炸，双方军人在各个城市展开逐街逐屋的争夺战，败退的德军在撤退中故意毁坏桥梁、道路和公共建筑，其结果，在大部分德国城镇，建筑物遭到严重破坏，火车站和公共事业设施被毁，到处都可以看到大堆大堆的碎砖破瓦。在稍大的城市中，只有海德堡、策勒和弗伦斯堡未受破坏，吕贝克和班贝格受破坏程度不太重，其他的，基本上都遭到严重的损坏，其中卡塞尔、纽伦堡、科隆、曼海姆、达姆斯塔特、埃森、科布伦茨和维尔茨堡几乎被彻底摧毁，柏林、德累斯顿、布雷斯劳、慕尼黑、汉堡、美因茨和法兰克福也受到重创。纽约《先驱论坛报》记者曾这样描写柏林：“柏林什

战争对德国造成的破坏

么也没有剩下。没有住宅,没有商店,没有运输,没有政府建筑物。纳粹留给柏林人民的遗产……仅是若干断壁残垣……柏林如今仅仅是一个碎砖破瓦堆积如山的地理位置。”各地的人群拥挤在损毁的房屋或地下室及地堡里,带着茫然的表情艰难地走在仅存堆堆瓦砾的所谓街道上,埋在瓦砾堆下的死尸发出的恶臭经月不散。有形的交通运输系统和无形的行政管理架构基本瓦解。纳粹官员为了逃避惩罚,有的自杀,有的逃跑,有的隐蔽身份,统治网络突然消失。银行系统崩溃,经济一片混乱。

此外,当 1945 年春纳粹德国的末日即将来临时,希特勒曾于 3 月 19 日下达《焦土令》,命令下属“必须破坏德国领土上的一切军用的交通、通信和后勤补给设施以及其他重要设施”①,使德国退回到原始落后状态。其理由是:战争已经证明德意志民族是地球上的弱者,而且该民族中的优秀分子已经战死,剩下的都是些“劣等货”,没有存在的必要。虽然由于部分下属暗中抵制,盟军又快速推进,指令没有被执行,但全国上下保护基本设施的心态却受到很大的冲击,加剧了战争的破坏程度。

大量人口流入德国,在德国本土原有的 6 600 万人的基础上,增加各种类型的流动人口。除了从集中营和劳动营里解放出来的近 800 万其他国家的国民外,还有将近 1 000 万的难民,其中包括周边国家因仇视德国而驱赶出来的德意志少数民族成员,划归波兰和苏联领土上的德意志人,以及东欧地区为逃避苏联军队控制的所谓政治难民。这些人既无住宅又无财产,进入西部德国各城市后,更加剧了原有的物资紧张状态,遭到当地人的敌视。此外,战胜国还有约 800 万名军人进驻德国,加上其他各色人群,总数达到 1 500 万。

在德国原有的各种社会人群中,除了商人、企业主、手工业者和自由职业者的处境相对较好外,其他人就只能搜肠刮肚地设法苦渡难关了。饥饿成了主要威胁,粮食供应越来越紧张,配给的食品只能提供每日 1 000—1 500 卡路里的热量。②商店门口经常排着长队,人们拿着购货证购买食物。面包经常断货,以马铃薯和芜菁替代,奶油、人造奶油和食油成了少量配给的稀有品,而肉和红肠则成了可望不可得的奢侈品。根据 1947 年 4 月 26 日《新报》(由美国占领当局主办的跨地区性

---

① 瓦尔特·胡巴奇编:《希特勒战争密令全集,1939—1945 年》,第 70 号文件,军事科学出版社 1989 年版,第 238 页。

② 根据联合国专家们的调查,人的正常营养应该是每天获得 3 000 卡路里热量,最低要求为 2 000 卡路里。

报纸）的报道，当时英占区的黑市价格为：奶油240—250马克一磅，猪油200马克，肉60—80马克，白糖70—90马克，面粉30马克，面包25马克三磅，熏鲱鱼5马克一条。而当时一个熟练工人一个月的工资大约为230马克。① 头脑灵活的人把目光转向农村，挨门挨户地向农民乞讨饭食，或者把幸存的贵重物品拿去交换。前往农村的方法，有条件的骑自行车，没自行车的就扒火车。由于缺乏机车和车厢，火车的数量很少，而且冬天没有暖气，车厢内拥挤不堪，车厢外还挂着一串串背着行李的人，其中有回老家的、找新居的、出远门的和到农村去寻觅食物的。由于缺少燃料，随着冬日的来临，寒冷成了另一个威胁。于是，到树林里捡来的木柴，可以成为黑市里物物交换的资本。货币的作用降低，它们必须同购货证相配合才能买到东西，于是香烟成了抢手货，往往成为物物交换中的计量单位和不等值物品交换中的“找头”。人们视烟如命，造成香烟价格迅速上涨，计量单位从“包”下降到“支”。真正的烟民只能以烟头解馋，当时外国军人或平民常常发现后面有德国人跟着，等着捡他们扔下的香烟头。

作家诺萨克在当时写给朋友的一封信中描述了凄惨的日常情景：“从上午八时到下午三时我坚持着工作，要到三点钟公共交通方才恢复。我差不多冻僵了，加之只带了两片干面包，所以连路都走不动。乘坐地铁犹如战斗一般。那时，我的妻子早晨给人上课，中午要赶一小时的路去大众食堂打饭，因为我们没有煤气、电和灶，离了这个食堂不行。这样，我们大部分的票证都用完了。生活中最主要的事总算办完了。大约三时，她在小木柴炉上热了饭，房间里多少有了点热气。饭后，我常做些零活或者劈柴等等。五六点钟我就设法睡觉，以便忘却过去了的一天并弥补缺乏的能量。再过一会儿，喝一点多少有点像茶的东西，吃一些点心。如果没有客人来访，我们就手头做着活，面对面坐在15瓦的电灯下。十时，警报响三次，15分钟后响两次，十时半响一次。十时半以后我们都称之为‘宵禁’，即禁止外出，我自己经常裹着毯子坐到深夜一时，然后冻得哆哆嗦嗦地钻进被窝睡觉。这对于一个在房间里进行创作时习惯于不时踱步的人来说，这个被窝又成了令人生厌的负担。”②

饥寒交迫中的人，道德观念也会有所变化，出现了好人更好、恶人更恶的现象，但总体上来说，道德崩溃和价值观念丧失成为主要现象。不少本地人和外地人之

---

① 转引自卡尔·迪特利希·埃尔德曼：《德意志史》第四卷：世界大战时期，商务印书馆1986年版，下册，第188页。

② Zeller Bernhard, *Als der Krieg zu Ende war*, München, 1973, S.73.

间热情相助,但也有许多人为住所和食物你争我夺。刑事案件急剧上升,大多为形势所逼,被称为“废墟中的犯罪”。科隆发生了抢劫从附近褐煤矿开来的运送煤砖火车的事件,在 1946—1947 年冬,仅在科隆火车站就有 900 吨煤被“偷走”。随着外国军队占领进入常态化,出现了大量的“德国姑娘”,她们与盟军士兵勾搭,建立程度不同的亲密关系,以换取巧克力和尼龙袜,或者换取内含肉干、饼干、咖啡、香烟的军用干粮包,以补充家庭的食物配给。如果有人为饥饿所迫,抢夺少量的食物,教会也会默许。

在心理上,大多数德国人对战争失败并无准备。长期来,纳粹宣传对战争局势都是“报喜不报忧”,大肆宣传德方的“辉煌胜利”,不少民众深信不疑,只有冒着被送进集中营危险收听外国广播的人,才能透过蛛丝马迹看到德国的前途凶多吉少。因此对德国的彻底失败,很多人感到无法接受,尤其是统治机器的崩溃,使习惯于听从上级命令的人顿时感到六神无主,或者对一切抱冷漠态度,或者心绪凌乱。随着纽伦堡审判的展开,纳粹政权的真实面目逐渐被揭示出来,很多人感到震惊,开始时甚至难以相信这些滔天罪行是真的。当这些罪行被确认时,很多人深感羞愧。然而,对普通百姓来讲,当世界舆论谈到全体德国人的“集体过错”时,不少人还是难以接受。很多来自外国的旅行者、访问者、政治家或军人试图在德国看到百姓们“洗心革面”的图景,然而离开时通常都悲哀地表示没有找到这种表现。

部分知识分子承担起了自我反省和自我教育的重任。在得到占领军许可的第一批出版物中,集中营囚禁者和战争难民以自己的亲身经历揭示了纳粹统治的一个可怕侧面。1946 年在法兰克福出版的天主教政论家欧根·科贡(Eugen Kogon)所著《党卫队国家》一书,以条理清楚、资料翔实而得到好评,向读者揭示了党卫队的真相。自我反省的精神导师当数哲学家雅斯贝斯(Karl Jaspers,1883—1969),他长期在海德堡大学任教,但由于妻子是犹太人,希特勒上台后就成为国家的敌人,最后被免去教授职务,并不准出版著作。大战结束后,他于 1946 年出版了著名的《罪责问题》一书,书的正文尽管只有 82 页,但对德国的罪责问题作了深刻的阐述。雅斯贝斯认为,罪行可以区分为四种。第一是刑事罪行,罪犯在战胜国的法庭和新建的德国法庭得到了应有的惩处;第二是政治罪行,国家公民容忍以国家名义犯下的罪行,要承担赔偿义务;第三是道德罪行,人的良知使他对自己所实施的政治或军事行为都会有道德责任感,由此带来的负罪感只能通过自己良心的自律以及与最亲近的朋友之间的交流才能获得解脱;第四是抽象罪行,由于人类是一个休戚相关的整体,每个人对世界上的一切不公正,尤其是在他面前或在他了解的情况下所犯的罪行,都应分担责任。因此,雅斯贝斯的结论是,几乎每个德国人都有道德罪行和抽象罪行,每个人都必须问自己,我错在哪里,我的感情、思想和行为是在什么地方误入歧途,"如果没有在深刻认识罪行的基础上经历一个净化过程,德国人就不会发现真理。"①雅斯贝斯还同著名社会学家阿尔弗雷德·韦贝尔等人合作,创办了《转变》杂志,宣传民主政治,清算纳粹罪行,反思德国的文化传统。然而,由于雅斯贝斯长期受排斥,远离政治和社会漩涡,文化界的大部分人又不能接受他的观点,反而群起而攻之,致使雅斯贝斯备感孤立。1948 年,他在同胞的误解乃至诋毁中离开德国定居瑞士,在巴塞尔大学担任哲学教授。

二、占领与改造

战胜国对德国实施分区占领并从事改造,这是大战后期苏美英三国一致同意的原则。在雅尔塔会议上,三国正式通过了以英国方案为基础的分区占领协议。苏占区在东部,同后来民主德国的疆域相当;英占区在西北部;美占区在西南部;法占区在西部,实际上是从英、美占区中"匀"出来的。柏林作为德国的首都,也由四国分区占领。由于柏林位于苏占区即后来的民主德国境内,这就为两次柏林危机埋下了祸端。根据战胜国之间的约定,由四国占领军总司令组成的"盟国管制委员会"接管德国的一切最高权力,但不构成对德国的吞并。

苏美英三国在波茨坦会议上确立了对德管制的基本原则。政治上有四个目标,即:解除德国全部武装,使之完全非军事化,铲除或控制一切可用于军事生产的德国工业;消灭纳粹党及其附属与监管的机构,解散一切纳粹组织,德国行政事务的管理应以政治结构分散及发展地方权限为原则;目前不成立中央政府,然某种必要的中央行政部门,特别是财政、运输、交通、对外贸易以及工业等方面,应予以设立。经济上也有四个目标,即:分散德国经济,以消灭因卡特尔、辛迪加、托拉斯及其他垄断办法所造成的过分集中;在占领期间将德国视为一个经济单位;在德国保持不超过欧洲国家平均水准的生活水平;德国偿付赔偿时,保留充分的资源,以便

① 参见张沛:《凤凰涅槃:德国西占区民主化改造研究》,上海人民出版社 2007 年版,第 250—251 页。

德国人民能够不依靠国外的援助而生活。这些基本原则可以概括为非军国主义化、非纳粹化、非卡特尔化和政治民主化,统称“民主化改造”。

民主化改造的内容之一是惩办主要战犯。这项工作的创意始于 1941—1942 年冬,当时苏美英等 11 个国家提出战后要惩罚战犯。欧战结束后,苏美英法四国签订《关于追究和惩办欧洲轴心国主要战犯的协定》,决定由四国各派一名法官和一名预备法官组成国际军事法庭,在纽伦堡对德国战犯和犯罪组织进行审判和惩处,并拟定了法庭宪章,由英国大法官劳伦斯任庭长。纽伦堡法庭从下述罪行追究被告的刑事责任,即:破坏和平罪(包括策划、准备、发动或进行战争罪和参与实施战争的共同计划罪);战争罪(指违反战争法规和战争惯例);违反人道罪(指对平民的屠杀、灭绝和奴役等)。被提起公诉的有戈林、里宾特洛甫、赫斯、凯特尔、沙赫特、邓尼茨等 24 名被告和德国内阁、纳粹党领导集团、党卫队、盖世太保、冲锋队、德国总参谋部和最高统帅部六个组织和团体。

纽伦堡国际军事法庭的审讯从 1945 年 11 月 20 日开始,历时 10 个多月,到 1946 年 10 月 1 日结束。结果,戈林、里宾特洛甫和凯特尔等 12 人被判处绞刑,赫斯等三人被判处终身监禁,施佩尔、邓尼茨等四人被判处 10—20 年徒刑,沙赫特、巴本、德国宣传部广播处处长汉斯·弗里切三人无罪释放,纳粹党领导集团、党卫队和盖世太保为犯罪组织。

之后,各占领区在本区范围内也进行了稍低级别的审判。美国占领当局从 1946 年到 1949 年在纽伦堡举行了 12 次审判,对象为医生、法官、垄断资本家、外交部官员、最高统帅部成员、个别军事将领和党卫队高级官员。法占区审理了萨尔区资本家赫尔曼·勒希林的案件。英占区审判了陆军元帅凯塞林和曼斯坦因等高级军官。在苏占区,除了军事法庭进行审判外,管制委员会还发布了第十号法令,对一些特殊案犯进行处置。在西方占领区总共判处了 5 025 名被告,其中 806 人被判死刑。

“非纳粹化”是大战末期苏美英三国首脑一致确定的对德原则,其实质是“组织上的民主化”改造。按照规定,所谓“非纳粹化”是指:“纳粹头目、有势力的纳粹支持者、纳粹机构和组织中的高级官员以及其他危害盟国占领或其目的者,均应加以逮捕和拘留”,“一切不是仅仅在名义上参与纳粹党活动的纳粹党成员以及敌视盟国目的者,不得担任公职或半公职,不得在重要的私人企业中占据负责职位。”然而在具体实施中,各占领区的做法各不相同。在苏占区,铲除法西斯残余的工作同实行民主改造紧密结合。在人民群众的积极参与下,纳粹党积极分子和其他反动官吏被清除出各级行政机构,战犯和纳粹罪犯的企业被没收,纳粹积极分子被赶离企业岗位,狂热的纳粹分子、战犯、纳粹党和政府所拥有的财产全部交归人民自治机构管理。土地改革摧毁了容克地主的经济基础。这些措施不仅废除了旧的社会经济结构,而且为德国东部地区向社会主义过渡创造了条件。

美占区的"非纳粹化"工作前后起伏较大。占领初期,美国占领当局抱着宗教般的热忱,试图整肃全部的纳粹党员,规定凡 1937 年 5 月 1 日以前加入纳粹党的官员必须在 1945 年夏辞职,所有的纳粹党员都不得在私人企业中就业。然而,这样做牵涉到的人太多,以致行政和经济管理中出现了一定程度的混乱。随着东西方关系的紧张,当局于 1946 年 3 月颁布《德国消除纳粹主义和军国主义法》,开始缩小清洗范围。根据法令规定,美占区内 18 岁以上的德国人都必须填写"登记表",表内有 133 个项目,涉及职业和政治经历等。当局从 1 300 万份登记表中筛选出约 300 万人作重点审查,按不同情况将审查对象分成五类:重犯;一般犯;轻犯;胁从者;免于追究者。然后根据不同分类,分别给予十年和十年以下徒刑、强迫劳动、没收财产、开除公职、剥夺选举权、向纳粹受害者赔偿损失等惩罚。最后,美占区内有 93 万人受到处罚,其中约 60 万人是罚款。英占区的"非纳粹化"运动基本上按司法程序进行,而且对审查对象的判决较宽。法占区当局不信任所有的德国成年人,故而对"非纳粹化"不太热心,注重于通过改造学校来教育青少年。

西方国家尤其是英国,在对德改造中强调要对德意志民族实施"再教育"。1944 年 7 月,英国内阁草拟了一份权威性的指令,规划了对德国实施"再教育"的短期和长期目标:首要目标是清除纳粹和军国主义价值观,长期目标则是"重建尊重客观事实的标准……并在德国的教育中,培植大众的民主兴趣,如言论自由、新闻和宗教自由"。[①] 在具体实施中,从占领之初到 1947 年 6 月,占领当局的工作重心是重建教育体系,整顿大众传媒。对原有的教师队伍作了梳理,清洗了政治上不合格的教师,美占区有 2/3 的教师被解雇,法占区的比例则达到 75%。同时通过组建各种形式的师范院校加紧培养新的师资。在教学内容方面,严禁使用为纳粹主义张目的教材,同时加紧准备新教材,英占区设立了负责编印教材的"德国中央执行委员会",美占区一面重印魏玛时期的教科书,一面通过设立"教科书和课程中心"来研究和编撰新教材,法占区则直接引进瑞士、卢森堡和法国的现成教材。对

① Ian D. Turner ed., *Reconstruction in Post-war Germany, British Occupation Policy and the West Zones, 1945-1955*, Oxford, 1989, p.218.

大众传媒,先给予全部封闭,然后在逐个审查的基础上渐行恢复。从 1947 年 6 月到两德分立,“再教育”工作进入实质性阶段。在教育领域,注重教育体制改革,包括调整中小学的学制和大学生的培养目标,通过免收大学学费和增加助学金,推动高等教育的民主化。对大众传媒,按照占领国自身的榜样确立运行模式,尽量摆脱政府的控制。这一时期,还鼓励德国学者及文化人加强国际交流,推动教育者本身先融入国际社会。

经济上的民主化改造,主要集中在限制工业发展和消灭垄断组织方面。1944 年 9 月,美国财政部长小亨利·摩根索曾提出“摩根索计划”,强调剥夺德国的工业,使它成为农牧国家。以后该计划被否决,改行“限制工业计划”,要将德国的工业生产能力降低到 1938 年水平的 50%—55%,全国生活水平降低到 1932 年即经济大危机期间的水平。当时西方国家希望出现“强大的欧洲、虚弱的德国”的局面,根据计划的规定,西方占领区预计要拆除 1 800 个工厂企业。然而,随着美苏冷战的兴起,西方国家的对德政策略有转变,为了将西部德国改造成“遏制”社会主义阵营的桥头堡,开始停止削弱西占区。1947 年 8 月,美英两国发表“修正的工业限制计划”,规定允许两国占领区的工业水平提高 1/3—2/5,使工业生产能力达到 1938 年水平的 70%—75%。与此同时,两国开始调整占领区的经济政策,重点放在恢复基础工业的生产能力上。

西方占领区在履行“非垄断化”原则方面,前后的做法也有变化。战后初期,占领当局出于对德国的仇视,从消除战争潜力的角度出发,没收了克虏伯、弗利克、罗希林等公司的所有企业,以及鲁尔地区的全部钢铁工业和法本工业公司。然而在和平年代,企业规模增大是经济发展的必然规律,随着西方国家改变对德政策,美国代表在盟国各管制机构里发起了一场“什么是垄断组织?”的争论,“非垄断化”的力度也随之减弱。结果,德意志银行、德累斯顿银行和商业银行这三大银行被分成 30 家银行,钢铁托拉斯、克虏伯、西门子、蒂森、麦尼斯曼等康采恩进行了改组,即从中分出一些新的股份公司,其中大部分股票仍保留在原业主手中。法本工业公司于 1953 年被分散为赫希斯特染料公司、拜耳颜料股份公司(其标志为 BAYER)和巴登苯胺与苏打股份公司(德文缩写 BASF,简称“巴斯夫”),这些公司之间仍保持较紧密的联系。

在苏占区,发展经济是同实行社会主义改造结合在一起的。1945 年 10 月,苏军占领当局没收了纳粹积极分子、战犯、纳粹国家和纳粹党组织的财产,翌年将它们转归德国地方政府所有。随着东欧国家开始加快社会主义改造的步伐,苏占区也成立了“德国经济委员会”，在苏联占领当局领导下加速展开国有化进程，私人经济的生产和销售逐步纳入计划经济的轨道，商业和手工业方面的合作经济得到快速发展。苏占区的土改成果明显比西占区大，共没收包括战犯、纳粹党和国家所拥有庄园 11 500 个，合计土地 300 万公顷。这些土地 1/3 交由公用事业机关使用（后来在这些土地上办起了 500 多个“人民农庄”），其余的按每人 5—8.5 公顷的标准分配给 21 万名农业工人、少地的农民和来自东方的移民。

三、政党的重建与改组

纳粹政权的崩溃为其他政党的恢复重建创造了条件。这时，战胜国已经放弃了分割德国的原议，而德国人更希望保持国家的统一，因此这些政党大部分是全国性的党，在各占领区拥有自己的基层组织。然而，随着东西方关系的紧张，这些政党的东、西占区部分也逐渐脱离关系，成了两个相对独立的政党。

1945 年 6 月 10 日，苏占区军事行政当局颁布命令，准许成立或恢复民主的政党和团体。共产党在苏联推动下首先行动起来，于 6 月 11 日发表声明，表示愿意与社会民主党联合乃至合并，为建立民主国家而努力。

当时社会民主党内部存在着三个派别。一派是苏占区的格罗提渥（Otto Grotewohl，1894—1964）领导的社会民主党中央委员会。战时，他们在柏林坚持领导地下斗争，战后，认为必须修改原有的指导原则和方针，从过去的错误中吸取教训，同共产党建立合作关系。另一派则是西占区汉诺威的舒马赫（Kurt Schumacher，1895—1952）领导的社会民主党“中央局”，他们反对柏林中央委员会的路线，拒绝同德共采取统一行动。他们强调自由、民主、人权的原则，认为“阶级斗争的思想是粗暴化简单化的”教条，要求保护商业和农业中产阶层，分散大土地所有制，把大工业、大财团、动力经济和交通事业国有化。1945 年 10 月，舒马赫邀集西占区内的拥护者，在汉诺威附近的文宁森修道院举行代表会议，通过决议，把柏林中央委员会的权力局限在苏占区，而把“舒马赫常设局”的职权扩大到西方三个占领区，成立了“社会民主党西部占领区中央委员会。”以奥伦豪尔（Erich Ollenhauer，1901—1963）为首的前社会民主党执委会中的流亡者形成第三派，该派力量较弱，政治主张同舒马赫派相似,也反对同共产党联合。

苏占区内的共产党和社会民主党在苏联的推动下很快走向联合。1945 年 6 月 19 日成立了两党联合工作委员会,同年 12 月,又举行两党中央委员会的联席会议,就实现两党统一达成了原则性协议。翌年 4 月 21—22 日,两党举行联合代表大会,合并成立"德国统一社会党"。新党共有 130 万名党员,其中原社会民主党员 68 万,原共产党员 62 万。原共产党领导人皮克(Wilhelm Pieck,1876—1960)和格罗提渥共同担任主席,但实际权力掌握在原共产党人乌布利希(Walter Ulbricht,1893—1973)手中。

西占区的共产党和社会民主党组织也试图合并,但受到舒马赫集团的阻挠。由于占领当局的干预,西占区共产党未能相应地改称统一社会党,仍保持原名,由雷曼(Max Reimann,1898—1977)任主席。随着东西方关系不断恶化,该党同统一社会党总部的联系日渐困难,1948—1949 年逐渐独立。社会民主党也独自发展,于 1946 年 5 月在汉诺威举行战后第一次代表大会,选举舒马赫为党的主席,奥伦豪尔为副主席。同年 10 月,该党发表《社会纲领》,要求保证工人全部就业,提高工资,冻结物价,实行同工同酬,改善粮食和燃料供应,实行 12 天休假制等。该纲领使社民党的影响不断扩大,到 1946 年末,党员人数已超过鼎盛时期的 1931 年,达 71.1 万人,其中主要是工人和职员。

原天主教中央党的活动家创建了"基督教民主联盟"。该名称一是强调基督教的整体意识,争取团结各个教派的力量,二是避免使用"党"这个概念,以吸引各个阶层的人士。1945 年 12 月中旬,各地的基民盟组织在巴特戈德斯贝格举行第一次跨地区性会议,统一了各地组织的名称,并成立一个占领区间的联络委员会,会址设在法兰克福。该党开始时一直未能组建统一的领导机构,直至 1950 年 10 月,才在戈斯拉尔会议上实现统一,由阿登纳(Konrad Adenauer,1876—1967)任主席。基民盟成立初期,曾提出一些激进的政治主张,如 1947 年 2 月英占区的基民盟组织提出的《阿伦纲领》,宣称"资本主义经济制度……已不符合德国人民的国家和社会切身利益",必须"从根本上加以革新",私人资本拥有无限统治权力的时期已成为过去,必须建立"企业主和工人之间的新关系"。但 1949 年的《杜塞尔多夫纲领》就有所后退,以"社会市场经济"的要求来取代生产资料"社会化"的主张。巴伐利亚的类似组织仍然坚持以前的做法,另取名叫"基督教社会联盟"。1947 年 2 月,基社盟与基民盟签订协议,决定两党在议会活动中合而为一,取名"基督教民主社会联盟",俗称"联盟党"。1947 年联盟党的人数为 65 万,其中约 25 万在苏占区。

新建的自由民主党以原人民党和民主党的成员为基础,其基层组织从1945年6月起陆续在各占领区出现,1948年12月,西占区的自由民主党建立中央机构,豪斯(Theodor Heuss,1884—1963)当选主席。该党代表中小企业主、官吏、职员、上层知识分子、手工业者和农民的利益,坚持私有财产不可侵犯,力主企业自由经营和竞争,拒绝任何"社会化"和"经济民主"的思想。

除上述较大的政党外,在苏占区,1948年成立了"民主农民党"和"国家民主党",前者以农民、同农业有联系的职员和知识分子为基础,后者以中等阶层为基础。有人认为,这是苏联当局为了突出统一社会党的地位,降低基民盟和自由民主党的影响而采取的步骤。在西方占领区,一部分前天主教中央党人恢复了中央党,原"德意志汉诺威党"改组成"德意志党",地方政党有"巴伐利亚党"等。

四、第一次柏林危机与德国分裂

苏美英三国在大战末期都主张统一德国,然而,德国在败降四年之后,非但中央政府未能建立,相反却沿着苏占区和西占区的分界线分裂成了两个国家。苏联和西方国家互相指责,责怪对方分裂了德国,并为此罗列了很多材料。

其实,真正把维护统一放在首位的,还是德国人自己。1946年秋,西占区部分州的首脑提出建议,由全德各州的政府首脑组成"各州委员会",充当全德行政机构,以避免分裂。而苏占区的自由民主党和基民盟领袖坚持另一种意见,主张由各政党和国民大会来决定全德的政府问题。西占区的联盟党同意苏占区两党的建议,但社会民主党领袖却以苏占区禁止社会民主党活动为由,拒绝同统一社会党合作。德方内部的意见分歧进一步削弱了它对统一问题的影响力。

战胜大国希望保持的统一,是一种把整个德国纳入自己营垒的统一,只要苏美两大阵营互不向对方让出已经占有的阵地,德国就难以避免分裂。但西方国家在这方面采取了更为主动的态度,换一个角度说,苏联在处理这件事情上策略更高明一些,它总是让西方国家先走第一步。

1946年12月2日,美英两国宣布合并占领区,成立"双占区"。双占区设"经济委员会”作为立法和行政机构。苏联也采取相应的措施，于 1947 年 6 月在苏占区成立“德国经济委员会”，负责在苏联驻军当局的领导下管理全区的经济事务。同年 12 月，又在柏林举行第一届“德国人民代表大会”，这次大会旨在代表整个德国，因此邀请了部分西占区人士参加，并且宣布要组织代表全德的中央政府。

1948 年，西方国家分裂德国的活动出现高潮，并由此引发了一场扣人心弦的“第一次柏林危机”。同年 2 月 5 日，美英占领当局同德方有关部门协商后，颁布了“双占区章程”，使未来国家结构的雏形更趋完善。章程规定加强经济委员会的立法权，由经济委员会选举产生各管理部门的主任，这些主任组成“行政委员会”，行使政府的职能；另由每州派出两名代表组成“各州委员会”，按上议院的方式参与立法。此外，“双占区”还成立了“德国高级法院”和“德国各州银行”。行政、立法、司法三权分立，各司其职，另外还有金融调控机构。2 月 13 日，苏军占领当局宣布，扩大苏占区内德国经济委员会的权力。

1948 年 2 月下旬至 6 月上旬，美、英、法、比、荷、卢六国在伦敦举行会议，具体商议成立西德政府事宜。会议作出了一系列使德国走上政治经济全面分裂道路的决定，包括：把法占区并入双占区，组成“三联占区”；在西占区实施币制改革；召开西占区制宪会议；西占区参加“马歇尔计划”。苏联再次展开反击。1948 年 3 月 17 日至 18 日，在苏占区召开第二届“德国人民代表大会”，会议选举有西占区代表参加的“德国人民委员会”作为全德的代表机构，并开始起草宪法草案。3 月 20 日，苏联宣布退出“盟国对德管制委员会”，至此，早已形同虚设的该机构正式瓦解，四国合作的象征物消失。

与此同时，苏联方面开始采取行动，要把西方国家赶出柏林。柏林位于苏占区中央偏东一侧，苏联方面认为，如果把德国作为一个统一体来看待，西方国家有理由分占其首都柏林，如果德国分裂成两个国家，“柏林就丧失作为德意志首都的地位”，因而西方国家也就没有理由留在那里了。

盟国之间曾商定，西占区和柏林之间建立三条空中走廊，也就是从汉堡、汉诺威、法兰克福到柏林之间，各有一条高 1 万英尺、宽 20 英里的飞行走廊。然而在地面交通方面，尽管西方国家一直在使用从赫尔姆斯德通往柏林的铁路线，但除了柏林美管区第一任军事长官派克斯能拿出私人的会议记录外，西方国家在同苏联发生争执时，拿不出正式的文字材料来证明四国曾就此事达成过协议。这给苏联采取行动提供了条件。1948 年 3 月 30 日，苏联驻柏林代表通知柏林的美国军事长官，从 4 月 1 日起，苏方将检查所有通过苏占区的美国人的证件，并检查所有货物和除了私人行李以外的一切物品。同时,苏联还宣布,在西占区和柏林之间实施为时十天的交通限制。西占区和柏林之间的客货运顿时陷于停顿,西柏林驻军的供应,只能依靠空运来维持。

但西方国家组建联邦德国的行动仍在继续。1948 年 6 月 1 日,六国伦敦会议通过《伦敦议定书》,决定着手起草西德联邦宪法。6 月 18 日,西方占领当局又宣布在西占区实施币制改革,以新的"德国马克"(又称"B 记马克")取代原来全德通用的旧马克,两种马克的兑换率为 1∶10。为了应付最初的过渡期,规定每个居民可按 1∶1的折合率兑换 40—60 马克,工资、房租、利息和养老金也按 1∶1付给新币,银行存款全部贬值到原价值的 6.5%,债券贬值到 10%。币制改革有利于西占区的经济发展,但也进一步加剧了东、西占区之间的分裂状态。苏联立即作出反应。6 月 22 日,苏占区也实施币制改革,发行新马克。由于仓促上马,来不及印制新的币种,只能在原有的纸币上打上特别印记,成为"D 记马克"。新旧马克的兑换比率也是 1∶10,每个居民可以 1∶1的折合率兑换 70 马克,银行存款在优待小存户的原则下按等级比率给予兑换。

柏林的特殊地位在币制改革的过程中再次呈现。位于苏占区内的柏林将使用何种货币?苏联方面认为,整个柏林都应该使用"D 记马克"。苏联驻军参谋长在发给德方市长的文件中不无威胁地写道:"苏联军事当局坚信,柏林市政会议将能够执行有关实施货币改革的各项指令。"西方当局却认为东柏林可以使用"D 记马克",而西柏林应该使用"B 记马克"。柏林市民在 6 月 23 日大清早,面对着两种对立的币制改革。根据苏联军事长官的命令,苏联发行的新币应该在整个柏林流通,但西方三个军事长官则指示柏林市政当局,苏联的命令仅适用于东柏林。柏林一时陷于混乱。

当天下午,柏林市政当局准备召开特别会议,讨论货币问题。由于市政厅位于东柏林,议员们当即陷入拥苏派民众的"汪洋大海"之中。时间一过正午,市政厅前人山人海,下午 2 时,示威群众冲进市政厅,挤满了会议室和走廊,使原定 4 时召开的会议足足推迟了两个小时。会上争论激烈,但根据多数原则,会议通过决议:苏联军事长官的命令只适用于东柏林,西柏林则遵从西方三国的命令。不少议员走出市政厅时,遭到示威群众一阵痛打。

西方实施币制改革的第二天,苏联封锁了通往西柏林的水陆交通。西方国家则由美国驻德军事长官克莱出面,通过记者向世人表明决心:"苏联只有通过战争才能迫使美国放弃柏林。"6 月 24 日,苏联把声明的内容付诸实施,切断了西占区和柏林之间的水陆交通。

美国开始制造紧张气氛，煽动西柏林居民对苏联不满。它拒绝了苏方提出的向西柏林居民供应粮食和水等必需品的建议，同时故意透出消息说，西柏林的粮食库存只能维持36天，煤库存只能维持45天，一个月之后，西柏林250万居民将陷于饥饿之中。同时，美英占领当局也对苏占区采取封锁措施以示报复。6月24日，英国中断了运往苏占区的煤和钢。25日，英美双占区经济委员会决定进一步限制同苏占区的贸易。由于很多在东柏林工作的苏联人把家安在波茨坦，他们每天都要取道美占区上下班，克莱下令对这些人故意留难，寻衅找碴儿。

双方的矛盾越来越尖锐。西方国家不肯撤出西柏林，也不愿意用武力打开连接西柏林的水陆通道，唯一可供选择的方案，就是利用美国强大的空中力量和经济实力，使用空中走廊向西柏林运送生活物资，通过空运向全世界展示美国的实力。

空运实施初期，每天的空运额达到近4 000吨，以后逐渐提高到每天8 000吨。西方三国占领军和西柏林居民的生活用品，其中包括粮食、布匹、药品、煤炭甚至某些机器设备，都依靠空运来保证供应。

美国驻德军事长官的政治顾问罗伯特·墨菲，曾经在《置身于军人中的外交家》一书中，描述过一个空运的片断。他回忆起1949年2月一个大雪纷飞的夜晚，美管区坦伯尔霍夫机场的空运景象，写道："不论天气好坏，不分白天夜晚，每20分钟就有一批四引擎的巨型飞机抵达。光线强烈的探照灯把黑夜照得如同白昼，巨大的雪铲把机场铲得干干净净，机场四周白雪堆如小山。"克莱则在《对德决策》一书中，扬扬得意地写道："当1949年的春天来到的时候，我们和英国同僚一起，使空运达到了每天平均8 000吨，这是封锁前我们经由铁路和水路能够运到柏林的数字。"

1949年5月，苏联对柏林的封锁正式解除。在长达11个月的"柏林危机"期间，西方国家共出动19.5万余飞行航次，运送了140余万吨生活物资，空运费用高达2.5亿美元。

在柏林危机的过程中，柏林先于整个德国，首先正式分裂。1948年秋，柏林市议会和市政府在亲西方分子的控制下，从东柏林搬到西柏林。11月间，东柏林召开由各工厂和群众团体的代表参加的"特别议会会议"，选出新的"大柏林临时民主政府"，但西柏林不承认它的权力。12月5日，西柏林也举行选举，组建新的市议会和"西柏林市政府"。这样，柏林正式分裂成为各有立法、行政和司法系统的两个城市。

1949年，整个德国在大国的争斗中也正式走向分裂。

早在1948年7月，西方三国授权西占区德方人士起草西德宪法。为此，西占区各州根据本州法律实施代表选举，选出 65 名代表组成全区的“议会委员会”，在这些代表中，联盟党和社会民主党各占 27 名，共产党占 2 名。德方人士坚持认为，由于立宪活动局限在西部领土，权限也受到战胜国的限制，因而所制定的宪法具有临时性，只能称作“基本法”。1949 年 5 月 8 日，议会委员会以 55 票赞成、12 票反对通过了《德意志联邦共和国基本法》（俗称《波恩宪法》，共产党投了反对票）。8 月 14 日，西占区举行联邦议院选举，78.5%的选民参加投票。结果，联盟党获得 31%的选票，社会民主党获 29.2%，自由民主党获 11.9%，共产党获 5.7%。9 月 20 日，德意志联邦共和国正式成立。

苏占区也于 1949 年 5 月 29—30 日召开第三届“德国人民代表大会”，正式批准了同年 3 月经德国人民委员会通过的宪法草案。10 月 7 日，德国人民委员会通过成立临时议院的决议，并宣布成立德意志民主共和国。

五、联邦德国《基本法》

联邦德国在建国过程中，基本上继承了魏玛体制中的民主制、联邦制的精华，但又吸取了被法西斯颠覆的教训，将其中的部分规则作了调整。

《基本法》将公民的基本权利置于神圣不可侵犯的地位，严禁借口民族或国家的利益而使其受到侵犯。它不仅将相关规定放在第一条，强调其涉及到人的尊严和民众公认的不可放弃的人权，而且确认该原则不仅能制约行政和司法，同时也能制约立法，其第 79 条规定，《基本法》的修改必须获得联邦议院和联邦参议院 2/3 多数批准，即便如此，也不准触及公民的基本权利。

联邦议会由联邦议院和联邦参议院组成。鉴于魏玛共和国国会选举和运行过程中政党作用过强的教训，联邦议院采用直接选举与比例代表制选举相结合的程序。根据 1949 年 6 月 15 日颁布的选举法规定，60%的议员由“多数代表制”方式产生，即把全国划分成 248 个选区，由 200 名以上选民联合提名的个人，或由政党推出的个人代表，都可参加选区竞选，每个选区由一名得票最多者当选。另外 40%的议员仍然按照“比例代表制”方式选出。选民投票时需要填写两张选票，第一张为“多数代表制”选举，第二张为“比例代表制”选举。议员进入议院后，即根据所属党派组成议会党团,但他们不受选民委托或政党指令的约束,只对本人的良心负责。当他们因不赞成本党的政策而退出该党时,其议员资格仍得以保留。联邦议院每四年改选一次。为防止出现小党林立的局面,规定一个政党至少必须获得5%的选票,或者在三个选区获得多数票,才能进入联邦议院。

联邦参议院是各州在联邦一级的联合机构,其成员由各州经间接选举产生,各自代表本州政府。它由41名议员组成,一般任期四年。每个州至少有三名代表,人口超过200万的可委派四名,超过600万的委派五名。各州代表无权独立活动,必须根据州政府的指示同本州其他代表投一致票。联邦参议院拥有参与立法权,起着"议会第二院"的作用。联邦政府的所有法律提案在送交联邦议院审议之前,必须先提交联邦参议院,但它对此一般只有推迟性的否决权。它的立法倡议权表现在可以提出自己的法案,先交给联邦政府审议,同意后再提交联邦议院审议。在制定法律的过程中,如果联邦议院和联邦参议院的意见相左,将由各州推出一名联邦参议员和联邦议员,组成"调解委员会"进行协商,并起草一个双方都能接受的方案。同魏玛共和国相比,参议院的地位有所提升。

总统的权力比魏玛时代小得多,只是国家权力的象征性代表。总统的产生步骤大为简化,仅由联邦议院全体议员和人数相等的各州议会代表组成的"联邦大会"选出,任期五年,可以连任一届。总统不再拥有"紧急权力",这一权力被分解。如果联邦议院拒绝联邦总理的信任案,总统又不解散议院,在此情况下政府一项标明"紧急"的法案得不到议院批准时,便进入了有效期限为六个月的"立法紧急状态"。在这种情况下,只需要联邦参议院的同意便可通过法案。1968年,议会两院通过一项法律,规定在战争时期或发生全国性的大灾难时,立即建立"应急政府",其中2/3成员来自联邦议院,1/3来自联邦参议院,其权力包括:指派军队执行治安任务,接管通常由文职官员行使的职责,管理运输业务,征募年满18岁的男子参加"防务部队"等等。

联邦总理由总统根据议会中党派力量对比的实际情况提名,经联邦议院选出。他一般是议会第一大党的领导人,也可能是政党联盟中主要政党的领导人。他仅对联邦议院负责,不对总统负责,但要经常向总统书面或口头汇报政府的方针政策及各部部长的工作。政府内部在处理有争执的问题时,遵循少数服从多数的原则,如争执双方票数相等,总理可投决定性的一票。军队的最高指挥权平时由国防部长执掌,战时则由联邦总理担任总司令。《基本法》没有对总理的连任作出限制。在实际运作中,联邦德国出现过两位任期较长的总理,一位是阿登纳,任期为14

年，另一位是科尔，任期 16 年。在这两个时段里，联邦德国并没有出现个人独裁的局面，反而是政府运作效率较高的时期。

《基本法》吸取了魏玛共和国失败的教训，对政党作了一定的限制，规定政党在组织纲领和活动等方面都应受《基本法》的监督，联邦宪法法院有权对政党违反《基本法》的行为作出判决并予以取缔。根据这一条款，联邦德国曾于 1952 年取缔过新纳粹组织“社会主义国家党”，1956 年取缔过德国共产党。

阿登纳

联邦德国的国旗沿用原魏玛共和国国旗。国歌选用《德意志之歌》的曲调和第三段歌词。

1949 年 8 月 14 日，联邦德国举行第一次普选，联盟党获得联邦议院 31%的席位，社会民主党获 29.2%，自由民主党获 11.9%。基本上形成联盟党和社会民主党两大政党加上一个较小的第三党——自由民主党的格局，这种格局延续时间较长。第一届联邦政府由联盟党和自由民主党联合执政，基民盟主席阿登纳担任总理，自由民主党的弗兰茨·布吕歇尔担任副总理。第一任联邦总统由自由民主党主席豪斯担任。

六、社会市场经济与“经济奇迹”

联邦德国自建国时起，在经济方面就坚持“社会市场经济”政策，该政策的鼓吹和推行者是艾哈德（Ludwig Erhard，1897—1977）。他是一位经济学家，早在 20 世纪 30 年代就同著名学者瓦尔特·欧根等人一起，吸取了新自由主义社会学家亚历山大·吕斯托和威廉·勒普克提出的社会哲学思想，创建了德国新自由主义经济学派理论，该学派主要集中于弗赖堡大学，又称为弗赖堡学派，它在思想上同美国芝加哥学派有近似之处。大战结束后，艾哈德受到重用，曾负责重建纽伦堡—菲尔特地区的工业，担任巴伐利亚州经济部长和双占区经济委员会主席。阿登纳政府组成后，他在其中担任经济部长。

社会市场经济模式可以简要概括为：市场经济+国家干预+社会保障。它在尊重个人经济自由、经济权利的基础上，依靠市场机制配置资源，并发挥国家的社会与经济职能，以保证社会公正和社会安全。对这一模式，国际上少数学者认为是介于资本主义经济和社会主义计划经济之间的第三条道路，但更多的学者认为它只是资本主义体制的变体，是一种改良了的资本主义市场经济。

该模式的核心是反对垄断，保护竞争。纳粹体制尽管没有废除私有制，但是对经济实施了强有力的国家干预，使得价值规律遭到扭曲。大战结束后，德国经济如同其他领域一样，处于战胜国的严密监控之下。随着凯恩斯主义的流行，其他国家纷纷加强国家干预，大力推行福利政策。德国社会民主党也主张加强国有化。但艾哈德认为，在这种情况下，保护竞争尤其重要，只有自由和奖励才能使经济持续和扎实地向前发展。1948 年 6 月，艾哈德未征得占领当局同意，即宣布取消四百余种商品的管制和价格控制，推动市场经济体制开始起步。以后又连续发布两个法令，取消价格管制，废除工资冻结，取缔垄断，发挥竞争的作用。他表示，这样做的目的是“解除桎梏”，“把由政府管制的经济转为市场经济”，“为社会和经济生活奠定新的基础”。①以后，艾哈德一直为此努力，1957 年，联邦德国终于通过了《反对限制竞争法》，在法律上建立了很好的“竞争秩序”。该法对巩固和发展社会市场经济是如此重要，以至于被称为社会市场经济的“基本法”，是仅次于真正的《基本法》的第二部根本大法。②

在坚持自由经济的基础上，社会市场经济模式又强调国家干预，通过实施货币政策、贸易政策和投资政策等，对经济生活给予一定程度的干预，保证市场的有序竞争。同时，国家又要干预收入分配和劳资关系，通过“阶级调和”和“公平分配”，强调“社会伙伴关系”，以确保“经济人道主义”的实现。在加强干预方面，1948 年 10 月 7 日，双占区经济委员会颁布《反对哄抬物价法》，制止投机性哄抬物价的行为。但同时，又拒绝冻结物价，而是通过放松银根的办法鼓励生产发展。1949 年 6 月，联邦银行把最低准备金限额从 15%降低到 12%，9 月再次下降。联邦德国成立

---

① 艾哈德：《来自竞争的繁荣》，中国社会科学出版社 1983 年版，第 22 页。

② 刘光耀：《德国社会市场经济：理论、发展与比较》，中共中央党校出版社 2006 年版，第 295 页。

后，政府推行加速折旧政策，及时调整贴现率和银行准备金率以刺激或限制投资，影响经济的发展，在外贸上鼓励出口，对出口商品实行免税，以提高商品在世界市场上的竞争能力。在干预劳资关系方面，1948 年 11 月 3 日颁布《工资合同法》，恢复工资自治制度，劳资双方可以通过自由协议的方式建立社会伙伴关系。1951 年，联邦政府又颁布著名的《共同决定法》，其中规定：凡拥有一千名以上职工的矿山和冶金部门实行对等的共同决定制度，即监事会由资方和劳方各选派五名代表组成，董事会由监事会选举产生，内设劳工经理，由工会代表担任。在社会福利方面，1950 年通过《联邦供养法》，翌年颁布《解雇保护法》和《家庭手工业劳动法》。1952 年颁布《平均负担法》，通过征税手段，援助在大战中遭受严重损失的普通居民。以后又陆续颁布《保护就业母亲法》和《严重残疾人法》，对最低劳动条件作出立法规定，推行多子女家庭补助，逐步提高养老金数额等。①

在战争破坏和分区占领等一系列因素的影响下，战后初期西占区的工业生产严重凋敝，1946 年只及战前 1938 年的 22. 9%。然而，尽管大战末期厂房、设备等有形资产损失较大，但科学技术力量、熟练工人和管理人员等基本保留了下来，在其他各种有利因素的共同推动下，从货币改革完成后，西占区的经济就开始起步，取得了六个月的快速发展。1950 年，工业生产比 1949 年提高了 60%，基本上恢复到 1936 年的水平，农业生产则超过战前水平 2%。整个 50 年代，是联邦德国经济发展的黄金时期。在这十年里，国民生产总值平均每年增长 8. 85%，增长速度超过美、英、法诸国，被称为“经济奇迹”。其中 1955 年的增长率达到 15. 9%。1960 年，国民生产总值达到 3030 亿马克，超过英国和法国，成为仅次于美国的西方第二经济大国。60 年代，虽然发展速度降低到平均每年增长 4. 5%，但还是继续向前发展，其中 1969 年的增长率达到 13%。1970 年国民生产总值达到 7397 亿马克，按当年市场价格计算，比 1960 年增长了 1. 44 倍。但在 1968 年，日本的国民生产总值超过联邦德国，联德降为西方第三经济大国。在 70 年代中期的世界性经济危机中，联德结束了高速增长，经历了几年的低速徘徊，直到 1983 年才开始低速增长，平均每年的增长速度在 2. 5%—3%。

联邦德国的经济主体仍然是重工业，其产值在工业总产值中占到 70% 左右，其中又以机器制造、化工、电气、钢铁、汽车、飞机制造、石油加工业最为发达。在第三次科技革命的推动下，新技术、新材料和新工艺在各个生产部门不断涌现，催生

① 参见姚先国、H.缪尔德斯：《两德统一中的经济问题》，科学技术文献出版社 1992 年版，第 28 页。

出许多新的产品和新的需求。轿车、电视机、电冰箱、洗衣机等耐用消费品的迅速普及,产生了巨大的市场容量。同新技术紧密相关的电子电器工业、同新材料紧密相关的化学工业、同交通革命紧密相关的汽车工业,都获得了长足发展。从1950年到1976年,联邦德国的电子电气技术制造业在全部工业生产中的比重,从4.49%猛增到10.5%;化学工业的比重,从8.51%上升到11.22%;汽车和飞机制造业,从3.47%上升到6.88%;石油加工业,从0.56%上升到3.1%;公共动力系统,从4.52%上升到6.99%。相反,矿业所占的比重,从8.15%下降到2.54%,纺织工业从10.22%下降到3.57%,食品工业从16.57%下降到9.54%。① 在工业快速发展的过程中,催生出一批世界著名的企业。在汽车工业中,戴姆勒—奔驰公司的实力进一步增强,到1990年,拥有职工37万,销售额达到800亿马克,成为仅次于美国通用、日本丰田、美国福特的世界第四大汽车企业。纳粹德国时期创办的大众汽车公司曾一度遭停产审查,不久又重新开张,再次生产价廉物美的"甲壳虫"型轿车,并在50年代末打开了美国市场。1974年,该公司因产品遭遇外国轿车的激烈竞争而大幅亏损,濒临破产,后转移生产重点,加强生产华丽型的轿车,到1978年开始扭转颓势,转为赢利。到1990年,该公司成为世界第五、国内第二大汽车企业,仅次于戴姆勒—奔驰公司。在电子电器工业中,西门子公司是国内最大的电子公司,1990年拥有职工40多万人,是仅次于日本松下公司的世界第二大电器产业。在化学工业中,法本公司所分散成的三家公司,仍然位居联邦德国化工企业的前三甲。其中最大的是"赫希斯特染料股份公司",90年代初拥有职工近18万人,主要产品有染料、颜料和合成纤维,56%的产品供出口。排名第二的是"巴斯夫",90年代初拥有职工近13万人,主要产品有颜料、化肥、除虫剂、合成纤维和塑料,产品47%供出口。第三为"拜耳颜料股份公司",90年代初拥有职工16.4万人,主要产品有颜料、染料、合成纤维、人造石油、药品和摄影化学品。

第三次科技革命还带动联邦德国的经济地理发生变化。长期来,南部地区资源贫乏,工业基础差,被看作农业地区,而北部以鲁尔地区为标志和核心,赶上了以"大烟囱工业"为核心的第二次浪潮,在全德处于优势地位。在联邦德国时期,联邦政府着力于改善地区经济结构,南部地区的州政府也从长远战略出发,采取了种种因地制宜的发展措施,逐步建立和发展资本与技术密集型产业,发展交通、金融及其他现代服务业,增强了经济实力。西门子公司和通用电气公司南迁,进一步加

① 参见《世界经济》第一册,人民出版社1980年版,第217页。

快了这一进程。新技术的研究和开发,使南部地区的发展速度快于北部。巴伐利亚州聚集了全国40%的电脑软件业,慕尼黑则集中了全国半数左右的宇航工业。北部不少科技人员南下,一些经营电子、宇航和军工产品的大企业迅速崛起。目前,南部地区已形成以电子技术、汽车制造、精密机械、光学仪器和宇航空间工业为主体的工业区,以及金融和交通事业发展的服务中心。

农业问题长期来困扰德国政府。魏玛政府实施的"东援"行动,曾经成为政坛动荡的导火索。纳粹政权采用"反城市化"的办法,结果适得其反。联邦德国建国初期,农业问题仍然十分棘手,很多农产品都依赖进口。政府从50年代中期起采取一系列措施来加快农业生产发展。1955年9月,联邦政府颁布《农业法》,规定推行农业结构改革,加速土地和生产资料的集中。全国农户的平均规模,从1948年的8公顷上升到1976年的14公顷。政府还大力增加国家贷款和财政补贴来推动农业发展。农业贷款主要用于推进农业机械化和现代化,同时与改革农业结构联系起来。到70年代初,全国基本上实现了农业现代化。在各种因素的推动下,农业生产获得较快发展,1950—1977年间,年平均增长率为2.2%。到70年代中期,全国农产品自给率达到80%左右,除主粮、蔬菜、水果和鸡蛋需要相当数量的进口外,牛奶和食糖完全自给,肉类的自给率达到90%。

联邦德国农业发展中伴随着一种现象,即自60年代起,农业经济中的"农工综合体"有了迅速发展,它是把农业与包括工业、贸易、信贷、交通运输、服务性行业等相邻部门紧密结合起来,实行专业化的纵向联合。农工综合体的发展,固然使经济实力相对薄弱的农户越来越依附于工商业资本家,但它对改进和提高农业生产,保障农产品销路,提高工商业为农业服务的质量,都有积极的作用。

七、新纳粹组织

战后,新纳粹运动是在对其很不利的环境下活动的。法西斯挑起了世界大战,又对其他民族大开杀戒,激起了包括德国人民在内的世界人民极大的义愤。联邦政府在国内外各种因素的推动下,对新纳粹组织采取了各项严厉的措施,对公开的纳粹分子坚决镇压。在这种环境下,新纳粹组织采取了各种手法,形成了不同的类型。早期的新纳粹组织主要由旧法西斯组织的残渣余孽构成,其目标主要是为老法西斯组织洗刷罪名。进入60年代后,各种新老成员结合,甚至以新人为主的组织开始出现。其中一部分尽管基本上继承了老法西斯组织的奋斗目标,但在具体的政纲和手段使用上,却顺应了时代的变化,声称"尊重宪法,尊重国家秩序",接受"多元民主作为政府最佳形式"的主张。它们放弃了暴力恐怖型的夺权意图,改而采用议会斗争式的合法手段。这类组织头目的外在形象,也同老法西斯头目大相径庭,他们大都四十开外,衣冠楚楚,文质彬彬,侃侃而谈,没有狂热的救世主形象,也不装腔作势地发表歇斯底里的演说。另一部分则追求法西斯兴盛时期的外在表现形式,对社会舆论造成较大的冲击。

两德统一前,民主德国实行社会主义体制,对政党和组织的控制很严格,新法西斯组织失去了生存的空间,因此,新纳粹组织的活动舞台在联邦德国。两德统一后,东部地区的新纳粹组织逐渐出现,它们的影响有时超过西部的组织。

在两德统一前,新纳粹运动大致经历了四个发展阶段,即40年代末至60年代中期的兴起及缓慢发展阶段,60年代中期至70年代中期的高涨阶段,70年代末至80年代初的低潮阶段,80年代中期至90年代初的持续发展阶段。

1949年,美苏冷战日趋激烈,两德分裂也进入最后摊牌阶段,各种类型的新纳粹组织在联邦议院选举前后陆续出现。"社会主义国家党"是比较明显的新纳粹政党。它的成员几乎清一色是老纳粹分子,其创建者弗立茨·多尔斯也是个老纳粹党人,曾追随过奥托·施特拉瑟的激进路线。该党反对民主制度,攻击1944年的"七·二〇"暗杀希特勒事件是新的"匕首刺背"事件,鼓吹极端民族主义和所谓的"民众社会主义的"反资本主义目标,经常在举行会议时向"纽伦堡绞架的牺牲者们"和被关押的"纳粹同志"表示敬意。它在领导体制上实行"领袖原则",在主席之下设立一个委员会作为领导机构,该委员会由党的创始人、地区组织领导人以及主席遴选的人组成。该党还有自己的"保护队",队员身着白衬衫、黑马裤和长统靴。该党成立初期发展较快,不久就拥有几万名党员,并在1951年的地方选举中取得较大成绩,如在下萨克森州议会选举中获得11%的选票和15个议席,在奥里希和罗滕堡的得票率是27%,在吕内堡为28%,在迪弗尔茨甚至达到33%。[①] 由于该党的法西斯色彩过于浓厚,1951年末,联邦政府向宪法法院提出控诉,认为该党的纲领、宣传和组织形式都表明其继承了纳粹党的衣钵,因而违反了《基本法》

① 弗·卡斯顿:《法西斯主义的兴起》,商务印书馆1989年版,第272页。

的有关规定。1952 年 10 月 25 日，联邦宪法法院根据调查结果，宣布取缔该党。

1949 年还出现了“德意志国家党”，它从先前成立的“德国右翼党”发展而来。其最明显的纳粹主义色彩是鼓吹建立一种“协作体组合”的社会制度，表示忠于“完整的、不可分割的德意志民族的历史”，忠于“民族社会”，要求获得更大的生存空间。然而为了能够合法地存在，它否认自己具有法西斯性质，避免使用激烈的语言来反对议会制度和犹太人。但是该党对群众的吸引力有限，1949 年在联邦议院选举中只获得 1.8%的选票，1953 年降为 1.1%，1957 年为 1%，1961 年进一步降到 0.8%。由于联邦议院有 5%的“资格线”，因此该党除了曾经派代表进入过下萨克森州议会外，从未进入过联邦议院。1964 年，该党宣告解散，许多工作人员和党员加入新成立的“民族民主党”。

除了公开的政党外，这个时期联邦德国还出现了一些旨在翻案的新纳粹组织。“欧洲民族”组织是其中比较突出的一个。它由前武装党卫队员组成，坚持种族主义和反犹立场，为此甚至支持阿拉伯国家反对以色列。它还利用当时的“冷战”气氛，歌颂希特勒发动的对苏战争是一场反对布尔什维克的“十字军东征”，旨在维护“欧洲精神”，指责大战后期的反纳粹活动是从内部“暗箭伤人”，诅咒这些人不得好死。不久，该组织被联邦德国政府取缔。

此外，前武装党卫队员还组建了一个名叫 H.I.A.G.的组织，该组织否认德国应对爆发第二次世界大战负责，否认纳粹政权曾经杀害过 600 万犹太人，并强调三四十年代德国的行动“是为保卫西方文明而反对布尔什维克恐怖主义洪水的”。他们这样做的目的是减轻罪责，求得从轻发落。

老纳粹党“激进派”的幸存者也行动起来。1949 年，奥托·施特拉瑟的朋友奥古斯特·豪斯莱特尔组建了“德意志共同体”，宣传“邻里思想”，该思想强调国家和社会不应该由政党和社会团体组成，而应该以小而全的“邻里”为基础。1956 年，奥托·施特拉瑟自己组建了“德意志社会联盟”，宣传所谓“革命的”民族社会主义。1965 年“德意志共同体”同其他右翼小团体合并，组成“独立德意志人行动联盟”。

1964 年，各种右翼团体同包括德意志国家党在内的新法西斯组织合并，组成“民族民主党”，由老纳粹分子冯·塔登(Adolf von Thadden)担任领袖。该党具有较浓的法西斯色彩，其成员中有将近一半是老纳粹分子，领导层中的比例则高达 3/4。它特别强调德意志民族主义，宣称：“抢夺古代德意志的土地和分解德国都是属于暴力行动……对苏台德的要求一定不准任何人放弃，不管什么政府或什么党派。"1965 年一名地方领导人竟然声称:"纳粹德国从来没有任何犯罪行为,这些诽谤都是国际犹太人和犹太人报纸的宣传。"①但是为了免遭取缔,该党声称拥护联邦德国的民主制度,把排外要求局限在反对外籍工人的移居和滞留,避免过于激烈地攻击犹太人,党内也不实行"领袖原则"。该党生逢其时,1966 年,联邦德国先于其他国家爆发经济危机,其党员人数一下子猛增到 2.5 万人,并在各州的议会选举中获得近 10%的选票,在个别地方如安斯巴赫、拜罗伊特和纽伦堡,竟获票 13%—15%。然而从 1968 年起,随着全国经济状况有所好转,该党的影响开始下降,在 1969 年联邦议院选举中仅获得 4.3%的选票,未能进入议会。此后该党迅速走下坡路,在 1976 年的全国大选中仅获票 0.3%,1978 年党员数降到约 9 000 人。

在合法道路受阻的情况下,各种纳粹极端组织纷纷涌现。1968 年,曾出现过"德意志民族社会主义者同盟"。进入 70 年代后,这类组织大量出现。其中影响较大的是 1972 年由民族民主党巴伐利亚州主席西格弗里德·珀尔曼组建的"新右派行动"组织,它以原民族民主党成员为主体力量,还从战后初期成立的右翼青年团体"诺曼青年"、"爱国青年同盟"、"汉撒自由团"中吸收成员。此外,前奥斯维辛集中营纳粹党头目蒂斯·克里斯托费森于 1971 年成立了"市民—农民促进会";自称是邓尼茨接班人的曼弗雷德·勒德尔成立了"德意志市民促进会";老纳粹分子弗尤布瑟成立了"劳动党",该党于 1975 年改名为"德国人民社会主义运动/劳动党";埃尔温·舍恩博恩成立了"德国士兵战斗同盟";米夏埃尔·屈恩成立了"民族社会主义者行动阵线"(简称"民族阵线")。另外还出现过"大德意志民族社会主义战斗集团"、"德意志—民族共同体"等团体。这些组织一般规模都不大,通常拥有二三百名成员,其中"民族社会主义者行动阵线"只有不到 20 人。但是 1974 年由纽伦堡版画家卡尔—海恩茨·霍夫曼建立的"霍夫曼国防体育组织"规模就相对比较大,有 500 多名成员,成为当时同类组织中最大的一个。

这类组织规模虽小,能量却很大。他们经常聚集在地下室等阴暗处,庆祝希特勒的生日,唱老纳粹的歌,放映第三帝国时期的影片,一边痛饮啤酒。或者外出制造事端,抢劫银行,袭击军营,炸毁火车,焚烧、破坏犹太教堂和公墓,在公共场所涂写卐字和反犹口号,进行各种恐怖和凶杀活动。在 70 年代末 80 年代初,联邦德国由右翼极端分子制造的事端逐年上升,1977 年为 616 起,1978 年 992 起,1979 年 1 500 起,1980 年 1 600 多起,1981 年 1 800 多起,1982 年超过 2 000 起。因此,这些

① 弗·卡斯顿:《法西斯主义的兴起》,商务印书馆 1989 年版,第 274—275 页。

组织对社会秩序和公众舆论的冲击力,远比它们的实际规模大得多。

"光头党"是80年代联邦德国令人望而生畏的恐怖型新纳粹组织,共拥有约4 000名成员,多数为20岁以下的青年人。他们身着黑色衣裤,剃着光头,少则几十人,多则成百上千人,呼啸而行,手持刀棒和催泪瓦斯袭击外国人和犹太人,或者向外国人住宅区投掷石块和燃烧瓶,焚烧楼房或汽车。①

80年代中期起,新纳粹运动再次兴起。1983年,前希特勒警卫队员弗朗茨·舍恩胡贝尔以巴伐利亚基社盟的右翼保守集团为基础,组建了自称联邦德国第七大党的"共和党",并在党纲中宣称将以权威—民族思想和希特勒第三帝国的业绩教育人民。1985年,舍恩胡贝尔提出把共和党改造成新纳粹党的方案,要使其成为一个"敌视宪法"、"旨在建立党卫队国家"的党。该党特别着眼于年轻人,80年代后期有两万多名党员,其中50%以上是警察、国防军官兵和政府公务员,多数党员在30岁以下。1989年初,该党参加西柏林市议会和联邦议院的选举,分别获票7.5%和7.1%,②成为一支引人注目的政治势力。

1990年10月,两德完成统一,这一事件为新纳粹运动增添了养料。1990年2月,民主德国还处于演变的过程中,东柏林就出现了名为"民族抉择"的新纳粹组织,成员约30人。它为了能够合法存在,表面上表现温和,私下里却采用暴力手段袭击外国人和左派机关,组织示威游行和纪念希特勒生日的活动。该组织发展很快,同年4—7月即增加到约500人,同情者则达1 500—2 000人。1985年5月在西德不来梅成立的"德意志抉择"组织也加紧向东部渗透,1990年3月在西柏林建立了"德意志抉择东部组织",煽动、组织和支持东部地区的暴力行动。同时,德国统一后,东部人有明显的失落感,在体制转轨中,不少家庭面临失业,年青人颓废消沉,精神空虚。在此情况下,不少人把希望转向新纳粹组织。

而西部地区在难民潮和失业率上升的冲击下,纳粹运动也日趋高涨。1971年成立的"德意志人民联盟"在1991年9月的竞选活动中,以第三大党的实力进入不来梅州议会,翌年4月又以6.3%的得票率进入石勒苏益格—荷尔斯泰因州议会。共和党在1992年4月的巴登—符滕堡州议会选举中也获票10.9%,占据了15个议席。除了这些合法政党以外,恐怖型非法纳粹组织也大肆活动。在1991年10月德国统一一周年前后,纳粹分子将一座外国难民庇护所夷为平地,焚烧了不来梅

① Luciano Cheles ed., *Neo-Fascism in Europe*, Longman, 1991, p.86.

② Luciano Cheles ed., *Neo-Fascism in Europe*, Longman, 1991, p.78.

一家供外国人食宿的旅店，大量的犹太人墓园被毁，纳粹受害牺牲者的纪念碑被推倒，各地难民营被烧。1992 年秋天，纳粹恐怖活动又掀起高潮。8 月下旬，数百名暴徒聚集在东部海岸城市罗斯托克的郊外，连续数夜袭击外国难民营。他们焚烧汽车，向难民营扔石块和燃烧瓶，还高呼“德国是德国人的，外国人滚出去”的口号。9 月上旬，纳粹分子在西部的莱茵贝克市涂写排外标语和纳粹标记，烧毁 13 辆汽车，造成 40 万马克的财产损失。下旬，他们又焚烧了萨克森豪森集中营的犹太人纪念馆。

八、新东方政策

联邦德国在阿登纳时期，奉行对西方“一边倒”的基本国策，依靠美国的支持，同法国和解，推动西欧联合，力图在西方联盟的框架内求得复兴和发展，为最终“收复东部领土”、“重新统一”德国创造条件。实践证明，阿登纳的这一决策是精明的，也是行之有效的。

1955 年，阿登纳的基本路线遇到了小小的挑战。当年，苏联改变了原先不承认联邦德国的态度，认可了两德并存的现状，并主动邀请阿登纳访苏，要求双方建立外交关系。如果响应苏联的建议，显然违背了“一边倒”的基本国策，然而阿登纳政府有自己的考虑。苏联是世界上两个超级大国之一，在地理上离德国比美国更近；苏联又是四个战胜国和占领国之一，它的态度对德国重新统一和最后缔结和约都是不可或缺的；苏联的态度还能影响联邦德国同其他国家的关系。[①] 于是，1955 年 9 月，阿登纳率领一批资深的外交家访问苏联，在强调要恢复统一的前提下同苏联建交。

然而，这一行动有可能为其他国家同时承认两个德国打开大门，这是阿登纳所不能容许的。于是，“哈尔斯坦主义”应运出笼。该主义亦称“单独代表权主义”，1956 年 6 月由总理府国务秘书哈尔斯坦（Walter Hallstein，1901—1982）在正式声明中提出。其基本原则是：联邦政府将同所有与德意志民主共和国建立外交关系

① 参见威廉·格雷韦：《西德外交风云纪实》，世界知识出版社 1984 年版，第 227 页。

的国家断交;出于同样原因,它也不同东方集团的国家建交;苏联作为四个占领国之一则是例外。根据“哈尔斯坦主义”的原则,1957 年 10 月,联邦德国同南斯拉夫断交,1963 年又同古巴断交。1965 年 5 月,由于埃及邀请民主德国领导人访问,联邦德国为了反击,同阿拉伯国家的敌人以色列建交。不料此举在阿拉伯世界引起轩然大波,大多数阿拉伯国家宣布与联邦德国断交,使联邦德国在中东地区陷于孤立。

1963 年 10 月,联邦德国政府发生更迭。由于基民盟和自由民主党内实力派的反对,阿登纳在第四个任期内提前辞职,联邦议院不顾阿登纳的反对,选举艾哈德担任总理。1965 年 9 月,联邦议院如期举行全国大选,结果社会民主党取得重大进展,议席从 190 席增至 202 席,联盟党也从 242 席增至 245 席,而自由民主党则从 67 席降至 49 席。于是,由基民盟和自民党组成新的联合政府,艾哈德留任总理。实践证明,作为总理的艾哈德,其政绩既不如前任阿登纳,也不如作为经济部长的自己。他在外交上继承阿登纳的路线,在内政上也未能开创新局面。

1966 年,联邦德国先于其他西方国家,爆发结构性的大规模经济危机,基民盟内部的矛盾也随之尖锐。是年 7 月,在作为基民盟重要据点的北莱茵—威斯特伐利亚州举行的地方选举中,基民盟遭遇重创,党内一部分实权人物趁机要求艾哈德辞去总理职务。10 月,自由民主党人反对艾哈德关于大幅度增加税收的决定,宣布退出联合政府。11 月,基民盟和基社盟遴选巴登—符腾堡州首席部长基辛格(Kurt Kiesinger,1904—1988)为领袖,艾哈德被迫辞去党的领袖和联邦总理职务。12 月 1 日,基辛格组建包括联盟党、社会民主党和自由民主党成员的大联合政府,社会民主党领袖勃兰特(Willi Brandt,1913—1992)出任副总理兼外交部长。社会民主党人首次进入联邦政府。基辛格政府的外交政策开始发生变化,表示要在谅解、信任和合作的基础上同一切国家保持关系,并在条件许可的情况下与东欧国家建立外交关系。在基辛格政府执政期间,联邦德国先后同承认民主德国的罗马尼亚建交,并与南斯拉夫复交。

在 1969 年 9 月举行的议会大选中,社会民主党获得大胜,所得议席从 202 席增至 224 席,联盟党从 245 席降至 242 席,自由民主党则进一步从 49 席降至 30 席。基民盟第一次成为在野党,社会民主党和自由民主党组成联合政府,勃兰特担任总理,自民党领袖谢尔(Walter Scheel,1919—)任副总理兼外交部长。

社会民主党于 1959 年在哥德斯堡举行了一次意义重大的代表大会,通过了新的“原则性纲领”(即“哥德斯堡纲领”),宣布彻底“同马克思主义决裂”,要在民主社会主义指导下建立一个“社会主义社会”。民主社会主义在欧洲植根于基督教伦理、人道主义和古典哲学，主张“自由、公正和互助”等基本价值。在这一思想指导下的社会主义社会，“每个人都能发展其个性，并作为社会中的一个负责成员，参加人类的政治、经济和文化生活”。纲领强调，“社会主义只能在民主中实现，只有社会主义才能实现民主”。纲领在阶级斗争问题上完全放弃了马克思主义，宣布该党是“社会不同阶层的、持有不同观点的男子和妇女的思想共同体”，“已从一个工人阶级政党变成为一个人民政党”。在经济方面，纲领宣布放弃国有化政策，维护私有制，保证“自由竞争和企业主的行动自由”，但同时也要实行社会经济改革，确保人人享受社会福利和正确分配财富和利润，以保证“阶级和平”，调和劳动与资本的利益。在对外政策方面，宣布愿意执行同政府一致的路线，支持联邦德国参加北约组织，但同时也主张发展同社会主义国家的关系，巩固国际缓和局面。①

勃兰特作为社会民主党领袖，执政后试图实行改革，在内政外交方面推出新政策。内政方面，政府推出内容广泛的“内政改革计划”，继基辛格政府大幅度提高工资和民众消费水平、保证充分就业之后，决定采取一系列措施，以实现企业共同管理，改革税制，实行财产的合理再分配，实行退休、家庭、健康保险、教育制度等方面的改革。1971 年 11 月，政府颁布《企业内部条例法》，要求扩大劳动者的权利，为他们提供更多的就业机会，从而改善劳动者的生活。但是，由于联合政府在议会中仅占微弱多数，自民党对社民党的施政方针也不尽赞同，内政改革计划基本上没有实行。

相比之下，勃兰特政府在外交上的成就比较明显。在处理同西方盟国的关系方面，政府一如既往，尽力发展与美国的友好关系，并推动西欧联合，宣布北约组织和欧共体是联邦德国外交政策的支柱。在处理与东欧关系方面，政府正式推行“新东方政策”，争取实现三重目标：改善同苏联的关系；同东欧各国关系正常化；暂时解决德国两部分的关系，即承认民主德国是第二个德意志国家，但不认为它是“外国”，主张“一个民族两个国家”，加强两个德国之间的来往，用“通过接近促其演变”的办法实现德国的统一。

1970 年 8 月，勃兰特访问苏联，两国签订了《莫斯科条约》，联邦德国承认战后所有欧洲边界的不可侵犯性，其中包括作为德波边界的奥得—尼斯河边界线，苏联

① 苏珊娜·米勒、海因里希·波特霍夫：《德国社会民主党简史》，求实出版社 1983 年版，第 234 页。

方面保证不反对德国通过和平手段完成统一。

同年12月,勃兰特访问波兰,签署了两国关系正常化的基础条约,简称《华沙条约》,双方保证尊重彼此领土完整并通过和平手段解决一切分歧。在两国之间敏感的奥得—尼斯河边界问题上,波兰要求现在和将来都合法地承认该线为波兰西部边界,而联邦德国方面的态度是,鉴于现实的政治局势,已不可能进行修改,因此自己承认这一边界,但是以后一旦成立全德政府,就要受全德和约的约束。勃兰特在访问波兰期间,作出了一个令世人瞩目的举动,即在参观华沙犹太人区纪念碑时,亲自下跪,代表民族表示忏悔。该举动对改善联邦德国的对外形象,以及与东欧各国的关系,都产生了深远的影响。以后,联邦德国先后同捷克斯洛伐克、匈牙利、保加利亚、波兰等国建立外交关系。

从1970年3月起,勃兰特多次与民主德国政府会晤,1972年,两个德国先后签署了《交通条约》和《基础条约》。双方约定为两国公民的旅行交往提供方便,规定"联邦德国公民每年可多次前往民主德国探亲访友,从事商业、文化、体育、宗教和旅行活动",而民主德国允许其非老年公民,无须提出任何担保,前往联邦德国处理家庭紧急事务。同时,双方同意"将只用和平手段解决它们的争端,并且放弃用武力相威胁或使用武力",同意"在平等的基础上发展相互之间的正常睦邻关系。"条约签订后,两国公民互访的人数快速增长,联邦德国前往民主德国的人数增加了60%,民主德国前往联邦德国的人数也增加了19%。

勃兰特总理向犹太人纪念碑下跪

"新东方政策"顺应了国际格局从两极向多极演变和美苏关系从对抗走向缓和的趋势,在坚持依靠西方盟友的大前提下,正视现实,承认东欧现状,对联邦德国意义重大。它扩大了自己在欧洲和世界上的外交活动空间,在苏东国家开拓了新的市场。同时由于自己独特的地理位置,成了沟通东西方关系的桥梁,提高了自身的国际地位。1970 年 10 月,勃兰特因推行"新东方政策"和为欧洲缓和作出贡献,荣获诺贝尔和平奖,成为继斯特雷泽曼之后德国的第二位"和平斗士"。

由于勃兰特政府在内政改革上成效较小,国内出现了通货膨胀、失业率上升和大学生动乱等问题。在外交事务上,国内一部分人对"新东方政策"也表示怀疑,认为该政策给予东方国家的让步太多,却得不到任何实际的回报。他们反对勃兰特向犹太人区纪念碑下跪,认为这种外交方式过于"感情用事"。1974 年春,勃兰特的随从记者纪尧姆被发现是民主德国的间谍,勃兰特被迫辞去总理职务。由于社民党在 1972 年秋的大选中获得大胜,所得票数第一次超过了联盟党,故仍由社民党人施密特(Helmut Schmidt,1918—)担任总理,直至 1982 年。是年,自由民主党宣布中止同社会民主党的联盟,转而同基民盟联合,于是基民盟领袖科尔(Helmut Kohl,1930—)担任联盟党和自由民主党联合政府的总理。但是,自勃兰特时代所开始的"新东方政策"的基本精神,一直被延续下来。

九、民主德国的政治经济结构

德意志民主共和国简称民主德国,因其处于德国东部,又被称为东德。根据宪法规定,民主德国的政治体制是以德国统一社会党为领导的多党议会民主制,统一社会党是执政党和领导核心,承担主要领导责任,基督教民主联盟、自由民主党、民主农民党和国家民主党为参政党,在拥护社会主义和政府施政纲领的前提下派代表参政,担任次要职务。

统一社会党认为魏玛共和国实行的三权分立体制是落后的,它主张一切权力归议会,不搞分权。民主德国的最高权力机构为人民议院。作为制宪会议的第三届人民代表大会,其代表的产生是按照联合阵线原则,采用统一候选人名单的办法选出的。候选人共有 1 600 名,其党派比例为:统一社会党占 25%,基民盟和自由民主党各占 15%,国家民主党和民主农民党各占 7. 5%,其余的名额由各群众组织分配。据公布,95. 2%的选民参加投票,其中 62. 3%投了赞成票。在第三届人民代表大会上,产生了由 400 名成员组成的"人民委员会",作为临时人民议院,在正式议院产生之前行使职责。1950 年 10 月,民主德国举行第一次人民议院选举,

98.53%的选民参加投票,其中99.72%赞成"民主德国全国阵线委员会"[①]提出的由400人构成的候选人名单。从此,人民议院取代"人民委员会"行使职责。人民议院的任期为四年,按宪法规定,拥有立法权,并监督一切国家机关的活动。

建国初期,除人民议院外,宪法还规定成立"州联议院"参与立法工作,但仅拥有否决权。州联议院的成员由各州议会选派。但1952年7月,民主德国修改了行政区划,将五个州改组成直接受中央领导的14个专区和首都东柏林区,专区以下设县和乡,州联议院随之解散。

总统由人民议院和州联议院选举产生。第一任总统由统一社会党主席威廉·皮克担任。1960年9月皮克逝世后,人民议院通过决议,决定实行集体领导,成立"国务委员会",执行宪法和人民议院所赋予的任务,任期五年。一般由各个党派和群众团体的领导人以及各阶层民众的代表组成。第一任国务委员会由24名成员组成,统一社会党第一书记乌布利希担任主席。

政府机构是"部长会议",由主席、副主席和各部部长组成。宪法规定,部长会议主席必须由人民议院中最大党团的成员担任,由总统(以后是国务委员会主席)提名,经人民议院选举产生。部长会议受统一社会党领导,具体执行国家在各方面的方针和政策。首任主席由统一社会党主席格罗提渥担任。

1950年11月,政府计划部改组成相对独立于部长会议的"国家经济计划委员会",负责执行各项经济发展计划。此外,根据1952年5月一项政府法令,还设立了"国家监察委员会",负责监察国家行政机关执行政府决议的情况。

德意志民主共和国的国旗同德意志联邦共和国一样,都采用黑红金三色旗,即魏玛共和国的国旗。1959年,随着民主德国承认两个德国的存在,在国旗上增添了铁锤、圆规和谷穗图案。

在经济体制上,尽管当时苏联的"斯大林模式"已经日臻完善,并经受住了战争的考验,但由于苏占区和民主德国有自己的特殊情况,建立公有制经济经历了三个阶段。

第一阶段发生在1945—1948年,是以清除纳粹经济和剥夺纳粹分子的形式展开的。根据规定,凡属于战犯、纳粹党及其追随者的企业,以及无主的企业,都被没收。纳粹积极分子的存款、动产、私人房屋和地产,也被没收。到1948年4月中旬,国营企业的产值占工业总产值的40%左右,苏联股份公司(即原德国企业以赔

① 1950年2月3日由统一社会党、基民盟、自由民主党、民主农民党和国家民主党联合组成。

偿的形式转归苏联所有)的产值占 20%左右,私营经济占 40%左右。国营企业约有 2 800 个,其中 1 800 个规模较大,它们的职工占到国营企业职工总数的 80%。这 1 800 个大型国营企业首先脱离各州的管辖,直接归“国营企业联合会”领导。

民主德国建国后,参照苏联模式建立高度集中的经济管理和计划体制,开始了第二次国有化高潮。私有制在数量上比斯大林模式下的苏联保留得多些,但主要集中在手工业、零售商业和农业领域,私人企业的产值比重进一步降低到 19%。1955 年 10 月起,当局采取措施,对残余的私人企业实行国家参与,出现了大量的公私合营企业,但没有对这些企业实施完全国有化。直到 1971 年,这种企业在工业产值和零售商业销售额中仍占到 10%。在这样的基础上,国家依靠行政机关下达行政命令的方法领导和管理所有的企业,发布各种指示,规定各项细节。“计划就是法律”,在计划工作中,国家通过层层下达指令性指标,从生产到流通,企业的经营活动受到严格控制和管理,成了行政机构的附属品。在财政方面,国家实行统收统支,企业所需的生产资金由国家拨给,所获利润也全部上缴,亏损由国家补偿。在物资分配上,国家实行统一的调拨制度,企业所需的物资由国家统一调拨,企业生产的产品也由国家包揽分配。企业经营好坏的唯一标准是完成计划的情况。

1972 年开始了第三次国有化浪潮,将几乎所有的工业企业、建筑公司和工业生产性设备,以及集体性质的手工业工厂都转变成全民所有制,使国家所有的公交企业占到总产值的 98%以上。

同苏联一样,民主德国还强调优先发展重工业,轻工业和消费品生产被忽略。

在农村,战后普遍实施了土地改革,凡属战犯和对战争负有责任者、纳粹党领导人和纳粹政党组织积极支持者、纳粹高级官员、封建贵族、占地超过 100 公顷的大地主,他们的土地都被没收,他们所拥有的建筑物、固定资产、储蓄、农业资产,也在没收之列。没收的土地,一部分留给地方政权,另一部分则以 5—10 公顷为单位,无偿分给“新农民”。接受土地者主要是无地农民和从周边地区过来的德意志难民。土改实施后,小农和中农成为苏占区农村的主体力量,所占耕地占到耕地总面积的 60%以上。从 1952 年起,以社会主义改造为动力,开始大力推动组建农业生产合作社,到 1960 年,基本实现了农业合作化。

十、1953年动荡与体制改革

同联邦德国相比，民主德国在起步阶段就有很多不利因素。从经济地理上看，著名的重工业中心鲁尔区位于联邦德国境内，不少原材料工业也是如此。而属于民主德国的原德国中东部地区，工业产量只占全德的17.9%，重工业和原料工业寥寥无几。原德国首都柏林位于民主德国境内，既造成了战争后期成为同盟国打击的重点和最后决战的舞台，使东部地区遭受的直接损失远比西部地区严重，又带来了战后的西柏林问题，加重了民主德国在防卫方面的精神和物质负担。在赔偿问题上，苏联按照战争后期战胜国之间的约定，从东部德国拆迁机器设备（一直持续到1953年），收取占领费，索要产品和苏联股份公司的收益，估计总价值达到664亿旧马克，分摊到每个东德人，大约每人要负担2 500旧马克。而西部地区的拆迁工作到1947年就基本停止，1951年完全结束，估计拆迁总值在15亿—50亿旧马克之间。同时美国开始实施"马歇尔计划"并加强投资。两相抵折，联邦德国的"入"大于"出"，相当于每个西德人获得了140旧马克的补助金。

由于东德的社会主义改造工作同德国的统一问题紧密相关，斯大林在很长时间里对此低调处理，1944年甚至说过"共产主义对于德国，就如马鞍对于奶牛"① 的话。而德国统一社会党也接受了这一观点，并相应地提出"德国通向社会主义的特殊道路"的理论。战后初期的土地改革和国有化工作，是在"反法西斯"的旗号下进行的。然而1952年春夏，斯大林的态度发生变化。是年5月，西方三个战胜国同联邦德国签订条约，向后者归还主权，并一起签订了《欧洲防御共同体条约》。斯大林随之支持民主德国实施社会主义改造，要让它成为对抗西方的正式力量。1952年7月9—12日，德国统一社会党召开三届二中全会，明确提出"有计划地建设社会主义"的口号，开始加紧实施"不宣扬的"社会主义改造。改造工作的内容包括：实施农业集体化；打击中小私人企业；优先发展重工业；打击教会；建

---

① Patrick Major and Jonathan Osmond ed., *The workers' and peasants' state: communism and society in East Germany under Ulbricht 1945-71*, Manchester University Press, 2002, p.27.

立军队。

在这些改造工作中,不同程度地出现了问题与偏差。农业集体化运动中存在强迫命令或半强迫的行为,致使约13%的耕地被抛荒,粮食供应随之紧张。打击私人企业和优先发展重工业,使消费品供应严重短缺,群众抱怨在国营商店里买不到床罩。为了加强控制,当局大抓阶级斗争,不少有不满情绪的人,都被戴上"社会主义事业破坏者"和"帝国主义代理人"的帽子。党群关系越来越紧张,1953年上半年,小型的罢工行动不时在各地发生,最后,终于爆发了1953年的"6·17"事件。

事件的直接导火线,是5月14日统一社会党中央全会作出一个规定,公有制部门的劳动定额提高10%,但不相应地增加工资。这将严重影响工人们的收入,因为原本他们超额完成的工作量可以获得相应的奖金,而新标准将使他们的收入减少25%—30%。在食品供应紧张、商品价格上涨的背景下,这一点尤其造成民众的不安。6月16日,东柏林斯大林区的建筑工人首先上街游行,要求降低劳动定额。在行进过程中,各色人等逐渐加入其中,包括其他行业的工人、拒绝集体化者、反对高税率者、路过的公交车司机和乘客,甚至一些警察也脱下制服换上工人服装加入了行列。据苏方人士发回国内的电报称,沿途大批西柏林煽动分子混进了游行队伍,他们打着反政府的标语,要求失职的民德政府辞职,同时要求国营商店的商品降价40%。① 当游行队伍到达政府大楼时,人数已上升到一万多人,呼喊的口号也发生变化,出现了政治要求,如"工人们,加入进来吧,团结就是力量"、"我们要求自由选举"、"我们要成为自由人而不是奴隶"等等。

民主德国领导人低估了群众的不满情绪,也高估了自己的掌控能力,没有采取积极的疏导措施,甚至认为大雨会驱散人群。不料,第二天,更多的人卷入进来,仅东柏林的工人,就有八万人参加了总罢工,占工人总数的40%。呼喊的口号也越来越激烈,甚至包括了"政府下台……西方自由万岁"、"苏德友谊滚蛋"等内容。当天早上,部长会议副主席努施克(Otto Nuschke)驱车路过东西柏林交界处时,遭到抗议工人的围攻。他们把努施克连同汽车推向西柏林,致使努施克被西柏林警察抓走,直到19日才获释。动荡还向各地蔓延,马格德堡、德累斯顿、莱比锡、勃兰登堡、耶拿等城市都爆发了总罢工,有些地方的行为更激烈。在涅斯基城,罢工者

① 沈志华主编:《苏联历史档案选编》第27卷,社会科学文献出版社2002年版,第6页。

把安全部的官员赶出大楼后，将他们锁进狗窝，还在他们面前放了一盘狗食。①

早在16日晚上，苏联驻德机构就开始调动军队。17日清晨，苏联军队出现在柏林街头，并在东德警察表现出无力控制局面后，立即介入。当天下午一时，柏林苏军总司令宣布对东柏林实施军管，半小时后，柏林电台宣布民主德国处于紧急状态。到了晚上，各地的动荡基本平息，尽管在以后的一段日子里，小规模的反抗一直存在，“出工不出力”等消极抵抗的现象持续的时间更长。

1953年东柏林骚动

动荡平息后，民主德国当局曾对政策作了暂时的调整，包括削减重工业生产，增加食品、消费品和轻工业的生产，关注提高民众的生活水平，甚至停止了农业集体化进程，将三千多家已被收归国有的企业归还给原来的业主。但到了1954年，随着乌布利希巩固了在党内的地位，又开始进行社会主义改造工作。到1955年底，民主德国国营工厂的产量已经占到总产量的87%。在轻工业和食品业中，国营工厂的数量尽管只占1/4，但产量却占到70%。贸易领域则完全由国家垄断。但同时，民众的生活水平仍得到关注，并有很大改善。两年内，工人的平均工资增加了68%，市场供应好转，物价回归。

50年代末，民主德国在苏联的影响下，在经济领域采取了两个举措，结果都以失败告终。

苏共“二十大”后，包括苏联在内的不少社会主义国家都开始讨论经济体制改革问题，试图弥补中央高度集权的计划经济体制的负面效应。民主德国各报刊也开始讨论经济体制改革问题，倍伦斯和贝纳利等人提出了扩大企业自主权、在计划中更多地运用价值规律的主张。1957年，赫鲁晓夫在苏联改革经济管理体制，把以“条条管理”为主改为“块块管理”为主。翌年，民德政府也对工业和建筑业的管

① Gareth Dale, *Popular Protest in East Germany, 1945—1989*, New York, 2005, p.27.

理体制实施较大幅度的改组，强调地区管理原则，取消七个工业部，把它们的一部分职能转交给国家计划委员会，另一部分则交给新成立的联合公司，具体管理过去由中央工业部管理的企业。但是，由于仓促行事，出现了地方主义和分散主义。更主要的是，这一改革并未有效地解决更为关键的企业自主权问题，因而意义不大。1961 年，政府成立了国家经济委员会来加强对工业和建筑业的集中统一领导，旧体制以新形式回归。

1958 年，在社会主义各国普遍争取赶超西方国家的热潮中，统一社会党在 5 月召开的“五大”上，提出了 1961 年底在人均占有重要生活必需品和消费品方面“赶上和超过联邦德国”的口号。与此相对应，1959 年 10 月，政府宣布停止执行第二个五年计划，另行实施旨在赶超联邦德国的 1959—1965 年“七年计划”，预定在计划实行期间，工业生产增长 88%，工人实际工资增加 60%—65%，劳动生产率的增长幅度为每年 7%。然而这个赶超计划完全脱离了实际，结果是欲速而不达。由于主客观原因，民德国民经济增长率从 1959 年后持续下降：1959 年为 11%，1960 年降为 6%，1961 年为 4%，1962 年为 2%。1962 年夏，民德政府被迫放弃七年计划。

1962 年秋，苏联《真理报》发表利别尔曼的改革建议，在很多社会主义国家引起强烈反响。利别尔曼主张减少计划指标，以利润、产值作为主要的计划内容，增加企业的计划权力，改善激励机制。民主德国对利别尔曼的建议展开讨论，提出了许多改革方案。1963 年 1 月，统一社会党“六大”决定在全国实施经济体制改革。同年 7 月，政府通过《国民经济计划与管理新体制的准则》，决定从 1964 年起在全国实施。新体制的主要内容是：扩大联合公司的经营管理权，使它成为一种“康采恩”；在坚持国家计划的基础上，广泛利用经济杠杆，推行经济核算制；改革不合理的工业品价格体系，使它们更接近于价值；改革国家投资拨款制，推行以自筹资金和银行贷款为主的企业投资制；取消农产品义务交售制，减轻农民负担。

改革初期，效果比较明显，1967 年肉、奶、蛋等副食品基本达到自给，工业生产增长率也有所提高。但是，新体制是在经济结构不平衡、经济杠杆不完备的情况下推行的，因而出现了许多新的矛盾和困难。企业自主权扩大后，弄虚作假、擅自提价的现象屡屡发生，企业投资各行其是，追求各企业的局部利益，背离国民经济发展目标，加剧了国民经济发展的不平衡。1967 年，统一社会党“七大”强调实施工业内部的“结构改革”，把经济划分成由中央控制的最优部门（包括电子、电气、科学仪器、化工和机器制造等尖端工业）和次优部门，认为最优部门在国民经济中起决定作用,应该归中央集中控制。这样,旧体制开始部分回归。同时,最优部门获得优先发展,次优部门遭冷落,又造成国民经济失调,日用品供应短缺。1968 年捷克斯洛伐克“布拉格之春”事件发生后,来自苏联的压力增大,民德停止实施“新经济体制”。

1971 年 5 月,统一社会党七届十六中全会解除了乌布利希中央第一书记的职务,由昂纳克(Erich Honecker,1912—1994)接任。昂纳克上台伊始,在宣传上强调以“社会主义经济体制”取代“新经济体制”,在所有制上再次掀起国有化浪潮,在经济运行机制上重新加强中央集权,给人以经济体制回归的强烈印象。然而,体制改革是一种不以人的意志为转移的客观需求,70 年代中期以后,民德经济管理体制的内在矛盾又开始尖锐,于是改革又提上了议事日程。这次改革的指导思想是坚持集中管理的原则,建立大型的托拉斯式的企业,减少中间层次,发挥联合企业在科研、生产和销售方面的主动性和灵活性,增强产品在国际市场上的竞争能力。1978 年,统一社会党中央和政府作出关于改组和新建联合企业的决定,首先对工业和建筑业的管理体制进行改组。到 1981 年底,工业、建筑业已基本实现联合企业化。4 029 个工厂企业合组成 133 个大型联合企业,建筑业合组成 28 个联合企业。每个联合企业一般由 20—40 个企业组成,拥有职工 6 万—8 万人,拥有广泛的自主权,独立核算,自负盈亏,其总经理由部长直接任免。此外,全国还有专区领导的联合企业 93 个。

民主德国的经济学家们认为,这项改革是 30 年来生产关系方面最重大的变化之一,对促进生产力发展有重大作用。联合企业是一种发生了质变的管理体制,其总经理对下是中央工业部和国家计委的全权代表,对上是直接管理生产的企业家。联合企业的设置,较好地解决了社会主义国家经济体制改革中经常遇到的“一抓就死,一放就乱”的难题。

80 年代中期,民主德国已成为世界十大工业强国之一。其国民生产总值居世界第 10—11 位,国民收入总额占世界第 12 位,劳动生产率居世界第 6 位,人均国民收入 6 440 美元,远远超过苏联,比英国还高。人民生活水平在东欧国家中居于首位。但同联邦德国相比,还存在着较大的差距。

十一、第二次柏林危机与柏林墙

随着两德并立的局面日趋稳定，苏联和民德都想把西方国家赶出西柏林。1958年3月，联邦德国议院通过以核武器武装西德军队的决议。苏联和民德方面很快抓住这一机会。同年10月27日，乌布利希发表声明，指责西方国家违反《波茨坦协定》，武装联邦德国，因此已无权留在柏林。次月27日，苏联政府又把一项关于柏林问题的照会交给民主德国、联邦德国和三个西方国家，其中建议把西柏林变成一个自由市，不准任何外国军队留驻，四大战胜国和两个德国可以为此承担义务。由于苏联本来就没有军队驻扎在西柏林，该建议实际上是单方面要求西方大国撤出西柏林。当天，赫鲁晓夫举行记者招待会，把西柏林比作“一个毒瘤”，现在建议把那里变成“一个非军事化的自由城市”，是一种“无痛的切除手术”。他还扬言，西方如果不同意这一建议，把坦克开到柏林，要用武力来保住其地位的话，苏联的导弹将“自动发射”。与此同时，苏联针对西方国家长期不承认民主德国的现状，打出了另一张牌，声称如果西方三国拒绝该建议，苏联就把管理“西柏林通道”的权力移交给民主德国，想以此迫使西方三国同民主德国打交道，造成实际上承认民德的事实。

西方三国与联邦德国协商后，采取了强硬的立场。它们拒绝苏联的建议，并且警告说，如果让民主德国管理“西柏林通道”，阻挠西方三国的正常通行，北约组织将采取相应的报复行动。

第二次柏林危机持续时间较长，从1958年秋开始，一直到1962年初才结束。美苏双方在强硬对抗的同时，赫鲁晓夫两次访问美国，分别同艾森豪威尔总统和肯尼迪总统会谈，还于1960年召开酝酿已久的四大国首脑会议，只可惜在会议召开前，发生了苏联击落美国U—2高空间谍飞机的事件，令双方大为尴尬。对德国来说，第二次柏林危机期间发生的一件重大事情，就是在柏林市内竖起了柏林墙。

由于欧战结束初期，柏林是作为一个整体性的城市被四国分区占领的，占领区之间不可能构建墙体，只是标注些分界线，有的地方摆上白色和黄色的木桩和横木，在路边的树上涂上颜色，人们过界只需征得当局同意即可。1946年12月，苏占区率先设立了边界警察站，规定往来于苏占区和西占区之间的人必须申请“区间护照”。同时，东部开始建造边界设施，在树林里安装铁丝网，在街道上设置路障，但越界还是一件比较容易的事。

随着两德之间经济差距增大，以及民德不时出现的政策偏差，导致东德人不断逃往西德。据统计，从民主德国建国到 1961 年 6 月底，约有 260 万人（约占民德总人口数的 1/8，一说逃亡人数有 350 万）逃往西德，其中半数以上是从东柏林进入西柏林，然后由美军飞机运往西德各地的。随着第二次柏林危机的持续，越来越多的人逃往西柏林。在 1961 年 7 月的头十天里，每天逃亡的人数多达一千以上，而过去的平均数为 500。7 月中旬，这一数字上升到 1 400。进入 8 月，形势更加严峻。8 月 7 日出逃两千多人，12 日，人数突破四万。外逃人员中大多数是专家和熟练工人，而且近半数是 25 岁以下的青年人，东德的大量人才流失，威胁到国家建设。由于东柏林的房租较低，当时约有五万人白天在西柏林工作，晚上回到东柏林的住所。这批人领取西德较高的工资，支付东德较低的费用，同时还增加了管理上的困难。1961 年 8 月 4 日，东柏林市政府下令对这批人进行登记，要求他们以西马克支付市政服务费用。此外，许多西柏林人以及在西柏林工作的东德人，在西柏林的黑市上以更划算的比价换取东马克，到东柏林购买便宜的日用品，这在一定程度上干扰了东德的计划经济。随着美苏关系日趋紧张，建造柏林墙提上了民德政府的议事日程。

1961 年 8 月 13 日（周日）凌晨，筑墙行动开始。近 2 万名士兵先在东西柏林间用铁丝网筑成一道临时屏障，随后又用几天的时间，在东西柏林之间，以及西柏林与民主德国的交界处，用石头和水泥块建造起一堵两米高的粗糙界墙，其正式名称为“反法西斯防卫墙”，俗称“柏林墙”。建墙的同一天，即 8 月 13 日，东西柏林间所有的交通都被切断，经过东柏林地下通道的西柏林地铁和轻轨可以继续运行，但不允许在东柏林的站台停靠，只能直接开往下一个西柏林站台。

从 1961 年到 1989 年 28 年间，柏林墙被不断加固和扩建。1961 年 8 月建立的墙体被称为第一代柏林墙；为了增加逃亡难度，1962 年 6 月在柏林墙的后面修建起一堵“后墙”，形成一个闲人不得进入的“真空带”；1965 年又用钢筋水泥板取代原来的粗糙墙体，被称为第三代柏林墙；1975 年，原来的墙体被高 3.6 米的水泥板取代，形成第四代柏林墙。另外还建有各种辅助设施，包括铁丝网、壕沟、防坦克装置、观察塔等，形成一条宽阔的边界地带，总长度为 156.4 公里，其中 43.7 公里位于东西柏林交界处，另外 112.7 公里位于民德波茨坦专区与西柏林交界处。具体

修筑中的柏林墙

情况为:63.8公里通过建筑物分割,32公里通过森林分割,37.95公里通过河流、湖泊和运河分割,另外22.65公里原本就是难以通行的地带。在水域交界处,西柏林用白色浮标串成一条分界线,上面写着“占领区边界”,西柏林的客船和体育运动船只必须注意不能越过这条界线。而东德则在岸边筑起围墙,墙体离真正的边界线最远距离达两公里,这样,在围墙和边界之间,又形成了一条真空地带。

民主德国为了保证柏林墙起到预期效果,花费了大量的人力物力。根据其国家安全局的统计数据,1989年初整个柏林墙的守卫力量由11 500名士兵和500名民兵组成,防卫指挥部拥有567辆装甲运兵车,48门迫击炮,48门反坦克炮,2 295辆机动车,另外还有992只猎犬,正常情况下每天有2 300名士兵站岗。

构筑柏林墙是民主德国政府的无奈之举,但从德意志民族整体利益的角度来看,柏林墙成了一种令不少人心中产生苦涩感的符号。德国重新统一的希望似乎越来越渺茫了。

第十二章

两德统一

（1990—2009 年）

20 世纪 80 年代末，世界局势发生很大变化，为德国统一提供了一丝机遇。德国人及时抓住机遇，把可能变成现实。在庆祝统一的日子里，全国上下都沉浸在喜悦之中，然而，实现完全统一的进程却是艰难而漫长的。德国人正在积极应对挑战，努力走好新路。

一、两德对统一问题的不同立场

从两德分立之日起，对统一问题的立场就是两国政府各自的重要国策之一。

50 年代，民主德国主张在和平、民主的基础上恢复统一。建国那天，民主德国全国阵线发表宣言，提出全体人民争取重新统一的斗争纲领。然而从 60 年代起，随着苏联将德国问题搁置起来和两德之间实力差距拉大，民主德国开始强调两个德意志国家将长期并存。1963 年，统一社会党“六大”宣布“统一是不现实的”，从而放弃了统一的口号。在 1971 年该党“八大”上，昂纳克提出了新的理论，称民主德国是“社会主义的民族”，联邦德国是“资本主义的民族”，“‘德国统一’永远不可能。”该理论被概括为“两个民族，两个国家”。它明显地把“阶级斗争”理论扩大化，将两种社会制度的矛盾凌驾于民族概念之上，明显脱离德国民众的实际心理需求。1973 年，两个德国同时加入联合国，成为第 133 和 134 个成员国。1974 年，民主德国修改宪法，删去所有有关“德意志民族”和“重新统一”的提法，强调两个德国都是主权国家，互为外国，它们之间的边界是国界，民主德国公民有自己的“德意志民主共和国国籍”，德国问题已经以德国的最后分裂而获解决，德国的分裂成为欧洲和平、安全与稳定的重要保证。

联邦德国建国之始就把国家统一作为最高的政策目标。《基本法》序言规定：“全体德国人民仍须在自由的自决情况下实现德国的统一和自由。”但它借口东德政府是在没有反对派作为候选人的情况下选举出来的，“缺乏法律基础”，因而声称自己代表全德，拒绝承认对方。针对 1955 年赫鲁晓夫首次提出“两个德国”的说法，联邦政府推出“哈尔斯坦主义”。因此，联邦德国所追求的“重新统一”，实际上是将民主德国并入联邦德国，即其自称的“收复东部失地”。1969 年勃兰特政府推行“新东方政策”，承认在德国土地上存在“一个民族两个国家”，1972 年 12 月又同民德签订两国关系《基础条约》。但同时联邦德国政府坚持认为，两个德意志国家之间只存在一种特殊的关系，它们作为德国的两个局部国家是互相独立的，但不互为外国，东、西德关系是德意志的内部关系。在附属于《基础条约》的“联邦政府关于统一的公开信”里，强调应使“德国人民能够自由地通过自决重新获得统一。”

自德国分裂以来，两德政府和四大战胜国曾几次提出关于德国统一的倡议。

1950 年 11 月底，民主德国部长会议主席格罗提渥向联邦政府发出有关德国统一的建议信，放出第一个试探信号。他建议：成立一个双方对等组成的“全德制宪委员会”，由它筹备自由选举，召开全德大会，协商订立和平条约并筹组政府。联邦政府不愿直接与民德政府发生联系，于 1951 年 1 月 15 日通过记者招待会提出关于统一问题的反建议，要求先举行自由选举产生全德大会，由全德大会制定宪法，然后举行议会选举，产生政府。从表面上看，双方的分歧在于步骤不同，实质是都想用自己的政治构想来统一德国。

1954 年初，四大战胜国的外长在东柏林举行自 1949 年以来的首次会议，德国统一问题成为中心议题。英方代表西方三国提出“统一的五点计划”，苏方针锋相对地提出“四点计划”。英方的“五点计划”为：举行全德选举；召开全德大会；制定宪法并筹备和约谈判；在此基础上通过宪法并组成政府；缔结和约。苏方的“四点计划”是：吸收东德和西德的代表共同参与制订和约；通过东德的人民议院和西德的联邦议院组织临时政府；由临时政府实施全德选举；组成全德政府。由于东西方阵营都力图用自己的方式使统一后的德国归己所有,因而不可能取得一致意见。

1957年2月,乌布利希代表民主德国提出解决德国统一问题的《过渡性方案》,方案建议两德组建联邦,先由双方各自选出的代表对等组成"全德管理委员会"代行政府职能,然后准备组建统一的管理机构,并根据双方同意的选举法举行大选。由于乌布利希方案的出发点是两德地位平等,因此又遭到联邦政府的拒绝。同时,联邦政府声称只有自己才有权代表整个德国讲话。

1959年,美国政府提出分四个阶段重新统一德国的建议。该建议设想首先统一柏林,尔后由25名联邦代表和10名东德代表组成混合委员会,负责起草《选举法》草案,并最迟在两年半后根据《选举法》规定选出全德大会,经四大国批准后成立全德政府,最后缔结永久性和约。该建议很快遭到苏联和民德政府拒绝。

1972年两德签署《基础条约》后,统一的前景显得更为渺茫。

二、两德完成统一

80年代中后期,东西方关系发生变化。美苏双方经过长期军事对抗和大规模军备竞赛,都面临不同程度的经济政治困难,需要缓和国际局势,集中力量解决国内问题,东西方关系进入一个新的缓和时期。欧洲局势受其影响,集团意识淡化,欧洲整体意识抬头。联邦政府抓住时机,开始积极而谨慎地调整东方政策,利用苏联放松控制东欧的机会,大力发展同民德的政治经济关系,并依靠雄厚的实力打"经济牌",引诱民德在统一问题上作出实质性让步。

1989年秋冬,东欧一些国家尤其是波兰和匈牙利,内部发生很大变化,共产主义政党或失去对政权的全面控制,或改组成社会党。民主德国的局势也发生动荡,党和国家的最高领导人连续更迭。1989年10月18日,连续18年担任统一社会党第一书记的昂纳克辞职,由埃贡·克伦茨担任总书记。10月24日,克伦茨又接替昂纳克担任国务委员会主席。但是,仅仅一个多月后,克伦茨先后辞去这两个职务。12月8日,自由民主党人曼弗雷德·格拉赫被指定为国务委员会代主席,9日,格雷戈尔·居西担任统一社会党主席。16日,统一社会党特别代表大会决定将党名改为"德国统一社会党—民主社会主义党"。自1964年9月接任部长会议主席达25年的维利·斯多夫于1989年11月13日被莫德罗接替,莫德罗担任总理后,第一次吸收基民盟等四个参政党的代表参加政府担任部长职务。

东欧国家的演变还促使不少民主德国的公民流向联邦德国。1989年5月2日,匈牙利取消了与奥地利之间的边境管制,于是大批东德人借口到捷克斯洛伐克和匈牙利旅游,越过匈奥边界进入联邦德国。联德政府一方面要求匈牙利保护东德人,允许他们自由出境到联邦德国,同时通过驻东欧国家的外交机构大量收容民德公民。从5月到11月9日民主德国主动开放边界为止,约有八万名东德人经过东欧国家出走到联德或其他西方国家。

留在国内的民众也发出了自己的声音,1989年10月上旬起,很多地方的民众上街游行,要求发扬民主,改革分配制度,实现各种自由等。随着领导人的更迭和来自苏联的影响,民德方面对统一问题的立场也发生变化,从反对统一、坚持两德并存,转到主张建立两德之间的"条约共同体",乃至最终建立联邦。1989年11月9日,民主德国部长会议发言人宣布开通柏林墙和两德边界,从而实际上迈出了走向统一的第一步。柏林的人们涌向柏林墙,其他地方的人们则在1 350公里长的边境线上清除路障,架设新的通道,拆毁铁丝网、瞭望塔和其他障碍设施,不久前还是道路中断、杂草丛生的边境线上,汽车和火车不时穿越其间。

民主德国方面的种种变化使联邦德国政界人士欣喜万分,要充分利用这个"从未有过的有利时机",在统一问题上采取积极的步骤。1989年11月28日,科尔总理在联邦议院发表讲话,提出实现统一的"十点计划"。计划放弃了原先推行的"小步政策",设想分三步实现统一:一是联邦德国接受民主德国关于建立"条约共同体"的设想,在经济、交通、环保、科技、卫生和文化等方面建立共同委员会;第二步也即关键性的一步,是发展两德的联邦结构,建立一个从事经济协商和政治协调的政府联合委员会,一个共同的议会机构和一些共同的专门委员会;三是逐步向建立一个统一的中央政府过渡,形成统一的德意志联邦。此外,联邦政府还积极筹划统一的具体步骤,如筹建两德货币和经济联盟,成立以科尔为首的"德国统一委员会"等。外交上广泛开展活动,争取获得苏、美、英、法四大国的理解和支持。

科尔计划出台后,一度遭到民主德国方面的拒绝。民德舆论指责该计划无视两德《基础条约》和欧安会赫尔辛基最后文件规定的两个德国的主权与独立性,认为重新统一还提不上议事日程,东西方都不希望改变欧洲的均势,两德关系的稳定是欧洲安全和稳定的前提。但仅隔两个月,民主德国的态度发生很大变化。1990

年2月1日,部长会议主席莫德罗提出一个分四步实现德国统一的方案:第一步,缔结一个有关合作与睦邻关系的条约共同体;第二步,成立拥有共同机构的两德邦联,组建议会委员会、州议会和负责某些方面工作的共同执行机构;第三步,把两国的主权转让给邦联权力机构;第四步,通过邦联内两个部分的选举,组成德意志联邦式或德意志联盟式的统一德国。就统一步骤和途径来说,莫德罗方案同科尔计划基本上吻合。

1990年3月18日,民主德国举行第十届人民议院选举,这次选举被西方人士称为民德建立以来第一次"秘密和自由"的大选。选举结果,基民盟由于得到联邦德国同名党的鼎力支持,获得大胜,得到40.91%的选票,以它为首的"德国联盟"(包括"德国社会联盟"和"民主觉醒党")则获票48.15%;1989年10月7日成立的社会民主党位居第二,获票21.84%;民主社会主义党(1990年2月4日由德国统一社会党—民主社会主义党改名而来)得票16.33%;由自由民主党、自由党和德国论坛党组成的"自由民主联盟"(1990年3月改组成自由民主党)得票5.28%。根据选票结果,由基民盟主席洛塔尔·德梅齐埃担任部长会议主席。德梅齐埃政府执政,为东德按联邦德国要求并入联邦奠定了基础。

科尔在莫德罗方案提出后六天,1990年2月7日,即作出反应,正式提出尽快建立两德经济和货币联盟的建议。2月13日,莫德罗亲往波恩会晤科尔,双方决定成立共同委员会来商讨两德建立货币联盟和经济共同体事宜。民主德国德梅齐埃政府执政后,两德政府之间开始了实质性的谈判。1990年4月18日,两德的内政部长首先讨论内部安全问题,商定加强两个部门的协调合作和人员交流,并在当年夏季休假开始以前取消两德之间的边界检查。紧接着,双方的财政、劳工、农业、交通、邮电、环境和发展援助等部长分别举行会晤,商讨有关事务。从4月24日起,科尔和德梅齐埃之间也开始了直接会晤。

在实现统一的进程中,遇到了影响统一的一系列"内部问题"和"外部问题"。"内部问题"由两德政府协商解决,"外部问题"则由两德加上美、苏、英、法所谓"2+4"会议来处理。

1990年5月18日,两德政府签订关于建立两德货币、经济和社会联盟的第一个《国家条约》。该条约于同年7月1日生效。通过条约,双方建立了以下三个联盟。①货币联盟。以西马克统一两德货币,废除东马克,联邦银行同时成为主管东德货币和货币发行的银行,东德沿用联邦德国在金融、货币、财政和信贷等方面的法律规定。东德公民的工资、养老金、奖学金、各种租金及规定限额以内的现金和存款,按1∶1发放或兑换西马克,其余的原则上按2∶1兑换。[①] ②经济联盟。“社会市场经济”成为两德共同的经济基础,东德应促进企业私有化,运用竞争机制鼓励自由竞争,实行价格自由以及劳力、货物、资本等方面的自由流动。③社会联盟。主要包括两大方面的内容,一是在东德实行联邦德国的劳动法规,如允许职工为了促进经济发展而有权结社、罢工、参与管理和不受解雇等,二是在东德引进联邦德国的养老、疾病、工伤事故和失业四大保险,建立社会救济制度,逐步组建一套独立于国家财政预算的社会保险体制。

1990年8月31日,双方又签订第二个《国家条约》。条约规定,两德和平自主地通过民主与自决的方式实现统一,民主德国将在同年10月3日加入联邦德国。为了统一行政区划,民德应恢复1952年7月前的五个州建制,东西柏林合并成一个州。统一后的德国首都为柏林。

“外部问题”之一是统一后德国的联盟归属问题,即德国能否成为北约成员国。西方国家一直坚持统一后的德国应归属北约。苏联原先主张德国中立化和非军事化,接着主张暂时成为两大联盟之间的联系国,后又提议设置五年过渡期,期内德国同属两个联盟,并履行两个德国所签订的一切国际协定。但这些主张均为西方所拒绝。1990年7月中旬,科尔再次访问苏联,戈尔巴乔夫出人意料地作出最后让步,同意统一后的德国将享有“充分的主权”,可自行决定其联盟归属,而科尔则明确表示“统一的德国将成为北约成员国”。科尔和戈尔巴乔夫达成的协议内容还包括:德国统一后,苏美英法四大国在德国的责任及权力将完全取消;苏军在3—4年内撤出东德地区,在苏军撤出前,北约军队不延伸至东德地区;未来德国军队的最高限额为37万人,德国不得制造、拥有和支配原子、化学和生物武器。

“外部问题”之二是德波边界问题。在两次“2+4”会议之后,1990年7月17日举行邀请波兰外长出席的第三次“2+4”会议。由于这次会议是在科尔访苏后举行的,因此进展十分顺利。会议就解决德波边界问题达成五点协议:统一后的德国领土只包括当时的联邦德国、东德和柏林市;两德保证修改联邦宪法,排除扩大领土的可能性;统一后的德国对任何国家不提出领土要求;两德保证在统一后同波兰签订双边条约以确认现有边界;四大国注意到两德的承诺并确认德国的最后边界。波兰外长对协议表示满意。

在内外部问题获得解决后,1990年10月3日两德正式实现统一。统一后的国

① 当时东西德马克的官方比价为4∶1,而黑市比价则达到10∶1。

名为“德意志联邦共和国”,原联邦德国的国旗、国歌和《基本法》都继续沿用。

根据两德议会于1990年8月9日通过的《选举条约》,同年12月2日德国举行统一后的第一次全德大选。选举举行前,两德同名政党完成合并,有些政党和组织组成了选举联盟。参选政党和组织达41个。选举结果,联盟党获票43.8%,社会民主党获33.5%,自由民主党11%,民主社会主义党2.4%。翌年1月,科尔受命担任第一届全德政府总理,并组成由11名基民盟成员、5名自民党人、4名基社盟成员构成的联盟党和自民党联合政府。

1991年6月20日,新的联邦议院讨论是否将政府和议会从波恩迁往首都柏林。议员们打破党派和朝野的界线,分成柏林派、波恩派和多都派。以科尔、外长根舍和前总理勃兰特等人为代表的柏林派慷慨陈词,力主柏林为议会和政府的所在地;以议长聚斯穆特等人为首的波恩派针锋相对,要求将议院和政府留在波恩;多都派则建议把首都设在柏林,政府和议会仍留在波恩,波恩成为另一个首都。在长达11小时的辩论中,有107名议员发言,最后表决的结果,337票主张迁往柏林,320票主张留在波恩,柏林派获胜。

相对于两德统一可能遇到的困难和所要解决的问题,实际的统一进程是快速的,其主要原因,是德方人士对苏联自身的变化估计不足,担心苏方的让步是暂时的,随时可能发生逆转。为了不放过转瞬即逝的机遇,两德双方都容易作出妥协,加快了统一的进程。

三、艰难的体制转轨

两德统一是以民主德国并入联邦德国的形式实现的,两个国家原先都在彼此对立的体制中运行了40余年,形成了较为稳定的体系,因此统一的喜悦还未完全过去,人们就发现融合的过程是相当艰难的。

困难来自各个方面,主要包括:

东部德国要从高度集中的计划经济转向市场经济,这使很多东部民众难以适应,不少人依然保持旧的思维方式,只知按计划办事,对市场经济缺乏认识和经验。数千家大中型企业需要根据市场经济的要求转制,这将牵涉到所有权问题和由编制紧缩造成的人员大量失业，而其基础设施相对落后，又影响着外部投资者的积极性。

原来两德各有一套经济计算标准和民众的收入福利分配方法，组建经济联盟后，开始按照统一的标准进行计算，这样就在东西部之间造成较大的落差。根据这种计算法，东部的劳动生产率只及西部的40%，职工收入只及1/3，科技水平落后10—15年，由此，东部民众容易产生自卑感，以及由自卑及西德人的傲慢与歧视引发的不满和激愤，进而发展成抗议和示威活动，如1991年3月18日，东部的几个城市发生自统一以后最大规模的游行示威活动，参加人数超过十万。

西部商品大量涌入东部，东部企业倒闭破产的速度加快，如1992年1月，东部约有30万名职工被解雇，失业人数猛增到134.34万，失业率高达16.5%。同时，许多商品，尤其是面包、奶油、肉类、奶类等生活必需品的价格被拉高，对收入水平还来不及提高到西部水平的东部居民形成较大的生活压力。

原民主德国政府曾欠下260亿东马克的外债，企业的债务更是高达2 600亿东马克，新政府的财政压力巨大。

原来同民主德国形成跨国经济体系的苏联东欧国家先后发生变化，随着东德退出经互会和经互会自身宣布解散，东德商品在这一地区的销路萎缩，产品滞销；东部人口不断涌入西部，到1990年7月，每天仍有两千人之多，不仅造成西部的就业压力，而且增加了东部的复兴难度。

东部转制需要大量资金，全国被迫增税提价，这增加了西部民众的经济和心理负担，1992年4月下旬至5月初，以西部德国为主，爆发了由公共服务和交通运输业工会发起的罢工浪潮，规模为18年来所未见。

快速统一不可能快速消除两德居民因长期隔离、不同的意识形态和经济地位差异等造成的思想和心理上的不平衡，人们头脑中已经形成了无形的边界和柏林墙。而统一以后实施的相关措施，反而加剧了彼此的对立情绪。西德人觉得自己吃了大亏，失去的多，获得的少，而东德人则认为统一没有多大的好处，自己所处的仍然还是“穷人区”。西德人抱怨东德人不懂得市场经济规律，只知道要钱，因此不少西德人不愿到东德去工作，企业家也不愿去东德投资建厂。

尽管面临上述种种困难，但体制转轨工作还是在加紧运行。其核心与难点是生产资料所有制的转变，要将国有经济转化成同“社会市场经济”相适应的私有经济。在这方面，联邦政府在统一前后态度都很鲜明，即被民德政府没收的财产原则上都归还给原所有者，不能归还的则实现私有化。在私有化优先的前提下，要求企业具有新的观念、新的资本、新的目标与战略，同时保证就业岗位，也就是说，私有化的同时要实施企业整顿，给企业带来新的未来。这一任务交给了1990年3月（即统一实现前）成立的“国有资产信托管理局”，简称“托管局”，该机构在私有化进程中起了核心作用。托管局接管了原民德1.2万多家大中型国有企业，以及国有土地和其他国有资产。这些企业中，1 900个属于公共性企业，可以转变为地方社团所有，剩余者中约6 000家需要实施私有化。托管局的总部设在柏林，共有工作人员两千多人，负责处理拥有1 500名以上员工的大型企业，15个分局设在原民德专区一级，负责处理1 500名员工以下的中小企业。托管局的工作方针是：快速地民营化，坚决地重建，慎重地关闭。

在归还问题上，政府确立了“49规则”，即以1949年为界，之前的没收行动属于反法西斯的范畴，不作清算，之后被国有化的财产则需要归还原主。① 根据规定，在把公有财产退回原所有者时，要考虑该企业的技术进步和经济发展。如果与公有化之前相比，企业财产有重大改进或损害，归还时要采取平衡措施。包括转由国家管理的私人货币财产，如果由于制度性歧视或排斥而减少，则要按照有关条款规定给予补偿。在具体实施中，归还工作遇到了不少难题。如民德政府在已被国有化的土地上建造大型工厂，在转制过程中，原来的土地所有者无力购买工厂，但要求归还工厂下面的土地。这样，工厂所有者将向土地所有者支付地租，而地租的浮动幅度对工厂所有者永远是个威胁。

需要出售的企业，首先要划小规模，以扩大购买面。民德原先存在的联合企业，本身就是由分公司和下属工厂组成的，特别是其中的84家巨大型联合企业，包含了1050个分公司和数千家工厂。托管局顺势而行，解散了联合公司，尽可能地缩小企业规模，为私有化清扫障碍。

随后，将国有企业改造成股份有限公司或合股公司，为此拟定和制作了合伙契约和合股前的财务报表。接着托管局即公布待售企业的基本情况和详细清单，以一定的价格出售这些企业。对购买者几乎没有任何限制，世界各地的投资者都可以根据自己的需要，购买一个企业或车间，甚至一部分资产设备。除了工业企业外，建筑企业、服务性企业和托管局掌管的不动产，包括农业和林业用地，均可购买。

根据购买者的来源，购买行为可以分成两种情况。一种是待售企业的领导者

---

① 姚先国、H.缪尔德斯：《两德统一中的经济问题》，科学技术文献出版社1992年版，第116页。

或职工单独或合伙购买，称为“内部购买”，另一种是外来企业或个人购买，称为“外部购买”。企业内的职工在上述两种情况下都可进行资本参与，如平均的资金参与、发行企业债券、购买企业股票、建立全体职工共同所有的控股公司等。但参与者并不能得到就业保证，如果企业因特殊原因需要裁减人员，仍然面临失业的可能。

到1991年7月底，托管局共售出或部分售出近三千家企业，占可售企业总数的一半。在这些售出的企业中，约26%属于内部购买，其中100名职工以下的小企业占了69%。约74%属于外部购买，其中由外国企业购买或参股的仅占4%，绝大部分为西部德国的企业所购买。到1994年底，托管局的工作宣告终结，剩余的工作交给其后续机构“联邦统一特别任务局”。据报道，在托管局的主持下，总共有1.5万多家企业(因企业规模划小，总数增加)实现了私有化，另有约3 600家因无法改造而关闭。

在农林业中，托管局一方面采用租赁制，让农民个人或集体承包一片土地、森林或一个企业，另一方面对已经解决了产权或根本无产权纠纷的土地、森林和企业实施私有化。到1991年7月底，共售出土地3 493万公顷，创造工作岗位3.62万个。

在住宅私有化方面，对租房户实施优先照顾，同时通过给与20%补贴、减少所得税、提供低息贷款等方法给予鼓励，到1991年底，使一万多套住宅实现了私有化。

在产权制度转换的过程中，原来设想可以同时为东部的发展筹集资金，但是这一目标没能达到。由于在出售过程中普遍低估国有资产的价值(售价一般只是实际价值的1/10)，所得款项甚至不够支付托管局的运作费用。如1991至1992年财政年度，托管局的预算收入为185亿马克，而预算支出则为432亿马克，近250亿马克的缺口只能向政府贷款。根据有关法律的规定，东部企业以前所负的债务由托管局接管，而在1990年7月1日两德货币统一时，这种债务达到1 020亿马克，托管局必须用大量资金支付它们的利息。

尽管在体制转轨过程中遇到很多困难，统一给德国带来的好处也是显而易见的。统一使破镜得以重圆，民众的爱国情怀得到满足，国家的国际地位得到提升。从经济上看，统一给双方带来了新的发展机会，西德基于资本主义体制的经济具有较强的冲击力，需要更多的商品市场和投资场所，而刚刚实施体制转轨的东部地区，正好提供了这种空间，同时东部地区拥有素质较高的劳动力，没有语言和文化方面的障碍,是颇为理想的投资场所。统一还有效地减少了因彼此对峙所造成的国民收入虚耗,节省了针对对方的军备、安全、情报支出,有利于提高社会总福利水平。实际情况也是如此。到 1997 年底,对东部的投资总额达到 1.1 万亿马克,资金的主要来源是政府预算,其他的还包括东西部各州、欧盟以及私人的投资。随着大量资金的注入,工业中陈旧的设备得到更新,电信交通等基础设施得到明显改善,个别地方使用的设备甚至比西部还先进。短短的几年里,扩建、新建和重建的公路达 1.1 万公里,铁路达 5 000 公里,一半以上的住宅得到修缮和设备更新。从 1992 年到 1994 年三年中,东部的国内生产总值实际增长率达到 7.8%、8.9% 和 9.9%,被欧洲人普遍称为“东南亚速度”。然而从总体上说,东部地区体制转轨的困难还是比较大,在统一十年后,劳动生产率还是远低于西部的水平,仍有约一半的企业亏损,失业率高达 18%。

四、施罗德的“新中间道路”

德国的重新统一是在联盟党执政时期完成的,统一实现后,科尔政府继续执政,直到 1998 年。科尔政府执政的 16 年中,社会民主党一直在野。1998 年,该党终于在大选中获得大胜,施罗德上台执政。

施罗德的执政特点是推行“新中间路线”,该方针是世界性“第三条道路”的组成部分。“第三条道路”的内涵各式各样,主要取决于其针对的对象。在 20 世纪的大部分时间里,科学社会主义和资本主义两条道路和两种模式的对抗和竞争处于显性状态,因此,所谓第三条道路,是指介于或超越这两条道路的其他选择,包括社会民主主义、法西斯主义等。随着 20 世纪末期苏联东欧国家的体制转轨,不少人认为资本主义已经成了人类的唯一选择,因此这时的“第三条道路”主要针对资本主义框架下传统左、右政治意识及政治运作模式,即针对传统左翼的国家干预主义政治模式和新右派的新自由主义政治方式。从这一意义上说,在 20 世纪 70 年代末 80 年代初,随着里根和撒切尔上台执政,美英等国对凯恩斯主义的经济政策实施大调整,政府全面放松市场经济管制,形成新自由主义的经济政策和模式,其主要特征是把市场置于绝对的主导地位。而在欧洲莱茵河流域的国家中,则注重社会价值,在实行市场经济的同时,不同程度地保留政府对经济的较大干预,被称为“莱茵资本主义模式”。新自由主义经济政策曾经促进美英等国市场经济的发展和金融资本的地位上升,经济连年增长,但由于片面强调竞争,导致贫富差距拉大,社会矛盾增多。而在奉行莱茵模式的国家中,则为经济发展缓慢和财政赤字沉重所困扰,庞大的福利开支已经使国家不堪重负。这时,资本主义国家的紧迫任务,是对自身进行再思考,对发展模式进行再认识和再探索,在体制和运作方式上实施调整和变革,寻找一条能统合新自由主义模式和莱茵模式的第三条道路。

从社会民主主义的角度看,第二次世界大战结束以后,以 1951 年社会党国际恢复时的《法兰克福声明》和 1959 年德国社会民主党的《哥德斯堡纲领》为标志,普遍推行以人道主义为基础的基本价值观和作为一种生活方式的完全民主观,倡导自由、公正和互助的基本价值,致力于将资本主义社会逐步改造成更加美好的社会制度,努力以包含公有制在内的混合经济取代资本主义私有制。他们的主张同凯恩斯主义互相激荡,掀起了国有化和福利国家的热潮。然而,随着 70 年代中期“滞胀危机”的爆发与持续,福利国家制度难以为继,社会民主党也普遍陷入困境,除法、奥、荷以外,其他都失去执政或参政地位,如 1982 年,参政和执政达 16 年的德国社会民主党在大选中败于联盟党。苏联东欧体制转轨后,社会民主党的危机进一步加深,连党员人数都不断下降。为了自己的生存和发展,它们急需转型,进一步淡化意识形态,扩大社会基础以适应工人阶级人数下降的现状,调低激进主义的政治经济目标,从纲领组织型政党向选举型政党转变。

这一波的“第三条道路”,于 1992 年首次提出,欧洲不少左翼思想家先后提出了“超越左右”的政治主张。1994 年,就任英国工党领袖的布莱尔接受了这一主张,开始以“第三条道路”对工党理念实施全面的革新。同年,美国举行中期选举,民主党在选举中失利,民主党总统克林顿开始采纳“第三条道路”,强调要实行一种不同于传统自由主义和保守主义的新方式。1997 年,布莱尔担任英国首相,翌年,由费边社出版了著名小册子《第三条道路——新世纪的新政治》,它与吉登斯写作的《第三条道路——社会民主主义的革新》一起,将“第三条道路”推向了一个舆论的高潮,英国也由此成了“第三条道路”的大本营。1998 年,施罗德担任德国总理,形成欧盟 15 国中有 13 国由社会民主党单独或作为主要成员参与执政的盛况。翌年 4 月,公开接受“第三条道路”的美、英、德、意、荷五国领导人聚会华盛顿,讨论“第三条道路”问题。同年 6 月,英德两国发表《欧洲:“第三条道路”/新中间派——布莱尔—施罗德的共同声明》,在欧洲引起较大反响,促使越来越多的人参与讨论。

施罗德的“新中间路线”，在价值观念上给予社会民主党原来主张的自由、公正和互助原则以新的含义。他强调“革新是我们的传统”，原则不是静止的概念。他提出，在新的时代里，“自由”还意味着为集体和个人承担更多的责任。同样，只有建立在个人自由决定与负责基础上的“互助”，才是真正的互助，否则就只是施舍者的同情。而“公正”不是简单的平等，其最高目标一是防止将部分人从就业和社会生活中排斥出去，二是防止人们过于依赖国家的扶持。这样，他就把个人责任与竞争引入了原有的基本价值体系。① 在实际执政过程中，施罗德政府调整社会福利制度，对国家健康保险、失业金和养老金等资金来源规定新的支付比例，降低税率，改善劳工雇佣制度，同时推动发展可再生资源，阻止各州准备收取大学学费的计划，并确认了同性恋的合法地位。

英国布莱尔政府的改革对象是撒切尔政府的保守主义政策，美国克林顿政府的改革对象是里根政府以来的右翼政策，而施罗德政府的改革对象是“社会市场经济”中间模式，因此难度较大。在2002大选年，全国出现了经济持续低迷、失业率居高不下的状况，施罗德政府悄悄地将“新中间路线”转移到“中间路线”，向传统的左翼力量包括工会发出信号，寻求支持。施罗德还提出了理解中间政治的两把钥匙：其一是它的“持久性”，其二是它所表现的“中间的政治文化”特性，即平衡政治。② 此举取得较好的成效，使社会民主党在大选中获得工会的大力支持，在最后时刻反败为胜，继续执政。在大选开始前，政府组织了由大众汽车公司人事主管彼得·赫尔茨为首的独立专家小组，负责起草范围广泛的劳动市场改革建议书。建议书要求在三年内将失业人数减少一半，即200万人，具体措施是增加临时性工作岗位，加快安置并重新定义失业者可以接受的工作岗位，刺激自我雇用和第二职业，减少失业救济等。这样，在具体做法上，又悄悄地回归到“新中间路线”。2003年3月，施罗德在议会宣布题为《2010规划》的改革方案，力图改变企业的职工福利负担过重、工资附加成本过高、国家管制过多等结构性弊端，向福利国家开刀。此举不仅在党内引起较大争议，也使政府同工会的关系趋于紧张。

---

① 裘援平、柴尚金、林德山：《当代社会民主主义与“第三条道路”》，当代世界出版社2004年版，第200页。

② 参见罗云力：《从“新中间”走向“中间”——德国社会民主党最新动态研究》，载于《当代世界与社会主义》，2002年第3期。

2003 年施罗德在汉堡发表演说

五、默克尔政府执政

2005 年 5 月，施罗德所代表的德国社会民主党在人口最多的北莱因-威斯特伐利亚州连续执政 39 年后，在州议会选举中败给基民盟。7 月 1 日，施罗德要求联邦议院表决对政府的信任案，但再次在表决中遭遇失败。于是，总统霍斯特 · 克勒应施罗德请求，于 7 月 22 日解散议院，宣布提前 1 年举行全国大选。

同年 9 月 18 日，选举如期举行，但选举结果却出人意外。社会民主党在联邦议院总数 614 席中占据 222 席，屈居第二；基督教民主/社会联盟占据 226 席，位列第一；第三大党为自由民主党，占据 61 个议席。这一结果使得传统的组阁模式无法延续，因为不论是联盟党还是社会民主党，加上第三大党的议席，都无法达到超过 1/2 的简单多数。于是，很多媒体都惊呼联邦政府将"难产"。最后由议院两大政党——联盟党和社会民主党，组织"黑红"大联合政府。基民盟领袖安格拉 · 默克尔担任总理，社会民主党人施罗德宣布退出政坛，由施泰因迈尔出任副总理兼外交部长,双方各自另派 7 名成员参加政府。

2005 年大选也是德国政党格局发生变化的一个重要阶段。自 1945 年联邦德国成立以来,"两个半政党制"一直是它的基本政党格局,即两大政党加上第三党自由民主党。从 20 世纪 80 年代起,随着绿党的崛起,该格局开始发生变化。世纪转换之际,绿党的崛起是德国政坛的一件大事。

德国绿党由一系列持保护环境立场的组织合并而成,1980 年 1 月在卡尔斯鲁厄成立。它是当今世界上成立最早、同时也是最为成功的绿党组织。其政治纲领包括反对环境污染、核能的过分利用、北约的战略,以及其他各种过度的工业化行为。在 1983 年的联邦议院选举中,该党获得 5.6%的选票,得 27 个议席。同时它在各州议会中也拥有一部分议席。① 它在短短 3 年里,实现了从地方性政党向全国性政党的跨越。1989—1990 年间,民主德国的一些民权运动团体联合组成"联盟 90"组织。随着两德实现统一,1993 年"联盟 90"并入绿党,组成"联盟 90/绿党"(Bündnis 90/Die Grünen,缩写 GRÜNE),简称"德国绿党"。该党的基本政治价值取向为人权、生态、民主、社会公正、男女平等和非暴力。1994 年,合并后的绿党参加联邦议院竞选,获得 7.3%的选票,得 49 个议席。1998 年,该党在议院选举中的得票率略有下降,获 6.7%的选票,得 47 个议席,但其政治地位反而进一步上升,第一次参加执政联盟,与社会民主党一起组织了"红绿"联合政府,其成员担任了副总理和外交部长等职务。在 2002 年的大选中,该党地位进一步上升,获得 8.6%的选票,得 55 个议席,取代自由民主党成为议会第三大党。近年来,随着联盟党的左倾化,绿党的政治倾向逐渐往中间靠拢,强调自己要融入市民阶层,为价值观保守的市民说话,推进生态现代化和社会平衡。这一政策微调使其在 2009 年大选中取得不俗成绩。

对传统政党格局产生冲击的,还有左翼党的崛起。如前所述,在 20 世纪 80 年代末民主德国的政局变动中,统一社会党逐步演变成民主社会主义党。在两德合并的过程中,该党参加联邦议院的竞选,获得 2.4%的选票,没有越过进入议院的 5%门槛。但由于此前它的活动领域仅局限于东部地区,经过各小党的申诉,新的《选举条约》将全国分为东德、西德两个选区,缩小了统计基数,该党由此进入议院。2007 年,该党与德国西部的新生政党——劳动和社会公正选举联盟合并,组

① B.B.扎格拉金娜、Г.A.基谢廖娃主编:《现代世界政党》,高桂芬、关国为等译,求实出版社 1989 年版,第 92 页。

成全国性的“左翼党”(Die Linke),实力进一步增强,分流了相当一部分原支持社会民主党的选民。近年来,该党强调国家要对经济活动加强监控,要求银行和企业接受民主监督并为公共利益服务,反对社会保障私有化,要求将更多的职业和阶层纳入法定医疗和养老保险体制中,同时强调重视环保,主张对社会实施生态改造,要求停办核能,向可再生能源过渡。

2009 年,德国再次举行联邦议院选举。在这次大选中,两大传统执政党的地位都有所下降。其中联盟党赢得 33.8%的选票,社会民主党获 23%的选票,加上由“多数代表制”选举产生的议员,前者在总数 622 席中占取 239 席,后者占取 146 席,双方合计获得 61.9%的议席,均跌到联邦德国历史上的最低点。而包括左翼党在内的三个小党却获利颇多,均取得本党历史上最好的参选成绩,其中自由民主党与上届相比进步最大,得票率达 14.6%,左翼党为 11.9%,绿党为 10.7%。[①] 这样,德国政坛就稳固地确立了五党轮动的“三足鼎立”格局,即联盟党和社会民主党各占 1/3,另外三个小党(自由民主党、绿党、左翼党)合起来占据剩余的 1/3。本来,在政治经济和社会结构变化的推动下,基督教民主/社会联盟和社会民主党都出现了“中性化”的趋向,“轮动五党”体制的出现,将会进一步淡化政党和政府的政治偏向。

默克尔政府执政之初,德国面临较多的问题,主要集中在公共债务和财政赤字上。2004 年,德国的公共债务累计总额已经占到当年国内生产总值的 66%(《马约》为各国规定的最高限额为 60%),创下历史最高纪录。当年的财政赤字激增 30 亿,达到 803 亿欧元。医疗基金的缺口越来越大,医疗支出的增长速度远远超过国民经济的增长幅度。经济长期低迷,失业人数剧增,2005 年曾突破 500 万大关。对此,各利益集团纷纷提出自己的主张。企业界要求减税,因为德国的企业税税率在欧洲各国中名列前茅,达 38.7%(较低的波兰只有 19%)。社会民主党左翼主张增税,得到中低收入者和工会组织的赞同。在对外关系方面,德国长期以来充当欧洲一体化进程的火车头,但是随着欧盟快速扩展带来的抵制情绪上升,尤其是法国与荷兰两个重要国家先后在公民投票中否决《欧盟宪法条约》后,该进程受到一定的阻碍。另外,由于施罗德政府顺从民意,对美国推行单边主义进攻伊拉克的行为持冷淡态度,德美关系一度冷却,布什政府乐意看到施罗德下台,寄希望于默克尔

① Statistisches Bundesamt, *Wahlberechtigte, Wähler, Stimmabgabe und Sitzverteilung bei den Bundestagswahlen seit 1949*. Wiesbaden, 2009.

政府能带领德国重回德美之间的“蜜月”时期。

尽管默克尔所代表的联盟党在议院中并未占据优势，德国的历史传统和政治文化也并不利于女性政治家，但她所领导的政府还是顺利地渡过了难关。该政府从实际出发，以平稳过渡为基本目标，采用小步子的渐进主义方法，一步一个脚印地克服困难。

在国内政策方面，默克尔政府高举坚持“社会市场经济”模式的旗帜，以“兼顾各方利益”为原则，采取了一系列措施，力求达到收支平衡。这些措施包括：1.将增值税从原来的16%提高到19%，但规定食品、印刷品和文化用品等涉及民众基本生活和文化生活的物品除外，这是德国式的“均衡负担”；2.削减远距离上班族的交通补贴、私宅取暖补贴和储蓄奖励，因为这些补贴的受益者大多是富有者；3.提高医疗保险金；4.对高收入者再课税10亿欧元。对于颇有争议的企业税，政府谨慎地不加处理。这些措施成效明显，默克尔政府执政才1年，德国经济就出现了明显的回升势头。全日劳动岗位猛增5.4万个，失业人数锐减50万。连向来爱挑剔的《明镜》周刊也称赞这是“就业奇迹”。①

默克尔政府的对外政策表现出两重性。一方面，她高声呼唤“确保价值观的地位”，强调要把维护人权和推广西方式民主与自由等所谓“普世价值”放在外交活动的重要位置，批评施罗德时期以经济合作为核心的亚洲政策是片面的，冲淡以至丢掉了“普世价值”在外交中的作用，同时，又强调“德国利益优先”，把维护本国利益放在外交政策的重要位置上。在对美关系方面，一方面强调要加固“跨大西洋伙伴关系”，同时又不接受布什政府的一再拉拢，反而继续反对美国的单边主义霸权外交。对欧盟，一方面非常重视，把德国的未来前途与一体化的欧洲紧密联系在一起，同时又为“德国利益”正名，强调德国愿意为解决欧盟财政危机做出必要妥协，但新政府“将全力以赴维护德国的利益，不会接受过分的财政负担，因为我们自己的财政状况、我们自己的问题不允许这样做。”②

2007年，由美国次贷危机肇始，逐渐引爆了环球金融危机。德国不是这场危机的原发地，但是作为世界经济体系中发达的成员，不可避免地被卷入其中。首先受冲击的是金融市场，在2008年9月下旬至10月下旬一个月内，法兰克福DAX指数从近6500点跌至近4300点，跌幅高达33.8%。其中受影响最大、最直接的是德

① 参见苏芙：《评德国女总理默克尔的内外政策》，载于《国际问题研究》2007年第1期。

② 参见连玉如：《德国默克尔政府的外交与欧洲政策辨析》，载于《德国研究》2006年第1期。

国地产融资抵押银行，几近破产。随之，金融危机引发信贷危机，并使得消费需求和投资需求大幅下降，逐渐蔓延到实体经济。制造业的销售额、生产额和海外订单数量都大幅下降，其中汽车行业的销售额下降幅度最大。这时，德国经济体系本身的特点，如较高的福利水平、劳动力成本高、企业在国际成本竞争中不占优势、劳动力市场僵化、财政政策的实施力度受到欧盟《稳定与增长公约》的制约等等，都不利于自己摆脱经济危机。

德国政府对金融危机破坏程度的认识有一个发展过程。环球金融风暴刚卷起时，由于金融危机对实体经济的影响有一定的时滞，而德国经济状况总体上比美、英等国都好，默克尔政府对此出现误判，认为这场危机对德国经济的影响不大，所以在行动上仅限于督促美国加强对本国金融体制的监管。当美英两国忙于到处救火时，默克尔明确表示不赞同美国的救市计划，甚至放言德国政府不会为金融机构签署“空头支票”。然而从 2008 年 9 月开始，德国的金融机构开始受到波及，地产融资抵押银行等金融机构纷纷遭到打击，甚至濒临破产，向政府求援。危机还通过先金融后实体、先投资后消费的路径殃及各个领域，默克尔政府这时才意识到事态的严重性。政府紧急行动起来，宣布为私人存款提供担保，并为地产融资抵押银行提供巨额资金担保，防止危机进一步向纵深发展。在这里，德国经济特点的另一面，又为阻止危机的深化起到了减速器的作用。它有完善的社会保障制度，成为一种自动稳定器；2003 年开始实施的劳动力市场改革措施，也在抵御冲击中起到了很好的作用。为了阻止金融危机向实体经济大规模蔓延，2008 年 11 月 5 日和 2009 年 1 月 14 日，政府分别出台两套经济振兴计划，用加强投资、降低民众的税收负担等办法以提振经济。政府拨款近 200 亿欧元，其中 65 亿投向教育，用于修建学校和幼儿园，35 亿投向城镇基础设施建设，用于修建医院、道路及其他城市基建项目，40 亿投向交通，15 亿用于“环保奖金”，鼓励居民购买私人汽车，9 亿用于支持中小企业的研发活动，以增强其创新能力。

德国在应对环球金融危机中所取得的成绩，一方面巩固了它在欧盟中的主导地位，同时也坚定了默克尔等人坚持“德国道路”的信念。默克尔在执政之初的第一个施政声明中，曾经明确表示要坚持“社会市场经济”模式，强调“社会市场经济”同《基本法》和“双轨制职业教育”一样，是德国创造的精神财富，启迪了全世界人民的心智，使德国取得了巨大成功，为其他人树立了榜样，因此必须坚持。在治理环球金融危机的过程中，她更强调“社会市场经济”模式的世界性价值。在 2009 年 1 月 30 日的达沃斯世界经济论坛上，默克尔表示，市场竞争是必要的，必须坚持世界经济的开放性，注意避免市场扭曲局势的出现，但是，“竞争不能缺失节度性和社会责任感，如果个体的自由损害了别人的自由，就必须受到限制”。她提议要建立一个负有全球责任的稳定的金融体系，制定有国际约束力的规则，由一个按照联合国安理会模式成立的“世界经济理事会”来实施监管。

德国像几经涅槃的火凤凰，20世纪曾几度大起大落。21世纪，德国必将在欧盟的大框架内，迎来美好的未来。

译名对照及索引

（按汉语拼音顺序）

B

C

D

E

F

G

H

J

K

L

M

N

P

Q

R

S

T

W

X

Y

Z

德意志皇帝在位年表

卡罗林王朝

800—814 年	查理一世大帝
813—840 年	虔诚者路德维希一世
843—855 年	洛塔尔一世
855—875 年	路德维希二世
875—877 年	秃头查理二世
881—887 年	胖子查理三世
896—899 年	阿诺尔夫
899—911 年	孩童路德维希四世

康拉丁王朝

911—918 年	康拉德一世

萨克森王朝

919—936 年	亨利一世
936—973 年	奥托一世大帝
973—983 年	奥托二世
996—1002 年	奥托三世
1014—1024 年	亨利二世

法兰克—撒利安王朝

1027—1039 年	康拉德二世
1046—1056 年	亨利三世
1084—1106 年	亨利四世
1111—1125 年	亨利五世
1133—1137 年	洛塔尔三世

霍亨斯陶芬王朝

1155—1190 年	弗里德里希一世
1191—1197 年	亨利六世
1209—1215 年	奥托四世(不伦瑞克家族)
1220—1250 年	弗里德里希二世

卢森堡王朝

1312—1313 年	亨利七世
1314—1347 年	路德维希四世(巴伐利亚人)
1355—1378 年	查理四世
1433—1437 年	西吉斯蒙德

哈布斯堡王朝

1452—1493 年	弗里德里希三世
1493—1519 年	马克西米利安一世
1519—1556 年	查理五世
1556—1564 年	斐迪南一世
1564—1576 年	马克西米利安二世
1576—1612 年	鲁道夫二世
1612—1619 年	马蒂亚斯
1619—1637 年	斐迪南二世
1637—1657 年	斐迪南三世
1658—1705 年	莱奥波德一世
1705—1711 年	约瑟夫一世
1711—1740 年	查理六世

维特尔斯巴赫王朝

1742—1745 年	查理七世

哈布斯堡王朝

1745—1765 年	弗兰茨一世
1765—1790 年	约瑟夫二世
1790—1792 年	莱奥波德二世
1792—1806 年	弗兰茨二世

霍亨索伦王朝

1871—1888 年	威廉一世
1888 年	弗里德里希三世
1888—1918 年	威廉二世

大事年表

70万年前	旧石器时代海德堡人生活时期
10万年前	中石器时代尼安德特人生活时期
5000年前	新石器时代农耕和畜牧开始
公元前4世纪中叶	古希腊旅行家皮提亚斯第一次谈到古代日耳曼人的情况
公元前98年	古希腊人波息同尼乌斯在著作《历史》中第一次使用“日耳曼人”名称
公元前1世纪	日耳曼部落中产生军事民主制
公元前后	罗马人确立对莱茵河东部日耳曼人部落的统治
9年	阿尔米纽斯领导的日耳曼人解放斗争取得胜利
98年	罗马元老塔西佗写作《日耳曼尼亚志》
3世纪	日耳曼人阿勒曼尼部落联盟、法兰克部落联盟和萨克森部落联盟等形成
4世纪中叶至5世纪	日耳曼人大迁徙
481—751	法兰克国家墨洛温王朝
751—911	法兰克国家卡罗林王朝
800	查理在罗马加冕称帝
842	路德维希二世和查理二世用德、法两种语言发表《斯特拉斯堡誓约》,标志着双方语言的分离
843	《凡尔登条约》规定法兰克国家的三个分治区内,可以将权益传给儿子
911	康拉德一世上台,早期德意志封建国家诞生
962	奥托一世由教皇加冕称帝
自1070年起	克吕尼教派教会改革进展迅速
1076	格列高利七世把亨利四世革出教门
1077	亨利四世在卡诺莎向格列高利七世忏悔
1122	《沃尔姆斯宗教协定》结束了皇帝与教皇的叙任权之争
1155	巴巴罗萨·弗里德里希一世入侵意大利,在罗马加冕为帝
1254	建立“莱茵城市同盟”以维持“普遍和平”

1254—1273	大空位时期
1257	德意志七大选侯推举皇帝候选人,确立了选帝制度
1347—1351	黑死病肆虐
1356	颁布《金玺诏书》
1358	第一次使用“德意志汉撒城市”名称,城市汉撒取代商人汉撒
1415	胡斯在康斯坦茨被作为异教徒焚死
1415—1417	德意志国王把勃兰登堡边区转交给霍亨索伦家族的弗里德里希
15 世纪	国名改为“德意志民族的神圣罗马帝国”
1493 年	以施勒特施塔特为中心,爆发“鞋会”农民起义
1513—1514 年	“鞋会”和“穷康拉德”在巴登和符腾堡一带发动起义
1517	马丁 · 路德的《九十五条论纲》发表,宗教改革开始
1522	济金根出兵攻打特里尔,希冀建立自己的世俗领地
1524	德意志农民战争爆发
1555	奥格斯堡帝国议会会议,《奥格斯堡宗教和约》缔结
1608	新教联盟在亚琛建立
1609	天主教同盟在慕尼黑建立
1618	三十年战争开始
1648	《威斯特伐利亚和约》签订,三十年战争结束
1655—1660	普鲁士公国合并于勃兰登堡
1701	勃兰登堡选侯国取名普鲁士王国
1740—1742	第一次西里西亚战争
1744—1745	第二次西里西亚战争
1756—1763	普奥七年战争
1772	普鲁士、奥地利和俄国第一次瓜分波兰
1783	莱茵区出现德国第一架水力推动的棉纺机
1791	奥地利和普鲁士发表“庇尔尼茨声明”,威胁要干涉法国革命
1793	俄国和普鲁士第二次瓜分波兰
1793—1797	第一次反法同盟战争
1799—1801	第二次反法同盟战争
1805	第三次反法同盟战争
1806	莱茵联邦建立。德意志民族的神圣罗马帝国告终
1807	普鲁士任命施泰因担任具有领导地位的大臣,普鲁士改革开始
1813	随着拿破仑征俄失败,德国解放战争开始
1814	维也纳会议开幕
1815	德意志联邦在维也纳会议期间成立
1818	全德大学生协会在耶拿建立
1819	德意志联邦议会通过《卡尔斯巴德决议》

1832	汉巴哈大会举行
1834	德意志关税同盟成立
1835	德国第一条铁路在纽伦堡附近开通
1836	“正义者同盟”在巴黎成立
1842—1843	马克思在科隆编辑《莱茵报》
1847	“正义者同盟”改组为“共产主义者同盟”
1848	德国各地爆发革命。《共产党宣言》发表。法兰克福国民议会开幕
1849	法兰克福国民议会制定帝国宪法,普王拒绝接受皇帝称号。
1862	俾斯麦被任命为普鲁士内阁首相
1863	“全德工人协会”在莱比锡成立
1864	德丹战争爆发
1866	普鲁士声明解散德意志联邦。普奥战争爆发。奥地利帝国改组为奥匈帝国
1867	帝国议会制定了《北德联邦宪法》
1868	德意志关税议会召开
1869	德国社会民主工党(埃森纳赫派)成立
1870	普法战争爆发
1871	德意志帝国成立
1873	普鲁士颁布反对天主教会的宪法修正案
1875	工人政党举行哥达合并代表大会
1878	帝国议会通过“反社会党人法”
1881	俄、奥匈、德恢复三皇同盟
1882	德、奥匈和意大利缔结《三国同盟条约》
1884	德国在西南非洲、多哥和喀麦隆以及新几内亚的东北部建立殖民地
1887	德俄再保险条约
1890	俾斯麦被解职
1897	德国海军吞并中国的胶州湾
1898	帝国议会通过第一个《战舰法》
1900	德国参加“八国联军”侵略中国
1914	德国加入第一次世界大战
1916	德国左派在柏林举行全国代表会议,组成“斯巴达克团”
1917.2	德国宣布无限制潜艇战
1917.4	美国对德宣战。德国独立社会民主党成立
1917.11	俄国爆发十月革命
1918.3	德国与苏俄签订《布列斯特和约》

1918.10	德国向美国总统威尔逊发出和平试探
1918.11	基尔水兵起义，十一月革命爆发
1919.1	柏林发生一月战斗，共产党领导人卡尔·李卜克内西和罗莎·卢森堡被害。选举国民会议，国民会议在魏玛举行
1919.4	慕尼黑成立巴伐利亚苏维埃共和国
1919.6	《凡尔赛条约》签字
1919.7	国民会议通过《魏玛宪法》
1920	柏林发生“卡普暴动”
1922	德国与苏俄签订《拉巴洛条约》
1923.1	法军占领鲁尔区，“鲁尔危机”爆发
1923.10	萨克森和图林根组成工人政府。共产党在汉堡发动起义
1923.11	纳粹党发动“啤酒馆暴动”。政府实施货币改革，发行“地产抵押马克”
1924	国会通过《道威斯计划》
1925	兴登堡当选总统
1926	德国加入国际联盟
1929	德国卷入经济大危机
1930	布吕宁政府执政，采取“自由放任主义”政策。纳粹党成为国会第二大党
1932.5—6	布吕宁政府倒台，巴本政府上台
1932.7	纳粹党成为国会第一大党
1932.11—12	巴本政府倒台，施莱歇尔政府上台
1933.1	施莱歇尔政府倒台，希特勒就任总理，德国开始“纳粹化”
1934.8	兴登堡去世，希特勒担任国家元首，德国“纳粹化”初步完成
1935	德国实行普遍义务兵役制。颁布反犹《纽伦堡法》
1936	德国重新武装莱茵区。德、日缔结《反共产国际协定》
1937	希特勒召开“霍斯巴赫会议”，提出侵略计划
1938.3	德奥合并
1938.9	德国通过《慕尼黑协定》占领捷克斯洛伐克的苏台德区
1938.11.9	德国发生反犹“砸玻璃窗之夜”
1939.3	德国吞并捷克残存地区
1939.9	德军闪击波兰，欧洲战争全面爆发
1940	德军入侵西线，法国败降。德、意、日签订《三国军事同盟条约》
1941	德军入侵苏联
1942	汪湖会议决定对犹太人实施大屠杀。德军在斯大林格勒被包围
1944	苏联红军大反攻，美英在诺曼底开辟欧洲第二战场
1945	希特勒自杀，德国投降。苏美英法接管德国最高政府权力，德国

	被分割为四个占领区
1945.11—1946.10	国际军事法庭在纽伦堡对德国主要战犯和法西斯组织进行审判
1947.2	美英正式组建“双占区”
1947.6	各州总理在慕尼黑举行会议,商讨建国事宜
1948.3	苏联退出盟国军事管制委员会,四国共管德国的体制终结
1948.6	西占区实施币制改革。苏占区发行新币
1948.6—1949.5	第一次柏林危机
1949.5	(联邦德国)《基本法》生效
1949.7	基民盟通过杜塞尔多夫原则决议,把“社会市场经济”政策定为竞选纲领
1949.9	德意志联邦共和国正式成立
1949.10	德意志民主共和国成立
1950.3	阿登纳建议成立德法联盟
1950.5	法国外长舒曼提出成立西欧煤钢联营的“舒曼计划”
1950.9	民主德国加入经互会
1951.7—10	英、法、美先后对德国解除战争状态
1952.1	联邦议院通过“舒曼计划”
1953.6.17	东柏林和民主德国其他地方发生群众骚动
1955.1	苏联宣布对德国解除战争状态
1955.5	联邦德国加入西欧联盟和北约组织。民主德国参与组建华约组织
1955.7	赫鲁晓夫在访问民主德国时提出存在“两个德国”的观点
1955.9	联邦德国政府宣布“哈尔斯坦主义”(单独代表权)
1956.1	新建的联邦德国国防军开始执行保卫任务。民主德国通过建立国家人民军法
1958.10—1962 初	第二次柏林危机
1959.11	联邦德国的社会民主党召开非常代表大会,通过《哥德斯堡纲领》
1961.8	民主德国开始建造“柏林墙”
1963.1	艾哈德担任联邦总理
1966.12	基辛格担任联邦总理
1967.2	民主德国提出“乌布利希主义”:只要联邦德国政府不放弃单独代表权,华约国家就不与它互派大使
1969.1	勃兰特担任联邦总理,推行“新东方政策”
1971.5	昂纳克担任民主德国统一社会党主席
1972.1	联邦德国与中国建交
1972.12	《两德基础条约》签署
1973.9	两个德国同时加入联合国

1974.5	施密特担任联邦总理
1982.1	科尔担任联邦总理
1987.9	昂纳克作为民主德国的主要领导人首次访问联邦德国
1989.10	昂纳克下台，埃贡·克伦茨接任
1989.11	民主德国宣布开通柏林墙和两德边界。科尔总理提出实现两德统一的《十点计划》
1990.2	民主德国政府提出实现两德统一的《四点计划》
1990.3	讨论德国统一的“2+4”会议在波恩举行
1990.5	两德签署关于建立货币、经济和社会联盟的第一个《国家条约》
1990.7	民主德国成立托管局
1990.8	两德签署第二个《国家条约》
1990.10.3	两德实现统一。科尔成为全德政府的总理
1998	施罗德担任总理，提倡“第三条道路”
2005	默克尔担任总理
2009	联邦议院大选，形成五党轮动的格局

主要参考书目

一、中文部分

丁建弘、陆世澄主编:《德国通史简编》,人民出版社 1991 年版。

丁建弘、陆世澄、刘祺宝主编:《战后德国的分裂与统一》,人民出版社 1996 年版。

丁建弘著:《德国通史》,上海社会科学出版社 2002 年版。

吴友法著:《德国现当代史》,武汉大学出版社 2007 年版。

李工真著:《德意志道路——现代化进程研究》,武汉大学出版社 1997 年版。

萧汉森、黄正柏主编:《德国的分裂、统一与国际关系》,华中师范大学出版社 1998 年版。

孙炳辉、郑寅达编著:《德国史纲》,华东师范大学出版社 1995 年版。

朱庭光主编:《法西斯新论》,重庆出版社 1991 年版。

朱庭光主编:《法西斯体制研究》,上海人民出版社 1995 年版。

吴友法、黄正柏主编:《德国资本主义发展史》,武汉大学出版社 2000 年版。

刘新利著:《基督教与德意志民族》,商务印书馆 2000 年版。

邢来顺著:《德国工业化经济—社会史》,湖北人民出版社 2003 年版。

邢来顺著:《德国贵族文化史》,人民出版社 2006 年版。

丁建弘、李霞著:《普鲁士的精神和文化》,浙江人民出版社 1993 年版。

杜美著:《德国文化史》,北京大学出版社 1990 年版。

曹长盛主编:《两次世界大战之间的德国社会民主党(1914—1945)》,北京大学出版社 1988 年版。

张沛著:《凤凰涅槃:德国西占区民主化改造研究》,上海人民出版社 2007 年版。

姚先国、H.缪尔德斯著:《两德统一中的经济问题》,科学技术文献出版社 1992 年版。

赫伯特·格隆德曼等著:《德意志史》,第 1—4 卷,商务印书馆 1986—1999 年版。

科佩尔·S.平森著:《德国近现代史:它的历史和文化》,商务印书馆 1987 年版。

马丁·基钦著:《剑桥插图德国史》,世界知识出版社 2005 年版。

维纳·洛赫著:《德国史》,三联书店 1976 年版。

迪特尔·拉夫著:《德意志史——从古老帝国到第二共和国》,波恩 Inter Nationes 出版社 1987 年版。

塔西佗著:《阿古利可拉传 / 日耳曼尼亚志》,商务印书馆 1977 年版。

塔西佗著:《编年史》,商务印书馆 1981 年版。

艾因哈德著:《查理大帝传》,商务印书馆 1979 年版。

恺撒著:《高卢战记》,商务印书馆 1982 年版。

都尔教会主教格雷戈里著:《法兰克人史》,商务印书馆 1983 年版。

阿·米尔著:《德意志皇帝列传》,东方出版社 1995 年版。

詹姆斯·布赖斯著:《神圣罗马帝国》,商务印书馆 1998 年版。

汉斯—维尔纳·格茨著:《欧洲中世纪生活》,东方出版社 2002 年版。

里夏德·范迪尔门著:《欧洲近代生活》,共三册,东方出版社 2003—2005 年版。

詹姆斯·W.汤普逊著:《中世纪晚期欧洲经济社会史》,商务印书馆 1996 年版。

苏珊·米勒和海因里希·波特霍夫著:《德国社会民主党简史(1848—1983)》,求实出版社 1984 年版。

艾哈德著:《来自竞争的繁荣》,中国社会科学出版社 1983 年版。

二、外文部分

Arnold, Benjamin, *German Knighthood, 1050—1300,* Oxford, 1985.

Behr, W., *BRD, DDR: Systemvergleich Politik, Wirtschaft, Gesellschaft.* Stuttgart, 1979.

Bernhard, Zeller, *Als der Krieg zu Ende war,* München, 1973.

Broll, W., *Die Wirtschaft der DDR.Lage und Aussichten,* München, 1974.

Broszat, Martin, *The Hitler State: the foundation and development of the internal structure of the Third Reich,* London, 1985.

Cheles, Luciano ed., *Neo-Fascism in Europe,* Longman, 1991.

Clark, Christopher M., *Kaiser Wilhelm II,* Longman, 2000.

Cooper, Mattew, *The German Army, 1933—1945,* London, 1978.

Craig, Gordon A., *Germany, 1866—1945,* Oxford University Press, 1981.

Dale, Gareth, *Popular Protest in East Germany, 1945—1989,* New York, 2005.

Deist, Wilhelm, *The Wehrmacht and German Rearmament,* London, 1981.

Durant, W., *Kulturgeschichte der Menschenheit,* München, 1976.

Ellwein, T., *Das Regierungssystem der BRD,* Opliden, 1977.

Engel, Evamaria und Töpfer, Bernhard, *Deutsche Geschichte,* Band 2, Pahl-Rugenstein Verlag, Köln, 1989.

Erb, Scott, *German Foreign policy: navigating a new era,* Boulder, 2003.

Eyck, Erich, *A History of the Weimar Pepublic: from the Collapse of the Empire to Hindenburg' s Election,* Harvard University Press, 1962.

Gasteyger, C., *Die beiden deutschen Staaten in der Weltpolitik,* München, 1976.

Gerhard, A. E., *Arbeiterbewegung, Parteien und Parlamentarismus: Aufsätze zur deutschen Sozial-und Verfassungsgeschichte des 19 und 20 Jahrhunderts,* Göttingen, 1976.

Grunberger, Richard, *A Social History of the Third Reich,* Penguin Books, 1989.

Haverkamp, Alfred, *Neue Deutsche Geschicht,* Band 2, *Aufbruch und Gestaltung Deutschland 1056—1273,* Verlag C.H.Beck, München, 1985.

Hellberg, Rolf, *Kleine Geschichte Deutschlands,* Türmer-Verlag, 1981.

Herrman, Joachim, *Deutsche Geschichte*, Band 1, Pahl-Rugenstein Verlag, Köln, 1989.

Hildebrand, K., *The Third Reich,* London, 1984.

Hitler, Adolf, *Mein Kampf,* Boston, 1979.

Hubatsch, Walther, *Die Ära Tirpitz: Studien zur deutschen Marinepolitik, 1890—1918,* Göttingen, 1955.

Jackel, Eberhard, *Hitlers Weltanschauung: Entwurf einer Herrschaft,* Deutsche Verlags-Anstalt, 1981.

Joachim, G.F., *Das Gesicht des Dritten Reiches,* München, 1977.

Klopp, Brett, *German multiculturalism: immigrant integration and the transformation of citizenship,* Praeger, 2002.

Klüver, Max, *Vom Klassenkampf zur Volksgemeinschaft: Sozialpolitik im Dritten Reich,* Druffelverlag Leoni am Starnberger See, 1988.

Kocka, Jürgen, *Vereinigungskrise: zur Geschichte der Gegenwart,* Götingen, 1995.

Komjathy, Anthony, *German minorities and The Third Reich: ethnic Germans of east central Europe between the wars,* New york, 1980.

Laube, Adolf und Vogler, Grünter, *Deutsche Geschichte,* Band 3, Pahl-Rugenstein Verlag, Köln, 1985.

Leuschner, Joachim, *Germany in the late Middle Ages,* North-Holland Publishing Company, 1980.

Mann, G., *Dentsche Geschichte 1919—1945,* Frankfurt, 1980.

Misch, C., *Deutsche Geschichte in Zeitalter der Massen, von der französischen Revolution bis zur Gegenwart,* Stuttgart, 1952.

Mommsen, Hans, *Alternatives to Hitler: German resistance under the Third Reich,* Princeton University Press, 2003.

Moraw, Peter, *Neue Deutsche Geschichte,* Band 1, *Grundlagen und Anfänge Deutschland bis 1056,* Verlag C.H.Beck, München, 1985.

Moreau, Patrick, *Nationalsozialismus vom links,* Stuttgart, 1984.

Mosse, George L., *Nazi Culture: intellectual, cultural and social life in the Third Reich,* The Uni.of Wisconsin Press, 1966.

Noakes, J.and Pridham, G.ed., *Nazism 1919—1945,* Vol.1—3.University of Exeter, 1984.

O' Neill, Robert J., *The German Army and the Nazi Party, 1933—1939,* New York, 1966.

Otto, K.H., *Deutschland in der Epoche der Urgesellschaft*, Berlin, 1978.

Press, Volker, *Neue Deutsche Geschichte*, Band 5, *Kriege und Krisen Deutschland, 1600—1715*, Verlag C.H.Beck, München, 1985.

Pulzer, Peter G.J., *German politics, 1945—1995*, Oxford University Press, 1995.

Rabe, Horst, *Neue Deutsche Geschichte*, Band 4, *Reich und Glaubensspaltung Deutschland, 1500—1600*, Verlag C.H.Beck, München, 1985.

Rausch, H., *DDR-das politische, wirtschaftliche und soziale System*, München, 1978.

Reiners, L., *Bismarcks Aufstieg 1815—1871*, München, 1956—7.

Retallack, James N., *The German right, 1860—1920: political limits of the authoritarian*, University of Toronto Press, 2006.

Rich, Norman, *Friedrich von Holstein: politics and diplomacy in the era of Bismarck and Wilhelm II*, Cambridge, 1965.

Ruge, W., *Deutschland von 1917—1933*, Berlin, 1978.

Ruge, Wolfgang und Schumann, Wolfgang, *Dokumente zur deutschen Geschichte, 1924—1929, 1929—1933, 1933—1935, 1936—1939, 1939—1942, 1942—1945*, Berlin, 1975—7.

Seeber, Gustav, *Deutsche Geschichte*, Band 5, *1871—1897*, Pahl-Rugenstein Verlag, Kön, 1989.

Schmidt, Walter, *Deutsche Geschichte*, Band 4, *1789—1871*, Pahl-Rugenstein Verlag, Kön, 1989.

Showalter, Dennis E., *German military history, 1648—1982: a critical bibliography*, New York, 1984.

Streisand, J., *Deutsche Geschichte in einem Band*, Berlin, 1971.

Smith, Woodruff D., *The ideological origins of Nazi imperialism*, Oxford University Press, 1986.

Snyder, Louis Leo, *Hitler's third Reich: a documentary history*, Chicago, 1981.

Tenbrock, Robert-Hermann, *Geschichte Deutschlands*, München, 1977.

Tilton, Frank B., *A History of Modern Germany since 1815*, Uni.of California Press, 2003.

Toland, John, *Adolf Hitler*, New York, 1976.

Turner, Ian D.ed., *Reconstruction in Post-war Germany, British Occupation Policy and the West Zones, 1945—1955*, Oxford, 1989.

Wehler, Hans-Ulrich, *Das Deutsche Kaiserreich, 1871—1918*, Göttingen, 1773.

Wolff, Stefan, *The German question since 1919: an analysis with key documents*, Praeger, 2003.

Wulf, Walter[Hg.], *Geschichtliche Quellenhefte 8*, Frankfurt a M.1974.

责任编辑:杨美艳
封面设计:石笑梦

图书在版编目(CIP)数据

德国史/郑寅达 著. —北京:人民出版社,2014.1(2022.4 重印)
(国别史系列)
ISBN 978-7-01-012785-9

Ⅰ.①德… Ⅱ.①郑… Ⅲ.①德国-历史 Ⅳ.①K516

中国版本图书馆 CIP 数据核字(2013)第 263717 号

德 国 史
DEGUOSHI

郑寅达 著

人民出版社 出版发行
(100706 北京市东城区隆福寺街 99 号)

北京盛通印刷股份有限公司印刷 新华书店经销

2014 年 1 月第 1 版 2022 年 4 月北京第 4 次印刷
开本:710 毫米×1000 毫米 1/16 印张:33.75 插页:8
字数:603 千字

ISBN 978-7-01-012785-9 定价:99.80 元

邮购地址 100706 北京市东城区隆福寺街 99 号
人民东方图书销售中心 电话 (010)65250042 65289539